浙江大学公法与比较法研究所　编

公法研究

第十辑

主　编　胡建淼

目　　录

专题论文

公法评论

域外法学

译著选登

书评

研讨资讯

专题论文

服务政府建设、公民评议政府与民主的发展

沈开举

引　言

自 1980 年代以来，建设服务型政府已经成为一种世界性的潮流，世界各国政府无论其内在本质如何，却都竞相以“服务民众”为追求目标，通过追求 3E(Economy, Efficiency,Effectiveness)为目标的政府革新运动来赢得民众的信任，进而建立和巩固自身的合法性。新中国成立六十年来，特别是改革开放三十年来，随着市场经济体制的确立和社会的不断发展，中国政府也在不断进行着自身的革新，以期顺应历史发展的潮流。直到今天，建设服务型政府不但在民间和学界达成共识，而且也已成为政府进行自身革新的目标。

不过，目标和方向的确立并不意味着在实现人民主权和落实“为人民服务”方面当下的制度建构已经甚为完善。既往的历史表明，尽管自 1949 年新中国成立以来，“建设服务型政府”在中国并不缺乏意识形态和理论的支持，但在政治和法律实践中，如何能够在制度上实现服务型政府的建构，对当代中国来说依然是一个富有挑战性且并未很好解决的问题。

在我们面临的诸多实践性问题中，最为重要因而也是迫切需要解决的问题之一就是，我们如何在保障国家统一的前提下，从制度上保障各级政

府向其辖区内的民众负责。[1] 一个不容忽视的事实是，虽然“人民当家作主”、“为人民服务”以及类似的执政理念在我们的意识形态和政法话语中依然占有不可动摇的地位，并不断进行着与时俱进地更新，[2]虽然学界已经将服务型政府的概念、内涵、特征进行了充分的学术探讨，但如果没有相应的制度对这些理念和口号予以落实和保障，那我们能够收获的，可能就只有高喊口号那一刻的欢愉和自我陶醉。

这是在此意义上，在本文中，我们将要关注的是“公民评议政府” 这一为当下很多地方党委和政府所实践但却被主流行政法学界忽视的公众参与机制。[3] 以期在已有经验和教训的基础上，着力发掘其对于服务政府的建构所可能具有的理论意义和制度价值。需要说明的是，本文将讨论的范围仅仅限于“公民评议政府”这一机制，政府内部自上而下进行的自我绩效评估，以及人大、政协等民意机关对政府进行的外部评议对于服务型政府的建构尽管亦极为重要，但是基于篇幅的限制和理论的偏好我们将不予过多关注。

---

〔1〕 鉴于清末以来地方军阀割据造成的国家动荡和民不聊生，新中国确立了一套建基于中央集权之上的单一制国家政治体制，该体制尽管目的是为了“充分发挥中央和地方两个积极性”，但前提则必须是“在维护中央统一领导下”进行。

〔2〕 新中国成立以来，四代领导集体都分别以不同的话语不断强调“人民政府为人民”的重要性。毛泽东同志强调“要全心全意为人民服务”，这样的标语在今天的中国大地上依然颇为常见；邓小平同志强调“领导就是服务”；江泽民同志的“三个代表”以及胡锦涛同志的“情为民所系，权为民所用，利为民所谋”的新民本主义都是此方面的集中体现。2007 年的中国共产党十七大报告已经明确提出了“加快行政管理体制改革，建设服务型政府”的要求，并提出了“健全政府职责体系，完善公共服务体系，推行电子政务，强化社会管理和公共服务”等具体目标。

〔3〕 从 1990 年代末开始，北京、上海、大连、沈阳、珠海、南京等地已纷纷举办了“公民评议政府”活动，即以公众为主体对政府绩效进行满意度评估，并作为政府革新和工作改进的依据。这些“公民评议政府”活动，开创了我国地方政府“自下而上”进行绩效评估的先河。对于这些有益的探索，中国行政管理学界给予了高度关注，并就政府绩效的评估开展了多方位的研究，2006 年 9 月全国政府绩效管理研究会的成立标志着行政管理学界对于该问题的研究已经进入了一个体系化的时代。法学界特别是特别是行政法学界对于该问题似乎并没有给予太多的关注，据我们有限的所知，王锡锌教授在《行政法学研究》2007 年第 1 期发表的《对“参与式”政府绩效评估制度的评估》一文是个例外。

一、为何需要公民评议政府

“公民评议政府”的正当性似乎并不是一个问题，然而是否需要开展此一活动，却并非不言自明。依照中国传统的宪法和代议制理论，虽然共和国的一切权力属于人民，民众可以依照法律规定，通过各种途径和形式管理国家以及经济、文化和社会事务，也有权监督一切国家机关和国家工作人员。但是如果制度层面上来看，人民并不能直接参与国家的管理，而是必须通过选举全国人民代表大会和地方各级人民代表大会，由后者代表人民来行使国家权力。随后，各级政府都由人大选举产生，对人大负责，受人大监督。

这即是说，我们的政治传统如同哈洛对于英国代议制所描述的那样，“是围绕着一套代议制政府理论建构的，根据该理论，通过我们选出的代表，我们已经到参与了政府。”[4]然而这里存在的问题是，人民的意志，或者用卢梭的话来说，“公意”经过这种代议制的信息过滤，是否还能够完整无缺到达作为执行机构的政府呢？如果人民认为自己的意志被政府扭曲，或者对政府提供的公共服务不满意又该怎么办？

对于这些问题的回答，我们当然不会像卢梭那样悲观，试图回到“小国寡民”的古典共和时代，让所有的公民都参与到国家的管理当中。但是对于民意机关之于“公意”主动或者被动地筛选，以及可能存在的歪曲和疏漏则不能轻描淡写，对于政府官员利用人民以及人大代表行政经验的缺乏而蔑视民意，甚至一意孤行的行为更不能视而不见。

因此，我们需要在传统代议制的基础上，发展出一种公民能够直接澄清自己观点，表达自身对于政府服务是否满意的机制。在很多法治发达国

---

〔4〕 C. Parlow, “Power from the People? Representation and Constitutional Theory”, P. McAuslan and J. McEldowney, Law Legitimacy and the Constitution, 1985. 考察一下中国的人民代表大会制度的具体制度设计与英国的“议会至上”体制，对于中国代议制与英国代议制的相似性我们就不应感到意外，当然，我们也存在着诸多的不同。

家，这样的机制已经迅速地发展起来。比如1970年代的英国，“除了传统的投票箱、公共集会以及写信给编辑或者公共官员的机制之外，要求新的沟通渠道的呼声越来越高，民意测验和调查；公民复决；公开听证；讲习班、研讨班以及专门的调查委员会；听众来电直播、讨论和民意调查都粉墨登场。”〔5〕

在当下中国，尽管共和国公民对于政府机关及其工作人员有提出批评和建议的权利，对于其违法失职行为，有向有关国家机关提出申诉、控告或者检举的权利。〔6〕但是除了信访制度以外，这些权利并没有完善的制度予以保障，况且信访制度本身也因其无法真正解决民众对政府的监督问题而饱受争议。这时作为一种参与式民主的“公民评议政府”机制，无论是对于实现人民民主，还是建设服务政府都显得意义十分重大。

二、现有公民评议政府机制的种种乱象与不足

当然，理论上的重要性并不等同于实践操作的完美无缺。实际上，尽管近几年来公民评议政府活动在各地已经如火如荼地开展，然而其中亦存在颇多问题和不足。具体说来，主要存在以下几个方面的问题：

（一）评议程序的启动权完全属于政府，是否举行以及何时举行公民评议，完全取决于政府的需要、偏好以及其对于政治形势的决断。根据互联网上的不完全统计，自1998年沈阳市举行“市民评议政府”活动以来，1999年珠海市举行了“万人评政府”活动；2000年邯郸市和广州市举行了类似的活动，到了2001年，举办的主体变成了南京市和辽源市；随后的2002—2005年，温州市、邵阳市、北京市和锦州市也纷纷上阵。

这样的统计结果固然表明了“公民评议政府”这一活动在全国各地已

〔5〕［英］卡罗尔·哈洛、理查德·罗林斯：《法律与行政》（上卷），杨伟东等译，商务印书馆2004年版，第224页。

〔6〕参见中国现行宪法第2条，第3条，第27条，第41条的规定。

经遍地开花，然而这种评议似乎是在以一种“运动式”的逻辑来进行，除了少数地方连续不断的开展此项活动以外，多数地方类似活动的开展都是“昙花一现”。于是在一些地方，开展“公民评议政府”似乎只是成了某些政府及其领导人显示自身政绩的“花瓶”和工具。[7]

（二）评议主体的确定往往不够科学。在目前的各地评议实践中，哪些主体能够参与到评议活动中，往往取决于政府采取评议的方式，这使得评议出来的结果可能无法反映真正的民意。尽管有很多地方采取了通过问卷调查、电话随机采访、媒体以及网络投票等效果不错的方式，但亦有很多地方将普通的民众排除在评议主体之外，只选取了部分人大代表、政协委员、企事业单位进行评议，结果导致有些被评议单位为了得到一个所谓满意的评价，“到处拉关系打听哪个单位给了几个评议的指标，发了几份行风评议问卷。有钱的单位晚上就宴请参与行风评议单位的领导，有权的单位就不断打电话进行沟通、暗示。更有甚者，白天干脆派专人跟踪行风评议小组，由领导手机遥控指挥，给参加评议的单位和个人发放礼品，表示意思，以收买人心。”[8]

（三）评议对象的确定比较随意，既不统一，也不规范，如同评议的启动程序一样，究竟对哪些对象进行评议的决定权也完全掌握在政府手中。比如，上海市的评价对象是其所辖 49 个政府部门或单位的门户网站，即对政府部门电子政务的运行情况进行评估；邵阳市 2002 年的评议对象仅仅是“窗口行业”，尽管计划此后将凡具有执法执纪或执收执罚职能的部门和单位都要纳入测评范围，但该计划似乎并没有落实；沈阳市 1998 年的评议对

---

〔7〕 当然，我们这样的结论仅仅是基于互联网的信息搜索（百度和谷歌）而得出的，因而可能会存在某地政府连续很多年举行了公民评议政府的活动，却没有被我们检索到的情形。不过，我们认为这样的情况应该比较少见。因为如果某地政府举行过这样的活动，那么其后类似活动的开展也肯定会引起媒体和舆论的高度关注，不幸的是，我们并没有搜到这样的信息。另外，需要注意的是，此类活动的开展是可以作为政绩而获得上级政府乃至中央的关注甚至是表扬的，进而可能成为地方领导人获得升迁的工具。

〔8〕 新华时评：《行风评议岂能“收买人心”》，载新华网 http://news.xinhuanet.com/fortune/2004—12/08/content_2309703.htm，最后访问日期均为 2008-8-27。

象为市政府的整体工作，以及包括供暖、最低生活保障和再就业工程等与市民生活密切相关的15项主要工作，而到了2004年，评议对象则扩大为市政府系统的64个部门和窗口行业。

（四）评议对象投机取巧误导上级政府和民众。有些被评议单位为了能够在评议中取得好的“成绩”，恶意收购附有评议表格的报纸，导致上级政府误认为其工作成果突出，人民满意度高；还有些地方政府则在评议的时候大作“政绩广告”，试图误导民众，提高在评议过程中的排名。比如2004年江苏开展“群众评议省级厅局级机关作风”活动，很多政府部门就开始在媒体上大做“政绩广告”。甚至“由于做广告的单位太多，在一家省级媒体排起了队，该媒体天天都是‘政绩广告’，成为一大‘亮点’”，有一家单位甚至“高价买下了报纸头版的版面”。〔9〕“政绩广告”的出现固然表明了江苏的被评议部门相当重视民众的评议，但是如果能把信息的公开更加日常化、制度化，那么也就没有必要如此投机取巧临时抱佛脚了。

（五）评议机构不独立，评议程序不公开可能导致评议的结果失真。在目前已知的评议活动中，除了北京首届“网民评价政府”采取每日显示投票结果以外（第二届时已经取消了这一做法），〔10〕其他一些地方的评议程序很少公开。尽管很多地方通常会向媒体公布评议的结果，但是由于评议的组织者是政府，评议结果的统计和分析者也是政府，并没有民众的参与，因而公布的结果是否可信往往就值得怀疑了。

---

〔9〕 参见《“政绩广告”能出政绩吗？》载《人民日报》2004年12月25日，亦可以参见中国网http://www.china.com.cn/chinese/OP-c/738529.htm；《江苏部分厅局级机关排队刊登广告宣传领导政绩》，新浪网（原载新华网）http://news.sina.com.cn/c/2004-12-14/07365211383.shtml；《江苏省委书记紧急叫停政绩广告》，中国网http://www.china.com.cn/chinese/2004/Dec/741379.htm，最后访问日期均为2011-04-01。

〔10〕 在北京市举办的第二届“网民评价政府”活动时，组织者宣布：“由于去年的政府部门网上评议结果争议太大，对政府某些部门的工作产生了不利的影响，所以今年的评价结果及市民意见建议的具体内容暂不在网上公开。”相关报道可以参见《网上评政府结果暂不公布》，载《京华时报》，2004年12月12日第A05版，亦可以参见人民网http://www.people.com.cn/GB/paper1787/13604/1217690.html，《网民评政府为何热情骤降》，载首都之窗网站http://www.beijing.gov.cn/sdzcwzqdh_1/mtbd/t660933.htm，最后访问日期均为2011-04-01。

比如1998年在沈阳主政的市长和常务副市长便是后来大名鼎鼎的慕绥新和马向东。慕马二人倒台以后，有相当多的权威媒体揭露，该市黑社会势力猖獗，经济特别是国有企业长期萎靡不振，慕马二人不但贪污腐败，卖官鬻爵，贪污数目令人咋舌，而且涉嫌与国内外黑社会有勾结。[11] 然而根据沈阳市公布的1998年的公民评议政府结果，"市民对政府总体工作的满意率达94%，对于15项具体工作的满意率也多在85%以上。"[12]这一咄咄怪事的出现，固然民众获取政府信息的渠道不畅有关，但更为重要的原因可能在于评议机构的不独立和评议程序的不公开。

(六) 对于评议结果的"悬置"导致民众参与的积极性受挫。虽然很多地方都进行了轰轰烈烈的民众评议，然而就像有的学者所评论的那样，"实际上有相当多的政府绩效评价活动在激动人心的号召、政府'信誓旦旦'的态度和声势浩大的评价运动之后便陷入了一片沉寂，或者仅有政府几句含糊其辞的申明作为'交待'。改了没有？如何改？谁来监督？不得而知。"[13]

以"北京市网民评价政府"活动为例，2004年首次开展这项活动的时，北京市督察考核办公室发布消息说民众的参与热情非常之高，共计收到网民有效票数141634张，然而评议活动结束很长时间以后，那些"满意率较低的一些政府部门(如市交通委员会、市城管执法局等)，既没有就'网评'结果作出正面回应，拿出像样的整改措施，也没有因为群众满意率低而受到上级部门的责罚，其主要领导的官位没有因此受到任何影响。而网民们提出的诸如市政交通等问题，同样没有得到明显改进。"[14]于是，到了2005年北京举办第二届"北京市网民评价政府"活动时，就只剩4387人次参与

---

[11] 相关报道可以参见《涉嫌国内外黑帮案 沈阳市长慕绥新辞职》，载央视国际 http://www.cctv.com/news/china/20001222/83.html；《慕绥新马向东严重违纪违法案》，载新浪网 http://news.sina.com.cn/c/symsx，最后访问日期均为2011-04-01。

[12] 《沈阳百万市民评议政府对再就业工作最不满意》，载《华声报》1999年1月18日，http://news.sina.com.cn/richtalk/news/society/9901/011807.html，最后访问日期为2011-04-01。

[13] 王锡锌：《对"参与式"政府绩效评估制度的评估》，载《行政法学研究》，2007年第1期。

[14] 晏扬：《网民评政府为何热情骤降》，载 http://www.zjol.com.cn/05zjc/system/2004/12/13/003720132.shtml，最后访问日期为2011-04-01。

评议(只相当于首届的1/32)。

我们并不赞成将评议结果作为考核各部门和单位领导政绩的唯一依据，亦不赞成轻易地进行“末位淘汰”。然而，如果政府仅仅是希望通过举办“公民评议政府”这样的活动来扩大自身宣传和增加政绩，却对结果不闻不问的话，那只能是一场“政治秀”了。〔15〕其结果是，政府不但无法获得民众的认同，而且将产生严重的信任危机，进而削弱政府的合法性根基。

当然，上述对于当下公民评议政府机制中存在问题的梳理，并不表明我们将要否定这些年来各地政府在此一问题上所作的积极探索和实践。与此相反，对于这些实践者们的智慧和勇气，我们致以崇高的敬意，因为不管他们最初进行这些探索的目的究竟如何，却毫无疑问地为我们今天进行制度建构提供了丰富分析标本以及经验教训，甚至那些最初只是为了博得政绩而开展的评议活动，也让我们看到了该机制可能存在的漏洞以及弥补该漏洞可能的措施。

三、走向制度化和法律化的公民评议政府机制

一提到制度化和法律化，似乎就有被人称为“理想的形式规范主义”或者“绝对的建构理性主义”的可能，并可能被批评为“幼稚的表现”。我们认为，这种可能的批评是不客观的，而且实际上是因为没有认真梳理理性主义的脉络，进而没有能够区分建构唯理主义与进化论理性主义的结果。

所谓进化论理性主义，在该理论的首创者哈耶克看来，尽管是“一种反唯理主义的立场(antirationalistic position)”，但“绝不能与非理性主义(irrationalism)或任何对神秘主义的诉求相混淆。我们所主张的，并不是

---

〔15〕当然，也有些地方很认真地对待了评议结果，比如在2001年南京市的评议活动中，南京市就有两名局长被免职。在2005年评议活动中，徐州市容与城管执法局，因连续2次被评“不满意”而导致局长易人。2005年6月，内蒙古满洲里市委常委会决定，对在2004年度“民评官”活动中排名最后的市信访办、市交通局等10个单位的“一把手”予以免职。

要废弃理性，而是要对理性得到确当控制的领域进行理性的考察”[16]。因此，对于过往的经验和教训，我们的态度不应是视而不见，而是如同哈耶克所说的那样，应“始终在这个给定的整体中进行工作，旨在点滴的建设，而不是全盘的建构，并且在发展的每一个阶段都运用既有的历史材料，一步一步地改进细节”。

应当承认，人类的知识是有限的，因此不能轻易地就确定自己获得了真理，但我们却可以经过努力矫正那些可以被确认的问题，从而得以推动社会进步。这也是小平同志提出的“摸着石头过河”，或者波普尔鼓吹的“开放社会中通过不断试错开展的零碎社会工程”所内涵的真意。[17] 对于当下中国来说，我们正在经历李鸿章所讲的“三千年未有之大变局”，而且又面临着改革开放三十年后中国何去何从的抉择，所以更应该对于过往的经验和教训进行及时总结，从而冲出历史学家唐德刚先生所说的波涛汹涌且险象环生的“历史三峡”。

具体到公民评议政府这一机制来说，我们认为，应当从以下几个方面着手建构和完善，从而真正发挥其应有的民主的内涵：

（一）扩大评议主体的范围，使评议的结果真正能够体现民意。由于普通民众是公共服务最为直接的承受者，因此其最有资格对该服务的提供者——政府进行评议。通过普通民众对政府及其职能部门工作进行评议，不但能够找出政府现有工作的不足，提高政府的绩效，实现政府公共服务供给符合社会的需求，而且还可以使政府获得更广泛的公民支持与合作，从而加强政府的合法性基础。

（二）健全和完善评议程序，保障评议的公开、公正和科学。为此，评议

[16] 关于进化论理性主义的内涵和特征，以及其与建构唯理主义的区别，可以参见哈耶克在《自由秩序原理》一书中第四章的详细讨论。[英]F. A. 哈耶克：《自由秩序原理》，邓正来译，三联书店 1997 年版。

[17] 关于人类应当如何在知识有限的前提下获得进步，亦可以参见波普尔在《唯美主义、完善主义、乌托邦主义》中对于“乌托邦工程”和“零星工程”的讨论。卡尔·波普尔：《唯美主义、完善主义、乌托邦主义》，载《开放社会及其敌人》（第一卷），郑一明等译，中国社会科学出版社 1998 年 8 月版（2007 年 3 月重印）。

活动可以由人大主持，也可以委托独立的第三方机构来组织，比如具有评估能力的科研机构、专业性的公司和 NGO。评议过程应当广泛吸收各个阶层的代表参与，同时，包括评议结果的统计、分析以及公布在内的评议过程应当进行信息公开，以保障评议的组织者不被评议对象“俘虏”。

（三）督促各级政府深入贯彻和落实《信息公开条例》，保障公民可以依法及时获取属于公开范围之内的政府信息。政府信息的公开不但将使政府权力在阳光下运行，防止腐败的滋生和蔓延，而且可以使公民更加便捷地了解政府工作所取得的成就和存在的问题，更加客观地评价政府。从而，一方面缩小谣言和小道消息在社会中存在的空间，另一方面，也避免了某些政府部门因为害怕公众不了解其工作成绩，而大搞自吹自擂、哗众取宠甚至有投机取巧嫌疑的“政绩广告”了。

（四）由于公民评议政府活动决定了评价主体的广泛性和大众性，因而其可能与现代行政高度的技术化和专业化出现某种程度的“不兼容”，因此我们应当进一步优化评议标准，将公众满意度评议与专业化数据测评相结合。需要强调的是，这里存在着信息与知识的区别问题。由于“在选举式民主中，只要人民的意见能够接触信息，他们就大致可以成功地完成选举任务，而在表决式民主中，则要求人民把适当的信息变成适当的知识，变成对问题、对它们的复杂的相互依赖性、对资源分配和再分配过程的全部结果的理解。”〔18〕因此表决式或者参与式的民主应当主要侧重于民众的“主观心理感受”，不应设置过于专业性的问题。为此公民的评议应当主要围绕政府公开、依法行政、办事效率、职能转变、服务态度、勤政廉洁等要素展开，并区分“比较满意”、“满意”、“一般”、“不满意”、“不太满意”、“非常不满意”等不同程度。

（五）政府应当认真对待评议结果。对于公民评议政府的结果，既不应

〔18〕 萨托利在《民主新论》中曾就选举式民主与公民表决式民主以及参与式民主的知识论基础展开讨论，并细致界定了信息与知识的不同以及他们对于不同民主模式带来的影响。其认为知识与信息不同，知识是对信息的理解和智力的控制，而信息则并不与“认知能力”相关。相关详细讨论参见[美]乔·萨托利：《民主新论》，冯克利，阎克文等译，东方出版社 1998 年版，第 132 页以下。

当采取简单的“末位淘汰制”,也不应当完全当作“花瓶”装点政府的门面。而应当采取奖惩结合的办法,对于民众满意的单位可以采取一定形式奖励,对于民众满意程度较低的单位则可以通过诫勉谈话、通报批评和限期整改等措施进行惩罚。在这方面,珠海市的奖惩措施值得借鉴,他们将“考核单位得分等于所有被考核单位平均分的,可以获得标准奖金;高于或低于平均分的,按比例增加或减少奖金。被考核为差的单位,扣除其一把手全年岗位责任奖金,其他领导成员扣除50%。被评为一般的单位,扣除其一把手全年岗位责任奖金的25%”〔19〕。当然,对于屡次在评议活动群众满意度低却“屡评不改”的单位及其责任人应当追究其政治和行政责任。

最后,在适时的时候,应当通过法律或者行政法规的形式,要求全国各级政府定期开展公民评议政府,并作为各地落实服务政府和选拔干部的重要指标。这样不但可以减少各地开展评议的随意性,而且可以使公民评议政府真正成为实现社会主义民主的重要途径。当然,鉴于中国各地之间存在的巨大差异性以及不同层级政府工作行政的特殊性,可以允许各级政府在不流于形式的前提下,结合本地的情况采取多种方式。

四、结　语

1945年,毛泽东同志与爱国民主人士黄炎培先生在讨论如何走出“政怠宦成”、“人亡政息”的“政权交替周期律”时,曾满怀信心地宣布,“我们已经找到了这条新路,我们能够跳出‘历史周期率’的支配。这条新路,就是民主。只有让人民来监督政府,政府才不敢松懈;只有人人起来负责,才不

〔19〕 转引自吴建南 庄秋爽:《“自下而上”评价政府绩效探索:“公民评议政府”的得失分析》,《理论与改革》,2004年第5期。另外,沈阳市2004年评议活动中,不再进行一票否决,亦不再单纯以票数的多少给被评议单位排座次,而将评议的重心放在了解决问题上,接受评议的部门出现问题能够及时进行解决的,会得到加分;而出现问题不予解决的,则将被扣分。这些经验同样值得关注。

会人亡政息。”[20]在今天看来，我们的建国者在半个多世纪之前就已经站在政权安危的高度上来认识“人民监督政府”的重要性了，只是可惜这一重要思想在很长的时间内没有通过适当的制度来予以保障。1990 年代以来中国各地陆续开展的公民评议政府运动，尽管存在颇多问题，但却让我们看到了这一思想制度化、法治化的可能。今天我们要做的，就是沿着前人开创的探索之路，在总结经验和教训的基础之上继续前行。

（作者单位：郑州大学法学院）

【特邀编辑：李永超】

---

〔20〕 黄炎培的原文是“我生六十多年，耳闻的不说，所亲眼看到的，真所谓‘其兴也勃焉’，‘其亡也忽焉’，一人，一家，一团体，一地方，乃至一国，不少不少单位都没有能跳出这周期率的支配力……一部历史，‘政怠宦成’的也有，‘人亡政息’的也有，‘求荣取辱’的也有。总之没有能跳出这周期率。中共诸君从过去到现在，我略略了解的了。就是希望找出一条新路，来跳出这周期率的支配。”引自黄炎培：《延安五日记》，《延安归来》，文史资料出版社 1982 年版。

论服务型政府的法治化建设
——以"上海市菜篮子工程"为分析起点

沈福俊　徐　涛

一、上海菜篮子工程的历史回顾及研究命题的提出

上海菜篮子工程是历届上海市政府一直予以关注的民生工程之一。在计划经济时代,为了保障城市居民的副食品供应,我国大中城市普遍采取了"单项换购"的政策,使整个副食品都被纳入计划管理的轨道。[1] 在这一管理体制下,城市居民的副食品供应存在数量不足、品种单调、营养价值不高和上市不均匀等问题。改革开放以后,上海市政府对这些问题的解决都予以了相当程度的重视。[2] 1982 年,汪道涵市长便着手开始解决上海市副食品供应中存在的一系列问题。江泽民同志 1985 年开始任上海市市长时就将这项工作继续深化,1987 年 9 月 2 日在市长办公会上正式提出了菜篮子系统工程建设的决议。1988 年 8 月,这一工程得以正式启动。具体而言,菜篮子工程就是为了解决城市居民的副食品供应政府采取的一系列改善副食品产供销渠道的举措。[3] 之后,菜篮子工程又受到了朱镕基、黄菊等历届上海市政府领导的重视和推动,在改善城市居民的副食品消费上取

---

〔1〕 参见王一鸣、韩曙:《"菜篮子工程"政策的理论与实践》,《上海财税》1994 年第 6 期。

〔2〕 参见叶公琦:《上海的菜篮子工程》,《上海党史与党建》2005 年第 10 期。

〔3〕 参见王一鸣、韩曙:《"菜篮子工程"政策的理论与实践》,《上海财税》1994 年第 6 期。

得了明显的成效。总的说来，上海市的菜篮子工程建设大体可以被分为以下这么几个阶段：[4]

第一阶段从1988年起，上海市在郊区建立了一大批具有一定规模的副食品生产基地，使猪、禽、蛋、奶、鱼、菜等副食品的自给率显著提高，基本满足了城市供应的需要。

第二阶段从1992年起，上海市菜篮子工程的蔬菜、副食品生产基地由近郊向中远郊转移。蔬菜形成远郊大宗蔬菜、中近郊绿叶菜和生产精细品种为主的园艺场等3个层次的生产结构。

第三阶段从1994年起，实施新一轮菜篮子工程，在上海建立高效稳固的蔬菜、副食品生产基地，形成市场化的产销运行机制，提高其现代化水平。

第四阶段从2000年起，菜篮子工程有了实质性变化，从过去量的提高转向的质的提升，开展食用农产品安全行动计划。

第五阶段从2004年起，这一轮的菜篮子工程主要是着力发展生鲜超市和农贸市场的标准化建设，致力于实现居民可以安全、便捷地获得高品质的副食品。

上海市菜篮子工程经过多年的发展，在解决城市居民副食品消费的问题上取得了丰硕的成果。首先单就副食品供应的内容上来说，上海市民的菜篮子经历了以谷物类产品为主导的温饱型，到动物型产品为主的小康型，再到营养健康享受为主的富裕型的转变，有效地改善了居民的饮食结构。其次，由于注重产供销渠道的建设，尤其是2004年起的生鲜超市和农贸市场标准化建设使得居民能够获得稳定且便利的副食品供应。第三，采取了一系列优惠政策保证在菜篮子工程建设中实现农业增产、农民增收，例如除了传统的政府补贴等举措外，上海市政府还积极探索建立并完善的

---

〔4〕 参见《上海"菜篮子"的第三次转型》，中国上海网 http://www.shanghai.gov.cn/shanghai/node2314/node2315/node4411/userobject21ai54481.html（2009年10月13日最后访问）；《上海正式启动新菜篮子工程控制保障食品安全》，中国法院网 http://www.chinacourt.org/public/detail.php?id=136297（2009年10月13日最后访问）。

食品安全保险机制以增强农民的风险抵抗能力，提高农民参与菜篮子工程的积极性。[5] 原上海市副市长叶公琦给上海市菜篮子工程建设总结了四条成功的经验，分别是：从上到下的重视形成了一支队伍；政策措施的引导较好地协调处理了各方面的利益关系；依靠科学技术解决了产供销中的瓶颈问题；富于创新，用改革的办法解决改革中出现的问题。[6]

从上文介绍中我们可以看出，上海市菜篮子工程的基本出发点在于给上海市城市居民提供充足稳定、安全卫生、营养健康的副食品。该项工程是上海市政府确保居民饮食供应的一项公共服务措施，体现了服务政府的精神。所谓的服务型政府是指“在公民本位、社会本位理念的指导下，在整个社会民主秩序的框架内，通过法定程序，按照公民意志组建起来的以为人民服务为宗旨并承担着服务责任的政府”[7]。服务型政府的建设是坚持党为人民服务的根本要求，同时也是加强政府自身建设、构建和谐社会的必然要求。[8] 党的十七大报告指出我国政府要加快“行政管理体制改革，建设服务型政府”。温家宝总理在政府工作报告中及其他一些场合也强调我国服务型政府的建设。[9] 可见，建设服务型政府是我国政府改革的重要内容之一。

但是，服务型政府和法治化政府是两个不同的概念，二者并不能相互替代。服务型政府的建设理念必须通过具体的法律制度予以规范才能在实施过程中发挥最大的作用。本文便是以法治政府建设的视角，选择菜篮子工程这一项上海市重点民生工程为研究对象进行分析考察，从而对服务型政府法治化建设这一命题进行一定的思考。

---

〔5〕 参见《本市将建立食品安全机制》，中国上海网http://www.shanghai.gov.cn/shanghai/node2314/node2315/node4411/userobject21ai343028.html(2009年10月12日最后访问)。

〔6〕 参见叶公琦：《上海的菜篮子工程》，《上海党史与党建》2005年第10期。

〔7〕 刘熙瑞：《服务型政府——经济全球化背景下中国政府改革的目标选择》，《中国行政管理》2002年第7期。

〔8〕 参见曹康泰：《为建设服务型政府提供法制保障》，《人民论坛》2008年第8期。

〔9〕 参见杨建顺：《论“服务型政府”在行政法上的定位》，《河南省政法管理干部学院学报》2009年第1期。

二、服务型政府与法治政府是彼此相互独立的两个概念

有学者认为服务应当是当代行政法的精神实质，[10]但是究其本身而言，服务型政府和法治政府却分属于不同的概念体系。服务型政府与法治政府都是我国政府体制改革中的重要内容，是我国政府改革的两个方向。由于这两个方向是我国政府改革中同时予以强调的内容，二者在各自建设过程中不可避免会互相发生影响。同时，目前我国对服务型政府往往侧重于在理论层面上展开讨论，从而使得服务型政府成为无所不包、无所不能的政府发展工具，更成为某些官员的口号。[11] 这样不仅会使人们对于什么是服务型政府以及如何构建服务型政府缺乏清晰的认识，具体行动上无所适从，而且还会造成服务型政府的理念最终流于形式。对服务型政府这一概念适用的混乱使其与法治政府之间的关系也存在含混不清的情况，或将两个概念简单地等同，或者不加辨别地认为法治政府是服务型政府建设中的一部分，例如就有学者忽视这两个概念之间的差异而直接指出"服务型政府必然是法治政府"。[12] 因此，在展开对服务型政府法治化建设必要性分析之前，我们还是需要对服务型政府和法治政府这两个概念予以区分，明确其相异之处。

江必新教授曾经在他的文章中特别指出法治政府和服务型政府是有区别的。[13] 他认为法治政府是一种关于政府运作方式的理念，在不同的历史时期有不同的内容，其与服务型政府并不必然会结合，例如在自由资本

---

〔10〕 参见叶必丰：《行政法的人文精神》，北京大学出版社 2005 年版，第 137 页以下。

〔11〕 参见杨建顺：《论"服务型政府"在行政法上的定位》，《河南省政法管理干部学院学报》2009 年第 1 期。

〔12〕 参见李清伟：《论服务型政府的法治理念与制度构建》，《中国法学》2008 年第 2 期。

〔13〕 参见江必新：《行政法学研究应如何回应服务型政府的实践》，《现代法学》2009 年第 1 期。

主义时期人们并不需要政府提供过多的服务，遂于时人而言有法治政府而无服务型政府。同时他也强调虽然在理念、原则、逻辑上服务型政府和法治政府两者是相对独立的，但是二者同样是基于民主而产生的，目标都是要反映民众的根本意志，因此二者在现阶段背景下是具有重合部分的。尤其是，在当代政府的日常行政管理活动中给付行政正逐渐取代管制行政成为政府的主要活动方式的背景下，二者的重合更为明显。上述论断就说明服务型政府和法治政府虽然是不同的概念，但是具有交融的可能性，应该能够起到互相影响推动的作用。所以服务型政府和法治政府是相对独立的概念。只有将这两个概念区分开来，我们才会发现法治政府的建设对于服务型政府的构建重要性，认识到服务型政府法治化的必要性。

三、现代社会服务型政府的建设离不开法治化建设的配合

在历史上，服务型政府和法治政府的理念都曾经出现过。但是只有到了近现代，人们才逐渐将这两个理念结合起来予以考虑。为避免仅仅成为一幅美好的愿景图，服务型政府的理念只有通过相关法律制度的构建转化为实实在在的政府活动才能实现其服务于人民的宗旨。上海市菜篮子工程建设从其成效来看是实现了服务型政府的角色，但是要得到进一步发展仍然离不开法治化建设的配合。笔者认为现代社会服务型政府的建设离不开法治化建设的配合，主要是基于以下几个方面的原因：

首先，法治化建设有益于政府持续稳定地提供有关服务。由于法律可以对人们的日常活动进行强制性调整，人们往往需要参照法律规定来对自己的行为进行相关的安排以实现自身利益的最大化，因此稳定性也就成了法律制度的一个重要属性和内在要求。在前文中，我们对政府利用政策来大力提倡推动一项工程建设的利弊进行了检讨，发现一直依靠政策进行推动某项事业的发展存在诸多的隐患。其中最为严重的是这种推进模式很容易使得该项事业受到政策波动的影响。随着现代社会结构的日趋性，社

会分工的细化，人与人之间的依存度不断提高，个人要保障其生存之可能，必须依靠团体的力量，于是个人生存逐步从“个人负责”转变为“集体负责”，继而变为“政治负责”，即政府需要提供大量的公共服务以保障个人的生存基础。[14] 法国公法学者狄骥更是指出公共服务的概念应当是建构政府的公法理论的基础所在。[15] 服务型政府从工作内容上来说必然是以提供公众日常生活所必需的公共服务为核心，而与此同时人们也越来越离不开政府提供的有关服务。这种提供公共服务的行政活动如果受到政策波动的影响，朝令夕改，那么势必会给民众的日常生活带来诸多的不利影响，同时也会影响政府在民众之中的威信，甚至进而会使公众对政权存在的正当性和合法性产生质疑。而用法律制度来规范住政府的行为，一方面要求政府在民众可预见的情况下合法地作为，另一方面可以避免政府当作为而不作为的情形，从而使得民众可以较为稳定地接受政府提供的相关服务，不至于产生过多的动荡。

其次，法治化建设有利于尽量减少甚至避免服务型政府所带来的对公民私人权益的侵害。政府提供民众的日常生活中不可或缺的大量的公共服务的同时也客观地造成了政府行政力量迅速扩张，掌控了大量的个人信息，挤压了私人空间，甚至出现了部分个人对政府服务的依赖性。公众在享受政府提供的公共服务的同时也逐步发现到了服务型政府建构中政府权力过于扩张可能会出现的诸多隐患，诸如政府权力迅速膨胀带来的权力寻租和滥用的可能，对民主、自由和公平理念的威胁，资源分配使用的效率低下，人的生存和创造能力退化的隐患等。[16] 而法治政府的建设即是要将公权力尤其是行政权力纳入到法律的框架下运行，将自由、平等、正义等诸

---

〔14〕 参见陈新民：《“服务行政”及“生存照顾”概念的原始面貌——谈福斯多夫的“当作服务主体的行政”》，载陈新民：《公法学札记》，中国政法大学出版社 2001 年版，第 52 页以下。

〔15〕 参见[法]莱昂·狄骥：《公法的变迁·法律与国家》，郑戈、冷静译，辽海出版社、春风文艺出版社 1999 年版，第 50 页以下。

〔16〕 参见姜明安主编：《行政法与行政诉讼法》，北京大学出版社、高等教育出版社 2005 年版，第 10 页以下；江必新：《行政法学研究应如何回应服务型政府的实践》，《现代法学》2009 年第 1 期。

多法治理念贯彻到政府提供服务的活动中去，尽量削弱甚至消除服务型政府建设过程中可能带来的对社会正义和个人权益带来的不利影响，从而使得公民真正地享受到公共服务的好处。另外，行政机关及其工作人员也会受到诸多主观因素的影响。我们不能设想行政机关及其有关工作人员在任何情况下都能持有一种善意的态度来提供公共服务。在出现行政机关的活动给公民权益造成损害的情况下，法治理念要求公民应当能够享有及时、充分的救济。在这些情况下，政府必须应当承担起相应的责任，否则法治政府无从谈起，服务型政府要求的公共需求的满足更是难以实现了。因此，法治化建设中面对公权力时公民权利救济途径的构建也是政府实现服务目标的重要举措之一。

再次，法治化建设有助于实现对政府权力运行的有效监督。通过对我国现行的有关法律制度的分析，笔者认为现行制度难以在服务型政府建设过程中对政府权力实现有效的监督。这是因为：第一，立法监督层面。各级人大及其常委会的监督一方面受到会期限制，另一方面，行政权的活动范围远远超过了其所能实施监督的能力，人大及其常委会难以实现对政府机关有效的常态监督。面对大量的政府提供服务的活动，人大及其常委会只能择其要者来予以监督。第二，司法监督层面。如我们前文中所说，我们服务型政府主要还是靠政策进行推动。由于政策性问题往往会被当作属于政府的行政自由裁量权范围内的事项，法院难以对其进行司法审查。而且我国行政诉讼一直受到受案范围和原告资格等种种因素的制约，实际功效也十分有限。另外，诉讼程序本身的限制也使得司法监督往往显得有心无力，例如司法奉行“不告不理”的原则，不能主动对政府活动进行监督，还有程序本身的繁琐和司法资源的有限也限制了司法功用的发挥。第三，社会监督层面。我们国家的政府信息公开还处在初步发展阶段，大量的政府信息政府不愿意公开或者不愿意及时公开。于是，政府就对社会公众产生了一种信息优势。这种现象的大量存在使得社会难以对政府的活动进行监督，严重影响了社会监督的效果。另外，社会监督机制自身也并不完备，还基本处在自发性的无组织化的状态。同时，政府也缺乏相关的反馈机制的构建使得监督比较难以实现。第四，政府自身监督层面。利用政府内部的科层管理对政府的日常活动虽然是最有效的监督管理方式，但是政府自我监督、自我纠正会遇到动力不足的困境，尤其在某项活动是在政策主导展开的情况下，政府更是难以自我纠正了，其自我监督也难以实现。在这种对政府监督相当不力的情况下，我们国家推进服务型政府的建设必然会在实施过程中受到政府权力失控的苦恼。

“当法律将社会控制的全部活动纳入自己的领域后，法令的实施就成为一个尖锐的问题了。”[17]于是，法治的基本理念之一是法律要得到普遍的遵守。[18] 这一遵守不仅需要靠人们自觉地予以遵守，更需要靠制度的构建来保证。法治政府的建设过程中不仅是要构建政府权力运作的范围和框架，更是要建立和完善对于权力运作的监督机制。所以在要避免或纠正服务型政府建设过程中出现的错误不能离开政府的法治化进程，需要在法治理念的指引下重新构筑对政府行为的监督体系。

最后，法治化建设能够有助于政府确保并提高所提供的服务的质量。如同私人提供的服务一样，质量的保证也是政府提供公共行政的核心要求。而且比私人提供的服务更为紧要的是，政府提供的公共服务如果在质量上出现问题所引发的危害那将是不可估量的，例如 2010 年 3 月份的山西省疫苗事件虽然最终调查结果疫苗没有安全问题，但仍足以引发人们对于公共卫生服务可能存在的风险的忧虑。[19] 对于菜篮子工程，这就涉及了食品安全卫生的问题。在频频出现全国轰动性事件的食品安全领域，菜篮子工程所代表的副食品供应服务所承担的压力可想而知。而法治化建设中的程序构造一个重要功能就是预防这种公共危害的产生。适当的行政程序设置不仅“防止了行政机关的专横行为，可以维持公民对行政机关的信

---

〔17〕 [美]罗斯科·庞德：《通过法律的社会控制》，沈宗灵译，商务印书馆 1984 年版，第 12 页。

〔18〕 参见张文显主编：《法理学》，高等教育出版社 2003 年版，第 340 页以下。

〔19〕 参见周婷玉、黄小希、贾楠：《山西“贴签疫苗”违反管理规定但未发现安全性问题》，新华网http://news.xinhuanet.com/politics/2010—04/06/c_1219890.htm（2010 年 11 月 18 日最终访问）。

任和良好关系，减少行政机关之间的摩擦，最大限度地提高行政效率”[20]，而且可以让行政机关以更为审慎的态度来审视自己的有关行为，及时在事先发现并纠正可能存在的问题，将风险控制在可接受的水平范围内。另外，开放的程序设计使得在政府在向公众提供服务的过程中能够获取到更多的意见和批评。这些都有助于政府不断改善和提高自身的服务状况和水平。此外，伴随着政府体制的改革，政府越来越习惯于通过行政契约、招投标等方式利用社会资源的技术、资金优势来实现公共管理目标，提供更好的公共服务。但是如果没有依循完善的法律制度运行，这种行政活动的方式很容易造成公器私用的情形，最终侵蚀了公共利益。

基于上述理由，服务型政府的构建过程中一定要密切结合法治政府的理念予以展开。否则，政府就算能取得部分阶段性成果，但是由于可能会随之而来的种种问题，使得最终难以达到预期目标，实现向服务型政府的根本性转变，甚至还会造成政府在这一过程中的权力失控，也不能够对其进行充分有效的监督并予以纠正，给公众的权益造成了不利的影响，与服务政府建设的最初目标相违背。

四、法治政府视角下的上海市菜篮子工程存在着诸多不足

上海市菜篮子工程作为历届上海市政府关注和大力扶持的重点民生工程，所取得的成果有目共睹。政府精心打造的副食品产供销体系给上海市城市居民生活水平的提高作出了巨大的贡献，可以被作为是上海市政府打造服务型政府过程中值得借鉴的成功案例。但是从上文中我们知道，法治政府和服务型政府是不同的概念，各自的要求也不一样。上海市的菜篮子工程虽说符合了服务型政府建设的理念和要求，却未必符合法治政府的相关要求。从法治政府建设的角度去审视上海市菜篮子工程的整个建设

[20] 王名扬：《英国行政法》，中国政法大学出版社 1987 年版，第 152 页。

过程，我们可以发现其中存在一些与法治政府要求不相符合，值得注意的问题：

（一）规范化运作意识的缺失

通过对整个菜篮子工程发展轨迹的回顾，我们发现菜篮子工程的建设是以政策主导推动的。原副市长叶公琦总结的四点成功经验里面也突出强调的是政策措施引导的重要作用。之所以该工程能够获得如此大的成就，是因为该项工程与人们的日常生活息息相关，历届政府都不遗余力地对该项工程予以政策性支持才使得该项工程得以持续发展。同时，通过对该工程相关文献资料的查阅中，笔者发现的是大量的政府政策性文件，找不到试图将这项工作纳入到法律框架内予以规范性运作的迹象。这也证实了菜篮子工程的整个发展轨迹中并没有将工程建设的规范化、制度化重视起来。

不可否认，政策主导型的发展模式具有一定的优势。这一模式能够在一定时期内统一社会认识，集中政府甚至社会的力量推动一项工程的建设，在短期内往往能起到立竿见影的效果。同时，政策主导型发展模式比较灵活，没有繁琐的程序上的束缚，能够对现实中出现的新问题予以及时的应对和调整，比较适合于亟需解决的一些社会难题。但是政策主导型的发展模式也并非没有任何缺点。整个工程不在法律制度的框架内运作，会使得工程存在诸多潜在的隐患，诸如以下几个方面：

第一，政策本身存在的不稳定性可能会给工程的持续建设带来不利影响。政府为了在一定时期内达到一定的目标，实现某一项任务，往往会制定一定的政策以明确实现的方法路径。政策的制定和决策者对社会管理事务以及所要处理的事项的认识密切相关。而现代政府制度机制设置中政府主要领导的任职都有任期限制，每一届的政府政策会因领导人对于问题的看法不同以及所处的时代背景上的差异都有自己的重点和特色，而且就算在某一任期之内，由于情势的变化，政府对政策也会予以不断的调整以适应客观情况的需要，例如国家对于经济领域内的宏观政策就会根据国内外的经济状况不断予以调整。某一项需要长期见效的政策主导型工程如果得不到每一届政府的重视和支持，很容易因为政府的换届而人亡政息，从而给整个社会资源带来了巨大的损失，如目下形形色色的政绩工程最后成了烂尾工程。[21] 而现代政府因为承担着对社会和经济的宏观调控职能，其所主持的工程建设往往是对国计民生具有重要的作用，其中相当一部分的内容往往需要政府对其予以长期的支持和关注。如果对政策的过度依赖，政策一旦出现朝令夕替的现象所产生的负面影响可想而知。

第二，政策主导下的发展模式容易造成权责不清。政策比较注重根据具体的情况的不一样而安排适当的人员，强调组织机构的灵活性。这种思考问题的倾向势必会造成在组织建设上不是很重视组织日常化建设。不仅日常机构的权限划分不清，甚至还有可能因事设职催生出诸多临时性机构。菜篮子工程是一个系统的综合性工程，涉及政府的多个职能部门。例如，根据《国务院关于加强新阶段“菜篮子”工作的通知》，我们可以知道菜篮子工程中涉及的职能部门多达 11 个，分别是农业部门、经贸部门、卫生部门、质监部门、工商行政管理部门、环保部门、水利部门、计划部门、财政部门、金融部门、财税部门等。[22] 众多部门之间的权限如何划分，具体工作中如何配合，发生冲突时候如何协调，这些问题都需要市政府予以适当处理。但是如果忽视用相关法律明晰各部门的职责，那么一方面会造成部门之间职权上的冲突或者部门之间的推诿，另一方面也会造成市政府陷于众多部门纠纷中不可拔。轰动全国的三鹿毒奶粉事件就暴露了忽视用法律的手段明确各部门的职责以及处理部门职权冲突带来的严重后果。[23] 我们对此不能不予以深刻的反思。

---

〔21〕 参见《代表委员痛批危害百姓的“政绩工程”》，载《江南时报》2010 年 1 月 27 日第 3 版。

〔22〕 国务院 2002 年 8 月 3 日公布(国发[2002]15 号)。

〔23〕 参见《又有 8 位部委高官》，新浪网 http://news.sina.com.cn/o/2009-03-21/075015343813s.shtml(2009 年 10 月 14 日最后访问)。

第三，政策主导的工程建设难以及时发现和纠正其中存在的错误。法定程序对于政府一个具体决定作出的重要功能在于使得政府有关人员采取相关活动时对有关问题进行充分的考虑，防止仓促行事造成本可避免的错误。同时，在决定执行过程中能够时刻受到监督，避免发生无可挽回的结果。由于相关配套法律制度建设的不足，政策主导型工程在程序上不是很予以重视。其虽然一般也会经过详细的论证工作，但是在统一认识、迅速推动的情势之下，对工程建设提出来的反对意见和疑问很有可能会被忽视。这样就会使得工程建设中对于其中存在的可能风险和不利后果估计不足。

第四，政策主导型工程建设的民主性也比较缺乏。政府在做出一项政策时自然也需要去反复认证，听取各方面的意见，以确保政策本身的正确性。但是政策内容的最终决定权仍然属于政府，而且主要属于主要负责人。这就使得政策在民主性上就显得有些不足。而现代法治社会中的法律是由民意代表通过正式的立法程序共同制定的，能够充分地表达民众的意愿，满足民主政治的要求。因此，政策主导型的工程建设如果不在法律的框架下接受相关民主程序的监督，很有可能会造成民主的缺失而不为人所接受。

第五，政策主导型工程容易引起民众对政府行为合法性的质疑。我们注意到，改革开放以后，社会主义法制体系也伴随着社会主义市场经济一起建立起来的，法治理念也逐步深入人心，人们也更多地从合法性的视角去看政府的活动。学会首先从是否符合规定的角度来看待政府的行为。政府活动要使公众能够予以接受，不仅在实质上要具备正当性，同时在形式上也要具备合法性，否则，无法完全消除人们对政府行动的诸多疑问。这就对政府的活动提出了更高的要求，不仅是不利的行政活动要有相应的法律依据，授益的行政行为也需要在法律的框架内进行。由此观之，菜篮子工程此类即使是造福民生的工程以后也势必要被纳入到法制轨道中，从形式和实质上都满足合法性的要求，从而消除人们对其还可能存在的诸多疑虑。

(二)公众参与的不足

伴随着西方上世纪70年代开始的"新公共管理"改革的蓬勃发展和行政民主化浪潮的逐步推进,加强公共行政领域的公众参与已经成为世界性趋势。[24] 公众参与是为了弥补现代条件下传统行政法理论的不足而提出来的。行政法的传统模式将行政机关设想为一个纯粹的传送带,职责是在特定的案件中执行立法指令。[25] 行政机关通过贯彻立法机关指定的法律获得其行为的合法正当性。但是现代社会的现实是中行政权的扩张已经远远超过了立法机关所能影响的范围。同时,在很多领域内立法机关给予行政机关极为宽泛的授权。于是很多行政活动的实施就会使人们产生行为民主性、合法性的质疑。在这种条件下,行政过程中的公众参与制度是在行政过程中引入民主机制,构建立法过程之外的二次民主,从而得以消除公众对其合法正当性的质疑。同时,人们也逐步认识到政府并非是全能的,在进行相关活动时囿于其所处立场上的限制在认识问题上具有片面性和倾向性。公众参与可以给政府提供一个多元化的视角,进而纠正政府自身行为所存在的局限性。[26] 此外,由于公民能够积极参与到政府活动的决策过程之中,并且其意见能得到政府的认真考虑并获得回应,他们对于政府活动的不满能够得到缓解,而且其人格尊严也得到了尊重。因而,公民对通过这样的程序最后获得结果的接受程度也会大大提高。这样也就使得政府在具体实施过程中大大提高了行政效率。鉴于此,公众参与已经成为了现代政府体制改革中的一项重要内容。

随着学者对公众参与的研究深入和大力提倡,公众参与制度正逐步被

---

〔24〕 参见江必新、李春燕:《公众参与趋势对行政法和行政法学的挑战》,《中国法学》2005年第6期。

〔25〕 参见[美]理查德·B.斯图尔特:《美国行政法的重构》,沈岿译,商务印书馆2002年版,第10页。

〔26〕 对于这一点的认识的哲学依据是人们认识到作为单个人或者组织在认识上的有限性,即"有限理性"。参见徐晨:《权力竞争——控制行政裁量权的制度选择》,中国人民大学出版社2007年版,第23页以下。

我国理论和实践所接受，例如2008年出台的《湖南省行政程序规定》中明确规定了政府在作出重大行政决策的过程中必须有公众的参与，听取公民的意见。[27]《上海市信息公开规定》也根据《政府信息公开条例》中的有关内容将涉及公民、法人或者其他组织切身利益的、需要社会公众广泛知晓或者参与的信息列入政府应当主动公开的信息范围。[28] 这些规定表明了我国公众参与政府的公共管理活动将是大势所趋。上海市菜篮子工程的建设过程由于在启动之初公众参与的理念在我国尚未引进和普及，整个工程从决策到实施的过程中一直都是政府起到主要的推动作用，公众在整个项目建设过程中出于消极被动的地位，其主体性没能得到体现。其实，菜篮子工程由于跟公众的日常生活息息相关，在很多问题的处理上公众的意见更为重要，离不开公众的参与，例如农副产品销售点的设置是否适当就应当更多地以公众的意见为准，而不仅仅是政府的单方面考虑。此外，菜篮子工程的建设是政府对社会公共资源的分配和使用，也应当由公众参与并予以监督。由此，我们可以认为在日后菜篮子工程的发展过程中公众不仅是要参与其中，而且还要能够起到主要的作用。因此，如何使得公众在其中起到应有的作用是上海市菜篮子工程进一步发展过程中所应当认真考虑的问题。

（三）权益保障机制构建的忽视

上海市菜篮子工程作为一个庞杂的系统性工程，必然会牵涉到多方面利害关系，对一部分人的权益产生影响，例如郊区的农民、副食品销售点等。对于如何协调这些可能会受到影响的利益，上海市政府并不是不予以考虑的。原副市长叶公琦在总结菜篮子工程的成功经验中提到在过去菜篮子工程建设过程中各方面的利益关系的协调主要是依靠政策进行调节。这些措施主要有加大农资综合直补力度、强化重大动物疫病防控体系、鲜

〔27〕 参见《湖南省行政程序规定》第37—38条。

〔28〕 参见《上海市政府信息公开规定》第11条第1、2项。

活农产品运输专用车免通行费以及加大金融对农业支持力度等。[29]

但是，从上文对单纯依靠政策所存在的隐患分析，我们也可以看出上海市菜篮子工程中依靠政策对各方面利益进行协调极易受到政策变动的影响，难以给予当事人有效、可靠的权益保障机制。而且，如果当事人在工程建设过程中权益收到了侵害，政府所允诺的各项补贴、措施并没有到位，其寻求救济的路径在相关论述中并不十分明了。作为一个完整的制度设计者，我们在构造的过程中不能不对上述事项进行比较充分的考虑。如果这些权益受到损害的主体无法获得救济，就会直接影响到整个制度的有效运作乃至继续存在的可能性。因而，我们在接下来利用法律调控的方式取代政策主导的发展过程中应当关注权益保障机制的建立以使得相关主体能够获得可靠、有效的权益保障，避免这项使民获益的工程变成一项扰民工程。

综上所述，以建设法治政府的视角来对上海市菜篮子工程进行考究，我们发现在建设服务型政府的过程中法治因素严重缺失。因此，理论界和实务界都应当考虑服务型政府与法治政府这两个改革理念之间如何实现相互融合。

五、服务型政府的法治化进程需要制度设计上的改革和创新

上海市政府以菜篮子工程为代表的一系列民生工程很好地贯彻了服务型政府的相关理念。但是从整体来看，这只能是服务型政府建设过程中的阶段性成果。我们要进一步改革彻底完成从管理型政府向服务型政府的全面转变必须还同时坚持与法治政府的构建进程相结合，将其纳入到法治的框架下运行。服务型政府与法治政府这两个理念之间融合应当是日

---

〔29〕 参见《上海市人民政府关于进一步加强本市农业和粮食生产的政策意见》（沪府发[2008]15号）。

后政府改革的趋势，例如在2010年9月30日，湖南省向社会公布了《湖南省政府服务规定(草案)》，是我国首部专门针对服务型政府建设进行的立法。这表明了湖南省对将服务型政府的建设纳入到法律框架下的努力。草案中就政府服务的内容措施、服务平台、服务公开、服务的保障以及监督等内容进行了规定，给政府如何提供服务进行了规范性的引导。该草案的出台对于服务型政府和法治政府这两个理念在建设的过程中如何相互融合无疑具有十分重要的启示意义。但是这一融合的完成并不是一蹴而就的，通过上文的分析，笔者认为可以从以下几个方面进行考虑：

(一) 构造完整和开放的与服务型政府相适应的立法体系

在某一时间结点上制定出来的法律必然是立法者基于这一时间点之前的社会现实的具体状况制定出来的。但是社会现实在不断变化，法律中所调控的各种社会因素也随之在不断变化，最终当法律与现实出入极大时便推动法律自身的变化。〔30〕所以法律制度虽然具有相当的稳定性，但就长期来看，本身也处在不断的变化之中。这也就需要立法者要有一种开放的心态来对待有关立法工作，关注现实中出现的一些新现象以及其中出现的问题。

以菜篮子工程为代表的上海一系列民生工程取得了有目共睹的成绩。政府在建设服务型政府的过程中积累了很多成功的经验，形成了一些较为成熟的措施予以应对在推动服务型政府建设过程中可能会遇到的问题。立法者的任务则是要将一些比较成功的经验予以提炼总结，用立法的形式予以固定，并且针对里面可能存在的一些隐患予以相关制度安排进行预防。其实，在我国这一方面不乏成功的案例，例如《行政许可法》中针对行

〔30〕 美国学者F.R.古德诺曾对法定的政府体制的变动方式进行了分析，他指出一种体制由法律确认采用之后，各种政治力量便会立刻解释和修正，随着时间的推移，无数细微变化产生了实质性变化，这就产生了对法定政府体制的修改，即修改宪法性法律。笔者认为广而言之，其他领域内的法律制度也存在类似的问题，当现有的法律制度与社会累积的变化严重出入时，法律自身必然要发生变化。参见[美] F.R.古德诺：《政治与行政》，王元译，华夏出版社1987版，第2页。

政许可领域内的多阶段许可给当事人带来严重不便的现象，规定了需要一个机关内多个机构办理的，应当由其中一个机构统一办理，需要多个行政机关办理的，政府可以确定一个机关统一办理或者多个机关间的联合办理。[31] 这其实也是从服务型政府建设为目标的政府改革中一个工作方式的转变经过提炼总结被法律予以吸纳推广的。但是我们发现经常出现的是政府在建设服务型政府过程中往往各部门各自为政，对这些成功案例中的有益因素并不进行认真的学习、借鉴，例如在上海市群租现象政府治理中，笔者就指出政府的突击扫除群租人员并非是服务型政府的思维，解决问题的根本路径还是在于质优价廉租房的提供。[32] 因此，相关立法者工作应当及时对政府的行政实践进行总结归纳，在立法上予以反映。

同时，在服务型政府的构建过程中，为了更好地实现服务的功能，政府在行政活动的方式上也进行了创新，例如《湖南省政府服务规定(草案)》中就规定了行政指导、行政规划、行政合同、行政奖励、行政调解等多种行政管理的新模式。这些新的管理模式是政府部门的一些尝试，对其具体如何操作还是处在一个比较模糊的概念上，也就很容易出现不规范的操作。因此，为了避免出现对于这些新的管理模式理解上的混乱，对于这些新的管理模式应当从程序和内容上应当达到何种程度的要求在立法层面也应当予以回应。

需要注意的是，立法过程还要重视法律的体系化构建。法律是一个系统的工程，要能够实现整个机制的有效运行，首先要完成的是法律体系自身内部的协调通畅。否则，不同法律规定之间的冲突会使得相关主体在依据法律从事相关活动时无所适从。这一点对于制定主体多、层级多、规模庞大的行政法律规定尤为重要。政府提供公共服务的这些民生工程处在相关法律规定落实的第一线上。作为相关规定的一线执行者所需要

---

〔31〕 参见《中华人民共和国行政许可法》第 26 条。

〔32〕 参见沈福俊：《政府应当如何面对"群租"》，《法治论丛(上海政法学院学报)》2008 年第 1 期。

的是可操作的规定，并不会去考虑是否存在法律规定的冲突问题。而且如果要求他们清楚地知道各种法律规定中可能存在的所有冲突，对以执行法律为主的行政机关工作人员来说无疑是一项比较苛刻的要求。因此，为了方便于这些一线工作者有关工作的展开，将法律规定以及其中的精神贯彻到实处，立法工作者对于法律的体系化构建是必不可少的。例如在“福建省水电勘测设计研究院不服省地矿厅一案”[33]中，福建省人大常委会批准的地方性法规《地下热水管理办法》将72℃地下热水的管理权限划给了城乡建设委员会，而根据《矿产资源法》及其实施细则的规定，该项行政管理职权属于地质矿产部门。不同层级之间的法律规定之间的冲突是造成这个行政争议的重要因素之一。所以在法律制度的构建过程中一定要着眼于全局，实现法律制度内部的和谐。而且服务型政府提供的公共服务由于与公众生活密切相关，有很强的地方性特征，各地公众的要求可能并不一样。这就对各级立法之间如何协调以同时满足法制的统一性和地方的特殊性要求提出了难题。为解决这一难题，立法工作部门一方面法的创制中注意体系化的构建，要及时按照《立法法》中的有关规定对有关立法进行清理，及时清理出可能存在的冲突。另外一方面，在立法技术上，具体的内容规定应当更多的由层级较低的立法予以细化，层次较高的立法则是着眼于整体框架上的构建，给予层级较低的立法以更多的发挥空间。

(二) 政府决策程序的规范化

政策主导型发展模式的一个主要的优势在于能够对现实中出现的新问题作出迅速的反应。我们国家的社会、经济、文化等各方面发展迅速，要求政府能够迅速对变化作出反应。这样与法律修改的繁琐复杂相比，政策主导型发展模式灵活性优势显得尤为重要。这也是政府偏爱政策主导型发展模式的重要原因。但是如我们在前文中所分析的那样，这种做法一方

〔33〕 参见《最高人民法院公报》1998年第1期。

面会产生民主性、合法性的质疑，另一方面对行政官员可能会发生对事务的看法和举措上的错误缺乏预防措施。社会事务错综复杂，效率的提高必然会带来对相关问题考虑有所欠妥，加之行政官员看问题的视角比较单一，政府极容易出现对问题的错误诊断和政策的拙劣分析，从而导致行为目的的落空。〔34〕

为了解决这一问题，我们应当着力于政府决策过程程序的规范化，以达到统合决策、强化自身正当性基础与规范效果的目的。〔35〕这是因为法治建设过程中除了追求实现实体正义之外，程序正义的实现也是法治建设的重要目标。各个主体具有各自不同的价值评判体系，这就造成了在个案中追求绝对的实体正义往往难以实现。因此程序正义就显得尤为重要，程序可能是起到了阻碍的效果，降低了效率，但是正当程序使得行政行为中的各方利益都能得到充分的考虑，化解了异议者的不满情绪，确保行政机关良好行政，对官员和公民的权益都予以了有力保障，实质上是起到了提高效率的作用。〔36〕在政府决策机制程序的规范化发展过程中，一方面是要充分发挥人大及其在常委会在发展计划和重大事项上的决定权对政府决策的制约作用，〔37〕另外一方面更为重要的是考虑在政府决策过程注意加大公众的参与力度。这一点可以说上海市政府早已经开始在探索。以价格听证为例，在 2001 年国家计委颁布《政府价格决策听证暂行办法》之前的 1998 年 5 月开始，上海市政府便开始着手进行价格听证。到 2002 年 12 月止，上海市政府就 13 项价格听证内容进行了 12 次听证。〔38〕但是这种做法并没有转化为政府自觉的行为，例如 2009 年 10 月份的出租车价格上调就

〔34〕 参见[美]凯斯·R.桑斯坦：《权利革命之后：重塑规制国》，钟瑞华译，中国人民大学出版社 2008 年版，第 98 页以下。

〔35〕 参见叶俊荣：《面对行政程序法——转型台湾的程序建制》，台湾元照出版公司 2002 年版，第 170 页。

〔36〕 参见[英]威廉·韦德：《行政法》，徐炳译，中国大百科全书出版社 1997 年版，第 93 页以下。

〔37〕 参见《中华人民共和国宪法》第 62 条第 9 项、第 67 条第 5 项，《中华人民共和国地方各级人民代表大会和地方各级人民政府组织法》第 8 条第 2、3 项、第 9 条第 3 项。

〔38〕 参见顾长浩编著：《中国听证制度研究》，法律出版社 2007 年版，第 139 页。

存在着对其涨价没有经过价格听证会的质问。[39] 这就说明了政府决策过程中的公众参与与否仍然具有相当程度的随意性,还没有上升为政府的自然要求。政府宜对政府决策公众参与的已有实践进行总结,推动其制度化发展,最后成为政府决策活动中的一项自觉行为,如前文提到的《湖南省行政程序规定》已经就根据这一思路,在公众参与的法制化发展上迈出了重要的一步,并且取得了良好的社会效果,对政府活动产生了实实在在的影响。[40] 而对于菜篮子工程这样的民生工程,公众更加具有发言权,更具有参与使之完善的内在动力。我们没有理由不让公众在这些事项上的参与。

(三)政府信息的进一步公开

与政府决策过程中公众参与力度加大相应得一项制度就是政府信息公开工作的向前推进。在我国《政府信息公开条例》公布实施之后,政府的信息公开工作得到了更为迅速的发展,政府机制的运转更为透明。但是在取得成果之余,我们也发现了信息公开制度存在的种种不足。有学者指出当前的信息公开制度存在的问题有:《政府信息公开条例》法律位阶比较低、规定模糊,公开与保密的边界不清;政府的信息公开意识薄弱、信息整合机制不健全、信息公开不规范以及信息内容公开不充分,难以满足社会公众的需求;依申请公开的渠道单一,程序繁琐,相关工作亟待规范。[41] 政府所要提供的服务与公民的日常行为活动有关,所需要予以保密的内容不多。如果公民都不知晓政府所要提供的有关服务,那么政府如何来向公民提供服务是很令人值得怀疑的。而且如果政府的信息公开不到位,那么不仅公民对于政府活动的参与权难以得到保障,就是对政府活动的监督也难

---

〔39〕 参见邹荣:《"油价联动"不等于"不听证"出租车涨价》,新民网http://podcast.xinmin.cn/xwbk/2009/10/09/2695997.html(2009年10月16日最后访问)。

〔40〕 参见《湖南实施行政程序规定一年,取消3万多项红头文件》,中国机构网http://www.chinaorg.cn/zggg/2009—11/18/content_5366697.htm(2010年1月29日最后访问)。

〔41〕 参见秦浩:《〈中华人民共和国政府信息公开条例〉实施两周年的经验与反思》,《电子政务》2010年第7期。

以实现。我们在前文中也提到了服务政府背景下政府提供的大型公共服务一旦出现问题可能存在的风险。尤其是政府现如今将大量的公共服务工程通过行政合同等方式交由私人主体来完成。如果政府信息不公开,操作过程不透明,导致社会公众不知晓,难以对其进行监督,私人的逐利性就很有可能会对公共利益形成威胁。因而,政府的活动尤其是在涉及公共服务的提供更加需要信息的公开。解决前面提到的我国政府信息公开制度中存在的种种问题应当是日后需要重点予以关注的内容。

(四) 其他相关制度的完善

同服务型政府的建设一样,我国政府法治化建设也是在一个不断推进的过程之中,相关法律制度也需要不断予以完善。因此服务型政府的法治化建设过程中,除了上述三个方面之外,与之相适应的相关法律制度的系统化建设也需要予以重视。关于这一点,笔者认为需要对下面三个方面的问题予以一定的关注:

1. 行政责任的追究要能够落到实处

随着服务型政府的构建,政府对于公众生活的影响越来越大,既有利,也有弊。对政府活动的监督日益显得重要。上文中我们提到现有的监督体系存在着种种缺陷,给公共服务的提供构成了严重的威胁。笔者认为要实现对政府活动的有效监督最为核心的问题就是行政责任追究制度的构建。任何监督只要不归结落实到责任的追究上最终都会流于形式。对于公权力机关来说,其所享有的权力就是其义务和责任,有权无责最终不仅会造成政府不服务,或提供劣质的服务,而且会对公民的合法权益造成威胁。我国现今的行政责任机制存在着结构性缺陷,诸如权责不对等、行政责任设定失序、规定不全面、机制设计失之偏颇等。[42] 这就导致了出现了相关问题后经常会出现各个部门之间相互推卸责任,最终不了了之的情形。因此,在日后的制度过程中,对于行政责任追究的问题应当予以充分

〔42〕 参见宋功德:《行政责任制的结构性缺陷及其调整》,《中国行政管理》2007 年第 2 期。

的重视。这一方面要力图使得某一个行政主体的职权明晰化,同时建立在权限发生冲突或是含混不清时候的解决机构,使得相关部门对其应当承担责任无法推卸。另一方面,在行政责任制度的构建过程中,要把该行政主体以及相关人员的责任要落实到位,其中重点放在该部门的领导责任追究上。冰冻三尺非一日之寒,一起严重的危害事件的产生往往与一个行政主管部门长期的工作习惯有关。只追究直接相关人员的责任很难会对责任部门的整体运作产生影响。对部门的领导责任的追究到位将使得该部门对自己的工作予以重新审视,促使其优化其工作,以避免类似情形的再次发生。

2. 突发事件的应对措施要充分有效

政府向社会公众提供的服务主要是公共服务,与社会公共利益密切相关。正因为如此,在服务型政府的构建过程中,政府尤其要注意突发性事件对于公共服务带来的冲击和影响,例如 2003 年的突发的 SARS 事件就直接拷问了我国公共医疗服务的应对能力。近些年,来如何应对非传统的安全威胁日益成为各国关注的焦点。突发性公共事件层出不穷,处理稍有不慎就会形成一场灾难。鉴于这一问题的重要性,我国于 2007 年出台了《突发事件应对法》,对如何应对突然发生,造成或者可能造成严重社会危害的自然灾害、事故灾难、公共卫生事件和社会安全事件予以了详细的规定。该项立法中主要包括了应急状态的决定与宣布制度、应急状态的实施制度、应急状态的更正和延长制度、应急状态的撤销制度、突发事件的信息预警制度、突发事件的应急储备制度、突发事件的内部协调制度以及突发事件的事后恢复与重建制度。[43] 具体到政府向公众提供的公共服务上,政府应当将预防工作作为首要方面,尽量避免不发生人为造成的突发性事件。在出现突发性事件之后,消除突发性事件的负面固然很重要,但最为关键的是要能够迅速恢复有关服务的提供。所以,我们不仅要考虑到平常

〔43〕 参见戚建刚:《法治国家架构下的行政紧急权力》,北京大学出版社 2008 年版,第 228 页以下。

状态下服务型政府应当如何构建，也应当深入思考紧急状态下的服务型政府所应当呈现出的运作状态。

3. 纠纷解决机制要能够提供及时、有效的权利救济

社会运行过程中不可避免地会出现纠纷。服务型政府使得政府所管辖的事务范围迅速扩张，其与个人之间的纠纷数量也势必会迅速上升。传统上，作为纠纷解决的最具权威的法院由于诉讼程序的繁琐，审查范围、原告资格等诸多法律上的限制以及司法人员对于行政管理知识的相对匮乏，自然不能承担起处理大量日常行政管理事务中出现的行政纠纷的任务。立法和司法要对行政机关实现有效的控制，还必须依赖于行政机关自身的结构和内部控制上。[44] 因此在如何实现行政纠纷解决的机制构建上，我们还是应当将重点放在以行政复议为代表的纠纷解决的行政路径上。而我国目前出现的大量信访活动固然有信访制度自身存在的一些问题，但是从侧面说明了不仅行政诉讼制度，而且行政复议制度这一法定的行政机关的纠纷解决机制并没有起到迅速、有效地解决纠纷的作用。针对这一现状，我们应当做的是认真对现行法定的纠纷解决制度"制度不能"的现象进行检讨，并在此基础上进行改革以适应服务型政府发展的需要。笔者认为在构建有关纠纷解决机制过程中，还是应当以完善正规的纠纷解决机制为重点，信访制度只能作为一种补充，在法律途径本身性质决定了不能解决的时候发挥其作用。我们可以考虑用行政申诉、行政复议和行政诉讼这三个制度构成一个完整的行政争议解决的法律路径，即：

首先，行政申诉制度主要是以当事人向行政主体提出异议以使其重新考虑从而发现其中存在的问题予以及时处理。作出行政决定的行政主体可以安排非作出具体行政行为的其他工作人员对行为进行审查，发现问题就即时予以纠正。这也就是让行政主体进行二次考虑，大量的行政纠纷应

---

〔44〕 参见[英]特伦斯·丹提斯、阿兰·佩兹：《宪制中的行政机关——结构、自治和内部控制》，刘刚、江菁、轲翀译，高等教育出版社 2006 年版，第 5 页。

当在这一阶段予以解决。

紧接着，行政复议制度则是有关行政申诉不能满足当事人的情况下，由上级行政机关对其行为进行全面复审，并对涉及的规范性文件进行处理。因为行政主体的自我审查一方面可能会怠于审查，出于种种考虑将之流于形式，二来受到机构内部思想认识统一的影响，很有可能也审查不出什么问题。出于效率的考虑，避免久拖不决给当事人带来的不利影响，行政复议应当采用一审终审，是行政纠纷在行政机关处所能够获得处理的最后一道程序。

最后，行政诉讼则是主要负责解决行政主体与行政相对人之间案情较为复杂、争议较大的行政纠纷。通过前两道程序的过滤，法院避免了陷入大量雷同重复的行政纠纷的解决，可以将精力集中于双方利益冲突激烈、对社会影响较大的行政案件。法院通过判决回答其中存在的行政法律问题，不仅解决了当事人之间的纠纷，而且由于案件本身的重要意义，可以借此对推动整个行政法治的发展产生积极的影响。通过这几个层级的过滤处理，我们可以期待的是行政纠纷中所涉及的问题都能被认真考虑并予以适当解决，从而也能推动“纠纷司法最终解决”原则的确立。

应用到菜篮子工程这类政府活动上，我们则需要考虑到这类工程本身是和公众的日常生活息息相关的。旷日持久的纠纷解决路径对公众的日常生活的影响更显而易见。我们不能将这类公共服务活动陷入纠纷解决的泥沼中。因此在服务型政府的法治化建设过程中，政府应当更加着重于运作良好的行政机关内部自我纠错机制。相较于与行政诉讼的衔接，行政解决路径的探讨和完善更为迫切，也更具有值得探讨的价值。

综上，服务型政府的法治化建设是一个综合工程，立法工作中要有较为开放的视野，政府本身的决策行为也要不断改善以提高决策质量，同时自然不能忽视与之配套的相关法律制度的构建。通过法治框架的强力保证，服务型政府得以在不偏离原先既定的轨道之上稳定地向前发展。

六、结　语

上海市政府这些年来以菜篮子工程为代表的一系列工程是为上海人民谋福利的实事,并没有将服务型政府的理念停留在口号上。但是实现进一步推动改革以实现全面性的转变还是不能脱离制度上的建设。法治建设理念作为政府改革的另一重要方向,应当而且也能够与服务型政府的理念相结合共同打造现代化的政府模式。本文仅仅是从菜篮子工程的回顾中阐发对服务型政府法治化建设的一些初步思考。这两个理念的相互结合仍然是一个非常有意义的值得探讨的问题。可以期待的是法治政府的理念纳入到服务型政府建设中必将会带来服务型政府建设的全面进展。

(作者单位:华东政法大学法律学院　上海交通大学凯原法学院)

【特邀编辑:姚斌】

社会救助：现代社会的国家责任

刘　琳

本文讨论的社会救助是狭义上的社会救助，这一意义上的社会救助主体仅限于国家。但是社会救助主体并非自始就是国家，而是在社会发展到一定阶段后，贫困问题加剧，依靠个人力量难以抵抗时，国家才逐步介入社会救助。

一、国家成为社会救助责任主体的历史脉络

社会救助是人类社会最古老的一种保障形式，在社会保障的诸多方式中，其历史最为久远。然而早期的社会救助主要是由教会等非政府机构实施，政府是在历史发展到一定阶段才介入到社会救助中，并逐渐成为社会救助的最主要提供者。英国是社会救助制度的发源地，社会救助主体在英国的演变过程在一定程度上反映了其他国家逐步成为社会救助主体的历史变迁过程。本节通过对英国与中国政府介入社会救助行为的历史进行分析与研究，从历史的角度去发现政府何以成为社会救助的义务主体。

（一）英国：济贫法到福利国家

社会救助制度发祥于工业化最早的英国，它是以济贫的形式出现的。英国社会救助制度萌芽于中世纪时期基督教的慈善施舍和同业行会的互助互济。之所以在英国首先诞生社会救助制度，与英国的社会经济发展密

切相关。正如钱穆所言："某一制度之创立，绝不是凭空忽然地创立，它必有渊源，早在此项制度创立之先，已有此项制度之前身，渐渐地在创立。某一制度之消失，也绝不是无端忽然地消失了，它必有流变，早在此项制度消失之前，已有此项制度之后影，渐渐地在变质。"[1]在 1601 年《济贫法》颁布之前，英国主要通过教会提供对贫困人口的救助，国家并不是救助的责任主体，没有救助的义务。国家作为责任主体的社会救助之所以会最早出现在英国，与当时英国发生的两件大事有关：一是圈地运动引起的人口流动；一是工业化大生产导致贫困人口大量增加。

1. 人口流动与社会立法

在欧洲的历史上，社会政策的出台总是与人口的流动密切相关。中世纪欧洲实行的是政治、经济和社会合一的制度，农奴是封建领主的财产，封建领主像拥有自己的土地一样，拥有他们的农奴，农奴的生老病死当然也是封建领主的责任。农奴没有流动的自由，直到中世纪后期发生了几次大的运动、事件，导致了欧洲封建社会人身依附关系的瓦解，人口向封建领地外的流动，以及整个社会生产关系的巨大变化。

第一次是十字军东征，农业劳动力开始在小范围内流动。第二次是具有深远影响的英法战争，战争为很多农奴创造了获得自由的机会。第三次是 14 世纪开始的一场席卷整个欧洲的瘟疫——黑死病，一方面使得劳动力锐减，另一方面却导致了劳工开始为了获得更高的报酬而流动。最后一次是史无前例的产业革命。当时的世界工厂是与英国隔海相望的荷兰。荷兰建立了海上霸权和贸易通道，它兴旺的毛纺业吞噬着越来越多的英国羊毛，也在英国诱发了一场"羊吃人"的圈地运动。为了向荷兰提供羊毛，贵族们将耕地改为草场，众多的农民被赶出家园，成为流民。这些事件导致大量成年劳动力四处流浪，成为对社会稳定产生极大影响的流民大军。流民问题成为影响英国以及欧洲社会发展的重要问题。

这几大事件中尤其以圈地运动造成的影响最为深远。英国思想家托

---

〔1〕 钱穆：《中国历代政治得失》，生活·读书·新知三联书店 2005 年版，第 2 页。

马斯·莫尔(Thomas Moore)在《乌托邦》中的一段话曾被多次引用,它描述了英国圈地运动给大众带来的苦难:

> ……佃农从地上被撵走,为的是一种为害本国的贪食无餍者,可以用一条栅栏把成千上万亩土地圈上。有些佃农则是在欺诈和暴力手段之下被剥夺了自己的所有,或是受尽冤屈损害而不得不卖掉本人的一切。这些贫困、愚钝、不幸的人在各种逼迫之下非离开家园不可——男人、女人、丈夫、妻子、孤儿、寡妇、携带儿童的父母,以及生活资料少而人口众多的全家,因为种田是需要许多人手的。……
>
> 他们在流浪中花完这一文半文钱之后,除去从事盗窃以致受绞刑外……或是除去沿途讨饭为生外,还有什么别的办法?何况即使以讨饭为生,他们也是被当作到处流浪不务正业的游民被抓进监狱,而其实他们非常想就业,却找不到雇主。他们是对种田素有专长的,可是找不到种田的活,因为已无供耕种的田。〔2〕

从这段描述中,我们看到一个社会结构大变革的时代背景:流离失所的人们失去了所有,包括财产、耕地、家庭和社会保护,以及对未来生活的期望。英国的统治者们不认为这些苦难是社会转型中赤裸裸的剥削与不公的产物,却认为"个人的不幸"是由于个人的原因,特别是个人的懒惰造成的,他们尤其害怕人口流动带来的社会动荡与不安。政府颁布了一系列血腥法令,采取强制性措施限制人口的流动,将劳动者限制在其居住地,并且通过立法对贫民进行区别对待。1531 年,英国议会颁布一项法令严惩身体健全的人乞讨,那些被认定为有劳动能力的流浪者是"次等资格"流浪者,将被"捆绑到市场,处以赤身裸体的鞭刑,直至全身被打出血为止"〔3〕,当时的社会舆论认为,造成这些人乞讨的原因是懒惰和闲散,而"闲散是万恶之源",应当予以严惩。但对于没有劳动能力的流浪者,法令规定他们

---

〔2〕 [英]托马斯·莫尔:《乌托邦》,戴镏龄译,商务印书馆 1982 年版,第 21—22 页。

〔3〕 丁建定、杨凤娟:《英国社会保障制度的发展》,中国劳动和社会保障出版社 2004 年版,第 4 页。

“有资格”享受救助，并且要求地方官员“努力发现并帮助所有年老的穷人和那些值得尊敬和救济的人们”[4]。

在中世纪欧洲，扶助流浪的贫民本来是教会的工作，教会举办的慈善救济在当时的救济中占有重要地位。16 世纪中叶，英国大约有 644 座修道院，110 座教会举办的养育院、2374 个教会举办的施物所被撤销。原来在这些场所接受救济的贫民约有 8.8 万人。[5] 但英王亨利八世为了避免教会和世俗政权分庭抗礼，下令没收了修道院的财产。教会失去了提供救济的资源，而贫困依然存在，贫民们聚集在一起，对政府和社会极其不满，构成了对政府统治的威胁，并造成了社会的不稳定。于是世俗政权被迫出面，一步一步建立起济贫制度。政府也意识到贫穷已经成为一种社会现象，应当采取有效措施帮助那些无以为生的人，而不仅仅是通过惩罚来维持社会秩序。在这种背景下，1601 年伊丽莎白女王执政时期，制定了社会保障史上著名的《济贫法》。济贫法的内容主要包括：确立了使用公共基金满足个人需求的原则，使利用公共资源提供社会服务合法化；确立了由国家实施公共援助的原则、资格审查的原则以及扶贫资金由地方筹措、地方管理，贫民由地方负责的“属地原则”等。1601 年《济贫法》是社会保障史上的一个重要里程碑，对英国以后的社会救助立法有着深远影响。

2. 工业化大生产与社会行政

18 世纪 60 年代，英国首先拉开了工业革命的序幕，由此推动了社会救助制度的发展。随着工业革命在英国的进行，英国开始了向工业化社会的转变。工业化大生产在推动英国经济发展的同时，也导致了社会问题尤其是贫困问题和失业现象的大量出现，从而使英国的社会行政进入了新济贫法时代。

英国顺利完成了工业化，下层人民的生活水平却在不断下降，对济贫

---

〔4〕 Lipson，The Economic History of England，Vol. 1，London，1949，p342—344. 转引自丁建定、杨凤娟：《英国社会保障制度的发展》，中国劳动和社会保障出版社 2004 年版，第 4 页。

〔5〕 彭迪先：《世界经济史纲》，三联书店 1949 年版，第 104 页。转引自丁建定、杨凤娟：《英国社会保障制度的发展》，中国劳动和社会保障出版社 2004 年版，第 1 页。

进行严格限制的机制导致社会问题加剧，为了缓和整个社会的紧张气氛，1782年，英国议会通过《格伯特法》，放宽济贫范围；1789年，通过了著名的《斯宾汉姆莱法》，承认“在目前的状态下，穷人的确需要得到比过去更进一步的补助”[6]。为了维护社会秩序，《斯宾汉姆莱法》将济贫的范围进一步扩大，有人就业的贫困家庭也可得到救助，并且建立了广泛的院外救济，使低收入者能够得到某种程度的最低生活保障。济贫范围的扩大导致开支迅速增加，1810年前后，支出已经超过每年600万英镑。济贫支出来源于济贫税，因此纳税人身上承受的负担日益沉重，要求改革旧制度的呼声越来越高。马尔萨斯在《人口原理》一书中对当时的济贫制度进行了批判：

> 济贫法的第一个明显的趋势是使人口增多而维持人口的粮食不增。一个穷人在没有不靠教区帮助能够维持家庭的希望的时候就可以结婚。所以济贫法可以说是它所要维持的这批贫民的创造者了……其次，在贫民习艺所里的粮食数量(这一部分人一般不能认为是社会里最有价值的那部分)也要使较为勤劳和较为优秀的社会成员减少他们本来应得的份额，因此同样使更多的人走上不能自立的道路。……为了要使有些贫民得到帮助——这种帮助是否能为他们造福还是可疑的——全体的英国平民都要受到粗暴的、不方便的和专横的法律的摆布，不符合我们宪章的原有精神。全部业务的管理，虽然有所改善，仍然和一切自由的观念相冲突。[7]

1832年英国国王威廉四世下诏组织“济贫行政与实施委员会”，负责对全国的济贫情况进行调查。1834年英国议会根据该调查委员会的报告，通过了《济贫法修正案》(The Poor Law Amendment)，也称《新济贫法》。《新济贫法》正式否定了《斯宾汉姆莱法》的院外救济制度，宣布停止向济贫院以外的穷人发放救济金，强迫穷人回到习艺所，并创立了全国性的行政机构“济贫委员会”进行管理。《新济贫法》奠定了现代社会救助立法的基础，

---

[6] 和春雷：《社会保障制度的国际比较》，法律出版社2001年版，第5页。

[7] [英]马尔萨斯：《人口原理》，子箕、南宇、惟贤译，商务印书馆1961年版，第352—354页。

形成了由政府直接管理社会救助事业的传统，并成为以后欧美各国社会救助立法的典范。

《新济贫法》并未有效解决当时的社会问题，为了调查济贫法的执行情况以及在济贫法之外所采取的各种应对贫困的措施，英国政府在1905年组织了一个皇家调查委员会，对有关济贫法制度的各个方面进行详尽的调查。1909年该调查委员会提交了长达数十卷的调查报告。因为委员会成员对当时贫困产生的原因、救助的理念等存在不同认识，最终的报告实际上由多数派报告和少数派报告组成。少数派报告认为贫困主要是一种社会现象，个人虽然有一定责任，但更多是由社会与经济发展不平衡造成的，国家应当对此承担责任，采取措施解决问题；[8]多数派报告则坚持认为贫困更多是个人原因造成的，因此不仅要尽量减少救济数量，还要在政治地位上使他们比常人低一些，迫使贫困者尽量依靠个人努力摆脱贫困。

多数派和少数派在济贫问题上截然相反的态度使得英国政府不可能贸然采取行动，只是逐步进行一些细微的改革，改善济贫院的条件，放宽各项规定，逐步扩大对失业者的院外救济，一定程度上减轻了人们对济贫法制度的不满。

3. 福利国家理念下的公共救助

到19世纪后期，德国首先建立了一种不同于事后救济的、以预防为主的社会保险制度，并在欧洲各国流行开来。而传统的济贫采取的是对已经

---

〔8〕《英国皇家专门调查委员会社会保障报告》中有这样一段描述：那些坚守《济贫法》惯例并致力于使地主阶级制度永存的立法者也开始意识到问题的严重性；靠自愿性慈善组织的财力无法解决贫困问题；在大多数情况下，贫困靠个人力量是无法控制的；必须使用公共资金来缓解贫困问题。这个问题太大，困难太严峻，国家无论如何必需采取行动。转引自吉尔伯特编：《社会福利的目标定位——全球发展趋势与展望》，郑秉文等译，中国劳动社会保障出版社2004年版，第2页。在此之前，英国保守党领袖张伯伦提出失业不是个人造成的，由此导致的贫困应该由国家予以救济，对贫民的歧视与不公不应该与因失业而造成贫困的人联系在一起，并要求扩大院外救济，缓和失业者的贫困。英国学者郎特里教授在调查约克城贫民状况后，提出“贫穷文化”的理论，认为贫穷的原因，不在于其个人或家庭，而在于社会，济贫并非是一种施舍、慈善或恩惠，而是国家的责任，应该由政府进行济贫工作。

产生的贫困人口进行救济，有很大的局限性。进入 20 世纪后，英国先后颁布《失业工人法》、《养老金法》、《健康保险法》，建立起社会保障制度体系。新的社会保障体系与原有的济贫制度产生了一定的冲突，一是社会救济与社会保险津贴项目存在重叠，造成社会救济与社会保险津贴发放中的重复与混乱，导致政府支出的增加[9]；二是两种制度同时存在两套管理机构，造成社会保障和社会救济管理工作的混乱。

1919 年，英国议会通过《健康部法》，成立健康部，统一管理济贫事务；1929 年地方政府法的颁布实施，标志着以济贫法监督局为基本机构的英国济贫法制度地方管理体制的结束。这两部法律的实施，宣告了英国济贫法制度的历史终结。曾经有人预言，社会救助将为社会保险所取代，但是这一预言被实践证明是错误的。20 世纪 30 年代在欧美各国爆发的经济危机，导致贫困人口大量增加，各国政府不得不采取新的措施。英国政府于 1941 年 6 月宣布成立一个由各个部门组成的“社会保险与相关服务委员会”，由贝弗里奇担任主席，因此也称为“贝弗里奇委员会”。该委员会经过一年多的调查，于 1942 年提交了“社会保险与相关服务的报告”，亦称“贝弗里奇报告”。[10] 该报告提出社会保障有三种方法，即为保障基本需要而实施的社会保险、为保障特殊需要而实施的国民救济以及为满足基本需要以外的需求而实施的自愿保险。社会保险是最基础的保障措施，但并不是唯一的保障措施，对于社会保险未能完全保护的公民，国家应当提供救助。1948 年，英国颁布《国民救助法》，标志着济贫法的正式终结和现代社会救助制度的正式建立，社会救助从恩惠走向权利，成为政府的责任。随着社会经济的发展，英国政府对社会救助制度进行了多次改革，但救助主体始终以国家为主。

---

〔9〕 1923 年，英国失业人口中既领取失业保险津贴又领取济贫法所提供的失业救济金的人数有 89400 人，1924 年为 38800 人，1926 年为 34400 人，1927 年为 18800 人。

〔10〕 贝弗里奇报告一经发表就受到广泛关注，不到一个月就售出 10 万份，最后销量达到 63.5 万份，是当时最畅销的出版物。参见 John Brown, *The British Welfare State A Critical History*, Blackwell Publishers, 1995, p26。

(二) 中国的官方救助：从恩赐到权利

中华民族素有积善行德、扶危济困、乐善好施、同情弱者、济世为怀的传统。据文献记载，中国早在西周时期就设立了专门官职来施与惠政，救济贫病之民。[11]《周礼》所记治国安民之策即为："慈幼、养老、赈穷、恤贫、宽疾、安富"(《周礼·地官司徒·大司徒之职》)。孔子在《礼记·礼运篇》中提出："大道之行，天下为公……人不独亲其亲，不独子其子，使老有所终，壮有所用，幼有所长，鳏寡孤独废疾者皆有所养"，为我们描绘了大同社会的理想境界，表达了朴素的社会救助的思想。儒家的"大同"、"仁政"、"民本"等思想对封建统治者有着重要的影响。汉武帝时，"遣渴者存问至赐，鳏寡孤独帛人两匹，絮三斤"(《西汉会要》)。汉宣帝所设的"常平仓"，相当于现在的国家粮食储备仓库，用来平抑粮价，救济百姓，即常持其平。明朝时期设养济院，并设惠民药局，帮助贫困者解决疾病痛苦(《明会要·遗骸·恤民事》)。清乾隆多次强调"赈恤一事，乃地方大吏第一要务"，清代救灾款项无定额限制，有款皆可拨，1906年清政府又设立民政部负责救济事务。近代受西方文明的影响，一度形成了中西结合型的社会救助模式。新中国成立后，我国社会救助制度进入了一个新的发展阶段。

1. 制度化前期的社会救助

中国古代社会有非常发达的社会救助系统，具体可以分为政府救助和非政府救助。从非政府的角度看，主要包括宗族救助、宗教救助和民间慈善救助。家庭是人类社会(尤其是在人类社会早期)稳定的主要来源。从古至今，家庭都承担着救助家庭成员的责任。由家庭救助功能向外延伸的表现就是宗族救助。义庄是中国传统社会宗族救助的一种主要表现形式。此外，宗教和民间慈善组织也承担了一定的救助责任。中国历朝历代的政

---

〔11〕 周秋光、曾桂林：《中国慈善简史》，人民出版社2006年版，第28页。《周礼·地官》载："司救……凡岁时有天患民病，则以节巡国中及郊野，而以王命施惠。"转引自周秋光、曾桂林著作第58页。

府都承担了在非正常时期的社会救助责任，如战后贫民救助和灾害救助。

从政府、宗教组织和民间慈善组织在贫困群体救助中发挥的作用，可以将这一时期的社会救济分为三个阶段：

(1) 宋代以前，除封建官府外，宗教力量对贫困群体的社会救济发挥着重要作用。北宋以前，封建官府除了主动承担起非正常时期的灾害救助外，在敬老方面采取了很多具体措施，如南北朝时期，梁武帝于521年设置"孤独园"，养"单老孤稚不能自存"者，开创了我国官办社会福利机构的雏形。

南北朝和隋唐时期，佛教兴盛，其"行善和普救众生"的理念对社会救济影响深远。佛教不仅直接通过寺院举办的救济机构——悲田养病坊对贫民进行救济，还通过影响世俗政权来影响救济，前述梁武帝设置"孤独园"即为其表现。病坊最早由寺院创立，由官府拨给一定的土地和财物作为物质基础，主要收容无家可归者，是一种综合性的救济机构。佛教势力的膨胀引起了世俗政权的不安，官府开始打击佛教势力，并展开了大规模的"灭佛"运动。

(2) 宋代，官办社会救济事业进入了鼎盛时期。唐代以后，由于官府对宗教势力的打击，宗教势力对社会救助的影响减弱。两宋时期，政府在贫困群体的救济方面开始发挥主导作用。两宋统治者除了设立应对非常时期的救济机构外，创办了一系列的常设性社会救济机构，包括收养贫病的综合性机构、养济病患的专门机构和助葬机构。[12] 此外，在对儿童的救济方面，宋代官府除了举办举子仓和慈幼庄外，还设立了集中收容弃婴的机构——慈幼局，堪称世界上最早的专业性官营孤儿院之一。在宋代，尽管这些机构由官府举办，但是很多具体事务仍交由僧人负责，佛教对社会救济事业仍有着很大影响。

(3) 明清时期，官办社会救济事业大量减少，原有的济贫机构要么被废除，要么逐渐衰败。官办社会救济事业衰弱的同时，民间社会救济力量却

---

〔12〕 参见张文：《宋朝社会救济研究》，西南师范大学出版社2001年版，第161—193页。

不断强大，明代地方实力派人物“助官赈民”现象大量涌现，民间慈善组织不断兴起，地方精英创办的慈善组织弥补了官办救济机构的不足。“明末清初在善会善堂史上具有重要的意义。因为，一直存续到民国年间的各种各样的善会善堂几乎都创始于明末清初。”〔13〕清初，官府对于文人结社的打击使得民间慈善组织一度衰弱，但随着政权稳定，清政府逐渐认识到民间慈善组织对地方稳定的重要作用，于是将原来的打压政策改为鼓励政策，使得中国的民间救济事业进入了一个繁荣时期。以江南地区为例，清代江南地区的民间慈善事业的发展分别在乾隆、嘉庆、道光时期和同治、光绪时期形成两个发展高潮。第一个高潮的形成除了清政府的积极倡导之外，与当时江南市镇的蓬勃发展密不可分。第二个高潮发生在太平天国运动之后，当时清政府实际上已经没有能力独立完成战后重建工作，而社会救济事业作为战后恢复社会秩序和生产秩序的一个重要方面又显得十分迫切。于是，官府无力完成而留下的社会救济事业空间，地方势力趁机填补了。〔14〕

2. 社会救助制度的确立

到了近代，中国的社会救济思想在继承传统的基础上，受到了资产阶级民主革命和西方福利思想的影响，发生了重要的转变。近代思想家对中国传统的“宗族救济模式”的狭隘性提出了批判，倡导建立具有公共精神的社会救济制度；倡导废除将社会救济视为怜民、爱民的传统观念，确立人民有难、国家有责的现代意识。

蔡勤禹认为，中国近代社会救济思想的转变主要包括以下几个方面的内容：第一是富国养民，通过商业富国来解决贫困问题；第二是推广工艺、振兴实业，消除贫困；第三是以教代养，使被养之人获得基本谋生手段，达到“救人救彻”的效果。〔15〕社会救济思想的转变影响了实践，中国近代社会

---

〔13〕［日］夫马进：《中国善会善堂史研究》，伍跃、扬文信、张学锋译，商务印书馆2005年版，第78页。

〔14〕参见梁其姿：《施善与教化——明清的慈善组织》，河北教育出版社2001年版，第51—52页。

〔15〕蔡勤禹、李元峰：《试论近代中国社会救济思想》，《东方论坛》2002年第5期。

救济事业也呈现出新的特点：外国慈善机构(主要是教会开办的慈善医院、慈幼机构)进入中国，引入了西方近代慈善事业；政府和地方绅士举办的救济事业也改变了传统“重养轻教”的做法，向养教并重转变。

在向西方学习的过程中，民国政府颁布了一系列有关社会救济的法律，如1915年颁布的《贫民习艺所章程》，1928年国民政府发布的《各地方救济院规则》、《管理各地方私立慈善机构规则》，以及次年颁布的《监督慈善团体法》，对救济对象、救济机构均做了具体规定。1943年，国民政府颁布了我国第一部完整系统的社会救济法律规范——《社会救济法》，标志着社会救济制度在我国正式确立。“作为中国历史上首部社会救济法，它在一定程度上反映了国民党所宣扬的‘以实现三民主义的社会政策’，建立完善之社会救济制度为目的的理想和‘五五宪草’所规定的‘老弱病残无力生活者，国家应予适当之救济’之精神。”〔16〕

《社会救济法》第一章规定，社会救济对象为“年在六十岁以上精力衰耗者；未满十二岁者；妊妇；因疾病伤害残废或其他精神上身体上之障碍，不能从事劳作者；因水旱或其他天灾事变，致受重大损害，或因而失业者；其他依法令应予救济者。”该法规定的救助方法有12种：一、救济设施处所内之留养；二、现款或食物衣服等必需品之给予；三、免费医疗；四、免费助产；五、住宅之廉价或免费供给；六、资金之无息贷予；七、粮食之无息或低息贷予；八、减免土地赋税；九、实施感化教育及公民训练；十、实施技能训练及公民训练；十一、职业介绍；十二、其他依法所规定之救济方法。可见，这一时期的社会救济不仅重视事后补救，更注重事前预防。不仅重视解除痛苦，更重视使人独立生活，一定程度上体现了现代社会救助的思想精神。

3. 现代社会救助制度在中国的发展

新中国成立后社会救助工作进入了一个新的历史发展阶段，几十年来，随着国家政治形势的变化和经济建设的发展，社会救助的任务、范围和

---

〔16〕 蔡勤禹：《国家、社会与弱势群体——民国时期的社会救济(1927—1949)》，天津人民出版社2003年版，第96页。

重点也随之呈现不同的特点。新中国社会救助工作大致经历了三个阶段：第一阶段从新中国成立初到社会主义改造的完成；第二阶段从全面开始社会主义建设到80年代初期城乡经济体制改革的开始；第三阶段是实行改革开放以来，特别是农村人民公社体制解体以后。[17]

(1) 国民经济恢复和社会主义改造时期的社会救济

新中国成立之初，帝国主义的长期掠夺，旧政权的腐朽统治和长期的战争破坏，造成了大量的失业人员，大量的难民、灾民和无依无靠的孤老残幼流浪街头，全国急需救济的群众总计在5000万人以上，超过当时总人口的10%。面对如此严峻的形势，党和政府高度重视社会救济工作。1950年，中央人民政府组织召开了中国人民救济代表大会，讨论确立了救济工作的方针政策，随后在全国范围内展开救济工作。在城市，从保障基本生活的要求出发，拨出大量粮食和经费，针对不同类型的人给予不同的救济；在农村，通过发放救济款物、组织群众互助互济、减免农业税等措施，解决了大部分群众的生活困难。

社会主义改造时期，逐步建立起经常性的救济制度，1954年提出了新形势下社会救济工作的方针：依靠集体，群众互助，生产自救，辅之以政府必要的救济。这一方针对以后几十年的社会救济工作产生了重要的影响。

(2) 全面建设社会主义时期的社会救济

1956年社会主义改造完成后，社会主义制度已经基本建立起来，我国开始进入全面建设社会主义的历史时期。在城市，奉行的是“高就业低工资”的社会保障模式，绝大多数的人通过就业自动获得保障，形成了一种“就业与保障一体化”的单位保障制度，剩下的“三无人员”(无劳动能力、无工作单位、无法定赡养人)由民政部门进行救济。在农村，人民公社体制建立以后，农民通过参加集体劳动，依靠集体经济获得保障，农民的生老病死主要由生产队负责，而对于缺乏劳动能力或丧失劳动能力，生活没有依靠的成员，由集体通过“五保供养制度”(保吃、保穿、保烧、保教、保葬)来

[17] 多吉才让：《中国最低生活保障制度研究与实践》，人民出版社2001年版，第52页。

负责。

“文化大革命”时期，社会救济工作被当作修正主义遭到批判，加上主管机构（内务部）被撤销，社会救济工作基本上处于停顿、瘫痪状态。

(3) 改革开放以来的社会救济

改革开放以来，社会救济工作迅速得到了恢复和发展：一是调整了社会救济标准，二是做好60年代初精简退职职工生活困难的救济工作，三是恢复开展了对特定人员的救济或补助，四是在农村进行救济制度改革，实行救济与扶贫相结合。

随着经济体制改革的不断深入，社会主义市场经济体制逐步确立，市场竞争日趋激烈，加上经济结构的调整，出现了一些政策性或行业性破产的企业，许多劳动者失去工作，大量工人下岗、失业，生活出现危机，贫富差距迅速扩大，而且中国普通老百姓历来都有“不患贫而患不均，不患寡而患不安”思想，致使社会出现不和谐因素，原来的社会救助制度暴露出许多不足和缺陷。在这样的背景下，城市居民最低生活保障制度登上了历史舞台。1993年，上海市率先制定《上海市社会救助办法》，拉开了中国社会救助制度改革与创新的序幕，直到1999年国务院制定《城市居民最低生活保障条例》（以下简称《条例》），城市居民最低生活保障制度在城市普及共用了7年的时间。2007年农村居民最低生活保障制度在党和政府的不断努力下，也逐渐推广开来。

社会救助第一次在官方文件中出现是在十六届四中全会的报告中，而此前对政府从事的救助活动一律称为社会救济。此后，中央对社会救助事业的关注日益增多，提出了要建立城乡社会救助体系，并提供充分的制度保障和资金支持。

社会救助体系是指“由国家为保障困难群众的基本生活，帮助他们解决生活中遇到的特殊困难而建立的一系列制度以及为保证这些制度实施而形成的管理体制、运行机制、组织网络、物质技术条件等要素有机结合而成的整体。适应当前社会注意市场经济发展、改革深入、社会进步要求的社会救助体系，从结构上由三部分构成，一是各项制度，包括城市低保、灾民救助、无保、医疗、住房、教育和司法援助等救助制度；二是与上述制度相适应的管理体制和运行机制；三是确保制度和政策落实的组织、管理、资金及服务手段和措施。[18]

目前我国社会救助体系已经建立了九项制度，这九项制度包括：城乡最低生活保障制度；农村五保供养制度；灾害应急救济制度；流浪乞讨人员救助制度；城乡医疗救助制度；临时救济制度；住房救助制度；教育救助制度以及司法援助制度。这九项制度已成为救助困难群众的一种长效机制。

在中央的重视下，社会救助资金筹措机制日渐健全，中央和地方对城市最低生活保障补助资金不断增加。有了国家的制度保障和资金支持，困难群众的生活有了基本的保障，城市最低生活保障实现了应保尽保，保障水平逐年提高。农村贫困农民的基本生活也得到了制度性保障。农村五保供养水平也在逐渐提高，目前，五保供养已经完成了由农民集体供养为主向公共财政保障为主的体制转变。城乡医疗救助从无到有，取得了明显的成效。健全了灾害救助机制、救灾社会捐赠的动员机制，社会救助体系日趋健全。[19]

我国社会救助制度发展由最初的救急型举措经发展为道义性扶贫，最后达到制度性救助，这种制度变迁的背后，反映着社会理念的转变。全社会最低生活保障制度的正式建立，为构筑国民公平底线，分享社会发展成果，稳定百姓预期，消除二元社会结构，建立共享社会提供了坚实的基础。

---

〔18〕 杨衍银：《大力推进城乡社会救助体系建设，切实保障困难群众基本生活》，《社会福利》2004年第9期。

〔19〕《社会救助法》征求意见稿对国家的救助责任、公民的救助权以及社会救助的基本内容均作出了明确规定。第2条规定：国家建立社会救助制度，承担为公民提供社会救助的基本责任，为开展社会救助提供必要的物质条件和组织保障。第5条规定：中华人民共和国公民依照本法享有申请和获得社会救助的权利。第3条第二款规定：社会救助以居民最低生活保障为基本内容，并根据实际情况实施专项救助、自然灾害救助、临时救助以及国家确定的其他救助。第16条进一步规定：对共同生活的家庭成员人均收入低于当地居民最低生活保障标准2倍且家庭财产状况符合所在省、自治区、直辖市人民政府有关规定的家庭，由县级以上地方人民政府有关主管部门根据需要给予教育、医疗、住房等专项救助。

二、社会救助作为国家责任的理论探源

社会救助成为现代社会国家的一项责任，各国通常以立法方式加以确认。从上文的分析可以看出，国家成为社会救助主体与特定时期经济发展密切相关，与一定的政治哲学理论、法学理念发展相关联，因此，有必要从源头上对包含贫困理论、正义理论、人权理念等与国家救助责任密切关联的理论作一梳理。

(一) 作为社会问题的贫困：社会救助的现实基础

贫困是人类不可避免的，至少部分人会生存在贫困的状态。“贫穷被认为是任何富裕国家中永远会存在的一种社会现象”。[20] 贫困在人类社会普遍存在，整个人类社会发展史几乎就是一部与贫困斗争的历史。然而，贫困无法消除，只能在一定程度上得以缓解。人们虽然能够减轻、治理贫困，但是无法根本消灭贫困。人类因为贫困才需要经济上的救助，社会救助是人类为缓解各种原因造成的人类或部分人贫困而创设的一种制度。缓解贫困被广泛认为是社会救助制度的核心目标。由于贫困本身是一个复杂的现象，所以衡量贫困、定义贫困有不同的方法，社会学家和经济学家似乎都认为贫困没有一个清晰的可普遍适用的贫困定义。而且，由于目前越来越多地从全球的角度审视贫困问题，对贫困的定义变得更加难以捉摸。

宽泛地说，贫困是指个体获取的物质条件不能满足基本生存需要的一种状况。不同时代、不同社会对于基本生存需要的衡量有不同的标准，贫困的含义亦随之有一定的区别，而且设置一个简单的贫困线来评估贫困还忽视了贫困的程度。要评估贫困的程度，还必须考察整个社会的生活水

〔20〕 林万亿：《福利国家：历史的比较分析》，巨流图书公司1994年版，第226页。

平。正是基于这个基础，产生了绝对贫困和相对贫困之分。[21] 最初与社会救助相联结的主要是绝对贫困，现代才逐渐把相对贫困囊括其中。

1. 贫困的界定

100 多年前，英国的布什和布朗特里开创了理论和实证相结合的贫困问题研究领域。此后，不计其数的学者从不同的角度给贫困下了不计其数的定义。

得到大多数学者认同的一种贫困定义是“缺乏说”。“缺乏说”关注贫困的表象，范围从单纯的物质“缺乏”到无所不包的社会的、精神的“缺乏”。英国的汤森对贫困所下的定义含义较广，他关注的是“资源的不足”，“所有居民中那些缺乏获得各种食物、参加社会活动和最起码的生活和社交条件的资源的个人、家庭和群体就是所谓贫困的。”[22]定义贫困的另一重要角度是“排斥说”或“剥夺说”，这是从致贫原因的角度探讨贫困。美国社会学家戴维提出：贫困指在物质资源方面匮乏或遭受剥夺的一种状况。”[23]

此外，定义贫困的角度还有“地位说”、“能力说”等，“地位说”认为“贫困是经济、政治、社会和符号的等级格局的一部分，穷人就处在这格局的底部。贫困状态在人口中持续的时间越长，这种格局就越稳定”[24]。“能力说”则是在“缺乏说”的基础上更进一步探讨，世界银行就曾将贫困界定为“缺少达到最低生活水准的能力”。以上这几种关于贫困的理论分析在中国的社会现实中都有所反映。就中国的情况而言，以往界定城市贫困人口强调的是“能力”，救助的对象是“三无人员”，即无劳动能力、无经济来源、

---

〔21〕 我国香港地区学者莫泰基先生在贫困的“二分理论”上更进一步提出了贫困的“三分理论”：绝对性贫困、基本性贫困和相对性贫困。绝对性贫困是指缺乏维持生存所需的最低物质条件；基本性贫困是指物质条件已经可以基本满足生理上的需求，但是这种状况不具有稳定性，常常捉襟见肘，并且这种贫困不一定能因为经济的发展而获得较大的改善；相对性贫困是与国民收入和工资水平相关联的，是与整个社会的经济发展状况相联系的。参见莫泰基：《香港贫穷与社会保障》，香港中华书局 1993 年版，第 36 页。

〔22〕 Peter. Townsend, *The International Analysis of Poverty*, New York: Harvester Wheatsheaf, 1993, p3.

〔23〕 [美]戴维：《社会学》，李强等译，中国人民大学出版社 1999 年版，第 275 页。

〔24〕 艾尔泽：《减少贫困的政治》，《国际社会科学杂志》2000 年第 4 期。

无法定赡养人。随着下岗失业人员、停产半停产企业职工等的增多，城市贫困群体的构成发生了很大变化，这些人的贫困主要是遭受“社会剥夺”或“社会排斥”，虽然他们有劳动能力，但丧失了“机会”和“地位”，因而陷入了贫困窘境。

从历史上看，贫困的概念是不断变化的。近 100 年来，社会、经济环境剧烈变化，人们对贫困的理解也随之改变，于是就有了“绝对贫困”与“相对贫困”之争，并贯穿了贫困研究的始终。绝对贫困是“泛指基本生活没有保证，温饱没有解决，简单再生产不能维持或难以维持”；而相对贫困则是指“温饱基本解决，简单再生产能够维持，但低于社会公认的基本生活水平，缺乏扩大再生产的能力或能力很弱”〔25〕。相对贫困的定义是建立在将贫困人士的生活水平与其他较为不贫困的社会成员的生活水平相比较的基础之上，但相对贫困并不能真正成为贫困概念的唯一基础，贫困的概念中始终存在着一个不可缩减的绝对贫困的内核。因此，相对贫困的分析方法只能是绝对贫困分析方法的补充而不是替代。

2. 早期的贫困理论

在迄今为止的一切社会中，贫困是一个普遍存在的社会现象，即使“在有些情况下，一个国家的经济运行状态有可能接近其潜能，也就是说，在其生产可能性曲线上运行，然而普遍的贫困依然是一个规律”〔26〕。然而在社会发展的早期，作为缓解贫困的重要措施的社会救助却曾经遭到很多学者的反对。马尔萨斯提出的人口陷阱理论，认为自然法则调节着人口的自然平衡，反对国家干预。马尔萨斯在吸收前人的观点后，提出了他的关于人口理论的两条公理：一是食物为人类生存所必需，二是两性间的情欲是必然的，且几乎会保持现状。在这两条法则的作用下，人口若不受到抑制，便会以几何比率增加，而生活资料却仅以算数比率增加，即人口的增殖力无

---

〔25〕 童星、林闽纲：《我国农村贫困标准线研究》，《中国社会科学》1993 年第 3 期。

〔26〕 [美]夏普等著：《社会问题经济学》，郭庆旺、应惟伟译，中国人民大学出版社 2000 年版，17 页。

限大于土地为人类提供生存、生活资料的能力。其结果是这个地球上的生命种子，如果得到充足的食物和空间，经过几千年的繁殖，会挤满几百万个地球。[27] 人类困苦不堪地生活着，经常处于贫困状态，且几乎毫无希望在这个世界上达到尽善尽美的境界。而由于贫困，就产生了困难与罪恶，正是由于贫困，人民才发动战争，争夺匮乏的食物。马尔萨斯上述关于人口论题的意旨是，人类的自身繁衍是人类贫困的根源，而与社会的制度无关，换句话说，在所有的人类社会中，贫困是不可避免的，他认为根除贫困的办法是控制人口增长而反对为贫困阶层提供制度保障，如英国的济贫法等。

马尔萨斯认为贫困是个人的原因造成的，个体应该对自身的贫困负责，这种理论在当时居于主流地位。关于贫困成因的这一理论直接影响着对贫困人口的救济制度。

3. 风险社会下的贫困理论

自工业革命以后，科技的进步似乎跃过了马尔萨斯的人口陷阱，展现在人们面前的似乎已是满眼的繁荣。尽管有为数不少的专家仍然在关注贫困问题，但是对人口增长的生存极限的关注在经济学家的研究中退出主流位置，情况果真如此吗？从世界劳工组织最近的一份报告中的调查数字发现，20 世纪 90 年代早期和中期所调查的 84 个国家中，收入在贫困线以下的人员占总人数的百分比，只有 8 个国家在 10％以下，有 17 个国家是在 10％～20％，30％～50％的有 28 个国家，即使在美国，1994 年贫困线以下的人口也占到 27.3％。毫无疑问，今天自然规律仍然奴役人类，仍然需要建立一种有效的制度保障。

人类社会不断发展，但贫困却如影随形，为什么会这样？对贫困成因的研究因此成为一个古老又常新的课题。“贫困产生的原因是很难回答的，贫困的直接原因往往比较清楚，无需做太多分析，但其最终原因却是模糊不清的，是一个远远还没有定论的问题。”[28]经济学家、社会学家从不同

〔27〕 [英]马尔萨斯：《人口原理》，子箕、南宇、惟贤译，商务印书馆 2001 年版，第 1—7 页。

〔28〕 [印]阿玛蒂亚・森：《贫困与饥荒》，王宇、王文玉译，商务印书馆 2001 年版，第 1 页。

的角度对此展开了分析，提出了许多深刻的理论，如“要素短缺论”、“功能贫困论”、“贫困结构论”、“贫困代际传递论”等。这些理论都只是从某一个角度对贫困进行解析，然而贫困是一个复杂的问题，其成因是综合性的，难以用某一个理论进行解答。值得注意的是，随着对贫困问题认识的深化，人们普遍接受从社会制度因素角度来探讨贫困的成因，而不再将贫困归因于个人的懒惰。

工业化的大生产和随之而来的城市化、社会化、市场化削弱了传统家庭的生存保障基础，社会分工的不断细化使人们面临的社会风险加剧，在社会风险面前人们已经无法单纯依靠个人或家庭来抵抗社会风险，传统的邻里互助、慈善救助也难以提供足够的支持，国家成为唯一的选择。现代社会已经成为“风险社会”(Risikgesellschaft)〔29〕，人类在进行财富生产的同时，也在人为地生产着各种风险。除了失业、通货膨胀等制度性风险令千百万人无法拒绝无从逃避，更有现代科学技术的发展所带来的传统社会无法想象的风险。在风险社会中，个人陷入贫困变得难以预测，而且现代风险产生影响的途径复杂且不稳定，使得应对这些风险超出了个人的能力所及，公众只能向国家和政府寻求庇护。风险产生贫困，而贫困往往是社会不稳定的根源，为了保障社会发展的稳定，政府必须对风险进行控制，通过转移支付的方式改善贫困者的境况。

“贫困是人类社会发展中的客观现象，也是各国政府需要认真对待并着力解决的社会问题。”〔30〕毫无疑问，贫困问题和贫富差距问题是影响社会和谐与社会融合的不利因素。1995 年在哥本哈根召开的“人类有史以来的首次社会发展峰会”上通过了一项《宣言和行动纲领》，“峰会强调，单凭市场不可能消除贫困，也不可能获得公平和平等，而这两者却是发展的基

〔29〕 德国社会学家贝克因提出了这一概念而广为人知。参见[德]乌尔里希·贝克：《风险社会》，何博闻译，译林出版社 2004 年版，第 1 页。

〔30〕《贫富差距与和谐社会——第二届中欧论坛分论坛综述》，载于郑功成主编：《社会保障研究》，2007 年第 2 期(总第 6 期)，中国人民大学社会保障研究中心，中国劳动社会保障出版社 2007 年版，第 64 页。

石。”[31]在现代社会，外部因素对贫困个体的形成影响越来越大，贫困成因越来越社会化，相应地要求社会化的反贫困机制，在缺乏其他有能力解决贫困问题的组织的情况下，国家只能承担起社会救助的责任。社会经济的发展改变了人们的风险状态，提出了政府提供保障的要求，政府又面临社会经济发展带来的更多问题的压力。国家的救助责任就是在这种互动中发展起来的。

（二）作为公平的正义：社会救助的哲学基础

正义是法学的一个核心问题，罗马法学家曾提出法学就是“关于正义和非正义的科学”。自古希腊和罗马时起，正义即是西方先哲们关注的话题。但是正义是什么，千百年来的哲学家、思想家、法学家提出了各种不同的理论。对于社会社会救助来说，正义理论为之提供了什么样的理论依据？

1. 对正义理论的认识

一位哲学家说得好：“正义是人类灵魂中最纯朴之物，社会中最根本之物，观念中最神圣之物，民众最热烈要求之物。”然而，正义是什么，却一直是个纷争不止的话题。“正义有着一张普洛透斯似的脸，变幻无常，随时可呈不同形状并具有极不相同的面貌。当我们仔细查看这张脸并试图揭开隐藏其表面背后的秘密时，我们往往会深感迷惑。”[32]正义像一尊多面神，人们从不同角度看到的是不同的面孔。纯粹法学派创始人凯尔逊写道：自古以来，什么是正义这一问题是永远存在的。为了正义的问题，不知有多少人流了宝贵的鲜血与痛苦的眼泪，不知有多少杰出的思想家，从柏拉图到康德，绞尽了脑汁；可是现在和过去一样，问题依然未获解决。[33]

柏拉图在《理想国》第一卷就提出：正义即人人各尽己任，各有其屋。

---

〔31〕 转引自景天魁等著：《社会公正理论与政策》，社会科学文献出版社 2004 年版，第 49 页。

〔32〕 [美]博登海默：《法理学：法哲学与法律方法》，邓正来译，中国政法大学出版社 1999 年版，第 252 页。

〔33〕 参见张文显：《当代西方法学思潮》，辽宁人民出版社 1988 年版，第 375—377 页。

柏拉图认为理想的国家有两个重要特征，其一就是建立在正义之上。不过，柏拉图的正义观将人分为金、银、铜、铁四种类型：金质的人应当是统治者，享有绝对的权力；银质的人应当是军人，保卫国家并辅助统治者；铜质和铁质的人则是生产者、农民和手工艺者。正义存在于社会有机体各个部分间的和谐关系之中，各个等级各司其职。这种正义观建立在不平等的基础之上。

古罗马法学家乌尔比安被认为首创了正义的定义：正义乃是使每个人获得其应得的东西的永恒不变的意志。古希腊另一重要思想家西塞罗关于正义的认识与此定义一脉相承：正义即使每个人获得其应得的东西的人类精神取向。这两种定义都强调正义是一种精神意志，认为正义是一种主观意向。

亚里士多德认为正义是一种"社会美德"，强调平等是正义的尺度，并区分了"分配正义"与"矫正正义"。分配正义要求按照公民的价值和美德来分配政治权利，"政治权利的分配必须以人们对于构成城邦各要素的贡献的大小为依据"，"品德当然也应该是要求政治权利的正当依据。"〔34〕一般来说，一个人的社会地位越高，他分配的共同财产越多。需要注意的是，亚里士多德所说的平等针对的是公民，而不是每一个人。〔35〕矫正正义在分配正义的规则被违反时发挥作用，通常由法院来执行。矫正正义又涉及形式正义与实质正义的问题，因为对轻微的违法者处以一定的罚金，并一视同仁地对所有人适用，就包含了正义。然而，罚金对穷人和富人的效果是不一样的。赫伯特·斯宾塞则认为同正义相联系的最高价值是自由而非平等，每个人都可以自由地干他所想干的事，但这是以他没有侵犯任何人所享有的相同的自由为条件的。以上这些关于正义的理论中，正义主要用于人的行为。然而，在近代的西方思想家那里，正义的概念越来越多地被专

〔34〕 参见[古希腊]亚里士多德：《政治学》，吴寿彭译，商务印书馆1965年版，第149—152页。

〔35〕 在古希腊、古罗马时期，政治权利是公民才享有的权利，当时的平等并不是针对全体社会成员的平等。恩格斯对此曾有精辟论述："在最古的自发的公社中，最多只谈得上公社成员之间的平等权利，妇女、努力和外地人自然不在此列。在希腊人和罗马人那里，人们的不平等要比平等受重视得多……只要自由民和奴隶之间的对立还存在，就谈不上从一般人的平等得出的法律结论。"

门用作评价社会制度的一种道德标准，被看作是社会制度的首要价值。

在当今社会，关于正义有两种对立的观点：一种是建立在自由主义思想基础上的功利主义正义论，认为自由就是正义；一种是建立在平等主义思想基础上的公平正义论，认为正义就是平等。前者的代表人物有哈耶克、诺齐克，后者则以约翰·罗尔斯为代表。哈耶克认为："正义或公平是一些人对人们生活中的种种状况所做的一种有目的的决定，亦即使人们的生活状况受制于公平或正义的控制。"〔36〕诺齐克特别强调个人的自由权和私有财产权，并提出一个人对财产的拥有如果是公正地（无欺诈无强制）获取或转让的结果，那么这种权利就是正当的。他认为市场经济是维护个人权利和自由的最好社会体制，再分配政策是对个人权利和自由的严重侵犯，一切社会资源都应依市场规则在个人之间自由流动，国家不应干涉，主张建立"最弱意义的国家"。〔37〕他的主张过于强调自由而忽视了平等，与之相反，罗尔斯的理论更具有现实针对性，得到了广泛的关注与认可。

2. 分配正义理论

(1) 罗尔斯的公平正义理论〔38〕

自由与平等这两大价值之间有着一种深刻的矛盾，本身存在着某种悖论：要保障个人自由，保障每个人的言论、思想、政治自由，保障个人的财产自由，就要接受可能由于人们的天赋和出身的差别导致的不平等，这种不

---

〔36〕［英］哈耶克：《自由秩序原理》，生活·读书·新知三联书店1997年版，第121页。

〔37〕参见［美］诺齐克：《无政府、国家与乌托邦》，何怀宏等译，中国社会科学出版社1991年版，第162页。

〔38〕罗尔斯的公平正义理论主要集中于1971年正式出版发行的《正义论》一书。《正义论》集罗尔斯思想之大成，是罗尔斯积近二十年的思考的心血之作。罗尔斯继承西方契约论的传统，提出一种有关社会基本结构的公平正义理论，试图代替功利主义理论。《正义论》涉及伦理学、政治学、法学、社会学、经济学等众多领域，发表之后产生了广泛的影响，引起了热烈的讨论，受到了很多的赞誉。即使不赞同他书中理论的学者也对其给予高度评价。例如，同为哈佛大学教授的诺齐克是罗尔斯理论的重要批判者和反对者，但是他却写道："正义理论是自约翰·斯图加特·穆勒以来所仅见的一部有力的、深刻，论述广泛和系统的政治和道德哲学著作。它把许多富有启发性的观念结合为一个精致迷人的整体。政治哲学家现在必须要么在罗尔斯的理论框架内工作，要么解释不这么做的理由。"［美］诺齐克：《无政府、国家与乌托邦》，何怀宏等译，中国社会科学出版社1991年版，第231页。

平等有时很悬殊；而如果要大力推行具有平等主义倾向的政策，通过国家强制手段来缩小财富和权力等方面的差别，就有可能导致政府对个人自由和经济活动的严重干预。因此在正义理论上就产生了两种对立观点。罗尔斯的正义理论从严格意义上说，不仅仅强调平等，他还试图调和平等与自由之间的矛盾，因此也表现出一种自由主义的倾向。这导致罗尔斯的正义原则受到了来自自由主义者和平等主义者两方面的诘难。自由主义者认为罗尔斯对于最少受惠者的偏爱是没有道理的，致力于事实上的平等将侵犯人们的自由权利；〔39〕而平等主义者则认为罗尔斯对自由优先性的强调仍有利于富裕阶层，将影响平等和正义的实现。这些争论也反映出罗尔斯正义理论的广泛影响。

罗尔斯的正义理论诞生于一个动荡不安的时代，当时的美国正处于危机之中，外有朝鲜、越南战争，内有民权运动、种族问题、贫富悬殊问题。整个西方世界也处于经济停滞、通货膨胀的恶性循环之中，福利政策的公平性和正义性成为争论的焦点。罗尔斯的正义理论虽然不是直接针对这些问题而提出，但其讨论的平等自由、公正机会、分配份额、差别原则等却以抽象的方式提出了一些解决问题的建议，因而有着强烈的现实针对性，折射了当时美国社会乃至西方社会的根本问题。

对于罗尔斯来说，“正义的主要问题是社会的基本结构，或更准确地说，是社会主要制度分配的基本权利和义务，决定由社会合作产生的利益之划分的方式……这种基本结构包含着不同的社会地位，生于不同地位的人们有着不同的生活前景，这些前景部分是由政治体制和经济、社会条件决定的……一个社会体系的正义，本质上依赖于如何分配基本权利义务，依赖于在社会的不同阶层中存在着的经济机会和社会条件。”〔40〕可以看出，罗尔斯研究的正义的对象是社会的基本结构。他看到很多不平等是个人

---

〔39〕 诺齐克对罗尔斯的这一主张提出了反对，认为不能把包括天赋在内的所有优势和利益都看成是社会的共同财产，给予最少受惠者偏爱是任意的。

〔40〕 [美]罗尔斯：《正义论》，何怀宏等译，中国社会科学出版社 1988 年版，第 7 页。

无法选择的，这些最初的不平等就是正义原则应用的对象，正义原则要通过调整主要的社会制度，尽量排除这方面的不平等。

罗尔斯提出了正义的两原则，一是每个人对与所有人所拥有的最广泛平等的基本自由体系相容的类似自由体系都应有一种平等的权利；二是社会和经济的不平等应这样安排，使他们：在与正义的储存原则一致的情况下，适合于最少受惠者的最大利益（差别原则）；并且，依系于在机会公平平等的条件下职务和地位向所有人开放（机会平等原则）。两个正义原则应以词典式次序排列，自由只能为了自由的缘故而被限制；公平的机会优先于差别原则。[41] 罗尔斯将传统的自由列为第一原则，具有优先性；而在平等机会下尽量照顾“最少受惠者”列为第二原则。

罗尔斯提出的分配正义问题是一种社会体系的选择，作为公平的正义需要有一个合乎正义的社会制度，将社会和经济过程限制在适当的政治、立法制度的范围内。这样一种正义的社会制度必须包含三个基本方面：首先要有一种由正义宪法调节的社会基本结构，以保证公民的自由（包括良心自由、思想自由、政治自由）和平等，并且在环境允许的范围内，政治过程表现为一种选择政府并制定正义立法的正义程序。其次要有一种实质的机会均等，政府通过补贴私立学校或建立公立学校来保证具有类似天赋和动机的人都有平等的受教育的机会；在经济活动和职业的自由选择中，也执行和保证机会均等的政策；管理公司和私人社团的活动，避免垄断。最后，政府通过家庭津贴、失业补助、医疗补助或其他保障方式来确保一种社会最低受惠值。[42] 与这种社会制度相适应，政府被分为配给部门、稳定部门、转让部门和分配部门。可见，罗尔斯的分配正义理论强调了政府在社会安排中的作用，为国家承担社会救助责任提供了理论上的支持。

（2）德沃金的资源平等理论

罗尔斯提出的“作为公平的正义”主要是一种分配的正义，强调平等的

---

〔41〕 参见[美]罗尔斯：《正义论》，何怀宏等译，中国社会科学出版社 1988 年版，第 302 页。

〔42〕 参见[美]罗尔斯：《正义论》，何怀宏等译，中国社会科学出版社 1988 年版，第 276 页。

自由。除罗尔斯外,德沃金也对平等予以了关注,提出:"平等的关切是政治社会至上的美德——没有这种美德的政府,只能是专制的政府。"〔43〕德沃金在书中发出追问:"真正的平等关切所要求的是什么?"〔44〕"公平的社会应当致力的目标,是让公民拥有同等的财富,还是拥有同样的机会,或是让每个人之拥有满足其最低需要的财富?"〔45〕与罗尔斯的抽象理论相比,德沃金更关注实际的问题,以现实的问题作为论证的起点,"因为只有这样,才可以有正确的姿态,它不仅最终对我们有所帮助,而且最终能让我们放心,把我们引入一团迷雾的问题,即使从认知的角度看,也是真实的而非虚幻的。"〔46〕

德沃金提出,平等的关切要求政府致力于某种形式的物质平等,并称之为"资源平等"。他讨论了分配平等的两种一般性理论:福利平等和资源平等。福利平等是指在人们中间分配或转移资源,直到再也无法使他们在福利方面更平等;资源平等是指在人们中间分配或转移资源,直到再也无法使他们在总体资源份额上更加平等。〔47〕德沃金认为真正的平等不是在福利方面平等,而是在他们所支配的资源方面平等。他的理论建立在两项原则之上:一是"重要性平等原则",要求政府对所有公民一视同仁,"一个统治着其公民并要求他们忠诚和守法的政治社会,必须对其全体公民一视同仁,每个公民都必须投票,它的官员也必须在制定法律、确定施政方针时牢记那项责任。"〔48〕这一原则要求政府采取措施,保证在政府所能做到的范

---

〔43〕[美]罗纳德·德沃金:《至上的美德:平等的理论与实践》,冯克利译,江苏人民出版社2003年版,第1页。

〔44〕[美]罗纳德·德沃金:《至上的美德:平等的理论与实践》,冯克利译,江苏人民出版社2003年版,第2页。

〔45〕[美]罗纳德·德沃金:《至上的美德:平等的理论与实践》,冯克利译,江苏人民出版社2003年版,第3页。

〔46〕[美]罗纳德·德沃金:《至上的美德:平等的理论与实践》,冯克利译,江苏人民出版社2003年版,第5页。

〔47〕[美]罗纳德·德沃金:《至上的美德:平等的理论与实践》,冯克利译,江苏人民出版社2003年版,第4页。

〔48〕[美]罗纳德·德沃金:《至上的美德:平等的理论与实践》,冯克利译,江苏人民出版社2003年版,第7页。

围内，公民的命运不受他们的其他条件，包括经济背景、性别、种族或不利条件的影响。一是“个人责任原则”，即一个人选择过什么样的生活，在资源和文化允许的范围内，他本人要对作出那样的选择负起责任。[49] 德沃金对平等和责任（自由）给予了同样的尊重，对政府和个人都提出了要求，也暗示了政府救助责任的存在。

3. 分配正义与社会救助

分配正义要澄清的是经济不平等中哪些是由个人可以控制的原因造成的，哪些是道德偶然性造成的，哪些是个人必须负责的，哪些是应该通过制度加以纠正的，从而通过社会立法来合理分配和配置权力和利益。它重视的是产权的初始分配和财富的最终分配的公平性。罗尔斯的分配正义理论“暗示政府应当在经济和社会事务中发挥更大的作用”[50]，这为国家作为社会救助的责任提供了强有力的理论支撑。罗尔斯的正义论把国家使每个人获得公平的机会的义务与对最少受惠者的关怀联系起来，并将之作为实现社会正义的目标，为国家通过对物质财富进行再分配等社会制度和结构的合理安排，消除自然偶然性和社会偶然性对人们生活的影响，以建构一个适合人类追求自己合理生活目标的社会，提供了坚实的理论支持。德沃金的资源平等理论将为公民提供平等的资源份额的义务交给国家，为国家介入社会资源的分配提供了正当性。这些，都是为了实现社会的正义。

正如罗尔斯在《正义论》开篇所写，“正义是社会制度的首要价值，正像真理是思想体系的首要价值一样。一种理论，无论它多么精致和简洁，只要它不真实，就必须加以拒绝或修改；同样，某些法律和制度，不管他们如何有效率和有条理，只要它们不正义，就必须加以改造和废除。”[51]公平正义是法律追求的最高价值，是民主法治的精神内核，也是社会和谐的内在

〔49〕 [美]罗纳德·德沃金：《至上的美德：平等的理论与实践》，冯克利译，江苏人民出版社2003年版，第7页。

〔50〕 [加]R. 米什拉：《资本主义社会的福利国家》，郑秉文译，法律出版社2003年版，第4页。

〔51〕 [美]罗尔斯：《正义论》，何怀宏等译，中国社会科学出版社1988年版，第3页。

要求。现代法律的一个重要发展趋势就是在追求平等的大前提下，对社会弱势群体进行倾斜性保护。

社会公平历来就是各个社会形态所追寻的价值目标，在现代社会也是这样。社会公平的实现能够使市场竞争得以在安定的社会环境中进行，从而间接地促进效率的提高和社会发展。没有一定的社会公平，想持久地维持社会稳定是不可能的。社会分配不公在我国一直是客观存在的社会问题，近年来，更是成为社会公众反映强烈的热点问题之一。作为社会公共权力机构的政府，能否妥善地行使维护和保证社会公平的职能，不仅关系到政府凝聚力，也关系到经济发展和社会稳定。由于市场机制本身无法自动实现社会公平，社会公平的实现所依据的最直接力量是政府，在任何时代任何国家，都是直接通过政府来充当社会公平正义的维护者角色。政府之所以能够承担这种角色，是因为它是社会公共利益的集中代表者，是社会经济关系的调节者，同时又是社会公众权力的使用者。因此，社会公平应成为政府管理的主要价值取向，将维护公平作为主要管理目标是政府责无旁贷的责任。

国家承担社会救助的正当性基础，除了上述的贫困理论与正义理论外，还有法学上的基础，即社会救助成为公民的一项权利，“20 世纪初的宪法革命即宪法观念的更新，为社会福利立法的发展奠定了基础……一些国家的行政法从以控权为中心转向以提供福利和服务为中心，社会立法大幅增加”。[52] 这一点将在下一章予以具体阐述。

三、社会救助中的国家责任

救助生活困难的人和弱势群体，是政府义不容辞的责任。问题在于社会救助中国家应当承担哪些责任，中央和地方政府应该如何分担这些责任，其中之关键又在于如何由中央、省、市和区四级财政来分担社会救助的费用。政府应当将有限的财政资源尽可能用在维护社会成员生存权利和

〔52〕 江必新：《行政法制的基本类型》，北京大学出版社 2005 年版，第 221 页。

社会安全最需要的地方。目前，在全国建立起城乡统筹的社会救助体系，已经成为政府紧迫的任务和不可推卸的责任。具体来说，在社会救助领域，政府主要承担制度设计、财政支持、组织实施与监管等责任。中央政府和地方各级政府如何分担这些责任？

社会救助中国家责任的落实是社会救助制度安排中一个重要的方面。在这个方面，所有的国家面临的最重要的问题是中央和地方的关系问题。中央政府与地方政府在社会救助领域应当如何进行分工合作？由于各国国家结构不同，中央和地方政府对救助的责任分担也有不同的安排。由中央制订规则、提供资金和进行管理的国家最主要的有英国、澳大利亚和新西兰。在这几个国家，不同社会救助项目之间的衔接比较好，管理费用也比较低。但是，认为分权的制度比较有优势的人认为，地方政府管理的社会救助项目的透明度比较高，成本比较低。在比较激进的体制改革中，有的国家在给地方政府更大的自主权的同时，减少中央对地方的财政支出。由地方为主提供社会救助的国家面临的最大问题是在财政收入最小地区，一般对社会救助的要求最大，地方政府却往往无力提供适当的救助。

按照施蒂格勒的说法，地方政府与中央政府相比，更接近自己的公众，从而对所辖地区的居民的效用和公共品需求比较了解。同时，不同地方的人民有权选择自己需要的公共品的数量和种类，中央政府统一供给公共品就无法满足这一要求。因此，施蒂格勒强调，地方政府的存在是为了实现资源的有效性和分配的公正性，中央政府则可以协调地方政府之间的利益关系，并有助于更有效地解决分配不公问题。〔53〕各国政府在承认向公民提供社会救助为国家必须履行的职能的同时，也对中央政府与地方政府社会救助事务管理权限进行了明确的划分。纵观世界各国，大多数采取各级政府分级负责制。如日本认为扶贫保障是国家的责任，因此用于扶贫保障的金额由国家的税金负担，其中中央政府负担 3/4，地方政府负担 1/4；在韩国，生活保护所需费用来源于“保护基金”，由中央和地方政府共同负担，原

〔53〕 辛波：《政府间财政能力配置问题研究》，中国经济出版社 2005 年版，第 5 页。

则上中央负担80%,道与市(区、郡)分别负担10%;荷兰的社会救助中,中央政府承担救助支出的90%,地方政府承担10%。在社会救助资金承担比例分配上,中央政府高于地方政府。这体现了社会救助是国家责任的理念。

我国目前的社会救助体系中,最低生活保障制度、五保制度采取的都是"属地管理"原则,即由地方政府管理,由地方财政支出,仅在地方财政不足的情况下中央进行选择性补贴。《条例》第5条规定,城市居民最低生活保障所需资金,由地方人民政府列入财政预算,纳入社会救济各项资金支出项目,专项管理,专款专用。也就是说,最低生活保障制度以市县级财政为主体,中央、省级、乡镇级财政负担比例没有法律明文规定,故而有些省级财政还没有专门用于最低生活保障的经费下拨到市、县,再加上各地财政大多吃紧,许多地方只是象征性地给一点补贴,杯水车薪,起不了作用。乡(镇)现在一般采取统筹方法解决。1999年以前,各地进行的城市最低生活保障试点都是由各地自行筹资的。1999年以来,中央财政对城市最低生活保障支出的力度不断加强,除2002年之外,各年份的中央财政投入比例均超过了50%。就全国平均而言,中央政府承担了城市最低生活保障近六成的筹资责任。在某些地方财力不佳的地区,来自中央政府的补助金占其城市最低生活保障筹资总额的比重,更是高达75%以上。中央政府对于财政困难地区的补助,有效地拉平了各地城市最低生活保障筹资水平上的差异,从而有力地推动了城市最低生活保障的筹资工作实现横向公平。反观农村的社会救助项目,截至2006年年底,无论是最低生活保障还是传统的定期定量救济制度,中央财政均未给予资助,主要依靠各级地方政府财政和村集体的社会统筹维持。[54] 在农村税费改革之后,特别是取消村级"三提五统"和农业税之后,农村社会救助的资金支出完全依靠地方各级财政来负担,因而造成了农村社会救助的地区不平等现象十分严重。

---

〔54〕 农村最低生活保障资金的筹集以地方为主,地方各级人民政府要将农村最低生活保障资金列入财政预算,省级人民政府要加大投入。地方各级人民政府民政部门要根据保障对象人数等提出资金需求,经同级财政部门审核后列入预算。中央财政对财政困难地区给予适当补助。

在整个分担比例中，区、县级财政与其实际收入相比较，负担太重。现在的财政状况是越往上越好，而区级财政除了大城市中的极少数区之外，绝大多数都不富裕，县级财政就更不用说了。由于贫困人群集中的地区，其筹资能力往往较差，地方政府拿不出足够资金来维持贫困人群应有的保障水准。越是财政困难的区、县往往最低生活保障对象也越多。现在的最低生活保障对象主要由区（县）、街（镇）两级来确定，区、县财政负担过重的问题不解决，就会直接成为“应保未保”的对象进入这张“最后的安全网”的障碍。所以，应该使区、县财政负担减少到最低程度，譬如10%。但不可以没有，区、县财政完全不负担，又有可能出现滥保的现象。中央和省级财政也要参与分担，理由有二：其一，应该帮助经济不发达地区，确保其不因财政困难而克减公民的基本权利；其二，应该帮助中央部委所属和省属企业多的城市。以中央、省、市各负担30%作为全国的平均数，对贫困的省和市可以适当调整，可以由各省落实省、市和区的分担比例，上报中央批准。

我国现在国家财政中用于社会救助的份额偏低。尽管中央财政的支持力度在不断加大，但是法律并未把中央政府与地方政府对最低生活保障金的承担比例固定下来。这样就导致中央政府对社会救助资金承担比例比较随意，中央财政状况好，就给地方多一些补贴，财政状况不好，就少一些补贴。这不并符合保障公民的生存权是国家各级政府职责的原则。与之相对比，日本、韩国由中央政府承担大部分社会救助资金的做法则体现了政府对社会救助这一国家责任的强调。因此，要完善我国的社会救助制度，先要正确划分中央和地方在社会救助方面的事权和财权，通过立法明确中央与地方的权限与责任，建立中央财政和地方财政分担费用的机制，确保公民宪法上的物质帮助权既具有制度上的保障也具有资金上的保障。

上述政府的四大主要责任中，对于制度设计责任，应主要由中央政府承担，因为社会救助关系到社会成员最基本的生存权利和社会公平正义的实现，具有较强的强制性、全局性和政策性。中央政府对于社会救助的宏观管理和政策的制定上应负有主要责任，包括制定《社会救助法》及其相关配套制度的立法等等，而社会救助行政行为的具体实施则主要由地方的民政机关及其所委托的组织来完成,中央政府给予必要的宏观调控与监督。在这一前提下,地方政府可以根据本地区的实际情况做进一步补充。依据发挥所长、优势互补的原则分配中央和地方政府各自应承担的责任,统一地方政府的财权和事权,使地方政府成为组织社会救助事务的重要力量,以减少社会救助行政成本,提高社会救助效率。具体来说,中央政府应利用其人力资源优势、信息优势、统筹能力优势,承担宏观方面社会保障的统一管理和监控责任,建立中央统一调剂制度,形成制度化、规范化的良性运行机制;而地方政府则负担本地区社会救助制度的具体落实与实施。

对于财政责任,应本着财权与事权相统一的原则确定中央政府和地方政府的各自责任,加强地方政府在地区社会救助中的作用。社会救助资金的承担上,应该由立法加以确定,中央政府及地方政府都要承担相应的比例,从贫困公民的权利保障的角度来考虑,中央政府应该承担更大的资金比例,以使贫困公民不因地方政府财政力量弱,拿不出足够的社会救助资金而无法享受到应有的社会救助权,同时也能使得社会救助在整个国家的实施更具有公平性。由于地区间、同一地区不同城市以及同一城市的不同辖区的贫困状况、财政能力差别很大,规定一个统一的低保资金分担比例显然无法奏效。然而中央政府可以通过设定各地财政能力的评价指标,结合当地贫困状况设定一个在一定时期内稳定的逐级划分比例。该比例一经划定,对于各级政府都具有约束力。另外,随着贫困救助向综合方向发展,中央与地方政府之间还可以通过救助项目分配财政和管理责任。如中央政府负责生活救助,地方政府则承担教育、医疗、住房等救助项目的经费支持。

四、小　结

在人类社会生活发展的最初,人的生存完全依赖于个人自己的努力,随着人类社会的形成,个人的生活问题逐渐转由家族或部落来共同确保;国家机关的出现,生存问题自然也就纳入到国家运作的机能中。国家与个人生存问题的关系也经历了国家无责任时期、国家恩惠时期、国家有义务时期以及生存权具体成为权利保障时期等发展阶段，国家及社会全体有责任也有义务解决社会成员的生存权问题。[55] 在现代社会，国家义不容辞地承担起了社会救助的责任，国家的这种责任需要通过法律规范予以明确，世界上很多国家都进行了社会救助方面的立法以明确政府的责任。据不完全统计，目前全世界已有170多个国家和地区建立了社会救助制度。对一个市场经济国家来说，社会救助制度就像一张基于最低生活标准的安全网，确保每一位社会成员在因各种原因导致无法维持最低生活时，不至于陷入无助的困境。[56] “人类社会是一个利益互动的社会。利益使人类社会既保持一致，又处处充满冲突。每个社会都需要有一套规则来调整利益关系，缓解利益冲突。法律的任务就是首先要把利益转化为权利和义务，合理地确定权利和义务的界限；其次要公正地对待各种利益关系，对一切正当的利益施以平等的保护，对一切不正当的利益施以无差别的限制。”[57]法在本质上是对各种利益关系的一种调整。

国家是为人民而设立的，而非人民为国家而存在。所以国家不得以任何借口或理由把人民贬为其统治的客体或手段，相反的，国家应积极努力为人民谋福祉，增进人民的利益，这是国家存立的任务，而非国家对人民的恩赐。[58] 被誉为现代经济学之父的亚当·斯密在《道德情操论》中指出：“如果一个社会的经济发展成果不能真正分流到大众手中，那么它在道义上将是不得人心的，而且是有风险的，因为它注定要威胁社会稳定。”社会救助作为促进社会公平的一种社会制度，其宗旨就是要通过政府的强制力对公共财政进行合理分配和有效投入，减少市场经济条件下社会成员因各自能力差异所遭受的不同损害，保障社会成员的基本生活，增强社会成员

---

〔55〕 参见许庆雄：《宪法入门》，台湾元照出版公司2000年版，第52页。

〔56〕 民政部最低生活保障司课题组：《我国社会救助事业研究报告》，http://www.xj71.com/html/65/n—25965.html，最后访问时间2008年8月28日。

〔57〕 张文显：《法哲学范畴研究》(修订版)，中国政法大学出版社2001年版，第165页。

〔58〕 城仲模主编：《行政法之一般法律原则(一)》，台湾三民书局1999年版，第13—14页。

抵抗社会风险的能力。

1935 年美国政府颁布《社会保障法案》，当时罗斯福说："早先，安全保障依赖家庭和邻里互助，现在大规模的生产使这种简单的安全保障方法不再适用，我们被迫通过政府运用整个民族的积极关心来增进每个人的安全保障。"[59]现代社会国家的理念，使政府一改往日的被动角色，去积极干预经济社会的方方面面，保护社会弱者的"生存权"，实现社会正义。中国政府也高度重视社会救助制度建设，积极履行其社会救助职能，采取各种措施保障公民的社会救助权。

（作者单位：上海市高级人民法院）

【特邀编辑：林沈节】

〔59〕［美］罗斯福：《罗斯福选集》，关在汉编译，商务印书馆 1982 年版，第 58 页。

《人民日报》(1949—2009年)中的宪政概念研究

——从使用宪政概念的文章作者之身份切入

邓联繁

一、研究意义与分析框架

作为中国共产党中央机关报,《人民日报》既是历史的重要记录者,又是中国共产党的"喉舌",是中国共产党价值体系与话语体系的最主要传播平台,长期以来在引导社会舆论方面发挥着至关重要的作用。因此,分析《人民日报》(1949年10月1日至2009年12月31日,下同,简写为1949—2009年)中的宪政概念,具有多方面的意义,特别是能够"管窥见豹"式地透视宪政概念在新中国的变迁史、传播史与中国共产党在新中国的宪政观。在对《人民日报》中宪政概念的出现频率进行研究的基础上,[1]本文拟以

[1] 参见拙作:《〈人民日报〉(1949—2008年)中宪政语词之出现频率研究》,载李双元主编:《国际法与比较法论丛》(第19辑),中国检察出版社2010年版。2008年12月,我有幸参加韩大元老师负责的"共和国六十年宪法学论争实录"项目,承担"宪政概念论争"部分。2009年5月,我请硕士研究生邹奕到国家图书馆采集了1949年以来题名中含"宪政"的所有论文与图书、《人民日报》中含"宪政"的所有文章。之后,我以此为基础形成了3篇论文,包括《共和国六十年宪政概念争论》(收录于韩大元主编:《共和国六十年法学论争实录:宪法卷》,厦门大学出版社2009年版)和本文。在此诚挚感谢:韩大元老师和王贵松老师提供参加课题研究的机会;周叶中老师对我研究新中国宪政概念史的肯定和鞭策;杜钢建老师在"中国特色社会主义宪政理论与实践"研讨会期间对我研究《人民日报》中的宪政概念的赞许和勉励;邹奕在数据采集与统计方面给予的大力支持;刘小平、田飞龙、傅振中、蒋清华对本文的宝贵建议。同时高兴地看到,已有学者通过分析《人民日报》中的宪政概念来反思新中国宪政研究,参见周永坤:《跌宕起伏的中国宪政研究六十年——以〈人民日报〉载文为主线的叙述与思考》,载《法商研究》2010年第1期。不过,笔者系列文章的问题意识、研究思路、统计结果、具体结论,都有不同于周教授的论文之处。

《人民日报》中使用宪政概念的文章作者之身份为切入点，综合运用文本分析法、类型分析法和比较分析法等多种方法，深入分析《人民日报》(1949—2009)中的宪政概念。

选择使用宪政概念的文章作者之身份为切入点，主要有两点考虑：其一，《人民日报》不同于学术刊物，其作者覆盖面广、身份多样，以文章作者之身份为切入点，有利于揭示不同群体使用宪政概念的个性与共性，这是学术刊物难以比拟的。其二，虽然《人民日报》的作者可能来自多个领域，但与该报的权威地位及鲜明的政治性相适应——该报直接反映执政党对有关问题的理论关注、理论定性，因此，《人民日报》的作者群有别于其他报刊的作者群，绝大多数人难以成为该报政法类版面与栏目的作者，故以使用宪政概念的文章作者之身份为切入点来分析《人民日报》(1949—2009)中的宪政概念，也就有助于更好地了解新中国成立后中国共产党的宪政观。具体说来，《人民日报》曾在378篇文章正文中使用宪政概念，[2]其中标明有作者的文章仅299篇，标明有作者且注明了作者身份的文章则更是只有181篇。鉴于《人民日报》的不少文章没有署名，相当一部分文章的作者署名为别名或者笔名，一些作者有多重身份，为保证文本分析的客观性与规范性，本文将分析对象锁定于标明有作者且注明了作者身份的181篇文章。至于其他文章中出现的宪政概念，笔者将另外撰文分析。

从研究方法上讲，本文主要使用文本分析法、定量分析法、类型分析法、比较分析法。文本分析法体现在围绕《人民日报》而不是学术界的观点展开，忠实于《人民日报》原文，切忌先入为主和任意取材。定量分析法用于各种数据的统计整理，尽量用数据说话。类型分析法的运用基于181篇文章的作者在身份上有很大差异，且他们对宪政概念的使用也因身份差异

---

〔2〕 本文数据统计的资源平台为《人民日报》图文电子版(1946—2009年)，其源自中国国家图书馆(中国国家数字图书馆)官方网站中的《人民日报数据库》，该数据库可检索1946年以来刊载在《人民日报》上的全部文献的标题、出处(含年、月、日、版)及全部图文信息、原版信息。本文中信息数据的检索日期为2009年5月16日、2010年4月19日，统计时间为2009年5—9月与2010年4—7月。

有别,故根据作者的相关性,将之分为"记者"、"评论员"、"在任官员"、"学者"以及"其他"五个类型(见表1),然后分门别类地介绍他们对宪政概念的使用,并在此基础上进行比较。同时,为使分析更准确、形象、简明,本文大量运用了图表。

表1 《人民日报》(1949—2009年)中使用宪政概念的文章作者之类型

作者类型	文章篇数
记者	127
评论员	9
在任官员	14
学者	14
其他	17
总计	181

由表1可知,作者身份为"记者"的文章篇数独占鳌头,这一现象不难解释。作为中国共产党中央机关报,《人民日报》当然具有多项职能,但它的"日报"性质决定了发播新闻是其最主要的职能。而记者正是进行新闻采访及报道的主力军。

作者身份为"评论员"的文章有9篇。"新闻传播工具就其报道发表的重要评论,代表编辑部的意见。""报刊的重要评论,通常由主笔撰写。""主笔的思想观点体现报刊编辑部的意图"。[3] 与"记者"侧重"记"、"述"不同,"评论员"侧重"评"、"论",因此评论员文章具有更加鲜明的倾向性,值得单独分析。

《人民日报》的官方性,决定了它有一定数量的"在任官员"类作者。这里所说的"在任官员"是在广义上使用的,包括通常所说的"四大家"(中共党委、人大、政府、政协)和"一府两院"(即政府、法院、检察院)的在任人员,但不包括民主党派人员。表1显示,"在任官员"类作者使用宪政概念的文章相当有限,仅有14篇。

[3] 《中国大百科全书·新闻出版》,中国大百科全书出版社1990年版,第409、232、548页。

作者身份为“学者”的文章也有14篇。之所以单独分析这一类型，一是因为确有不少学者在署名文章中使用了宪政概念，他们构成了一个特殊群体；二是因为《人民日报》是非常重要的理论园地，学者们在《人民日报》中对宪政概念的使用能反映出《人民日报》对学术界研究成果的认可程度，以及学术界与执政党在宪政概念上的相互影响。

除以上4类外，作者非个人和作者身份不好归类、简单处理易引起争议的17篇文章统归为一类——“其他”。

“记者”、“评论员”、“官员”、“学者”以及“其他”类作者的身份差异显而易见，但五大类作者在具体结构上有集中性的共同特点：“记者”集中于《人民日报》记者和国家通讯社——新华社记者，在127篇文章中，105篇由《人民日报》记者所写，20篇由新华社记者所写，1篇由《人民日报》记者与新华社记者共同所写，只有1篇由中国新闻社记者所写；“评论员”为《人民日报》评论员与新华社评论员，分别出现5次和4次；“官员”集中于高层官员，12位作者(共14篇文章，两位作者重复出现)中有10位是省部级及以上官员，其中包括全国人大常委会委员长吴邦国、全国政协主席贾庆林；“学者”集中于在全国有广泛影响力的知名学者，只有极个别学者影响力较小；“其他”类作者集中于中央国家机关与有很高声望的名人，只有少数例外。由此可见使用宪政概念的文章作者在总体上的突出特征——鲜明的身份性、官方性、权威性。这也说明，以使用宪政概念的文章作者之身份为分析切入点，有助于增强分析的针对性与说服力。

二、“记者”类作者对宪政概念的使用

通过统计可知，“记者”类作者曾在多个年份中使用宪政概念，但年份分布很不平衡。在1982前，仅有两位《人民日报》记者分别在1954年、1957年使用宪政概念。1982年是现行宪法的颁布年，也是宪政概念逐步在《人民日报》中持续出现的起始年，自此以后，除1985年外，每年都有“记者”类作者使用宪政概念。1996年后，宪政概念的使用次数明显增加，并在2004

年第一次突破了两位数,创造了迄今为止的峰值——22 篇。从这 22 篇文章的标题来看,有 10 篇是在报道外国,其中有 6 篇报道韩国,报道俄罗斯、格鲁吉亚、白俄罗斯、乌克兰的各 1 篇;有 7 篇是在报道台湾地区,其中有 3 篇在标题中揭批陈水扁。进一步地统计发现,“记者”类作者在 2004 年对宪政概念的使用情境,是“记者”类作者 61 年来使用宪政概念的一个缩影。还是从文章标题来看,根据文章标题的相关度,可以很轻易地将“记者”类作者使用宪政概念的 126 篇文章分为如表 2 所示的三大类。

表 2 “记者”类作者使用宪政概念的文章之类型

<table>
<tr><th>文章类型</th><th>文章篇数</th><th colspan="2">文章具体发布</th></tr>
<tr><td rowspan="2">标题显示为涉外的文章</td><td rowspan="2">76</td><td>标题显示单纯报道国外的文章</td><td>73 篇</td></tr>
<tr><td>标题显示报道我国外交的文章</td><td>3 篇</td></tr>
<tr><td rowspan="2">标题显示为涉台的文章</td><td rowspan="2">26</td><td>标题中含有“台湾”、“台独”、“对台工作”、“两岸”等字眼的文章</td><td>19 篇</td></tr>
<tr><td>标题中含有“陈水扁”等字眼的其他文章</td><td>7 篇</td></tr>
<tr><td rowspan="2">其他</td><td rowspan="2">23</td><td>标题中含“宪法”的文章</td><td>6 篇</td></tr>
<tr><td>其他</td><td>17 篇</td></tr>
<tr><td>总计</td><td colspan="3">126</td></tr>
</table>

在第一类涉外报道中,有 68 篇在标题中直接出现了别国或国际组织的名称,一看就可知道只是在报道国外情况,如《乌拉圭民主化进程步履维艰》、《南非两个王国同受危机困扰》、《安理会要求塞立即恢复宪政秩序》;另有 5 篇虽然没在标题中出现了别国或国际组织的名称,但因标题中出现了外国领导人名字、外国政权机构名称、国外著名历史事件,简单思考后也比较容易识别其只是在报道国外;[4]此外还有 3 篇涉外报道,是关于我国

〔4〕 李志明:《马岛争端八年之后》,载《人民日报》1990 年 4 月 8 日第 5 版;于青:《众院通过“新指针”之后》(我国无“众院”,据此可判断是涉外报道),载《人民日报》1999 年 4 月 30 日第 7 版;刘宏:《查韦斯为什么能重新执政》,载《人民日报》2002 年 4 月 16 日第 3 版;王如君:《布朗连连出招》,载《人民日报》2009 年 6 月 3 日第 3 版;张卫中:《塞拉亚短暂回国》,载《人民日报》2009 年 7 月 26 日第 3 版。

外交的。[5] 在“记者”类作者使用宪政概念的126篇文章中，有76篇文章明显是涉外报道，说明“记者”类作者主要是在国际而不是国内场合使用宪政概念。第二类是涉台报道，有26篇文章的标题显示文章直接与我国台湾地区相关，如《台湾当局纵容“台独”抗拒统一》、《纪念台湾光复60周年大会隆重举行》、《中国统促会与台湾东南九省乡亲联谊总会访问团座谈》。涉台报道的数量超过除涉外和涉台报道后剩下的报道总数（126－76－26＝23），说明“记者”类作者在报道我国国内有关宪政情况时，关注的主要是台湾地区而不是大陆地区。剩下的23篇报道数量少，从标题看相关度不明显，可一并归为第三类。

在标题显示为涉外报道的77篇文章中，《胡锦涛主席会见美国总统布什》、《全国人大与美参议院举行会议机制主席会晤》这2篇关于我国外交的报道，是在揭批我国台湾地区“宪政改革”、“宪政改造”时使用宪政概念，其他报道中所使用的宪政概念则都是针对国外。其中，涉及韩国（11篇）、英国（10篇）、阿根廷（9篇）、洪都拉斯（6篇）、日本（5篇）的报道超过一半。此外的报道分散涉及危地马拉、墨西哥、乌拉圭、比利时、西班牙、布隆迪、土耳其、塞拉利昂、俄罗斯、澳大利亚、尼日尔、委内瑞拉、格鲁吉亚、白俄罗斯、乌克兰、厄瓜多尔、尼泊尔、美国、不丹、泰国等国。由此可见，“记者”类作者在报道国外有关宪政情况时有两个特点：一是不局限于发达国家；二是对邻国的宪政情况比较关注。

标题显示为涉台报道的26篇文章所使用的宪政概念，无一例外都是涉及台湾的。最早的一篇始于1986年，该文就台湾国民党中常会1986年10月15日通过了解除戒严令和开放党禁这两项议题而写道：“消息传开，在海内外引起了很大反响。连日来，许多关注台湾事务的专家、学者及舆论界纷纷发表评论和社论，普遍认为这是台湾‘具有历史性的变化’，是‘跨

---

〔5〕 吴绮敏、张卫中：《胡锦涛主席会见美国总统布什》，载《人民日报》2004年11月21日第1版；陈乔炎、王海京：《唐家璇发表演讲阐述中国对尼泊尔政策》，载《人民日报》2006年3月18日第3版；唐勇：《全国人大与美参议院举行会议机制主席会晤》，载《人民日报》2007年1月28日第3版。

出民主宪政的一大步'。"[6]这里的宪政概念有明显的积极意义。但之后在涉台报道中出现的宪政概念,多有消极意义,表现在16篇报道中的宪政概念是在揭批台湾地区所谓的"宪政改革"、"宪政改造"时附带出现的。

标题名称不涉外、不涉台的报道,有6篇的标题中含有"宪法",具体如表3所示:

表3 "记者"类作者在标题含有"宪法"的文章中对宪政概念的使用

序号[7]	文章标题	文章出处	宪政概念使用次数及具体情境
1	纪念宪法颁布十周年学术讨论会结束	1992年11月26日第4版	(1次)中国法学会常务副会长朱剑明、全国人大常委会常务副秘书长曹志分别作了主题发言和总结发言。他们提出……要敢于和善于吸收和借鉴外国包括资本主义国家宪政制度和宪政理论中的某些合理的可为我用的东西。
2	依法治国的丰碑——写在我国现行宪法颁布实施二十周年之际	2002年12月4日第9版	(1次)1982年宪法是共和国宪政史上的里程碑。
3	许崇德:见证中国宪法的发展	2003年10月29日第13版	(2次)他更是一个中国宪政建立、发展的参与者、见证者……他向记者讲述了自己亲历的几个历史镜头。这些镜头,真实地记录了新中国宪政的脚步。
4	中宣部等五部委举行学习宪法报告会	2004年3月26日第4版	(2次)杨景宇说,依法治国、建设社会主义法治国家,最根本的是依宪治国、建设社会主义宪政国家。因此,学习法律,首先要学习宪法;增强法制观念,首先要增强宪政观念……

[6] 王捷:《从"变"字看台湾》,载《人民日报》2006年11月10日第3版。

[7] 相关文章按照刊载日期的升序排列,本文以下各表中的文章篇目均按此序排列,恕不再注明。

续 表

序号	文章标题	文章出处	宪政概念使用次数及具体情境
5	中宣部司法部举办第二次学习宪法卫星远程讲座	2004 年 4 月 17 日第 4 版	(2 次)杨景宇说,依法治国、建设社会主义法治国家,最根本的是依宪治国、建设社会主义宪政国家。因此,学习法律,首先要学习宪法;增强法制观念,首先要增强宪政观念……
6	宪法奠基盛世中国——从宪法制定及修订看我国民主政治进步	2009 年 9 月 25 日第 6 版	(3 次)"……中国法治建设,正在迈向社会主义宪政阶段,这是法治的高级阶段。"全国人大常委会委员、山东大学校长徐显明说……中国社科院法学所所长李林认为,我国已步入社会主义宪政建设时期,法治建设的一大重要成就,是提出"依宪治国"和"依宪执政"的理念,并将之置于实行依法治国和依法执政的"首要"地位,凸显了宪法作为国家根本法的崇高地位和至上权威,体现了我国社会主义宪政原则的基本要求。

表 3 显示几个比较有价值的信息:第一,从《纪念宪法颁布十周年学术讨论会结束》可知,早在 1992 年,高层官员就在高层次官方研讨会(该会由全国人大常委会办公厅、全国人大常委会法制工作委员会、中宣部、司法部、中国法学会共同举办)上表态辩证对待外国宪政,即"要敢于和善于吸收和借鉴外国包括资本主义国家宪政制度和宪政理论中的某些合理的可为我用的东西";第二,"宪政"与社会主义新中国直接联系。《依法治国的丰碑——写在我国现行宪法颁布实施二十周年之际》和《许崇德:见证中国宪法的发展》中分别出现了"共和国宪政史"和"新中国宪政"。最有说服力的是,全国人大法律委员会主任委员杨景宇在中宣部等部委举行的宪法学习活动中明确提出"建设社会主义宪政国家",将之作为建设社会主义法治国家的最根本要求;第三,著名学者徐显明和李林从定位当代中国法治建设的角度使用宪政概念,前者认为中国法治建设"正在迈向社会主义宪政阶段",后者则更乐观地认为"我国已步入社会主义宪政建设时期"。从不

盲目排斥外国宪政到明确谈到新中国宪政,从谈新中国宪政历程到论当代中国宪政建设所处方位,宪政概念增强了时代性。

除前述标题涉外、涉台的102篇报道以及标题中含有“宪法”的6篇报道以外,剩下的17篇报道相关性不高,但有2篇值得特别指出:一是《权利与权力走向良性互动》(载2008年6月18日第13版),《人民日报》记者吴兢在该文中不仅明确把“宪政指针”定位于“保障人权与控制权力”,而且明确表达了对“宪政中国”的期待,即,“从法治行政走向法治国家、宪政国家,正成为中国法治建设的清晰轨迹。”“回首30年,一个成长中的法治政府,一个成长中的法治中国;未来30年,我们期待:一个快速发展的法治政府,一个趋于成熟的宪政中国。”二是《始终把强化法律监督、维护公平正义作为检察工作的根本任务》(2008年7月9日第4版)。该文报道,最高人民检察院2008年7月8日召开了深入贯彻党的十七大精神全面加强和改进检察工作座谈会,中共中央政治局常委、中央政法委员会书记周永康出席了座谈会,并发表了讲话,“周永康说,我国宪法规定设置人民检察机关,并把检察机关确立为国家的法律监督机关,专门承担法律监督职能,是我们党和国家为加强社会主义民主法治建设而采取的重大宪政举措,是我国的伟大创造。”上述这段出现在《人民日报》中的话也一字不差地出现在《检察日报》2008年7月9日第1版的报道中,但在《检察日报》隔天公布的周永康讲话全文中,“宪政”二字不翼而飞[8]。为什么《检察日报》会有这种变化呢?是2008年7月9日的《人民日报》和《检察日报》误报?还是2008年7月10日的《检察日报》有意回避宪政一词?无从得知。[9]

---

〔8〕 周永康:《在深入贯彻党的十七大精神全面加强和改进检察工作座谈会上的讲话》,载《检察日报》2008年7月10日第1版。

〔9〕 或可推测:由于“宪政”概念之使用缺乏如“法治”、“人权”那样通过执政党重要报告与宪法修正案进行认可的操作,有关部门在这一概念的使用上没有明确的依据和标准,易于偏向谨慎处理。

三、“评论员”类作者对宪政概念的使用

表 4 《人民日报》(1949—2009)中“评论员”类作者对宪政概念的使用

序号	文章标题	文章出处	作者及文中注明的作者身份	宪政概念使用次数及具体情境
1	“台独”的保护伞和总后台——评李登辉的“台独”言行之一	1995 年 8 月 3 日第 4 版“要闻”	新华社评论员	(2 次)李登辉以“宪政改革”为名……他借所谓“宪政改革”,企图通过摆脱国民党的旧法统,彻底割断台湾与祖国大陆的联系。
2	鼓吹“生命共同体”制造分离意识——评李登辉的“台独”言行之二	1995 年 8 月 5 日第 2 版“要闻”	新华社评论员	(1 次)而鼓吹建立所谓“台湾人的生命共同体”,则是李登辉在台湾岛内完成“宪政改革”后,企图进一步在意识形态领域制造分离意识的重要步骤。
3	借所谓“台湾经验”抗拒统一——评李登辉的“台独”言行之三	1995 年 8 月 7 日第 4 版“要闻”	新华社评论员	(2 次)李登辉在讲演中厚颜地为自己上台六年的“政绩”吹嘘,其中包括所谓“完成宪政改革”……他的“宪政改革”,搞的是纵容、支持“台独”分子和“台独”组织在岛内膨胀自己的势力,成为有着“李登辉情结”的反对党。
4	全面深入贯彻江主席八项主张	1997 年 1 月 30 日第 1 版“要闻”	本报评论员	(1 次)前不久台湾当局召开的所谓“国家发展会议”竟然不提“一个中国”,不提国家统一,并且借“宪政改革”的名义,图谋通过改变台湾省的行政建制,为搞“台独”创造条件。
5	李登辉的“变”与“不变”——三评辜振甫七月三十日谈话稿	1999 年 8 月 6 日第 4 版“要闻”	新华社评论员	(1 次)近年来,李登辉在所谓“宪政改革”的名义下,频频出招,花样翻新,推行一整套分裂措施。
6	一个中国原则的挑衅者——评李登辉及其“两国论”	1999 年 9 月 7 日第 1 版“要闻”	本报评论员	(1 次)政治体制上,李登辉借“宪政改革”之名肆意改造台湾,四次“修宪”、强行“冻省”、与“台独”同流合污。

续 表

序号	文章标题	文章出处	作者及文中注明的作者身份	宪政概念使用次数及具体情境
7	认清重大意义 提高宪法意识——一论进一步学习和贯彻实施宪法	2004年4月1日第1版“要闻”	本报评论员	(1次)十届全国人大二次会议通过的宪法修正案,凝聚全党全国人民的集体智慧,符合最广大人民的根本利益,是我国宪政史上的又一次与时俱进。
8	揭穿“台独”包装	2004年5月26日第1版“要闻”	本报评论员	(1次)陈水扁……他表面上不把涉及主权、领土及统独议题纳入这次所谓“宪政改革”,但实际上……
9	和平统一法 保护台胞法 反对“台独”法	2005年3月16日第1版“要闻”	本报评论员	(1次)……台湾当局妄图利用所谓“宪法”和“法律”形式,通过“公民投票”、“宪政改造”等方式……

表4显示,由“评论员”类作者使用宪政概念的文章在时间上呈现出三个特点:一是起步晚,历时短,始自1995年,暂时终于2005年;二是集中于1995至2005年,密度大;三是分布不均匀,1996年、1998年、2000—2003年曾中断使用宪政概念,2006年后不再露面于《人民日报》,实际上只有5个年份有文章使用宪政概念。

从表4可知,在所列的9篇文章中,有5篇文章的标题中出现了“台独”二字,另外还有2篇文章的标题中出现了“李登辉”。不仅如此,《全面深入贯彻江主席八项主张》一文也与台湾直接有关,因为“江主席八项主张”是指原国家主席江泽民1995年1月30日在题为《为促进祖国统一大业的完成而继续奋斗》的重要讲话中,就发展两岸关系、推进祖国和平统一进程提出了八项主张。发表于1997年1月30日的《全面深入贯彻江主席八项主张》正是为了纪念《为促进祖国统一大业的完成而继续奋斗》发表两周年。

8篇针对“台独”的评论员文章,揭批的对象主要是李登辉,有5篇文章在标题中就点了李登辉的名,另有1篇文章在正文中点了陈水扁的名,剩下的2篇则笼统地针对台湾当局。虽然李登辉、陈水扁以及台湾当局被点名批评的次数有不同，但他们受批评的缘由有相同之处，即他们以“宪政改革”、“宪政改造”之名，行分裂国家之实。对此，《人民日报》旗帜鲜明地予以揭批，其中，3篇文章明确指出“宪政改革”只是名义，4篇文章直接指出了“宪政改革”的企图、实质与危害。正因为是在揭批台独势力借宪政名义加紧分裂国家时连带使用宪政概念的，8篇文章中的宪政二字全部出现在双引号中，并且有4篇文章在“宪政改革”前加上了“所谓”，明显表现出《人民日报》对台独势力推动的“宪政改革”、“宪政改造”之不认可与不屑。此外，尽管8篇针对“台独”的评论员文章所在具体版面的页码不同，但都出现在“要闻”版，表明《人民日报》对台湾地区的“宪政改革”、“宪政改造”高度关注。

相对于前述8篇文章针对“台独”在负面场合使用宪政概念而言，《认清重大意义 提高宪法意识——一论进一步学习和贯彻实施宪法》一文是一个例外，它在正面意义上使用了宪政概念，从我国宪政史的角度积极评价了2004年修宪。

四、“在任官员”类作者对宪政概念的使用

表5 《人民日报》(1949—2009)中“在任官员”类作者对宪政概念的使用

序号	文章标题	文章出处	作者及文中注明的作者身份	宪政概念使用次数及具体情境
1	我对定县专区各县人民代表会议的看法	1951年9月2日第3版	范文兴（中共定县地委副书记）	(1次)全区经过1940年的宪政运动，人民的民主觉悟有了提高，为政权建设工作打下了基础。
2	依宪治国 全面建设小康社会	2003年12月19日第2版	信春鹰（全国人大常委会委员、全国人大法律委员会委员）	(1次)依法治国，建设社会主义法治国家，核心是依宪治国，建设社会主义宪政国家。

续 表

序号	文章标题	文章出处	作者及文中注明的作者身份	宪政概念使用次数及具体情境
3	全面履行审计监督职责	2004年7月9日第10版	李金华(国家审计署审计长)	(1次)审计制度是我国宪政体系和行政监督制度的重要组成部分。
4	长风破浪正其时——纪念澳门回归祖国五周年	2004年12月11日第6版	白志健(中央人民政府驻澳门特别行政区联络办公室主任)	(1次)特区居民要不断增加宪政意识和法治意识,自觉履行基本法所赋予的权利和义务……
5	实行审计公告制度 加强执政能力建设	2004年12月25日第6版	令狐安(审计署副审计长)	(1次)审计公告制度……真正深刻的意义在于:它象征着我国的各级政府正在努力成为"阳光"政府,正在努力将自身的合法性和正当性植根于人民之中,正在努力建设一个权利来源于人民的宪政国家……
6	关于《反分裂国家法(草案)》的说明	2005年3月9日第2版	王兆国(全国人民代表大会常务委员会副委员长)	(1次)……台湾当局妄图利用所谓"宪法"和"法律"形式,通过"公民投票"、"宪政改造"等方式,为实现"台独"分裂势力分裂国家的目标提供所谓"法律"支撑……
7	全国人民代表大会常务委员会工作报告	2005年3月17日第1版	吴邦国(全国人民代表大会常务委员会委员长)	(2次)宪法修正案……是我国宪政史上一个重要的里程碑…… 台湾当局加紧推行"台独"分裂活动,尤其是图谋通过所谓"宪政改造"等方式进行分裂国家的活动。
8	"一国两制"体现最大的包容与和谐中	2005年12月20日第10版	白志健(中央人民政府驻澳门特别行政区联络办公室主任)	(2次)……实现在国家宪政基础上"两制"之间的和谐……就更是实践"一国两制"的题中应有之义。 ……这就必须在全社会继续深入学习基本法,把学习基本法同牢固树立宪政意识、国民意识结合起来……

续　表

序号	文章标题	文章出处	作者及文中注明的作者身份	宪政概念使用次数及具体情境
9	人民政协是马克思主义中国化的伟大创造和伟大成果	2006年3月25日第6版	陈奎元（全国政协副主席）	(1次)我们要借鉴人类政治文明的有益成果，但决不迷信和照搬资产阶级宪政……
10	加强交流合作　共创美好未来	2006年3月27日第3版	贾庆林（中华人民共和国全国政协主席）	(1次)台湾当局……今年以来，更是加紧通过“宪政改造”，图谋“台湾法理独立”。
11	承载厚望的选举	2007年9月10日第7版	寇泽刚（中国驻厄瓜多尔使馆文化专员）	(1次)目前，制宪大会选举唤起了厄瓜多尔民众空前的热情。人们期望……通过修改宪法，能够明确宪政民主原则……
12	全国人民代表大会常务委员会工作报告	2008年3月22日第1—3版	吴邦国（全国人民代表大会常务委员会委员长）	(1次)根据中共中央关于修改宪法部分内容的建议，审议通过宪法修正案……成为我国宪政史上又一重要里程碑。
13	具有鲜明中国特色的社会主义检察制度	2008年7月7日第7版	张耕（最高人民检察院党组副书记、常务副检察长）	(2次)西方一些国家实行三权分立的宪政结构……根据我国宪法的规定……在这种宪政体制中，检察机关作为国家的法律监督机关，与国家行政机关、审判机关相并列，履行法律监督职能。
14	我国民主党派光辉的发展历程	2009年9月16日第7版	杜青林（全国政协副主席、中央统战部部长）	(1次)面对国民党一党专制，民主党派同中国共产党密切合作、共同行动，积极推动民主宪政运动……

表5显示，2003年以前，仅有中共定县地委副书记范文兴这位“在任官员”撰文使用了宪政概念；2003年是重要的分水岭，在此以后，每年都有“在任官员”在文章中使用宪政概念。具体说来，“在任官员”类作者有来自国家机关的，如全国人民代表大会常务委员会副委员长王兆国，也有来自政

协组织的,如全国政协副主席陈奎元;有来自行政机关的,如国家审计署副审计长令狐安,也有来自检察机关的,即最高人民检察院党组副书记、常务副检察长张耕;有正职,如全国政协主席贾庆林,也有副职,如全国政协副主席杜青林;有部门负责人,如国家审计署审计长李金华,也有国家领导人,如全国人民代表大会常务委员会委员长吴邦国;还有涉澳和涉外人员,即中央人民政府驻澳门特别行政区联络办公室主任白志健,中国驻厄瓜多尔使馆文化专员寇泽刚。从这些情况来看,使用宪政概念的"在任官员"是比较广泛的。但从"在任官员"类作者的结构看,宪政概念的使用又是不够广泛的,如,国家审计署正职和副职都使用了宪政概念,在行政机关中独树一帜。

从表5来看,宪政概念在多种语境下使用:范文兴、杜青林针对旧中国历史使用宪政概念,令狐安针对当代中国实践使用宪政概念,吴邦国委员长从"宪政史"角度两次高度评价2004年修宪则沟通了历史与现实;李金华使用的宪政概念立足我国,寇泽刚是在介绍外国时使用宪政概念,由张耕两次使用的宪政概念则是一次指向西方、一次指向我国;陈奎元和信春鹰都从社会形态角度使用宪政概念,前者从"破"的角度,明确表态不能迷信和照搬"资产阶级宪政",后者则从"立"的角度,直言"建设社会主义宪政国家";吴邦国、贾庆林、王兆国都揭批台湾地区的"宪政改造",白志健则是结合澳门特别行政区在正面意义上使用宪政概念;李金华、张耕从静态的宪政体制角度使用宪政概念,令狐安则结合审计公告制度的实施,从动态的宪政实践角度使用宪政概念;等等。

需要指出的是,与"评论员"类作者绝大多数是在揭批台湾"宪政改革"、"宪政改造"时使用宪政概念不同,"在任官员"类作者多数是在正面意义上使用宪政概念。"在任官员"类作者正面使用宪政概念,始自范文兴;信春鹰开启了2003年以来多位"在任官员"类作者使用宪政概念的先河,她也是在正面意义上使用宪政概念的。吴邦国委员长两次从正面意义上使用宪政概念,将此推向了高潮,得到了一些关注宪政事业的人士的好评。如《法学》杂志编辑部将之作为宪政之说得到重新肯定的标志,"编辑部认为，全国人大常委会今天肯定宪政，正如当年肯定法治和人权一样，具有重大的现实价值和深远历史意义，并且意味着对法学界呕心沥血的研究成果的吸纳。”[10]

从表 5 还可以直接感知宪政概念是否敏感。在 2003 年前，使用宪政概念的“在任官员”类作者仅有中共定县地委副书记范文兴，且他是在讲旧中国的宪政运动历史。吴邦国委员长和多位出身不同系统的省部级以上现任高官 2003 年后正面使用宪政概念，还能说宪政概念是“雷区”或“禁区”吗？仅仅依据《人民日报》恐怕不能简单下结论。但是，仅仅从《人民日报》中使用宪政概念的“在任官员”类作者的数量和结构来看，也不能说宪政概念可以无顾忌地使用。就数量而言，明显有限；就结构而言，除吴邦国委员长外，最高层其他领导人并未明确在正面场合使用宪政概念。

五、“学者”类作者对宪政概念的使用

表 6 《人民日报》(1949—2009)中“学者”类作者对宪政概念的使用

序号	文章标题	文章出处	作者及文中注明的作者身份	宪政概念使用次数及具体情境
1	检察官法定位检察职能	2002 年 12 月 4 日第 11 版	张智辉（中国检察理论研究所研究员）	(1 次)1982 年宪法在总结新中国法律建设经验教训的基础上，第一次以根本大法形式，……进一步明确规定了检察机关在国家宪政中的法律监督地位……

〔10〕 何勤华、李步云、韩大元等《强化宪政理论 推进社会主义宪政事业(上)》，《法学》2008 年第 3 期。

续 表

序号	文章标题	文章出处	作者及文中注明的作者身份	宪政概念使用次数及具体情境
2	积极培育和构筑社会主义政治文明的思想文化根基	2003 年 11 月 25 日第 9 版	辛国安(北京市邓小平理论研究中心研究员)	(8 次)现代意义上的政治制度和政治文明,是资产阶级革命的产物。其中有两个重要概念,这就是宪政和宪政文化。所谓宪政,是指以宪法为核心的民主政治;而宪政文化则是宪政所包含的民主政治的基本精神以及潜移默化为社会大众较为稳定的思维方式、心理结构形式、价值判断标准和行为习惯的总和。宪政文化与政治文明有着互为因果的关系:一方面,宪政文化是现代民主政治和法治国家观念的产物;另一方面,宪政文化又能极大地推动民主和法治的发展与完善。
3	逐步完备政府工作的法治特征	2004 年 7 月 9 日第 10 版	于安(清华大学公共管理学院教授)	(2 次)随着依法行政的推进,政府工作的法治特征逐步完备起来……第二,从自设收费转变为公共财政,建设财政宪政。政府活动的物质保障只能依靠财政支持,是实行宪政和法治的基本条件。
4	一部维护两岸和平的法律	2005 年 3 月 17 日第 4 版	许世铨(全国台湾研究会副会长〔11〕)	(1 次)台湾当局领导人抛出了"一边一国论",并制定了一个通过所谓"宪政改造"、"公民投票"谋求"法理台独"的时间表。

〔11〕 据台湾研究会网站发布的信息"全国台湾研究会第六届理事会会长、副会长简介"(http://tyh.chinataiwan.org/benhuidongtai/201006/t20100621_1421729.htm)与"全国台湾研究会第六届理事会成员名单"(http://tyh.chinataiwan.org/benhuidongtai/201006/t20100621_1421710.htm),许世铨先生曾任中国社会科学院台湾研究所所长。

续 表

序号	文章标题	文章出处	作者及文中注明的作者身份	宪政概念使用次数及具体情境
5	依法治国：社会主义法治的核心内容	2006 年 12 月 4 日第 12 版	李步云(广州大学教授)	(1 次)法律程序的许多内容，如司法程序中的辩护、回避、上诉、公开审判等规定，都体现出现代的民主、法治与人权等宪政原则与伦理价值。
6	依法治国是良法之治	2007 年 5 月 30 日第 13 版	张文显(吉林大学教授、党委书记)	(1 次)依法治国的“法”从法的渊源上讲，包括宪法、法律、行政法规、地方性法规等，其中最重要的是宪法。所以，依法治国首先是依宪治国，实施社会主义宪政。
7	稳健推进香港宪制发展	2007 年 6 月 8 日第 12 版	韩大元(中国人民大学法学院副院长、教授)	(4 次)首先要从宪政理念、原则与精神中理解基本法，落实基本法。中国宪法是基本法制定的依据，同时也是基本法得到实施的基础。由于法律传统与文化等方面的原因，有些香港居民对中国宪政基本知识的了解是不全面的，或存在一些疑惑。对基本法的认同应与宪政基本精神的认同结合起来。因此，需要采取各种有效形式，了解宪政的基本理念，不断扩大社会共识。
8	高度自治：“一国两制”重要内容	2007 年 6 月 8 日第 12 版	李林(中国社会科学院法学所所长、教授)	(1 次)特别行政区行使高度自治权与中央政府的管辖权发生冲突时，应当依照宪政原则和基本法的规定解决。
	对未来法治的瞩望	2007 年 9 月 12 日第 14 版	徐显明(学者、法学教育家兼立法者)	(3 次)回首共和国成立后 50 余年的法治实践，基本可划分为 5 个阶段：……第五个阶段可概括为社会主义宪政阶段，始于 2004 年……中国的法治建设将步入社会主义宪政阶段，瞻其前景，我对未来法治有以下瞩望……确保社会中的所有人均能过上有尊严的、体面的生活，是社会主义宪政的核心目的所在。

续 表

序号	文章标题	文章出处	作者及文中注明的作者身份	宪政概念使用次数及具体情境
10	依法治权 依法治官	2007年9月12日第14版	李林(中国社会科学院法学研究所研究员)	(1次)党的领导、人民当家作主和依法治国三者有机统一的理论创新、制度创新和实践发展,是十六大以来我国政治体制改革的新思路、新模式和新经验,是全面落实科学发展观的宪政保障方式。
11	声声呼唤户籍法	2007年10月10日第14版	曾荇(湖南商学院法学院副教授)	(1次)法律就是要使政府的行为不仅要考虑当前政策的需要,更要契合宪政与法治的要求,保障社会各阶层、各群体的利益。
12	培养公民意识 培育法治文化	2007年12月5日第14版	李林(中国社会科学院法学所所长)	(1次)崇尚社会主义政治文明,实现"坚持党的领导、人民当家作主与依法治国"三者在制度上、程序上有机统一的社会主义宪政精神。
13	让执法为民成"刚性"准则	2007年12月19日第14版	姜明安(北京大学法学院教授)	(1次)从宪政和政府法治的历史考察,告知制度并非是江苏警方的创新。
14	政治发展是一个自然和自觉的过程	2009年8月6日第7版	杨海蛟(中国社会科学院研究员)	(1次)从"师夷制夷"、"中体西用"到学习西方宪政民主……所有这些尝试都由于脱离中国国情,不仅没有从根本上解决中国的问题,反而导致了军阀混战、山河破碎、民不聊生、生灵涂炭的局面。

由表6可知,直到2002年,《人民日报》中方才出现"学者"类作者使用宪政概念的文章,并在2007年达到高峰,1年就有8篇。从作者来看,除中国社会科学院法学所所长李林3次使用宪政概念外,其他作者都只使用了1次。这些作者来源广泛,有京内的,也有京外的;有来自高等院校和科研院所的,也有来自实务部门研究机构的;有法学专家,也有其他学科的专

家;有从事宪法学研究的,也有从事法理学、行政法学、诉讼法学研究的;有德高望重的老前辈,也有年富力强的中青年。其中,占绝大多数的是:京内专家;来自高等院校和科研院所的专家;法学专家;中青年专家;有重要影响的专家——绝大多数在文章中使用宪政概念的“学者”都是知名学者,所在单位是法学研究和法学教育的重镇,还有一些作者是所在单位领导,影响力广泛。与绝大多数作者是法学专家相适应,14 篇文章中有 10 篇的标题中含有“法”字,出现了“依法治国”、“依法治权”、“依法治官”、“法治”、“法律”、“良法”、“法治文化”、“执法”等表述;还有 1 篇文章的标题中出现了“宪”字。不过,尽管法学专家在数量上占绝大多数,但就单篇文章或每位作者而言,使用宪政概念最多的不是法学专家,而是北京市邓小平理论研究中心研究员辛国安,他在《积极培育和构筑社会主义政治文明的思想文化根基》一文中 8 次使用宪政概念。他也是唯一对宪政概念进行了明确界定的学者,其他作者则都把宪政作为一个不证自明的概念。

进一步说,与 9 位法学专家立足于法律和法治来使用宪政概念不同,其他 3 位作者立足更宏观的政治角度;不同的法学专家对宪政概念的讨论,侧重点也有明显不同。徐显明揭示了社会主义宪政的核心目的,李林则阐述了社会主义宪政精神;有的宪政概念涉及历史,如杨海蛟说旧中国“学习西方宪政民主”的不成功探索,有的宪政概念则针对现实,如张文显说“依法治国首先是依宪治国,实施社会主义宪政”;有的宪政概念指向宪政制度体系,如张智辉认为 1982 年宪法“进一步明确规定了检察机关在国家宪政中的法律监督地位”,有的宪政概念则指向宪政文化,如辛国安明确界定了宪政文化的含义,并对宪政文化与民主法治的关系进行了概括;有的宪政概念是在一般意义上使用的,如于安将“政府活动的物质保障只能依靠财政支持”作为“实行宪政”的基本条件,有的宪政概念则紧密结合我国实际,如李林所说的“全面落实科学发展观的宪政保障方式”。此外,对“宪政原则”,李林和韩大元只是提及,李步云则还揭示了它所包含的民主、法治与人权等内核。

将“学者”类作者对宪政概念的使用与“记者”类作者、“评论员”类作者、"在任官员"类作者对宪政概念的使用进行比较可发现，第一，从空间范围看，"学者"类作者只有1位针对台湾使用了宪政概念，比例明显低于前述3类，说明兼具政治性与法律性的宪政概念之政治性在此有明显下降；第二，含"宪政"二字的表述更加多样，出现了"宪政文化"、"宪政理念"、"宪政基本精神"、"财政宪政"等更有理论色彩和学术含量的表达；第三，除针对"台独"使用宪政概念的许世铨和针对旧中国使用宪政概念的杨海蛟外，其他学者都是在正面场合使用宪政概念，李步云、韩大元、李林、曾荇更是以宪政为评价标准。

六、"其他"类作者对宪政概念的使用

表7 《人民日报》(1949—2009)中"其他"类作者对宪政概念的使用

序号	文章标题	文章出处	作者及文中注明的作者身份	宪政概念使用次数及具体情境
1	毛泽东同志论帝国主义和一切反动派都是纸老虎	1958年10月31日第1版	人民日报编辑部	(1次)1940年2月20日，毛泽东同志……揭穿了蒋介石的所谓实行宪政的欺骗宣传，
2	有了共产党才有新中国——揭露"国防戏剧"为国民党服务的反动本质	1971年4月2日第2版	天津师范学院中文系大批判写作组	(2次)剧本前言里说：《胜利号》"预示了一个政治上的新猷——宪政的实施与总统的选举。"好一张"自由民主"的画皮！揭穿了，所谓"宪政的实施与总统的选举"，不过是国民党十一中全会反共决议的照本抄录罢了。
3	与日俱进 奋斗不息——纪念张澜同志一百一十周年诞辰	1982年4月1日第5版	史良（中国民主同盟中央委员会主席）	(1次)1943年国民党五届十一中全会，在全国性的民主运动压力下，虚伪地作出了实施宪政的决议。
4	纪念民盟革命先烈杜斌丞同志	1982年10月7日第5版	史良(中国民主同盟主席)	(1次)他在谈话中还要求国民党政府释放张、杨，实施宪政。

续 表

序号	文章标题	文章出处	作者及文中注明的作者身份	宪政概念使用次数及具体情境
5	学习发扬韬奋精神	1990 年 11 月 7 日第 5 版	张友渔(中国韬奋基金会主席)	(2 次)当时,他就约定我为《全民抗战》的经常撰稿人,写有关民主、宪政、日本问题,特别是介绍华北敌后情况的文章,每期一篇。同时,就民主宪政运动和救国会的工作交换了意见。
6	国民党应把握时机促进两岸和平统一	1991 年 6 月 1 日第 4 版	程思远(台湾研究会会长)	(1 次)现在国民党当局为了缓和内部矛盾,不得不进行“宪政改革”,但困难重重,不容乐观,值得国民党当局诸公反复深思。
7	清正廉洁 与日俱进——纪念张澜同志诞辰 120 周年	1992 年 4 月 2 日第 3 版	楚图南(民盟中央名誉主席)	(1 次)他代表民盟,积极参加民主宪政运动,维护国共合作……
8	一个中国的原则与台湾问题	2000 年 2 月 22 日第 3 版	中华人民共和国国务院台湾事务办公室 国务院新闻办公室	(1 次)在台湾政权体制方面,力图通过所谓的“宪政改革”将台湾改造成一个“独立的政治实体”,以适应制造“两个中国”的需要。
9	依法治国:全体公民的价值准则	2002 年 12 月 4 日第 10 版	袁曙宏(国家行政学院研究室主任)	(1 次)1999 年 3 月 15 日……宪法《总纲》部分明确规定:“中华人民共和国实行依法治国,建设社会主义法治国家。”这是我国宪政史上具有划时代意义的一件大事……
10	“人权”入宪:中国人权发展的重要里程碑	2004 年 3 月 15 日第 10 版	董云虎(中国人权研究会副会长兼秘书长)	(42 次)将人权原则写入宪法,是中国寻求实行宪政以来的第一次,是当代中国民主宪政和政治文明的最新发展。等等
11	建设社会主义政治文明的根本	2004 年 4 月 14 日第 16 版	程湘清(中国宪法学研究会顾问)	(1 次)人民代表大会制度……是具有中国特色的宪政文明……

续 表

序号	文章标题	文章出处	作者及文中注明的作者身份	宪政概念使用次数及具体情境
12	全面准确地领会把握和贯彻实施国家尊重和保障人权的宪法原则	2004年5月11日第10版	董云虎(中国人权研究会副会长兼秘书长)	(10次)中国实行的是人民民主宪政,其本质特点是……
13	《2004年中国的国防》白皮书	2004年12月28日第14版	中华人民共和国国务院新闻办公室	(1次)它并未放弃通过制定所谓"台湾新宪法"走向"台独"的企图,仍然伺机利用所谓"宪政改造"制造重大"台独"事变。
14	十届全国人大常委会一年来立法工作简述	2005年3月10日第9版	全国人大常委会法制工作委员会	(2次)宪法修正案确立了"三个代表"重要思想在国家政治生活和社会生活中的指导地位,……成为我国宪政史上一个重要里程碑……近一个时期以来,台湾当局加紧推行"台独"分裂活动,尤其是图谋通过所谓"宪政改造"等方式进行分裂国家的活动。
15	独特的中国人权展示	2006年11月24日第8版	董云虎(中国人权研究会副会长兼秘书长)	(1次)展览的主题标语"中华人民共和国的一切权力属于人民"和"国家尊重和保障人权"就鲜明地展示了中国人民民主宪政的两大原则和中国人权保障的两大基石……
16	2006年中国的国防	2006年12月30日第9版	中华人民共和国国务院新闻办公室	(1次)台湾当局实行激进"台独"路线,加紧通过推动所谓"宪政改造"谋求"台湾法理独立"……
17	将基本法实施推向新历史高度	2009年12月5日第7版	曹其真(原澳门特别行政区立法会主席等)	(1次)所有这一切……并证明基本法对有效落实"一国两制"、"澳人治澳"、高度自治的方针政策提供了宪政性法律保障。

表7显示,有6篇文章不是以个人名义发表,剩下11篇文章的作者是

个人，从《人民日报》注明的身份看，这 11 人都是有较高地位和声望的人。由于前面将“在任官员”界定为通常所说的“四大家”（中共党委、人大、政府、政协）和“一府两院”（即政府、法院、检察院）的在任人员，故中国民主同盟主席史良和中国民主同盟荣誉主席楚图南、原澳门特别行政区立法会主席曹其真不能列为“在任官员”。其余的张友渔〔12〕、程思远〔13〕、袁曙宏〔14〕、董云虎、〔15〕程湘清，〔16〕身份都不好确定——仅仅依据文章本身所显示的作者身份来进行分析，可能产生明显的偏颇；但不依据文章本身所显示的作者身份来进行分析，则难保客观性，因此全部作为“其他”类作者。

由表 7 可知，作者身份为个人和作者身份非个人的文章，对宪政概念的使用，既有不同点，也有共同点。不同点如：作者身份非个人的 6 篇文章，都在批判场合使用了宪政概念，其中，2 篇在改革开放前批判民国时期的伪宪政，4 篇在 21 世纪批判台湾当局的“宪政改革”、“宪政改造”；作者身份为个人的文章，在批判场合使用宪政概念的次数则少于在正面场合使用

---

〔12〕 对于宪法学人来说，“张友渔”并不陌生，其《宪政论丛》（群众出版社 1986 年版）影响巨大。据百度百科介绍，张友渔先生也是著名的新闻工作者和新闻学家，在民国时期曾任北平《世界日报》、香港《华商报》等的总主笔等；他还在新中国成立后担任或兼任多种职务，如中共北京市委副书记、中国社会科学院副院长等。依据《人民日报》显示的“中国韬奋基金会主席”，只能将张友渔先生归入“其他”类作者。

〔13〕 据人民网于 2005 年 8 月 5 日发布的信息“程思远同志生平”（http://politics.people.com.cn/GB/1026/3593753.html），程思远在文章发表时任全国政协副主席，且基于两岸现状可以判断，台湾研究会会长一职注重的不可能是学术性资格，因此，仅仅依《人民日报》所示“台湾研究会会长”把程思远归为“学者”，恐怕不太恰当。

〔14〕 袁曙宏当然是学者，但《人民日报》注明的是“国家行政学院研究室主任”，故将他放到“其他”类作者中。

〔15〕 人民网时政频道于 2009 年 11 月 25 日发布的新闻“王仲伟、董云虎获任国新办副主任”（http://politics.people.com.cn/GB/101380/10450305.htm）显示，董云虎在发表表 9 所列的 3 篇文章时还担任中共中央对外宣传办公室七局局长，且这一身份排在“中国人权研究会副会长兼秘书长”之前。依据《人民日报》所示“中国人权研究会副会长兼秘书长”，无论将董云虎作为“学者”还是“官员”，都不是很合适，故归到“其他”类作者中。

〔16〕 据中国宪政网于 2005 年 10 月 25 日发布的信息“中国法学会宪法学研究会历届理事名单（1—5 届）”（http://www.calaw.cn//Pages_Front/Article/ArticleDetail.aspx?articleId=2834），程湘清曾任全国人大常委会办公厅研究室主任、中国法学会宪法学研究会第四届干事会副总干事。但仅仅依据“中国宪法学研究会顾问”，不便将他视为“学者”，因为在我国，“顾问”不一定是该领域专家。

宪政概念的次数。共同点如：都涉及台湾"宪政改革"、"宪政改造"；袁曙宏和全国人大常委会法制工作委员会对1999年修宪和2004年修宪分别进行的高度评价，都是立足宪政史角度。

表7还显示出一些变化：在2000年前的7篇文章中，有6篇文章的宪政概念涉及历史，21世纪所使用的宪政概念则明显增强了现实性；中国民主同盟的主席和名誉主席在20世纪80年代和90年代使用过涉及历史的宪政概念，21世纪还没有以民主党派人士身份使用宪政概念的记录；对台湾"宪政改革"、"宪政改造"的态度有一个变化过程，程思远在1991年认为国民党当局是为了缓和内部矛盾而不得不进行"宪政改革"，国务院台湾事务办公室等在2000以后则明确指出"宪政改革"分裂国家的实质。

值得特别指出的是在3篇文章中53次使用宪政概念的董云虎，这个次数，超过"其他"类另外12位作者使用宪政概念次数之和(17)、所有"在任官员"类作者使用宪政概念次数之和(17)的3倍，几乎是所有"学者"类作者使用宪政概念次数之和(27)的2倍。细言之，他在《"人权"入宪：中国人权发展的重要里程碑》中重点阐述了2004年人权入宪对人民民主宪政的重大发展。基于"尊重和保障人权是现代民主宪政的一项基本原则"的立场，他指出，从清朝末年到国民党反动政府，人民无权，宪政徒有虚名，是伪宪政；人民当家作主，实行真正宪政，是与中国共产党领导的人民民主革命联系在一起的，人民民主革命的胜利和中华人民共和国的成立，开辟了人民民主宪政的新纪元；1954年宪法奠定了人民民主宪政建设的基础；现行宪法确立法治原则，健全了民主宪政；2004年人权原则入宪，完善了民主宪政。在他看来，宪政又叫立宪政治，是指通过制定具有最高权威的宪法确立民主制度、保障人民权利的政治，通常包含法治原则、民主原则、人权原则三个原则。法治原则意味宪政是宪法和法律至上的政治，其特点是以宪法和法律而不是个人为最高政治权威；民主原则意味宪政就是民主政治，其实质是用宪法确立民主制度，确保人民主权和国家权力运用的民主化；人权原则意味尊重和保障人权是宪政的根本目的和最高原则，是宪法和宪政得以存在和发展的前提、基础和归宿，是衡量是否真正实行宪政的根本标准。这种对宪政概念本身的深入论述,特别是对宪政原则的阐述,是其他所有使用宪政概念的文章所没有的,表现出相当高的理论性。

与在《"人权"入宪:中国人权发展的重要里程碑》中重点强调宪政的人权原则不同,在《全面准确地领会把握和贯彻实施国家尊重和保障人权的宪法原则》中,董云虎强调了人权原则与其他宪政原则的有机联系。他认为,中国实行的是人民民主宪政,包含社会主义原则、民主原则、法治原则和人权原则这样四个相互联系的原则,其中,社会主义原则是人民民主宪政的首要原则,是贯穿于其他原则之中并决定其他原则性质的总原则,人权原则是人民民主宪政的根本目的和基本原则,是衡量是否真正实行人民民主宪政的根本标准。由此可见,与前文相比,他对宪政原则的论述有三方面发展:前文笼统地说宪政原则,在此则明确说中国所实行的人民民主宪政的原则;充实了宪政的原则体系,不仅在法治原则、民主原则、人权原则外补充了社会主义原则,而且明确把社会主义原则作为人民民主宪政的首要原则;揭示了人民民主宪政的四项原则之间的相互关系,使宪政原则体系更有立体感。

七、结语:宪政概念的变与不变

前面的图表与分析表明,各类作者对宪政概念的使用有以下特点:"记者"类作者最主要的是在涉外场合使用宪政概念,报道的重点对象是国外的宪政情况;"评论员"类作者基本上是在揭批台湾地区的"宪政改革"、"宪政改造"时附带使用宪政概念,针对 2004 年修宪而使用的宪政概念是唯一的例外;来自不同系统的"在任官员"类作者使用宪政概念的场合比较分散,基本上与其所从事工作相关;"学者"类作者普遍在正面场合使用宪政概念,结合依法治国来使用的较多;"其他"类作者的具体身份多样,对宪政概念的使用也比较多样,其中的董云虎对宪政概念的使用次数与论述深度,可谓一枝独秀。

虽然有以上区别,各类作者对宪政概念的使用还是有共同点的,如都在揭批台湾当局的“宪政改革”、“宪政改造”时附带使用了宪政概念;普遍只是一笔带过宪政概念;绝大多数只使用了1次宪政概念。最大的共同点是在现行宪法公布施行20周年之日——2002年12月4日以后,都增强了宪政概念的时代性、现实性、针对性。如前所述,研究《人民日报》(1949—2009)中的宪政概念,有助于了解新中国宪政概念的变迁史、传播史和中国共产党在新中国的宪政观。前面的图表与分析表明,宪政概念在新中国的使用确实发生了一些变化,其中主要变化有三:一是使用宪政概念的人员格局有了重大变化。由于“学者”类作者在2002年的出现,以及2003年后出现了多位省部级以上“在任官员”类作者,“记者”类作者的垄断地位已不复存在。二是宪政概念的使用情境有变化。“实施社会主义宪政”、“建设社会主义宪政国家”、“全面落实科学发展观的宪政保障方式”、“步入社会主义宪政阶段”、“中国特色的宪政文明”、“宪政中国”等表述的出现,即为明证。三是宪政概念得以正面使用的次数增多。在2002年前,《人民日报》基本上由记者在负面场合和中性意义上使用宪政概念,较少在正面场合使用宪政概念。负面场合主要是批判蒋介石政府的伪宪政和台湾地区的“宪政改革”、“宪政改造”,中性意义则主要见于报道国外宪政。2002年后,正面场合使用宪政概念的次数明显增加。这些变化反映出宪政概念的接受面和使用面在扩大,说明了《人民日报》和中国共产党在2002年以后对宪政概念的谨慎立场有所松动。

之所以说《人民日报》和中国共产党对宪政概念持有谨慎立场,理由是多方面的:“记者”主要针对外国使用宪政概念;虽然有吴邦国委员长这样高级别的领导在公开场合从正面意义上使用了宪政概念,但更多的领导还在沉默中;使用宪政概念的“学者”类作者姗姗来迟;在社会主义中国语境下使用的宪政概念虽然在2002年以后有所增多,但涉外、涉台的宪政概念的主导地位依然坚如磐石;宪政概念的出现次数虽然有较快增长,但绝对数值依然相对有限,且绝大多数是一笔带过,涉台的宪政概念更是往往在揭批“台独”时附带使用。这些情况也说明,虽然宪政概念的使用在2002年后确实有所变化,但变化不是根本性的;《人民日报》和中国共产党对宪政概念的谨慎立场在整体上没有改变，改变的只是谨慎的程度。这种程度上而不是根本上的改变，始发于2002年，可能与以下两件大事有关：一是2002年12月4日召开的纪念现行宪法公布施行20周年大会，从《人民日报》报道看，这是以胡锦涛为总书记的新一届中央领导集体第一次公开亮相的重大集体活动，胡锦涛总书记在会上发表了他就任执政党的最高领导人以来的第一个重要讲话——《在首都各界纪念中华人民共和国宪法公布施行二十周年大会上的讲话》。[17] 二是2002年12月26日，胡锦涛总书记主持新一届政治局第一次集体学习，将学习内容确定为宪法。[18] 在中央主导的大背景下，无须赘言上述两件大事对基于宪法的宪政概念与《人民日报》之影响。

《人民日报》曾报道著名法学家李林和徐显明关于“我国已步入社会主义宪政建设时期”、已处于“社会主义宪政阶段”的观点，还有《人民日报》记者表达了对“宪政中国”的期许。孔子说得好：“名不正则言不顺，言不顺则事不成。”“社会主义宪政建设时期”或“社会主义宪政时期”当然呼唤宪政概念更加广泛、更加顺畅的使用，否则，何以名正言顺、言顺事成？在这个意义上，负有舆论引导、理论创新等重要使命的《人民日报》今后如何使用、传播宪政概念，值得大家共同深入思考。在此仅结合本文的分析抛砖引玉，提三点浅见：第一，增加在国内场合使用宪政概念的次数，如可以更多地关注我国深化改革进程中的宪法事例，为专家学者讨论宪法理论问题或宪法事例的评论提供适当的版面，从而更好地保持《人民日报》的时代性、前瞻性，保持《人民日报》作为理论创新阵地和中国改革先声的地位。第二，增加从法律特别是宪法角度使用宪政概念的次数。《人民日报》(1949—2009)中的宪政概念多数针对政治事件和政治人物，在政治意义上使用。宪政既是政治学的基本范畴，也是宪法学的基本概念。“汉密尔顿

---

〔17〕 胡锦涛：《在首都各界纪念中华人民共和国宪法公布施行二十周年大会上的讲话》，载《人民日报》2002年12月5日第4版。

〔18〕 参见翟伟：《加强领导干部学习 提高执政兴国本领》，载《人民日报》2002年12月27日第1版。

是从政治方面看待宪政的典型,而布莱克斯通则是从法律方面看待宪政的典型。"[19]宪政区别于暴政、仁政、德政等的关键之处在"宪"而非"政",宪政概念宜更多地围绕"宪法"而不是"政治"来使用。第三,增加从人权意义上使用宪政概念的次数。人权是宪政的出发点和落脚点。如果说在2004年"人权"未入宪前,《人民日报》中的宪政概念较少涉及人权是正常的话,那么,在"人权"入宪后,宪政概念则很有必要多与人权概念"亲密接触"。

(作者单位:中南大学法学院)

【特邀编辑:乐俊刚】

〔19〕 [美]肯尼思·W.汤普森编:《宪法的政治理论》(导言),张志铭译,三联书店1997年版,第1页。

城市管理与立法规制

——《广州市城市管理综合执法条例》调研报告

邱新　刘恒

广州作为一个特大城市在城市管理中遇到了许多困难，也总结出许多宝贵的经验和做法。2008年8月1日广州市第十三届人民代表大会常务委员会第十一次会议通过的《广州市城市管理综合执法条例》（下称《广州城管条例》），在广州城市管理法治化进程中具有里程碑的意义。本研究报告从地方立法规制的角度出发，考察了广州城管条例出台的背景和立法的过程、争议的焦点以及创新之举措，以期为其他兄弟城市立法提供可资借鉴的经验。

一、广州市城管条例的立法背景

（一）广州市城管条例的立法动因

1. 滞后和超载的城市化催生地方立法

整体而言，中国的城市化是滞后的，即城市化的水平大大落后于工业化和社会经济发展水平。[1] 它引发两个问题：一方面，由于城市化水平滞后，"城市"本身成了稀缺的资源，农村人口大量涌入城市；另一方面，城市资源的有限性又导致城市就业、住房、交通、环境资源等方面的紧张。可以

---

〔1〕 王志锋：《现代城市管理概论》，清华大学出版社2008年版，第17—18页。

说，滞后的城市化引发超载的城市化，加剧了城市管理的难度。截止2007年末，广州市户籍总人口就已经达到773.48万，流动人口则远远超过户籍人口，人口、环境资源的负荷大大超过其承受能力。为解决城市管理面临的这些前所未有的挑战，迫切需要通过立法规制城市管理中的新问题。从这个角度看，滞后城市化和超载城市化是《广州城管条例》出台最重要的动因之一。

2. 机构改革的深化推动地方立法

长期以来，我国“行政至上”的传统忽视了对行政组织法律制度的建设。[2] 城市管理综合执法主体的建立依旧没有摆脱“先上车后补票”的非法治的制度变革模式，使得其合法性却不断遭到质疑和挑战。[3] 鉴于国家层面的行政组织法无法在短时期内建立起来，作为机构改革的产物——城市管理综合执法机关却已经存在了十多年，综合执法制度的运作也取得积极的效果。为弥补行政组织法上的缺漏，地方立法可以为综合行政执法机构“正名”，为机构改革的深化奠定法律基础。

3. 地域的差异性要求地方立法先行

城市管理面临着问题具有地域性的色彩，客观上要求地方政府通过地方立法进行规制。我国的城市化刚刚起步，城市管理的经验不足，地方政府面对转型期社会所不断涌现出来的新问题，仍然处于一个“摸着石头过河”的探索阶段，在此阶段进行全国性立法显然条件并不成熟。相反，地方性立法可以为国家立法积累经验和创造条件。从这个角度上看，城市管理的地方立法并非权宜之计，而是中国城市化进程中的一个必然选择。

---

〔2〕 应松年、薛刚凌：《行政组织法研究》，法律出版社2002年，第81—88页。

〔3〕 《行政处罚法》颁布至今相对集中处罚权制度已经运作了十余年，但作为行使相对集中处罚权的城市管理综合执法机构，其合法性却不断遭到质疑和挑战：首先，从职权法定的原则角度看，无论从程序上还是效力上，国务院的规范性文件无权对行政机关的职权作出相应的调整；其次，单凭《行政处罚法》第十六条就建立起一个庞大的综合执法体系的方式并不科学，且规定一个行政机关可以集中行使其他行政机关的行政处罚权的规定与有关单行法律、行政法规规定的主体发生法律冲突。参见应松年、袁曙哄：《走向法治政府——依法行政理论研究与实证调查》，法律出版社2001年，第439页。

(二)广州市城管条例的立法过程

广州市于 1997 年在全国率先进行城管综合执法的立法探索。1997 年 9 月 26 日,广州市人大通过了《广州市城市管理监察条例》,成为我国第一部关于城市管理综合执法的地方性法规,开创了城市管理地方立法的先河。但随着综合执法改革的推进,《广州市城市管理监察条例》的许多规定已经不能适应现实发展的需要。[4] 从 2002 年开始,广州就开始酝酿制定一部地方性立法来确认和巩固近年来城市管理综合执法的成功经验,解决执法过程中存在的问题和不足。经过长达七年多的立法探索和论证,五易其稿,终于出台的新的《广州城管条例》。整体而论,《广州城管条例》体现了民主立法和务实立法的要求。

1. 广州城管条例的民主性

“在民主社会中,政府治理的合法性基础在于民意,而民意获得的基本途径是公众参与。”[5]民主的本质应当是多数人之治,公众参与立法是法治的应有之意。立法的公众参与不仅是政治民主的体现,还有助于提升立法的合法性和立法的科学性。公众参与的前提是信息公开,没有充分的信息公开,就不可能有有效的公众参与。广州市城管综合执法支队在广州市人民政府法制办公室网、广州城管网和广州日报上发布《广州城管条例》征求

---

〔4〕 首先,从执法主体名称上看,《城监条例》授权行使处罚权的单位是“城市建设管理监察队伍”,1999 年 9 月 28 日该队伍已正式更名为城市管理综合执法支队。其次,从执法权限看,《城监条例》也没有规定行政检查和行政强制措施,由于执法中缺乏法定的执法措施,导致执法队伍在具体执法中常出现取证难、处罚难的现象。再次,从执法协作看,《城监条例》也缺乏相应的规定,职能部门普遍认为城市管理执法乃城管综合执法机构一家之事,由于与职能部门之间缺乏必要的信息沟通,城管执法在本需要执法协作时也只能孤军奋战。最后,从执法的成效看,城管执法暴力执法和暴力抗法的事件时有发生,急需通过新的立法加以规制,以规范城管执法,防止城管滥用行政执法权,杜绝暴力执法事件的发生,同时也需要通过立法规制相对人的行为,追究暴力抗法者的法律责任,遏制暴力抗法事件的发生。可见,《城监条例》已难以满足执法工作的实际需要,迫切需要新的立法加以调整和规范。

〔5〕 陈端洪:《立法的民主合法性与立法至上性》,载蔡定剑、王晨光主编:《人民代表大会二十年发展与改革》,中国检察出版社 2001 年,第 198 页。

意见的公告，对送审稿公开征求意见公众、专家学者和行业协会的意见。为了更广泛听取和收集民意，集中民智，广州市人大常委会法制工委还在“网易”网开展了历时 15 天的《广州城管条例》立法民意调查。正如广州市人大常委会副主任李力所介绍的，七年里，立法部门努力拓宽公众参与渠道，开门立法，凸显立法的民主性和科学性，并创造了四个全国“第一”，为《广州城管条例》实施打下了坚实的群众基础——第一次在门户网站上开展立法民意调查，问卷调查历时 15 天，网民点击数达 18.3 万次，收集了来自美、加等 20 多个国家和地区 2000 多名网友的意见；第一次召开全程向媒体公开的专家研讨会；第一次召开全程向媒体公开的、在基层举行的征求行政相对人意见座谈会，听取了 28 名流动商贩、12 名居民代表以及部分街道办事处干部的意见；第一次组织召开征求市政协委员意见的专场立法座谈会。〔6〕

2.《广州城管条例》的务实性

地方立法的制定应当具有务实的态度，坚持“问题导向”，换言之，地方立法应当从本地实际出发，解决地方特殊问题，突出地方立法的特色。正如有学者指出的，地方立法“不是照抄照搬国家法律、行政法规的规定，搞‘大而全’、‘小而全’的重复立法，而是在坚持‘不抵触’的前提下，根据地方实际，‘成熟几条搞几条，有几条搞几条’。需要避免操作性不强的‘景观式立法’、权利义务不对等的‘管制性立法’、行政管理部门主导的‘部门性立法’、针对性不强的‘重复性立法’”〔7〕。近十年来，广州市积极推进城市管理综合执法，城市管理水平明显提升。但是，由于综合执法工作缺乏相应的立法，加上城市管理矛盾日益突出，广州市城市管理综合执法工作面临许多新问题、新挑战。《广州城管条例》作为一部地方性法规，坚持务实立法的态度，对广州城市管理现实问题和社会需求作出的立法回应，初步形成了自己立法特点。

---

〔6〕 http://politics.people.com.cn/GB/14562/9977305.html，人民网，最后登陆时间：2010 年 5 月 30 日。

〔7〕 郑辉：《上海人大立法三十年的经验与前瞻》，载上海市法学会网站，http://www.sls.org.cn/all_about.jsp?main_id=8&id=0080000538，最后登录时间 2010 年 5 月 30 日。

二、广州城管条例立法的焦点

(一) 城管立法的定位

目前,城管立法主要在地方立法层面进行。根据《立法法》的有关规定,广州作为"较大的市"享有地方立法权,那么城管立法如何定位则十分关键。对于这一点,立法部门和专家学者都认为将城管立法定位为地方性法规优于地方政府规章,理由主要有以下几个方面:

其一,城管立法是地方城市管理执法领域的基本法律制度,城管执法与公民日常生活息息相关,利益牵涉面广,群众关切度高。地方人大及其常委会作为权力机构从理论上乃民意的代表,是公众的委托代理人,地方权力机关应当代表公众行使立法权。

其二,城管立法定位为地方性法规可以避免行政规章所广为诟病的正当性问题——政府自己为自己制定规则。地方政府规章普遍带有的"政府保护主义"和"部门利益主义"的倾向,将城管立法定位为地方政府规章,难以消除公众对"部门利益合法化"的担忧。为了提高立法的公信力和可接受性,以地方性法规的形式进行立法更为适宜。

其三,无论是已经出台的《行政处罚法》还是《行政许可法》都对地方政府规章的设定权进行了很大的限制。[8] 未来即将出台的《行政强制法》也

---

〔8〕 如《行政处罚法》第十三条规定:"省、自治区、直辖市人民政府和省、自治区人民政府所在地的市人民政府以及经国务院批准的较大的市人民政府制定的规章可以在法律、法规规定的给予行政处罚的行为、种类和幅度的范围内作出具体规定。""尚未制定法律、法规的,前款规定的人民政府制定的规章对违反行政管理秩序的行为,可以设定警告或者一定数量罚款的行政处罚。罚款的限额由省、自治区、直辖市人民代表大会常务委员会规定。"可见,地方政府规章设定行政处罚受到很大的限制,原则上除了设定警告和一定数量的罚款外,不能设定其他行政处罚。再比如《行政许可法》第十五条和十七条规定,只有省级政府规章在一定条件下才能设定临时性的行政许可,国务院批准的较大的市的政府规章则根本无权设定许可。可见地方政府规章在设定行政许可方面的权限也是受到严格的限制。

势必会对地方政府规章的强制许可设定权进行一定的限制。[9]《广州城管条例》难以回避城管执法中行政强制的问题，在这种背景下将城管立法定位为地方性法规，则可以最大限度地避免该条例与未来出台的《行政强制法》相抵触。

（二）条例名称的确定

条例制定初期关于条例名称的有过一些争论，在征求公众意见过程中，起草部门也收到了许多关于条例名称的立法建议，包括《广州市城市管理相对集中行政处罚权条例》、《广州市城市管理相对集中行政处罚条例》、《广州市城市管理综合执法条例》、《广州市城市管理行政执法条例》、《广州市城市管理行政执法局条例》等等。我们认为，选择《广州市城市管理综合执法条例》更为合适。这是因为：

首先，综合执法的概念从内涵和外延更能准确反映立法的内容和实践的做法。“行政执法”是“综合执法”和“相对集中处罚权”的上位概念，无论内涵还是外延都比上述两个概念要宽泛，因此选择《广州市城市管理行政执法条例》这一名称有失之宽泛之嫌。

其次，“相对集中行使处罚权”这一概念虽然与《行政处罚法》的表述一致，但其局限也十分明显，没有反映出城市管理执法过程中的诸如日常管理、实施处罚及其与处罚权相关的行政检查和行政强制措施等方面的综合。[10]

再者，由于本条例难以回避实践中与行政处罚权相关的行政检查和行政强制措施，如果将名称定为《广州市城市管理相对集中行政处罚权条例》则有以偏概全之嫌。综上，选择《广州市城市管理综合执法条例》在名称上

---

〔9〕《行政强制法(草案)》第二章“行政强制的种类和设定”并未授权地方政府规章设定某类别的行政强制的权力。但是，对于地方性法规而言，草案第十条第二款规定：“尚未制定法律、行政法规，或者属于地方性事务的，地方性法规可以设定本法第九条第二项、第三项的行政强制措施”，即地方性法规有权设定查封场所、设施或者财物和扣押财物这两种行政强制。参见《中华人民共和国行政强制法(草案)》(三次审议稿)，新华网，http://news.xinhuanet.com/legal/2009—08/28/content_11959680_1.htm，最后登陆 2010 年 5 月 30 日。

〔10〕 李国旗：《综合行政执法的理论界定》，《天津行政学院学报》2008 年第 2 期。

与本条例所规定的内容相吻合。

最后,国务院《关于在广东省广州市开展城市管理综合执法试点工作的复函》(国法函〔1997〕186号)和省政府《关于设立广州市城市管理综合执法队伍的公告》(粤府〔1998〕80号)的规定也一直使用"城市管理综合执法"这个名词。

(三) 执法主体的性质

实践中,各地对于综合执法主体的性质和定位仍然比较混乱,就广州而言,城管队伍虽然列入了广州市依照国家公务员管理单位,但仍然是事业编制,不是行政机关。这种定位会产生两个方面的问题:一是城管综合执法机构的合法性经常遭到行政相对人的质疑,只有国家行政机关才能行使行政处罚权。二是城管队员普遍存在"身份危机感",难以获得与其他职能部门相同的身份认同感,影响了城管队伍整体素质的提升。因此,《广州城管条例》第三条明确规定:"市、区城市管理综合执法机关是本级人民政府实施城市管理综合执法的行政机关,按照市人民政府规定的市、区职责分工,依法查处本管辖范围内的违法行为,并对其作出的具体行政行为承担法律责任。"该条明确了城管机关的性质,即本级政府实施城市管理综合执法的行政机关。

(四) 执法体制的安排

广州城管执法体制采用属地管理的模式,实行一支队伍、统一领导、分级管理。这种执法体制主要以区为主,市、区结合的层级管理模式,主要的执法任务落实在区一级,人、财、物也由区一级政府统一安排和调配。这种模式比较符合城市管理区域性的特点,也有利于执法重心下移,充分发挥市、区二级管理部门的积极性。但是,由于城管队伍的人事任命权掌握在区一级政府的手中,财政经费也受制于区政府,事实上市城管综合执法支队对各区大队的领导权被虚置。从2009年1月份开始,为了解决基层综合执法中长期存在的职能交叉、权责分割、执法效率不高、基层执法力量薄弱等问题，广州市就试点进一步深化综合执法体制改革，改革的重点是创新街（镇）管理体制，实现执法重心的下移，将各区派出机构下放到街道，街（镇）执法队接受区城管分局和街道办事处（镇人民政府）双重领导。[11]但考虑到我国政府体制仍在进行调整和变革和法律法规稳定性的需要，《广州城管条例》没有对执法体制作出具体的规定，回避了“条块结合，以块为主”的这种管理模式固有的矛盾，[12]不得不说是一个遗憾。

（五）执法范围的厘清

按照《广州市城市管理监察条例》、《广州市城市管理综合执法细则》等法规、规章的授权，城管执法共涉及 11 个部门 17 个方面 214 项城市管理执法任务，其中委托执法 49 项。[13] 这个数量无论从量的角度看还是从质的角度看，都超越城管所可承受的任务，不可避免地会削弱城管综合执法的效果。因此，重新厘清广州市城管执法的范围成为本次立法的一个重点和难点。但对于执法范围的确定有主要有两种不同的意见：第一种意见认为，应当采用列举式将城管执法的范围具体化，这有利于明确城管队伍的职权范围，将散落在各种规范性文件中的执法权限上升为地方立法，符合职权法定的要求。第二种意见则认为，由于国家没有对城市管理相对集中的城市管理行政执法范围作出统一明确的规定，在地方性法规中确定执法范围很容易与新出台的国家、省的相关法律、法规相冲突。因此，该条例必

---

〔11〕 具体来看，街执法对的业务工作接受区城管分局的领导和监督，人事、财务由街道办事处（镇人民政府）管理，日常工作由街道办事处（镇人民政府）指挥、调度和考核，行政执法责任由街道办事处（镇人民政府）承担。

〔12〕 事实上，将执法重心下放到街道一级，仍然不可摆脱“条块结合、以块为主”的管理体制的缺陷，不可避免地将问题由原来市与区之间的矛盾转移到区与街（镇）之间。

〔13〕 广州市城管综合执法队伍行使市容环卫、城市规划、城市绿化、土地、建筑业、市政设施、客运、燃气、供水、环境保护、无照商贩管理的行政处罚权和流浪乞讨人员及建筑工地文明施工的管理。同时，经市政府批准，还接受有关主管部门的委托，行使建筑施工、城市路灯照明、建筑行业劳保金管理、城市房屋拆迁管理、房屋修缮管理、房屋安全管理、燃气、供水、出租小客车管理、人民防空工程建设管理及无证游医方面的行政处罚权。

须充分考虑到目前城管执法范围在中央和省两个层面都没有相应的立法，国家和省的规范性文件随时有可能对各地城管执法的范围作出调整，[14]城市管理综合执法的范围最好只作原则性规定，为今后国家对城市管理综合执法范围进行调整预留空间。这样也可以保证条例在一段较长时间内的适应性。条例最终采纳了第二种意见，其中第五条明确规定："根据国务院或者本省人民政府依照国务院的授权作出的决定，城市管理综合执法机关行使市容环境卫生、城市绿化、城乡规划、市政、环境保护等方面法律、法规、规章规定的行政处罚权。城市管理综合执法机关行使行政处罚权的具体范围，由市人民政府向社会公布。"

（六）执法权限的充实

《行政处罚法》只规定了行政处罚权的相对集中，并没有涉及行政检查权、行政强制权，城管综合执法是否包括了与行使行政处罚权相关的行政检查权和行政强制权的问题，在理论和实务上都存在这较大的争议。一方面，行政处罚权与行政检查权和行政强制权属于不同类型的行政行为，如果将行政检查权和行政强制权都集中到城管队伍，恐怕权力会从"相对集中"演变为"绝对集中"。另一方面，行政处罚权的行使又确实离不开行政检查权和行政强制权。广州城管综合执法机关由于缺乏相应的行政检查权和行政强制权，在执法过程中碰到了诸多问题，如进入现场检查缺乏法律依据导致取证难[15]，缺乏部分强制措施导致执法不力[16]，查封、扣押物

〔14〕 比如2005年2月，省政府《关于印发〈广东省综合行政执法试点方案〉的通知》（粤府办〔2005〕9号）中对城市管理领域内的执法职责作出了新的调整，将原属城管综合执法范围的出租小汽车的管理职能划归为交通综合执法的范畴。

〔15〕 比如近来媒体曝光广州二沙岛别墅区的"违建现象"严重，广州市市长痛批城管部门失职。但事实上城管部门也有自己的苦衷，据广州市城管委主任、市城管局局长李廷贵介绍："二沙岛的情况与其他地方有点不同，'城管有时发现不了'。"因为这些高档小区实行严格封闭式管理，执法人员都需要办理一定的手续才能进去。《广州二沙岛17栋别墅违建，发文两月仍拆除》，搜狐网，http://news.sohu.com/20100611/n272712470.shtml，最后登陆时间2010年6月11日。

〔16〕 比如目前，城管部门对乱张贴、乱涂写涉案号码采取宣传告知或停机的强制措施就没有相关的法律法规对此有明确规定，但实际操作中，该种执法手段在执法中起到了非常明显的效果。

品处理方法不明确[17]等等。但从职权法定的角度,城管综合执法机关不能自动取得行政检查权和行政强制权,比较可行的做法是通过制定地方性法规授予城管综合执法机关这些权限,同时又从以下几个方面加以严格规制。

首先,《广州城管条例》明确行政强制权行使的原则。《广州城管条例》在总则中吸收了比例原则理论[18],第九条第二款明确规定:"城市管理综合执法机关实施行政强制应当遵循当事人权益最小损失的原则,实施非强制性措施可以达到行政管理目的的,不应实施行政强制措施。"第十二条还规定:"城市管理综合执法机关应当依照法律、法规规定的条件、程序实施行政处罚和行政强制。市城市管理综合执法机关应当依法制定执法操作规范,并向社会公布。执法操作规范应当体现文明执法的要求。"可见,城管部门行使行政强制权至少受到三个方面的限制:其一,在可选择非行政强制可以实现行政目的时,不能动用行政强制权;其二,即使实施行政强制,也应当选择对相对人侵害最小的手段和措施;其三,行政强制的实施还应当按照市城管机关制定并社会公布执法操作规范进行。

其次,《广州城管条例》明确了行政强制措施的内容。《广州城管条例》第二十二条分别对实践中的四种执法的难点问题做出规定。(1)由于未取得建设工程规划许可证或者未按照建设工程规划许可证的规定进行建设的行为社会危害性很大,因此,该条第一款第一项依据《中华人民共和国城乡规划法》,规定了查封施工现场和强制拆除等行政强制措施。

---

〔17〕 广州城管综合执法机关主要是依据《广州城管条例》对小商贩乱摆卖的物品进行扣押,该条例第六条规定,"对拒不停止违法行为的,可以暂扣其使用的工具和物品"。但对超过暂扣期限,当事人不来领取的暂扣物品该如何处理问题则没有作出明确规定,导致执法队伍对此类物品无法处理,造成长期积压。执法实践中,常常出现城管部门对易腐烂的水果、鲜肉等物品进行暂扣后,当事人又来领取和接受处罚的情况,致使城管执法的一线人员往往不愿开暂扣单,避免出现当事人前来索要物品而无法返还的尴尬情况。

〔18〕 比例原则是行政法的"帝皇原则",理应成为规范和限制行政强制权的首要原则。所谓比例原则,是指行政机关在行使自由裁量权时,应当在全面衡量公共利益和私人利益的基础上选择对行政相对人侵害最小的方式来进行,不能超过必要的限度,具体而言该原则包括了适当性原则、必要性原则和衡量性原则。

(2) 多年的执法实践表明，对于无施工许可证强行施工的，查封、扣押施工工具往往难以使当事人停止违法建设行为，因此，该条第一款第二项规定城管机关可以书面通知供电、供水企业按照与当事人订立的合同中止供电、供水。(3) 由于扣押对当事人的利益影响较大、较直接，城管机关应审慎实施，所以第一款第三项规定对占用公共场所设摊经营、兜售物品的，一般劝其自行改正，只有在同时满足本款规定的条件时城管机关才能扣押商贩的工具和物品：第一、占用公共场所设摊经营、兜售物品，且市民多次投诉或者占用的公共场所属于城市主干道两侧、城市广场、机场、火车站、汽车客运战场、客运码头、会展中心、商业步行街、各级党政机关周边等重要区域的；第二、经城管机关劝告改正，行为人仍拒不改正的。(4) 违反市容环境卫生管理有关规定悬挂、张贴、涂写、刻画宣传品的行为(如张贴“牛皮癣”等)，严重影响了市容市貌，但在查处这类行为时经常遇到违法行为人流动性强、违法行为人难以确定等问题，查处难度很高，因此，该条第一款第四项规定城管机关可以通过广告中的通讯号码对当事人实施语音提示，要求当事人在规定期限内接受处理。当事人逾期未按要求接受处理的，城管机关可以书面通知通讯企业按照与当事人订立的合同中止服务。

再次，《广州城管条例》细化了行政强制的程序。程序之于行政法治的重要性已经是一个无需论证的话题，为了避免城管执法人员在实施查封、扣押等行政强制过程中滥用权力以致损害行政相对人的合法权益，《广州城管条例》第十五条、第二十三至二十九条还对查封扣押等行政强制行为的实施程序作了严格而细致的规定。比如第十五条规定了现场执法时执法人员数量和出示行政执法证件的规定，即“亮证执法”和“两人以上同时执法”，它旨在规范城管机关及其执法人员的执法行为，并保护行政相对人的合法权益。第二十三条规定对于查封扣押的，城管机关有告知义务，当事人享有的陈述和申辩的权利。为了使当事人充分了解自己因何事被采取查封、扣押的行政强制措施，增强行政强制的透明度，同时也便于城管机关实施内部监督，第二十四条对城管机关交付清单和决定书的义务、清单和决定书的必备内容等作出规定。此外，第二十五条还对查封扣押的期限、解除查封扣押的条件作出明确的规定，旨在进一步规范城管机关的查封、扣押行为，维护当事人的合法权益。《广州城管条例》还规定了处理逾期不接受处罚和不认领的登记保存、查封、扣押物品所应当遵循的程序，在总结城管部门实践做法以及参照《广东省查处无照经营行为条例》第十一条的规定，明确了城管部门对上述物品的保管义务，规定了当事人逾期不履行行政处罚决定的，城管机关有权拍卖相关物品抵缴罚款。该条还规定，如果查封扣押解除后，城管部门应当通知当事人在规定的期限内领回物品，无法通知的，城管部门还应当公告，逾期未领回的，城管机关应当及时发布招领公告，当事人应当在发布招领公告之日起 60 日内领回；因逾期未领回所造成的损失，由当事人自行承担。

（七）执法协作的规范

实践中，由于行政主体间的权责不明晰，城市管理综合执法机关与相关行政管理部门之间的配合、协调机制未能很好地建立和形成，影响了城市管理的实际效果。因此《广州城管条例》以一章的篇幅确立了信息共享、咨询服务、重要专项行动的协助、执法保障等为基础执法协作制度。

首先，城管部门执法需要有关部门提供信息支持。比如对于建设工地是否取得规划许可证和建设工地是否违反规划许可证中的具体要求等信息，需要由颁发许可证的规划部门提供。《广州城管条例》第三十二条第一款针对有关行政机关提供资料的义务作出规定："城市管理综合执法机关查处违法行为需要查询有关资料的，相关行政机关应当依法提供，不得收取费用。"第三十二条第二款还规定了有关行政机关提供专业性意见协助城管执法的义务，包括回复的时限、载体形式、延期条件以及对材料补充的一次性告知规定。

其次，信息沟通是双向的，城管部门执法也可为有关部门提供有用的信息。《广州城管条例》第三十一条规定:“城市管理综合执法机关和相关行政机关应当建立健全信息共享机制,互相通报有关行政管理信息。”这些信息不仅包括相关行政机关实施与城市管理综合执法有关的行政许可事项和监督管理信息,还包括城市管理综合执法机关实施行政处罚的情况和在执法中发现应当告知相关行政机关的信息等等。

再次,城市管理重要的专项行动需要有关部门的配合和协助。对于城市管理的专项行动,涉及面较大,往往需要多个部门的共同协助。比如对于建筑垃圾运输排放的专项整治,除了城管部门外还需要建委、交委、交警等多个部门,因此《广州城管条例》第三十三条规定:“对城市管理综合执法中的重要专项行动,城市管理综合执法机关需要相关行政机关协助的,相关行政机关应当协助。”

最后,城管部门执法需要有关部门提供执法保障。针对近年来不断升级的暴力抗法事件,城管执法的安全保障引人关注。据统计,仅 2005 年 1 月至 2006 年 10 月,广州市全市在城管执法中发生暴力抗法事件 1170 宗,780 多名执法人员(次)受到不同程度的伤害。《广州城管条例》第三十六条明确规定:“公安机关对阻碍城市管理综合执法人员依法执行职务的行为,应当及时制止,并依照有关法律、法规的规定立案处理。”

(八)执法监督的强化

绝对的权力产生绝对的腐败,城管综合执法是在相对集中行政处罚权的基础上进行的,本质上是权力的集中。因此有必要建立和完善监督制度,增强监督实效,防止城管机关及其执法人员不作为或者乱作为,保障权力的正确行使。《广州城管条例》专设一章即第四章对执法监督问题作出了规定,第三十八条至第四十一条分别对城管机关内部监督、社会监督、层级监督、城管机关与相关行政机关的相互监督作出了明确规定。

三、《广州城管条例》的实施[19]

《广州城管条例》自颁布实施以来，城管综合执法机关紧紧围绕“迎亚运”、“创文明”、“促大变”等全局性工作，以“新城管、新条例、新形象”为契机，以“标准化建设、精细化管理、人性化服务”为抓手，以构建“法治、亲民、文明、和谐”城管为目标，取得了一系列积极的成效。

（一）执法体制初步理顺

《广州城管条例》明确了城管综合执法部门是本级人民政府实施城市管理综合执法的行政机关，定位的明确增强了城管执法队员的自我认同感和社会公众对城管执法的认可度。条例实施以来，城市管理综合执法沿着原来的思路，按照“横向集权、归并综合、纵向放权、重心下移”路径，继续深化行政执法体制改革，初步理顺了城管综合执法的体制。

1. 横向集权，综合归并，成立“大城管委”

2008年广州市城管办和广州市城管支队整合，组建新的城管局，2009年9月又组建广州市城市管理委员会（下称“城管委”），将原市市容环卫局、市爱卫办的全部和原市政园林局、城管执法局的部分职能划入市城管委，并将市城管局由原市建委管理调整为由市城管委管理，从而进一步理顺了城市管理体制，实现了管理、协调、执法“三位一体”。[20]

2. 纵向放权，重心下移，城管中队下街道

在我国现行的法律和行政体制下，街道一方面作为政府的派出机构承担大量的城市管理任务，另一方面，街道却不具有执法主体的资格，造成了

---

〔19〕 关于广州市城管条例实施成效的有关数据和具体实践参考了广州市城管综合执法支队工作总结。

〔20〕 《广州市城管委挂牌成立》，http://www.hzscgb.gov.cn/info.jsp? id=6112，最后登陆时间2010年6月14日。

基层执法中“看得见的管不着，管得着的看不见”的尴尬局面。为了解决基层综合执法中长期存在的职能交叉、权责分割、执法效率不高、基层执法力量薄弱等问题，完善“两级政府、三级管理、四级网络”的城市管理综合执法体制和运行机制，广州市以创新街（镇）行政管理体制、改进综合执法状况、提高行政执行力为重点，按照“统一领导、分级负责、条块结合、以块为主”的原则，科学、合理配置行政资源，下移管理重心，广州市委、市政府颁布了《关于全面推进区街（镇）城市管理综合执法工作方案》，以街（镇）作为属地管理的核心，各区城管分局在区属各街（镇）设立执法队，作为区城管分局的派出机构，街（镇）执法队以区城管分局的名义实施行政处罚，人事、财务由街道办事处（镇人民政府）管理，日常工作由街道办事处（镇人民政府）指挥、调度和考核，行政执法责任由街道办事处（镇人民政府）承担。通过使执法力量下沉到街（镇），基本实现了管理资源的整合，明确了管理责任，减少了管理盲区和死角，提高了管理效率。

（二）管理方式的不断完善

广州城管坚持“适应、协同、集中、高效”原则，在法律法规的框架之下，不断探索和改进城市管理方式和手段，朝着管理方式人本化、科技化、法制化和公众化的四个方向转变。

1. 人文城管：管理方式的人本化

在服务行政、人性化执法的理念之下，城管综合执法机关积极探索“法治城管、亲民城管、文明城管、和谐城管”的新路子。首先，转变执法目的，从管制走向服务，从运动式的执法转变为一种常态的管理和服务，从注重攻坚战到注重持久战；其次，转变执法手段，从刚性执法走向柔性执法。比如在整治建筑工地“泥头车”的问题上，城管综合执法机关采用协商的方式与 41 家建筑垃圾运输企业法人代表及 82 家建筑工地建设单位、施工单位领导，分别召开了企业法人代表、建设施工单位和新闻媒体座谈会，劝说和教育施工单位按规定管理好建筑垃圾排放，取得较好的效果。再次，转变执法方式，从堵截到疏通。城市管理应当疏堵结合，实行人性化执法，尤其是对流动商贩，一味的“堵”，不仅难以根本解决问题，可能还会增加社会矛盾。据此，《广州城管条例》第八条、第九条和第三十条对疏堵结合的执法作了明确规定，第三十条规定政府应当在规范管理流动商贩经营行为的同时，积极采取措施，引导流动商贩入场(室)经营，充分体现政府疏导、管理与服务相结合的行政理念。[21]

2. 数字城管：管理方式的科技化

随着科学技术的突飞猛进和现代社会的快速发展，城市管理已经突破了传统模式和内容，呈现科学化、信息化和系统化的趋势。近年来，广州市“数字城管”[22]的建设逐步完善，通过信息技术与城市管理应用的有机结合，对城市管理流程进行科学再造，创新城市管理模式，大大地提高辖区城市管理效能和水平。比如以东湖街“网格化管理、区域式联动”为试点区域，明确了城市综合管理工作网格、监督内容、运行机制、处理流程、工作考核等内容，配置“巡检通”到街道，强化信息采集手段，城市管理快速反应和应急处置的能力显著提高。

3. 法治城管：管理方式的法制化

依法行政的理念已经深入人心，《广州城管条例》于 2009 年 9 月 1 日颁布施行，是推进城管执法法制化的利器，对城管综合执法机关执法程序的规范，执法监督的强化和法律责任的明确起到了非常重要的作用。作为《广州城管条例》的配套，《广州市城市管理综合执法细则》的立法工作也已经提上日程，《细则》修改已被列入 2009 年政府规章立法计划的预备项目，修订稿已报送市法制办审查。相信，随着城管立法工作的逐步推进，城管执法工作也会完全进入法制化的轨道。

---

〔21〕 目前，广州市城管综合执法机关也正在探索通过合理设置一些过渡性临时早市、夜市、便民农贸经营场所、小型专业服务的摆卖摊区等，引导无证摊贩入场入市经营，实现从堵截到疏通的转变，使管理更加人性化。

〔22〕 数字化城市管理主要是运用单元网格管理方法和城市部件管理方法，依托建成的城市管理数字化信息平台，通过将城市管理区域单元网格化，利用信息采集器收集网格内的部件和事件信息，通过信息收集、立案、派遣、处理、核实结案和综合评价环节，对辖区城市管理事务进行处理。

4. 公众城管：管理方式的公众化

郭道晖先生提出了在打造“法制城管、科技城管、人文城管”之外，还要加入“公众城管”的重要概念[23]，公众城管的表现之一就是要充分利用市民力量，加大对违法城市管理的行为监督。首先，城管管理方式的公众化表现为城市管理更加依托社区进行，利用“城管进社区、城管进联社”的优势，城管综合执法机关加强了与一线基层组织的联系，社区管理和城管执法优势互补。做到发现问题在现场，解决问题在现场，收到了很好的成效。[24]其次，城管管理方式的公众化还表现为建立公众监督和参与的途径的渠道。《广州城管条例》第十七条要求，城管部门向社会公布了统一受理举报的电话、信箱、电子邮件，建立起群众主动监督和参与城市治理的渠道。为此，城管部门加强区级 12319 城管投诉服务机构建设，形成覆盖全市的城市管理投诉联动网络。

（三）城市环境整治成效明显

1. 乱摆卖的现象初步得到遏制

广州城管执法机关按照“主干道严禁、次干道严控、内街小巷规范”的要求，以日常管理为主、突击整治为辅，着重抓好主次干道、过江大桥、区结合部、窗口地区、商场和旅游景点周边等重点地段和市民投诉热点以及早、午、晚、深夜四个重点时段的环境整治。从 12319 城管热线反馈的信息看，市民对无证烧烤、占道经营和乱摆卖等违章行为投诉的数量，已大幅下降。

2. 违章建筑大幅减少

自《广州城管条例》实施以来，按照属地管理、守土有责的原则，城管综合执法机关建立了违法建设地段巡查责任制、“零报告”制度和协同查处机制，及时发现、及时制止新的违法建设。2009 年，全市共制止新的违法建设

---

〔23〕 郭道晖：《市政管理与公民社会的公众参与》，载《北京城管》（特刊），第 19 页。

〔24〕 《荔湾区城管大队积极推进行政执法网格化》，广州依法治市信息网，http://www.gzyfzs.cn/districts/liwan/nw20071025094349.html，最后登陆时间 2010 年 6 月 14 日。

80 万多平方米，清拆违法建设 52 万多平方米，未发现大面积的违法建设。

3. 逐步建立施工工地管理的长效机制

广州正在建设国际化的大都市，亚运工程、旧城改造工程、城中村改造工程都在紧锣密鼓地进行着。为了保障施工工地的有效管理，规范文明施工，减少施工扰民等现象，城管综合执法机关部署并开展了一系列卓有成效的管理和执法工作。比如为加强夜间施工管理，结合 12319 城管投诉服务热线，组织开展“静夜”专项执法行动，坚决遏制夜间无证超时施工行为，从严查处一批群众反复投诉的夜间施工工地。加强工地扬尘污染执法工作，以“降尘降噪”为出发点和落脚点，及时查处扬尘污染行为，文明施工水平提高，建设工地产生的环境污染减少。

结语：从管制型立法走向治理型立法

法治的理念已经深入人心，城市管理也要立足法治。城市管理的立法要成为“制定良好的法律”，首先要求它是一部“治官”而非“治民”之法，城市管理的地方立法应当成为规制城管部门依法行政的紧箍咒，而不应当成为捍卫部门权力的“护身符”。其次，城市管理立法要成为“制定良好的法律”，还应当是一部以人为本的立法：在理念上，应当树立城市管理执法就是服务城市民众的理念；在执法主体上，应该整合多元主体，立足于以城管部门为主、包括社区、公众在内的多中心、多层次治理；在执法方式上，应当倡导在“刚性”的法律框架之下的“柔性”执法，塑造城市管理过程中的公私伙伴关系，通过对话、协调、合作的方式实现城市公共空间的资源分配。综上所述，城管立法应当从管制型立法走向治理型立法。

（作者单位：中山大学法学院）

【特邀编辑：王侃如】

公共预算的法律监督机制研究*

——以地方人大的公共预算改革为研究对象

肖　明

一、引　言

长期以来，学术界和新闻舆论界对人民代表大会制度的关注比较多地集中于立法和选举方面，如选举法的修改，基层人大代表的直选，人大对同级"一府两院"组成人员的选举与监督，以及地方性法规立法与合宪性审查等问题。不可否认，选举是民主政治生活的重要体现，立法权与选举权亦是人大的重要职权，并彰显了人民代表大会作为权力机关，承载了人民当家作主这一愿望的崇高地位。

但是有一个非常重要的问题——地方人大对同级人民政府怎样才能进行实质性的、有效的监督——长期以来没有得到很好的解决，理论上对它的研究也不够，人大机关对它的重视亦不足，导致地方人大在监督面前缩手缩脚。作为人民选举出来的人大代表怎样才能对人民政府实施全过程、更为有效的法律监督，而不是一选了事，安于做颗"橡皮图章"？要解决这个难题，关键点就是要控制政府的财政行为，监督政府把钱花好，花到该花的地方，而不是铺张浪费。人大的这一职权即一直被我们所忽略的"审

---

* 本文是作者主持的司法部2009年度国家法治与法学理论研究项目青年课题"公共预算的法律监督机制研究"（编号09SFB3008）的中期成果。也是作者主持中国博士后科学基金面上资助项目（资助编号20090450679）的阶段性成果。课题组其他成员竺琳、王强、管玉洁等，亦对本文有贡献。

查与批准预算”的权力。事实上，只有控制了政府的“钱袋子”，人民代表大会才能真正控制政府，人民当家作主的权利才能得到更为直观的体现。

要实现上述目标，就必须坚定不移地推动公共财政体制改革，而建立公共预算制度则是其中的关键。公共预算制度不仅要落实人大的预算监督机制，而且还应该是一个系统工程，其中包括政府预算信息的公开透明，以及公民、社区对基层政府预算过程的参与等等。目前，浙江、上海等地一些基层政府（人大）就预算公开和预算参与等方面开展了一些改革，总体来说，产生了良好的社会效应，发挥了积极的示范作用。不过，这些改革的象征意义远大于其实际意义，所以预算制度应朝着“公共性”的目标，继续推动政府预算的民主化、法治化和透明化改革。

二、公共财政体制改革背景下的公共预算理论

（一）建立公共预算制度是公共财政体制改革的目标

公共预算是指政府在每一财政年度内，经立法程序批准的全部公共收支计划，是存在于市场经济中并且与公共财政体制相适应的国家预算类型。公共预算与现代国家的民主政治相适应，它反映了现代国家权力与职能的“公共性”特征，具有民主与法治化的双重特性。所以，研究地方人大机关对公共预算的审查、监督，需要在市场经济与公共财政体制改革的背景下予以探讨。就我国而言，各级人民代表大会及其常务委员会对政府预算、决算报告的审查、批准和监督，正反映了公共预算的基本特征。要健全人大的预算监督机制，首先需要深化市场经济体制和公共财政体制的改革。

现代财政制度与以往国家财政最大的区别之处在于“公共性”的彰显，也就是说，以往“财政”带有某种“非公共性”特征。具体而言，现代财政体制是指国家（政府）集中一部分社会资源，用于为市场提供公共物品和服

务，满足社会公共需要的分配活动或经济行为。以满足社会的公共需要为口径界定财政职能范围，并以此构建政府的财政收支体系。这种为满足社会公共需要而构建的政府收支活动模式或财政运行机制，在理论上被称为“公共财政”。〔1〕

公共财政是政府履行职能的物质基础、体制保障、政策工具和监管手段。根据《宪法》、《预算法》和《监督法》的规定，对财政预算进行审查、监督是全国人大及地方各级人大的神圣职责。虽然有此明文规定，但是地方各级人大对预算的监督仍然是“走过场”的多，理直气壮地行使应有的权力并承担相应责任的少。究其原因，主要在于新中国成立后的“政治—经济”体制所形成的历史惯性，多年来的计划经济实践已经使政府习惯了包揽一切，政治体制中行政主导性非常明显。

改革开放以后，随着国家财政实力的增长和建设社会主义民主政治的需要，公共财政预算体制改革逐渐提上议事日程。1994 年和 1995 年国家分别颁布了《预算法》和《预算法实施条例》，明确了人大对财政预算审查监督的权力、范围与方式；1998 年中央提出要建立公共财政框架，1999 年 12 月，全国人大常委会通过了《关于加强中央预算审查监督的决定》，进一步规范与强化了中央财政预算监督制度。经过十年的发展，基本形成了公共财政体制的框架，但很多内容和细节需要不断深化完善。许多地方人大对预算的监督仍沿袭多年来的行为模式，只重程序而不重实质，往往使预算监督制度流于形式，不能真正体现“人民当家作主”的制度优越性。

在新形势下，为更好地贯彻科学发展观，保障民生服务型财政，地方人大对预算的监督只有不断创新理念和思路，才能适应新形势，更好地管好人民的“钱袋子”，为全体人民谋福利。因此，探索地方人大如何有效行使预算审查监督权的新思路、新模式和新机制，具有迫切的现实意义。

---

〔1〕 齐介仑：《公共财政预算改革的繁难与突破》，《财经文摘》2009 年第 3 期。

（二）对公共预算制度改革的研究现状

近年来，随着政府财税收入超高速增长，财政收入占GDP比重不断增加。尤其自2006年以来，财政收入占GDP的比重超过20%，其增长也远超GDP增长速度，政府的财政收入与支出问题日益受到社会各界的关注。[2] 学术界关于建立公共预算制度、强化人大预算监督的呼声越来越高。

关于公共财政预算的所指，我国现有的学者存在不同认识。从财政支出的去向而言，公共预算就是把政府财政的钱用于公共服务的目的；从它的外部特征而言，政府花钱应该是一个公共的过程，首先要经由民主讨论并依法作出决定，此外，还要接受公众的监督，因此这个过程也应该是公开、透明的。[3] 总而言之，公共预算实际上是对政府财政收入与支出行为，通过民主程序予以决策、监督，以实现财政款项“取之于民、用之于民”的目标。

公共预算制度的建立和完善有赖于公共财政体制的形成，在某种意义上，公共预算制度正是为了服务于公共财政的目标。因此，公共财政的改革在我国现阶段尤其具有现实意义。我国的改革开放是逐步的深化从计划经济体制向市场经济体制转轨，与此同时，财政体制也发生了根本性的变化。高培勇分析财政体制的巨大变化：由国有制财政变成多种所有制财政，覆盖范围不再以所有制分界；由城市财政变成城乡一体化财政，覆盖范围不再以城乡分界；由生产建设财政变成公共服务财政，财政支出投向不再专注于生产建设事项。财政的“公共性”逐步增强，日渐彰显。[4]

---

〔2〕 值得注意的是，以上数据还只是包括所谓的各级政府“第一财政”的统计数字。如果加上各级政府的预算外收入和制度外收入，中国各级政府的实际财政收入总额占GDP的份额要远远高于这个比例。根据财政部前任部长以及李炜光教授等多位学者的计算，若把各级政府的预算外收入、制度外收入全部计算进来，政府全部收入占GDP的“大口径”宏观税负应该在34.43%～40%之间。引自韦森：《税收法定：中国深化政治体制改革元年的一个关键词》，载于http://weisenblog.blog.163.com/，最后访问时间2009年3月9日。

〔3〕 齐介仑：《公共财政预算改革的繁难与突破》，《财经文摘》2009年第3期。

〔4〕 引自《为公共财政树立新航标——“践行科学发展观与公共财政改革发展”论坛专家观点综述》，载于http://www.sina.com.cn，访问时间2008年11月13日。

市场经济体制改革以来，虽然传统的以计划为主导的财政资金分配体制已经开始衰落，但由于预算改革的滞后，中国没有建立一个有效的预算体制来填补计划体制衰落后留下的预算管理真空。蔡定剑认为，原来由计划委员会集中的资金分配权逐渐地被各个部门肢解，政府预算不是完整的，呈现出“碎片化”状态，预算从来就不是一个有效约束财政的工具，也不能反映政府财政活动的全貌。我国过去预算管理制度存在以下严重缺陷：一是政府没有建立起完整、统一的预算；二是没有规范的政府采购制度；三是没有建立起有效的财政监管和严格的会计制度；四是人民代表大会没有对预算进行实质上的审批。总结起来，我国的预算既缺乏完整、有效的政府内部行政控制，又缺乏外部的政治控制，预算缺乏透明度，所以，资金的滥用、违规、低效率、浪费和腐败到了极点。[5]

对于如何推进公共预算制度的改革，相关学者的意见比较集中于以下几点：(1) 预算要公开；(2) 预算要完整；(3) 预算要民主，民众、媒体等各方监督不可缺位，而且预算的过程理应是一个各方博弈、相互妥协后最终达成共识的最佳方案设计，尽量听取各利益群体的声音；(4) 预算要法治，对预算的执行、修正和调整要依法进行；(5) 要增强人大的预算审议能力，人大预算审查监督不能走形式，走过场。[6]

（三）本文的基本观点与研究思路

改革开放不仅改变了中国的经济结构，也改变了国家的收入生产模式，中国逐渐地从“自产国家”向“税收国家”过渡。随着中国逐渐向税收国家过渡，国家的财政体制必须考虑预算民主。因为当中国转向税收国家后，公民不仅会逐渐形成预算民主的要求，国家同样能从预算民主中得到非常重要的政治和财政收益。

---

〔5〕 蔡定剑：《公共预算应推进透明化、法制化与民主化改革》，《法学》2007 年第 4 期。

〔6〕 此处综合了贾康、蔡定剑等的观点，参阅齐介仑：《公共财政预算改革的繁难与突破》，《财经文摘》2009 年第 3 期。

1. 深化公共预算制度改革以回应社会的民主需求

现代预算制度的建立与完善，从来就是顺应社会民主发展和公众权利主张的必然结果。一部宪政发展史，就是一部现代公共预算制度的演变史。当代中国，公众的民主需求日益强烈，权利意识和公民意识不断提高，客观上要求我们认真对待公共预算制度的改革。

首先，在获取财政收入时，税收国家不应该单方面决定税收政策，而应该让纳税人在税收政策的形成过程中有发言权。税收国家的一个根本特征就是国家的财政收入主要依靠税收取得，而不是通过国家自我经营。在税收国家，国家的收入生产是取"众人之财"，而不像自产国家那样是取"自己之财"。既然是取"众人之财"，就应该征求"众人"的同意。这样迫使国家需要重新构造财政制度和政治制度。著名财政学家马斯格雷夫曾这样说道："税收是现代民主制度兴起的先决条件。"〔7〕随着中国向税收国家的转轨，预算民主的呼声也必然会出现，纳税人会要求在税收政策的形成过程中体现民主，以及控制政府的征税权。

其次，税收国家在支出政策的形成过程中也应该实现预算民主，确保国家将税收用于生产纳税人所需要的公共产品和服务，真正做到"取之于民，用之于民"。这不仅是纳税人承担义务的道德基础，同时也是国家享有征税权所作出的政治承诺，怎样才能使这一承诺尽可能地兑现呢？必须改革预算制度，实现预算民主，让纳税人或者社会能够约束政府的支出行为。正如布伦南和布坎南指出的，"如果对收入的用途没有约束，收入就变得等同于政府决策者的私人收入"。〔8〕所以在维持基本的政治框架不变的前提下，应该让人民代表在政府预算支出的安排中有发言权，实现预算民主。为此必须建立一种预算制度，让政府的收支行为都置于人民及其代议机构

---

〔7〕 Musgrave, R. A. (1980). Theories of Fiscal Crises: An Essay in Fiscal Sociology. In Aaron, H. J. &Boskin, M. J. Eds. The Econom ics of Taxation. Washington: The Brookings Institution. P363.

〔8〕 [澳]布伦南、[美]布坎南 著：《宪政经济学》，冯克利、秋风、王代等译，中国社会科学出版社 2004 年版。

的监督之下，实现政府预算的公共责任，最终体现这样的民主理念：政府的所有公共资源包括财政资金的运用，都是为了保护公民的基本权利。

为了防止政府活动脱离公共目标，还必须在程序上引入民主协商、参与机制。使每一个公民都可以参与政府的财政决策过程，进而每一个公民都具都有平等的权利，经过一定的政治程序来影响和选择政府在预算中作出的财政收支安排。这样一方面扩大了民众参与范围，推动了地方治理的民主化，加强了对政府财政的监控，有利于政府行为的规范化；同时也促进了财政资源及公共服务分配的公平性。

2. 以强化人大预算监督为契机，推动预算的民主化、法治化和透明化

鉴于建构公共预算制度所涉问题的复杂性，对这一制度的研究应该是全面性的。但是限于研究团队的能力与本课题的客观条件所限，所以本课题将在上述学者的研究基础上，以地方人大的预算监督机制，确切地说是以上海市三级地方人大如何建立和完善预算监督机制为研究对象，并紧紧围绕着如何实现公共预算的“公共化”——即民主化、法治化和透明化目标而展开。本课题的研究分为以下三个部分：一是总结地方人大预算监督机制的改革与创新，提出强化上海市三级人大预算审查监督能力的对策研究；二是阐述财政透明度的理论与实践，就建立上海市财政预算信息披露制度提出对策研究；三是根据参与式预算的理论与实践，在上海市有序推进基层政府的财政预算民主。

三、推动地方人大预算审查监督机制的改革与创新

由代议机关对政府预算予以监督和审查，是现代财政制度的主要特点，反映了公共财政的民主化取向，也是宪法“人民主权”理念的重要体现。

依据我国现行宪法与相关法律，分别赋予县级以上人民代表大会预算审查、批准权，赋予国务院与地方各级政府预算编制、执行权，赋予隶属行政机关的审计机构以财政审计权。其中人大预算审查、监督权很重要，通过它可以控制政府的一切活动，因为政府在一个财政年度内对财政收入和

支出的总体计划与安排，反映了政府的职能安排与政策走向。正如邓小平所言，财政工作，一定要有财有政，要懂得数字中有政策，决定数字就是决定政策。[9] 强化对公共财政的人大监督就是以法治手段约束政府的财政行为，也即控制政府的“钱袋子”。从民主宪政的视角来看，预算监督一方面反映了人民代表大会对政府权力的控制与约束，体现了人民当家作主的权利主张；另一方面也反映了一个国家的民主化程度，以及政府的公共服务水平。

(一) 我国地方人大预算审查监督制度的改革与创新

改革开放 30 年，我国从中央到地方都对完善人大预算监督制度给予了高度重视，各地方也都试图通过人大预算监督制度改革创新来加强人大监督力度。诸如，江西省的新《人大预算监督审查条例》规范预算审查监督[10]，上海市人大常委会注重培训代表、预算审查关口前移，广东省则细化预算编制、注重财政信息共享，深圳市深化单项审计、开展绩效预算改革等等。本课题就我国各地人大预算监督制度改革创新情况做一个介绍，并对其在改革过程中存在的问题提出一些建设性的方案。

1. 地方人大预算审查监督制度的改革措施

预算监督的范围由小到大，预算监督的程序由粗到细，预算监督的内容由浅到深，逐步由程序性监督向实体性监督转变。主要的改革体现在以下三个方面。

(1) 预算审查批准逐步细化

预算怎么审，各地做法不尽一致，多数地方流于形式。预算法颁布后，预算审批程序逐步规范，形成了基本固定的工作路径。一是审批程序更加完善。各地人大依照法律规定普遍采用“三阶段”审查程序，即预算审查工作

---

〔9〕《邓小平文选》第一卷，人民出版社 1994 年版，第 193 页。

〔10〕 参阅《江西省预算审查监督条例：六亮点规范预算审查监督》，载于中国江西网，http://www.jxcn.cn/525/2006-10-11/30059@259888.htm，最后访问时间 2009 年 12 月 20 日。

机构的“预先审查”、常委会或专门委员会的初步审查和大会的审查批准。二是审查理念渐趋成熟。在预算草案的审查中，逐步形成了对预算的真实性、合法性、政策性和合理性进行审查的基本工作思路。三是审查方式由全面审查向具体审查转变。最具典型性的是部门预算的审查。部门预算改革的推行，基本实现了一个部门一本预算，为人大审查部门预算提供了可能。

(2) 预算管理改革不断深化

预算是一项复杂的系统工程，改革开放以后，随着我国社会主义市场经济体制的建立和完善，我国财政管理体制开始进行重大改革，改革的目标是建立与市场经济体制相适应的公共财政体制，改革的措施包括部门预算、国库集中支付、收支两条线、政府采购、效绩评价，以及参照国际惯例改革政府预算收支科目等。多年来，全国人大常委会和地方各级人大常委会密切关注、积极支持和大力促进预算管理改革，稳步推进公共财政体系建设，使预算管理朝着科学化、规范化、民主化方向迈进。

(3) 决算监督力度不断加大

从法律程序上看，决算的编制、审核、报送、审批、批复与预算程序类似。决算草案由各级政府、各部门、各单位编制，财政部门负责审核汇总，由各级政府提交本级人大常委会审查和批准，最后由财政部门向本级各部门批复决算。这个程序的意义，一是解决一些预算执行中存在的问题，二是进行会计结算。一般来说，决算是预算的执行结果。在加强预算环节监督的同时，必须强化对决算的监督，将决算过程变成监督过程，看支出是否合理，是否严格按预算执行，预算支出的绩效如何，对下一年度的预算有什么借鉴意义。只有这样，人大的预算监督才是完整的，也才能更加富有成效。

此外，各级人大常委会把审查决算摆上重要位置，还注重发挥审计机构的作用，在听取和审议决算草案报告的同时，听取和审议审计工作报告，并以审计报告为依据，结合调研视察的情况，提出具有针对性的审查意见。[11]

---

〔11〕 景迅：《改革开放 30 年——人大预算监督有程序性向实质性转变》，《人大研究》2008 年第 12 期。

2. 各地人大预算审查监督制度的创新

近年来,地方各级人大以及审计部门认真实施《预算法》、《监督法》等相关法律法规,深入展开预算审查监督制度改革创新,有力推进公共预算制度的建设。

(1) 制度建设:拓宽人大监督范围

自1999年全国人大常委会作出并通过《关于加强中央预算审查监督的决定》以来,各省、自治区、直辖市人大都相继出台了有关预算审查的条例、规定或决定。为人大对政府预算的审查监督提供了法律的保障。并且各地也建设性地加入了一些新的内容在其人大常委会预算监督条例中,诸如初审主要方式和意见的反馈、进行专项审计、提出询问和质询、就重大事项或特定问题组织调查、就重大问题举行听证会、加强对预算调整的审查监督、提出预算修正案(山西、广东和海南)、加强对超收收入使用的审查监督(北京、天津、上海、内蒙古、辽宁、吉林、江苏、浙江、安徽、江西、河南、湖北、湖南、海南、西藏和重庆)、决算草案的重新报告(广西)、加强对预算外资金使用的监督、编制综合预算(江苏、安徽、湖南和重庆)、编制临时预算(河北)、对违法行为的检举和控告以及对违法行为追究法律责任。[12]

(2) 运行机制:规范流程注意沟通

经过多年的工作积累和不断探索,各级地方人大及其常委会目前已经初步形成了涵盖整个预算过程的、较为完整的预算审查监督工作流程:①政府财政部门组织编制预算草案→②人大提前介入预算编制,对预算草案进行预审→③初审和大会审批→④批准预算→⑤财政部门批复各部门预算→⑥各部门执行预算→⑦人大对预算批复→⑧预算执行→⑨预算调整进行日常监督→⑩人大审查批准决算。

各地人大正在形成“提前介入、预算审查、执行监督、决算审批”这样完

〔12〕 上述资料来源于“中国政府预算网”:http://www.budgetofchina.com/,最后访问时间2009年10月9日。

善的审查监督程序，并在审查监督过程中，不把“监督”视为过去一贯的“支持”。各地人大也注意与政府部门的良好沟通，减少了预算审查工作的阻力。

（3）自身建设：健全机构充实人员

截至今日，大多省市人大中已设立财政经济委员会；上海、河南、湖北、重庆和四川省市人大常委会单独设立了预算工作委员会；广东等 22 个省市人大常委会在财经委下设预算审查处并计划单列市深圳市人大成立计划预算专门委员会；湖南省所有州和设区的市人大都成立了预算审查监督科；安徽省还成立了预算审查监督咨询机构；上海不仅配备了专家型的领导，还实行专家咨询顾问聘用制度；河北省除借助挂靠财经委员会的市场经济法学会的力量外，还成立了顾问专家组，当好参谋助手。这种种进展表明各地方人大预算审查方面都注意到了人员配备加强的重要性，并且采取了一些措施、设立有关人大下属的机构以提高预算审查监督工作人员素质、专业技能，以胜任繁杂而艰巨的预算审查监督工作。

（二）案例：上海市闵行区的预算制度改革

从 2007 年 6 月起，闵行区人大常委会开始探索公共财政预算监督改革试点，触及到了以往人大预算监督的一些“真空地带”。[13] 改革将实现三个目标：预算编制更加科学和细化、预算审查更加民主化和程序化、预算执行更加透明公开。此番改革，有三大亮点。

亮点一在于监督事前介入。哪些钱该用，哪些钱不该用，在预算编制的过程中就需要“过滤”，区人大或者公众的提前介入对预算审查提供了更加充分的机会。事前介入主要表现在政府预算编制阶段，市人大常委会财经工委和区财政局召开了一次特别的听证会。如 2007 年 11 月 29 日，部分区人大代表听取了区教育局、科技部门预算编制情况的汇报。

---

〔13〕 王炜、朱琦：《预算监督改革打造阳光财政——闵行区人大常委会探索公共财政预算监督改革试点》，《上海人大月刊》2008 年第 2 期。

试点改革的另一大亮点则是细化预算内容，预算编制报表从“一张纸”到“一本书”，这一进程也是闵行区财政从“黑箱子”走上“阳光大道”的过程。在会议期间向人大代表提供年度财政收支报表是闵行区推进公共财政预算监督改革的举措之一，也是实行改革试点工作以来的一大成果。

改革的另一创新点还表现在，闵行区人大恢复了由政府向代表作口头预算报告。[14] 近来，该区还出台了《闵行区人大常委会预算监督办法》，这是根据《组织法》、《监督法》、《预算法》等有关法律法规的规定，结合闵行区实际，征求多方意见之后制定的。《监督办法》将明确把政府预算外资金列入监督范围并且规定区人大常委会要初步审查预算草案，进一步强化了常委会对预算监督的职权，而在预算监督改革工作中已经收到成效的做法也将以制度形式固定下来。

（三）地方人大预算审查监督中存在的问题与困境

各地预算审查监督制度改革不断深化，人们看到了显著的实效。可是，我们也不可否认，地方人大预算审查监督机制与发达国家议会的预算监督体制以及预算制衡机制相比，还有很大的差距。搞形式、走过场、代表监督意识淡薄、职能弱化等问题仍然普遍存在，分析其原因既有法律制度的不完善，也与人大自身建设有关。[15]

1. 无有效的制衡：预算监督偏重形式

从本质上说，地方预算权高度集中在各级政府手中，制衡机制不健全，预算信息透明度偏低，人大预算审查监督只能按照法律规定的权限和程序进行程序性的审查监督。在预算审批的实践中由于预算编制时间短、预审

---

〔14〕 自从 2005 年开始在人代会上不再宣读《预算报告》，改为书面审议后，人大代表对预算的关注程度明显下降，也弱化了人大对预算的审查职能。但也有学者认为厚厚的预算报告不念能够减少会议成本。参阅彭健：《不作口头报告折射会议成本意识》，载于 http://www.southcn.com/opinion/gd/200602230257.htm，访问时间 2009 年 10 月 7 日。

〔15〕 朱进：《地方人大预算监督：现状、问题和对策》，《长江论坛》2008 年第 6 期。

初审时间不足、预算覆盖面窄、报表过于笼统等因素，人代会预算审查以及预算审批程序不得不成为形式化的过程。〔16〕

预算编制时间短。我国预算年度与日历年度一致，地方预算编制工作自上年8月开始，省级人代会议一般在1月或2月召开，实际上预算编制时间仅4个月左右。

预审初审时间不足。预算草案要经过“两上两下”的法定程序，还要经地方政府和地方党委认可，才能报送人大接受预审和初审。《预算法》规定政府在本级人大会议召开一个月前报送预算草案，实际上难以达到。人大财经委及预算工作委员会进行预审和初审时间仓促，加之缺乏专业人员，审查的深度和广度都受到一定的限制。

预算覆盖面窄、报表过于笼统。由于现行预算尚未实行复式预算，预算并没有覆盖所有的财政收入；“预算草案”设计过于笼统，只是大类数字，不全不细；编制说明简单，缺少对部门预算和重点支出的必要说明，透明度低。加之送审时间短、大会审议时间短，大多数代表缺乏预算审查知识，看不懂、审不透，人代会预算审查难以实质上的进展。

2．无完善的法律：人大监督缺乏保障

我国目前与预算审查监督相关的法律法规对人大预算审查监督授权不足。按现行《预算法》、《监督法》的规定，人大对监督过程中发现的违法违规、渎职浪费、贪污腐败等现象，都没有直接问责、处罚与惩治权，最多只能“责成政府有关部门”进行问责、处罚或惩治。授权不足，则监督无力。因此，地方人大对预决算报告和草案的审议难以全面和深入，基本上是“你报告什么我听什么”，就相关问题对政府官员进行询问和质询很少，就预算进行特定问题的调查更少，更不要说由人大撤销预算方面不适当的决定、追究相关责任人的责任了。〔17〕

---

〔16〕 马骏：《呼吁公共预算：来自政治学、公共行政学的声音》，中央编译出版社2008年版，第77—79页。

〔17〕 刘雯：《地方人大预算审查监督简明读本》，复旦大学出版社2008年版。

3. 无胜任的人员：代表履职能力不强

目前我国地方各级人民代表大会的预算监督职能弱化，还有一个重要因素就是人的问题——人大代表的履职能力和意识均有待提高。具体表现为多数人大代表参与预算监督的积极性不高；相当多的人大代表看不懂预算，不具备必要的预算审查监督知识和专业能力，缺少预算审查监督的经验。此外，人大代表在履行预算监督职能时，同样面临着知情权不够、无法保障的难题。其原因有二：一是人大代表审查预算时，获得相关预算资料的时间比较晚，介入较迟，不能充分了解和研究相关信息；二是政府的"钱袋子"对人大代表的透明度也不高，想要获取充分而具体的政府财政信息更是难上加难。[18]

(四) 强化地方人大预算审查监督职能的经验和对策

以上我国各地人大预算监督改革中种种问题的存在有其各方面的原因，根据以上剖析，本文提出加强人大预算审查监督职能的相关对策。

1. 健全制衡机制：科学配置财政预算权力

有效的预算制衡机制既要求通过预算权的科学分解与配置，形成预算编制、执行、审查、监督等权力之间的互相牵制，以保证预算活动的合法，更要求通过内外监督机构有效的监督，保证预算活动实现预期的绩效目标。预算权之间的互相牵制，纵向言之，要求各级政府之间事权与财权的对应，边界清晰、职责分明，预算公开、财力为履职服务；横向言之，要求政府内部与预算相关的编制、执行、收付等权力分离，各司其职，相互制约。在这纵横交错的制衡体系中，既要求政府内部财政管理部门和审计部门对职能部门的监督制度完善、监督到位，要求部门内部控制制度健全有效；同时要求政府预算的外部监督系统(人大监督、司法监督、社会监督)在财政公开、预

---

〔18〕 参阅马骏：《呼吁公共预算：来自政治学、公共行政学的声音》，中央编译出版社 2008 年版，第 80 页。

算透明的前提下,积极行使监督权。[19]

(1) 合理配置事权和财力

政府事权与财力的合理对应是政府预算的前提,所谓"量入为出、量力而行",有多少钱,办多少事。也是地方人大预算审查监督工作的重要依据,是"工作监督与预算监督相结合"的出发点。

(2) 建立独立的预算编制委员会

按照预算编制、执行、监督相对独立、互相制约的原则,将财政部门预算编制职能剥离出来,成立由地方政府领导人直接领导的、独立的"预算编制委员会",专司预算编制。预算编制委员会独立后,财政部门可以作为预算执行的专职管理机构,负责落实预算收入的征管和预算批复、拨付,加强对部门预算执行的管理和监督。

(3) 整合审计机构的监督职能

我国审计局的归属是被普遍认为独立性最差的行政性审计模式。对于 2004 年的"审计风暴",我们都觉察到审计机构的尴尬局面,由于当前我国审计机构是隶属于行政部门(政府)的,由政府财政供养、对本级政府负责的"政府审计机关",是一种体制内的"自我监督"。在这种体制下,审计机关的独立性受制于政府领导和审计长的法律意识、预算意识,很难避免本级政府的干预和影响,影响审计结果的客观性和公正性。因此,把审计机构从本级政府中剥离出来时当务之急,大多数学者的建议是将其置于直接隶属于人大之下。[20]

就地方人大的预算审查监督而言,显然无权改变审计机构的现有体制,但是地方人大不妨以专项审计、委托审计的方式,以及加强对《地方政府财政预算审计报告》的审查和监督,整合审计机构的职能与资源。

2. 完善法律制度:扩大对人大预算监督权的范围

1994 年颁布的《预算法》对一些问题,特别是对人大预算审查监督的具

---

〔19〕 张海涛:《我国政府预算监督制衡机制的模式选择》,《改革与战略》2009 年第 6 期。

〔20〕 刘剑文:《民主视野下的财政法治》,北京大学出版社 2006 年版,第 228—229 页。

体权限，规定得过于笼统，没有予以明确的权限的规定。所幸，经过多年努力，《预算法》修订稿已经出台，尽管仅对现行《预算法》作出“中等程度的修改”，但在规范预算管理、强化预算监督、明确人大预算审查监督权限方面迈出很大的步伐，是令人鼓舞的。我们希望本届全国人大在任期内完成《预算法》的修订，扩大《预算法》对人大的预算监督授权，提高地方人大在预算制衡机制中的地位，推动地方人大修订地方性预算审查监督法规，完善法制建设。

(1) 扩大预算审查范围

目前，县级以上地方政府向本级人民代表大会报告的预算资料主要是：① 本级及汇总本级和下级的上年预算执行情况（报表形式）；② 当年预算草案（含部门预算）（报表形式）；③ 上年预算执行情况和本年预算草案报告（文字形式）。其中，报表按照上述财政部制定的《政府预算收支科目》主要类级科目编制，国有资本经营预算表和社会保障预算表的内容和格式由国务院规定。这说明政府各种收入没有完全纳入财政预算管理，巨额收入的支出游离于人大监督之外。

为了实现预算的完整性，应当把预算内资金、预算外资金有机结合起来，建立统一的政府预算管理体系。建议新《预算法》将政府财政性资金统一纳入预算管理，完整地提交人民代表大会审查批准。[21]

(2) 授予人大预算调整审批权和临时预算审批权

现行《预算法》对预算调整的界定不尽科学。绝大部分地方政府在预算调整过程中，未经同级人大常委会审查批准，《预算法》关于预算调整审批的规定流于形式，削弱了人大对预算的审批监督职能。建议《预算法》修订中重新界定预算调整概念，明确并细化预算调整的范围和具体内容，明确并规定预算调整的程序安排。与此同时，我国现行预算年度与公历年一致，而全国及地方各级人民代表大会一般都在每年的 1—4 月份召开，造成

〔21〕 邓聿文：《建设新的财政预算体制》，载自《学习时报》，http://theory.people.com.cn/GB/49154/49155/6924304.html，最后访问时间 2009 年 11 月 1 日。

预算草案批准日与预算年度起始日不一致，导致预算批准前几个月"没有预算，必须支出"。现行《预算法》规定本级政府可以先按照上一年同期的预算支出数额安排支出，但这种可以先行支出的制度缺陷为随意安排支出提供了可能，削弱了预算作为法律文件的严肃性和权威性。建议在修订《预算法》时，设计临时预算制度。政府应当在预算年度开始前编制本级临时预算草案，报人大常委会审查批准后暂时执行。〔22〕

3. 充实人员机构：提升地方人大预算审查监督履行能力

当前我国地方人大代表素质参差不齐，专业背景各异，这给人大预算监督权行使带来了很大的障碍，也大大减弱了人大及其常委会对于政府各部门预算审查的履行能力。另外，人大没有对于政府预算编制、执行以及决算整个过程中的违法违规行为惩处权。

地方人大及其常委会承担预算审查的机构，宜借鉴"深圳模式"，将预算审查工作委员会升格为预算审查专门委员会，同时配备相应的政治素质与业务素质都过硬的人员，这些人员分别是财政、税务、会计、审计、法律等方面的专家。除此以外，还可聘请外单位的不同专业的专家组成专家组专门对预算报告进行审查，并提出修改意见与建议，再由地方人大进行最后审定。

4. 创新监督制度：强化地方人大预算审查监督职能

目前地方人大预算监督主要采取预算报告审查、听取预算执行情况报告和预算变更报告制度等方式。监督方式过于被动，程序性监督重于实质性监督，监督效果不明显。为增强预算监督的主动性，地方人大应建立三项制度：一是对预算草案的提前调研制度；二是建立地方人大与政府部门的财政信息交换制度；三是建立严格的国库集中收付制度。

（五）小结

从各地已经完成、正在进行和将要实践的人大预算审查监督机制改革

---

〔22〕 裴志江：《〈预算法〉亟待修订和完善》，载于 http://www.locallaw.gov.cn/dflfw/Desktop.aspx?PATH=dflfw/sy/xxll&Gid=33783b07-890b-437b-ade4-f625d6e5f4fe&Tid=Cms_Info，最后访问时间 2009 年 11 月 1 日。

中,我们可以看到我国预算监督体制正愈来愈民主、公开、透明。从零零散散的创新到大幅度的改革与突破,都显现着地方人大在已有的法律法规下,大胆创新,发挥主观能动性,触及到了以往人大预算监督的一些“真空地带”,为我国人大预算审查监督制度添上有力的一笔。但是我们仍然不能忽略在改革进程中由于受原先制度束缚和传统思维的牵绊,有些问题还亟待我们在深化改革中寻求解决方案。诸如如何建立有效地预算规制体制,落实人大预算审查监督的权力,加大人大监督力度,提高人大代表监督能力等等。

四、逐步建立有效的财政预算信息披露制度

建立公共预算制度是我国财政体制改革的发展模式和最终目标,而预算信息的公开透明则是公共财政的本质特征和改革的必由之路。预算一天不见阳光,公共财政就永远是一句空话。

1999 年 6 月,国家审计署代表国务院在第九届全国人大常委会第十次会议上所作的《关于 1998 年中央预算执行情况和其他财政收支的审计工作报告》,被认为是引发我国财政透明度问题的首要事件。之后,全国人大常委会要求从 2000 年开始,中央政府各部委应在政府整体预算之外单独向其报告本部门的预算。由于部门预算包含了更多的政府预算信息量,因而其施行可以被看作是我国加强财政透明度的政策信号。[23] 但实事求是地说,我国目前的财政信息公开与透明程度与国际通行的评价标准还存在很大的差距,以国际货币基金组织颁布的规范为例,其中主要指标都不符合 IMF 的最低标准与相应的实施要求。[24]

在我国,推动财政信息走向公开、透明的呼吁和努力,之所以成效甚

---

〔23〕 王满仓、赵守国:《财政透明化背景下的政府治理变革》,《经济学家》2005 年第 4 期。

〔24〕 国际货币基金组织:《财政透明度手册》(Code of Good Practice on Fiscal Transparency),人民出版社 2001 年版。

微，最根本的原因在于“预算透明”作为一种价值追求的缺位和其理论研究的缺失。目前，相比于国外对财政透明度问题日臻成熟的研究，国内相关的研究尚处于起步阶段。因此还需要继续挖掘财政透明度的内在理论源泉，统观外在潮流推力，探讨财政透明度的衡量标准，剖析当前中国财政透明度存在的系列问题，以提出提升财政透明度的改革举措。

(一) 财政透明度问题的理论渊源

在财政透明度的衡量标准和指标建构方面，目前在国际上最为流行的是三套指标体系：一是国际货币基金组织(IMF)的《财政透明好方法准则》；二是经济合作与发展组织(OECD)的《预算透明的最优方法》；三是总部设在华盛顿的国际预算项目组(International Budget Project)的指标体系。下面简要列出三者所提出的指标体系及其具体主要内容。[25]

本课题组能够搜集到的学术资料显示，财政透明度的定义最早是由George Kopits 和 Jon D. Craig(1998)给出的：向公众最大限度地公开关于政府的结构和职能，财政政策的意向，公共部门账户和财政预测的信息，并且这些信息是可靠的、详细的、及时的、容易理解并且可以进行比较的，便于选民和金融市场准确地估计政府的财政地位和政府活动的真实成本和收益。[26] 这一定义为IMF财政事务部的《财政透明度手册(修订版)》所采纳，为目前比较权威的定义。

OECD将财政透明度定义为对政策趋向、表达和执行的公开，并将预算透明定义为及时、系统地充分披露所有相关的财政信息。指出透明是良治政府的核心要素，透明政府才是一个易于治理的政府，它使公众了解政

〔25〕 参阅高倚云，蒋平：《我国财政透明度的度量及改进策略》，《中央财经大学学报》2007第2期；国际货币基金组织：《财政透明度手册》，人民出版社2001年版。

〔26〕 刘笑霞，李建发：《中国财政透明度问题研究》，《厦门大学学报(哲学社会科学版)》2008第9期。

府发生了什么以及为什么会发生。[27]

联合国开发计划署(UNDP)认为透明度是建立在信息自由流动的基础上的，相关人可以直接了解有关程序、制度和信息，可以获取充分的信息以便理解和监督政府。

不管学术上如何表述，财政透明度的核心要求即是政府必须及时、完整、准确地向公众披露其财政政策、活动与结果等方面的信息，以便公众了解和评价政府的财务受托责任。[28] 结合中国地方政府的实际预算过程，有学者认为对预算透明度的测量应该在两个层面上展开：一是相关数据在预算活动主体中的公开性，包括预算信息对预算部门、财政局、人民政府、党委、人大和政协的公开程度，把这种透明度称为内部透明度。二是预算数据在公众中的公开性，包括预算信息对公民个人、团体和新闻媒体的公开程度，这种透明度称为外部透明度。[29]

(二)我国地方政府财政透明度的现状和问题

在国内的研究人员中，王雍君曾经以IMF专门针对发展中国家和转轨国家制定的最低标准及实施要求作为参照系，对中国的财政透明度进行简单比较。并得出结论认为，目前中国在财政透明度方面与国际规范相比有着较大的差距，其中主要项目基本都不能满足IMF在《手册》中确定的最低标准与实施要求。而且，一些相关的报道也提供了佐证。在普华永道(Price Waterhouse & Coopers)2001年发布的“不透明指数”的调查报告中，中国在所调查的35个国家和地区中被列为透明度最低的国家。[30]

---

〔27〕 武彦民，陈晨：《关于加强公共财政建设提升财政透明度的研究》，《山东经济》2009年第1期。

〔28〕 有学者指出，预算实质是法定的特别信托，而不是强调国家预算的工具性职能。参阅朱大旗：《实现公共需要最大化》，《中国改革》2010年第4期。

〔29〕 何俊志：《地方政府预算过程中的透明度问题研究》，国家发展基金资助课题报告。

〔30〕 王雍君：《全球视野中的中国财政透明度——中国的差距与努力方向》，载于国务院发展研究中心信息网，http://www.drcnet.com.cn/10/23/2003. 最后访问时间2009年11月10日。

IMF所提供的一些“行为准则”，并不是要求各成员国必须采纳的“最优做法”，而是可供成员国选择的“良好做法”。但它们毕竟为我们分析财政透明度状况，进行相关政策设计提供一个参照工具。与其他国家相比，我国财政的整体透明度较低，究其原因，我国的财政透明度不高主要表现在体制和技术两个层面：

1. 制度层面

（1）与计划经济体制相适应的传统治理模式难以彻底转型。一是政府管理体制的问题，传统政府运作机制以及机构设置不合理，政府各部门职能交叉、重叠，审批程序过多、过滥，办事流程不合理，暗箱操作多等，所有这些都成为推动政府财政透明化的重要障碍。二是预算管理“双轨制”的问题（预算内、预算外管理），由于我国传统的财政预算是按支出功能编制的，各项支出内容划分不规范、不细致。预算编制和管理的范围，也只限于预算内资金，大量预算外资金、各种基金、各项事业收入等政府性资金，基本上由各部门和支出单位自行安排，缺乏最低的透明度和起码的监督。因此，在预算内财政收支之外，存在有规模庞大的预算外收支，并由此引出了各部门、各单位的“小金库”。上述管理体制制约了财政透明度的推动。〔31〕

（2）在法律层面新法与旧法、上位法与下位法之间存在冲突。推动财政公开需要法律支撑，之所以财政透明度不高，很大程度上受到了与政府信息公开精神相悖的法律法规的制约。目前备受诟病的《保密法》〔32〕存在国家秘密的界定标准不明、定密过于宽泛、由政府行政部门决定什么是国家秘密、程序上缺乏必要的制约等问题，由此造成了与2008年5月1日起正式实施的《政府信息公开条例》相互冲突。《政府信息公开条例》规定要主动公开的信息，根据现行《保密法》属于国家秘密，最终属于行政法规的

〔31〕 王满仓、赵守国：《财政透明化背景下的政府治理变革》，《经济学家》2005年第4期。

〔32〕 1988年9月5日第七届全国人民代表大会常务委员会第三次会议通过，1989年5月1日实施。

《政府信息公开条例》不得不服从居于上位的《保密法》。于是“以公开为原则，不公开为例外”在实践中就成了“以不公开为原则，公开为例外”。[33] 又如我国现行的《预算法》只强调了政府行政部门对所属机构、单位、个人行为的规范和监督，而社会公众及其代表机构对政府行政行为的规范和监督没有得到体现，从而使得《预算法》只成为行政部门自身管理以及管理社会的法律。这样政府信息不公开也就不难理解了。

2. 技术层面

目前透明度的低下，也有相当一部分原因来自于财政部门所面临的一系列技术性难题。这些所面临的难题包括：[34]

(1) 预算编制不科学。目前部门预算要求提前进行编制，但下一年度的工作任务、目标计划等，上级部门都是在当年初进行布置，收支计划和许多项目支出由于目标任务不具体而无法细化，预计不准，使得执行中调整较大。特别是有关创新、发展等举措每年都要提，而且反反复复地提。但是这类支出在当年初往往考虑不到或者说考虑不周全，因此各个部门常常通过市长备用金的批条子形式得以追加。

(2) 预算收入难预估。地方政府可用支出来源于地方财政收入、上年结转以及上级部门转移支付。上级转移支付在某种程度上构成了预算执行的不确定因素。由于上级部门到底会转移支付多少资金对于下级部门来说是无法预测的，面临着太多不确定因素，这使得考虑经常性预算和建设性预算时必须首先确保经常性预算，而建设性经费是否能到位、何时到位经常是个未知数，使得预算根本无法做细、做刚。

(3) 预算支出缺乏刚性。由于国家和省、市的政策经常会发生变化，这时地方政府无法避免一些不可预见性支出，也造成预算的可变性，导致执行中要求调整预算。

---

〔33〕 详见“蒋洪委员：要提高政府透明度就必须修改《保密法》”，载于 http://lianghui2009.people.com.cn/GB/145754/8924295.html，最后访问时间 2009 年 9 月 30 日。

〔34〕 何俊志：《地方政府预算过程中的透明度问题研究》，国家发展基金资助课题报告，http://www.cdrf.org.cn/a/yusuan2/7hejunzhi.pdf，最后访问时间 2009 年 11 月 30 日。

(4) 预算执行难以控制。领导一支笔审批,使得预算执行不到位,同时缺乏权威性。财政局的人员在检查预算执行时不能说其执行错误,专项资金的使用也不能说到底是合不合理。尽管新的预算控制程序已经建立起来,但是,预算过程中的关键性的决策者仍然在很大程度上像原来那样决策。因此,领导人的素质对预算政策的落实有着重要作用,这也是制度设计所无法解决和规避的问题。

(三)提升财政透明度的改革举措——以上海等地的立法与实践为例

要提高地方政府的财政透明度,一是要更新观念,让政府意识到公众监督的合理性和必要性;二是要健全现有法律,财政信息哪些可以公开、怎么公开、何时公开,应该有法律保障;三是要落实到制度层面,建立财政信息透明化的长效机制。

1. 上海市政府信息公开的立法与实践

2004年5月1日上海市人大正式通过、施行《上海市信息公开规定》(下称《规定》)是国内第一部政府信息公开方面的地方性立法,这也是上海市政府贯彻实施《中华人民共和国行政许可法》和落实国务院《全面推进依法行政实施纲要》的一项制度创新,是建设"服务政府、责任政府、法治政府"的一项前瞻性的改革措施。

从2008年4月30日举行的上海市政府例行新闻发布会上获悉,近4年来,上海市政府信息公开各项工作取得明显成效,政府信息公开已连续4年在全市政风行风测评六项指标中排名第一,公众对政府信息公开的知晓率达95%。截至2007年底,各政府机关主动公开政府信息25.8万条,基本覆盖了《规定》关于主动公开政府信息范围的各个领域,全市各政府机关共计受理政府信息公开申请3.5万件,75%以上的申请得到满足。目前有关政府信息公开的规定有:

上海市政府信息公开工作相关制度与规范文件

序	文件名称
1	《关于〈上海市政府信息公开规定〉的实施意见》(沪府办发〔2004〕20 号)
2	《关于进一步做好政府信息公开工作的意见》(沪府办发〔2004〕37 号)
3	《关于本市政府机关依申请提供政府信息收费问题的通知》(沪财预〔2004〕44 号;沪价费〔2004〕23 号)
4	《关于对本市政府信息公开情况开展检查的通知》(沪监〔2004〕26 号)
5	《关于加强政府公开信息送交工作的意见》(沪档〔2004〕22 号)
6	《上海市政府信息公开统计制度》(沪信息委政〔2004〕345 号)
7	《关于开展政府信息公开年度报告编制工作的通知》(沪信息委社〔2004〕365 号)
8	《上海市政府机关公文类信息公开审核办法(草案)》
9	《上海市政府信息公开联席会议办公室关于实施免予公开政府信息报备制度的通知》(沪信息委政〔2005〕134 号)
10	《上海市政府信息公开联席会议办公室关于实施重大决定草案公开情况备案制度的通知》(沪信息委社〔2005〕175 号)
11	《上海市政府信息公开联席会议办公室关于印发〈政府信息公开申请处理文书格式文本〉的通知》(沪信息委政〔2005〕145 号)
12	《关于对〈上海市政府信息公开规定〉实施情况开展监督检查和评议的意见》(沪监〔2005〕27 号)
13	《上海市信息化委员会关于开展政府信息公开评估工作的通知》(沪信息委社〔2005〕339 号)

公开政府信息数

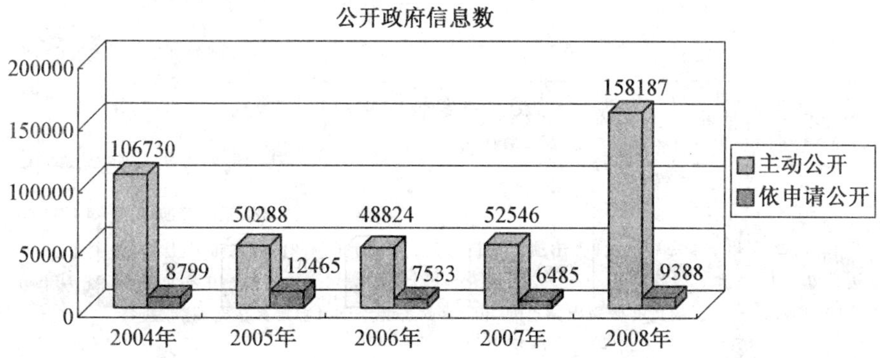

尽管上海出台了一系列文件以推动政府信息公开，公开政府信息数总体也呈现上升趋势，但是无论从公开的内容看，无论其数量还是质量，都很少涉及政府财政信息公开，与财政透明的要求相去甚远。

2. 广州市财政局公开部门预算

在预算公开方面，广州市走在了全国地方政府的前面。2009 年 10 月 23 日，广州市财政局官网“政务公开”栏目下的“数据统计”项目，公布了广州 114 个市直部门的预算。这是中国内地城市第一次在网络上将政府“账本”完全摊在了阳光下。虽然各部门预算都还有有待进一步细化的地方，许多预算也只是“点到为止”，较为含糊，但是此开创财政公开先河之举，也是财政公开的一大进步。[35] 但是就在同一天，上海市财政局却以“涉及国家秘密”为由拒绝了预算信息公开的申请，在这里，广州市的诚意和做法很值得上海借鉴。

最近《南方周末》公布了“中国的预算公开路线图”，我们唯有从操作制度上保障而不仅仅在法律规则上赋予民众拥有获取最大化信息的权利，自下而上的监督才会水到渠成。因为来自民众的呼声总是比上级的命令更有力也更有效。各地预算公开的信息如下表所示：[36]

时间	地区	预算公开部门	预算公开内容	预算公开对象	不公开理由
2000	河南省焦作市	市政府	部门预算	公民	
2005	浙江省温岭市	镇政府	参与预算审查	人大代表 公众代表	
2006	湖北省	省政府	财政专项资金的支付办法、支付通知	全社会	

〔35〕 如广州市委办公厅的“支出预算总表”，只简单罗列了行政运行、专项服务、专项业务、事业运行等几项，而预算总额达到 9548.83 万元，公众对这些预算的具体去处并不太了解。公众十分关注的公款招待、公车消费和公费出国这“三公”消费在预算支出中没有找到相应踪迹。

〔36〕 资料来源：《南方周末》，2009 年 10 月 26 日。

续 表

时间	地区	预算公开部门	预算公开内容	预算公开对象	不公开理由
2008	河南省焦作市	市政府	部门预算、政府债务预算、政府非税收入预算等八大项预算	全社会	
2008/01	上海市闵行区	区政府	详细预算	人大代表	
2008/05	深圳市	财政局	部门预算草案	依申请公民	
2008/05	全国	国务院	财政预算、决算报告	全社会	
2008/06	全国	国务院	部门预算草案、部门预算	依申请公民	
2009/10	上海市	财政局	上海市财政预算		国家秘密
2009/10	广州市	财政局	114 个部门预算	全社会	

3. 上海市公开“新增机动车额度拍卖收支”财政信息

虽然上海市在财政信息公开方面受到了媒体的指责，但是上海市在市民关心的财政项目信息公开方面也作出了相应的努力。以本市新增机动车额度拍卖收支情况的公开为例（见下表）：[37]

本市新增机动车额度拍卖收支情况

（1994—2008 年）

单位（亿元）

年份	收入	支出	当年结余	累计结余	备 注
1994—2000	6.9	2.2	4.7	4.7	用于道路交通装备设施。
2001	2.2	0.0	2.2	6.9	
2002	6.4	8.0	－1.6	5.3	中环线 4 亿元，轨道交通建设费用 4 亿元。

〔37〕 资料来源：上海市政府网，http://www.shanghai.gov.cn/shanghai，最后访问时间 2009 年 11 月 30 日。/node2314/node2319/node23197/node23198/userobject21ai348058.html，最后访问时间 2009 年 11 月 2 日。

续 表

年份	收入	支出	当年结余	累计结余	备 注
2003	15.4	12.0	3.4	8.7	中环线8亿元,轨道交通建设费用4亿元。
2004	19.7	19.0	0.7	9.4	中环线15亿元,轨道交通建设费用4亿元。
2005	19.8	17.2	2.6	12.0	中环线5亿元,轨道交通建设费用12亿元,2002—2005年共支出0.2亿元作为上海燃料电池汽车攻关项目配套。
2006	23.7	19.0	4.7	16.7	中环线7亿元,轨道交通建设费用12亿元。
2007	35.9	33.0	2.9	19.6	中环线10亿元,轨道交通建设费用8亿元,城市道路15亿元。
2008	25.5	28.2	−2.7	16.9	轨道交通建设费用15亿元,公交专项补贴12.9亿元,轮渡亏损补贴0.3亿元。
总计	155.5	138.6	16.9	16.9	—

注:历年收入、支出数均为当年发生数

上海市财政局、上海市发展改革委

二〇〇九年七月四日

(注:资料来源于上海市财政局网站)

从上表可以看出,虽然机动车额度拍卖收支情况终于得到公开,但显然,公众对已公开的拍卖收入使用情况并不满意。这只是一个笼统、大概的数字,关于每笔钱的使用细节还是个谜。这样,公众对每笔钱的监督还是无从下手,这使得政府信息公开流于形式,其透明度仍不足够以防腐。公开是手段,如果达不到防止权力滥用之目的,一切都是徒劳。所以,政府信息不仅仅是撩开一层面纱,还要公开到足够让人知晓的程度,公开得到位。

(四) 建立我市财政信息披露制度的具体对策

有学者认为,即使在面临一些难度的情况下,目前仍然还有一些操作性的技术和程序是可以在短时间内得到推进的。[38] 在这方面最为切实可行的领域就是细化预算公开内容和程序。目前各级政府和财政部门在推动地方预算走向公开的过程中,所推出的一些文件对于公开的内容主要涉及预算草案、预算方案和决算报告,而对政府机构名称与数量、预算方法以及各项预算的详细内容是否需要公布并没有详细提及。实际上,这些几项内容是整个预算草案编制的依据和方法,也是读懂预算案的基础。因此,必须将这些内容细节性内容予以公布。我们认为,这些程度的推进应该包括的内容有:

1. 明确信息披露的对象

财政部在 2005 年出台了《地方政府向本级人大报告财政预、决算草案和预算执行情况的指导性意见》,在 2006 年发布了《财政部关于进一步推动地方财政部门政务公开工作的意见》。实际这两个文件的重点都是在告知地方政府应公开哪些东西,即公开的内容,而对向哪些主体公开哪些内容并没有明确,这样实际上造成了预算机构和预算核心机构往往忽视应该知晓的主体,因此,必须根据不同层级政府本身的特点确定信息知晓的时间和知晓的内容。

2. 确定信息披露主体的权限

在预算过程中,不同的预算主体权限也有诸多差异。将预算过程中权限分为预算权、建议权、审查权和修改权,应通过相应的细则将不同主体权限予以确定。

3. 确定不同信息披露对象获悉财政信息的时间

"什么时间知晓"在一定意义上就是预算过程中不同主体权限和功能

---

〔38〕 此处获益于复旦大学国关学院何俊志教授的观点与探讨。详细观点见何俊志:《地方政府预算过程中的透明度问题研究》,国家发展基金资助课题报告。http://www.cdrf.org.cn/a/yusuan2/7hejunzhi.pdf ,访问时间 2009 年 11 月 30 日。

发挥的基础。目前,我们预算制度中对于行政系统外的其他相关主体知晓预算草案和参与预算决策都基本上在第二次上下之中,实际上此阶段因整个决策时间短,很多主体没有足够时间读懂预算草案,因此,透明度的实效很低。因此,从时间上设定相关主体对预算知晓度能有助于预算参与主体发挥功能。

4. 需要立法完善的相关制度

我们认为,目前亟待由国家立法解决的问题包括:(1) 需要由国家立法规定,各级政府的所有财政收入都纳入预算规范。(2) 除非有法律的明确规定,各级政府的所有预算数据和法律依据都应该向代议机关、媒体和公众开放。如果要在操作层面上提高地方政府的预算透明度,就必须要由法律明确规定,不同形式的预算数据,应该在哪一个时间节点之前,向特定的机关和团体全面公开。年度预算报告、半年度报告、季度报告、月度报告和预算调整报告的草案,必须要在特定的时间节点之间,向特定的机关公开。(3) 全面废除预算数据保密制度,禁止各级政府在人民代表大会召开之后回收预算报告的草案。(4) 规定专门的公开形式和格式。由于目前要求地方政府公开预算的形式和格式还较为笼统,没有设定专门形式和格式的公开方式,导致不同层级和不同地区的政府在公开预算数据时,缺乏相应的规范,公布的具体数据也较为随意。只有设定有具体的形式与格式之后,媒体和公众的查询才有明确的对象和具体的依据。(5) 为公务员的预算行为设定伦理准则。根据国际通行的规则,全面建立公务员的伦理准则,确立起公务员在预算过程的承诺制度,并随同预算数据公之于众。(6) 为外部审查提供法律依据。目前地方政府预算透明度不高,以及透明度方面存在的问题,也有一部分原因来自于当前的地方预算缺乏外部审查。在确定地方政府的预算透明度是否有所提高,以及预算数据是否准确可靠方面,应该为独立的专家审查宏观数据和经济假设提供一定的通道。

(五) 小结

市场经济是透明经济,公共财政是透明财政,这一切都以预算透明为前提。预算透明是政府公共受托责任的必然要求,也是建立民主政治、法治政府的需要,是国家长治久安的必经之路。通过提升财政透明度,可以降低政府代理成本、减少腐败行为、提高公共财务管理效率,这也已经成为世界范围内的一种普遍共识。近年来,在新公共管理运动的大背景下,IMF、OECD 等国际组织大力推动有关国家和地区提高财政透明度。从我国来看,提高财政透明度对于保障公众的知情权、促进服务型责任政府的建立更具有特殊意义。

五、通过预算参与推动基层民主

公共预算应该是建立一种政府的收支行为都是处于人民及其代议机构的监督之下的预算制度。民主化和法治化是公共预算改革的目标,也是民主政治改革的重要内容。

民主化要求预算的审查批准整个过程都应该受到人民及其代议机构的监督,同时,在预算的制定和批准过程中应该让人民充分行使自己的知情权、参与权、表达权、监督权,使预算能够代表最大多数人民的利益和要求。目前中国预算改革的重点已经从政府内部加强行政控制转到注重行政外控制。也就是说,预算民主化已经纳入中国预算改革的日程。

所谓的参与式预算,是通过政府与公民之间的对话机制,增加参与度与透明度,即所有的公民和政府能够合作,使得预算过程的效率能够得到提高的方式。[39]

(一)参与式预算的改革与实践案例

参与式预算在国内外均有较成功的实践与经验,体现了公众对于政府预算的直接参与、利益表达机制,亦是协商民主理论的实践典范。

---

〔39〕 夏敏、王英磊:《浅议预算民主问题》,《经济参考研究》2009 年第 25 期。

巴西是世界上最早实施参与式预算的国家，现在依然被当作是参与式预算实践的典范。在巴西，为促进社会公平公正，帮助低收入阶层与社区分享公共支出中的更大份额，扭转以往公共资源分配严重偏向高收入人群的局面，1988年选举获胜的工人党提出了以“民主参与”和“改变支出优先顺序”为目标的参与式预算改革。〔40〕

国内的参与式预算改革，也出现了不少案例，其中浙江温岭、上海闵行区、上海原南汇区都积累了一些经验。

1. 浙江温岭预算民主恳谈

浙江温岭市从1999年以来，持续不懈地推行以公民参与为特点、以公共事务的公开决策为主要内容的新型民主形式——“民主恳谈”。在长达9年的“民主恳谈”实践过程中，温岭市逐渐形成了以公民参与为特征的政治文化。2005年温岭在新河、泽国两镇率先实行公共预算改革，积极运用民主恳谈为基层人代会审查预算服务，不断强化对预算的审查和监督，形成了对预算进行实质性审查监督的“参与式预算模式”，在国内首开先河，温岭模式的参与式预算由此产生。

新河镇参与式预算的程序，包含预算草案初审、人民代表大会审查与批准预算草案、预算执行与监督三个阶段。〔41〕

2. 上海市闵行区预算听证

预算听证指的是在国家预算的过程中，为了平衡国家与纳税人之间的利益关系，由特定的国家机构组织的，有纳税人代表参加的公开决策程序。听证是舶来品，其核心是给予可能被决策影响的有利害关系的当事人一个陈述意见表达观点的机会。在我国，听证制度起步较晚，1996年10月施行的《中华人民共和国行政处罚法》，首次在我国法律中确立听证制度；接着1998年5月施行的《中华人民共和国价格法》掀起价格听证的热

〔40〕 王逸帅、苟燕楠：《国外参与式预算改革的优化模式与制度逻辑》，《人文杂志》2009年第3期。

〔41〕 温岭市新河镇人大主席团：《关于新河“参与式”预算改革的调查报告》，载于《温岭试验与中国地方政府——公共预算改革》，李凡主编，知识产权出版社2009年版。

潮，"听证"一词正式广泛地被国人接受。与行政听证相比，立法听证产生较晚一些，2000 年 7 月施行的《中华人民共和国立法法》明确规定了该项制度。虽然听证制度在我国制度实践中尚未能发挥巨大作用，但其本身所固有的合理性和程序价值是不容抹煞的。[42]

2009 年 12 月 9 日下午 1 点 30 分，上海市闵行区人大为了推进预算制度改革，财政促进财政预算支出的公开透明，扩大预算草案初审过程中的公众参与，由闵行区人大常委会组织了一场财政预算初审听证会，针对全区财政预算中的部分项目，听取人大代表和社会公众的意见。两个听证项目都是和民生问题相关的：一是政府对养老机构的财政补贴；二是完善农村养老金保险的支出。

预算听证会结束后的 10 天内，听证主持人依据听证笔录组织撰写听证报告，然后转给政府预算编制部门，作为修改预算草案的参考材料。听证报告还提交给区人大常委会，作为财政预算初步审查的重要参考，并向社会公开。[43]

3. 上海市浦东新区(含原南汇区)以公众参与提高预算绩效

2006 年 2 月 21 日，上海浦东新区政府常务会议原则通过了《浦东新区绩效预算改革试点方案》，标志着绩效预算改革在上海浦东新区开始试点。

为了体现这一新预算管理体系的"公开、公平、公正"原则，在预算编制方面，浦东新区积极探索"参与式预算"，提高预算编制的科学性。2007 年区级部门预算全部上报区人代会审议，并探索和实施了功能区域、街道预算人大审议模式，以扩大人大预算监督范围和加大监督力度，促进财政支出绩效的提高。[44]

2003 年 10 月，上海市原南汇区惠南镇开始实行一项新的制度：每年

---

〔42〕 王霞：《论预算听证——兼谈〈预算法的修改〉》，《前沿》2007 年第 3 期。

〔43〕《闵行区财政预算昨首次听证》，载于《东方早报》2008 年 12 月 10 日；周扬：《养老补贴的一丝阳光——直击国内首场人大主导的预算听证会》，《人大建设》2009 年第 2 期。

〔44〕 宋芳秀：《绩效预算改革的试点经验与发展对策——以上海浦东新区为例》，《财政研究》2009 年第 1 期；《上海浦东先行启动绩效预算改革试点》，《领导决策研究》2006 年 3 月第 10 期。

本镇的实事工程项目不再由镇政府拍板决定，改由镇人大代表票决产生。惠南镇认为，由于政府和群众的视角不尽一致，政府拍板决定的实事与人民群众急需解决的问题，往往存在一定差距，这样的实事工程就有可能成为面子工程、形象工程。政府投入了大量的精力和资金，建成的实事工程与群众需求脱节，老百姓既不领情，也不满意。要解决政府实事工程的民意基础，让实事工程真正为群众所需要、所满意，就必须充分听取群众意见，通过人大代表来反映民意并决定做哪些实事，这也是法律赋予人大的法定职权。

南汇区预算改革后实事工程项目主要流程为：①征集意见，汇总信息⟶②代表批准，确定项目⟶③组织实施，接受监督⟶④视察评议，参与评估。[45]

（二）参与式预算的制度创新与启示

参与式预算体现了现代预算制度的公共取向，亦体现了现代政府的公共服务职能。参与式预算一方面需要以制度来保障公民的参与权，另一方面也要清醒地认识到，公众参与本身并不能代替人大的预算审查监督职能，正如协商民主亦不过是对代议制民主的补充。如果地方政府在公共预算方面，不能强化和落实人大的预算审查监督职能，而是一味地迎合公众诉求，则有“作秀”和舍本逐末之嫌。

我国地方政府要实施参与式预算在借鉴国外的先进经验的同时还必须考虑我国政治体制的实际情况，把参与式预算与人大制度相结合。目前我国地方政府实施的参与式预算项目还处于起步阶段，在实践的过程中出现的问题包括：

1. 参与式预算还属于制度外产物

参与式预算目前在我国的法律法规中还没有相关条文的规定，作为一

---

〔45〕 周梅燕、何俊志：《乡镇公共预算改革的起步与思考——上海市南汇区惠南镇“公共预算制度改革”案例研究》，《人大研究》2008 年第 11 期。

种预算监督的民主形式，没有其合法性也就意味着该制度没有生命力。要将参与式预算导入制度框架内，必须解决将参与式预算以法律、法规的形式明确下来，并且在实施程序中还要考虑和现行人大制度相协调。

2. 参与者的素质特别是人大代表的素质有待进一步提高

目前预算参与者的素质还不能适应预算审查监督的要求，很多参与者对预算方面的知识还比较缺乏，对预算报告的内容并不了解，使得意见无法提起。在审议过程中，人大代表即使对预算报告有修改意见，基本也停留在口头表达阶段，缺乏编写正式预算修改议案的能力。这都表明人大代表在预算审查监督方面的履职能力还有待提高。

3. 参与者反映民意的程度有待进一步加强

目前我国预算的参与者反映民意的程度并不高，除基层人大代表以外，大多是些基层干部或企业老板，普通公民的参与率不高，即使有通过随机抽签方式选取的代表参与预算审查监督，反映出的民意程度也比较分散。如何加强参与者代表的民意程度是未来参与式预算改革面临的一个难题。

4. 预算执行监督制度效果不佳

预算执行是对通过预算的具体实施，如果不加强执行监督机制，通过的预算只会是一纸空文。目前我国还没有确立明确的执行监督制度，例如对如何监督政府执行预算、政府对预算执行出现偏差甚至违背如何追究等问题作出明确规定，这样使得预算控制权仍掌握在政府手中，预算改革不见成效。〔46〕

（三）以参与式预算推动基层民主建设

目前上海市正在积极进行预算改革，其中浦东新区、闵行区、南汇区的

〔46〕 参阅张学明：《深化公共预算改革 增强预算监督效果》，《人大研究》2008 年第 11 期；滨海镇人大主席团：《乡镇财政预算民主恳谈存在的问题与对策》，载于《温岭试验与中国地方政府——公共预算改革》，李凡主编，知识产权出版社 2009 年版；杨子云：《新河预算民主渐进改革》，《中国改革》2007 年第 6 期。

预算改革各有特点，但其中都能看到参与式预算的影子，说明参与式预算在预算改革中的重要作用，并取得了一些有益的经验。

1. 参与式预算从基层做起

参与式预算之所以在基层更容易取得成功，原因在于公共预算改革对于中国的人大代表来说，还是一个非常陌生的事物，而预算的内容越到高层政府就越复杂，如果连预算报告都看不懂，预算改革就无从谈起。此外，基层推行参与式预算有其本身的优势：首先，与人民群众接触最频繁、最密切的基层单位，平时的主要工作就是为居民和村民服务。在基层开展试验工作，具有广泛的群众基础，易于发动群众，调动各阶层的积极性。其次，基层预算相对比较简单，参与者更容易看懂，相对简单的预算可以让更多的人参与。第三，基层人大代表数量相对较少，预算过程中的讨论更容易介入。

2. 将参与式预算导入人大制度框架

要使参与式预算得以持续进行，必须将参与式预算与我国现行法律、法规对接，而人大制度正是一个切入点。由人大常委会制定出台具体的实施办法，以制度形式将参与式制度固定下来，使其成为人大预算审查监督的常态。同时，注重统一性和灵活性，对各地区的一些创新型做法，可暂时不做硬性规定，如闵行区的预算听证和南汇区惠南镇工程项目票决制度等，待时机成熟再予以统一。〔47〕

3. 提高人大代表参与预算审查监督的能力

目前，人大代表对预算方面的知识相对比较缺乏，理解和掌握预算草案、政府财政收支报告等有一定的困难。邀请学者和专家进行预算知识、代表权力等方面的培训是非常必要的，这将有助于提高参与式预算的质量和效果。需要特别加强的是人大代表如何撰写预算修正案、如何与政府博

〔47〕 张学明：《深化公共预算改革 增强预算监督效果》，《人大研究》2008 年第 11 期；滨海镇人大主席团：《乡镇财政预算民主恳谈存在的问题与对策》，载于《温岭试验与中国地方政府——公共预算改革》，李凡主编，知识产权出版社 2009 年版。

弈对话、如何为自己代表的民众争取利益等方面的培训，使人大代表充分行使预算审查监督的权利。

4. 深化预算参与者代表的民意基础

只有大多数居民在预算过程中表达他们的偏好时，人大预算审查监督才具有更广泛的民意基础。因此，在我国目前体制下，可以让人大代表对各自所代表选区的民意进行调查，在预算审查批准时根据民意倾向与政府对话、博弈。在预算讨论中还可以引导社会中介组织、行业协会等非政府组织，社会各界关心政府预算的人以及普通民众参与，使参与式预算的民主基础更为坚固。〔48〕

5. 完善预算执行监督制度

执行监督制度尤为重要，这需要明确预算执行监督工作机构，明确政府在预算执行中的违法违规行为及其相应责任。此外，建立预算的月报制度，使政府在执行预算的过程中受到严格控制，才能使参与式预算的成果得到有效保障。

(四) 小结

公共预算的核心问题是资源配置问题。在资源配置中纳入公民参与，有助于提高预算决策的合理性和公共责任。预算是国家管理社会经济事务，实施宏观调控的主要手段之一，在国家的整个经济生活中具有十分重要的地位和作用。组织公民参与预算就具有非常重要的意义。一方面可以使得政府的预算安排更加合理。只有通过倾听公民的需要，了解民众最关心的事情，政府的预算安排才能更加合理。另一方面，有助于建立一个更加负责任的政府，使得政府预算安排履行公共责任。〔49〕

---

〔48〕 杨子云：《新河预算民主渐进改革》，《中国改革》2007 年第 6 期。

〔49〕 马骏、赵早早：《中国预算改革的目标选择》，《华中师范大学学报》2005 年第 5 期。

六、结　语

当前,科学发展观是指导各级人大与政府工作的重要思想,科学发展观的内涵包括促进经济、社会等各项事业的协调、可持续发展,坚持以人为本,构建和谐社会。从这个角度来说,落实科学发展观和建设公共服务型政府以及构建公共财政体制是一脉相承的关系。公共财政能否为社会提供均等化的基本公共服务,建立健全社会福利保障制度,优先解决人民群众迫切需求的公共产品和服务,是公共财政改革的方向和目标。为此,各级人大应该强化预算监督意识,为民理好财、把好关。当然这样的改革也不可能一蹴而就,应该是有序、渐进的变革。

正如一些学者所言,预算问题决不仅仅是个无关紧要的数字汇总问题,而是关系到民主制度是否名副其实的大问题。没有预算的政府是“看不见的政府”,而“看不见的政府”必然是“不负责任的政府”,“不负责任的政府”不可能是民主的政府。预算改革的目的就是要把“看不见的政府”变为“看得见的政府”。只有“看得见”,人民才有可能对它进行监督。在这个意义上,预算也是一种对政府和政府官员“非暴力的制度控制方法”。〔50〕

(作者单位:上海财经大学法学院)

【特邀编辑:王侃如】

〔50〕 王之良:《公共财政改革:要预、要算、要审》,引自搜狐财经 http://star.news.sohu.com/20050616/n225973325.shtml,最后访问时间 2009 年 10 月 2 日。

将示范法方法引入我国经济区地方立法协调之中*

王春业

一、割据式的地方立法体制阻碍了区域经济一体化的发展

由于生产力发展水平、劳动地域分工的特点和规模等方面的原因，我国形成了长江三角洲经济区、东北经济区、环渤海经济区、泛珠江三角洲经济区等不同的经济区域，这些经济区域在政治、经济、文化、自然条件等方面有许多相同或近似之处，区域内相关的经济活动彼此相连和依赖，往往都显示出某种一致性，这种一致性通常表现为经济发展基础和条件的同一性，共同面临着区域经济发展的障碍与问题，共同追求经济发展的特定目标、共同享受政府赋予的特殊优惠政策等等。[1] 区域内的活动在经济上、技术上相互联系而构成一个相对独立的经济系统，[2]从而构成相对独立的经济地域单元。

随着生产社会化的发展，区域经济向一体化方向发展趋势日益明显，即经济区内的省区之间、各地区之间、城市之间，按照区域经济发展总体目标，充分发挥地区优势，通过合理的地域分工，在全区域内优化配置生产要

---

* 该文是2009年浙江省博士后科研择优资助项目“长三角经济一体化背景下的区域法治一体化研究”的阶段性成果之一。

〔1〕 孙久文、叶裕民：《区域经济学教程》，中国人民大学出版社2003年版，第278页。

〔2〕 参见张海如：《区域经济教程》，经济科学出版社2002年版，第21页。

素,推动区域经济协调发展,以提高区域经济总体效益。[3] 表现为:市场的一体化,产业的一体化,交通设施的一体化,信息的一体化,生态环境的一体化,人文资源的一体化等。[4] 区域内的各行政区划之间只有通过优势互补、优势共享或优势叠加,把分散的经济活动有机地组织起来,把潜在的经济活力激发出来,才能形成一种合作生产力。[5]

区域经济一体化的特征是经济区域内形成统一的市场,其核心是区域市场一体化。换言之,区域经济一体化是市场一体化的过程,它要求区域内的各行政区划间要打破行政壁垒,拆除地方保护主义,实行更加自由的经济交往。但是,要推进这种一体化,仅仅靠相似的经济基础和社会背景是远远不够的,还需要协调一致的法制作为保障。[6]

区域经济一体化的发展,不仅需要中央立法的支持,更需要地方立法的法制环境。它要求地方立法之间不仅不存在冲突与不协调,还要求地方立法为其提供一种积极促进性、事先安排性的、稳定、有序、统一协调的法制环境,以推动区域经济一体化的进一步发展和深化。

但在地方立法方面,我国现行地方立法在相互协调方面的现状不容乐观。目前,我国的地方立法有两种形式,一是地方性法规,一是地方规章。地方性法规与地方规章的制定主体都是以省级行政区划、较大市[7]的行政区划为基本单位而进行的。根据《立法法》第 63 条规定,省、自治区、直辖市的人民代表大会及其常务委员会根据本行政区域的具体情况和实际需要,在不同宪法、法律、行政法规相抵触的前提下,可以制定地方性法规。

---

〔3〕 参见宋巨盛:《长江三角洲区域经济一体化研究》,《当代财经》2003 年第 2 期。

〔4〕 详见中国科学院可持续发展战略研究组:《发展体制的战略突破——欧盟架构的借鉴》,http://www.china.org.cn/chinese/zhuanti/2004cxfz/521073.htm

〔5〕 参见王川兰:《经济一体化过程中的区域行政体制与创新——以长江三角洲为对象的研究》,复旦大学 2005 年博士论文,第 71—72 页。

〔6〕 何渊:《环渤海地区行政协议的法学思考》,《北京交通大学学报》(社会科学版) 2008 年第 4 期。

〔7〕 对“较大的市”的表述,在立法法和《地方各级人民代表大会和地方各级人民政府组织法》中有所不同。其中,后者表述为“省、自治区的人民政府所在地的市和经国务院批准的较大的市”,而前者则将这两者统称为“较大的市”。

较大的市的人民代表大会及其常务委员会根据本市的具体情况和实际需要，在不同宪法、法律、行政法规和本省、自治区的地方性法规相抵触的前提下，可以制定地方性法规，报省、自治区的人民代表大会常务委员会批准后施行。第73条规定，省、自治区、直辖市和较大市的人民政府，可以根据法律、行政法规和本省、自治区、直辖市的地方性法规，制定规章。地方政府规章可以就下列事项作出规定：一是为执行法律、行政法规、地方性法规的规定需要制定规章的事项；二是属于本行政区域的具体行政管理事项。

这是一种以行政区划为单位的分片分块、各自为政的分割式的地方立法体制，具体而言，有地方性法规和规章制定权的各行政区划对相同或近似事项都制定了立法规范，同类的地方立法在数量上可谓琳琅满目；制定地方立法时往往又只从本地利益入手，而不考虑其他地区特别是相邻地区的规定，都强调本地方的特色；在自己的行政区划内，只强化本地立法的效力而不赋予其他地区立法在本辖区内的任何作用。这种地方立法体制在计划经济时期可以有效地发挥各地方的积极性，使各地想方设法运用地方立法制定权来促进本地区各项事业的发展，然而，在以市场经济为特征的区域经济一体化的背景下，这种立法体制"却又可能带来仅从本地区特殊性考虑的负面影响，从而使法治的推进形成一种以地域为中心的分割现象"，[8]即法治的"碎片化"、"地方化"现象。正如著名学者吴敬琏所讲：有一些东西在改革开放初期看起来是一种优势，比如说比较灵活，什么东西都能办得成，现在用一个法治社会的标准去衡量它，就变成一种劣势了。[9]

地方性法规之间、地方政府规章之间的冲突与不协调主要表现在有关审批事项特别是涉及市场主体的生产经营活动的冲突上。有学者对其作了概括性列举：一是属于同一性质的事项，在一个地方可能是合法，在另一个地方则可能是非法的。二是在某一地规定从事某项活动需要取得许可，

〔8〕 杨解君：《走向法治的缺失言说(二)——法理、宪法与行政法的诊察》，北京大学出版社2005年版，第4页。

〔9〕 参见《经济学家吴敬琏：长三角赶超珠三角 园区起重要示范作用》，《现代工商》2004年第12期。

另一地则未规定需要取得许可。这样，在一地生产经营活动无须取得许可的，在另一个地方可能需要许可；在一地向此行政机关申请行政许可即可，在另一地方则需向其他行政机关申请许可。市场主体无法通过地方立法对生产经营活动的法律后果进行预期，不利于统一的社会主义大市场的形成。三是一地公民的权利义务不同于另一个地方公民的权利义务。四是对同样性质的违法行为规定了不同的法律责任。五是行政管理程序方面的冲突。目前我国没有统一的行政程序法，具体程序规则还是授权各地方、各部门规定。因此，各地方在制定相应的地方性法规、地方政府规章中，规定了行政执法的具体程序规则，而这些不同地方的规定五花八门，有的相互冲突，如各地有关规章设定罚款数额幅度方面的冲突、各地有关听证程序的具体规定方面的冲突、各地有关行政执法监督程序方面的冲突。〔10〕

地方立法之间冲突的危害是显而易见的，受到了学者和群众的强烈批评。〔11〕就地方立法冲突和不协调对区域经济一体化的影响而言，其弊端具体表现在：一是通过地方立法的形式，在招商引资中竞相推出优惠招商条件，竞相压价、抢项目，大大增加了各地招商的开支和市场经济活动的交易成本，不利于各地自身长远利益和区域经济协调发展，使各地方经济发展以及区域经济发展陷入了一种囚徒的困境之中。〔12〕二是导致跨地区问题难以解决，如道路运输车辆收费，由于各省规定的收费高低不相同，造成车辆养路费的大量流失，也产生了不公平现象；跨省水域的水污染治理问题，单靠一省一市的地方立法是治理不好的，必须整个流域共同控制和治理才能

---

〔10〕 参见刘莘：《国内法律冲突与立法对策》，中国政法大学出版社 2003 年版，第 38—44 页。

〔11〕 刘莘认为，法律冲突的危害性主要有四个方面：一是对法治建设造成严重影响；二是对社会主义市场经济的建立与发展造成严重妨碍；三是对国家、社会和公民利益造成严重损害；四是成为地方和部门利益的保护伞，容易滋生腐败。详见刘莘：《国内法律冲突与立法对策》，中国政法大学出版社 2003 年版，第 96—130 页。

〔12〕 囚徒困境可用于分析区域内各地方的恶意竞争。为了自己的利益最大化，各地方立法选择了各自为政这个看似最优的策略但实际上是最劣的策略，得到的是最差的收益，正所谓“欲速则不达”。同时，一方的不合作，必然引起对方的不满，进而引发对方采取相应的对策来报复，产生更为恶性的竞争。因此，合作应当是双方的最优策略，双方若选择不合作的策略，既给对方造成损失，也给自己造成损失。

取得效果等。三是强化了地方保护主义色彩，即各地通过地方立法形式人为地造成各行政区之间资源、财力、人才的严重浪费，恶性竞争，市场分割，致使各种生产要素特别是一些短缺的要素，如资金、人才、技术、知识、信息等可流动要素在区域经济协调发展进程中流转不畅，资源的优化配置存在障碍，难以形成整体优势，制约了经济区域更好更快更大的发展，严重阻碍了统一市场和区域经济的形成与深化；以地方立法的形式搞市场封锁对外来企业投资、产品市场准入、收费、银行信贷、市场管理等方面设置壁垒，采取歧视性政策，搞地方保护主义等，阻碍了区域统一市场的形成。

由此可见，实现经济区域内法制一体化是区域经济一体化的必然要求。地方法制的统一不仅是区域市场经济发展的条件，更是一种潜在的社会资源，是区域市场经济发展的制度性因素。和谐一致的地方法制环境将资源优势上升为竞争优势，提升的不仅是区域的法律品质，更是区域的核心竞争力。协调的地方法制手段作为区域市场经济发展的重要因素，它既作用于区域市场经济系统的宏观环境，也构成区域市场经济系统发展的内在要素，对区域市场经济的发展起着制动性作用。〔13〕一个透明的可预期的一体化市场规则和法制条件，将成为经济区域竞争和持续发展的核心优势。

二、示范法及其在法律冲突协调中的作用

（一）示范法的涵义

示范法（Model Law），有学者也称之为“标准法”，〔14〕对其没有一个统一的界定，不同的学科从不同的侧面试图揭示该概念的内涵。有的认为“示范法是指由美国统一州法全国委员会制定的法案，推荐给各州作为立

〔13〕 参见王章留等：《区域经济协调发展论》，河南人民出版社 2006 年版，第 88 页。

〔14〕 何勤华在其主编的《外国法制史》（法律出版社 2006 年版）的第 187 页、202 页、219 页等多处都称之为“标准法”。

法时的指南，由其借鉴或采纳。”[15]有的认为示范法是“软法”[16]最常见的名称，也是“软法”最一般的表现形式。[17] 有的认为示范法是一种非强制性的法律统一化方式，“正是基于传统的国际立法机制来完成法律的协调或统一存在局限性，所以才产生了诸如示范法、法律指南和通则重述等协调方式。这些协调方式更为灵活，其深层次作用在于给予各国以更多的自由来通过其国内的宪法程序和法律机制，而与新的国际规则保持一致。”[18]

上述的各种界定，从不同角度揭示了示范法的涵义，具有一定的参考价值，实际上，可以通过对示范法特点的揭示，来理解示范法的真正内涵。一是从制定主体上看，示范法是由学者、专家或由他们组成的职业团体、学术团体或其他专门机构草拟的，并不是由国家或国家授权的机构制定的。二是从效力上看，示范法本身没有强制的执行力及约束力，只起着一种基础的示范、模板或者榜样作用，只有被相关的立法机关采纳，才能转化为具有法律约束力的法律规范。当时机成熟时，国家可以赋予示范法法律拘束力，从而成为某一类法律的正式渊源。三是从制定程序上看，制定程序上没有十分严格的要求，可以随时依据需要而修正。四是从示范法的功效性来看，示范法的主要作用体现在不同法域之间的法律协调或统一化过程中，即通过制定示范法，由各法域借鉴或采纳同样的法律文本的方式来渐进地推动法律的统一化。[19] 五是从稳定性看，在各立法机关选用的过程中，各国或各地立法机关可对其内容进行补充，也可将其作为现有或即将

---

〔15〕 Bryan A. Garner (ed), Black's Law Dictionary (Seventh Edition), ST. PAUL, MINN, 1999, p1019, p1531.

〔16〕 所谓“软法”，一般是指在严格意义上不具有法律拘束力但又具有一定法律效果的国际文件，通常是由国际组织或者民间学术团体制定的旨在调整国际商事交易中特定范围内的关系的规则，包括国际组织或国际会议通过的不具有法律拘束力的决议、决定，国家间缔结的但仅规定“软义务”的国际条约，以及由非政府力量制定的示范法、商业惯例和行业标准等。“软法”本身没有法律上的拘束力，但却可以通过一定的程序，使之转化为具有法律拘束力的规范性文件。

〔17〕 赵秀文：《论软法在调整国际交易中的作用——兼论国际组织和学术团体在国际商事立法中的作用》，陈安主编：《国际经济法论丛》(第 2 卷)，法律出版社 1999 年版，第 230 页。

〔18〕 Rosett. Unification, Harmonization, Restatement, Codification, and Reform in International Commercial Law. American Journal of Comparative Law, 992, (40).

〔19〕 曾涛：《示范法比较研究——以公约为视角》，《武大国际法评论》2004 年第 1 期。

颁布的法律的补充。为此，可将示范法界定为：示范法是指由一些官方、半官方或民间的法律机构或者法律职业者提供的不具有强制约束力的法律蓝本、规范蓝本，供各国或者各地区的立法机关借鉴、采纳或吸收，或在此基础上制定相同或类似的法律，或供民商事主体援引用来规范双方之间的民商事活动，从而解决法律冲突、实现法律的统一。

（二）示范法在国内与国际法律协调中的运用

示范法在国外被广泛用于协调国内地方法律冲突，如美国、加拿大等国；在国际上，示范法也用于协调国家之间的法律冲突。

示范法最初出现在美国国内法实践中。美国是联邦制国家，根据其宪法的规定，贸易领域的立法权主要由各州享有，各州分别制定了适用于本州的商业法律，并由此造成了各州之间法律的冲突与不协调，为州际间的贸易往来设置了法律障碍。特别是随着美国州际之间商务的发展和全美经济一体化的趋势，需要消除各州在立法上各自为政的局面，减少州际之间的法律冲突和经济壁垒。〔20〕为解决此类问题，美国解决州际法律冲突的立法及实践极为丰富和庞杂，其中，更加经常、广泛地采用示范法的统一方式：即在一些官方、半官方或民间组织提供的不具有法律效力的示范法基础上，各州立法机关采用相同或类似的实体法，从而求得法律的统一。在这一过程中，美国统一州法全国委员会、美国法学会、美国律师协会等专业性组织，尤其发挥了重要作用。〔21〕如，1892 年成立了统一州法全国委员会，〔22〕其设立目的就是向各州推荐统一的法律文本和拟订示范法律文本，该委员会先后向各州推荐了七十余部法律范本，拟订了二十余部示范法律，其中

〔20〕 封丽霞：《美国普通法的法典化——一个比较法的观察》，学术交流网，http://www.annian.net/show.aspx? id=15168&cid=5

〔21〕 参见赵相林、刘英红：《美国州际法律冲突立法与实践及其对我国的启示》，载《中国国际私法与比较法年刊》，法律出版社 1999 年版，第 271—272 页。

〔22〕 美国统一州法委员会有三百多人，唯一基本要求就是，这些委员必须是法律界人士。尽管有些委员供职于各州立法机关，但绝大多数是法律从业者、法官和法学教授。他们以私人身份进行美国统一州法委员会的各项工作，没有任何工资或补贴。

最为重要的包括1896年的统一流通票据法、1906年的统一买卖法和统一仓库收据法、1909年的统一提单法和统一股票转让法、1914年的统一合伙法、1933年的统一信托收据法以及1952年的统一商法典等。[23] 1923年美国法学会[24]成立，其设立目的与统一州法全国委员会非常相似，是为了“促进法律的简明、确定，更好地适应社会需要，保障公平行政，促进并开展学术研究”。该法学会将与商业活动密切相关的判例法进行了综合整理，编纂成了各种判例法汇编，称为《法律重述》，主要涉及合同、侵权、财产、担保、代理、信托等内容。目前，美国各州已经全部采纳该法典为本州法，只是在接受程度上有所差异，有的州稍加修改后即全部采纳，有的州则只是采纳了其中的部分章节。[25] 上述两个机构除各自工作外，还进行了友好合作，共同拟制一些重要的法律文件。示范法无疑加快了美国法制统一的进程，扩大了法制统一的范围，推动了其州际法律冲突与不协调问题的解决。对于抑制各州经济分散割据、取消经济壁垒、打破划州为界、各自为政的经济格局，在美国形成全国协调统一的大经济市场，起到了十分积极的促进和推动作用。它协调和平衡了各州之间的复杂的经济关系，确保了共同规范下的地区繁荣，并密切了州际相近、资源互补、物资互换的唇齿关系，对于规范美国市场主体行为、维护正常的市场经济秩序担当起了调节重任。

这种示范法的协调方法除了在美国被广泛运用外，在其他国家如加拿大、澳大利亚[26]等国也得到推行，客观上也起到了协调和统一这些国家国

---

〔23〕 何勤华：《外国法制史》，法律出版社2006年版，第187页。

〔24〕 又译“美国法律协会”，美国法律学者的组织。1923年根据霍菲尔德（W. N. Hohfeld，1879—1918）在1914年一次演说中的倡议而建，后发展为以完善法律为宗旨的永久性组织。

〔25〕 苏号朋：《美国商法——制度、判例与问题》，中国法制出版社2000年版，第4页。

〔26〕 相较于美国的“统一州法运动”，澳大利亚由于其境内各法域普遍适用英国普通法，因此，统一各州法律的运动开始较晚，直到1930年前后澳大利亚法律委员会成立后，才在其行动计划中提出，要向美国的律师协会那样，推动澳大利亚联邦境内法律的统一。20世纪50年代，新南威尔士州前总理卡希尔运用其个人影响，成功地召集了一次各州部长会议，并于1960年促使一部统一的《租用—购买法案》得以通过。在此次成功事例的鼓舞下，渴望统一各州公司法的人士倡导并推动了数次各州及联邦司法部长会议。最终，在1961至1964年间，统一的《公司法案》在各州得以颁布。随后，一个旨在统一州际私法的“联邦及各州司法部长常务委员会”成立，并开展了一些工作。

内法的作用。

随着国际交往的频繁与深入及各国法律冲突的存在，示范法不仅是那些法制不统一国家用来推动国内法律趋同和统一的一种方法，而且也被推广到国际社会，成为推动国际社会法律趋同和统一的重要方法。1956 年美国第一次以观察员身份出席了第八届海牙国际私法会议，在该次国际私法会议上，美国提出除了采用传统的公约方式以外，应考虑采用统一立法方式（示范法）作为一种统一国际私法的方法，与会各国对美国提交的建议进行了热烈的讨论。鉴于以国际公约方法统一各国法律的做法本身的缺陷，美国提出的示范法方法从某种程度上给国际私法的统一化过程开启了一条新思路。1980 年第 14 届国际私法会议则对示范法这一形式作了肯定，同意“在保持会议的目标为制定国际公约的同时，会议在适当情况下，可以利用其他强制性较小的方式，例如制定示范法或提出建议等”〔27〕。正是由于美国为代表的普通法系国家在国际法律统一化运动中呼吁引入其国内的成功做法，才使得示范法方法得到了越来越多国际组织的认同，并将其作为统一化活动的重要工作方法，被广泛地运用于国际私法统一化过程中。一些从事私法国际统一的国际组织试图在世界范围内或地区范围内以类似于国内立法的形式，通过制定有关国家一致予以用来、但却不具有国际条约约束力的“法律”来进行私法的国际统一。〔28〕 如联合国国际贸易法委员会先后制订了《1985 年国际商事仲裁示范法》、《1992 年国际贷记划拨示范法》、《1994 年货物、工程和服务采购示范法》、《1996 年电子商务示范法》、《2001 年电子签名示范法》以及《2003 年国际商事调解示范法》等示范法。其中的《国际商事仲裁示范法》已成为国际私法领域示范文本的良好典范，至 2003 年，已有 41 个国家将该示范法全部或部分内容作为其国内

---

〔27〕 MCCLEAN J D. the Contribution of the Hague Conference to the Development of Private International Law in Common Law Countries. Recueildes Cours, 1992 ,(2).

〔28〕 李双元：《中国与国际私法统一化进程》，武汉大学出版社 1998 年修订版，第 327 页。

法律的组成部分。〔29〕 再如，国际统一私法协会先后完成了《特许经营披露示范法》、《国际商事合同通则》等示范法文本，其中，《国际商事合同通则》被认为是其中最为成功且具代表性的示范性立法。这些示范法立法对相应领域的各国法律统一产生了较大影响。可见，在国际上的法律统一化运动中，示范法在实践中被广泛运用，其成果对国际社会的法律趋同和统一产生了广泛和深远的积极影响，并引起法学理论界的高度关注。〔30〕 其深层次作用在于给予各国以更多的自由来通过其国内的宪法程序和法律机制，而与新的国际规则保持一致。〔31〕

在我国，对于示范法的引入和推介，主要是为了解决港澳及未来台湾回归后与大陆这四个不同法域法律冲突问题的。为解决四个法域的法律冲突问题，韩德培教授和黄进教授于 1991 年草拟了《大陆地区与台湾、香港、澳门地区民事法律适用示范条例》，〔32〕旨在统一的区际冲突法短期尚难制定的条件下，为祖国大陆制定本法域的区际冲突法提供示范，该示范条例在祖国大陆、台湾地区、香港和澳门均产生了重大影响。〔33〕 香港回归前夕，在对中国区际法律冲突深入研究的过程中，黄进教授进一步提出，可以考虑各法域分别采用相同的区际冲突法“示范法”，从而实质上形成统一的区际冲突法。〔34〕 世纪之交，在对中国区际冲突法的展望中，黄进教授进一

---

〔29〕 ROBERT N D. UNCITRAL Model Law on International Commercial Conciliation: From a Topic of Possible Discussion to Approval by the General Assembly. Pepperdine University School of Law, Spring, 2003, (3).

〔30〕 黄进:《示范法的价值》,《人民法院报》2007 年 9 月 26 日，第 005 版。

〔31〕 Rosett. Unification, Harmonization, Restatement, Codification, and Reform in International Commercial Law. American Journal of Comparative Law, 1992, (40).

〔32〕 该示范条例分为总则、自然人和法人、民事法律行为和代理、物权、债权、知识产权、婚姻和家庭、继承、时效、附则等 10 章，共 50 条，内容完整，所涉范围广泛。该示范条例曾为台湾学者专门论及其结构、特点等，也为香港杂志《经济与法律》全文登载(沈涓:《中国区际冲突法研究》，中国政法大学出版社 1999 年版，第 65—66 页。)

〔33〕 参见韩德培、黄进:《制定区际冲突法以解决我国大陆与台湾、香港、澳门的区际法律冲突——兼谈〈大陆地区与台湾、香港、澳门地区民事法律适用示范条例〉》,《武汉大学学报》(社科版)1993 年第 4 期。

〔34〕 参见黄进:《应重视加强对中国区际法律冲突的研究》,《政治与法律》1996 年第 5 期。

步倡议，建立区际法律协商、协调与合作机制，就跨地区的法律事务和问题进行研究、协商和协调，提出各方都能接受的立法建议，促进各方在法律领域的互助合作。该立法建议具有建议性、示范性和引导性，而不具有强制性，各地立法机关对其立法建议有最终的审定权，用以推动中国各法域的法律逐步趋向统一。[35] 此外，北京大学法学院票据法教授王小能也主张，在我国的不法域之间，寻求法律研究一体化的途径，应当仿效美国各州法律联邦化过程中的做法，即由学者经过细致研究后，设计"示范法"，然后建议各法域的立法者参考引用。[36]

从法理上说，示范法属于"软法"，它本身虽然没有法律上的拘束力，但却可以通过一定的程序，使之转化为具有法律拘束力的规范性文件。[37] 而示范法在法制统一中之所以有其独特的作用，关键在于其独特的价值追求，即它并不以现实的效力为追求目的，不是立法者假定为符合社会需要并以强制力予以保证的规范，而是由于其对演进中的社会秩序的恰当把握和体现从而被接受和认同。换言之，它更多地立足于对法的示范力而非强制力的追求，因而也就不太会因为追求获得现实的效力而刻意地"编纂"，从而减少了在这两个环节间摇摆的两难境地。[38] 它不会靠着国际社会的强制性力量来取得效力，而是要靠它自身的说服力为各国所自觉接受，具有某种"世界法"的色彩。[39]

(三) 示范法的协调优势

示范法能够被国外及国际社会广泛用来协调法律冲突，其中定有其独特的功能。

---

〔35〕 参见黄进：《中国法制的新发展：从单一法制到多元法制》，《武汉大学学报(哲社版)》1999 年第 6 期。

〔36〕 http://ipe.gzu.edu.cn/xynw/Print.asp? ArticleID=16215，2009 年 4 月 3 日访问。

〔37〕 赵秀文：《论软法在调整国际商事交易中的作用——兼论国际组织和学术团体在国际商事立法中的作用》，载陈安主编：《国际经济法论丛》(第二卷)，法律出版社 1999 年版，第 117—128 页。

〔38〕 曾涛：《论示范法的理论基础及其在中国的运用》，《法商研究》2002 年第 3 期。

〔39〕 参见傅静坤：《契约冲突法论》，法律出版社 2001 年版，第 172 页。

1. 文本本身的非强制约束力更有利于采纳主体的自愿接受

对包括国内、国际社会的法律统一的途径有多种。例如，在国际私法的统一进程中，通过国际条约进行私法国际统一的途径是迄今为止在国际统一私法运动中被运用得最多的一种方法，不少进行私法国际统一的国际组织通过这种途径已成功地实现了相当一部分私法规范的国际统一。此种途径进行私法统一的主要优点在于，以此实现统一的国际统一私法规范形式稳定，内容固定。但是，这种途径也有封闭、不灵活的缺点。因为条约是系统全面的，有着严密体系的法律规范形态，对于接受国而言，通常只能全面接受该公约的对己的约束力，而不能只接受其中一部分而不顾其他部分。而且，从国际公约的生效及修订机制来着，它须相当一部分国家承认受其约束，其效力方能发挥作用，而对其进行修改则更是一件复杂而艰巨的任务。此外，国际公约将法律规范视为一个逻辑自足的封闭体系，这种静态的法律与日新月异的国际社会生活难以协调。[40]

而根植于普通法系美国的示范法则是一种对演进理性的反映，闪现着实用主义法哲学的色彩，体现了与统一的国际条约不同的价值取向。它不受现实中繁琐复杂的生效程序制约，可以随时依据需要而修正，它的不确定性，正如弗兰克所说："法律的许多不确定性并不是一个什么不幸的偶然事件。它具有巨大的社会价值"；[41]它并不以现实的效力为追求目的，而是由于其对演进中的社会秩序恰当地把握和体现，它不是靠着国际社会的强制性力量来取得效力，而是要靠它自身的说服力为各国所自觉接受。比如，美国的《统一商法典》，由于其能够适应当代美国市场经济发展的要求，有效地抑制了联邦体制下不可避免的州际法律冲突，保护并促进了州际贸易的发展和国内市场的一体化，从而为整个社会、经济的有序发展创造了良好的法律环境。因此，美国 50 个州均已通过本州的立法程序采用了《统

---

〔40〕 参见曾涛：《示范法比较研究——以公约为视角》，《武大国际法评论》2004 年第 1 期。

〔41〕 参见沈宗灵：《现代西方法理学》，北京大学出版社 1992 年版，第 330 页。

一商法典》,使之成为本州法律。[42] 正因为如此,在规避条约的刚性及耗时性特征上人们逐渐认识到运用示范法的价值。[43] 虽然从表象上看,示范法在法律规则统一的及时性及明确性方面,较之于公约模式似乎有所不如。但由于它并非仅停留在规则的统一层面,而是给法律文化的比较和协调留下了巨大空间,充当了这一更为根本统一化层面的反映者和推进器。基于此,示范法方法才更具旺盛的生命力。[44]

2. 制定主体的专家性、民间性有利于提高立法质量

从制定主体上看,在示范法的起草、审议等各个程序中,都少不了法律学者、专家的参与,而经过精心制订的示范法,是权威专家及法律实践者基于对各该领域实践及理论的把握,制订出来的规则,忠实反映出了该领域法律文化的冲突和协调的现状及未来发展方向,[45]避免了传统立法机构和法律职业者严重脱节的弊端,避免了"外行"做"内行"的事,[46]这从制定主体角度保证了制定的示范法质量。如美国律师协会于 1989 年制定的《管辖权冲突示范法》,1932 年、1979 年美国法学会组织众多学者、法官、律师编写的《合同法重述》等都充分吸收法学专家和法律职业者参与法律文本的制定过程。而且,从示范法的制定过程看,法律学者和专家在拟定示范法具体内容前都要经过认真、负责地考察现实社会秩序的需要,并结合自己的法学知识,这样制定出来的法律文本充分体现了社会秩序对法的追求,从而保证制定出来的规范符合实践需要。

3. 以统一文本为模本的协调性具有明确性和可预见性

追求法律规范的客观性、明确性、可接近性,追求法律的安全价值,是

---

〔42〕 郭际:《论美国〈统一商法典〉立法特色的借鉴》,《企业经济》2000 年第 12 期。

〔43〕 JacobS. Ziege, Harmonization of Private Laws in Federal Systems of Goverment: Canada, the USA and Australia, in Ross Cranston, Making Commercial Law, Clarendon Press, 166 (1997).

〔44〕 檀吓佛:《公约方法的示范法运行模式分析》,《新西部》2008 年第 6 期。

〔45〕 曾涛:《示范法比较研究——以公约为视角》,《武大国际法评论》2004 年第 1 期。

〔46〕 随着社会关系的复杂化,职业分工的高度专业化和法律调整对象的多样化,现代立法也进一步向专业化、技术化和规范化方向发展,在民主化立法的同时,更加强调职业化立法,而职业化立法是以立法职业者的专业性和技术性为前提的,这一任务主要是由法律家来完成的。

法典编纂的重要目的。法律规范也因此在表达方式、外在形式、内容组织等方面不断通过法典编纂方式加以改进以满足这一需要。[47] 与采用冲突规则进行法律协调不同在于，后者只是指定了所要适用的法律，并没有直接规定当事人的实体权利和义务，是一种间接的调整方法，而且也只是作出了立法权的选择，并不问该管辖权地区有无调整该法律关系的法律规范和具体内容如何，因而，具有不明确性和不可预测的特点，也没有安全性。而示范法虽然具有灵活性的一面，但其内容规范具有法律规范应有的表达方式、外在形式和内容结构，只不过不像国际公约那样直接产生效力而已。[48] 一旦被采纳，其就具有了实体法规范所具有的一切功能，直接规定当事人的权利和义务，可以更快更直接地调整涉及的法律关系，因而，其规范具有明确性、客观性和可预测性，它在追求灵活开放性的同时，也同样追求着法律规范的逻辑理性与形式理性，体现出法律的安全性价值。[49]

三、制定示范性文本协调经济区域的地方立法冲突

最初示范法的采用有其独特的背景，主要是几个有特色的联邦制国家源于其独特的政治体制和宪法限制，要想通过实体法的全国统一来解决州际法律冲突存在诸多困难，而示范法是其国内法律统一化的较好方法。我国经济区域内地方立法冲突问题，虽然属于单一制国家中的地方立法冲突问题，与作为示范法调整法律冲突的联邦制国家以及作为由主权国家组成的国际社会，甚至与我国不同法域的港、澳、台等区际法律冲突也不同，但

---

〔47〕 参见薛军：《民法典编纂的若干理论问题研究——以对法律的安全价值的追求为线索》，载马俊驹主编：《清华法律评论》1999 年第 2 辑，第 171 页。

〔48〕 正如曾涛博士所言，抛却法的现实效力而言，示范法与国际公约在对逻辑性形式理性的追求上并无二致。同法典化的国际公约一样，它注重法律规范的表达方式、外在形式、内容组织。选择示范法并不意味着对法律规范的客观性、明确性的放弃。

〔49〕 翁国民、曹慧敏：《论示范法在中国的应用》，《浙江大学学报》（人文社科版）2006 年第 4 期。

这丝毫不影响国内地方立法冲突协调对该方式的借鉴。正如杰塞普所说的那样，人类的问题具有共同性，解决国内问题的经验和方法可以被用于处理类似的国际问题，反过来，处理国际问题的经验和方法也可以被用于解决类似的国内问题；"钟摆"在二者之间来回摇摆。不可否认，国际法与国内法是两个具有不同性质的法律体系；同样也不能否认，它们有"亲族或血缘"关系，直言之，它们同属"善良和公正的艺术"，都是"关于正义和非正义的科学"，正因为如此，它们才可以相互借鉴、采纳、移植、效仿和套用。〔50〕

根据我国地方的情形，地方立法主体可以就三个方面的具体事项作出规定：一是为执行法律、行政法规的规定，需要根据本行政区划的实际情况作具体规定的事项，即执行性立法；二是为属于地方性事务需要进行地方性立法的事项，即地方性事务立法；三是为除法律保留事项外，其他事项国家尚未制定法律或者行政法规的，省、自治区、直辖市和较大的市根据本地方的具体情况和实际需要，可以先制定地方立法，即先行性立法。〔51〕实际上，前一种属于制定实施细则，后两种都是从无到有的创制性立法。

（一）示范法协调的可行性

示范法方法用于协调经济区域内地方立法的冲突，有其特定的原因：

1. 经济区域法制本身的原因

在我国经济区域发展过程中，一是存在不少急需进行规范的、但现在国内立法还处于空白状态的领域，对这部分事项，在立法条件未成熟的情况下，中央无法进行立法，而由各地自己立法，必然造成新的冲突与不协调。实际上，在一个高度发达的现代国家，立法机关所面临的任务是如此之多样化和如此复杂，立法机关的立法工作相对滞后于社会对规则的需求是不可避免的。二是存在一些对某些问题争议较大又暂时无法形成统一

〔50〕 转引自张文彬：《论私法对国际法的影响》，法律出版社2001年版，第220—221页。

〔51〕 参见杨寅：《论中央与地方立法权的分配与协调——以上海口岸综合管理地方立法为例》，《法学》2009年第2期。

意见，而现实又需要进行规范的。对此，采用制定示范性文本的示范法方法便是一个很好的选择。[52] 此时，作为拥有各类专业人才的民间机构、学术团体，作为精通立法事项的法律家，运用法律家的智识及其作为“立法者”的角色认识，[53]使其可以主动担负起发现并构建特定领域自身所需的规则的任务，通过制订示范性文本的方式，一方面给国家机关的未来立法提供示范，另一方面在立法机关尚未完成立法之际起到指导实践的功能。同时，在没有国家立法的时期，通过为各地立法提供一个示范性文本，让各地参照来制定本地方的地方立法，既克服了区域发展中的无法可依的现象，也克服了各地方先行立法过程中的冲突与不协调问题，为经济区域的发展提供了稳定和谐的法制环境，同时也避免了全国统一立法时机的不成熟而产生的种种后果。

2. 示范法本身的优点

示范法不同于一般意义上的法律，而有其自身的特点：一是没有强制的执行力及约束力，只起着一种基础的示范、模板或者榜样作用；二是相较一般法律，示范法在制定主体、内容以及实施等方面均有很强的灵活性；三是在制定过程中，人们往往会比较注重考虑各地区间的差异，并尽量协调；四是在实施过程中，各地立法机关可对其内容进行补充，也可将其作为现有或即将颁布的地方立法规范的补充，等等。[54] 这些都为示范法留下了巨

---

〔52〕 需要说明的是，国内经济区域采取示范法方法进行协调的原因与上述在联邦国家内以及国际社会的示范法方法协调法律冲突的原因有所区别。联邦制国家源于其独特的政治体制和宪法限制，特别是宪法对联邦和各州进行了立法分权，联邦中央不便于干预各州的立法权，只好通过不具有强制力的示范法来协调各各州间法律的冲突，扫除州际间贸易往来的法律障碍。而在国际社会里，由于缺乏最高统一立法机构，再加上作为现代国际法基本主体的国家，对主权观念的坚持，国际法规范的形成与发展相当困难，生效程序较为繁琐，如果对成员国拘束力又过大，就会有许多国家不愿意轻易加入；即使加入，也会做出种种的保留或以公共秩序的理由排除公约之规定的适用，而示范法方法则是一种很好的协调法律冲突的办法。而我国经济区域是在用全国统一立法的模式来解决地方立法冲突的条件尚不具备情况下，这就为示范法方法留下了一定的适用空间。

〔53〕 法律家与立法间的关系是一种相互帮助，相互独立，相互依存的关系。可参考徐国栋：《民法典草案的产生问题》，《法律科学》1998 年第 3 期；也可参见薛军：《优士丁尼法典编纂中“法典”的概念》，载徐国栋主编：《罗马法与现代民法》，中国法制出版社 2000 年版，第 115—117 页。

〔54〕 参见翁国民、曹慧敏：《论示范法在中国的应用》，《浙江大学学报》（人文社科版）2006 年第 4 期。

大的适用空间，因此，完全可以通过制定类似于示范法的示范性规则来协调立法冲突并达到经济区域内地方立法上的统一。

3. 示范性文本的高质量

只要分析具体的地方立法的制定过程就会发现，立法的起草，对于最终出台的地方立法质量具有重大的影响。正如美国著名立法学者狄克逊教授在他的《立法起草》一书中所言：法案起草工作如同工程的设计建筑工作，法案起草人犹如工程的设计建筑师。他的任务一方面在于完成工程的设计建筑，另一方面也在于对建筑物的用途、形式、效用及其他有关问题作综合考虑和协调。[55] 地方立法草案的起草者对于地方立法的重要性就如同建筑师之于工程建筑的重要性一样，最终成果的结构和品质在很大程度上都取决于设计者的工作质量。同时，地方立法起草工作的质量如何，对地方立法的贯彻实施也有重大影响。现代立法是一种以精确的方法和技巧来准确表述客观规律的极具专业性和技术性的科学活动，而不单纯是一种政治活动或其他活动。特别是区域经济一体化的地方立法的起草，涉及领域广泛，专业性较强，往往地方立法工作人员很难做到门门精通。而作为专业的民间学术机构，作为精通立法技术的专家，[56]作为没有自身利益的中立者，有足够的时间、精力、能力来完成地方立法示范性文本的制定工

---

〔55〕 [美]里德·狄克逊：《立法起草》，美国 1977 年英文版，第 11 页，转引自周旺生：《规范性文件的起草》，中国民主法制出版社 1998 年版，第 277—278 页。

〔56〕 有学者专门对规范性文件起草者所应具备的条件作了详细阐述，这些条件包括：(1) 懂得立法或制定规范性文件的一般方法、基本条件，懂得立法或制定其他规范性文件的合法性、科学性、可行性。懂得立法或制定其他规范性文件要有严肃、慎重的态度以及所要遵循的其他基本要求，并善于把握、运用和坚持。(2) 精通宪法，熟悉相关法律、法规、规章和政策，熟悉各有关立法主题的立法权限范围和立法职责所在，或熟悉有关机关、企事业单位、社会组织的职权、职责所在，了解所起草的法案或其他规范性文件涉及与哪些主体、方面的关系，并善于协调处理。(3) 准确认识并把握立法者意图。(4) 正确、全面、科学地认识所要调整的社会关系、所要解决的社会问题，并具备全面的知识、能力和经验来提出科学的、可行的对策。(5) 有较高的文化水平和很高的文字修养，能理解和把握规范性文件语言的性质和特征，能熟练地运用规范性文件的语言来清楚地、确切地表述各种规范和原则、精神；能科学地构造法案或其他规范性文件的框架、科学地安排这个框架中的各种要素或部件。在这个意义上，要起草出高品质的行政规章，起草者应当既是一个法学专家，同时又是一个立法语言学家。详细内容可见周旺生：《规范性文件的起草》，中国民主法制出版社 1998 年版，第 282—283 页。

作。在起草工作中能以一种中立的态度对待起草工作，有助于消除地方保护主义的倾向；能够对一些重点、难点和新的问题，从理论与国际、国内实践经验的结合上进行论证，有利于以其专业知识和法律知识揭示、体现、利用和表述规律，有益于真实探求地方立法中的规律和经济区域的真正需求，其高度职业化、学术性水平以及中立性保证了示范性文本制定技术的高水平，保证立法质量。特别需要指出的是，通过专业的机构制定示范性文本，也改变了我国依赖官方立法、忽略“民间资源”的传统，将更多的立法资源纳入视野，无疑对解决地方立法冲突、促进法律的统一、提高我国立法质量都具有很大作用。[57]

实际上，我国内地也曾有过用示范法方法来协调国内立法的先例。1999 年初，司法部法律援助中心起草了《中华人民共和国法律援助法示范法（草案）》，旨在为立法的同时，推动地方立法。与此同时，各地纷纷以《中华人民共和国法律援助法示范法（草案）》为参考并依据有关法律法规，出台了有关法律援助工作的地方性规范，使得地方立法取得了突破性进展，加快了推进法律援助工作法制化的步伐，直到《中华人民共和国法律援助条例》正式出台。[58] 此外，2002 年，武汉大学网络经济与法律研究中心联合中国人民大学民商法律研究中心、北京邮电大学信息法制研究中心和暨南大学法律系起草的《中华人民共和国电子商务法》（示范法）初稿等，也具有很好的示范性作用。

（二）示范法协调的具体分析

具体而言，对目前的地方立法形式，示范法完全可以发挥其特有的作用。

首先示范法可以对填补空白的创制性立法进行协调。根据现行法律的规定，对法律不宜规定或不宜详细规定的内容，或国家尚无专门法律或

---

〔57〕 参见曾涛：《全球化视野中的示范法》，《法制与社会发展》2006 年第 3 期。

〔58〕 该条例于 2003 年 7 月 16 日国务院第 15 次常务会议通过，自 2003 年 9 月 1 日起施行。

行政法规加以规定而地方需要对其作出立法规定的，可由各地区根据本地区需要而制定地方立法。这种创制性的地方立法更易造成冲突与不协调，原因在于，除了立法主体众多的原因外，利益的使然是重要原因。只要地方立法机构是立法的起草主体，就很容易从地方利益出发，将地方利益融入立法条款中，使立法更多地体现各自明显的地方色彩。

“任何行动者的第一本能就是生存”，英国哲学家托马斯·霍布斯在400多年以前的论断〔59〕似乎也适用于对地方立法主体通过制定地方立法方式实现地方利益最大化这一现象。将立法主体利益融入其中的环节首先是起草阶段，法案的起草，是立法的第一步，也是保证立法质量的关键一步。因为在我国现行体制下，在很多时候立法准备阶段（或其中的起草过程）几乎就成了整个立法的全部内容，在某个机构拟出法律草案之后，草案内容更是少有人提出反对和异议，其获得通过的道路也大都畅通无阻，虽然这其中有为数不少的法案明显存在严重的缺陷或带有浓厚的地方利益色彩。〔60〕为此，鉴于我国立法的命运在起草阶段即已决定的现状，如何在立法起草阶段把好质量关就显得尤为重要。目前，地方立法工作负责起草的地方立法机构往往将本地区狭隘的地方目的和利益作为起草工作的指导思想，起草法案时就将把自己的利益融入法规、规章中，将起草工作看作是争权夺利的好机会，乘立法之机维护和加强本位利益，把立法变成了推行地方意图、强化地方权力的工具，使某些立法带有明显的地方保护主义色彩，偏离公正。在这种立法起草模式下，虽然也规定了可以采取书面征求意见、座谈会、论证会、听证会等多种听取各方面意见的途径，但听取意见毕竟不是起草机关的强行性义务，对是否启用这些外部程序具有很大的自由裁量权，“它们都想在草案中强化自己的职权，提高自己的工作效率，因此在起草过程中一般不愿受到过多的监督和约束，自然不想召集众多的

---

〔59〕［美］肯尼思·F. 沃伦：《政治体制中的行政法》，王丛虎等译，中国人民大学出版社2005年版，第7页。

〔60〕参见赵颖坤：《立法准备阶段：定位与完善》，载周旺生主编：《立法研究》（第1卷），法律出版社2000年版，第296页。

座谈会、论证会、听证会来听取不同的意见。”[61]而且，即使采取上述形式听取了意见，“也仅仅是在草案出来后拿给专家看一下”，[62]而且由于草案基本框架已经形成，加之意见的征求与吸纳往往也不充分，最终通过的法律文件往往留下了“地方利益”的烙印。[63]

而通过示范性文本，由没有利益关系的民间机构或学术团体等拟定地方立法的文本，在充分考虑各地方利益的基础上形成示范性文本，实际上起到了提前平衡各地方利益的作用，尽量减少地方立法的冲突与不协调现象。

实际上，对制定实施细则之类的地方立法，示范法方法也具有一定的作用。

实施细则是为执行某项法律法规而制定的，其特点是对国家已有的法律和行政法规，根据本地区的实际情况作出更为具体的规定，以利于法律和行政法规的贯彻落实。这类地方立法通常使用“实施细则”、“实施办法”之类的名称。对这类地方立法，地方法规的制定要求以不同宪法、法律、行政法规相抵触为前提，地方规章的制定要求以“根据”为原则。但无论是“不抵触”还是“根据”原则，都涉及对法律法规的理解问题。此类地方立法的冲突主要是具体条文上的差异，是对相关法律法规条文的理解造成的。这在前面关于地方立法冲突的原因中已经作了详细的阐述。

而由专业的民间团体或研究机构制定示范性文本，对法律法规条款的含义作出更加专业化的、相同的“阅读”，并由地方各立法主体按照一定的程序采用，就会在很大程度上避免了各自解释的不一致而导致的地方立法不协调现象。

从上述分析来看，对于依据法律、行政法规而进行的地方立法，如果有

---

〔61〕 上官丕亮：《立法法对行政立法程序规定的缺陷及其完善》，《行政法学研究》2001 年第 1 期。

〔62〕 赵婷：《行政立法的“部门利益化”倾向探究——从彩票立法看开去》，《天水行政学院学报》2006 年第 3 期.

〔63〕 参见王春业：《论行政立法的中立化起草》，《淮北煤炭师范学院学报》（哲社版）2008 年第 3 期。

一个范本式的实施细则或实施办法；对于创制性的地方立法，由于经济区域内各行政区划在很多方面存在共性，也可以有一个范本式的条例或办法，这不但有利于节约立法成本，更有利于避免和预防地方立法的相互冲突和不协调。其次，在经济一体化发展尚在进行之中而又需要法律规制，而现有的国家立法却满足不了区域经济一体化发展的需要，国家又无法为经济区域制定统一的新的立法特别是无法为它们制定涉及方方面面立法的背景下，具有软法性质的示范性文本将会发挥难以替代的作用。它克服了统一立法的僵化，使经济区域内各地方主体有了一个共同的行为规则；又打破了仅仅作为政策层面的声明、宣言等的无约束力的尴尬，使协调行为更加规范化和具有稳定性，为一体化经济的发展提供一个法制的环境。

四、示范性文本的制定程序

对于类似于实施细则的地方立法，可由区域内各地方法制部门委托给相关的学术团体、科研机构等，由它们根据经济区域的情况，制定示范性文本；对于创制性的地方立法，如果涉及其他地方的发展，可先由地方人大和政府的联席会经过协商，确定对区域经济一体化有着重要实践作用及发展意义的课题，并判断就该事项进行统一立法紧迫性与可行性，确定统一立法的框架和方向，然后，将立法事项委托给相关的学术团体、科研机构等，制定示范性文本。制定示范性文本既可以由一个地方立法机关委托或联合委托，也可以由相关的学术团体主动制定后，由其向经济区内的各行政区划的地方立法机关推荐示范性文本。

（一）示范性文本的起草主体

由哪些机构和人员来起草示范性文本，直接关系到文本的质量、影响和权威性。从国外和国际组织示范性规则的制定实践中，我们可以获得有益启示。从示范法的发源地美国来看，起草的组织主要是一些有影响的专业组织，如美国法学会、美国统一州法全国委员会、美国律师协会等全国性组织，此外，在每一个州都有一个促进全国法统一的委员会，该委员会致力于为本州制定法律，并向其他各州进行推荐使用。在国际上，制定机构主要是一些有影响力的国际性组织，如国际统一私法协会、联合国国际贸易法委员会等。无论是美国或是相应的国际组织，都强调制定主体的民间性和学术性，在拟定示范法时，参加人员主要是法官、律师、该学科的专家学者等，他们都有着深厚的理论功底和丰富的实践经验。[64]

就我国经济区的示范性文本而言，为使制定出来的示范文本具有较高的质量，且能被各地方立法机构所选用和采纳，减少草案制作的公共资源消耗，选择专业能力突出、立法技术娴熟的主体负责草案起草工作是极为重要的。可借鉴他国的经验和国际上的做法，并结合本国的实际，对某些专业性、技术性很强的示范性文本，应交给具有起草能力和资质的机构和专家来起草，如，可交由经济区域内各个批准登记的、具有影响力的法律学会或专业研究会如各省级的法学会、律师协会、专门的研究会等，牵头组织开展草拟工作，也可以在经济区内成立专门的起草研究会，由各省级的学会联合组成，还可以由大专院校、科研机构组织起草。[65] 在这些机构中，有一大批精通法律、了解国家政策、熟悉相关情况和业务的专家、学者，他们在起草工作中处于能用一种超脱的地位，从全局利益来实现立法的价值和立法者的立法意图，能以一种中立的态度对待起草工作，有助于消除地方保护主义的倾向；具有较高的立法技术，能很好地对法案进行技术方面的处理；能注意与同类法律法规及地方立法的衔接和协调，从而提高立法的质量。而且，这类机构起草与立法部门自身起草的不同在于，它们自身就在“民间”生存，来自民间的意见更容易向他们表达和沟通，恰好能有效平

---

〔64〕 翁国民、曹慧敏：《论示范法在中国的应用》，《浙江大学学报》（人文社科版）2006 年第 4 期。

〔65〕 从长远来看，我国应像发达国家那样，逐步建立职业化专家立法制度，建立真正意义上的具有民间性质的专业化立法起草组织。而目前的各类协会、学会等研究机构，官方色彩较浓，还不能完全适应示范性文本的制定工作。

衡各方利益，体现民意，彰显程序正当和公正、公开的价值，会使形成的立法规范更切合民意。[66] 这有助于形成法学研究、法律实践的良性互动，提高我国示范性文本的制定水平。

（二）示范性文本的起草程序

进行任何工作，都有一定的先后次序，这就是程序。立法需要一定的程序，示范性文本的起草同样也需要程序的保障。起草程序主要解决起草机构通过何种方式，遵守什么顺序，以什么形式制定文本的问题。它不仅能保障起草工作正常、有序进行，以保证文本的质量，为地方立法提供一个高质量的法案。而且，其本身也具有独立的意义，只有程序公正了，才能让人真正观察到公正结果得出的整个过程，也才能让人确信结果是公正的。正如美国法学家罗尔斯认为的那样，公正的法治秩序是正义的基本要求，而法治取决于一定形式的正当过程，正当过程又主要通过程序来体现。[67]

示范性文本起草程序应强调专业化与民主化的有机结合。

1. 专业化起草阶段

即由专家、学者或者实践人员进行研讨，在此基础上分成若干小组进行分工协作，由小组中的法学专家主要负责，各组分别起草示范性文本初稿的某个部分；各部分内容拟定后便统一进行整合和修改，再在起草人员的全体会议上进行讨论、论证，在此基础上，形成一部完整的草稿。这里强调的是，专业化起草并非是闭门造车，要通过各种方法，广泛收集社会发展给立法所调整的社会关系带来各方面变化的各种信息。不仅要收集立法等级效力高的法律文件，也要收集立法等级效力低的法律文件；不仅要收集法律文件，也要收集有关党和国家政策以及政府规章；不仅要收集国内资料，也要收集外国的有关资料，并对收集到的资料进行认真的研究、分

---

〔66〕 参见高君波：《“委托立法”是有益的立法方式创新》，http://www.chinacourt.org/html/article/200704/06/241413.shtml.

〔67〕 John Rawls, A Theory of Justice, The Belknap Press of Harvard University Press, 1971, p239.

析、归纳和整理。通过信息收集，弄清法案所要解决的主要问题和难度；弄清同法案相关的宪法规定和政策、法律法规规章；弄清法案将涉及的各方面的关系；弄清与法案起草相关的可以借鉴的经验；弄清法案在通过过程中可能遇到的障碍等。[68] 只有经过周密调查研究而起草的法律文本，才具有现实价值，才有可能得到各方的认可并最终采纳。

2. 民主化起草阶段

从某种意义上讲，程序越是民主，就越能够在更广泛的程度上获得各地方主体及社会公众的尊重与认同，并有可能减少摩擦。如果忽视起草阶段的调研、征询意见、充分讨论，匆忙上阵，自然使所制定的示范性文本难以适应区域经济发展的需要。只有增强起草的民主性才能保证文本的科学、规范和高效，保证示范性文本的质量。为此，对于经专家起草后形成的草稿，应向社会进行公布，广泛征求各方面意见。通过采取开座谈会、现场考察、发函调查、网上征求意见等各种渠道进行全面、系统、深入地调查，广泛听取群众意见，进行协调和论证，必要时还应举行听证会或公民讨论等。通过广泛的民主化程序，在此基础上，对文本进行不断的修改。对草案的修改往往不是一次，有的甚至修改过几稿、十几稿，经过反复的比较、权衡和斟酌。

而对于相关的学术团体主动制定示范性文本的，其程序可建议为：第一，成立一个制定委员会，负责相关文本制定组织、起草、协调等工作，以确保制定工作的有序、高效。第二，制定委员会在决定制定起草某示范性文本之前，应首先确定该立法事项必须属于地方立法权限范围的共同事项，这意味着，属于中央立法权限的，不能制定示范性文本；单纯属于各地方单独立法权而不涉及其他地方的，不宜制定示范性文本。为此，作为示范性文本的制定机构，在制定示范性文本之前，要对立法事项进行权限范围进行分析，并作出是否制定示范性文本的决策。第三，组成专门的起草小组。起草小组进行必要的调查研究，拟定起草框架，进行起草，并拿出初稿。第

[68] 参见周旺生：《立法学教程》，北京大学出版社 2006 年版，第 485 页。

四，起草小组在认为合适的情况下，将文本初稿交给制定委员会，制定委员会将对文本初稿逐条进行讨论、修改并形成较为成熟的文本。第五，向经济区域内的各行政区划进行推荐。要指定对起草内容非常了解的专门的人员向各行政区划解释该示范性文本制定的背景、必要性、可行性、起草的过程等，以尽量使各行政区划的相关负责人真正了解该文本的重要性，并接受继而采纳。

（三）示范性文本的确认

示范性文本实际上只是一个建议稿，其本身没有法律约束力，只有经各地方立法机构选用采纳并转化为地方立法，才具有法的效力。一般而言，经济区的各地方都建立了一定级别的领导定期会晤机制，如长三角的市长联席会议、泛珠三角区域合作的两大平台之一的区域合作与发展论坛、定期的行政首长联席会议制度等。可利用这个会晤机制，在地方领导每次会晤时，各地方代表对示范性文本的相关内容进行讨论、协商并共同作出一定的修改，在意见一致后，对示范性文本进行签字确认。需要说明的是，各地方立法主体在确认示范性文本时，也可以做适当的调查研究，并听取相关当事人的意见，但不必在此方面花费过多的时间，因为作为示范性文本的制定机构在制定过程中，已经通过调查研究和各种民主方式征求了各方面的意见，如果各地方立法主体还要在此阶段重复调研，花费过多的时间，不仅增加了立法成本，也失去了采取示范法方法的初衷。在确认过程中，各地方代表之间也可以讨论并提出进一步的修改意见，使之日臻完善。

（四）示范性文本的通过

1. 各自通过的原则

在正式文本被确定后，由各省级行政区划的地方立法主体履行相应的立法程序，将示范性文本转化为各自的地方立法形式并分别予以公布实施。

具体而言,对地方规章性质的示范性文本,[69]可由各地方人民政府法制部门提请各自的政府常务会议或全体会议通过。由于地方规章的通过不实行表决制,因此,在常务会议或者全体会议组成人员充分发表意见、认真研究讨论、并虚心听取列席会议的有关工作部门负责人意见的基础上,由省长(自治区政府主席、市长)作最后的决定,并在各省级人民政府公报和本行政区划范围内发行的报纸上予以公布。

对于属于地方法规性质的示范性文本,可由省级政府向各自的权力机关提出,然后各省级权力机关进行正常的民主审议。在审议过程中,地方权力机关有权就该文本的必要性、合法性、可行性、科学性等进行认真、全面地审查审议,审议后,进行表决,由全体代表的过半数通过或常务委员会全体组成人员的过半数通过。通过后,按照省级地方性法规的公布程序及时在《人民代表大会常务委员会公报》和当地主要报刊上公布。

2. 关于示范性文本在通过过程中各地方立法主体能否对该文本进行修改以及能在多大程度上修改的问题

如果不允许各地方立法主体有任何修改而只能全盘接受,那地方立法主体就变成了机械的被动的通过机关,没有任何主动性,这不符合正常的立法程序;但如果允许立法主体可以对示范性文本作出任何修改,也会产生很多问题,例如,若一地区采用示范性文本而另一地区不采用,或各地均采用但程度不同或各有所修改,仍难达到法制统一的目的,也失去了制定示范性文本的初衷。为此,可在示范性文本的相关条款中明确作出"哪些可以修改,哪些不能做修改"的规定:对于可修改的条款,各地方立法主体可提出修改意见,但一般只能作某些微调,不宜作过大的修改;对那些不能作出修改的条款,特别是对于涉及区域经济一体化发展中的需要共同协调

---

〔69〕 地方规章与地方性法规有不同的立法事项。一般而言,地方性法规所针对的是辖区内长远的、综合性事项,而地方规章的内容则是短期性的、局部性的事项;地方性法规所具有的效力价值往往表现为相对长期性、稳定性或带有成熟性,且立法周期长,而地方规章效力价值往往表现为暂行性、应变性或具有试验性;而且涉及公民权利与义务内容一般由地方性法规作出规定。

一致的原则、事项,则不宜作出修改;而对不宜作出修改的条款或其他可以修改的但作出了过大的修改的条款,则不如暂时搁置一下,待更好的文本出现后或达成一致的修改意见后,再履行通过的程序。[70] 由此可见,示范性文本必须是高质量的并能够被各方所接受的,为此,文本制定机构在制定示范性文本时,一定要以一种高度负责敬业的精神认真把好质量关,使文本真正体现各地方主体的意志和利益,同时,区域的各种协调机构在会晤时要对文本进行充分协商,确保在履行通过程序前达成一致意见。

此外,示范性文本的制定机构要定期对适用中的文本进行审查,及时对其作出修改并向各地方立法主体推荐,使共同性的地方立法规范能够做到与时俱进,适用不断发展的区域经济一体化的现实需求。

五、与制定示范性文本相关的立法权问题

一个制度的设计,不仅要看其实用价值,还要看其是否与现行法律相符合,否则,就难以实施。制定示范性文本的现实作用,在于可以有效协调经济区域内地方立法间冲突、构建和谐的区域法制环境,这在上文中已作了阐述。下面将重点关注其是否在现有的法律框架内,具体而言,主要是看其是否对中央立法权以及地方立法权构成侵犯。

(一)制定示范性文本不会侵犯地方立法权

一般而言,立法的环节包括:立项、起草、审查、决定、公布、解释等。虽然,立法是一种国家行为,但一切立法活动都由国家包办并非经济性的选择,作为一种综合性权力体系,立法权不是也不可能只由一个机关来驾驭,

---

〔70〕 实际上,经济区域内各地方立法机关之间在对待示范性文本时,只要在确认环节进行了充分协商,一般在采纳程序上不会像主权国家那样有太多的分歧,也不会有太多的修改,毕竟后者的法律是深深根植于一国的政治、经济、文化、道德和历史传统之中,其差异性远远大于国内经济区域内的地方立法间的差异。

而总是由诸多主体来共同行使。[71] 如果认为立法权只能由一个立法机关来行使，只有立法机关的活动程序才算是立法程序的话，就无法解释为什么把提出法案、公布法律也列为立法程序的内容。法案的起草与审查、决定形成了相对独立的环节，是完全可以分离的，立法权力应主要体现在审查与决定的环节上。正如苗连营教授所言，"毫无疑问，审议、表决权是立法权中非常重要的内容，实际上人们往往也就是根据审议权和表决权的归属来认定立法权的归属。但是，立法机关之外的其他主体同样可以按照法定的权限与程序参与立法过程中的某些环节，这是各国立法制度中的普遍现象，也是法治社会政治生活民主化的重要内容。它们所从事的活动（如起草、提案、公布等）在一定情况下同样也是立法程序的内容。正如虽然起诉不是审判机关的行为，但谁也不能否认它是诉讼程序的必经步骤一样。"[72]换言之，法律的拟定与法律的生效形成了两个相对独立的环节。由传统的立法者制定法律文本并赋予其法定效力，转变为法律家（辅助立法者或独立）制定法律文本，由立法权的掌握者来审定并赋予其法定效力。相关团体起草的草案只是一个立法建议，它只有在被有权主体接受、采纳并经过相应地加工整理后，才有可能作为草案正式稿由有关的提案主体以自己的名义提请审议。[73] 其目的就在于让一个专业性中立组织拟定出高品质的地方立法草案以供其在制作地方立法草案正式稿时参考，从而确保最后所颁行的地方立法具有较高的品质，并防止地方利益在其中作祟。因此，将法案的起草交由立法机关以外的机构起草，并没有改变或缩小了地方立法权，不会损害立法权，至多只是一种委托起草。[74]

实际上，在西方国家，利用独立的、专门的机构起草法案是一种盛行的做法，以法案起草为主要职能的专门的法案起草机构也普遍存在，并且相

---

〔71〕 参见周旺生：《立法学教程》，法律出版社 1995 年版，第 64—65 页。

〔72〕 苗连营：《立法程序论》，中国检察出版社 2001 年版，第 160 页。

〔73〕 苗连营：《立法程序论》，中国检察出版社 2001 年版，第 166—167 页。

〔74〕 曾涛博士曾用一个形象的比喻，即法律家和立法机关的关系如同文本和图章，是由法律家主要负责法律文本的拟制，国家立法机关则司有象征国家立法权威的图章，两者的结合来完成整个立法过程。

当活跃。如在19世纪中期,英国政府各部许多相关政策的草拟就是一个由32名合格律师组成的法案起草室起草的;在瑞典,大部分法案的草拟是由内阁委托的各种调查委员会承担。[75] 在民法史上,举世闻名的法国民法典就是由拿破仑所任命的四位法学家组成的法典编撰委员会起草完成的。与法国民法典同样具有"范式创立者"地位的瑞士民法典则是一部个人作品。1892年瑞士政府要求欧·根胡贝尔起草一部民法典,在这部法典中,胡贝尔写下了令欧陆各国自由裁量主义者心满意足、足以自慰的条款,在19世纪和20世纪的大陆法之间树起了一座划时代的里程碑。[76] 在这些情形下,立法模式由立法机关制定法律文本并赋予其效力,转变为由专门机构制定法律文本,然后再由立法机关审定并赋予其效力。这种情况有学者将之比喻为文本与图章的关系,即由专门机构主要负责法律文本的拟制,立法机关则司有象征国家立法权威的图章,两者的结合来完成整个立法过程。[77]

在经济区域内,由具有较好资质和较高水平的机构提供高质量的示范性文本,有利于提高立法质量,更有利于对地方立法间的协调,不存在侵犯地方立法权问题。此外,退一步而言,如果把这种起草权的委托也算作对地方立法权的缩小,那也是区域经济一体化发展过程中各地方立法主体在立法权力上必然要做出的小小让步,因为,区域协调本身就包含着各方作出适当让步的含义在其中,当然也包括立法权中某些环节的让步。

(二)制定示范性文本不会侵犯中央立法权

中央与地方立法权限的划分是国家立法权的纵向配置,实质上是权力和利益的分配,折射出中央与地方在政治、经济、文化等领域的利益需求,是处理中央与地方关系的关键,在宪法中占有重要地位。对此,我国相关

---

〔75〕 参见周旺生:《立法学》,法律出版社2000年版,第553页。

〔76〕 参见徐国栋:《西方立法思想与立法史略》,《比较法研究》1992年第2、3号合刊。

〔77〕 参见曾涛:《全球化视野中的示范法》,《法制与社会发展》2006年第3期。

法律作出了规定,其体现出一种理念:国家的一切权力由中央统一行使,地方的权力是由中央授予的;地方可以在不与中央立法抵触的情况下在一定的范围内从事立法活动,在保证中央立法高效力的情况下给予地方立法以充分的自主权。因此,地方立法主体必须在其所享有的职权范围内进行立法,一旦超越职权,其立法就会因为缺少权力处分的基础而归于无效。制定示范性文本的行为不能改变中央与地方的权力平衡和侵犯中央利益。

示范性文本的制定是为了协调地方立法间的隔阂和冲突,其制定的内容范围主要是经济一体化发展中的事项,大都是地方立法权限内的共同事项,这些立法权力在法律中都已经被明确赋予了地方立法主体,制定示范性文本只是在法律赋予的立法权限范围内的起草方式的改变,并不涉及地方立法权限的改变,不构成对中央立法权的侵犯。而对于某些超出法律赋权范围而区域经济一体化又要求加以协调的事项,则各地方立法主体必须首先要获得中央的授权,依法按照授权法的有关规则获得授权立法的权限和范围,然后,在授权的范围内各地方立法主体再交予相关机构制定示范性文本,这也不构成对中央立法权的侵犯。因此,无论是对地方立法权限范围内共同事项制定示范性文本还是对中央授权创制立法的事项制定示范性文本,都是在地方立法主体获得了合法的立法权力之后而进行的,其立法权都有合法的来源,而制定示范性文本仅仅是地方立法起草方式的变化,以制定示范性文本的方式协调区域法制,并不会对现行的国家立法权力结构与立法权限构成挑战,它是在现行法律框架内对地方立法协作的方式。同时,它可以调动地方立法主体充分利用中央赋予的立法权来构建区域和谐法制环境的积极性,既避免了对中央立法照抄照搬,重复立法,浪费立法资源现象,也消除了地方保护主义盛行、条块分割、设置贸易壁垒的现象。

(作者单位:浙江大学博士后,淮北师范大学)

【特邀编辑:吴振宇】

部颁税法规则正义：从形式到实质

滕祥志

部颁税法规则是指国家财税主管机关颁发的大量税收规范性文件，这些文件大致分为两类，其一为行政程序性规范，其二为税法实体性规范。这些规范构成我国税法规则的重要组成部分，是我国税收法律体系的有机补充。在法律法规不能完全穷尽涉税交易类型的情况下，凸显税法规则的匮乏和税法规制的空当，由此，部颁税法规则应运而生。对部颁税法规则存在的合理性、法理依据和合法性审查有待深入研究。本文就部颁税法规则与税收法定主义、绝对税收法定主义之式微、部颁税法规则与反避税、部颁税法规则与司法尊让、部颁税法规则的合法性审查以及税法共同体的形成等作初步探讨，以求教于大家。

一、税收法定与部颁税法规则

实质课税原则与税收法定原则（主义）是否真正冲突？这要看税收法定主义的内涵及其现代发展。学者认为，税收法定原则的内涵为课税要素法定原则，课税要素明确原则和依法稽征原则。[1] 学界主流观点认为：税收法定原则就是纳税人未经法律设定不负有纳税义务，这里包含两层含义：一为税收事项的法律保留，二为私权的宪法保护。[2] 有论者以证券交易印花税“半

---

〔1〕 张守文：《论税收法定主义》，《法学研究》1996年第6期。

〔2〕 刘剑文、熊伟：《税法基本和原则研究述评》，《财税法论丛》（第1卷），法律出版社2002年版。

夜鸡叫”为例，论证当前的税收行政立法的现状，已经侵蚀了税收法定主义。[3] 且一般均引证英国早期的《大宪章》，以及美国内战爆发的税法诱因为例，[4]论证纳税须经代议机关（公意）同意。[5] 有学者要求修订宪法，将“公民有纳税义务”修订完善为“纳税主体有纳税义务”，[6]在宪法公民权利义务一章规定“税收法定原则”，在宪法中专门设立财政专章，进行财政立宪。[7]台湾学者黄茂荣则认为：“税捐法定主义、量能课税原则（实质课税原则）与稽征经济原则并列为税捐法之建制的三大基本原则。”[8]总之，学界主流认为，税收法定主义指代税收法治之形式正义，以及对税收立法权的限制，而实质课税原则代表了税法的实质正义取向，二者两相矛盾，互相冲突，应特别警醒实质正义对形式正义的侵蚀和破坏。因此，实质课税原则的运用有不当扩大行政裁量权的危险，应慎重对待实质课税的理论。为符合税收法定主义，应当尽可能多地提高税收立法层级，解决我国税收立法“层级不高”的问题。

但是，国内法学界将论证矛头对准财税主管当局大量批发生产的税法规则，或许已经陷入简单质疑或者否定，缺乏中肯的、精雕细刻式的案例分析和判例评注，其论证的理论背景是形式主义“法治理论”及代议机构“立法至上论”或“立法崇拜主义”。不过，新近出版的《税法解释与判例评注》或许是一个例外。[9] 客观地说，大量批发生产的税法规则中绝大多数的规章或规范性文件（国税发、国税函、财税字等）符合税法内在法理，系我国税法的主要渊源之一，对指导我国税法实践起到不可或缺的作用，今后仍会长期存在。以国税发[1995]226 号《税务稽查工作规程》（下称“《稽查规程》”）为例，其中对

---

[3] 许多奇、萧凯：《论税收法定主义原则入宪——从提高印花税税率引起股市暴跌谈起》，http://www.cftl.cn/show.asp? c_id=636&a_id=7000，2010 年 5 月 18 日最后访问。

[4] [英]爱德蒙·柏克：《美洲三书》，缪哲选译，商务印书馆 2003 年版。

[5] 刘莘：《税收法定与立法保留》，《行政法学研究》2008 年第 3 期。

[6] 陈少英：《税法基本理论专题研究》，北京大学出版社 2009 年版，第 79 页。

[7] 翟继光：《税收法定原则比较研究——税收立宪的角度》，《杭州师范学院学报》2005 年第 2 期。

[8] 黄茂荣：《税捐法定主义（上）》，台湾《植根杂志》第 20 卷第 4 期。

[9] 熊伟主编：《税法解释与判例评注》，法律出版社 2010 年版。或许，这本系列丛书成为一个好的开端、例外和有益探索，期待中。

税务检查之案源、立案、实施、取证、补证、审理、移送、决定等诸多环节均有详细规定，第三十二条规定了稽查结束时“核对事实与听取意见程序规则”。〔10〕在行政法学上，这一规则与行政法的正当程序原则十分契合；〔11〕第四十一条之“审理终结”后“移送司法程序规则”等都对保护纳税人权利十分重要。〔12〕且根据上述两条规则，完全可以引申出“涉税案件移送听证制度”，〔13〕从而将财税主管当局高调宣称的“纳税人权利保护”落到实处。〔14〕但新近修订的《稽查规程》居然将上述规则删除，实在匪夷所思。〔15〕

当然，毋庸讳言，部颁税法规则中或存在部分偏离法理的情形，应当做深入细致的剖析。如何在税收法定与实质课税两项原则之间保持张力和平衡，仍需税法学界、税收主管部门、税收实务部门继续探讨。例如，日前各种慈善

〔10〕《税务稽查工作规程》第32条：税务稽查人员在税务稽查中应当认真填写《税务稽查底稿》；责成纳税人、扣缴义务人提供的有关文件、证明材料和资料应当注明出处；稽查结束时，应当将稽查的结果和主要问题向被查对象说明，核对事实，听取意见。

〔11〕周佑勇：《行政法基本原则研究》，武汉大学出版社2000年版；章剑生：《现代行政法基本原则之重构》，《中国行政法学精粹2004年卷》，高等教育出版社2004年版。一般认为，1998年田永诉北京科技大学案件和其后的刘燕文诉北京大学不予授予博士学位案件开辟了中国司法实践运用行政法正当程序原则裁判的先例。上述两个案例评析参见：胡锦光主编《中国十大行政法案评析》，法律出版社2005年版；另参见湛中乐主编：《高等教育与行政诉讼》，北京大学出版社2003年版。当然也有学者认为本案实际涉及信赖保护原则的运用，参见何海波：《通过判决发展法律——评田永案件中行政法原则的运用》，载罗豪才主编《行政法论丛》（第3卷），法律出版社2000年版，第454—464页。新近关于正当程序原则之“正当性”研究，参见何海波：《实质法治——寻求行政判决的合法性》，法律出版社2009年版，第299—321页；何海波：《司法判决中的正当程序原则》，《法学研究》2009年第1期。

〔12〕《税务稽查工作规程》第41条：“审理结束时，审理人员应当提出综合性审理意见，制作《审理报告》和《税务处理决定书》，经局长批准后移送司法机关处理。”实务中，税务机关既未“听取意见”，更遑论“举行听证”，不待“审理终结”，便径行移送司法。未及听取意见，便擅自移送，酿成侵犯纳税人权益之后果，无以复加，不言而喻。而税案之中的冤假错案，则时有所闻，因此家破人亡而一蹶不振者，屡见不鲜，移送听证，善莫大焉，何乐不为？

〔13〕滕祥志：《涉税案件移送相关法律问题探讨》，《涉外税务》2006年第7期。

〔14〕参见《国家税务总局关于纳税人权利与义务的公告》（国税函[2009]761号）。笔者拙见，这类纸面上宣示的“权利”，其实早已经明载于税收规范中。问题不在高调渲染宣示，而在于落实。移送听证制度对保护纳税人权利的重要性在于，首先，税法规则早有规定，法理亦有依据；其次，纳税人应免受行政恣意之侵害。

〔15〕参见《新〈税务稽查工作规程〉的立法缺陷》，未刊文。

基金发起的对于财税(2009)122 号和 123 号文的"合法性质疑"运动,[16]从一个侧面揭示:税法研究的精细化时代、税务问题的法律属性时代、税法研究与法律解释学、宪法学及其他法学部门相互援引和论证的时代、"税收司法"的制度建设时代、税收学和税法学的融合时代正在来临,而书斋之内的税法学研究,势必穷于应付,捉襟见肘。由于学界对最高财税主管机关在税收法治中担当的地位和作用认识不足,甚至,最高财税主管机关对自身的角色和使命,也缺乏理论自觉,笔者拙见,目前,对部颁税法规则和部颁案例的法理研究尚未启动。

二、"帝王原则"之反思

理论上,学界上述对税收法定主义的论证和探讨在学理上是积极有益的。甚至,台湾民法学家郑玉波将税收法定主义和罪刑法定主义并称为现代法治的两大枢纽,这都不无道理。[17] 台湾学者黄茂荣将实质课税原则与税收法定主义和稽征经济原则并称为税法三大基本原则,有力地提升了实质课税原则在税法原则中的地位,但是,其缺陷是将量能课税理论与实质课税原则等同(相提并论),二者并论容易引起混淆,理由容后再述。其他学者的比较研究和源流考察,形成的结论都有一定的理由和依据,形成了实质课税原则研究最初的理论探讨。笔者认为,透过 2007 年"5·30 事件"的种种迹象:财政部白天还专门召开新闻发布会辟谣,而竟在半夜宣布提高印花税率,证券交易印花税之税率临时变动,其情形不胜诡异,且直接导致股市崩盘,人们痛定思痛,故不无疑问。这是否彰显财税主管部门之自大傲慢、对税收法定原则之视若无睹、出尔反尔且毫无诚信?可以说,这是一个税收行政操作的极端恶例,难怪招致恶评如潮。[18]

---

〔16〕 参见于佳莉:《两部门新规向非营利组织征税引质疑》,载《公益时报》2009 年 12 月24 日。

〔17〕 参见郑玉波:《民商法问题研究》(一),作者自刊,1983 年第 4 版,第 547 页。另参见百度百科:"郑玉波",http://baike.baidu.com/view/3195141.htm,2010 年 5 月 18 日最后访问。

〔18〕 吴睿鸫:《印花税"半夜鸡叫"凸显法定原则失灵》,http://cs.xinhuanet.com/xwzx/01/71/03/200803/t20080307_1390447.htm,2010 年 5 月 18 日最后访问。

但是，随着实践的进展和思考的深入，不得不反向思考的是：将税收法定主义推向"帝王原则"的位置，过分突出税收法定原则的地位，忽视甚至贬低实质课税原则的地位，是不是某种时下流行的形式主义法治观的翻版？严格的税收法定主义，排斥行政机关对税收立法权的分享，呼吁加强税收立法的层级，以减少行政恣意和排斥行政机关在税法实务上的立法权和解释权，作为一种法治观念和法治理想十分可贵，但是，在现实中是否能够行得通？以西方特别是英美法税收法定主义的历史演变为标本，能否为建构中国的税收法治提供借鉴？换言之，一种法治的理想图景，除了严格形式主义和规则主义的论证外，是否可以是一种实质主义的和协调主义的论证模式？更深一层，当下税法事务之立法权委托于立法机关，而司法实务委托于法院，上述两个机关能够担当其税收法治的重任？当下的那种严格形式主义（其中隐含精英主义）的法治观是否已经出现偏颇？走到碰壁的地步？[19]

三、部颁税法规则与司法尊让

换一种思路论证，可能就会得出不同的结论。税法事务的变动不居和高度专业性，使得立法机关现阶段没有能力完全掌控税收立法实践，因此，当年的授权立法就是顺理成章之举，[20]且迄今为止，这一局面仍未发生根本改变。实践中，《立法法》颁布实施后，全国人大亦成立"法律法规审查备案室"，然迄

〔19〕 以新近黄松有大法官落马案和李庄律师案为例，形式主义和实质正义两种法治观发生了观念冲突。参见滕祥志：《从大法官黄松有贪腐落马看我国司法制度》，http://www.blogchina.com/20081202635034.html。另参见何兵：《"李庄判决"传递的法律信号》，http://hebing1.blog.sohu.com/142010191.html。大量热点和重大影响案件涉及形式与实质法治观念，对其点评参见，何海波：《实质法治——寻求行政判决的合法性》，法律出版社 2009 年版，第 382—404 页；法社会学视角之点评，参见桑本谦：《理论法学的迷雾——以轰动案例为素材》，法律出版社 2008 年版。

〔20〕 1984 年 9 月 18 日，全国人大常委会作出了《关于授权国务院改革工商税制发布有关税收条例草案试行的决定》。1985 年全国人大通过的《关于授权国务院在经济体制改革和对外开放方面可以制定暂行的规定或者条例的决定》。论者认为，国务院存在转授权问题，但《立法法》颁布后，并未将税收立法事项严格限定在法律保留范围，故《立法法》存在缺陷，参见刘莘：《税收法定与立法保留》，《行政法学研究》2008 年第 3 期。

今无甚作为。且立法过程已经沦为利益集团参与利益博弈的重要场合，立法过程已经不是全体主权者公共意志的实现场所，其情形与“税收法定主义”绝对论者所预设的已经大相径庭，归根结底，其进程和实质已经逐渐生变。

现代国家，作为行政国家的既定事实，已经不能允许将税收法定主义推向极端。无论如何，在法律不完备性的前提下，授权行政机关对法律的疏漏之处作出解释和说明，用以填补法律本身的漏洞，实在是理所当然。即便30年前出台的《行政诉讼法》，亦有为规章以下的规范性文件预留空间。有学者指出：法院于行政诉讼作出合法性判断时，其法律渊源中既有制定法（“依据”法律、法规并“参照”规章），亦有立法解释、行政解释、检查解释、法律原则、学说、先例、行政惯例和习惯法（习俗），而法律渊源就是叙述法律或者争辩法律时使用的“论据”（非“依据”）。〔21〕规章以下规范性文件，主流观点根本算不上法律，但是仍然对行政机关和法院具有一定的约束力。行政机关自不待言，对法院而言，这些规范性文件不是“正式的法律渊源”，对法院不具有法律规范意义上的约束力，但对于经审查认为“合法、有效并合理、适当的”，法院在认定被诉具体行政行为合法性时应承认其效力，〔22〕并可以在裁判文书中引用。〔23〕一定程度上，这表明了司法权认识到自己权威和权能的局限性，表现出一定程度上对行政立法和行政解释的有限尊让。

在税收立法领域，大量复杂的专业性问题，比如：股权转让之“持有收益”和“转让收益”何如划分？企业重组被兼并方之亏损是否允许结转扣除？股票期权如何划分境内境外所得？电子游戏设备买卖应否征税？特别纳税调整如何具体实施？非居民企业之“受益所有人”如何认定？实在是眼花缭乱，目不暇接，代议机构将这些事无巨细的立法解释任务大包大揽，既不堪重负，也不堪胜任。基于此，税务主管机关应当仁不让，必须创

---

〔21〕参见何海波：《实质法治——寻求行政判决的合法性》，法律出版社2009年版，第233—236页。

〔22〕《最高人民法院关于审理行政案件适用法律规范问题的座谈会纪要》，法[2004]96号。

〔23〕《最高人民法院关于执行〈中华人民共和国行政诉讼法〉若干问题的解释》第62条第2款规定：“人民法院审理行政案件，可以在裁判文书中引用合法有效的规章及其他规范性文件。”

制符合法律精神和税法法理的税法规范，既要做到时效性、及时性和针对性，又要经得起法理推敲，这一责任实属重大。

因此，跳出绝对化的、形式主义的税收法定主义，应该允许大量的税法解释和相当程度上的部颁税法规则的存在，既体现了司法权对行政权的尊让，[24]也说明司法机关在纯粹技术、经验、政策问题上，有必要从刨根问底的事实审查中解脱。这种制度安排，既节省了司法资源，使得行政机关能够积极、主动、高效地应对多变的市场和经济交易，也解除了立法机关频繁制定和解释大量变动不居税法规范带来的烦恼。部颁税法规则，不仅不应成为绝对税收法定主义论者的枪口所向，反而应成为不断完善、不断被赋予法学营养和强化自身法学品性的对象。

四、反避税与部颁税法规则

在反避税领域尤甚，反避税作为一项国家目标，具有政策倾向性。以转让定价(Pricing Transfer)为例，最初的反避税局限在这一领域，税务机关曾颁布大量法规，责令纳税人对转让定价的交易向主管机关报送材料备案，并对其转让定价进行审核，一旦发现不符合独立交易原则的依法予以调整。但随着时间的推移，转让定价的管制成本越发高昂，且有些转让定价并非纯粹出于追求税收利益的目的，因此渐渐发展出税企协商基础上的“预约定价税制”(Advance Pricing Agreement)，即通过预先与税务机关的协商，将关联企业的交易定价确定在合理区间，而税务机关经过查证纳税人提供的资料予以审核是否符合独立交易(Arm's Length)原则。这已经突破行政机关不得与纳税人协商定税的传统理念。在美国、英国、荷兰、澳大利亚、新西兰、加拿大等国还发展出“预先税收裁定”(Advance Ruling)制度，根据这一制度，纳税人就拟进行的商业活动的税收情况可以获得一份

[24] 参见何海波：《实质法治——寻求行政判决的合法性》，法律出版社2009年版，第331—360页。

事先裁定。这意味着任何公司(无论是国内公司或外国公司)可以在其进行项目投资之前,可从税收征管部门获得一份有关该项目的税收情况的具有约束力的裁定。税务有关的事先裁定机制对于预测投资项目的净利润具有特别重要的意义。[25] 在我国,反避税领域的实际开展,最高税务当局还经常听取大型国际会计师事务所的咨询和意见,这实在是一件匪夷所思之事。但现实的确如此。国家税总反避税力量之薄弱、反避税案例积累之稀少、反避税理论研究之欠缺与国际跨国公司及国际会计集团的挖空心思逃避税收的手段之老辣成熟,形成鲜明对比。而且,但凡我国重要新税收法规法律的制定和修改,都可以看到大型国际会计集团活跃的身影。[26] 总之,财税主管机关的确任重道远。站在反避税战场第一线的执法机构尚且如此捉襟见肘,遑论立法机构?

不过,可喜的是,财税主管机关在反避税问题上显然已经启程。一方面,2010 年 3 月 30 日,跨境税务专业知识的国际领先提供机构 IBFD 宣布中国办公室开幕,[27]一方面著名的反避税实务专家成为"全国劳动模范"和"五一劳动奖章"获得者,[28]一方面,以国税函[2008]1076 号为标志,[29]说明国家反避税的案例累积工作已在途中。

再以国税函[2009]601 号为例。根据 601 号文,"受益所有人"是对所得或者所得据以产生的权利或者财产具有所有权和支配权,一般是从事实质性经营活动的公司和个人。"代理人"、"导管公司"等不属于"受益所有人"。"受益所有人"身份认定根据个案具体情况、纳税人提交申请资料及

---

〔25〕 参见罗伊·罗哈吉:《国际税收基础》,林海宁、范文祥译,北京大学出版社 2006 年版,第 545—551 页。

〔26〕 参见普华永道:《特殊目的公司在中国面对税务上新的挑战》,http://www.pwccn.com/home/chi/chinatax_news_mar2009_8_chi.html,2011 年 3 月 7 日最后访问。

〔27〕 财税法网:《跨境税务专业知识的国际领先提供机构 IBFD 宣布中国办公室开幕》,http://www.cftl.cn/show.asp?c_id=472&a_id=8469,2011 年 3 月 7 日最后访问。

〔28〕《反避税战线上的一支利箭》,http://www.chinatax.gov.cn/n480462/n501476/n546618/n547341/8060330.html,2011 年 3 月 7 日最后访问。

〔29〕 参见国税函[2008]1076 号《关于印发新疆维吾尔自治区国家税务局正确处理滥用税收协定案例的通知》。

情报交换机制等等方式确定。601号文还明确了七种情形不利于“受益所有人的认定”，根据这七类规定，[30]许多单层模式的境外SPV由于缺乏实质性的经营活动或者交易不具备合理的商业目的，将不被认定为“受益所有人”，而不享有税收协定的优惠待遇。

从立法技术上看，上述概念之界定，系从反面和否定的角度为之。实际上，鉴于经济活动日趋复杂，其组织形式和交易形式日新月异，要通过立法或者行政规范的方式完全指出哪些属于或者哪些不属于“受益所有人”，显然并不可行。因此，601号文指出，应该根据“个案的不同情况具体对待”。显然，在实质课税原则具体适用的反避税领域，“个案具有差异性”乃经验理性的一种智慧和法则。仰赖经验理性，通过个案积累，从中提炼蕴含的法理和原则，这种思考和解决问题的方式，构成了普通法系立法和司法的独特风景。在试错和渐进累积中总结经验，然后抽取其中的经验法则和法理依据，以此奠定构筑政治、经济和法律制度大厦之根基，被认为是英美经验主义的一大特征，这也使得普通法系成为判例法系，而放弃追求法典的严整、完美、宏大或包罗万象。从哲学上看，经验主义认为人类的理智

---

〔30〕 国税函[2009]601号第二条规定：在判定“受益所有人”身份时，不能仅从技术层面或国内法的角度理解，还应该从税收协定的目的（即避免双重征税和防止偷漏税）出发，按照“实质重于形式”的原则，结合具体案例的实际情况进行分析和判定。一般来说，下列因素不利于对申请人“受益所有人”身份的认定：

（一）申请人有义务在规定时间（比如在收到所得的12个月）内将所得的全部或绝大部分（比如60%以上）支付或派发给第三国（地区）居民。

（二）除持有所得据以产生的财产或权利外，申请人没有或几乎没有其他经营活动。

（三）在申请人是公司等实体的情况下，申请人的资产、规模和人员配置较小（或少），与所得数额难以匹配。

（四）对于所得或所得据以产生的财产或权利，申请人没有或几乎没有控制权或处置权，也不承担或很少承担风险。

（五）缔约对方国家（地区）对有关所得不征税或免税，或征税但实际税率极低。

（六）在利息据以产生和支付的贷款合同之外，存在债权人与第三人之间在数额、利率和签订时间等方面相近的其他贷款或存款合同。

（七）在特许权使用费据以产生和支付的版权、专利、技术等使用权转让合同之外，存在申请人与第三人之间在有关版权、专利、技术等的使用权或所有权方面的转让合同。

针对不同性质的所得，通过对上述因素的综合分析，认为申请人不符合本通知第一条规定的，不应将申请人认定为“受益所有人”。

能力是局限的，因此法律构造只能建立在经验的累积之上。从而，针对个案进行区别分析和对待，个案中如果符合某些特定特征的就可以不认定为“受益所有人”，这恰好体现了税收执法机关的谨慎和理性。这是我国税收机关的一个可喜的进步。如果再配合各地反避税案例的逐渐累积，结合高层次的规则提炼和法理研究，则反避税事业有望继续前行。

五、绝对税收法定主义之式微

因此，税收法定主义之演变和发展，已经不能从绝对的形式主义的视角理解，从实质正义的角度出发，在税收法治领域以实质课税原则为根本理念，是一个不错的选择和有力的补充。且相关案例的积累，有赖于税务机关的实践和提炼，目前而言，税务机关对案例的累计、分析、提炼尚处于初级阶段，与实践中涌现的大量问题不相适应，对案例中出现的法理问题少有提炼，或者即便涉及税法实践中的法理疑问，但缺乏精雕细刻的细致剖析。〔31〕

有论者认为，税法原则历经了从税收法定之形式正义到追求税收实质

---

〔31〕 笔者收集或查找包括国家税务总局在内全国税务机关编著的（公开出版或内部培训）税案解析约十余本，兹部分列举如下：(1) 实务界：国家税务总局教材编写组编：《税务稽查案例》，中国税务出版社2008年版；国家税务总局稽查局编：《法解税案》，东北财经大学出版社2006年版；国家税务总局稽查局编：《较量——全国税务稽查案例精选》，中国税务出版社2006年版；扬州税务学院 陈子龙、周开君、王逸主编：《税务稽查管理与案例分析》，中国税务出版社2003年版；北京市地方税务局编：《税务稽查疑难案例法理评析》，中国税务出版社2007年版；滕祥志：《税法实务与理论研究》，法律出版社2008年版；北京市地方税务局第一稽查局：《发票专项检查案例》，非公开出版；北京市地方税务局第二稽查局编：《税务检查案例》，非公开出版；孙书润、谢枕、彭诵：《税务争议案件与法理评析》，中国税务出版社2000年版；辽宁省国家税务局 吴心联主编：《税务稽查案例分析》，中国税务出版社2009年版；大连市地方税务局编：《税案解析》，非公开出版。戴海平、张志军主编：《另一个角度解税法》中国财政经济出版社2006年版；祝铭山主编：《税务行政诉讼》，中国法制出版社2004年版；林雄：《疑难税案法理评析》，福建人民出版社2006年版。(2) 学术界：张怡、何志明主编、陈芳淑、宋晋湘副主编：《税法案例教程》，清华大学出版社2009年版；杨志清编著：《税法案例分析》，中国人民大学出版社2005年版；徐孟洲主编：《税法学案例教程》，知识产权出版社2003年版。其共同特点是法学成分稀薄，缺乏精雕细刻的分析和论证，缺乏对税收实务中法律问题的分析提炼。学界编著的税法案例解析亦有改进余地。

公平的改变，早期机械的类似罪刑法定主义之税收法定主义已经摒弃，形式正义让位于实质正义。[32] 对此，笔者深以为然。以台湾地区"司法院"之释法解释为例，早期大法官解释所贯彻的无外乎"罪刑法定主义"式的形式意义之租税法律主义，例如法"无明文者无税"（释字第 210 号）、[33]"类推课税之禁止"（释字第 151 号）、[34]坚持"溯及禁止"（释字第 54 号），[35]至释字第 217 号则认为"课税原因事实之有无及有关证据证明力如何，乃属事实认定问题，不属于租税法定主义范围"，[36]而"纳税主体、税目、税率、纳税方法即课税期间等"则属于法律保留范围；释字第 218 号解释认为，"纳税人若违反协力义务，以推计核定方法课税与宪法之本旨并不抵触。"释字第 345 号认为，"限制欠税人或欠税营利事业负责人出境实施管理办法合宪。"[37]而释字第 346 号则从"法无明文无税"逐渐放宽为"法律基于特定目的，而以内容具体、范围明确之方式就征收税捐所谓只收取按规定，并非宪法所不许。"[38]释字第 467 号则认为："法律之内容不能巨细靡遗，立法机关自得授权行政机关发布命令为补充规定。"[39]台湾学者葛克昌认为，严格的形式主义税收法定在实践中遭遇"授权立法"（就细节性、技术性、规范性、标准型问题和实施细则等问题）和"推计课税"（即税收核定）等制度的挑战，至释字第 420 号，税法解释和适用已经打破税法形式主义，根据公平和

〔32〕 侯作前：《从税收法定到税收公平：税法原则的演变》，《社会科学》2008 年第 9 期。

〔33〕 载 http://zh.wikisource.org/zh-hans/%E9%87%8B%E5%AD%97%E7%AC%AC210%E8%99%9F，2010 年 5 月 18 日最后访问。

〔34〕 载 http://zh.wikisource.org/zh-hans/%E9%87%8B%E5%AD%97%E7%AC%AC151%E8%99%9F，2010 年 5 月 18 日最后访问。

〔35〕 载 http://zh.wikisource.org/zh-hans/%E9%87%8B%E5%AD%97%E7%AC%AC54%E8%99%9F，2010 年 5 月 18 日最后访问。

〔36〕 载 http://zh.wikisource.org/zh-hans/%E9%87%8B%E5%AD%97%E7%AC%AC217%E8%99%9F，2010 年 5 月 18 日最后访问。

〔37〕 载 http://zh.wikisource.org/zh-hans/%E9%87%8B%E5%AD%97%E7%AC%AC345%E8%99%9F，2010 年 5 月 18 日最后访问。

〔38〕 载 http://zh.wikisource.org/zh-hans/%E9%87%8B%E5%AD%97%E7%AC%AC346%E8%99%9F，2010 年 5 月 18 日最后访问。

〔39〕 载 http://zh.wikisource.org/zh-hans/%E9%87%8B%E5%AD%97%E7%AC%AC367%E8%99%9F，2010 年 5 月 18 日最后访问。

实质课税原则斟酌经济实质为之。[40] 一如前述,其后的系列释法解释(释字第460号、释字第458、释字第500号、释字第506号等)又强化了实质课税原则的适用,尤以释字第506号为甚。台湾地区"司法院"释字第506号解释文认为:"所得税法关于营利事业所得税之课征客体,系采概括规定,凡营利事业之营业收益及其他收益,除具有法定减免事由外,均应予以课税,俾实现租税公平负担之原则。"[41]笔者以为,这一认定已经完全突破"法无明文无税"的捐税法定主义之形式正义的内涵,借鉴"成本分摊理论"之"可税性原理",对市场交易途径取得所得征收所得税,在理论上的突破意义非同凡响,值得认真对待。无独有偶,在我国也出现了对出售虚拟货币和利用网络空间交易所得征税的税法规则。[42]

上述分析和回顾打开一个思路,即实质课税原则与税收法定主义相得益彰。在税法实践中,前者逐渐从严格的类似"罪刑法定主义"的形式正义立场退却,摒弃形式正义而转向追求实质正义,这样,实质课税原则就以税收实质正义和公平价值的面目登场,两者之间的矛盾并不如想象中的那样水火不容。

六、部颁税法规则的审议机制

在税法争议解决机制中,有一个不可或缺的部分,就是构建部颁税法规则的审议机制。

如何看待部颁税法规则的合理性和合法性,有两种不同的观点。其一是绝对税收法定主义,认为税法是侵权法,"税收的开征、停征以及减税、免

〔40〕 葛克昌:《所得税与宪法》,北京大学出版社2004年版,第118—119页,第124—125页。

〔41〕 载http://zh.wikisource.org/zh-hans/%E9%87%8B%E5%AD%97%E7%AC%AC506%E8%99%9F,2010年5月18日最后访问。

〔42〕 国税函〔2008〕818号:国家税务总局《关于个人通过网络买卖虚拟货币取得收入征收个人所得税问题的批复》。另参见《雁过拔毛之国税总局:网上交易都应征税》,http://www.oeeee.com/a/20081103/659635.html,2010年5月19日最后访问。

税、退税、补税，依照法律的规定执行”(《税收征管法》第三条)，而且《立法法》第八条第八款也规定：“基本经济制度以及财政、税收、海关、金融和外贸的基本制度”只能制定法律。由于我国税法的立法层级较低，税法体系中大量充斥部颁税法规则，仅少量几部税收法律面世，理想的税收法治状态应该是尽量提升立法层级。言下之意，部颁税法规则与税收法治格格不入。绝对税收法定主义从法条和原则出发，设想了我国税收法治的理想场景，就是税法制定和解释职责全部由立法机关担当，而税企争议公正解决场所则非法院莫属。应该说这种埋怨我国税收立法层级低的观点颇为流行，似乎舍弃提高立法层级，无从谈起税收法治。

但是，绝对税收法定主义的疏漏之处在于，没有认识到法律的不完备性和法律漏洞的客观存在，税法领域尤其如此。在刑法领域，必须坚守罪刑法定原则，但是，在税法领域，严格的税收法定主义则寸步难行。以个税改革为例，个税的生计扣除中的通货膨胀系数扣除标准，就不可能完全做到由立法机关决定，必须授权税务执法机关行使。以所得税为例，税法无论如何也不可能穷尽不断翻新的交易形式，由此带来的所得形式比如网络游戏币的买卖，就带来扩充个人所得认定范围的问题。个人股票期权的所得如何归集认定，遵循何种原则和标准，也带来一系列税法规则和原则的适用问题，在税法的变动不居和无穷多变的交易形式之下，制定法或成文法的先天缺陷凸显，由此，税法适用中的税法解释问题就浮出水面，应运而生。企业所得税中的交易形式更是眼花缭乱，比如，信托、融资租赁、资产重组、房屋或者债权回购、房屋联建、股权间接转让、公积金转增股、限售股解禁支付对价等，每一种交易形式都带来税法处理中的构成要件事实认定和法律适用难题，而税法构成要件事实认定之复杂性，也为不深研税法者难以想象，其中既有纳税主体的认定问题，也有税收客体的有无、定性和量化(成本、费用的归集和扣除等)问题，错综复杂，需要综合法学的功底才能应对。如此复杂的税法适用中的解释问题，实在是眼花缭乱，目不暇接，代议机构将这些事无巨细的立法解释任务大包大揽，既不堪重负，也不堪胜任。应该说，正确评价部颁税法规则在我国税收法治中的重要作用，还原其在保障国家税权、保障纳税人权益、体现税法原则和税法价值的面貌，不失为从实际出发的税法研究取向。

制定法的不完备性和交易类型的层出不穷，使得税法适用中的解释工作具有填补法律漏洞和创制税法规则的作用，而税法适用中的解释职责在实务中已经被税务机关充任，部颁税法规则是其主要表现形式。久而久之，财税执法机关已经实际变成税法知识的生产者、传播者、解释者和垄断者，由此，一方面，既要从观念上破除绝对税收法定主义，从理想和观念想象中不能开创税收法治新局面，还原部颁税法规则存在的合理性；同时，又要建立部颁税法规则的研究和审议机制，不能无视部颁税法规则变成脱缰的野马，为此，税法理论界、税收实务界、包括税收争议解决机制中的复议机关、人民法院都可以有所作为，有所贡献。而在学术累积和中国本土税法实践累积的基础上，梳理出税法应当遵循的价值和原则，并由此形成税法学界和实务界的共识，那么，中国税法共同体就逐渐形成了。而税法制定法的形成和修订也就渐渐累积了法理基础，这客观上将是一个缓慢的过程。舍此，冀图独辟蹊径地在立法上突然打开税收法治的新局面，是一种急功近利和不切实际的做法。客观上，必须承认税收执法和税法的独特性，承认税法知识的专业性、复杂性和变动不居的事实，将税法领域的一切争议和法理争议均委之于人民法院，甚至取消复议前置的制度安排，恐怕不切合当前中国的实际，理由容另文详述。

七、简短结语

伴随实践和理论研究的不断深入，可以反思的是：将税收法定主义推向“帝王原则”的位置，过分突出税收法定原则的地位以致将其绝对化，或是某种时下流行的形式主义法治观的翻版。严格的绝对的税收法定主义，排斥行政机关对税收立法权的分享，呼吁加强税收立法的层级，以减少行政恣意和排斥行政机关在税法实务上的立法权和解释权，作为一种法治观念和法治理想十分可贵，但是，在现实中难以能够贯彻。部颁税法规则有其存在的合理性和法理依据，在税法实务中将会长期存在。由此引出的问题是，如何提升部颁税法规则的法学品行和品质，实即合法性审查问题。但是，所谓合法性审查问题绝不可理解为寻找"上位法"依据的简单操作，或转换为一味提升立法层级的问题，而是探寻和论证其本身的税法法理依据，累积税法学理和共识，并以此逐渐构建税法共同体。以西方诸国宪法之历史演变为标本，引申并论证出的绝对税收法定主义，为建构中国的税收法治提供借鉴，未必切合时宜。换言之，一种法治的理想图景，除了严格形式主义和规则主义的论证外，还可以有一种实质主义的和协调主义的论证模式。

（作者单位：中国社会科学院财政与贸易经济研究所）

【特邀编辑：乐俊刚】

论行政诉讼中前置行政行为的审查模式

——以日本行政过程论为方法论的视角

孔令滔

一、问题的提出

由于行政体制本身的内在关联性及行政事务的复杂性，实践中往往会发生多个或多种行政行为的交织与组合问题。“当被诉具体行政行为以另一个行政行为为前提时，且对该行政行为的审查关系到争讼行为的合法性而该行为本身并不是诉讼标的时”，[1]该行为便是前置行政行为。作为“复合行政行为”[2]的存在形态之一种，前置行政行为需具备以下两项基本构成要件：一是与被诉行政行为存在主观上联系，即以发生一个法律效果为目的(行政目的的唯一性)；二是与被诉行政行为存在某种实体上或程序上的客观性联系，具体而言，前置行政行为构成被诉行政行为的前提或基础(行政活动的阶段性)，而这一过程上的连续性相应地带来了两种行为之间的合法性联结(法律效果的关联性)。以城市房屋拆迁行政案件为例，我国

〔1〕 仅以笔者所能收集的资料来看，学界给予前置性行政行为以一个较为明确定义的，仅《行政诉讼中前置性行政行为之审查探析》(陈红、徐风烈合著，载《浙江社会科学》2008 年第 5 期)一文。尽管如此，从其他学者的相关论述来看，该文的界定具有代表性和共识性。本文即采用此一界定。

〔2〕 关于复合行政行为的界定与存在形态，可参见曲枫：《论复合行政行为之存在形态与司法审查》，载应松年、马怀德主编：《当代中国行政法的源流——王名扬教授九十华诞贺寿文集》，中国法制出版社 2006 年版，第 502—516 页。

实行房屋拆迁的许可制度，拆迁人只有在获得行政许可的情况下，才可以引发后续的拆迁裁决行为。[3] 在这幅个例图景里：(1) 拆迁许可行为与拆迁裁决行为共谋同一个行政目的——城市房屋合法拆迁的法律效果；(2) 前者又是后者的必经阶段，前者未作出或者存在瑕疵，则后者的合法性也将受到影响。

鉴于此种情景，行政诉讼中前置行政行为的审查模式，即前置行政行为在行政诉讼中的地位问题，近来日益得到了学界和实务界的关注和探讨。申言之，争议点主要集中于以下三个逐级递进的问题：第一，在“本案”中，前置行政行为能否成为法院的审查对象(即关于审查方式的问题)？第二，若可以，法院可审查前置行政行为至何种程度(即关于审查强度的问题)？第三，对前置行政行为的审查，对于被诉行政行为的效力具有何种影响？(即关于审查效果的问题)？围绕着这些问题的现状评析与个人思考，将构成本文的主体内容。

本文的研究进路将是“中国法问题、外国法视野”，[4]即在全面梳理国内有关该课题研究成果的基础上，引入日本的“行政过程论”，以一种新的方法论视角，评估现有解决方案的利弊，提出笔者自己的看法，以为日后形成一套符合行政现实和客观规律的有效方案略尽绵薄之力。

二、中国法问题的现状

围绕着对前置行政行为合法性的审查方式、审查强度与审查效果的不同见解和认识，形成了关于前置行政行为审查模式的不同解决方案，如表 1

---

〔3〕 见《城市房屋拆迁管理条例》第 6、7 条。

〔4〕 王天华教授曾在《行政裁量与判断过程审查方式》一文中论及，在我国尚未形成体系化共识、甚至判例理论本身尚未形成的情况下，进行中外比较法研究的时机并不成熟。对此，他提出了“中国法问题、外国法视野”的研究进路，即经由对外国法理论的考察，解剖其内在机理和思想内核，以为己用。可参见王天华：《行政裁量与判断过程审查方式》，《清华法学》2009 年第 3 期。受此启发，但本文的研究进路又与之稍有不同，本文的重心在于中国法问题的条分缕析，外国法视野则主要是提供一种进行观察和反思的方法论视角。

所示。

表 1　关于前置行政行为审查模式的现行方案

<table>
<tr><th></th><th>审查方式</th><th>审查强度</th><th>审查效果</th></tr>
<tr><td>方案 1</td><td>另案审查</td><td>“本案”中为存在性审查，“另案”中为全面审查</td><td>违法性截断</td></tr>
<tr><td rowspan="2">方案 2</td><td rowspan="2">一并审查</td><td>形式审查</td><td rowspan="5">违法性继承</td></tr>
<tr><td>实质审查</td></tr>
<tr><td rowspan="2">方案 3</td><td rowspan="2">证据性附属问题（单一的审查方式）</td><td>形式审查</td></tr>
<tr><td>实质审查</td></tr>
<tr><td>方案 4</td><td>证据性附属问题（混合的审查方式）</td><td>具体情形具体分析</td></tr>
</table>

方案 1〔5〕

亦即：(1) 在审查方式上，认为前置行政行为作为判定被诉行政行为合法与否的证据之一，只需进行存在性审查，若相对人对其合法性提起异议，法院应告知其另行起诉；(2) 在审查强度上，于“本案”中，只要经过质证被证明该前置行政行为是真实存在的，人民法院就应当采纳，同时，于“另案”中，自可按照《行政诉讼法》相关规定，对之进行全面的合法性审查；(3) 在审查效果上，尽管可能在“另案”中得出前置行政行为具有违法性的判断，但其违法性并不影响在“本案”中对被诉行政行为的合法性判断，〔6〕亦即采纳了“行政行为违法性截断”的做法。方案 1 在严格解释“具体行政行为合法性审查原则”的同时，也否认了前置行政行为与被诉行政行为在法律效果上的关联性。

---

〔5〕 持该方案见解的，可参见山东省高级人民法院行政审判庭：“关于审理城市房屋拆迁行政案件及相关问题的调查报告”，载最高人民法院行政审判庭主编：《行政执法与行政审判》（总第九集），法律出版社 2004 年版，第 116 页。尽管该文以房屋拆迁案件为考察对象，但其结论具有代表性，可作为一学理性总结。

〔6〕 申言之，法院在“本案”中审查被诉行政行为时，只需就行政机关作出被诉行政行为所认定的事实是否清楚，适用法律是否正确，是否遵守了法定程序以及是否具有裁决主体资格等方面进行审查，而不能扩大审查前置行政行为是否合法。

方案 2[7]

亦即：(1) 在审查方式上，认为在“本案”中，应对被诉行政行为和前置行政行为一并进行审查；(2) 在审查强度上，方案 2 内部存在两种看法：一说主张(法定要件)形式审，即仅审查前置行政行为依法所应具备的各项形式要件，[8]二说主张实质审，即对前置行政行为进行全面的合法性审查；[9](3)在审查效果上，认为前置行政行为的合法有效是被诉行政行为合法有效的要件之一，同时，若前置行政行为违法，则被诉行政行为必然违法，简言之，其采纳了“行政行为违法性继承”的做法。方案 2 的典型例证为“念泗三村 28 幢楼居民 35 人诉扬州市规划局行政许可行为侵权案”[10]、“沈希贤等 182 人诉北京市规划委员会颁发建设工程规划许可证纠纷案”[11]。

方案 3[12]

亦即：(1) 在审查方式上，认为在“本案”中，应对前置行政行为从证据角度进行证据证明力的审查，同时，其认为前置行政行为(作为一种证据)在证明力上的确定，构成“本案”中判决的“附属问题”[13]，综合言之，前置行政行为构成“本案”中的“证据性附属问题”(或“事实性附属问题”)[14]。

---

〔7〕 持该方案见解的，可参见姜驷：“审理拆迁裁决行政案件时应对复合行政行为一并审查”，载叶兆伟、王祥主编：《房屋拆迁案例精析与审理实务》，中国社会科学出版社 2004 年版，第 89—90 页；曲枫：《论复合行政行为之存在形态与司法审查》，载应松年、马怀德主编：《当代中国行政法的源流——王名扬教授九十华诞贺寿文集》，中国法制出版社 2006 年版，第 514—516 页。

〔8〕 参见姜驷：“审理拆迁裁决行政案件时应对复合行政行为一并审查”，载叶兆伟、王祥主编：《房屋拆迁案例精析与审理实务》，中国社会科学出版社 2004 年版，第 90 页。

〔9〕 参见曲枫：《论复合行政行为之存在形态与司法审查》，载应松年、马怀德主编：《当代中国行政法的源流——王名扬教授九十华诞贺寿文集》，中国法制出版社 2006 年版，第 514 页。

〔10〕 该案裁判可见《最高人民法院公报》2004 年第 11 期。

〔11〕 该案裁判可见《最高人民法院公报》2004 年第 3 期。

〔12〕 持该方案见解的，可参见于广学：《拆迁行政裁决前置行为案件审理中的法律问题》，《法律适用》2010 年第 4 期；林莉：《前置行政行为审查模式探析》，《福建法学》2008 年第 3 期。

〔13〕 “附属问题”此概念源于王名扬先生的《法国行政法》，意指一个案件本身的判决依赖于另一个问题，后面这个问题不构成诉讼的主要标的，但决定判决的内容，即称为附属问题。参见王名扬：《法国行政法》，中国政法大学出版社 1988 年版，第 591 页。

〔14〕 参见苏西刚、付文华：《民事诉讼中行政附属问题探析》，《行政法学研究》2000 年第 1 期。

(2) 在审查强度上，方案 3 内部同样存在两种看法：一说主张(证据合法性要件)形式审，即将前置行政行为定位于一种具有较强证明力的证据，对之进行要式性、主体资格、法定程序等方面的形式审查；〔15〕二说主张实质审，即全面审查前置行政行为作为一种有效证据所应具备的“三性”(即关联性、真实性与合法性)，可以说，这种审查客观上也是对前置行政行为法律效力在一定程度上的确认。〔16〕 (3)在审查效果上，该方案亦采纳了“行政行为违法性继承”的做法，但表现形式却是“被诉行政行为主要证据不足”。方案 3 的典型例证可见“杨胜洪诉宝应县建设委员会房屋拆迁行政裁决案”〔17〕。

方案 4〔18〕

亦即：与方案 3 共通的是，该方案同样将诉讼中的前置行政行为定性为一类“证据性附属问题”〔19〕，但又与之有所不同的是，该方案在区分前置行政行为是否具有公定力的前提下，进行了具体情形具体分析的探讨：(1) 对于那些不具备构成要件的“假前置行政行为”和具有明显或重大瑕疵的前置行政行为，因其不具有公定力，故该行为在“本案”中并未构成实质上的附属问题，对其证据效力即可按有效证据要件的标准进行审查。(2) 若前置行政行为具有公定力，该方案又做了进一步区分：一方面，当以其认定事实来证明“本案”事实时，其证据效力虽一般高于其他书证，但并不具有绝对证据效力，故法院可从有效证据要件标准径行审查判断；另一方面，当以其确定的特定法律关系来证明“本案”事实时，则具有绝对证据效力，若相对人提出异议，则须通过法定途径解决。方案 4 在采纳“有限公

〔15〕 参见于广学：《拆迁行政裁决前置行为案件审理中的法律问题》，《法律适用》2010 年第 4 期。

〔16〕 参见林莉：《前置行政行为审查模式探析》，《福建法学》2008 年第 3 期。

〔17〕 该案裁判可见姜驷：“审理拆迁裁决行政案件时应对复合行政行为一并审查”，载叶兆伟、王祥主编：《房屋拆迁案例精析与审理实务》，中国社会科学出版社 2004 年版，第 86—88 页。

〔18〕 参见祁贵明：《论诉讼中附属证据性行政行为问题的解决》，《行政法学研究》2004 年第 1 期。

〔19〕 尽管该文作者称之为“附属证据性行政行为”，但如作者所言，两者并无实质差别。参见祁贵明：《论诉讼中附属证据性行政行为问题的解决》，《行政法学研究》2004 年第 1 期。

定力说”的基础上，将前置行政行为的“法律效力”与在“本案”中的“证据效力”进行了对接，进而考察了前置行政行为作为一类“特殊证据”在“本案”审理中的地位问题。但不可否认的是，由于我国未建立起无效行政行为制度，亦即对前置行政行为两种类型的确定，仍需要通过司法审查来解决，这可以说是方案 4 在可操作性上的一个“硬伤”。

三、外国法视野：日本行政过程论及其方法论意义

(一) 日本行政过程论简介〔20〕

学者在引介日本行政过程论的时候，多指出该理论提出的背景在于：一是传统行政法学理论的若干局限；二是现代行政的特质与需求。就前者而言，典型者如藤田宙靖认为，传统行政法理论只以确保行政处分之法律适合性为问题考察中心，并固守“行政主体”与“私人”之二元对立关系，在对行政法律关系的理解上，区分成行政之内部关系和外部关系，也并无必然的理由。〔21〕 就后者而言，例如，现代行政所寻求的手段（或行为形式）纷繁多样，并且在具体的行政过程中，行政主体常结合复数的行为形式，这些特质显非传统的行政行为形式理论所能囊括和加以解释。

日本学者中持“行政过程论”的，代表性人物如远藤博也、盐野宏、山村恒年、大桥洋一等；各学者对“行政过程”的理解并不相同，对行政过程论的

〔20〕 由于国内已有详细介绍日本行政过程论的文献，例如江利红的《日本行政过程论研究》（中国政法大学 2008 年博士学位论文），鲁鹏宇的《日本行政法学理构造的变革——以行政过程论为观察视角》（载《当代法学》2006 年第 4 期），陈春生的《日本之行政过程论浅析》（载于氏著《行政法之学理与体系》（第二册），元照出版公司 2007 年版），因此，本文仅原则介绍此一理论的产生背景和相关内容。

〔21〕 参见陈春生：《日本之行政过程论浅析》，载陈春生：《行政法之学理与体系》（第二册），元照出版公司 2007 年版，第 277—278 页。

运用也不一样，故在日本也尚未形成统一的行政过程论。

关于“行政过程”的概念，园部逸夫法官最早对之作出了界定，其认为，所谓行政过程，是指于宪法下，行政权为达成其行政目的，所得利用之法令上、惯例上一切手段所构成的一连串程序上的连锁。此后，行政过程论各论者基于各自的立场和主张，提出了自身关于行政过程的见解。例如，远藤博也认为，行政过程论仅是一种如何掌握各种行政法现象所指涉事物的“价值中立”的观察方法，其目的在于提供作为调整利害关系之场所。盐野宏认为，现代行政法学的核心议题之一，在于将整体行政上的特殊法现象，理解为宏观意义上的过程(Process)，并预设于其中各个阶段的微观过程，进而分析其特征，予以体系化。换言之，行政法学应彻底定位于宪法规范的架构下，有关立法者所选择并用以实现具体法目的的技术之法(解释学)。[22]

关于行政过程论的具体运用，学者间主张的重点也有所不同。以远藤博也、盐野宏两位代表性学者为例：[23](1)远氏提出作为“发现、观察问题方法”(即所谓“物的思考方式”)的行政过程论，从行政过程论对于“公共性概念的检讨”、“行政行为形式理论的修正”以及“行政过程论具有独立的意义”三方面予以说明其主要内容；(2) 盐氏则提出“作为具体实现宪法价值”的行政过程论，主要包括“行政过程的构造”、“行政过程与行政法的基本原理”、“行政过程与行为形式”、“行政过程与法律构造”等内容。

(二) 行政过程论的方法论意义

尽管各行政过程论者的观点有所偏重和差别，但若对这些观点加以概

---

〔22〕 可参见鲁鹏宇：《日本行政法学理构造的变革——以行政过程论为观察视角》，《当代法学》2006 年第 4 期；赖恒盈：《行政法律关系论之研究——行政法学方法论评析》，元照出版公司 2003 年版，第81—82 页。

〔23〕 可参见陈春生：《日本之行政过程论浅析》，载陈春生：《行政法之学理与体系》(第二册)，元照出版公司 2007 年版，第 280—292 页；赖恒盈：《行政法律关系论之研究——行政法学方法论评析》，元照出版公司 2003 年版，第 84 页；江利红：《日本行政法学基础理论》，知识产权出版社 2008 年版，第 334—340 页；盐野宏：《行政法总论》，杨建顺译，北京大学出版社 2008 年版，第 56—58 页。

括总结,也能发现有关行政过程论中的主要或核心观点。[24] 其中,“方法论的革新”可以说是行政过程论者们的基本共识。这一点事实上也暗合着行政过程论现处的地位:传统行政法学理论面对现代行政固然存在一些局限性,但其概念工具、基本理论却仍具有相当的解释能力;而行政过程论尽管以反思者的姿态出现,但就其仍未能发展成一股取代传统行政法学理论的力量而言,诚如行政过程论的批评者所指出的,行政过程论在法解释学之解释法理体系、法的构造等方面有着尚未完全克服的难题。也正是因此,若是撇开前述体系论上的诘问,学者们就行政过程论在方法论上的革新意义和价值,却是给予了较为一致的肯定。

向来之行政法学理论立足于公私法的二元区分,以“行政行为形式理论”为其核心范畴,往往仅就单一行政行为的概念、要件和法律效果作“定点、静态、结论式检讨”[25]:一则,仅致力于整理、分析各种行政行为之抽象、共通的要素(即行政行为的型式化或类型化),而并未深入检讨行政活动的实际运作过程及其可能涉及的各种利益冲突,欠缺对行政现实的有效回应;二则,隔离式地考察每一行政行为,只论其法律性质(即定点式的考察方法),而未能全局地、整体地考察该行政过程,欠缺对行政活动的全面把握;三则,仅着眼于各种行政行为之最终法律效果的评价(即静态的结论式解答体系),而对产生法律效果之过程、支撑该效果的正当性因素多有忽略,欠缺法体系的展望功能和发现、设定问题的能力。

基于对前述传统行政法学方法论的反思和批评,行政过程论者提出了“全面、动态、开放式”的考察方法[26]:

---

〔24〕 具体内容可参见江利红:《日本行政法学基础理论》,知识产权出版社 2008 年版,第 347—354 页;鲁鹏宇:《日本行政法学理构造的变革——以行政过程论为观察视角》,《当代法学》2006 年第 4 期。

〔25〕 可参见赖恒盈:《行政法律关系论之研究——行政法学方法论评析》,元照出版公司 2003 年版,第 84 页;陈春生:《日本之行政过程论浅析》,载陈春生:《行政法之学理与体系》(第二册),元照出版公司 2007 年版,第 303—309 页。

〔26〕 有关论述,还可参见江利红:《日本行政法学基础理论》,知识产权出版社 2008 年版,第 347—349 页;陈春生:《日本之行政过程论浅析》,载陈春生:《行政法之学理与体系》(第二册),元照出版公司 2007 年版,第 303—309 页。

第一，立足于整体行政活动过程的全面考量。一则，应当将传统行政法学所忽视的内部行政行为、非定型行政行为以及事实行为等行政处分以外的各种行为形式纳入行政法学的视野；二则，应当对行政过程中的各项行为之间的相互关系加以全面地考察。在现实的行政活动中，一个或多个行政主体常结合复数的行为形式，共谋一项行政任务或行政目的的实现，在行政过程论者看来，其间的每一项行为形式都具有自身的法律含义，它们之间的联系、效力上的牵连理应得到完整的法律评价。

第二，立足于行政过程的动态分析。行政行为在理论上能够获得独立的评价，且这种评价也是为理论研究所必要，但另一方面，在现实的行政过程中，往往是复数的行政手段连续地被运用，并导致最终的法效果的确定。行政过程的分节型、阶段化，是现代行政手法的本质性变化之一。[27] 在行政过程论者看来，对应于现代行政的复杂化、多样化，应将行政活动作为在空间上、时间上的一个过程，予以能动地、动态地考察，以真切把握行政过程的流动发展和互动结构。

第三，立足于行政现实的开放式体系构建。诚如行政过程论者远藤博也所指出的，现行行政法学乃基于制度内在的论理，提出(问题)解答的体系，这一做法在导致自身封闭化倾向的同时，也怠于开发“设定问题”的能力，从而陷于行政法理论内容的贫乏。在远藤博也看来，应面对行政现实，着重于“问题之体系”，而不偏向于那种立于特定价值判断基础之上的“解答之体系”。可见，远氏所采取之问题的思考，系立足于实际的观点，设定与其特殊性相应的问题，并考虑处理这些问题的立场；它并不必然指向某一种现成的制度内在的解答体系，当然，其也并未放弃对解答的探求。

---

〔27〕 参见大桥洋一：《行政法学的结构性变革》，吕艳滨译，中国人民大学出版社 2008 年版，第 6—8 页。

四、行政过程论视野下的前置行政行为审查模式

前已论及，现代行政过程中，相关行政主体往往是运用复数的行为形式，这些行为形式之间具有不同的组合、样态，并对最终的法律效果都起着一定的影响。前置行政行为的客观存在，是其中的一种组合方式，它的特征已在前文予以阐述；此处需要强调的是，前置行政行为与后续行政行为（即“本案”中的被诉行政行为）共同构成一个完整的行政过程，它们之间具有合法性上的联结，同时，它们也共同影响着最终的法律效果。行政过程的这一整体性特质，在诉讼层面的意义上，便可以归结为“司法判断的完整性”，即：在“本案”中，不仅要对被诉行政行为作出法律评价，同时也需对前置行政行为作出独立的法律评价；此后，在前面作业的基础上，并需作出复合式的法律评价。

（一）在“本案”中，前置行政行为具有单独法律评价的意义

这一点的具体涵义如下：

第一，前置行政行为具有获得单独法律评价的“主体资格”。向来之行政法学理论，多关注最终行政行为的法律效果，而疏少论及过程之中的行为形式，纵使是有所论及，也往往未给予其独立的法律评价地位。但这种局面显然已无法回应现代行政的多样性特质，也未能正视前置行政行为的客观存在。显然若是从行政过程论的视角来看，过程之中的各项行为形式构成“一连串程序上的连锁”，在每一阶段（或分节）中，进行着各自的行政判断，其内容已具有相当高的成熟性；又从动态流变的角度来看，最终的行政行为之作成，却往往是之前的行政过程所发展出的一项“偶然性结果”，而并非依制度法理所能应然得出的一项“内在推理”，就这一点而言，过程中的各行为更是具有获得独立法律评价的意义和资格。

第二，所谓单独法律评价，在诉讼层面的意义上，是一类“实质审查”。依传统行政法学理论看来，司法权对行政权的审查应尊重权限分配秩序的客观事实，而这本质上涉及司法权对行政权的审查强度问题。基于这一层考虑，纵使是那些认可前置行政行为在“本案”中具有可审查性的学者，他们也多主张对前置行政行为的“形式审查”。然则，若仅对前置行政行为进行形式审，相应的合法性判断势必不完整，这对于“本案”中的被诉行政行为合法性审查而言，也将导致其在最终效力判断上的“不确定性”；同时，“实质审”与所谓的程序正义也并不存在不可调和的矛盾。实质审反对者的一个主要理由便是，在“本案”审查中，因并未给予前置行政行为当事人、利害关系人以陈述、辩论的机会，故有违程序正义。但这一点仅是一类技术性问题，大可以通过在“本案”中追加有关当事人、利害关系人为第三人的方式予以解决。当然，就终极的本质性原因来说，实质审既是前置行政行为之“主体资格”的当然意涵，也是司法判断之完整性的必然要求。

（二）在完整的司法审查基础上，法院形成最终的复合式法律评价

这一点的具体涵义如下：

第一，前置行政行为与被诉行政行为在“本案”中接受一并审查。依行政过程论的视角来看，现代行政中常运用复数的行为形式，这些行为形式之间存在各种关系的组合，其阶段上的连续同时也带着效力上的联结。基于这些关联性，法院一并审查前置行政行为与被诉行政行为，这在提高诉讼效率和方便当事人诉讼的同时，也避免了分开审理所易导致的司法不统一问题。此处，反对者或会指出，在未经相对人或利害关系人启动的情形下，法院径自对前置行政行为一并审查，是有违不告不理的原则。对此，笔者回应如下：一方面，现实中多数前置行政行为的作出，本就没有当事人或相关利害关系人的参与，由此，若在后续行政行为的审查中，仍剥夺他们就

前置行政行为所享有的“救济(或弥补)权”,于权益保护层面而言,实在不公;另一方面,既然法律赋予了法院(司法)对行政主体特定行为(限定于行政诉讼受案范围)的审查权,在“司法最终解决争议”的层面上而言,此种法定审查权必然意味着对所有能够影响被诉行政行为合法性判断之因素的考虑,这其中之一便是前置行政行为的合法性问题。事实上,这样一种“被诉行政行为审查权在前置行政行为领域内的延伸”现象,在实践中具有更为突破性的意义,即法院所能审查的前置行政行为已经扩展到了法定受案范围之外的对象,例如行政规范性文件〔28〕、行政机关内部行为〔29〕等,而尽管这种审查尚停留于形式审层面。

第二,在一并审查的基础上,法院形成最终的复合式法律评价。具体而言:(1) 基于前置行政行为与被诉行政行为的个体性,法院需要给予两类行为以各自的法律评价;(2) 基于两类行为之间的关联性,法院所作出的最终评价又具有复合性,即可区分为“前置行政行为违法、被诉行政行为必然违法”、“前置行政行为合法、被诉行政行为也合法”以及“前置行政行为合法、被诉行政行为违法”等三种情形;〔30〕(3) 综合考虑到法律关系安定性

---

〔28〕 可参见“某能源开发有限责任公司北京分公司不服市质量技术监督局行政处罚案”,载北京市高级人民法院行政审判庭编:《北京行政诉讼案例研究》(第 2 卷),法律出版社 2003 年版,第 307—311 页;陈良刚:“论司法对行政规范的审查及其合理限度——立足于现行行政诉讼制度的操作分析”,载最高人民法院行政庭编:《行政执法与行政审判》(总第 20 集),法律出版社 2007 年版,第 64 页。

〔29〕 例如,“念泗三村 28 幢楼居民 35 人诉扬州市规划局行政许可行为侵权案”,载《最高人民法院公报》2004 年第 11 期;“乔占祥诉铁道部案”,具体裁判内容可参见胡锦光主编:《中国十大行政法案例评析》,法律出版社 2005 年版,第 259—273 页。

〔30〕 此处,实则牵涉对“行政行为违法性继承”此一课题的理解。依朱芒教授看来,行政行为之间是否具有违法性继承的性质,需要考虑先行行为中合法性瑕疵所侵害的权利是否与公共利益或者公共秩序存在竞合性。参见“判例分析在行政法学研究中的作用——记朱芒教授讲座”,http://www.chinapublaw.com/display.php? newsId=174,最后访问时间:2010 年 5 月 15 日。换言之,在其看来,先行政行为的违法性与后行政行为的违法性之间并不一定是相对应的关系。这一观点具有启发意义,也表明该课题的研究尚存在深入探讨的余地。然则,限于篇幅和自身的研究能力,以及笔者对前置行政行为的涵义限定,故笔者仍主张前置行政行为与被诉行政行为之间在违法性继承上的统一性。换言之,本文与朱芒教授之观点上的分歧,可能更多的是在于对前置行政行为的定位上。

的客观要求[31]、我国管辖权的法定分配制度等因素，在最终的判决形式上，不宜由法院对前置行政行为作出一份独立的判决，而大可以适用“确认前置行政行为对被诉行政行为的影响”的裁判方式，[32]在对被诉行政行为作出相关判决的同时，通过判决主文的阐述，也间接地使得法院对前置行政行为的法律评价具有外部性效力。

五、评析与展望

由行政过程论所引发的启示，对于现行各解决方案的评析和将来之可行性方案的设计具有重要意义。

(一) 关于现状的评析与反思

在审查方式上，方案1、2与方案3、4的区别在于是否承认前置行政行为作为一类可独立接受法律评价的行为所具备的“主体资格”，前两种方案予以了承认，而后两种方案在将之定位为一类“附属问题”的同时，实则也否认了应给予前置行政行为一份独立的法律评价[33]。方案1与方案2的区别则在于是否承认前置行政行为与被诉行政行为可在“本案”中接受一并审查，前者实质上持否定态度[34]，后者持肯定态度。对此，可以说，方案1尽管意识到了前置行政行为的个体性，但因过于强调此种个体性，而无视

---

[31] 例如，前置行政行为在时间上和空间上存在对其他人权益的隐形影响，第三人对给付型前置行政行为的信赖利益保护等问题，都与法律关系的安定性有着直接的关联。

[32] 相似看法，可参见曲枫：《论复合行政行为之存在形态与司法审查》，载应松年、马怀德主编：《当代中国行政法的源流——王名扬教授九十华诞贺寿文集》，中国法制出版社2006年版，第515页。

[33] 在方案3、4看来，对前置行政行为所进行的附带性法律评价，仅是为了服务于被诉行政行为之合法性的最终判断；换言之，方案3、4所立足的基点仍是传统行政法学理论所关注的“法的最终效果”。

[34] 尽管方案1也主张在“本案”中对前置行政行为进行所谓的审查，但这种审查仅是“存在性审查”，与那些具有法律评价意义的审查（包括形式审和实质审）相比较，这样的审查毋宁称之为“确认”更合适。

了它与被诉行政行为之间的关联性。

在审查强度上，仅就“本案”中对前置行政行为的审查而言，在方案2、3、4的内部意见中，各有主张形式审和实质审的。同时，方案2与方案3、4中的形式审有所区别，前者所审查的是行政行为的法定形式要件，后者所审查的则是证据的(形式)合法性要件；方案2与方案3、4中的实质审也有所区别，前者全面审查行政行为的合法性，后者则是从有效证据要件标准(即证据的“三性”)出发所进行的审查。对此，前文已经阐明，在“本案”中应对前置行政行为进行实质审查(即全面的合法性审查)；形式审则无法给予被诉行政行为以终局的合法性认定，也即意味着争议解决的不彻底性。

在审查效果上，方案1与方案2、3、4的区别在于是否承认“行政行为的违法性继承”，前一种方案予以了否认，后三种方案则持肯定态度。对此，基于前置行政行为与被诉行政行为在法律效果上的联结，理应采纳“行政行为的违法性继承”一说。

(二)关于可行性方案的基本设计

基于前述分析，笔者以为，一项可行的设计方案起码应包含以下几点内容，当然，这一方案的诸多细节设计仍有待完善：

第一，在审查方式上，前置行政行为与被诉行政行为在“本案”中应接受一并审查。

第二，在审查强度上，于“本案”中应实质审查前置行政行为的合法性。

第三，在审查效果上，法院在“本案”中对前置行政行为和被诉行政行为作出复合式的法律评价。

第四，在裁判方式上，法院应适用“确认前置行政行为对被诉行政行为的影响”的裁判方式，在对被诉行政行为作出相关判决的同时，应在判决主文中阐明对前置行政行为的法律评价结果。

(作者单位：中国政法大学)

【特邀编辑：吴振宇】

“行政自我拘束原则”的现代扩张与评介*

熊樟林

一、引　言

缘由管制领域遭到经济学的批判，已经成功地迫使行政法学者突破对程序或者形式因素思考的局限……转向一种更为实体性、经济性以及制度性视角，他们更关注运作的内容[1]逐渐脱离传统学说的羁绊，试图在控权方案的选择上架构一套多元机制，以适应现代社会的多变特征。在这其中，晚近展开的诸如“行政自制”、“软法治理”及“裁量基准”等方面的微量研究，正对传统理论中“行政自我拘束原则”产生理解上的放大效果，这无疑需要给予一定程度的理论关怀，以便我们可以对内部控权机制投入更多的理论预设与风险评估。在选择如何看待“行政自制”、“软法治理”及“裁量基准”等新型理论方面，基于保持理论研究传承性之目的，本文选择的中心议题是：围绕“理论渊源、概念内涵、司法态度”等因素，展开对行政自制、软法治理、裁量基准与行政自我拘束原则之间的比较研究。我们认为，行政自制、软法治理及裁量基准等路径，是行政自我拘束原则现代扩张的标示，其一方面与行政自我拘束原则存有诸多联系，同时亦在“适用要件”、“司法态度”等方面有所差异。

---

* 本文系作者于江苏省哲学社会科学界学术大会法学专场之主题发言，感谢东南大学法学院顾大松教授提出的宝贵意见。

〔1〕 [美]理查德·A. 波斯纳：《行政法的潮涨潮落》，蒋红珍译，《比较法研究》2007 年第 4 期。

二、行政自我拘束原则的两种理论基础及差异

（一）两种不同的理论基础

所谓行政自我拘束原则，是指行政机关于作成行政处分时，对于相同或具有同一性的事件，如无正当理由，应受“行政先例”或“行政惯例”之拘束，而为处理，否则即违反平等原则而构成违法。〔2〕按照这一概念表达，在渊源方面，行政自我拘束原则乃宪法平等（对待）原则所衍生之行政裁量的准则。〔3〕然而，事实上“行政自我拘束原则”是对宪法平等原则的第二次衍生和演绎。在早期论域中，对宪法平等原则的理解仅仅等同于“禁止恣意原则”，而并不包括“行政自我拘束原则”，与行政自我拘束原则相差异的是，禁止恣意原则的大意是指：“如果一个法律上之区别对待或相同对待不能有一个合乎理性、得自事物本质或其他事理上可使人明白之理由，简单地说，如果该规定被认为恣意时，则违反平等原则。”〔4〕尔后，驱使行政自我拘束原则进入平等原则范畴的主要推力在于——在司法实践中，禁止恣意原则仅仅在达到严重程度时才构成被撤销的理由，并不能充分保护公民的平等权，且其更多意义上归属于权力监督层面，是一种他律方案。如此，理论研究为了能在自制方面有所补充，遂将行政自我拘束原则添加其中。是故，“行政自我拘束原则强调的是基于行政自身所制定的基准、所做出的决定乃至所采取的措施的拘束性。”〔5〕从这个意义上来说，“禁止恣意原则”和“行政自我拘束原则”是从外部和内部两个维度对宪法“平等原则”进行诠

〔2〕 林锡尧：《行政法要义》，元照出版公司 2006 年版，第 56 页。

〔3〕 周佑勇：《行政法基本原则研究》，武汉大学出版社 2008 年版，第 218 页。

〔4〕 张锟盛：《析论禁止恣意原则》，载城仲模主编：《行政法之一般法律原则》，三民书局 1999 年版，第 204 页。

〔5〕 杨建顺：《论行政裁量与司法审查——兼及行政自我拘束原则理论根据》，《法商研究》2003 年第 1 期。

释的，而这恰恰也是行政自我拘束原则内涵得以现代扩张的根本属性。

尽管行政自我拘束原则控权机理本质上归属于行政自我约束，但其并非仅仅依靠行政主体或执法人员自我调控便得以实现。背离望文生义的另外现实是：现阶段理论研究往往将其设置成一套严格的逻辑框架，只有在满足诸如“存在行政惯例”、“且惯例本身必须合法”等条件时，行政自我拘束原则才能得以运用，[6]这大大限制了行政自我拘束原则的概念内涵，而这本身又无法从理论演绎的逻辑上找到诟病，因为囿于宪法平等原则下的行政自我拘束原则天生就存有如下两项软肋：(1) 它只能是按照上述构成要件进行展开，只有在这些条件下它才能获得合法性；(2) 此种行政对平等原则的理解，其效力指向的主要是“相对人与第三人(亦即行政先例中的相对人)之间的平等”，而非“行政两造之间的平等”。因此，行政自我拘束原则在宪法平等原则下的理解，本身便是在戴着脚铐跳舞，对这种路径的法治期望注定是有限的。

于是在这种状况下，行政自我拘束原则的基础理论开始选择突破宪法平等原则仅有的一种框架，展开补充路径的另外思考是：学者亦曾将诸如信赖保护原则或诚实信用原则等方面，作为行政自我拘束原则的基础理论加以诠释。在德日行政法理论中，其往往被表述为：“行政机关的裁量权亦可能因信赖保护而造成自我缩减，亦即：由于行政机关先前的作为或可预期的不作为，使人民产生一定的信赖，从而基于信赖保护的观点，行政机关仅有为特定行为的可能。”[7]而在实务层面，此种理解方式亦通过晚近被广泛关注的“行政承诺”制度加以展开。一般认为，行政承诺是行政自我拘束

[6] 台湾及内地学者基于行政自我拘束原则概念内涵，一般认为适用行政自我拘束原则应当包括如下条件：(1) 要有行政惯例(行政先例)的存在，至少应该包括两个以上之相同案件存在；(2) 行政先例本身必须合法；(3) 必须行政机关就该案享有决定余地。分别参见林国彬：《论行政自我拘束原则》，载城仲模主编《行政法之一般法律原则》，三民书局 1999 年版，第 255—259 页；尚海龙：“论行政自我拘束原则”，载《政治与法律》2007 年第 4 期，第 63—64 页。

[7] 李建良：《论行政裁量之缩减》，载翁岳生教授祝寿论文编辑委员会：《当代公法新论(中)——翁岳生教授七秩诞辰祝寿论文集》，元照出版社 2002 年版，第 132 页。

的典型形式，其是一种自律行为，是行政主体自身自我设定义务的自我约束，[8]"行政机关建立行政执法承诺制不是它的法定义务，该制度的最大属性就是自愿性"；[9]另一方面，行政承诺作为行政自我拘束原则的制度形态，其理论基础理应是信赖保护原则，这从"承诺"二字本身属意上便可得见。因此，宪法平等原则下理解的行政自我拘束含义，在现代社会实际上已经发生了转变，在本文中，我们将这种转变称作为现代扩张。

（二）差异和影响

当我们从"平等原则"和"信赖保护原则"两个角度，完整呈现行政自我拘束原则理论基础时，我们必须区别它们之间的差异，这主要表现在：其一，平等原则是一项宪法原则，而信赖保护原则却来源于私法领域中的诚信原则，其多带有意思自治的意味。此区别在于，后者更多地要求行为主体在实施某种行为时，必须具备诚实、善意的人文精神，[10]抑或是"内心状态的要求"，[11]更能体现自我约束的本质属性，是控权理念现代化的基本精神；其二，平等原则本身的适用范畴较广，而信赖保护原则仅适用于授益性行政行为，但这并不意味着什么。唯一需要指出的是，这种差异恰恰带来了一种研究偏好——我们基于扩充适用范围的考虑，往往更愿意将平等原则作为基础理论的主流，而不是信赖保护原则，但这同时也并没有带来多少实效。如上所述，宪法平等原则下的行政自我拘束原则更多体现为外部监控，而非内部领域的自我约束，这本身和行政自我拘束原则的制动动力是存有出入的，因为自我拘束的原始意义是"自律"，尽管我们并不反对在一个范畴内同时存在自律和他律两种控权方案，但毕竟不能脱离依据去实现目的，这多少有点本末倒置的意味。

---

〔8〕 王燕：《行政承诺不作为的司法救济研究》，《政治与法律》2009年第9期。

〔9〕 章新生、关保英：《行政执法承诺制研究》，《法商研究》1998年第2期。

〔10〕 周佑勇：《行政法基本原则研究》，武汉大学出版社2008年版，第228页。

〔11〕 徐国栋：《民法基本原则解释——成文法局限性之克服》，中国政法大学出版社1997年版，第79页。

当然，本文并不是这种差异的起点，事实上，在行政自我拘束原则的发展历程中，始终伴随着这两种基础理论的较量与平衡，而这一差异带来的影响主要表现为：(1) 保证行政自我拘束原则的制度形态不会偏离自律的轨道；(2) 造就了行政自我拘束原则后一种基础——基于信赖而理解的自律——呈现出现代性扩张的局面，现阶段看来，它表现在理念形态上行政自制和软法治理理论的萌芽以及实践层面裁量基准工程的兴起。

三、行政自我拘束原则的理论扩张与实践尝试

基础理论的转变和补充，或许并不意义深远，从宪法平等原则到信赖保护原则，仅仅是解释角度的变更，而并不能改变适用“行政自我拘束原则”应当具备的各种条件，且这种基础理论范畴的各种论证，最后并不排斥司法权的横向监督，而这在我国法治环境中恰恰是举步维艰的。于是，为了在现有制度下架构一套能够最大程度释放行政自我拘束原则内涵的控权理论，国内学者正试图在内部控权方面更为坚决地架构理论体系，这便是晚近出现的三种学术现象——行政自制、软法理论以及裁量基准。本文认为，这些称谓或研究面向，事实上皆是行政自我拘束原则基于添加信赖保护基础理论之后，出现现代扩张的表现形式，尽管它们之间确实存有差异。

(一)“软法”与“行政自制”的理论形态

理论形态上，“软法”和“行政自制”都是诠释行政自我拘束原则的典型方式，因为它们都坚决地断绝了行政自我拘束原则与司法审查之间的晦涩关系，这是对传统内部控权理论质的超越，具有革命性的意义。而对于行政自我拘束原则而言，无论是遵从先前的宪法平等原则，还是后来的信赖保护原则，都与司法审查含糊不清。因此，在这一意义上，软法和行政自制理论是一种彻头彻尾的“自我拘束”，二者是对行政自我拘束原则的全新诠

释。当然。尽管如此，也并不妨碍我们将它们归入行政自我拘束原则之下，因为这两种理论的出发点，和行政自我拘束原则并无两样，它们都是为了在内部控权或者是自律方面有所成就：

1. 对软法理论而言，尽管其基地并不牢固，[12]但学界对软法是以完全抛弃司法为特征的新型理论，已基本认同。一般认为，软法是针对行政法领域中大量存在的、不以司法为保障的社会规范所提出的理论，该理论旨在充分挖掘现实中易被忽视、但却具备潜在控权功能的软法规范的重要价值。在关于软法的众多论证中，"不以司法为保障，何以能实现规范效果?"(亦即软法责任如何实现?)，往往成为学者著书立说的主要领域，他们先后运用狄骥的社会连带主义、哈贝马斯交往行为等理论予以解说，最后得出的结论是，"信誉"、"禁忌"等非理性因素是实现软法责任重要保障。事实上，从此处我们便可以大致得出，不依靠司法强制力的软法理论，事实上是对行政自我拘束原则的扩张理解，尽管其过分超越行政自我拘束中的"平等对待"思想，但从本质上说，软法治理的大部分控权理念是来自行政主体自身的，其是一种归属于行政系统内部的法学思想。同时，如果我们并不仅仅囿于宪法平等原则，而是以信赖保护对行政自我拘束原则加以理解，这种趋势则更加明显，因为在实现软法责任的诸多社会力量中，究其根本是需要依赖诸如"诚信政府"等体现自我规制的信誉体系加以实现的，[13]而诚信无疑应当归属于信赖保护范畴之内。因此，我们说软法理论是行政自我拘束原则现代扩张，而更为确切地说，是对行政自我拘束原则信赖保护基础理论的进一步诠释。

2. 相较于软法理论而言，行政自制理论的"自我拘束"特征更为直接，

---

〔12〕 如有学者认为："软法没有可靠的理论基础，且软法理论通常以彻底的主观主义的立法理念为预设前提，依照这种观念，国家可以指定任何它们所希望制定的规范。"参见 Jan Klabbers："冗余的软法"，魏武译，载《行政法学研究》2008 年第 2 期。

〔13〕 综合现阶段各种认识，一般来说，影响软法责任实现的社会权力大致有如下几种：(1)群体压力；(2)通过教育培养道德意识；(3)对禁忌的恐惧和崇拜；(4)声誉的潜在作用；(5)群体目标和群体领袖。参见毕雁英：《社会公法中的软法责任——一种对软法及其责任形式的研究》，载罗豪才等著：《软法与公共治理》，北京大学出版社 2006 年版，第 265—268 页。

我们甚至于认为此种关注于裁量权内部控制的新型理论，完全是对行政自我拘束原则内涵的再次演绎，它的大部分体制设计都没有偏离行政自我拘束原则的范畴，譬如它们对行政惯例示范机制和行政裁量权格次化的认可，[14]实际上是行政自我拘束原则在宪法平等原则下的应有内容，一般认为，通过行政惯例形成的效力约束，是行政自我拘束原则最为主要的理论内涵；又如它们对内部行政法律关系和行政内部分权制度的青睐，[15]实际上和学者将行政诉愿（即行政复议）归属于行政自我拘束原则范畴的论证，本质上是类似的。[16] 因此，在某种意义上，抛弃理论研究应当秉承的连贯性或继承性，置行政自我拘束传统理论于不顾，以行政自制的创新理论全然替代，这可能并不科学，因为行政机关的组织心理可能还没有对先前的理论予以接受，理论研究自身就已经动摇了，或许这的确是在飞跃，但同时可能意味着前功尽弃。当然，必须肯定的是，在功能主义立场上，行政自制其实是一种更具中国特色的理论主张，因为它已经完全不对行政诉讼寄予厚望了。这种全然意义上的超脱现象，给研究者带来的最大欣慰是——从此以后，内部行政法与外部行政法可以在形式上分道扬镳了，同时此种对内部行政法或者是内部控权理论的集中关注，无疑更加适宜我国国情。

（二）裁量基准的实践尝试

当行政自我拘束原则在软法治理、行政自制理论中获得二次演绎后，其在实践领域的尝试便势不可挡了，从 2004 年浙江金华小试牛刀，到 2009 年国务院意欲推出实施于全国的《关于规范行政裁量权的指导意见》，裁量基准成为一种明星制度，开始在政府角色中大力践行行政自我拘束原则。时至今日，尽管关于裁量基准控权逻辑、法律效力等基本问题依旧无法定

---

〔14〕 崔卓兰、刘福元：《论行政自由裁量权的内部控制》，《中国法学》2009 年第 4 期，第81 页。

〔15〕 崔卓兰、于立深：《行政自制与中国行政法治发展》，《法学研究》2010 年第 1 期，第 45—46 页。

〔16〕 蔡志方：《从“行政程序法”与“诉愿法”上的职权撤销违法处分，论行政权力的自我约束机制》，《清华法律评论》，2009 年 3 月第 3 卷第 1 辑。

争,但无可否认,作为一种自律方案,裁量基准已经在打造"诚信政府"的形象中备受青睐,而在此流行态势下,理论研究当然亦会涉足,现阶段看来其往往被两种理论所探讨:(1) 在第一种形态下,当我们将裁量基准仅仅视为规则时,其往往被定位为软法性质,裁量基准通常是软法论者认定的主要实践形式之一;〔17〕(2)在第二种形态下,当我们将裁量基准视为控权理念时,更多将其理解为行政自制理念。〔18〕

当然,从软法和行政自制的理论结构与内涵来看,将裁量基准归为此两类并无不可,发端于实践层面的裁量基准工程,事实上和软法、行政自制理论兴起的时代背景亦是不谋而合的,它们皆源于现代行政权膨胀与传统控权模式示微之间的矛盾而出现的。然而,这并不代表理论研究可以出现异常突兀的断层现象,应当看到,裁量基准在既往理论研究中并非新生事物,早在学者开始探讨行政自我拘束原则时,它就已经作为范畴内的形式而存在着,只不过在现在舆论形态下我们称为"裁量基准",彼时称为"行政规则"罢了。〔19〕 而更为精确地说,裁量基准与行政自我拘束原则之间的关系亦异常密切——因为裁量基准的对外效力是无法直接表达的,其必须在适用该基准时通过具体行政行为对外发生,而单单一个具体行政行为又无法完成这一任务,必须是行政机关在已经适用该裁量基准做成一个以上行政处分而形成惯例时,相对人才可对一个违反惯例的具体行政行为,主张违反宪法平等原则而获得救济。〔20〕 因此,在这种意义上,裁量基准工程的兴起,事实上是对行政自我拘束原则理论内涵的释放现象,属于行政自我拘束原则现代扩张的实践形式。

---

〔17〕 周佑勇:《在软法与硬法之间:裁量基准效力的法理定位》,《法学论坛》2009 年第 4 期,第 13—14 页;另外,在软法理论研究的门户网站上,同样设有裁量基准的子栏目。参见北京大学法学院软法研究中心主办. 北大软法网[EB/OL]. http://www.pkusoftlaw.com/.

〔18〕 崔卓兰、刘福元:《论行政自由裁量权的内部控制》,《中国法学》2009 年第 4 期页;崔卓兰、于立深:《行政自制与中国行政法治发展》,《法学研究》2010 年第 1 期。

〔19〕 尚海龙:《论行政自我拘束原则》,《政治与法律》2007 年第 4 期。

〔20〕 林国彬:《论行政自我拘束原则》,载城仲模主编:《行政法之一般法律原则》,三民书局 1999 年版,第 260 页。

四、评 介

概括来说，行政自我拘束原则的现代扩张主要是就以下两个方面而展开的：

1. 行政自我拘束原则并非仅仅基于宪法平等原则而发生，其同样可以在信赖保护原则下获得发展，譬如软法治理理论对“声誉潜在作用”的挖潜，以及晚近对行政承诺、裁量基准制度的偏爱。

2. 行政自我拘束原则并非必须要在获得司法权力的支持之后，才能彰显“自我拘束”的异性，其完全可以走向彻底抛弃司法权的康庄大道，譬如行政自制和软法理论对司法强制力的摆脱。

诚然，软法和行政自制理论扩张形式已既定存在，只不过这些基于同一渊源（即行政自我拘束原则）的创新理论并没有彼此照面，而仅仅本文主张它们是同根的。也正因此，我们常常看到，一种理论主张为了获得实践的佐证，往往急于将某种新生制度归入旗下，而全然不顾既已存在的差异，这必然会出现混乱，在本文主题上，其表现为对裁量基准的属性归类以及关于行政自我拘束与司法权之间的关系两个重要方面。因此，在现阶段看来，行政自我拘束原准则在理论形态上的现代扩张，可能存有一定程度的危险性。

（一）解读裁量基准的各种理论及相互矛盾

裁量基准本身并非理论形态，它仅仅只是一种控权实践形式，值得我们关注的应该是其背后的理论基础。对此，国内学者的解读主要集中于三种理论中，它们先后分别是：行政自我拘束原则、软法以及行政自制理论。一方面，行政自我拘束原则与裁量基准之间关系异常密切，从国外相关理论发展来看，其集中于裁量基准的对外效力往往需要依靠行政自我拘束原则才能得以实现；另一方面，软法与行政自制理论基于裁量基准可能是其一种实践形式,而通常也将裁量基准归入旗下。如此,便会产生矛盾,如果我们不承认软法和行政自制是行政自我拘束原则的现代扩张形式,对于裁量基准同时归属于上述三种理论,实际上是无法理解的,因为:

1. 裁量基准到底是否需要司法作为保障,三种理论的答案并不相同。在软法和行政自制理论看来,裁量基准并不依靠司法便可实现其控权功能,因为和司法脱离关系本身就是它们的核心思想。然而,行政自我拘束原则理论却恰恰相反,如上所述,裁量基准的对外效力,必须依靠司法对行政自我拘束原则包含的平等思想予以支持才能实现,因此裁量基准控权力量中必须要有司法的成分。

2. 应当看到,在裁量基准主题上,软法和行政自制彼此认同可能仅仅只停留于司法权关系界定上。而在其他方面,软法和行政自制理论并不等同,软法理论尽管讲求自愿规则,排斥司法权力的介入,但其更加偏重建立开放式的参与制度,依靠外在权力(主要是社会权力)实施法律控制;而行政自制则更加强调行政主体系统内部的机制运作,譬如公务员内部考核机制、行政权力本身的分化,其和软法监督力量的来源并不相同。这种理论归属之间的差异,导致的最大不足在于,我们至今都无法对裁量基准的公开性问题予以定论,因为如果将裁量基准归入软法范畴,那么基于软法"开放协调法"基本理念,公开裁量基准无可厚非;而如果将裁量基准归入行政自制范畴,那么基于裁量基准仅仅是内部行政法课题,行政机关自当无公开之义务,充其量只是一种努力。

(二)行政自我拘束与司法权的肯定关系

另一方面,当行政自我拘束理论形态中出现行政自制与软法理论之后,行政自我拘束究竟是否必须要和司法权撇清关系?是否真的要像软法与行政自制理论一样,建立一种完全自律的理论体系,便需予以界定。从软法和行政自制理论看来,否定自制与司法权的关系是一种更为高明的控权哲学。然而,我们认为,事实上软法与行政自制理论对行政自我拘束与司法权关系的解读，并不具有典型意义，真正意义上的行政自我拘束并不排斥司法权的介入，甚至于依旧可以将司法作为终极力量。只是与传统控权理念不同的是，行政自我拘束理论理应重点建立自律性质的控权机制，而不是其他国家权力的监控，这是一个主次问题，而非是非问题，其可以从如下方面得到佐证：

1. 从根本上说，行政自我拘束发端于司法实践对行政惯例的尊重，而非其他，当行政惯例反复得到司法判断后，学者基于宪法平等原则，才发展出行政自我拘束的理论雏形。〔21〕因此，行政自我拘束原则的发展脉络始终也没有脱离司法的支持。

2. 即使行政自我拘束异于传统控权理论，但其终究不过是控权环节重点突出的一个部分。必须认识到，控权环节的整体应当是以司法作为终点的，这就好比在谈论行政程序时一样，我们即使认为行政程序法的控权逻辑非常完美，其终究只是一个部分，程序控权最后还是需要司法予以保障的，这在现阶段国内行政程序法僵局中，完全可以得到证实。

3. 软法和行政自制理论，仅仅是行政自我拘束理论在国内学术发展中的一种特殊形态。在某种程度上，裁量基准、软法、行政自制以及时下盛行的“平衡论”思想出现，仅仅是国内理论在应对行政诉讼僵局时表现出的一种暂时性退却现象，或者是折中。换句话说，在我们无法期待司法给予力量支持状况下，我们只能从传统控权理论中开拓出一个期望行政主体自我拘束的领域加以发扬。但必须区别和注意的是，这些理论和实践形式的兴起，在法治途径中可能只是暂时的，因为法治终究是要对司法权顶礼膜拜的，无论是行政自我拘束，抑或是其他控权方案。因此，软法和行政自制理论的扩张，仅仅只是行政自我拘束理论的理想形式，其并不能改变行政自我拘束与司法监督之间联系。

4. 软法和行政自制理论也并不像学者所构建的那样，和司法完全没有

---

〔21〕 林国彬：《论行政自我拘束原则》，载城仲模主编：《行政法之一般法律原则》，三民书局1999年版，第260页。

关系,一个自相矛盾的事实便是其急于统摄的裁量基准实践形式。事实上,我们可以肯定的是,按照国外实践、甚至于我国裁量基准的发展态势,裁量基准完全不是一个脱离司法视野的控权方法,一方面,域外实践对归于非立法性规则的裁量基准已经并不争论该不该有司法权力的介入,而是在探讨该如何更好地确定司法审查的强度问题了;[22]另一方面,尽管行政诉讼在我国非常可悲,但能够说明问题的是,国内已有对裁量基准的效力予以司法评判案例了。[23]

五、结 语

坦诚地说,对诸如裁量基准、行政自制、软法等内部或自律理论的兴起,究竟是出入何种原因,我们一直存有担忧。源于传统理论研究在我国并不可观,而同时我们又易于将原因归结于国内法治环境的滞后,这让我们不由自主地产生一个质疑:国内行政自我拘束理论的现代扩张,是否意味着行政法理论研究的退缩呢?具体来说,是否是我们在面对行政诉讼僵局时,选择不去抗争,而是归顺呢?当然,基于传统文化与法治之间的契合,选择从行政内部系统中挖掘法律文化资源,构建特色机制并无不可,这本身是符合社会主义法治理念的,在环境异常艰苦态势下,另辟蹊径的路径选择亦是极具现实意义的。但是,或许并不应该急于肯定这些走向,我们认为,行政法学理论焦点的转移,只有在两种情形下才可以发生:(1)一种主流控权理念已经大体论证清晰;(2)这种控权理念与本土法律文化之间的矛盾已经不可调和了。这两者尽管看起来非常模糊,但很明显,其和国内现阶段行政法发展状况并不印证,我们一方面对传统控权理论的论证仍未清晰,另一方面行政主体本身对行政法治依旧不愿接受,在一切仍未

---

〔22〕 Russell L. Weaver. "An APA Provision On Nonlegislative Rules?", *Administrative Law Review*, vol. 56(2004), pp. 1180—1187.

〔23〕 周佑勇:《在软法与硬法之间:裁量基准效力的法理定位》,《法学论坛》2009 年第 4 期,第 12—13 页。

取得实质性成效时，出现行政自我拘束理论的现代扩张，对整个理论研究的推进，事实上是具有一定的否定性抑或是讽刺性意义的。当然，这并非理论扩张自身的错误，只不过它来得过早，让我们模糊了应该把握的主次问题。

（作者单位：东南大学法学院）

【特邀编辑：王侃如】

域外法学

美国土地征收程序研究

王 静

土地征收制度的完善是目前中国所面临的最艰难和重要挑战之一,关系着广大失地农民的生计问题和基本人权保护,对整个社会的和谐发展具有重要意义。《国有土地上房屋征收和补偿条例》已于2011年1月19日公布并实施,但是新条例只能解决国有土地上房屋征收的有关问题,对于我国农村土地,也就是集体土地征收并没有涉及,这还有待于《土地管理法》的修改和整个土地制度的改革,包括财税制度等等。就土地征收制度本身而言,公共利益、补偿和程序是三个核心问题。本文对美国土地征收[1]程序做全面介绍和分析,希望对完善我国土地程序有所参考。

---

〔1〕 征收在英文中有几个词语,翻译为中文都是征收,但是英文含义略有不同:征收(Eminent Domain):指一个国家或者自治的州所拥有的、为了公共使用、在未经私人土地所有人的许可的情况下,征收或者授权征收私人财产的权力,也可以指政府所启动的为了获得私人土地所有权的诉讼程序。征收需参考联邦宪法第五条修正案的规定,政府必须对征收财产提供公正补偿(Just Compensation)。征收(Condemnation):是指经合理补偿将一块土地变为公共使用的决定和公告。征收基本的含义是指政府行使征收权。征收程序是指政府批准征收私人财产的程序。征收主体(Condemner)是指试图征收私人土地的公共机构或者政府主体。征收(Taking):是指政府征收私人财产,暗含着财产所有权从私人公民向政府的转移,通常有两种征收:1. 政府实际控制财产,通常是强迫土地所有人离开财产或者完全禁止土地所有人像过去一样使用财产。这种情况下就是征收(Condemnation),政府通常会在对土地实际控制前向法院提起诉讼。2. 政府制定的法律极大地减损了私人土地的价值,以至于该财产几乎毫无价值;由于土地不能先从前一样使用,土地所有人损失惨重,称为"管制征收"。在管制征收的情况下,政府从来没有实际控制土地或者强迫土地所有人离开财产。比如,一个人拥有靠近海边的土地,州政府通过法律禁止在海边建造房屋或者使用海岸,此人所有的土地正好在法律所禁止的范围之内,由于不能使用而造成土地贬值,即属管制征收。

一、概　述

美国土地征收程序实际上基本上是司法程序，也就是说土地征收是通过法院的诉讼程序来完成的。一般在征收机关完成规划之后，首先将同土地所有人进行自愿协商，达成购买协议，如果不能达成协议，征收机关以土地所有人以及其他对被征收土地存在利害关系的所有当事人作为被告，向法院提起征收诉讼请求，启动土地征收程序。土地征收的合法性和补偿问题都由法院来裁决，区别在于如果是对土地征收的合法性问题有异议，因涉及联邦宪法，可以一直上诉到联邦最高法院，而土地征收补偿问题的诉讼则以州最高法院的判决为终审判决。

在美国联邦和州各自在其管辖权内规定土地征收程序，各州的土地征收程序也不同，总体来讲必须符合以下要求：第一，必须由公正的法庭或者裁判所以公平公正的方式进行审理或者听证。土地所有人认为审判或者听证不公平，可以提起上诉。第二，土地所有人的正当程序权利必须得到尊重。正当程序要求确保土地所有人可以就财产的价值提交证据，而且有在法庭或者裁判所进行审理或者听证的权利。第三，土地征收程序不得侵犯土地所有人的其他宪法权利。土地所有人可以就土地征收的合宪性提出异议，证明授权公共机构征收土地的立法事实上是违宪的。

二、征收程序

（一）联邦政府征收程序

联邦政府如果不能从土地所有人自愿购买土地，可以行使征收权征收私人财产。征收受到宪法的限制，联邦宪法第五条修正案规定，任何私人财产未经公正补偿不得被征收作为公共使用。联邦政府征收财产的权力对其政府地位来讲至关重要，而且是政府统治权的重要组成部分。与州政府或者地方政府不同，联邦政府的征收权不受特定法律授权的限制。联邦公共机构或者联邦政府部门可以通过以下四种方法为公共使用而征收私人财产，其中普通征收程序最为常见：

1. 普通征收程序(Ordinary Condemnation Procedure)

普通征收程序在美国法典第3113节中规定。联邦政府官员可以向美国检察总长提交申请要求为公共使用而征收土地。总检察长在收到申请之日起30天后，向土地所在地的联邦法院提起诉讼，启动普通征收程序。联邦民事诉讼法第71A节对土地征收诉讼程序中诉状的内容、通知等都有规定。

绝大多数情况下，法院对补偿作出判决之前，征地机构可以中止征收程序。但是很多地区都规定一旦作出判决，公共机构就不能再停止征地；一些地区规定如果已经支付了补偿金或者土地已经被占用，则征地机构也不得停止征地。这些规定的目的是保护土地所有人，并尊重土地所有人获得公正补偿的期望。一些立法规定须在一定时限内支付补偿金，如果没有支付，就要终止征收程序。如果在征收诉讼中存在不合理拖延，土地所有人可以诉请征地机构支付更多金钱损害赔偿。

2. 快速征收程序(Quick Take Procedure)

快速征收程序在美国法典第258a节联邦征收法案宣言(Declaration of Taking Act)中作出规定。普通征收程序和快速征收程序的区别，主要在于情况是否紧急，而且取决于专门法律的规定，必须有法律专门授权。两种程序的区别还包括：第一，在快速征收程序启动之前，征收机关可能实际已经占有土地，也可能还没有；而普通征收程序，征收机关只有在最后执行法院生效判决时，才能实际占有土地。第二，被征收财产所有权转移的时间不同。普通征收程序中，只有法院作出最终判决，征收机关才可能取得财产所有权，但是在快速征收程序中，征收机关向法院提出申请并预存足额补偿金后，财产所有权就已经转移到征收机关名下。因此，在快速征收程序中，原财产所有人主张权利的空间也较小。第三，是否可以终止征收不同。普通征收程序中，法院作出最终裁决之前，征收机关可以放弃征地，但是在快速征收中，由于被征收财产在快速征收程序启动时就已经转移给征收机关，而且很多情况下，征收机关也已经实际占有土地，因此，征收机关无法终止征地。第四，利息计算不同。在普通征收中，利息并不计算在补偿金总额中，而在快速征收中，征收机关要支付从最初预存资金开始到最终土地估价完成期间的补偿金的利息。第五，征收成本不同。与快速征收相比，普通征收程序可谓"慢速征收"，但是慢速征收有慢速的好处，征收机关可以在法院作出最终裁决之前放弃征地或者改变方案，整体征收成本或说项目成本可以得到控制。但是快速征收中，征收机关一旦预存补偿金、取得被征收财产所有权后，征收机关不能再退出征地程序，有可能最后法院确定的补偿数额远远高于征收机关最初的预算，也可能征收机关做变通处理，不需要征地。结果，快速征地的整体成本就要大于普通征收。〔2〕此外，快速征收程序的补偿数额确定程序与普通征收程序是一样的，在征收程序之前的规划、自愿购买、征地决定等阶段也是大体相同的。

3. 立法征收(Legislative Taking)

立法征收是指国会通过立法授权征收私人财产，并制定特别程序来确定支付土地所有人的补偿数额。立法机关可以将征收权授权给公共机构，包括公共事业委员会、市政当局和各种教育机构，甚至私人主体，比如铁路公司、电话和电信公司以及电力公司。而上述被授权机构征收私人土地是否适当行使了立法所授予的征收权，由法院来作出判断。

4. 未经事先司法程序或立法程序占用私人土地并获得土地所有权(Occupation and Possession of Private Land Without Prior Judicial or Legislative Procedure)

这事实上是联邦政府直接剥夺私人财产权。通常是指国会授权行政机关行使征收权，联邦行政机关才未经诉讼程序征收财产，否则土地所有

---

〔2〕 Patrick J. Rohan, Melvin A. Reskin, Nichols on Eminent Domain, LexisNexis, 3rd ed (2006), Precondemnation Planning, § G 1A. 02[2].

人可以起诉行政机关，指控其非法侵入他人土地（Trespass）。虽然联邦政府可以选择此方式来征收土地，但是与正常征收土地方式相比，并不倾向此种方式。因为一旦被起诉，联邦政府必须支付在土地所有人获得补偿之前联邦政府占用土地期间所有的利息，成本更高；如果联邦政府由于过失或者存在恶意行为造成额外损害，那么还需赔偿损失。

（二）州政府征收程序

除北卡罗来纳州外，所有州的宪法也都有关于征收权的规定。各州宪法都要求地征收必须是为了“公共使用”（Public Use），而且土地所有人必须要得到公正补偿。州政府有权在管辖范围内行使征收权，各州征收私人财产同联邦政府一样也要遵守联邦宪法第五条修正案关于公正补偿的规定。联邦宪法第五修正案其实是所有州宪法及法律规定的底线，各州对征收权的规定只能高于此底线，有更多的限制，而不是相反。事实上，州政府比联邦政府在征收权上受限制更多，比如州征收权不得干涉州际贸易、条约事务或者联邦政府的征收权，一个州也不能从其他州征收土地，比如一个州授权征收河流，但是此河流经其他州，那么其他州的居民就可以向联邦法院主张与河流有关的私人财产权。州政府在征收土地时，所使用的方法和程序同联邦政府类似。

三、普通征收程序

（一）规划

在规划阶段，行政机关只是开始考虑可能会征收土地时，一般不要求通知土地所有人。土地所有人不能到法院就财产征收的必要性提起诉讼，也无权参加影响其财产的项目规划会议。征收土地的决策过程属于政治性质，因此，立法机关不需要通知未来某个日期财产可能被征收的土地所有人。比如,一个州的立法机关颁布法律允许州范围内的公立学校扩张校园面积,立法机关不需要通知所有可能受影响的土地所有人。然而,美国信息公开法等对政府活动的公开有很多要求,行政机关必须公告项目的情况,比如,很多州的法律都规定,在建造发电厂之前,必须要在报纸上刊登公告〔3〕,说明项目的位置、选址以及已经获得环境许可批准等等。规划阶段,土地所有人和其他利害关系人可以参加区划(Zoning)和规划(Planning)的各种居民座谈会、宣传活动等等,也可以通过社区、社团组织等组织各类活动表达自己的意见,很多地区的区划和规划将公民参与作为区划和规划制定的必经程序。比如1976年颁布的《纽约市土地使用统一审议程序》对政府行使征收权要举行什么性质的公众听证会,在哪些阶段要举行听证以及听证会相关的规则作了详细规定。在梅尔罗斯公地案中,从1994年开始举行第一次的公众听证,1月到4月共举行6次公众听证会,分别是社区委员会听证会、区长规划决定之前的听证会、市规划委员会的听证会和市议会的听证会等等〔4〕,土地所有人有机会具体了解规划,表达自己满意或不满意的意见。根据《纽约市土地使用统一审议程序》,即便所有法律要求的公众听众会都已经举行过,如果受影响的不动产所有者认为市政府没有遵守任何法律规定或者是程序的话,仍然可以提出抗辩。而且,即便市政府可以向法院提起征地诉讼,市政府在参加诉讼之前还可以再举行一次听证会。此外,还必须进行环境评估,对项目会给环境造成的影响进行评估,公众同样有机会就分析报告表达自己的意见。所以,事实上土地所有人和其他利害关系人在规划阶段就可以得知土地未来的使用情况和征收的大致日程,为保护自己的合法权益做好准备。

---

〔3〕 华盛顿最高法院判决认为通过网络公告征收也是可以的。Central Puget Sound Regional Transit Authority v. Miller, 156 Wash. 2d 403, 410, 128 P. 3d 588, 592(2006).

〔4〕 一般来说整个听证会过程会在9个月之内完成,实践中,开始举行听证会到最后产权真正转移到市政府,往往需要2至3年的时间。梅尔罗斯公地案最后的产权是在1998年的7月才份转移到市政府。由于大多数土地所有人经过多次听证会,已经知道自己的土地是会被征收的,所以并不会表现出过多反抗的情绪。参见王静:《中美土地征收和土地纠纷解决机制研讨会综述》,《行政法学研究》2008年第4期。

(二) 征地决定

在进入征收程序之前,行政机关一般都会作出征地决定(Resolution)。有些州规定征收机关必须先有征地决定,而且对征地决定内容有具体要求。有些州没有这方面的法律规定,但是实践中征收机关也大多先有决定,对征收的必要性、征收方式等作出规定。加利福尼亚法律规定征地决定的内容包括:第一,对征地用于何种公共利益进行总体介绍,而且要说明公共主体行使征收权的法律依据。第二,描述征收财产的位置,要有足够的细节证明征收的合理性。第三,政府机关对下列事项的声明,包括计划项目所实现的公共利益和实施的必要性;计划项目的规划或者选址符合公众的最大利益,给私人造成损失最小;为实施计划项目征收特定财产的必要性等等。

征地决定一旦作出,就对征收机关具有约束力,一般不能在此后的征地程序中作出不同的行为和解释,否则被征地者在对征地合法性诉讼中可以向法院主张征地程序存在任意、反复无常等。如果征地决定和此后的文件、法庭陈述有所不同,法院会判决以征地决定为准。比如,1965 年的一个案件中罗得岛法院认为征收机关最初征地的文件同契约具有同等效力〔5〕。

征收程序正式启动之前,除了征地决定外,征收机关要做足准备工作,行政机关在征收诉讼中必须满足一些法定条件,大概包括:〔6〕第一,绝大多数情况下,征收机关必须诚实信用,确保被征收财产的项目最终会完成。但是,没有必要证明征收机关已经实施了该项目的所有环节。比如,征收

〔5〕 Sullivan v. Marcello, 100 R. I. 2441 A. 2d. 181, 186(1965).

〔6〕 在 2005 年新伦敦征收案中,新伦敦市政府综合开发计划在准备阶段做了大量的工作,包括与被征地者沟通、宣传规划内容,向有关上级机关申请批准,多方面论证开发计划的可行性等等,因此,州最高法院和联邦最高法院都支持了新伦敦市政府的征地决定,认为新伦敦立法机关和行政机关对该计划的公共使用的认定的原因,该重建计划"是经过认真考虑和设计的、全面充分"。参见 Kelo v. New London, 545 U. S. 469(2005)。但是这一案件判决引起很大争议。参见王静:《美国财产征收中的公共利益——从柯罗诉新伦敦市政府案说起》,《国家行政学院学报》2010 年第 3 期。

机关不需要证明在征收财产之前已经拥有完成该项目所需的全部资金。[7]第二，被征收者、相邻财产所有人的同意。第三，证明征收机关曾试图与土地所有人诚意沟通，没有威胁，但是没有达成协议。征收机关的行为是否构成“足够的”诚意（Sufficient Good Faith），通常取决于地方条例的规定。一些立法要求土地所有人应当有机会亲自与征收者会见，而其他一些地方，邮寄征收要约就可以。第四，有一些产业，还需要提供其他证据，证明征收主体有能力完成公共工程建设。比如电力行业必须证明拥有在特定地区兴建电力线路的许可证，市政厅、州管制机关等则须证明已经得到有关机关的批准同意、取得环境和建设许可等。第五，就征地决定举行了公共听证（取决于不同法律规定，不是必须要求）。第六，为被征收者提供了查看征收机关财产价格评估报告的机会。

（三）协商购买

征收机关与土地所有人进行初步接触，表达购买土地的意愿，并且/或者安排时间进行土地估价或者环境测评。然后由征收机关指派的评估师对土地进行估价，包括对土地改良也进行估价。评估师对即将进行收购的不动产评估时，私人所有者有权陪同参加，目的是指出可能影响不动产价值的不动产特征。然后，征收机关向土地所有人发出要约，并且提供土地评估报告。有可能土地所有人同意要约价格，达成土地购买协议，也许不同意要约价格，双方进一步协商。

在某些地区，当事人必须及时要求交换评估报告，在其他地区则不要求交换评估报告。加利福尼亚州法律规定如果政府向土地所有人提出购买土地的要约，那么就应当提供要约所依据的估价报告的摘要，应土地所有人提出要求，征收机关必须允许土地所有人查阅征收机关对土地所作的

〔7〕 但是，如果被征收人对征收的合法性，也就是是否符合公共利益提起诉讼，法院在判断时，项目的资金状况就变得至关重要，因为如果项目看起来不可能实现，那么也就不能认为满足公共利益的条件。

最初估价记录[8]。实务中，征收机关的评估师和土地所有人的评估师评估的价格相差可能上万美元、数十万美元甚至数百万美元。

如果谈判进展顺利，土地所有人和征地机关签署一个购买协议，交易完成。在交易完成之前，政府要向不动产所有者支付补偿数额。这一过程也称为“行政调解”，因为是通过行政过程达成解决方案。

(四) 征收诉讼

如果征收机关向土地所有人已经发出要约，经过协商，最终无法达成协议，则进入征收程序，也就是诉讼程序，即以征收机关为原告，以被征收者为被告的司法程序。也就是说，在美国，强制性征收是从向法院提起征收诉讼开始的，最后是否征收，征收的补偿数额是多少，都是由法院来裁判。

在征收权的诉讼开始时，代表政府的律师还会努力和不动产所有者进行谈判，希望能够达成一致的意见，如果达成一致意见的话，称为“司法和解”。否则，进入正式的征收诉讼。

1. 管辖

征收诉讼通常是在征收土地所在地提起诉讼，即可能是州法院，也可能是联邦法院，行政机关可以选择在州法院还是在联邦法院诉讼。如果征收机关是联邦行政机关，那么征地是根据联邦法律，在这种情况下，联邦行政机关往往在联邦法院起诉。但是绝大多数需要征收土地的都是州或者地方行政机关，由于征收权依据州法律，所以是在州法院起诉。有一些征收诉讼涉及很多州的土地，则要向联邦法院起诉。

2. 原告/被告/诉讼参加人

在征收诉讼中，原告是征收财产的行政机关或者公共机构，哪些行政机关可以提起征收诉讼一般是由立法作出规定，州立法一般会明确规定州

[8] APC, The California Eminent Domain Handbook, http://www.eminent domainlaw.net/index.html.

和地方行政机关征收土地的权力。原告必须通知所有对被征收财产有利害关系的当事人，这些利害关系人就是征收诉讼的被告。任何对征收财产有利害关系的当事人都有权参加诉讼，即使他们是通过继承得到财产所有权的。如果征收机关遗漏了某利害关系人，那么他可以单独起诉要求参加诉讼。

3. 起诉与答辩

在向法院起诉时，行政机关必须向土地所有人寄送书面材料告知征收诉讼，所以，行政机关实际上此时就在送达征收财产的通知。

联邦法院的征收诉讼中，起诉状(Complaint)必须说明征收财产的法律依据、征收财产的情况、原因、征收该块土地对公共项目的重要意义，并提交书面材料证明已经符合特定条件的说明等。

收到原告起诉状，被告根据不同情况作出答辩。如果被告对财产征收没有异议，被告可以给原告寄送一份出庭通知(Notice of Appearance)，被告以后会收到所有关于财产的其他诉讼通知。如果被告对财产征收有异议，可以向法院提交答辩状(Answer)，提出以下诉讼请求，比如公共机构无权征收土地；公共机构没有达到地方/州/联邦法律所要求的条件之一；或者受理法院没有管辖权，案件应当由其他法院受理等等。

4. 征收诉讼的通知

土地所有人在公正补偿问题有得到听证的宪法权利。所以，土地所有人有权要求征收机关通知他们，以便他们可以参加征收听证，并在听证中提交证据。除非土地所有人放弃被通知的权利、土地所有人同意征收或者适用快速征收程序，否则未经通知而征收财产，征收无效。在联邦普通征收诉讼程序中，如果土地所有人没有得到适当通知，那么即使超过诉讼时效，土地所有人也有权获得补偿。

从通知的方式来讲，必须是针对每一个土地所有人的，即“通知到个人”(Individual Notice)。也就是说，征收听证要针对每个人送达通知，从而与公告通知相区别。通知可以是寄挂号信给土地所有人，也可以雇佣邮差将文件亲手交给土地所有人。所谓“推定通知”、在地方报纸刊登通知声明或者公开张贴通知，对征收听证来讲构成“不充分通知”。有一些立法规定，还要在报纸上刊登通知，但是只是在报纸上刊登而不进行通知到个人是不够的。只有在土地所有人不确定的情况下，才不需要以个人通知方式送达通知。通知是最重要的征收程序之一，由于没有充分通知有可能会引发正当程序问题。实践中土地所有人也以征收机关程序不合法为由反对征地。

从通知的内容来讲，也必须符合一定的要件，这取决于专门法律的规定。有的州的规定比较宽松，只要求提供比较含混的介绍就可以，有的州则要求详细清楚地对征收和项目的阐述。比如佛罗里达法律规定，征收机关必须以挂号信的形式送达征收通知，并且收集送达回执，负担送达通知的费用。征收通知至少包括以下内容：征收机关的名称和地址；对征收财产进行书面或者图像介绍和描述；征收财产所用于的公共目的；征收财产的评估价值；清楚、准确说明如果财产所有人反对征收或者对评估不满意所享有的权利、适用的程序以及行使权利的后果；清楚、准确地说明如果土地所有人对征收或者评估没有异议，代表土地所有人转让财产的协会的权利以及代表土地所有人行使权利的后果。〔9〕

（五）公开审理

征收的合法性问题或者补偿数额存在争议，则必须举行符合正当程序的法庭审理。对土地所有人来讲，要求公开审理不仅是为了争辩征收的合法性和补偿的公正性，从实践角度讲，也意味着拖延更长时间。一旦进入审理阶段，对时间的主动性就掌握在土地所有人手中，即便最后没有诉讼成功，也会给征收机关造成压力，促成进一步协商谈判的可能〔10〕。这一点在普通征收中尤为突出，只有在法院作出最后判决之后，征收机关胜诉的

〔9〕 Florida Civil Practice And Procedure Code Section 73.073: Eminent domain procedure with respect to condominium common elements.

〔10〕 Patrick J. Rohan, Melvin A. Reskin, Nichols on Eminent Domain, LexisNexis, 3rd ed (2006), Taking Procedure, § G 2.07[3][a].

情况下,被征收财产的所有权才可能转移给征收机关。

征收诉讼其实是针对两个问题,一个是对征收的合法性也就是征收的公共使用提出异议,此类诉讼和其他宪法诉讼是一样的,通过庭审,双方当事人举证,由法官作出判决,对下级法院的判决不服,可以向上级法院上诉。此诉讼由于涉及联邦宪法第五修正案如何解释的问题,在州最高法院判决之后,还可以继续上诉到联邦最高法院,这种案件并不多见,在近百年来也只有二十多个案件上诉到联邦最高法院,影响很大的有 1954 年的华盛顿贫民窟案、1982 年的夏威夷征地案和 2005 年的新伦敦征地案。〔11〕另一个就是对征收的补偿是否公正提起诉讼。其实在绝大多数案件中,美国人并不质疑“公共使用”,就是说不会对某一个项目是否为了公共利益而诉讼,更多的与土地征收有关的争议是围绕补偿金额问题。下面的介绍也主要是指征收补偿诉讼,此类诉讼以州最高法院判决为终审判决。

(六) 征收补偿诉讼

征收补偿是否公正,并不由法官来直接决定,而是由陪审团、估价师或者裁判所、委员会来决定,具体来讲,包括以下模式:

1. 陪审团审判的决定模式

征地诉讼中获得陪审团审判并不是宪法权利。在州层面,征地诉讼中都不使用陪审团,一般都是由委员会来决定。被告可以申请陪审团,法官根据案件的具体情况和地方立法规定来决定是否需要陪审团。陪审团只负责决定公正补偿的正确数额,其他问题诸如征收机关是否有适当的权力征地,属于法律问题,由法官决定。比如,加利福尼亚规定,在法庭判决前 20 天双方可以交换最终和解的要约和承诺,如果未能达成和解,由陪审团对征收案件进行审判,确定被征收财产的公平市场价格。〔12〕

---

〔11〕 参见王静:《美国财产征收中的公共利益——从柯罗诉新伦敦市政府案说起》,《国家行政学院学报》2010 年第 3 期。

〔12〕 APC, The California Eminent Domain Handbook, http://www.eminentdomainlaw.net/index.html.

2. 非陪审团的替代决定模式

(1) 估价师。财产的价值由公共机构指定的估价师来评估。土地所有人无权要求得到通知、与估价师见面或者对估价师的结论进行评价。但是,如果土地所有人不同意估价师的评估结论,土地所有人可以向法院提起上诉,有权得到完整的法院审判。

(2) 公共事业委员会或者铁路委员会。州或者联邦立法机关可以将征地的必要性和征地补偿数额的决定权授予公共事业委员会或者铁路委员会行使。公共事业委员会或者铁路委员会受理公共机构行使征收权的申请,然后就征地的必要性和补偿数额作出决定,作出最后裁决。土地所有人有权对此裁决向上诉法院提起上诉。

(3) 国会设立的特殊法庭或裁判所。国会可以为特定联邦制度设立特殊法庭、裁判所,负责对公正补偿的价格作出裁决。比如田纳西河谷管理局(Tennessee Valley Authority)〔13〕,负责筑坝和控制河流而征收土地情况下对补偿问题的裁决。

(4) 委员会。补偿裁决权可以由法院指派或者授权的委员会行使,这也是征收权诉讼最为常见的形式。如果由于被征收土地的位置、土地的特点以及所计划的公共项目的规模等因素使得征收土地的估价很复杂,通常就会使用委员会来进行裁决。法官对任命委员会委员有自由裁量权,一般是从候选名单中任命几名委员,这些委员被认为是法院的职员。委员会委员对财产价值的评估具有相当重要的作用,一般都会被法院所接受。

联邦法院任命的委员会,通常由三人组成,委员会主席一般是律师,委员应当具有房地产和土地评估的背景。所有当事人包括土地所有人应当得到通知,被告知法院将任命哪些人将担任委员会以及每一个委员的任职

---

〔13〕 美国联邦一级的流域管理机构。1933 年经美国国会立法成立,被授权统一规划、开发和保护田纳西河流域内各种自然资源。田纳西河为俄亥俄河支流,长 1049km,流域面积约 10.6 万 km^2,包括田纳西州大部分和相邻 6 个州的一部分。田纳西河流域管理局领导机构是由 3 人组成的董事会。董事长由总统任命,董事会对总统和国会负责。下设总经理办公室和农业及化学发展、电力、工程设计及施工、自然资源、社会发展、管理和卫生安全 7 个业务办公室。全局包括规划、设计、施工、运行和科研等专业人员,共有雇员约 4000 人。总部设在诺克斯维尔市。

资格。任何当事人可以提出正当理由反对其中一名或者多名委员的任命。法院也可以任命至少一名替补委员，以免在诉讼中一名或者多名委员回避。委员会举行听证，专家证人和土地所有人可以提交有关财产的证据，委员会还必须视察争议财产。委员会经多数票决定，根据听证向法院提交其评估报告。报告需描述听证情况，叙述支持其裁决的证据，以及决定补偿数额所使用的方法。

在委员会裁决补偿程序中，根据地方和州立法规定，绝大多数委员会要给土地所有人送达正式通知，告诉土地所有人什么时间有机会向委员会提交关于财产价值的证据。委员会作出裁决，以书面形式向县执行官(County Sheriff)报告，由县执行官通知土地所有人。通常委员会委员的估价同土地所有人的估价师会不相同，土地所有人可以在收到估价裁决的30天之内(或者其他指定期限内)对委员会的裁决提起上诉，并通知对方当事人。如果只是对委员会的裁决提起上诉，那么上诉法院就只对补偿数额问题进行审理。

(七) 判决

初审法院法官可以仅仅是维持陪审团的裁决或者委员会报告，或者命令重新开始审判过程。除非存在“明显错误”(Clearly Erroneous)，法院必须接受委员会的裁决。法官不可以因为自己对补偿数额有不同的意见，拒绝适用陪审团或者委员会的裁决。如果证据不足、裁决完全错误或者存在腐败问题，法官可以撤销补偿裁决。如果对法律的解释存在错误，或者其他明显错误，法官有权不予采纳某一裁决或者整个报告结论。法官可以让委员会重新审查某项裁决然后再提交报告，法官也可以根据法庭记录中记载的证据自己作出决定。

(八) 上诉

公共机构或者土地所有人可以在法定时效内，对陪审团或者委员会补偿数额的裁决向联邦地区法院或者州上诉法院提起上诉。上诉时效取决于地方法律和州立法的规定。上诉通知必须以个人通知方式送达对方当事人。一般规则是上诉就意味着征地诉讼程序中止，但是有些地方有特别立法规定，上诉不停止公共项目的继续执行。

上诉法院对司法问题和法律问题进行审理，但是通常不愿涉及陪审团的决定或者委员会的裁决。上诉法院审查的争议问题包括，下级法院是否使用了合适的法律标准、是否错误的拒绝了委员会的裁决，以及裁决是否明显错误等。即使地方立法规定补偿问题由陪审团决定，上诉法院可以改变或者维持补偿裁决。如果上诉法院发现确定补偿数额的方法存在错误或者有腐败问题，补偿裁决无效。上诉法院也可以将该案发回下级法院重审。

在联邦征收诉讼中，土地征收的时间从补偿到期之日开始计算。如果在未来几年征收都不会实现，在此期间土地发生明显贬值，在土地所有人的申请下，法官可以修改补偿的数额。

（九）判决执行

从法律上讲，如果法院判决支持政府的征收行为，政府也已经把有关补偿金交给了法院，判决生效时，土地所有权就转移到征地机关，从而完成所有征地程序。被征地者或者被搬迁人拒绝搬迁的话，政府可以执行征地决定，也就是说可以使用任何合法、合理的手段，包括动用警察，对钉子户进行强制拆迁。[14]

综上，普通征收程序可以用下图表示：

---

〔14〕 然而，政府执行法院判决时，其实仍然面临很多政治方面的限制。比如，柯罗诉新伦敦案中，联邦最高法院判决支持了新伦敦政府，政府有权把将拒不搬迁的钉子户驱逐出去，但是法院判决引起包括康州的居民在内的很多公众的反对，迫于公众压力，康州州长作出决定暂时停止驱逐钉子户。根据美国法律，州长无权这么做，但是他作出决定后，驱逐钉子户的行为确实停止下来。所以即使在美国，法院和法官拥有崇高地位，但是针对钉子户强制执行仍然受到很多因素制约，还是要考虑公众意见的。

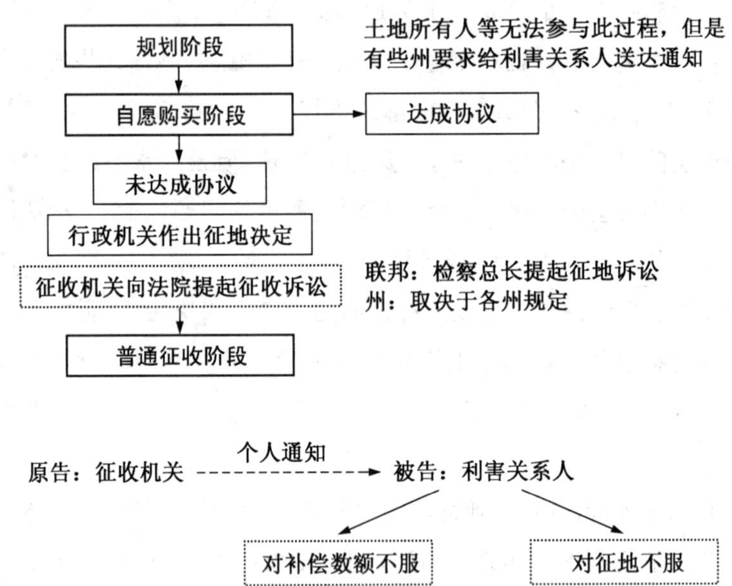

不同模式：

陪审团、委员会、评估师或特殊裁判所

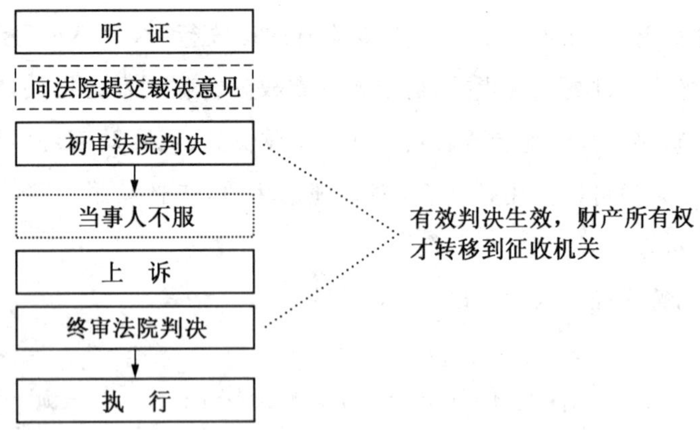

四、快速征收程序

很多州和联邦政府都有关于快速征收程序的立法或者宪法规定。快速征收程序同普通征收程序的不同,就在于允许征收机关在法院对补偿作出判决前就取得土地所有权。根据绝大多数快速征收程序,没有事前通知、听证或者给财产土地所有人的补偿,财产即可以实际被占有。通常联邦政府保留紧急占有财产的权力。注意,即使国会授权私人主体行使征收权,并没有授权其快速征收的权力,事实上国会也极少通过明确立法将征收权授予私人主体。

快速征收程序的一般步骤包括,征收机构向法院提起征收申请,征收机构必须在法院预存大约相当于土地价值的资金,完成上述两步,土地征收已经完成,土地所有权转移到征收机关,接下来,补偿既可以通过双方协议,也可以通过普通征收诉讼程序完成,对补偿裁决不服,双方当事人都可以提起上诉。

(一)提出申请

征收机关向法院提交征收申请,包括征收机关征收财产的权力、征收土地的情况介绍、预存法院补偿金等内容。征收申请可以是在政府占用土地之前,也可以是在政府占用土地之后提出。在向法院申请快速征收之前,联邦政府不需要通知土地所有人。也就是说,即使没有通知对财产有利害关系的当事人,快速征收申请也是有效的。

(二)预存补偿金

预存法院的补偿数额不得少于财产公正补偿的市场价值。有的州规定,至少要预存市场价值的一倍以上,有的州则规定,要预存两倍的补偿金。如果被征收人认为征收机关预存的补偿金数额太低,一般需要有非常充分的证明,法院才会要求征收机关增加预存补偿金的数额。

一旦提交申请并预存补偿资金,财产所有权就已经转移到联邦政府,土地所有人有获得补偿的权利。完成这一步骤,即使法院最终判决的补偿数额比最初预存的补偿金数额要高得多,联邦政府也不能终止征收诉讼或者拒绝支付补偿金。也正是在此阶段,法院可以把征收机关预存的部分补偿金或者全部补偿金支付给土地所有人。对当事人而言,从法院提取征收机关预存的补偿金不会影响要求更多补偿,但是如果当事人支取补偿金,也同时意味放弃对征地的合法性提起诉讼。

(三) 所有权转移

即使联邦政府提交申请、预存补偿金后财产所有权会自动转移给联邦政府,法院还是需要判决在一定时限内土地所有人将土地实际移交给联邦政府。如果征收机关希望立即占有土地,则必须向法院提交申请。

(四) 决定补偿数额

在快速征收程序中决定公正补偿的数额适用普通征收诉讼程序,由陪审团、估价师、特别裁判所、特别法庭或者委员会来决定。在此阶段,征收机关必须给土地所有人以适当通知。

(五) 上诉

补偿裁决作出后,土地所有人有权就征收财产补偿问题向上级法院提起上诉。但是土地所有人上诉不能阻止财产所有权转移给征地机关。

综上,快速征收程序可以用下图表示:

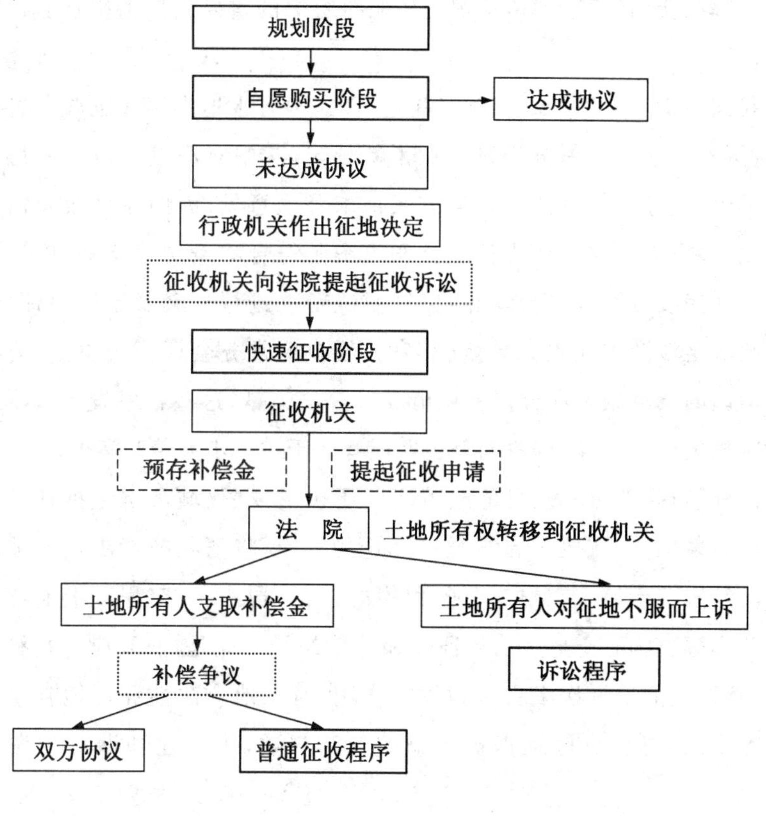

五、小 结

美国很多征地都是通过自愿协商完成的，但是，进入征地诉讼的也是很常见的。美国征地程序的最大特点，就是土地征收是司法程序，而非行政程序，通过法院的介入，使得征地中产生的纠纷，特别是补偿纠纷得以解决，征地可以公开、公正、公平完成，最大限度地减少暴力、野蛮拆迁。普通征收程序虽然耗时长，但是由于最终产权清晰，即便在可以协商的情况下，有些州和城市也倾向通过普通征收程序完成所有的征地行为。[15] 美国法

〔15〕 参见王静：《中美土地征收和土地纠纷解决机制研讨会综述》，《行政法学研究》2008 年第 4 期。

院在化解社会纠纷和矛盾，特别是征地纠纷中的重要作用值得认真研究和借鉴。

我国2011年1月19日颁布并施行的《国有土地上房屋征收与补偿条例》对国有土地上房屋拆迁制度做了新规定，其中对房屋征收与补偿程序有了不少新规定，包括征收补偿方案征求公众意见；因旧城区改建需要征收房屋，多数被征收人认为征收补偿方案不符合本条例规定的，应当组织听证会并修改方案；政府作出房屋征收决定前进行社会稳定风险评估；房屋征收决定涉及被征收人数量较多的，经政府常务会议讨论决定；公布被征收房屋的调查结果和分户补偿情况等等。但是，这些程序设计基本都是由征收机关作为主导，程序的公正性还有待于进一步完善和考虑。

此外，新条例引人注目的改革之一还包括取消《城市房屋拆迁管理条例》（即原条例）行政机关自行强制拆迁的规定，将征收补偿决定的强制执行权交给法院行使。在财产征收程序中，引入司法，一定程度上能够更有效预防和解决国有土地上房屋征收和补偿纠纷。但是，法院应当在整个征地中，特别是征地诉讼中更多地发挥作用，对征地合法性和征地补偿纠纷很好地予以解决，更好地保护公民的合法权益，为构建和谐社会做更多贡献。

（作者单位：国家行政学院）

【特邀编辑：姚斌】

美国联邦政府部门组织法初探

张迎涛

在美国联邦层面，立法机关创设行政机关并限制其职权是行政法的首要原则。无论何种形式的行政机关都必须由立法机关制定法律加以创设，该法律是行政机关权力的基本来源。[1]

一、美国联邦政府部门组织法立法的历史梳理

根据宪法，美国总统执掌行政权，统辖联邦政府行政分支系统(Executive Branch of the Federal Government)。联邦政府行政分支系统主要包含以下几类部门组织：[2](1) 总统行政办公室[3](Executive Office of the President)；(2) 行政部(Executive Departments)或内阁部[4]；(3) 独立机构和政府公司(Independent Establishments and Government Corporations)；(4) 半官方机构(Quasi-Official Agencies)。[5]

---

〔1〕 William F. Fox, *Understanding Administrative Law*, 4th ed., Matthew Bender (2000), p. 3.

〔2〕 http://www.usa.gov/Agencies/Federal/Executive.shtml ; U. S. Government Manual (2008—2009), from the Government Manual Online via GPO Access.

〔3〕 根据美国法典(5 U. S. C. 105)的界定，行政机关(Executive Agency)包括行政部(Executive Department)、政府公司(Government Corporation)和独立机构(Independent Establishment)。鉴于总统行政办公室(Executive Office of the President)在美国行政分支系统中的重要地位，本文将总统行政办公室视为美国联邦政府部门组织的一种，纳入行政机关的范围，一并研究。

〔4〕 现有的15个行政部都具有内阁部的地位，因此也称作内阁部。

〔5〕 半官方机构是指被立法要求在联邦登记上公布其项目和活动信息的一些非正式行政机构。现有的半官方机构包括史密森学会、美国和平协会等。本文对半官方机构暂不做研究。

(一)总统行政办公室组织法立法的历史梳理

总统行政办公室是总统的直属办事机构和幕僚机构,也是总统执行职务的参谋部。[6]

19世纪初,美国总统的职能较少,需要的辅助人员也很少。当时的杰弗逊总统只有一名秘书和一名信差做助手。1900年,白宫的办事人员增加到13人。胡佛总统上任后,其办事人员达到33人。到1939年,罗斯福总统忙于应对经济危机,白宫的工作人员随之成倍增长。[7] 1939年9月8日,根据《1939年重组法》的授权,罗斯福总统发布了第8248号总统行政命令,设置总统行政办公室。[8] 最初的总统行政办公室下属机构不多,主要包括白宫办公厅(White House Office)和预算局(Bureau of the Budget)等机构。后来随着总统职能的不断扩大,总统行政办公室的下属机构越来越多。

目前,总统行政办公室共有17个下属机构。[9] 有的由总统发布行政命令自行设置,例如1977年设立的白宫行政办公室;有的由国会立法设置,例如1976年设立的科学和技术政策办公室;有的起初隶属于其他部门,后来通过重组计划并入总统行政办公室,例如1947年设立的国家安全委员会。总统对于总统行政办公室下属机构的设置拥有很大的自主权,即使国会不在总统行政办公室下增设新的机构,总统也会在必要时自行设置某些机构。

---

〔6〕 参见王名扬著:《美国行政法》,中国法制出版社1995年版,第151页。

〔7〕 http://millercenter.org/academic/americanpresident/policy/whitehouse.

〔8〕 U.S. Government Manual (2008—2009), from the Government Manual Online via GPO Access.

〔9〕 http://www.usa.gov/Agencies/Federal/Executive/EOP.shtml.

表 1 美国总统行政办公室下属机构简表[10]

名 称	成立时间	组织法(授权法)
行政管理和预算局	1921	预算和会计法
白宫办公厅	1939	第 8248 号总统行政命令
白宫军事办公室	1942	总统行政命令
经济顾问委员会	1946	就业法
国家安全委员会	1947	国家安全法
外国情报顾问理事会	1956	总统行政命令
美国贸易代表办公室	1963	第 11075 号总统行政命令
环境质量委员会	1970	国家环境政策法
科学和技术政策办公室	1976	国家科技政策、组织及优先权法
白宫行政办公室	1977	第 12028 号总统行政命令
国家药品控制政策办公室	1989	国家药品管理法
国内政策委员会	1993	第 12859 号总统行政命令
国家经济委员会	1993	第 12835 号总统行政命令
国家艾滋病政策办公室	1993	总统行政命令
信仰和社团倡议办公室	2001	总统行政命令[11]
美国自由团	2002	总统行政命令[12]
全球通讯办公室	2003	总统行政命令[13]

机构的增加伴随着人员的膨胀。1955 年到 1972 年,总统行政办公室雇员数量从 1403 人增加到 2236 人。[14] 美国联邦人事管理局的统计数字

---

〔10〕 本表主要根据美国政府网和白宫办公厅网站的相关信息绘制。

〔11〕 Executive Order: Establishment of White House Office of Faith-Based and Community Initiatives. White House, President George W. Bush, 1/29/2001.

〔12〕 Executive Order: Establishing the USA Freedom Corps. White House, President George W. Bush, 1/30/2002.

〔13〕 Executive Order: Establishing the Office of Global Communications. White House, President George W. Bush, 1/21/2003.

〔14〕 参见王名扬著:《美国行政法》,中国法制出版社 1995 年版,第 157 页。

显示，截至 2008 年 1 月，总统行政办公室的雇员数量为 1707 人。[15]

（二）内阁部组织法立法的历史梳理

内阁部（Executive Departments）是总统领导下负责执行联邦法律的日常机构，是联邦政府中最为重要的部门组织。除法律另有规定外，内阁部必须按照总统的政策，并接受总统的指导执行法律。[16]

1787 年宪法没有规定部的设置，但是肯定了部的存在。宪法第 2 条第 2 款规定："总统可以要求每部（the Executive Department）的主要官员就其主管事务的任何问题提出书面意见。"同条还规定："对于低级官员，法律可以授权由总统、法院或部长（the Heads of Departments）任命。"美国国会根据宪法的前述规定获得了创设内阁部的权力。[17]

内阁部组织法的立法史可以追溯到 1789 年。1787 年美国宪法生效之后，美国国会于 1789 年陆续立法设立了外交部（后改名为国务院）、战争部和财政部这三个内阁部。[18] 此后，随着联邦政府行政职能的逐步扩张，美国国会立法创设或重组了一个又一个内阁部，内阁部的数量随之逐步增加。目前，美国联邦政府共有 15 个内阁部。[19]

表 2 美国联邦政府内阁部组织法立法历史沿革简表

名称	成立或更名	时任总统	组织法（授权法）
国务院（外交部）	1789	华盛顿	《外交部设置法》
战争部	1789	华盛顿	《战争部设置法》
财政部	1789	华盛顿	《财政部设置法》

---

〔15〕 U. S. Office of Personnel Management, Employment and Trends January 2008, http://www.opm.gov.

〔16〕 参见王名扬著：《美国行政法》，中国法制出版社 1995 年版，第 168 页。

〔17〕 参见王名扬著：《美国行政法》，中国法制出版社 1995 年版，第 168 页。

〔18〕 http://www.doi.gov/history.html; An act for the temporary establishment of the post-office(1 Stat. 70)；王名扬著：《美国行政法》，中国法制出版社 1995 年版，第 168 页。

〔19〕 5 U.S.C. 101.

续 表

名称	成立或更名	时任总统	组织法(授权法)
海军部	1798	亚当斯	《海军部设置法》
内务部	1849	波尔克	《内务部设置法》
农业部	1862	林肯	《农业部设置法》
司法部	1870	格兰特	《司法部设置法》
邮政部	1872	格兰特	《邮政部重组法》
商务和劳工部	1903	罗斯福	《商务和劳工部设置法》
劳工部	1913	塔夫脱	《劳工部设置法》
商务部	1913	塔夫脱	《劳工部设置法》(更名)
国防部	1947	杜鲁门	《国家安全法》
卫生、教育和福利部	1953	艾森豪威尔	1953 年第 1 号重组计划
住房和城市发展部	1965	约翰逊	《住房和城市发展部设置法》
交通部	1966	约翰逊	《交通部设置法》
能源部	1977	卡特	《能源部组织法》
教育部	1979	卡特	《教育部组织法》
卫生和公众服务部	1979	卡特	《教育部组织法》(更名)
退伍军人事务部	1988	里根	《退伍军人事务部设置法》
国土安全部	2002	小布什	《国土安全法》

通过对美国 1789 年以来联邦政府内阁部组织法立法的历史进行梳理可以发现,至少有以下几个现象或问题值得注意:

(1) 美国联邦政府内阁部的设立都有明确的法律依据。除了 1953 年的卫生、教育和福利部是根据国会授权由总统制定的重组计划设置的外,美国联邦历史上存在过的和现有的内阁部都是由国会立法创设的。作为内阁部设置依据的国会立法一般表现为两种形式:其一,单纯的组织法,大多数内阁部的设置都是通过单纯的组织法实现的,例如 1862 年的《农业部设置法》和 1979 年的《教育部组织法》;其二,组织法与行为法合一,通常在立法中先规定内阁部的组织事项，再规定行为事项，例如 2002 年的《国土安全法》。

(2) 美国联邦政府内阁部的数量在持续增加。从 1789 年到 19 世纪中期，国会只设置了 4 个内阁部。直到 1849 年，国会才创设了内务部作为第 5 个内阁部。在 19 世纪后半期，国会共增设了 4 个内阁部，分别是内务部（1849 年）、农业部（1862 年）、司法部（1870 年）和邮政部（1872 年），联邦政府内阁部的数量一直在随着联邦政府职能的逐步扩张而缓慢增加。进入 20 世纪后，美国迎来了创设内阁部的高峰时期。在整个 20 世纪，美国共创设了 8 个内阁部，分别是商务部（1903 年）、劳工部（1913 年）、卫生和公众服务部（1953 年）、住房和城市发展部（1965 年）、交通部（1966 年）、能源部（1977 年）、教育部（1979 年）、退伍军人事务部（1988 年）。特别是在二战之后，美国联邦政府内阁部的数量急剧增加，联邦政府现有的 15 个内阁部中有 8 个是第二次世界大战之后新设或重组的，二战之后美国联邦政府职能的迅速膨胀在美国联邦内阁部数量的猛增中得到了如实反映。

(3) 美国联邦政府究竟应当设置多少个内阁部？生活在不同历史时期的人对这个问题有着不同的回答。1913 年 3 月 4 日，美国总统塔夫脱在写给国会的关于创设劳工部的备忘录中，表达了自己不愿意增设劳工部的想法。塔夫脱认为，有 9 个内阁部已经足够了，再增设一个劳工部不利于政府的有效管理。[20] 然而当年的塔夫脱总统终究还是未能顶住国会的压力，不得不在离任前夕签署了《劳工部设置法》，将联邦政府内阁部的数量增加到了 10 个。1937 年，罗斯福总统任命的主要由学者组成的行政管理委员会（President's Committee on Administrative Management）提交的报告认为，联邦政府内阁部的数量应当从当时的 10 个增加到 12 个，并将所有联邦行政机构整合进这 12 个内阁部，在 12 个内阁部之间合理的配置政府职能，以确保总统作为真正的政府首脑能够对联邦政府实施

---

〔20〕 William H. Taft, Memorandum to Accompany the Act to Create a Department of Labor.

有效领导。[21] 但是到2002年,美国联邦政府的内阁部的数量已经增加到15个,早已突破了1937年行政管理委员会认为最理想的12个内阁部的数量限制。近些年,关于新设国家药品控制政策部、艺术和人文部、和平部,以及将环境保护署升格为内阁部的法律草案陆续提交到了国会参议院或众议院。[22] 或许在不久的将来,美国联邦政府的第16个内阁部就会出现在人们的视野中。

当然,内阁部的增加也引起了一些总统的忧虑。20世纪60年代,约翰逊总统曾认为商务部和劳工部具有相似的行政目标,并且两个部合并为一个部将把双方的沟通从部与部之间的沟通变为部内两个机构之间的沟通,这样可以提高双方的沟通效率,节省开支。但是,当他向国会建议合并商务部和劳工部时,却遭到了来自美国企业界和工会的联合反对。从行政学的角度来看,把两个部合并也许能提高效率,节省开支,但是企业界和工会都不愿意仅仅为了提高效率而造成在政府的领导层中没有自己的代表。[23] 最终,商务部和劳工部维持原状,继续存在。

(4) 为什么要将一个联邦行政机构设置成内阁部?根据美国学者的研究,在美国,大致有三种情形可能导致一个新的内阁部的产生:[24] ① 为了某一目的而将现有的一些联邦行政机构整合到一个新的内阁部中,典型例子是1977年设置的能源部几乎整合了当时所有的联邦能源机构;② 借助于内阁部来加强总统对某项施政计划的管理,同时希望通过内阁部的设置向国民强调该项计划的重要性,典型例子是1965年设置的住房和城市发展部;③ 相关利益集团试图在总统之下设置一个代表自身利益的内阁部,

---

〔21〕 Harold C. Relyea, Homeland Security: Department Organization and Management, Report for Congress, Updated August 7, 2002.

〔22〕 Thomas P. Carr, Creation of Executive Departments: Highlights from the Legislative History of Modern Precedents, Report for Congress, Updated July 30, 2002.

〔23〕 http://en.wikipedia.org/wiki/United_States_Department_of_Labor;【美】希尔斯曼著:《美国是如何治理的》,曹大鹏译,商务印书馆1986年版,第223页。

〔24〕 Harold C. Relyea, Homeland Security: Department Organization and Management, Report for Congress, Updated August 7, 2002.

依靠这个内阁部随时向总统发出有利于自己的声音，典型例子是1913年设置的劳工部。劳工部完全是在美国工会的几十年不懈努力下才建立起来的。[25]

总之，美国联邦内阁部的设立既是一个政治问题，又是一个行政问题，更是一个法律问题，是政治问题和行政问题通过法律途径解决的典型例子。总统可以为了实现自己的施政计划而向国会建议设置新的部，利益集团也可以为了在总统之下设置一个内阁部来代表自己的利益而四处游说，寻求总统或者某个政党或者某些国会议员的支持，但是一个内阁部的成功设立必须经过完整的立法程序。

(三)独立机构和政府公司组织法立法的历史梳理

独立机构(Independent Establishments)是指联邦政府行政分支系统内由国会立法设立的负责管理某一方面的经济事务、社会事务或政治事务的具有或多或少独立性的部门行政组织。根据独立性大小不同，独立机构大致可以分为三类：(1) 部内独立机构。例如设置在卫生和公众服务部下面的食品和药品管理局。(2) 隶属于总统的独立机构。例如环境保护署。(3) 独立管制委员会。例如州际商业委员会、联邦贸易委员会等。[26] 其中，隶属于总统的独立机构和独立管制委员会又可以统称为部外的独立机构。

1887年2月4日，美国国会制定《州际商业法》(An Act to Regulate Commerce)，设立了州际商业委员会(Interstate Commerce Commission)，负责监管铁路运输价格，开启了美国国会立法创设独立机构的先河。[27] 进

---

〔25〕 Judson MacLaury, A Brief History: The U.S. Department of Labor, http://www.dol.gov.

〔26〕 参见王名扬著：《美国行政法》，中国法制出版社1995年版，第172—173页。

〔27〕 参见伯纳德·施瓦茨著：《美国法律史》，王军等译，中国政法大学出版社1990年版，第159页；U.S. Government Manual (2008—2009), from the Government Manual Online via GPO Access.

入20世纪后，独立机构得到了空前的发展，国会为了应对日益增长的经济事务和社会事务，不断地通过立法创设独立机构，一个个独立机构犹如雨后春笋般涌现出来。其中，20世纪30年代和20世纪六七十年代这两个时期是创设独立机构，尤其是独立管制委员会的高峰时期。[28] 目前，美国联邦政府共有57个部外独立机构和政府公司。[29] 结合相关资料，可将这57个部外独立机构和政府公司制成简表如下：

表3 美国联邦政府现有部外独立机构和政府公司简表[30]

名称[31]	成立	组织法	主要职能	领导层
联邦储备委员会	1913	联邦储备法	制定国家信贷和货币政策，负责银行业监管	7名理事
联邦贸易委员会	1914	联邦贸易委员会法	提高消费者福利，保护经济领域的竞争	5名委员
美国国际贸易委员会	1916	税收法	向总统提交国际贸易和关税报告	6名委员
征兵署	1917	征兵法	登记应服兵役的适龄公民	1名主任
联邦住房信贷委员会	1932	联邦住房贷款银行法	确保联邦住房贷款银行的安全和有效运营	5名董事
田纳西河流域管理局GC	1933	田纳西河流域管理局设置法	规划田纳西河流域的资源开发	9名董事
农业信贷管理局	1933	第6084号总统令	确保农业信贷体系安全、有效运营	3名委员
联邦储蓄保险公司GC	1933	银行法	为银行储蓄提供保险	5名董事

[28] Stephen G. Breyer, Richard B. Stewart, Cass R. Sunstein & Matthew L. Spitzer, Administrative Law and Regulatory Policy: Problems, Text and Cases, 6th ed., Aspen Publishers (2006), pp. 16—29.

[29] U.S. Government Manual (2008—2009), from the Government Manual Online via GPO Access.

[30] 本表主要根据《美国政府手册(2008—2009)》(电子版)和各机构的组织法绘制。

[31] 机构名称后面标注GC的为政府公司。

续 表

名称	成立	组织法	主要职能	领导层
证券交易委员会	1934	证券交易法	监管证券市场	5名委员
联邦通讯委员会	1934	通讯法	通讯监管	5名委员
铁路退休委员会	1934	铁路退休法	保障铁路退休工人的福利	3名委员
美国进出口银行	1934	进出口银行法	为商品和服务出口融资	5名董事
国家仲裁委员会	1934	铁路劳动法修正案	解决铁路和航空领域劳动纠纷	3名委员
国家劳动关系委员会	1935	国家劳动关系法	组织工会与雇主谈判，保护劳动者权益	5名委员
社会保障局	1946	1946年第2号重组计划	执行国家社会保险计划	1名委员
中央情报局	1947	国家安全法	收集、评估和散布政治、军事等领域的重要情报，保卫国家安全	1名局长
联邦仲裁与调解局	1947	劳资关系法	解决劳资纠纷	1名主任
总务管理局	1949	联邦财产和行政服务法	管理政府财产和档案	1名局长
国家科学基金会	1950	国家科学基金会设置法	推动科学技术进步	24名委员
国家首都规划委员会	1952	国家首都规划法	负责首都地区的规划	12名委员
小企业管理局	1953	小企业法	保护小企业的利益	1名局长
美国民权委员会	1957	民权法	反歧视	8名委员
国家航空航天局	1958	国家航空航天法	太空探险、科学发现和航天研究	1名局长
和平队	1961	和平队设置法	促进世界和平与友谊	1名主任

续 表

名称	成立	组织法	主要职能	领导层
美国国际开发署	1961	对外援助法	执行美国的国外经济和人道主义援助计划	1 名署长
联邦海事委员会	1961	1961 年第 7 号重组计划	监管水上对外贸易	5 名委员
国家艺术和人文基金会[32]	1965	国家艺术和人文基金会设置法	发展和促进美国的艺术和人文事业	
国家艺术基金会	1965	国家艺术和人文基金会设置法	发展和促进美国的艺术事业	1 名主席
国家人文基金会	1965	国家艺术和人文基金会设置法	发展和促进美国的人文事业	1 名主席
平等就业机会委员会	1965	民权法(1964)	反就业歧视	5 名委员
美洲国家基金会	1969	美洲国家基金会设置法	支持拉丁美洲和加勒比海地区的经济和社会发展	9 名理事
国家信用合作管理局	1970	联邦信用合作法	监管联邦信用合作社	3 名委员
环境保护署	1970	1970 年第 3 号重组计划	保护环境	1 名署长
职业安全和健康复审委员会	1970	职业安全和健康法	处理美国工人的职业安全和人身健康案件	3 名委员
邮政监管委员会	1970	邮政重组法	监管邮政资费	5 名委员
美国邮政服务公司 GC	1971	邮政重组法	邮政服务	11 名董事
国家铁路客运公司 GC	1971	铁路客运服务法	城际客运	15 名董事

〔32〕 国家艺术基金会和国家人文基金会属于设在国家艺术和人文基金会内部的两个机构。

续 表

名称	成立	组织法	主要职能	领导层
海外私人投资公司 GC	1971	外交事务改革和重组法	鼓励和促进美国企业在海外投资	15 名董事
消费品安全委员会	1972	消费品安全法	保护消费者权益	3 名委员
联邦选举委员会	1974	联邦选举法修正案	执行联邦选举法和税收法	6 名委员
期货交易委员会	1974	期货交易委员会法	监管期货交易	5 名委员
退休福利担保公司 GC	1974	职工退休收入安全法	保护美国人的退休福利	3 名董事
国家交通安全委员会	1975	独立安全委员会设置法	保障交通运输安全	5 名委员
核管制委员会	1975	能源重组法；第 11834 号总统令	监管民用核能	5 名委员
联邦矿业安全和健康复审委员会	1977	联邦矿业安全和健康法	确保矿业职业安全和人身健康	5 名委员
政府道德办公室	1978	政府道德法	提升行政系统雇员的道德水平	1 名主任
人事管理局	1978	文官制度改革法	管理联邦政府的文官	1 名局长
功绩制保护委员会	1978	文官制度改革法	保障联邦功绩制的实施，保护联邦文官的权利	3 名委员
特别律师办公室	1978	1978 年第 2 号重组计划	调查和追诉行政机关违反文官法所禁止的行为	1 名特别律师
联邦劳动关系局	1979	1978 年第 2 号重组计划	处理行政机关职员和机关之间的劳动关系	3 名委员
非洲发展基金会 GC	1980	非洲发展基金会法	支持非洲穷人自力更生	7 名委员

续 表

名称	成立	组织法	主要职能	领导层
国家档案局	1985	国家档案局设置法	保护和保管政府档案	1名局长
联邦退休储蓄投资委员会	1986	联邦雇员退休体系法	执行节俭储蓄计划,保障联邦雇员安心退休	5名委员和1名执行官
国防核设施安全委员会	1988	原子能法	保障国防核设施的安全	5名委员
贸易和发展局	1992	通过出口增加就业法	保护美国在发展中国家和中等收入国家的商业利益	1名局长
国家和社区服务公司 GC	1993	国家和社区服务信托法	培育公民责任意识,促进民众团结	15名董事
博物馆和图书馆服务协会	1996	博物馆和图书馆服务法	建设功能强大的图书馆和博物馆,满足民众的信息和知识需求	1名主任
广播理事会	1999	国库和政府总拨款法	通过向全球广播新闻和信息来促进自由和民主,增进了解	9名委员
国家情报总监办公室	2004	情报改革和防止恐怖主义法	协助情报总监履行职责	1名总监

美国国会为什么要在联邦行政分支系统中创设独立机构这种行政组织形式呢？美国学者对此做了大量研究并提出了各种各样的观点,[33]概括起来,主要有下述两方面的原因：

1. 行政职能自身的原因,即某些行政职能的履行需要独立机构

现代社会的多元化和复杂化决定了行政职能的多元化和复杂化。不同的行政职能对行政组织有着不同的要求,不同的行政职能需要不同的行政组织来实施。也就是说,什么样的行政组织对应什么样的行政职能,是

〔33〕 参见王名扬著:《美国行政法》,中国法制出版社 1995 年版,第 183 页以下;马英娟著:《政府监管机构研究》,北京大学出版社 2007 年版,第 79—80 页。

有大致的规律可循的。

如果某项职能不宜由内阁部领导，而是必须由总统直接领导，同时其重要性和复杂性尚未达到需要设置一个内阁部来履行的程度，那么这项职能就可以交付给隶属于总统的独立机构，例如，中央情报局、贸易和发展局、国家情报总监办公室、环境保护署等机构的设置就属于这种情形。但是，随着环境保护的重要性与日俱增，近些年已经有国会议员提出了将环境保护署升格为环境保护部的法律草案。[34]

如果某项职能具有以下五个特征之一，就可以设置独立管制委员会来承担该项职能：其一，需要具备专业知识的人来领导该项职能的履行；其二，需要一个中立的机构来承担该项职能，确保职能履行的结果不论从形式上看还是从实质上看都是公正的；其三，该项职能涉及的行业变化莫测，需要监管机构及时、灵活的采取应对措施；其四，该项职能具有专一性，需要一个专门的机构专注于该项职能的实施，并拥有最后的决策权；其五，该项职能的履行具有长期性和稳定性，不能受政治因素的影响，不能因选举结果的变化而变化。例如，州际商业委员会、证券交易委员会、联邦储备委员会的设置在一定程度上就是因为这些委员会承担的职能具有前述五个特征中的一个或多个特征。

如果某项职能具备上述的五个特征之一，但是该项职能的履行又不能完全摆脱总统和内阁部的影响，总统和部长需要对其政策进行统一指挥和协调，那么就可以将承担该项职能的机构设置在内阁部之下，使其既保持相对的独立性，又不至于偏离总统的施政目标。例如，食品和药品管理局(Food and Drug Administration)设置在卫生和公众服务部、职业安全和健康管理局(Occupational Safety and Health Administration)设置在劳工部就可能是基于这种考虑。

总之，从行政职能自身的角度来看，某些行政职能确实需要独立机构

〔34〕 Thomas P. Carr, Creation of Executive Departments: Highlights from the Legislative History of Modern Precedents, Report for Congress, Updated July 30, 2002.

来承担和履行,内阁部错综复杂的职能配置和科层制组织结构无法满足这些行政职能本身的需求。

2. 行政职能之外的原因,即国会与总统争权夺利的政治较量

众所周知,1787 年美国宪法确立了三权分立的联邦权力架构。在三权分立的架构下,国会和总统经常为了某一项权力的归属而展开较量,尤其是当总统和国会多数党分属于不同的政党时,总统与国会的斗争会更加激烈。具体就行政机构的设置而言,在为具有上述五个特征之一的行政职能设置行政机构时,总统一般更倾向于将该行政机构设置在内阁部之下或者设置在总统的直接领导之下,而国会一般更倾向于将该行政机构设置成独立管制委员会,甚至把独立管制委员会视为自己的武器(Arms of Congress)。难怪有美国学者精辟地指出,"是政治力量不仅导致了新机构的产生,而且也决定了它们的组织结构"。[35]

1977 年,联邦能源监管委员会(Federal Energy Regulatory Commission)的设置是国会与总统争夺行政机构归属的一个典型例子。联邦能源监管委员会的前身是 1935 年设置的作为部外独立机构的联邦电力委员会(Federal Power Commission)。20 世纪 70 年代爆发的石油危机凸显了当时美国联邦能源机构数量众多却各自为政,难以统一指挥协调的问题。为了解决能源危机中暴露出来的问题,卡特总统向国会提交了设置统一的能源部的法律草案,主张将包括联邦电力委员会在内的所有联邦能源机构整合为一个能源部。国会无力阻止统一的能源部的创设,但是却坚持保留联邦电力委员会的独立地位。最终双方妥协的结果是,联邦电力委员会更名为联邦能源监管委员会,虽然设置在能源部之下,但是却具有部内独立机构的地位。[36]

在美国,独立管制委员会一直是伴随着此起彼伏的质疑声和批评声成长起来的。反对者认为,独立管制委员会至少存在以下问题:① 独立管制

〔35〕 参见马英娟著:《政府监管机构研究》,北京大学出版社 2007 年版,第 104 页。

〔36〕 http://en.wikipedia.org/wiki/Federal_Energy_Regulatory_Commission.

委员会不隶属于行政部门，导致行政系统的混乱以及最高行政首长政策协调的困难；② 独立管制委员会大部分时间用于处理具体案件，缺乏制定政策的能力；③ 独立管制委员会对争讼案件有权调查并进行裁决，兼具检察官与法官双重角色，有失公正；④ 独立管制委员会的合议制组织形态降低了行政效率，甚至有时议而不决，无力履行职能；⑤ 独立管制委员会容易受被管制者俘虏；⑥ 独立管制委员会的可问责性(Accountability)较弱。[37]上述问题有的已经通过职能分离、信息公开和公众参与等方式得到了很大程度的解决，有的虽然仍旧存在，但却无法改变大量独立管制委员会依然屹立于美国联邦行政分支系统的事实。

一方面，大量历史上设置的独立管制委员会沿用至今；[38]另一方面，随着 20 世纪 60 年代社会性监管职能的扩张，美国国会在设置独立机构时开始转向喜好创设与行政部门适度分立的部内独立机构或者将一些原来的独立管制委员会转变为部内独立机构。据美国学者统计，美国在 20 世纪 70 年代建立了 6 个独立管制委员会，而 20 世纪 80 年代仅建立了 1 个独立管制委员会；而且从美国监管机构体系的整体情况看，部内监管机构所占比例也远远大于独立管制委员会。[39]

总体而言，独立机构的产生是上述两方面的原因共同起作用的结果。随着联邦政府职能的扩张，国会不得不将新增的政府职能授予原有的或者新组建的联邦政府机构。但是如果把所有新增的职能都授予总统领导下的行政机构，势必会导致总统权力的过度膨胀，这是国会不愿看到的。正好国会发现某些政府职能自身需要由具备一定独立性的机构来承担，于是

---

〔37〕 参见王名扬著：《美国行政法》，中国法制出版社 1995 年版，第 184—186 页；马英娟著：《政府监管机构研究》，北京大学出版社 2007 年版，第 106 页；Peter P. Swire，"Incorporation of Independent Agencies into the Executive Branch", 94 Yale L. J. 1766 (1985).

〔38〕 当然，也有一些独立管制委员会先后退出了历史的舞台。其中，最受中国学者关注的恐怕是 1887 年创设的州际商业委员会。1995 年 12 月 29 日，州际商业委员会被《州际商业委员会终结法》(ICC Termination Act of 1995)撤销，其大部分职能转移给了新设在交通部下的水陆运输委员会(Surface Transportation Board)。

〔39〕 参见马英娟著：《政府监管机构研究》，北京大学出版社 2007 年版，第 107 页。

国会就通过立法创设了一个又一个独立机构。尽管总统不情愿让一些独立机构脱离自己的控制,但是国会据理力争,加之联邦最高法院也认为出于专业性和公正性(Expertise and Impartiality)的考虑,某些政府机构应当具备独立性,总统才不得不向国会妥协,接受了某些独立机构游离于总统控制之外的现实。

政府公司是国会为了实现某个或某些公共政策目标而通过立法创设的代表政府从事某项经济活动的公司。1791 年 2 月 25 日,美国国会立法创设了第一个政府公司——美国银行,负责处理联邦政府的财政和金融事务。[40] 20 世纪 30 年代的经济危机给政府公司带来了良好的发展机遇,为了挽救经济危机,政府不得不从事一些企业活动,由国会立法创设了一系列政府公司。1945 年,美国国会制定《政府公司控制法》(the Government Corporation Control Act),规定联邦的政府公司只有根据国会立法才能成立。至此,政府公司成为公认的一种行政组织形式。[41]

政府公司和其他行政机关一样,只能从事法律所允许的业务,不得擅自扩张业务范围。杜鲁门总统在 1948 年的预算咨文中,列举了使用政府公司的四项原则:(1) 政府的计划主要属于企业性质;(2) 该计划产生收入并有可能自给;(3) 该计划包括和公众之间存在大量的商业式交易;(4) 该计划的执行需要比通常的预算拨款享有更大的灵活性。[42]

二、美国联邦政府部门组织权的配置

行政组织权大致可以分为组织设置权、人事任免权和财政供给权。与此对应,美国联邦政府部门组织权可以分为部门组织设置权、部门人事任免权和部门财政供给权。

---

〔40〕 http://en.wikipedia.org/wiki/First_Bank_of_the_United_States.

〔41〕 参见王名扬著:《美国行政法》,中国法制出版社 1995 年版,第 188—189 页。

〔42〕 参见王名扬著:《美国行政法》,中国法制出版社 1995 年版,第 189—190 页。

(一)部门组织设置权

部门组织设置权是指在联邦政府行政分支系统内创设(Create or Establish)或重组(Reorganization)[43]总统行政办公室、内阁部、独立机构、政府公司等部门组织及其下属机构的权力。总体而言,美国联邦政府部门组织的设置权主要掌握在国会手中,总统在部门组织的设置方面享有的权力较小。

1. 国会的部门组织设置权

1787 年美国宪法没有规定联邦政府总统之下的行政组织由谁创设,但是宪法第 1 条第 8 款有一个概括性的规定:"为了行使以上权力和宪法授予美国政府或任何部或其官员的其他权力,国会有权制定一切必要的和适当的法律。"美国国会根据这项规定,认为创设行政组织的权力属于国会。[44]自 1789 年 7 月 27 日通过立法[45]创设第一个内阁部——外交部(后来改名为国务院)起,美国国会就不断地根据需要制定法律来创设了一个又一个的联邦政府部门行政组织。在实践中,除了总统行政办公室的部分下属机构由总统自行发布总统行政命令全权设立外,联邦政府的所有部门组织都必须由国会立法设立或者根据国会授权由总统设立。据此,在美国形成了由立法机关创设行政机关并限制其职权这一条行政法的首要原则。[46]

国会的部门组织设置权来自 1787 年宪法的授权,具有原始性和完整性。就完整性而言,国会可以通过立法创设任何形式和结构的部门行政组织,诸如内阁部、独立机构、政府公司和总统行政办公室的下属机构等;国会也可以在立法中详细规定部门组织的内部结构,只要国会愿意,它可以

---

〔43〕 重组包括转移(Transfer)、合并(Consolidation)、协调(Coordination)、授权(Authorization)和撤销(Abolition)(5 U. S. C. 902)。

〔44〕 参见王名扬著:《美国行政法》,中国法制出版社 1995 年版,第 898 页。

〔45〕 An act for establishing an executive department to be denominated the Department of Foreign Affairs (1 Stat. 28).

〔46〕 William F. Fox, Understanding Administrative Law, 4th ed, Matthew Bender (2000), p. 3.

把部门组织从最高级别的部长到最低级别的科室的设置、职能、职数等作出全面的规范,不给总统和部长等留下丝毫的部门组织内部机构的设置空间;国会还可以制定法律对现有的所有部门行政组织中的任何机构进行重组,或者改变原有行政机构的隶属关系,或者调整原有行政机构的职能,或者合并多个行政机构。例如,美国海事委员会在1950年被并入商务部,改名为联邦海事委员会,到1961年联邦海事委员会又获得独立地位,成为独立管制委员会,其名称也由"board"改为"commission"。[47] 一言以蔽之,美国国会在部门组织设置方面几乎可以为所欲为。

就原始性而言,除了总统在总统行政办公室创设下属机构的权力来源于宪法外,国会之外的一切主体,例如总统、内阁部部长、独立管制委员会主席等,其部门组织设置权都来源于国会的授权,具有派生性。如果没有国会的授权,总统就无权重组联邦政府的行政机构,部长或委员会主席也无权在部内或者独立管制机构内设置下属机构。当然,国会对总统和部长的授权有明示授权和默示授权之分。

2. 总统的部门组织设置权

在美国,总统无权自行创设任何形式的具有对外管理职能的联邦政府机构。总统的部门组织设置权共有两个来源:一是来自宪法的授权,即总统有权在总统行政办公室设置下属机构,为总统履行职能提供辅助;二是来自国会的授权,即国会通过立法将部门组织的重组权和部门内部机构的设置权交给总统行使。概括而言,总统在部门组织设置方面主要享有以下三项权力:

其一,根据宪法授权,创设和重组总统行政办公室下属机构的权力。总统行政办公室几乎是总统的一块"自留地",[48]总统对行政办公室的组织事项有着很强的自主权和控制权。只要总统认为必要,他就可以发布总统

〔47〕 陈仲嶙、陈薇芸:《谈美国独立管制委员会的合宪性问题》,载于 http://www.is-law.com。

〔48〕 经济合作与发展组织著:《分散化的公共治理——代理机构、权力主体和其他政府实体》,国家发展和改革委员会事业单位改革研究课题组译,中信出版社 2004 年版,第 291 页。

行政命令在总统行政办公室新设下属机构，也有权重组前任总统根据总统行政命令设置在总统行政办公室的任何下属机构。国会对此一般不予干涉。但是，总统如果要重组国会立法设置在总统办公室的下属机构，就必须首先获得国会的授权。

其二，根据国会授权，设置部门行政组织的内部机构的权力。从上文论述的国会部门组织设置权的完整性可知，规定部门行政组织内部结构的权力本来属于国会享有。但是在立法实践中，国会除规定部门行政组织的主要结构外，很少对部门行政组织的内部结构作出详细规定。以内阁部为例，国会在内阁部的设置法中，通常只规定部长（Secretary）、常务副部长（Deputy Secretary）、副部长（Under Secretary）、助理部长（Assistant Secretary）、总律师（General Counsel）、监察长（Inspector General）以及各局级机构（Office，Administration，Bureau，Commission）的设置，局级以下的机构应当如何设置国会一般不作具体规定。在1977年的《能源部设置法》[49]中，国会为能源部设置了1名部长、1名常务副部长、1名副部长、1名监察长、8名助理部长以及联邦能源管制委员会、能源信息管理局、能源研究办公室等若干个局级机构。总统和部门组织负责人可以根据工作的需要和情况的变化，对国会规定的部门组织结构进行细化，具体决定部门组织的局以下机构的设置，诸如局以下分多少层次、用多少职员等。当然，由于总统的行政事务繁多，这项权力通常由部门组织负责人掌握和行使。[50]

其三，根据国会授权，重组国会设置的部门行政组织的权力。重组权是总统享有的一项非常重要的组织权力。大概在20世纪30年代胡佛担任总统时，国会就开始通过立法授权总统重组联邦行政机构。[51] 从1939年到1980年，国会先后制定了4部重组法，[52]总统根据这些重组法的授权，

〔49〕 91 Stat. 570.

〔50〕 参见王名扬著：《美国行政法》，中国法制出版社1995年版，第170、899页。

〔51〕 参见王名扬著：《美国行政法》，中国法制出版社1995年版，第909页。

〔52〕 分别是 Reorganization Act of 1939，Reorganization Act of 1945，Reorganization Act of 1949 和 Reorganization Act of 1977。

一共向国会提交了107份重组计划(Reorganization Plan),对内阁部、独立机构和政府公司等进行了重组。其中,仅在1950年这一年就提交了27份重组计划。[53]

表4 1939年至1980年总统制定的重组计划简表

年份	重组计划	年份	重组计划	年份	重组计划
1939	第1—2号	1954	第1—2号	1968	第1—4号
1940	第3—5号	1957	第1号	1969	第1号
1946	第1—3号	1958	第1号	1970	第1—4号
1947	第1—3号	1961	第1—7号	1971	第1号
1949	第1—8号	1962	第1—2号	1973	第1—2号
1950	第1—27号	1963	第1号	1977	第1—2号
1951	第1号	1965	第1—5号	1978	第1—4号
1952	第1号	1966	第1—5号	1979	第1—3号
1953	第1—10号	1967	第1—3号	1980	第1号

根据美国法典(2006年版)[54]的规定,总统可以基于下述目的制定重组计划:① 促进法律的更好执行,促进行政部门及其机关和职能的更有效管理,促进公共事业的高效管理。② 在充分发挥政府运转效率的前提下尽量减少支出和提高经济效益。③ 在实际可行的范围内尽可能提高政府工作的效率。④ 根据基本宗旨尽可能就近组合、协调与合并政府的机关和职能。⑤ 通过将职能相似的机关合并于一个首长领导之下减少机关的数量,并撤销那些非保障政府工作效率所必需的机关或职能。⑥ 消除工作上的交叉和重复。[55]

总统的重组计划可以规定如下事项:① 将某机关的整体或部分、或者

〔53〕 5 U.S.C. -App.

〔54〕 http://www.gpoaccess.gov/uscode/browse.html.

〔55〕 5 U.S.C. 901;吴新平、刘颖主编:《美国法典(宪法行政法卷)》,社会科学出版社1993年版,第286页。

其职能的整体或部分转归另一个机关管辖和控制。② 撤销某机关的全部或部分职能，但不得撤销执法职能或法定专门职能。③ 将某机关的整体或部分、或者其职能的整体或部分，与另一机关或其职能的整体或部分合并或协调行动。④ 将某机关或其职能的一部分与该机关或其职能的另一部分合并或协调行动。⑤ 授权某官员可以将其职能委托给其他人行使。⑥ 撤销那些没有任何职能或者在重组计划实施后将没有什么职能的机关或组成部分。〔56〕

与此同时，重组计划不得规定下列事项：① 设立新的行政部或更改现存行政部的名称，撤销或转变行政部或独立管制机构或者其全部职能，合并两个或多个行政部或者两个或多个独立管制机构或者其全部职能。② 使某机关在超过法律规定的存在期限后继续存在，或者在如无改组其本应终止的情况下继续存在。③ 使某职能在超过法律规定的存在期限后继续存在，或者在如无改组其本应终止的情况下继续存在。④ 授权某机关行使法律在该计划提交国会时并无此明确授权的职能。⑤ 设立新的机关，而它并非现存的行政部或独立管制机构的组成部分。⑥ 延长某职务的任期并超过了法律为其规定的期限。⑦ 处理多个在逻辑上具有一致性的主题。〔57〕

但是，《1949 年重组法》(Reorganization Act of 1949)〔58〕没有禁止总统在重组计划中创设新的行政部。1953 年 3 月 12 日，艾森豪威尔总统根据重组法授权向国会提交了第 1 号重组计划(the Reorganization Plan Number 1 of 1953)，建议组建卫生、教育和福利部，后来国会以两院联合决议的形式批准了该计划。〔59〕 于是，卫生、教育和福利部就成为了美国历史

〔56〕 5 U.S.C. 903；吴新平、刘颖主编：《美国法典(宪法行政法卷)》，社会科学出版社 1993 年版，第 287 页。

〔57〕 5 U.S.C. 905；吴新平、刘颖主编：《美国法典(宪法行政法卷)》，社会科学出版社 1993 年版，第 288 页。

〔58〕 63 Stat. 203.

〔59〕 Thomas P. Carr, Creation of Executive Departments: Highlights from the Legislative History of Modern Precedents, Report for Congress, Updated July 30, 2002.

上唯一不是由国会立法而是根据总统的重组权创设的内阁部。

在 1984 年之前,国会通常会在重组法中规定国会的立法否决权,[60]即国会有权在一定时间内否决总统的重组计划,防止因授权总统重组联邦部门行政组织而使国会丧失对联邦部门行政组织的控制。以《1949 年重组法》为例,该法第 6 条第 1 款规定:"除本条第 3 款的规定外,只要参议院和众议院中的任何一院在总统向国会提交重组计划之日到国会连续开会的第一个 60 日期间内没有以多数票否决总统的重组计划,该重组计划就应当在前述 60 日期间届满之日起生效。"但是,联邦最高法院在 1983 年的一个判例中认为国会对行政机关的否决权违反了宪法的分权原则,国会因此不能再行使立法否决权。[61] 此后,国会不再像从前那样频繁的授权总统重组联邦行政机构,即使偶尔授权,也会在授权总统制定重组计划时附加更为严格的限制。例如,《1984 年重组法修正案》[62]规定,总统制定的重组计划必须经国会两院在 90 日之内批准才能生效。

3. 部长的部门组织设置权

部长的部门组织设置权完全来源于国会的授权,包括明示的授权和默示的授权两种情形。明示的授权是指国会在立法中明确规定将部门组织的某些内部机构的设置权授予部门组织的负责人。部门组织的局级机构一般由国会在立法中设置,部长无权创设局级机构或者重组国会设置的局级机构,但是有国会授权时除外。在 1979 年《教育部组织法》[63]中,国会明文授权教育部部长可以对国家教育统计中心、环境教育办公室、消费者教育办公室、职业教育办公室等十余个局级机构进行重组。默示的授权是指尽管国会没有在立法中明文授予部门组织负责人对部门组织内部局以下机构的设置权,但是部门组织负责人根据履行法律规定的职能的需要有权

---

〔60〕 国会有时还会在授权法中规定总统向国会提交重组计划的截止日期,只有在这个期限之前向国会提交的重组计划才能生效。例如,《1984 年重组法修正案》(Public Law 98—614)中就规定:"只有当重组计划在 1984 年 12 月 31 日或之前提交国会时,该计划中的规定才能生效。"

〔61〕 王名扬著:《美国行政法》,中国法制出版社 1995 年版,第 155—156 页。

〔62〕 Public Law 98—614.

〔63〕 93 Stat. 684.

在部门组织内部设置若干局以下机构。

（二）部门人事任免权

部门人事任免权包含任命权和免职权两个方面。谁享有任命权就意味着谁可以将自己中意的人选放到合适的岗位上，以便推行自己的政策；而谁享有免职权又意味着谁可以把不听话的官员从现有的位置上拉下来，以便换上一个更听话更能推行自己政策的人。美国1787年宪法在职位(Office)的创设和官员(Officer)的任命之间进行了区分，[64]国会有权制定一切必要的和适当的法律来创设职位，但是给已经依法创设的职位任命官员的权力不仅仅属于国会。概括而言，美国联邦政府的部门人事任免权主要在总统、参议院和各部部长之间分配。

1. 任命权

1787年宪法第2条第2款规定："……总统有权提名并经参议院同意任命大使、其他公使和领事，最高法院法官，以及本宪法没有另行规定而应以法律设立的一切其他合众国官员(Officers)。但国会如认为适当，可以以法律赋予总统、法院，或者各部部长对低级官员(Inferior Officers)的任命权……"[65]可见，宪法将合众国官员分为低级官员和高级官员。低级官员由国会立法授权总统、法院或者各部部长任命，而高级官员则由总统提名经参议院同意后任命。国会有权决定高级官员和低级官员的范围，通常情况下只要是国会没有在立法中规定须由总统提名经参议院同意后任命的官员都属于低级官员。[66]

与低级官员和高级官员的分类相对应的是，任命的方式也分为两种，一种是总统、法院或者各部部长单独任命，另外一种是由总统提名经参议

[64] Constitution of the United States, Analysis and Interpretation: 2002 Edition & Supplement, p. 533, http://www.gpoaccess.gov/constitution/index.html.

[65] 吴新平、刘颖主编：《美国法典(宪法行政法卷)》，社会科学出版社1993年版，第18页。

[66] Constitution of the United States, Analysis and Interpretation: 2002 Edition & Supplement, pp. 536～537, http://www.gpoaccess.gov/constitution/index.html.

院同意后任命，除此之外不能有第三种任命方式。1974年，国会在《联邦选举法修正案》[67]中设立联邦选举委员会，规定委员会成员6名，由国会任命4名，总统任命2名。联邦最高法院在1976年的巴克利诉瓦莱奥案[68]中，否决了这个法律。联邦最高法院认为，按照宪法规定，除下级官员可根据法律规定，由总统、法院或行政机关长官单独任命外，行政机关的其他官员应由总统提名任命。然而《联邦选举法修正案》规定的委员会中的4名成员没有由总统提名，因此该规定违宪。[69]

联邦政府高级官员须由总统提名经参议院同意后任命是美国的一项独具特色的人事制度，反映了美国宪法的权力制衡思想。一个高级官员的任命必须经过总统提名、参议院多数票同意和总统任命这三个步骤，[70]只有让总统和参议院都满意的人选才能获得最终的任命。

国会在设置部门组织的立法中创设高级官员职位时，经常会规定担任该职位的人应当具备的资格和条件，借此将可以被总统提名的人缩小在一定范围之内，[71]尤其在创设独立管制委员会时更是如此。例如，根据国会立法，联邦通讯委员会的委员必须具备以下三个条件：① 每一广播区的委员需为当地公民；② 不可涉及广播事业的利益；③ 不可有四人以上属于同一政党(委员总数为七人)。[72] 虽然总统对许多独立管制委员会委员的任命权受到国会立法规定的诸多条件的限制，但是总统仍然可以提出其属意的人选，而且当委员的任期届满，总统也可以对与其意见不一致的委员不予提名继续任命。例如1957年艾森豪威尔总统因为受到利益集团的影响，拟提高瓦斯价格，而联邦动力委员会的委员威廉·康诺利(William R

---

〔67〕 88 Stat. 1263.

〔68〕 Buckley v. Valeo, 424 U. S. 1 (1976).

〔69〕 王名扬著：《美国行政法》，中国法制出版社1995年版，第856页。

〔70〕 Constitution of the United States, Analysis and Interpretation: 2002 Edition & Supplement, p. 542, http://www.gpoaccess.gov/constitution/index.html.

〔71〕 Constitution of the United States, Analysis and Interpretation: 2002 Edition & Supplement, p. 534, http://www.gpoaccess.gov/constitution/index.html.

〔72〕 鲁子青：《独立管制委员会运作之分析：兼论联邦贸易委员会之组织与功能》，私立淡江大学美国研究所硕士论文(1985年)，第255页。

Conrole)顾虑消费者利益，主张降低瓦斯价格，艾森豪威尔总统因此不再任命威廉·康诺利为委员。[73]

自从美国国会在1887年的《州际商业法》中规定州际商业委员会的委员须由总统提名经参议院同意后任命以来，此后创设独立管制委员会的法律一般都规定其委员须由总统提名经参议院同意后任命。参议院可以根据被提名人对特定承诺的保证而决定其同意，或者对提名完全拒绝。实践中，参议院对于独立管制委员会委员的人选特别关心，往往在委员出缺时就事先表示意见让总统参考，许多委员人选，都因为参议院的不同意见而被拒绝任命。例如，1949年联邦动力委员会主席李兰欧德士(Lelanrdialdo)因为天然气的政策问题，遭到参议院的反对，总统不敢再任命他继续连任。可见，参议院在人事上对独立管制委员会拥有相当大的控制力。[74]

根据宪法的规定，部门组织的下级官员可以由国会授权总统或部门组织负责人单独任命。在实践中，国会授权部门组织负责人任命的情形居多。总统和部门组织负责人在任命下级官员时，通常要受文官法[75]的约束，除非国会授权在某些情形下可以排除文官法的适用。例如，1979年的《教育部组织法》就规定教育部部长可以不受文官法的约束，任命不超过175名负责科技或专业事务的雇员为教育部内设的教育研究和改善办公室(Office of Educational Research and Improvement)工作。[76]

2. 免职权

1787年宪法除了对合众国文官(Civil Officers)的弹劾权有明文规定之外，没有对免职权作出任何规定。从理论上讲，既然总统的任命行为需要参议院的同意，那么免职的行为也应当经过参议院的同意，国会曾经持有

---

〔73〕 陈仲嶙、陈薇芸：《谈美国独立管制委员会的合宪性问题》，载于 http://www.is-law.com。

〔74〕 陈仲嶙、陈薇芸：《谈美国独立管制委员会的合宪性问题》，载于 http://www.is-law.com。

〔75〕 Title 5 of the United States Code.

〔76〕 93 Stat. 682.

这个观点，在立法中规定总统对某些官员的免职需要经过参议院的同意，[77]但是总统往往不喜欢国会干预其免职权。

联邦最高法院在1926年迈尔斯诉美国(Myers v. United States)[78]一案中认为，隶属于总统的行政机关高级官员的任期，凭总统的意志而定，总统可以任意免除其职务，无需参议院的同意。[79] 然而，当总统是否有权免除联邦贸易委员会的委员职务的新问题摆上联邦最高法院法官们的工作桌时，法官们又对上述总统无限制的免职权力作出了修正。在1935年汉弗莱的遗嘱执行人诉美国(Humphrey's Executor v. United States)[80]一案中，联邦最高法院认为，总统不能任意免除独立管制委员会委员的职务。根据1914年《联邦贸易委员会设置法》[81]的规定，联邦贸易委员会的委员由总统提名，经参议院同意后任命，只能由于"无效率、玩忽职守或违法行为"才能被总统免职。1933年10月7日，身为联邦贸易委员会委员的汉弗莱被突然告知罗斯福总统已经免除他的职务，原因是他和总统在公共政策上的观点不一致。汉弗莱不服，向法院起诉要求支付薪水。[82] 联邦最高法院在判决中根据职务的不同性质，确立了不同的免职规则。对于纯粹的行政职务，总统有权任意免除，但是对于准立法职务和准司法职务，总统无权任意免除，只有在具备法律规定的正当理由时，总统才能将其免除。诸如州际商业委员会、联邦贸易委员会和索赔法院等机构属于准立法或准司法机构，因此这些机构的官员不能被总统任意免职。[83]

综上，对隶属于总统的行政机关的官员，总统有免职的权力，不论该官员在任命时是否需要参议院的同意，总统可以单独行使免职权，国会无权

---

〔77〕 参见王名扬著：《美国行政法》，中国法制出版社1995年版，第858页。

〔78〕 272 U.S. 52 (1926).

〔79〕 参见王名扬著：《美国行政法》，中国法制出版社1995年版，第858—859页。

〔80〕 295 U.S. 602 (1935).

〔81〕 38 Stat. 717.

〔82〕 Constitution of the United States, Analysis and Interpretation: 2002 Edition & Supplement, p. 546, http://www.gpoaccess.gov/constitution/index.html.

〔83〕 Constitution of the United States, Analysis and Interpretation: 2002 Edition & Supplement, p. 547, http://www.gpoaccess.gov/constitution/index.html.

干预。对独立行政机构的官员，总统的免职权受到一定的限制，必须具有法定的正当理由才能免职。[84] 也就是说，国会在创设隶属于总统的行政机构和独立机构的职务时，有权通过规定免职应当具备的正当理由来限制总统对这些职务的免职权。[85]

然而，总统对官员的免职权仅适用于高级官员，低级官员一般受文官制度的保护。总统和部长等具有政治地位的高级官员不能任意支配受文官制度保护的低级官员。[86]

（三）部门财政供给权

部门财政供给权是指与部门预算有关的权力，包括预算编制权、预算决定权和预算扣留权等权力。美国1787年宪法、1921年《预算和会计法》和1974年《预算和预算扣留控制法》等法律将联邦政府的部门预算权在总统、独立机构和国会之间进行了配置。

1. 总统的预算权

总统的预算权包括预算编制权和预算扣留权。1921年《预算和会计法》规定由总统集中编制联邦政府预算，向国会提出，并设立预算局帮助总统执行编制预算任务。预算编制是总统最重要的行政权力，总统借此决定各行政机关的支出项目和数额，以执行总统的政策和计划。预算扣留权(Impoundment Powers)是指总统对预算中支出的款项可以延期使用或者不使用的权力。当总统不同意国会通过的预算案的部分支出款项时，他可以迟延使用甚至不使用这些款项。[87] 1970年以来，总统的预算编制权主

---

〔84〕 参见王名扬著：《美国行政法》，中国法制出版社1995年版，第136页；陈仲嶙、陈薇芸：《谈美国独立管制委员会的合宪性问题》，载于 http://www.is-law.com。

〔85〕 Constitution of the United States, Analysis and Interpretation: 2002 Edition & Supplement, p. 552, http://www.gpoaccess.gov/constitution/index.html.

〔86〕 参见王名扬著：《美国行政法》，中国法制出版社1995年版，第171、864—865页。

〔87〕 参见王名扬著：《美国行政法》，中国法制出版社1995年版，第137—138页；郭国松：《公共财政制度：如何让政府透明起来》，载于 http://finance.ce.cn/law/home/fzfg/200612/01/t20061201_9645707.shtml。

要由行政管理和预算局行使。

2. 独立机构的预算权

大多数独立机构的预算都必须经由行政管理和预算局统一编制，总统借此获得了一项相当重要的非正式的控制独立管制委员会的手段。总统不仅可以借助于预算编制迫使委员会中的委员离职，还可以使某个委员会整体的名存实亡。例如 1973 年，总统不为颠覆活动控制委员会(Subversive Activities Control Board)编列任何预算，而国会也未作任何干涉，结果该委员会就暂时消失了。又如里根政府时期，消费品安全委员会(Consumer Product Safety Commission)的职员被削减超过 40%，而预算被削减几乎 1/4。[88]

根据某些特别法的规定，国际贸易委员会、联邦储备委员会和环境保护署等少数独立机构的预算排除总统的审查。[89] 实际上，这些独立机构据此获得了完整的预算编制权，在预算上就可以摆脱总统的控制。

3. 国会的预算权

1787 年美国宪法第 1 条第 9 款规定："非经法律拨款，不得从国库提取任何款项。"[90]据此，国会掌控着预算决定权，联邦所有行政机关的预算草案都必须经过国会的批准才能生效。国会对总统提出的预算案可以任意修改，不仅可以减少或增加行政机关请求的拨款，而且可以取消行政机关请求的拨款项目，或增加行政机关没有请求的拨款项目。[91] 预算决定权是国会控制行政机关的最有效武器，尤其在总统所属政党和国会的多数党不同时，国会对行政机关的预算会作较多的修改，如果国会与总统久久不能达成妥协，就可能引发行政机关无法正常运转的危机。1995 年 11 月，国会与总统在"平衡预算"问题上没有达成一致，国会迟迟不批准政府预算，致

---

〔88〕 参见陈仲嶙、陈薇芸：《谈美国独立管制委员会的合宪性问题》，载于 http://www.is-law.com。

〔89〕 参见陈仲嶙、陈薇芸：《谈美国独立管制委员会的合宪性问题》，载于 http://www.is-law.com；胡至沛：《独立管制机关课责性之探讨》，载于 http://web.thu.edu.tw。

〔90〕 吴新平、刘颖主编：《美国法典(宪法行政法卷)》，社会科学出版社 1993 年版，第 17 页。

〔91〕 参见王名扬著：《美国行政法》，中国法制出版社 1995 年版，第 902 页。

使联邦政府的所有行政机关，除了实在不能关闭的少数机关外，一律由于没有经费、没有工资而关闭七天。[92]

三、美国联邦政府的部门组织结构

建国初期，美国联邦政府的外交部、战争部和财政部的职能都较少，各部的内部组织结构也都比较简单。以财政部为例，根据1789年《财政部设置法》的规定，财政部在刚刚设立时只有1名部长，1名审计长，1名审计员，1名财务长，1名登记官和1名部长助理。[93] 后来，随着联邦政府部门职能的日益增多，部门组织结构也变得越来越复杂。到2008年，财政部已经拥有了1名部长、1名常务副部长、2名副部长、9名助理部长和7个由部长直接领导的局级机构并且雇佣了十万余名职员。[94]

(一)联邦政府内阁部的组织结构

内阁部属于典型的金字塔式的层级结构，顶端是部长，底层是普通工作人员，中间包含常务副部长、副部长、助理部长、总监、局长、主任等若干层级。以美国联邦政府农业部为例，农业部设有部长1名，常务副部长1名，副部长7名，助理部长3名，信息总监、财务总监、总监察、执行总监、传媒总监、首席律师各1名。

各部部长(Secretary)由总统提名，经参议院同意后任命。部长作为部门首脑，具有承上启下的作用，一方面，部长直接隶属于总统，在总统的领导

[92] 参见翟继光：《美国政府关门七天》，《中国财经报》2004年11月16日第7版。

[93] 1 Stat. 65.

[94] U. S. Government Manual (2008—2009), p. 337, from the Government Manual Online via GPO Access.

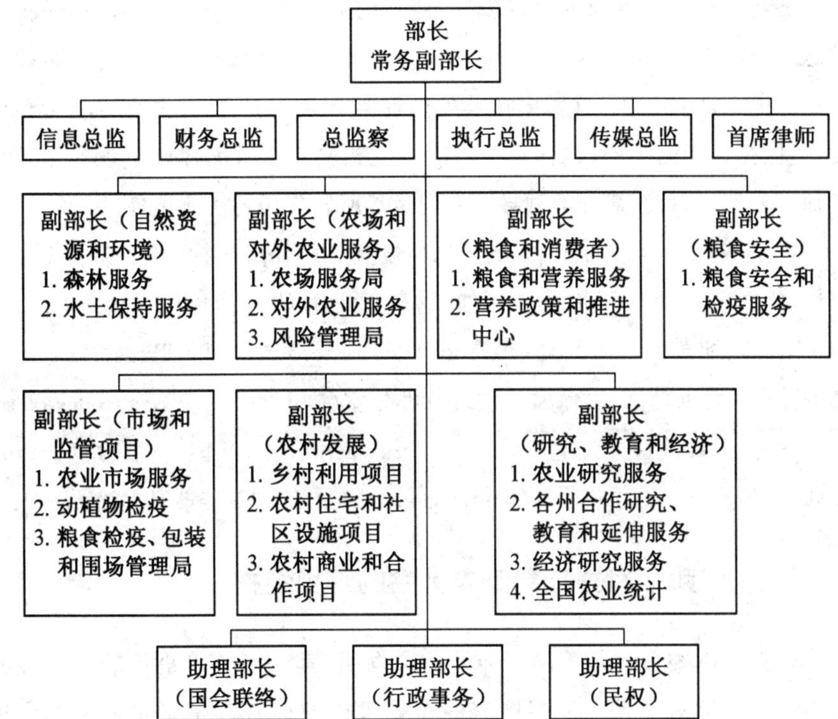

图 1　美国联邦政府农业部组织结构图[95]

下执行法律和政策，另一方面，部长根据法律授权以部门最高长官的身份监督和指导各自所属部门。常务副部长(Deputy Secretary)协助部长工作，在部长缺席、丧失履职能力或空缺时代理部长履行职务。[96]

副部长(Under Secretary)和助理部长(Assistant Secretary)的职数由法律确定，并且法律通常会明确规定每名副部长和助理部长的职责，而不是在总统任命时才为各位副部长和助理部长分配职责。从行政级别来看，副部长的级别要高于助理部长，但是助理部长并不都由副部长领导，很多时候助理部长直接在部长领导下分管某项具体事务。

---

〔95〕 U. S. Government Manual (2008—2009), p. 106, from the Government Manual Online via GPO Access. 在翻译各职位和机构名称时，参考了张千帆等著：《比较行政法——体系、制度与过程》(法律出版社 2008 年版)第 231 页的部分译法。

〔96〕 91 Stat. 569.

各部都有一些共同的机构设置，诸如财务总监（Chief Financial Officer）、信息总监（Chief Information Officer）、总监察（Inspector General）、首席律师（General Counsel）等。首席律师是美国联邦政府部门组织法的一项特色制度，不仅存在于内阁部，也存在于各个独立机构中。首席律师下设一个首席律师办公室，在首席律师的领导下专门负责所属部门的法律事务。

在某些职能复杂的部中，还会单独设置一些局级机构，要么隶属于助理部长，要么直接隶属于部长。例如，财政部下面的公债局（Bureau of Public Debt）和酒、烟草税与贸易局（Alcohol and Tobacco Tax and Trade Bureau）分别隶属于一名助理部长，而通货监理官办公室（Office of the Comptroller of the Currency）、储蓄监督办公室（Office of Thrift Supervision）、国内税收局（Internal Revenue Service）、美国铸币局（United States Mint）等则直接隶属于部长。[97]

（二）联邦政府独立管制委员会的组织结构

独立管制委员会是美国国会的一项发明，其保障监管机构的独立性方面的制度设计对世界上许多国家的监管机构的设置产生了很大影响。独立管制委员会的组织结构与内阁部的组织结构相比，除了顶端的领导层不同外，其他方面的差异不大，也基本属于层级结构。然而，正是顶端领导层的独特设计，决定了独立管制委员会是不同于传统的内阁部的一种新型部门组织形式。独立管制委员会实行集体领导制，根据多数票决策。领导层由奇数的委员组成，属于同一政党的委员不得超过一定比例。委员有固定任期，且任期交错，总统除非具有法定正当理由不能对其任意免职。总统单独或经参议院同意后指定其中一名委员担任主席，主席同时担任委员会的首席执行官（Chief Executive Officer）。

以美国联邦通讯委员会为例，联邦通讯委员会的领导层由 5 名委员组成，每名委员任期 5 年，属于同一政党的委员不得超过 3 名。所有委员均由

---

〔97〕 U. S. Government Manual (2008—2009), p. 337, from the Government Manual Online via GPO Access.

总统提名经参议院同意后任命，总统在委员中指定一人担任主席。主席主持委员会会议，议事时按多数票作出决策。委员会下面设有 7 个局和 10 个办公室，负责实施管制项目、审查许可申请、参加听证等具体业务。[98]

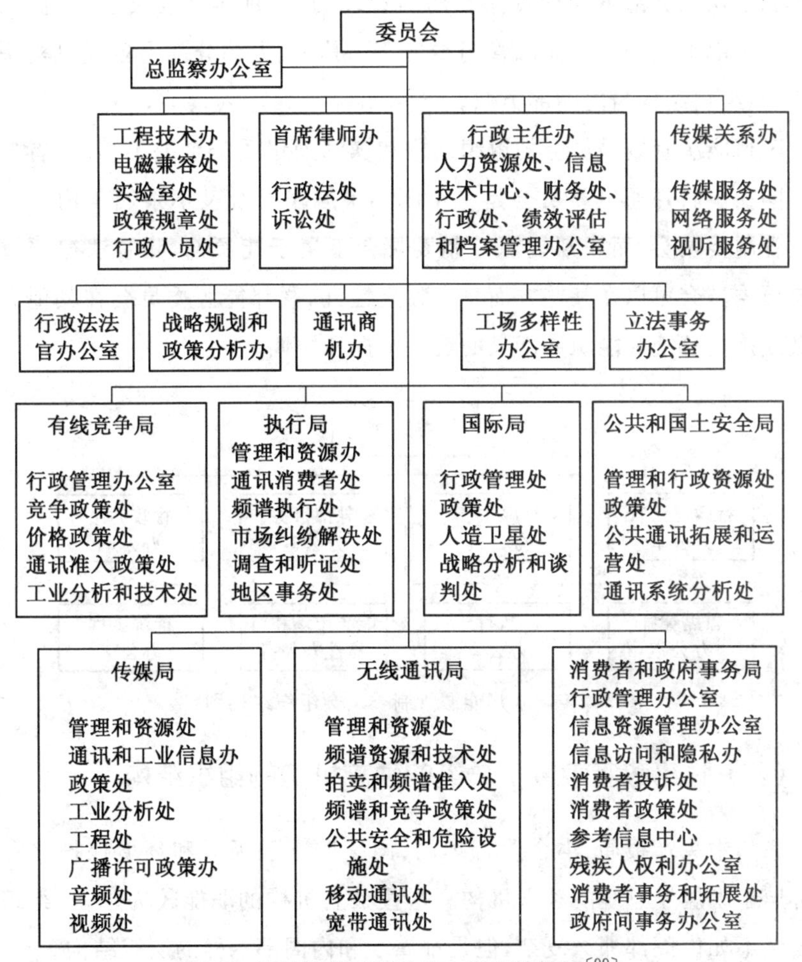

图 2 美国联邦通讯委员会组织结构图[99]

---

〔98〕 FCC, FY 2008 Performance and Accountability Report, p. 5.

〔99〕 U.S. Government Manual (2008—2009), from the Government Manual Online via GPO Access. 图中的机构名称参考了王远桂等著：《美国电信监管体制的变迁》(《世界电信》2007 年第 8 期)中的部分译法。

(三) 联邦政府部内独立机构的组织结构

联邦政府部内独立机构大致分为两种：一种实行独任制，例如设置在卫生和公众服务部下面的食品和药品管理局；一种实行委员会制，例如设置在能源部下面的联邦能源管制委员会。其中，大部分部内独立机构采用独任制，组织结构与内阁部类似。

联邦能源管制委员会的组织结构和联邦通讯委员会差不多，二者最大的不同在于联邦通讯委员会是一个既不隶属于总统又不隶属于内阁部的独立管制委员会，而联邦能源管制委员会隶属于能源部，除了法律授权联邦能源委员会可以在某些方面享有独立性外，联邦能源委员会在其他方面都必须接受总统和能源部部长的统一指挥和协调。[100]

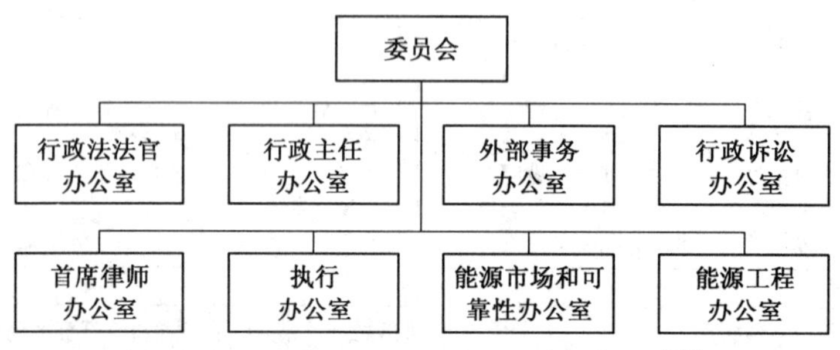

图 3　美国联邦能源管制委员会组织结构图[101]

(四) 联邦政府隶属于总统的独立机构的组织结构

诸如中央情报局、小企业管理局、国家航空航天局和环境保护署等机构都属于隶属于总统的独立机构。这些独立机构的职能较为单一，组织结构虽然不如内阁部那么复杂，但是都属于和内阁部一样的层级结构。

以联邦政府环境保护署为例，环境保护署署长(Administrator)直接对总统负责，在常务副署长(Deputy Administrator)和署长办公室(Office of

[100] 91 Stat. 582—587.

[101] Federal Energy Regulatory Commission: 2007 Annual Report.

the Administrator)的协助下开展工作。署长办公室担负着为全署履行职能和日常运转提供支持和帮助的任务,其内部机构较多,诸如行政法法官办公室、民权办公室、行政秘书办公室、行政服务办公室、儿童健康保护和环境教育办公室、科学顾问委员会办公室、小企业项目办公室、环境合作管理办公室、环境申诉委员会、负责公共事务的副署长(Associate Administrator)、负责国会及政府间关系事务的副署长、负责国土安全事务的副署长和负责政策、经济与改革事务的副署长等 13 个机构都设置在署长办公室下。[102] 在署长下面设置了助理署长 9 名,财务总监、首席律师和总监察各 1 名,分别主管某方面的业务,并接受署长的统一监督和指导。[103]

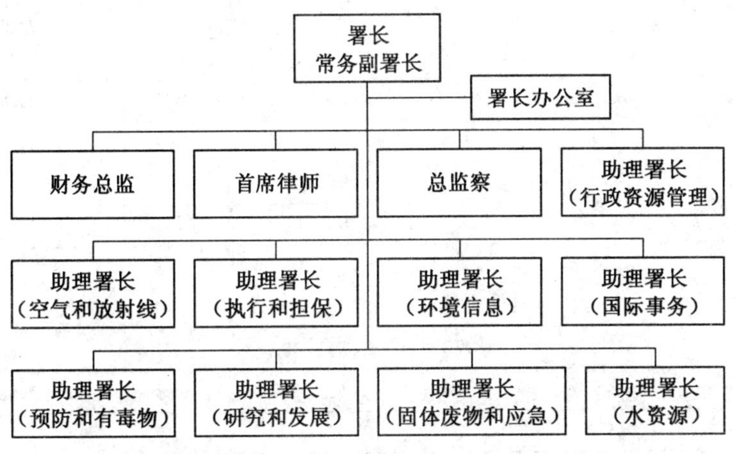

图 4　美国联邦政府环境保护署组织结构图[104]

四、美国联邦政府雇员总数的历史变迁

美国联邦政府部门组织法的历史既是一部联邦政府行政职能的扩张史,

---

[102] http://www.epa.gov/adminweb/.

[103] 环境保护署还在全国设有十个地区分支机构,分管各个地区的事务,本表内未标出。

[104] U.S. Government Manual (2008—2009), p.381, from the Government Manual Online via GPO Access.

又是一部联邦行政机构的膨胀史，更是一部联邦政府雇员数量的猛增史。当杰弗逊总统1801年入主白宫的时候，首都华盛顿的所有联邦政府机构只有291名雇员，而整个行政部门更是只有132名雇员。[105] 后来，联邦政府雇员数量不断增长。从1802年到1981年，美国的人口增长了55倍，而政府雇员却增长了500倍。[106] 根据中国学者翻译过来的统计资料，[107]可以将美国联邦政府[108]雇员总数从1816年至1988年的历史变迁制成简表如下：

表5　美国联邦政府雇员总数变迁简表(1816—1988)[109]

年份	雇员总数	年份	雇员总数	年份	雇员总数
1816	4,837	1945	3,816,310	1978	2,752,000
1851	26,274	1950	1,960,708	1979	2,763,000
1881	100,020	1955	2,397,309	1980	2,772,000
1891	157,442	1960	2,398,704	1981	2,772,000
1901	239,476	1965	2,527,915	1982	2,733,000
1910	388,708	1970	2,981,574	1983	2,754,000
1915	395,429	1972	2,608,000	1984	2,824,000
1920	655,265	1973	2,667,000	1985	2,902,000
1925	553,045	1974	2,724,000	1986	2,895,000
1930	601,319	1975	2,741,000	1987	3,090,699
1935	780,582	1976	2,725,000	1988	3,112,822
1940	1,042,420	1977	2,724,000		

[105] 参见[美]索尔·佩特：《联邦官僚机构是如何运作的》，载于[美]沃尔特·李普曼等著：《新闻与正义——普利策新闻奖获奖作品集(1917—1997)》，展江主译评，海南出版社1998年版，第568页。

[106] 参见[美]索尔·佩特：《联邦官僚机构是如何运作的》，载于[美]沃尔特·李普曼等著：《新闻与正义——普利策新闻奖获奖作品集(1917—1997)》，展江主译评，海南出版社1998年版，第568页。

[107] 梅孜编译.：《美国政治统计手册》，时事出版社1992年版，第15页。

[108] 联邦政府包含立法分支、行政分支和司法分支三个系统。

[109] 可能是由于统计标准的差异，不同文献中提供的美国联邦政府历史上各年的雇员数量并不同。任东来等著的《当代美国：一个超级大国的成长》一书中写道："在19世纪联邦政府的雇员增长缓慢，到1900年时只有9.5万人。随后的30年增长加快，1930年时达到了56.5万。随着政府在广度和深度上都加强了对经济生活的干预，联邦机构急剧膨胀，1940年的雇员人数达到了99.6万，1950年为193万，1960年为227万，1977年为273万。"参见任东来等著：《当代美国：一个超级大国的成长》，贵州人民出版社2000年版，第59页。

根据美国联邦人事管理局(U. S. Office of Personnel Management)在互联网上公开的统计资料,[110]还可以将美国联邦政府行政分支系统雇员总数从1960年至2008年的历史变迁制成简表如下:

表6 美国联邦政府行政分支系统雇员总数变迁简表(1960—2008)

年份	雇员总数[111]	年份	雇员总数	年份	雇员总数
1960	1,807,958	1977	2,131,413	1994	2,085,493
1961	1,824,578	1978	2,164,301	1995	2,012,524
1962	1,896,178	1979	2,160,845	1996	1,933,979
1963	1,910,538	1980	2,160,964	1997	1,871,843
1964	1,884,332	1981	2,143,001	1998	1,855,849
1965	1,900,552	1982	2,110,433	1999	1,820,348
1966	2,050,721	1983	2,157,467	2000	1,784,032
1967	2,251,361	1984	2,171,404	2001	1,797,707
1968	2,288,999	1985	2,213,521	2002	1,838,259
1969	2,301,127	1986	2,175,773	2003	1,871,842
1970	2,202,602	1987	2,234,686	2004	1,856,441
1971	2,153,764	1988	2,221,817	2005	1,871,920
1972	2,116,661	1989	2,237,816	2006	1,879,731
1973	2,082,644	1990	2,250,323	2007	1,888,055
1974	2,139,869	1991	2,243,265	2008[112]	1,885,604
1975	2,148,840	1992	2,226,835		
1976	2,156,988	1993	2,156,844		

[110] U. S. Office of Personnel Management, Trend of Federal Civilian On-Board Employment For Executive Branch(U. S. Postal Service excluded) Agencies, http://www.opm.gov/feddata/html/ExecBranch.asp; U. S. Office of Personnel Management, Employment and Trends January 2008, http://www.opm.gov/feddata/html/2008/january/index.asp.

[111] 雇员总数不包含美国邮政服务公司(U. S. POSTAL SERVICE)的雇员数量。截至2008年1月,美国邮政服务公司的雇员数量为748,999人。

[112] 2008年的数据截至2008年1月。

1981 年,一名美国记者曾对机构林立、人员臃肿的美国政府作出了猛烈的抨击。他在一篇新闻报道中写道:“美国政府是如此庞大,以致你不能说出它从什么地方开始,又在什么地方结束。它是无影无形的,你并不能把它做成图表,一一标明。”[113]

面对庞大无比的联邦政府,在 20 世纪的美国历史上曾有数位总统雄心勃勃的试图精简其规模,但是要么以失败告终,要么在取得阶段性成果后政府规模又开始大幅反弹。以 20 世纪四五十年代的行政改革运动为例,尽管在 1950 年联邦政府规模与 1945 年第二次世界大战刚刚结束时相比有很大程度的缩小,但是到 1955 年,联邦政府雇员总数又飙升了 40 多万。总统们最后发现,联邦政府机构是一个无法动摇的堡垒。罗斯福在组建一些新机构时,受到了来自旧部门的猛烈抵制。杜鲁门抱怨说,总统可以签发一条命令,但却“什么也没有发生”。20 世纪 70 年代,卡特在竞选总统时曾冠冕堂皇地许诺要理顺联邦的政府机构,然而当他当上总统之后只削减了微不足道的一两个部门,却大大增加了整个政府的臃肿程度。[114]

进入 20 世纪 90 年代,克林顿总统上台后,和副总统戈尔一起,从 1993 年开始在美国兴起了一场声势浩大的重塑政府(Reinvent Government)运动,大范围、长时间地实施行政改革,力图构建一个运作更好且花费更少的政府(A government that Works Better and Costs Less)。[115] 在经历了大约七年的持续压缩之后,美国联邦政府行政分支系统雇员总数削减了约 30 万,削减率达到了 19%。14 个内阁部中,有 11 个部的雇员规模被压缩,其中,国防部的雇员削减率最高,几乎达到了 30%。但是,有 3 个内阁部的雇员数量在这次行政改革浪潮中不降反升,而且增加率都超过了 15%。在

---

[113] [美]索尔·佩特:《联邦官僚机构是如何运作的》,载于 [美]沃尔特·李普曼等著:《新闻与正义——普利策新闻奖获奖作品集(1917—1997)》,展江主译评,海南出版社 1998 年版,第 558 页。

[114] 参见[美]索尔·佩特:《联邦官僚机构是如何运作的》,载于[美]沃尔特·李普曼等著:《新闻与正义——普利策新闻奖获奖作品集(1917—1997)》,展江主译评,海南出版社 1998 年版,第 558 页。

[115] Donald F. Kettl, Reinventing Government: A Fifth-Year Report Card, the Brookings Institution ,September 1998.

2000年底克林顿总统即将卸任时，美国联邦政府行政分支系统雇员总数为1,784,032人，降到了自1960年以来的最低点。[116]

表7 1993年至2000年美国联邦政府行政分支系统雇员增减率简表[117]

部门	增减率(%)	部门	增减率(%)
国防部	−29.6	卫生和公众服务部[118]	−4.4
能源部	−24.7	商务部	16.6
住房和城市发展部	−23.1	国务院	19.6
农业部	−18.0	司法部	27.8
退伍军人事务部	−16.5	联邦储蓄保险公司	−67.1
内务部	−14.6	总务局	−31.8
劳工部	−10.2	国家航空航天局	−26.7
交通部	−9.3	环境保护署	−0.6
财政部	−7.4	联邦应急管理局	9.2
教育部	−5.0	合计[119]	−19.0

然而好景不长，2001年小布什上台后雇员总数又开始上升。截至2008年1月，美国联邦政府行政分支系统雇员总数攀升到了1,885,604人，比2000年的最低点增加了约10万人。近两年席卷美国和全世界的经济危机向美国政府提出了严峻的挑战，为了应对挑战、度过危机，美国联邦政府的行政职能势必要扩大，规模也很可能会随之扩张。回顾历史可以发现，20世纪30年代的经济危机曾给美国联邦政府带来过一次职能和雇员的急剧膨胀，而当前由次贷危机引发的经济危机的严重程度和波及范围似

---

〔116〕 Donald F. Kettl, Has Government Been 'Reinvented'? http://www.brookings.edu; Paul C. Light, Smaller Government? Sure, And We've Got a Bridge..., http://www.brookings.edu/opinions/2000/1020governance_light.aspx.

〔117〕 U.S. Office of Personnel Management, Office of Workforce Information, Monthly Report of Federal Civilian Employment (SF 113-A), March 25, 2000.

〔118〕 含社会保障局。

〔119〕 指整个联邦行政分支系统雇员的增减率，但不包含美国邮政服务公司和邮资委员会。

乎并不亚于20世纪30年代的那次经济危机，美国联邦政府行政分支系统的雇员总数会在联邦政府全力以赴应对经济危机的过程中膨胀到何种程度现在还很难预料。

纵观美国联邦政府雇员总数的演变史可以发现，尽管有多位总统对联邦政府庞大的规模不满，发起过一场又一场运动试图将其精简，但是这种运动式的精简方式收效并不大，政府规模往往在短期缩小后又开始逐步增加。除了运动式的精简外，美国国会还采用预算控制的方式来防止政府规模的膨胀。联邦政府所有部门在每年的预算草案中必须向国会申报当年计划雇佣的雇员数量，国会经过审查后确定每个部门当年的雇员数额上限，各个部门在实施中不得超越该上限。但是，这种为每个部门一一确定雇员数额上限的方式很难限制联邦政府整体规模的扩张。1960年以来，联邦政府行政分支系统始终维持在一个较大规模的水平上。

为什么美国联邦政府行政分支系统会长期保持较大的规模呢？主要有以下两方面的原因：其一，美国联邦政府确实承担着太多的行政职能，从国际事务到国内事务，从经济性监管到社会性监管，从打击恐怖主义到提供社会保障，联邦政府的触角已经延伸到社会生活的各个领域。行政职能与雇员数量通常成正比关系，行政职能越多，雇员数量也就越多。其二，行政分支系统的自利能力过于强大，以至于总统和国会都无力削减其规模。尽管民众时常抱怨联邦政府机构林立、人员臃肿、效率低下，尽管多位总统在竞选时曾向民众承诺精简政府规模，但是强大的文官集团不愿意成为行政改革的牺牲品，强烈抵制国会和总统推行的减员计划。20世纪美国历史上一次又一次以失败告终的精简政府规模的尝试不停地宣告着美国联邦政府文官集团的强大和难以控制。

就雇员在各部门的分布状况而言，美国联邦行政分支系统雇员队伍主要分布在总统领导下的15个内阁部中，只有少部分雇员为总统行政办公室、独立机构和政府公司效力。截至2008年1月，美国联邦政府各部雇员总数多达1,707,028人。其中，国防部是最大的一个部，雇员数量达到了673,654人。而总统行政办公室、独立机构和政府公司的雇员数量分别只有 1,707 人和 176,869[120] 人。

表 8　2008 年 1 月美国联邦政府各部雇员数量简表[121]

部门名称	雇员数量	部门名称	雇员数量
国务院	35,651	卫生和公众服务部	61,403
财政部	107,872	住房和城市发展部	9,498
国防部	673,654	交通部	54,144
司法部	107,405	能源部	14,601
内务部	65,099	教育部	4,173
农业部	98,523	退伍军人事务部	260,261
商务部	40,380	国土安全部	162,120
劳工部	12,244	合计	1,707,028

根据《国务院 2010 年立法工作计划》,《环境保护部组织条例》和《审计署组织条例》已经列入国务院 2010 年的二类立法计划,这表明我国的中央政府部门组织立法工作已经提上议事日程。在此背景下探析美国联邦政府部门组织法,或许可以为我国的中央政府部门组织立法工作积累一些素材,提供一些参考。

(作者单位:交通运输部科学研究院)

【特约编辑:梁　亮】

---

〔120〕 不包含美国邮政服务公司的雇员数量。

〔121〕 U. S. Office of Personnel Management, Employment and Trends January 2008, http://www.opm.gov.

译著选登

行政中的权力性*

[日]盐野宏　著

肖军　译

一、引　言

谈行政中的权力性有容易的一面，也有甚为麻烦的一面。这是因为行政是一种极为多彩的活动，既有像着装警察指挥交通那样直接展现其权力性的，也有像提供上下水道等与生活相关服务、为儿童、老人等提供福利的。在讨论行政中的权力性时会自然产生一个疑问，即是否将对象仅限于谁看都知道是在发动“权力”者，若作这样的限定性处理，则恐怕无法把握现代行政中的权力性问题。但若将行政的所有作用都说成是权力的话，那结果就变成说行政作用本身，“权力”的问题性也就被稀薄化了。这是一个无法简单获得答案的问题，其研究方法也恐怕不止一个。本文首先将浏览一下行政中“权力性”的系谱，接着从近代法、现代法下如何看待该系谱的角度推进考察。

---

* 本文最初发表于《岩波講座基本法学 6 権力》(1983 年)，后收录于著者的论文集《公法と私法》，有斐阁 1989 年版。

二、行政中权力性的诸相

(一) 行政权

日本国宪法第 65 条规定“行政权属于内阁”。这里的行政“权”可以替换为行政“权力”,这是因为该条与规定立法权的宪法第 41 条,司法权的第 67 条相得益彰,表明我国实行权力分立主义。而且,宪法第 65 条的英文是 executive power,该表述与美利坚合众国宪法第 2 条第 1 节相同。联邦德国基本法第 20 条也基本与日本国宪法之行政权对应,使用 die vollziehende gewalt 这一词汇。

作为权力的行政权是何物,宪法没有定义。第 73 条规定了七项内阁的职务权限,这是重要事项的列举,此外,内阁还要实施一般行政事务,但一般行政事务为何物,宪法没有涉及。这是因为宪法即使不规定大家也知道。

但是,作为法令前提的概念有时在实际中并不明了。此时,通常通过解释这一工作来确定,只是在行政权中会有一些特殊情况。行政为何物,日本国宪法制定之前就成为讨论的对象,是在近代德国公法学、继受德国公法学的日本公法学、行政法学的层面进行的。虽然已有近百年的历史,但至今尚未形成定论。说没有定论,多少有点不准确,是有通说性见解的,只是它放弃了积极定义,说国家作用除去立法作用、司法作用后所剩者为行政作用。这被称为行政概念中的扣除说。与此相对,也有积极定义行政的尝试,但没有达到支配学界的程度。[1]

这里没有深入行政概念之争论的时间,以上述状况为前提,就与“行政

〔1〕 关于德国公法学以及明治宪法下日本公法学的状况,参见鹈饲信成《行政法の歴史的展開》(1952 年)20 页以下。论争持续至今。作为介绍论争,且提倡既适用于公法学,也适用于行政学等领域之行政概念者,参见手岛孝《行政概念の省察》(1982 年)。

的权力性”的关系，指出如下几点。第一，行政概念的争论点是权力分立制度中的行政这一作用能否被积极定义。众所周知，看权力分立制中的“权力”有两种视角：着眼于主体和着眼于作用或功能。前述行政概念之争论完全是着眼于国家作用的分类。

第二，如此一来，“权力分立”即使可替换为“作用分割”，但只要是权力性作用，那扣除说意义下的行政就依然是权力作用。但是，行政作用就是权力作用，这一等式是否妥当，颇有疑问。即权力这一词汇本身就多义，此处暂且指如下意思：当事人之间即使没有达成合意，一方当事人的意思优越于另一方当事人的意思时——其法技术性意义随后考察——一方当事人具有权力，两者间存在权力关系。可以说，该意义下的权力性成为立法作用、司法作用的核心——本质性部分。立法采用国会决议的形式，约束没有直接参加到程序中来的一般国民。在司法中当事人虽然有参加到程序中来的机会——但被告（人）是被强制性地卷入程序——但作判决的是作为第三者的法官，其意思约束当事人。与此相对，能否以如此意义下的权力性来把握行政的本质？换言之，行政作用作为权力的发动，是否完全把握了行政的核心部分。或者核心部分也好，非核心部分也好，在法技术层面，权力性该如何表达？回答该问题的后半部分从某种意义上说是本文的主题。在此首先从权力性角度概观一下行政作用。〔2〕

（二）行政之权力性的系谱

1. 实力的行使

实力行使——压制对方意思，行使物理性力量——为法律所容许时恐怕是权力性表现最明显的场合。与民事关系不同，行政机关不用借助法院

〔2〕 谈行政权 Executive Power，Vollziehende Gewalt 的时候，例如在联邦德国，它会被进一步分成总统、联邦大臣行使的政治性统治功能与此外者，前者是 Regierung，后者是 Verwaltung。即使在美国，后者也被称为 Administration。日本并没有这样的明确区分，但在思考权力问题时将两者区分是妥当的。本文是指 Verwaltung，Administration。因为 Regierung 的权力性更适合政治学式研究（与法学式考察相比）。

的手，在土地征收中自行排除相对人的抵抗，要求土地的交付，拆除违法建筑物。

但是，法制度预定的实力行使也要适应社会要求，并非日常都能见到。在土地征收的实力行使中，土地征收本身就极为稀少。多数情况是看上去平稳的行政事实行为实际上已被法律赋予了实力行使的资格。例如，在食品卫生关系中，行政机关的执法人员进入营业所，实施检查，收走试验用物品（临检、收去），对此基本没有听到执法人员与营业人员发生冲突。只是业者若拒绝行政机关的权限行使，则要适用罚则。换言之，这些执法人员的事实行为的通行力通过罚则得到了担保，在此意义上具有将临检、收去作为实力行使的资格。另外，传染病患者的强制入院制度等虽然现在几乎不在实际中使用，但仍然作为强制力制度存在，展现行政的权力性。这种意义下的实力行使在行政的各个领域都能看到，可以说是展现行政之权力性的重要因素之一。〔3〕

2. 行政中法行为的权力性

实力行使的典型情形——排除相对人的物理性抵抗时——是眼睛能看见权力。与此相对，行政作用是法行为时，其权力性未必以直接的形式表现出来，其“权力性”是多样的。

权力性时点比较明显的是该法行为成为实力行为之先行行为的时候。或实力行使成为该法行为之执行行为的时候。例如，违反建筑基准法的建筑物拆除就是该法第 9 条规定的违法建筑物拆除命令这一法行为的执行。另外，河川管理者（行政机关）拆除违反河川法的工作物时，也是针对工作物之设置者的拆除命令（第 75 条）在先，拆除行为本身是命令的执行行为。

行政机关的法行为也是在通过对不服行为实施制裁从而确保实效性的时候，比较明显地表现其权力性。营业规制中的各种命令——营业停止

〔3〕 严格说有必要区分用实力排除相对人抵抗而实施的情形与行政的行动通过罚则得以担保的情形，进行不同的考察。这里暂且不作这个区分。另外，关于实力行使的样态，参见雄川一郎等《行政強制——行政権の実力行使の法理と実態》法律人增刊（1977 年）。

命令等、营业许可之撤销等在现行法上也不是实力行使(如营业所的封锁),而是通过对命令违反者适用罚则的方法,实现义务履行之确保。

但是,行政法理的通例是更将法行为的权力性作为法技术层面的问题。即行政法上的核心概念有行政行为。它是与私法的法律行为相对比,并已在明治宪法时代主要以德国行政法学为模本形成。行政行为作为行政权的公权力行使,被认为与民法的法律行为不同,要服从特别法理。只是,该公权力行使之效果未必一定要如前述那样通过实力行使、刑罚来担保。例如,战后农地改革中实施的农地收买处分被视为行政行为的典型,被认为具有通过该处分所有权被单方地从地主处转移到国家的效果,但在此基础上并没有实质性担保其效果的手段——或许是因为现实中没有其必要性。另外,公务员的免职处分在现在也被视为行政行为的一种。但此时从事物的性质上,也不适用旨在担保其效果的行政上的实力行使、罚则等。

这样,说这些行政行为是权力性的是因为它有别的特色,即被认为具有公定力、不可争力。这些效力自身并不直接对相对人施加实力或心理性压迫,强行其服从,而是具有在一定期间内不通过一定方式主张不服则该不服就不被认可的效果。

另外这里有必要注意的一点是:上述意义下的权力性法行为不仅实施于像治安维护、经济活动规制这样的原本就临近于权力性方式的领域。社会保障领域的各种行政决定,如生活保障法上的保护决定、国民健康保险法上的与保险给付相关的决定等从现行法上看,也具有作为权力性法行为的地位。〔4〕

3. 非权力行政的权力性

非权力行政的权力性是一个矛盾的说法,其问题意识如下。即如前所

〔4〕 关于行政行为的权力性,原田尚彦《行政行為の〈権力性〉について》(1969年)訴えの利益(1973年)89页以下富有启发意义。另外,没有从权力性契机的淡浓角度对行政行为进行分类,传统的行政行为的内容式分类也不是严密的分类学,但它对大体了解作为一般权力性法行为的行政行为里有什么东西而言,是便利的。关于传统分类方法的介绍与批判,参见藤田宙靖《行政行為の分類学》(1975年)行政法学の思考形式(1978年)108页以下。

述,在行政作用中有从法律上正面认可权力时点的行为。它确实展现了与私人活动对比时的行政的巨大特点。但另一方面,事实上行政作用也广泛存在于不具有前述意义上之权力性者。日本行政法学把不使用前述意义上之权力的行政称为非权力行政,并有时与使用权力的权力行政对比进行论述。[5] 只是断言非权力行政没有权力时点,是否妥当?这是此处的问题。非权力行政也有各种样态,有必要分情形进行思考。

(1) 行政指导[6]

众所周知,在我国的行政活动中存在行政指导这一方式。行政指导的定义各种各样,共通的理解是:它是行政目的达成的一种手段,不具有法效果,是针对行政相对人的希望。所以,从法律上讲相对人是否服从行政指导是他的自由,在行政指导中无法看到法律积极认可其权力性。

但是,同样为大家所知晓的是在我国行政指导被认为是一种具有实效性的行政方法,在行政的各个领域很常见。这就自然产生疑问:虽没有直接的法律制裁手段,为什么行政指导却具有实效性,相对人为什么要服从限制自己自由行动的指导——通常被称为规制性行政指导。对此有各种看法,现在只指出如下几点。

首先,存在被法律认可的权力性权限发动前的行政指导。例如,在发布违法建筑物拆除命令前,要求相对人拆除或改善。这也可以说是警告,此情形中,行政指导的一项通用力是操控于背后的法定权力行为。

虽然与行政指导没有直接的关联性,但行政机关具有事业的许认可权限。例如,在针对银行的工薪金融业者的金融中,大藏省并不具有禁止权限。但是,因大藏省基于银行法,对银行的经营、店铺设置等具有广泛的许认可权限,故这些权限行使带来的不利益之可能性成为与工薪金融相关的

---

〔5〕 参见成田赖明《非権力行政の法律問題》公法 28 号(1966 年)137 页以下,原田尚彦《行政法要論》(1981 年)152 页以下。

〔6〕 关于行政指导有很多文献,初期文献有:成田赖明《行政指導》現代の行政・現代法 4(1966 年)131 页以下,盐野宏《行政指導》行政法讲座 6 卷(1966 年)13 页以下(收录于盐野《行政過程とその統制》),包含背景的统括性考察者有:山内一夫《行政指導》(1977 年),附带意见听取、行政学分析的共通研究者有:行政管理厅《行政指導に関する調査研究報告書》(1981 年)。

行政指导之通用力的担保。所以，此时行政机关之法意义上的权力是间接的，处于背后。

像补助金这样的资金助成手段虽不是权力性手段，但也能担保行政指导的通用力。资金助成手段本身直接具有私人特定行为之促进效果，或许也有针对与资金助成没有直接关系的行政指导的间接性担保效果。

行政方所提供的生活必需服务，如公营水道、垃圾处理等有时也被用来强化行政指导的效果。若不服从行政指导，行政方就不提供这些服务。但这里会产生一个疑问：这些服务与行政指导直接相连，其效果太强烈，这样就不是以相对人之任意服从为要素的行政指导了。作为法律论，没有法律的特别授权，能否只以不服从行政指导为由拒绝提供公共便利，是一个问题。

行政指导的发动有时是关系人所期望的。即在关系人间，尤其是在业界内部，当竞争无法消解时，有时也通过遵从行政指导的方式来调整。此时可以说是行政指导这一手段，进一步讲是某部、某局的“权威”被使用。当然，行政指导的实效性不仅以行政所持有的权力或权威为背景。有时是行政指导的内容具有说服力，有时与其说是企业遵从权威，不如说计算起来对企业更有利成为企业行动的基准。而且，行政有时与自己权威相比，更依赖“舆论”的权威，这样，媒体的权力就成为更重要的基础。

(2) 社会服务

从内容上看，行政作用不仅有规制性活动，还有各种服务的提供。近年来，在行政法学上有时将后者成为给付行政。[7] 社会福利关系的服务一直就有，包括学校等的教育文化性服务、国铁、市电、市巴士等交通服务、电信电话等通信、上下水道等，我们的生活很多方面依存于公共服务。

如前面说到的那样，即使是这些领域的行政活动，有时也是权力性法行为。但是，这些服务因可以通过民营来实现，故国家、公营的服务在与利

〔7〕 关于给付行政观念，参见山田幸男《給付行政法の理論》現代の行政・現代法 4(1966年)21 页以下，园部逸夫《給付行政》行政法の争点・法律人増刊(1980 年)10 页以下。

用者的关系中也基本上与民营进行同样的法处理。例如，现行法下的市电、市巴士的利用关系与私铁、私巴士的利用关系并没有用不同的法形式来规范。

那么，在这一领域还不能说行政之权力性吗？例如，应该怎样看它与行政指导的结合。有人认为，若为了确保建筑行为中行政指导的实效性而拒绝缔结给水契约时，它已不是行政的权力手段。另一方面，有时因所结合的行为是作为行政目的之追求方法的行政指导，故它是作为行政的权力性而出现，但实际情况是它可以看作是与垄断事业所持有的支配力相同，即与在私经济领域也可生成的支配关系相同。

(3) 行政规划的权力性

行政除向私人下达命令、给予许可、提供服务外，还在经济、国土、文化等各种领域设定一定目标，且为实现这些目标采用各种复合性手段。接着，不断调整这些手段，为实现目标，行政机关自身不断努力，也发动其他行政机关、私人。这是行政规划的制定与实施，它作为行政手法之一，占据重要位置。〔8〕

但是，行政规划很难从法律上一概而论。有像都市规划那样对私人具有法效果者，也有行政内部性的、从法律上看在与私人的关系中只不过是一种指南者。所以，不能一般性地论述行政规划的权力性。只是，即使规划不是在像行政立法、行政行为那样具有权力性的情形中，也是具有与行政指导相同的背景；而且，因是“规划”，故被赋予了一定的权威性，能够约束行政内部，尤其是私人，这一点需要注意。

(三) 小结

上述考察旨在提供如下素材：在近代与现代行政法中，焦点积聚于行

〔8〕 关于规划有很多文献，暂且列举如下：西谷刚《計画行政の課題と展望》(1971 年)，远藤博也《計画行政法》(1976 年)，盐野宏《国土開発と計画》未来社会と法 2 国土開発(1976 年)220 页以下。

政权力性的哪一侧面。在进入正题之前先小结如下。在行政活动中，人们可以看到法直接认可的物理性实力行使，可以说行政正是国家权力的展现场所。但是，就如立法权、司法权在判决这一本质部分中展现的那样，行政的权力性在行政之意思决定的通用力这一水平上，最能看出其通常的存在样态。而且，不仅限于命令这一一目了然的权力形式。即使在权力性法行为中，权力性的系谱也从命令的通用力扩展到利益给付之决定的通用力。

行政中的权力性不仅限于物理性实力行使、权力性法行为这样的作为国家制度被法律明确公认者。不具有法律效果的行政指导在一定的环境下也具有左右他人意思的力量。该环境的重要部分是权力或公权威，这样，人们或许能够在此看出行政本身之权力性系谱的边界。行政在其服务活动领域，即使在不具有(在与利用者的关系中)与民间企业相区别之特权的情形中，只要享受了垄断地位，则对相对人具有支配力。此时，行政的权力性已经与私企业的权力性系谱交错在一起。基于此，若从其作用层面来看，“行政权”则不是“行政权力”，而是“行政权限”。

以我国为例的话，自近代意义下的行政法在明治宪法时代曲折形成以来，行政权力性的系谱多少已经存在。但是，时代课题是在针对该系谱的研究方法中存在自我反映者。接下来以我国为中心眺望其状况。

三、近代行政法与权力性——明治宪法下的展开

(一) 考察的视点

前面从法视角考察了权力性的系谱，而这里的法是当下的现行法。从现代国家问题状况的类似性出发，至少在现阶段用先进自由主义国家的法视角，或许更能获得共通的系谱。经过绝对主义，国家权力，包括行政权终于服从于法之下，而服从于法之下的状态在各国极具个性地呈现着。这作为行政法历史发展中英美法系与大陆法系的对立，已被概括性

地描述过。[9] 那么,行政中的权力性问题在作为近代国家起步阶段的明治宪法下的我国是如何被看待的?接下来,以此为视点考察一下近代行政法与权力性问题。下面的观点有个前提,即在日本行政权与法的关系很不一般。

(二)权力观念

"法之权力指的不是腕力,更不是天然力。人体筋肉的活动是天然力,腕力是天然力。与此相对,权力是意志。故腕力不是权力。腕力可以说是随意志方向而动的天然力,但法理将权力与腕力相区别,将腕力用于权力的实行。所以,两者不能混同。""权力是强意志。是在法律价值上强于相对人意志的意志,可以强制约束他人意志。权力者的意志表示称为命令,相对人意志适应它称为服从。""权力关系是优劣意志相互间的交涉。平等关系是无优劣意志相互间的交涉。法是与人之共同生活相关的规则。法视角下的人之共同生活是意志的交错。所以,法则是划出意志界限之物。""划出优劣意志交错(权力关系)界限的是公法,划出无优劣意志交错(平等关系)界限的是私法。""权利与权力虽然相似,但实质相异。关于权力是什么,有两种说法。若依据权利是意志这一说法,则权力也是权利。……若依据权利是利益这一说法,则权利与权力完全不同。……若将权利理解为可以用意志来主张、受法律保护之利益的话,那么,显然权利既可以在对等者之间存在,也可以在非对等者之间同样存在。所以,权力关系与权利关系并不相互排斥,也非同一物。显然,两者是另类关系。"[10]

上面内容引自明治时期日本公法学成立时穗积八束所提交论文《公法的特质》。穗积八束以提倡明治宪法下天皇绝对主义而广为人知。另外,从日本公法学史上的位置来看,形成了穗积八束·上杉慎吉=官僚学派·

〔9〕 时点稍微有些久远,所以必须通过后面的研究成果来补充,鹈饲信成《行政法の歴史的展開》(1952年)很好地论述了大陆(德国)法系与英美法系的区别。另外,日本在明治时期大量导入了德国,尤其是普鲁士的行政法基本制度,另外,当时的宪法、行政法学也基本来源于德国公法学。

〔10〕 穗积八束《公法ノ特質》法協二二卷一号(1904年)穗积八束博士论文集(1913年)658页以下。

国权学派(正统学派)与美浓部达吉·佐佐木惣一＝市民学派·民权学派(异端学派)的对比。[11] 但这里需要注意的是,被誉为民权学派代表的美浓部理论也没有全面否定穗积的权力关系论。即以前述穗积论文为契机,穗积与美浓部之间产生了一些讨论,[12]两者见解的差异在于穗积谈"权力关系",而不是其内容本身。后来,美浓部也对穗积的理论评价道:"公法最重要的是规定国家与臣民的关系,私法最重要的是规定个人相互之间的关系,前者是权力关系,后者是平等关系。在这一点上,穗积博士的主张无疑包含了正当的思想。特别是他用语的简单明快成为其最大长处。"[13]

简言之,穗积、美浓部基本上都依据19世纪末德国公法学的公权力论[14];美浓部的作用在于更为法学式地说明了穗积的直截性权力关系论。[15]

---

〔11〕 参见鹓饲信成《行政法の歴史的展開》(1952年)111页,同《行政·行政法·行政法学》行政法講座一卷(1956年)54页。

〔12〕 美浓部达吉《穂積先生の(公法ノ特質)を読む》法政新誌八卷二号(1904年)。穗积《公法ノ特質ニ付美濃部博士ノ駁論ニ答フ》法協二二卷三号(1904年)。

〔13〕 美浓部达吉·日本国法学上卷上総論(1907年)188—189页。

〔14〕 穗积、美浓部在争论论文中,都没有将自己的学说与德国公法学的具体文献对照,但公法＝支配权力关系说是穗积留学中(1884—1889)作为"亲炙"(高桥作卫《穂積八束先生伝》〈1913年〉穗积八束博士论文集(1913年)15页〈序文目录〉)的P.拉邦德所主张的(P. Laband, Das Staatsrecht de deutschen Reiches, Bd. 1, 1. Aufl., 1876, 2. Aufl., 1888)。美浓部也认为穗积属于拉邦德系谱,说其学说"毫无疑问包含了一定程度的真理"(美浓部达吉《公法と私法》(1935年)27页)。另外,关于拉邦德等、德国的支配＝公权力观,参见盐野宏《オットー·マイヤー行政法学の構造》(1962年)270页,藤田宙靖·公権力の行使と私的権利主張(1978年)177页以下。

〔15〕 鹓饲信成《行政法の歴史的展開》(1952年)112页指出,穗积的权力说将法前就已存在的社会实态作为问题,"这样,作为法前的社会关系可以有优劣强弱的关系,如此主张不得不说是这种官僚学派之学说所具有的社会意义"。但是,着眼于法规范前的实态,这在所谓的民权学派的系统中也是同样的。即后面的田中二郎指出公法关系与支配关系、管理关系是有区别的,在前者中"前法律地盘(实体)如国家和组成人员那样,是所谓的支配关系,在性质上与作为个人相互关系的私法关系不同,在实定法上也认可该区别,特别是在服从于不同法规范的情形中"。另外,高柳信一《行政国家制より司法国家制へ》公法の理論下Ⅱ田中古稀記念2235页以下说道:穗积或许将"权力关系"与"权利关系"作为相互排斥的关系,在穗积看来"公法关系应该具有非权利(义务)关系的某些物质"。确实,在穗积初期论文中能看到两者的相互排斥,但在与美浓部争论中,如本文所介绍的那样,穗积整理了两者。高桥论文所引用的文章说"权利义务关系与权力关系完全属于另类观念"(穗积八束《公法ノ特質〈其二〉》〈1905年〉穗积八束博士论文集(1913年)744页)直接续写道"权利义务关系是一种在权力者与服从者之间也能存在平等的关系",两者分类基准的不同正是穗积的主张所在。于是,至少在以"权力关系"为问题的时候,穗积与美浓部的差异应该这样看:美浓部严格区分亲族关系中的权力关系与公权力,换言之,在美浓部看来,国家正是作为与社会对比者而登场。

即在谋求将法置于法控制下之功能的同时，[16]也具备权力之法论理正当化的功能。这也是行政法解释论的宿命性课题。该课题以什么样的形式实现呢？在此，主要考察美浓部达吉的工作。

（三）权力的控制

关于权力的控制，美浓部达吉的关心点与看法集中表现在法律保留论、自由裁量论。首先是法律保留问题。在此，他针对立法事项说主张侵害保留理论。即明治宪法第二章《臣民权利义务》在各条中都设置了法律保留的相关规定。而另一方面，第 9 条规定了天皇的独立命令制定权。这样，法律规范的范围到底在哪里成为争论的对象。穗积八束持立法事项说——仅限于宪法各条规定者，而美浓部主张不限于宪法所列举者，法律保留涉及侵害臣民之权利、自由的全部领域，即行政权没有法律的根据，不得作侵害性行为。行政法学称此为侵害保留理论。[17]

其次是自由裁量问题。当法律不是一义性地规制行政活动时，法在多大程度上控制权力？易言之，法院（当时是行政裁判所）可以在多大程度上控制？对此，美浓部提倡所谓的美浓部三原则，权利侵害行为中没有自由裁量。"侵害人民权利，课以负担，或限制自由的处分，在任何情况下都不能是自由裁量行为"，"为人民设定新的权利，给予人民以利益的处分，除法律特别给予人民以'要求利益'之权利的情形外，原则上是自由裁量行为"，"不直接产生左右人民权利义务之效果的行为，除法律特别施加限制的情形外，原则上是自由裁量行为。"[18]

依据上述美浓部有关法律保留与自由裁量的见解，人们很容易说其立脚点是自由主义的、市民的法治国。即其关心点是权力对人民权利、自由的"侵害"。这一点极端表现在侵害保留理论上，也同样表现在与裁量相关

---

〔16〕 美浓部对此更加自觉地说道"公法不是权力关系的法，是权力限制的法"（参见美浓部达吉《穂積先生の（公法ノ特質）を読む》法政新誌八卷二号（1904 年）25 页）。

〔17〕 参见盐野宏《法律による行政の原理》学説展望・ジュリスト300 号（1964 年）72 页以下。

〔18〕 美浓部达吉《行政裁判法》（1929 年）152 页。

的三原则上。这样，已作或将作侵害行为时的控制成为问题，故行政权不行使侵害性权力不是关心的对象。换言之，权力本身的控制没有进入视野范围。另外，前述权力系谱中的第三、第四个问题因当时不一定实际存在那些现象，故也处于其关心之外。而且，需要注意的是，美浓部直接关心的（已被发动）权力的控制也存在界限。表现之一是行政行为的公定力，表现之二是行政上的强制执行论。

(四) 权力的法理论化——公定力论

穗积的权力论直截了当，但欠缺法技术性说明。美浓部则将它们翻译成法言法语，即作为法关系叙述权力关系的内容。极端表现之一是行政行为的公定力论。穗积将权力关系视为意志优劣的关系，这在法上如何表述，他没有明确。对此，美浓部将国家行为的优越性冠名为公定力，说明如下。

“国家行为的公定力，是指在公法关系中国家的意思行为具有决定其关系的力量，其行为在有正当权限机关撤销或确认无效前通常被推定为合法，作为相对人的人民不能否定其效力……国家或公共团体不能对人民行使无限制的权力，而只能依据法律的规定要求做某事；其行为到底是否符合法律，对此，作为行为者的国家或公共团体的机关自己具有认定的权力，该认定在法律上具有拘束作为相对人的人民的力量。人民只有在被允许异议申诉、诉愿或行政诉讼时，才能通过这些方式进行争论，若这些行政上的争讼方式不被允许的话，则不管人民认为国家行为多么违法，也只能服从，没有争论的途径。”〔19〕

该美浓部公定力论后来成为日本行政法学上的通说，与此同时，也就成为了讨论的对象。根据美浓部的观点，行政行为，即权力性法行为只要合法，就对人民具有效力；其合法性认定在行政机关；故根据法律的规定，

---

〔19〕　美浓部达吉《公法と私法》(1935 年)121—122 页。另外，最详细研究公定力论的是兼子仁《行政行為の公定力の理論》(1961 年)。

行政裁判所(或诉愿裁决厅)是争讼的手段,只要没认定其违法性,予以撤销,就约束人民。这是"贯彻法治主义"的理论。因为据此,违法行为具有效力是不可能发生的。而且,该理论很适合现在无法想见的法律制度——行政裁判所的裁判事项不完备,存在无法成为裁判救济对象的权力性法行为。[20] 即使完全没有被裁判所改正的机会,因行政行为是合法的,故从理论上没有与法治主义相悖。但是,不能仅从法理论层面的彻底的法治主义来评价。这里欠缺一法学式说明——行政机关为何具有合法性认定权。对此,或许可以回答道,明治宪法下的列举主义式撤销诉讼制度正好给行政机关以合法性认定权。但是,这采用了一个前提,即必须作法治主义式说明,与不采用该前提者相比,该理论以执行权——作为没有经过议会的独立权力——为背景。[21]

(五) 权力的容忍——执行力论

正如前面指出的那样,行政的权力性在实力行使的情形中表现得最为明显。因为实力行使会侵害人民的权利、自由,所以美浓部理论认为它当然需要法律的根据。问题是此法律根据是否只是针对相对人之命令这一法行为的根据即可,还是实力行使本身需要有特别的法律根据。关于这个问题,美浓部回答道:"代执行、执行罚设定了与既定义务不同的新义务,故为此需要法律的特别规定;直接强制是原原本本地实现既定义务,因立基于公权力的国家意思自身具备执行力,故应该认可直接强制无需特别的法律规定,行政厅具有当然为之的权能。"[22]

---

〔20〕 明治宪法下,人民可以通过行政裁判进行争讼的权力性行为仅限于法律规定的事项。关于行政裁判事项,采用所谓列举主义。这为明治 32 年法律第 106 号所规定。

〔21〕 给美浓部、明治时期日本行政法学很大影响的奥托·迈耶根据行政行为的自主确定力(Selbstbezeugungskraft)观念,法治国的要求与国家目的实现的必要相结合,该力本身来源于立宪君主制下的君主权(参见盐野宏《オットー・マイヤー行政法学の構造》(1962 年)132 页以下)。

〔22〕 美浓部达吉《日本行政法》(1936 年)336 页。关于强制执行的根据,明治宪法下的一般见解是:只要是原原本本地实现已设定的义务,那根据就在先行之行政行为里。这一点也受德国法影响。参见广冈隆《行政上の強制執行の研究》(1961 年)405 页以下。

因明治宪法时代有给予行政机关以广泛实力行使之权限的行政执行法(明治 33 年),故前述问题本身在法解释论上没有实际意义。尽管如此,美浓部还是尝试进行了说明,在此让人们再次看到了其独立的执行权力观。

(六) 小结

上面以明治宪法下日本公法学代表美浓部达吉的理论为素材考察了明治宪法时代的行政权力观。为了更清楚地与现行宪法下问题的对比,在此小结如下。

第一,行政中权力的法根据不在于天皇通过议会制定的法律,而是直接寻求于君主权,即天皇大权。在侵害保留的范围内,行政权力采用法律授权的形式,总体而言,这可以说是权力限制的结构之一。

第二,关于权力与臣民的关系,即使在明治宪法下,法律也并不要求臣民只是单方面地为国家利益而服从权力。请求公权力发动的权利,即个人公权的存在也一般得到认可。而且,国家公权力的行使也是为了一般人民的利益。但另一方面,权力与臣民之间有一定的距离。其中之一是权力发动时应该被保障的臣民的程序性权利观念很薄。具体说,限制、剥夺臣民权利、自由时倾听其述说的机会,即告知、听证的观念没有确立。英美保障人民自由与财产的最古典的自然正义、正当程序为什么在明治宪法时代没被理论和实务所关注?与外国法移植问题不同,程序性权利保障观念为什么不能在我国生长?这仍是个尚未充分解答的问题。本文也无法给出一个有说服力的答案。当时,作为日本学说模范的德国行政法学也没有充分讨论该问题,这完全不是理由的理由或许是直接的原因。另外,在压倒性地肯定行政之权力性的制度之下,“公法不是权力关系,是权力限制的法”这一美浓部的把握也必须置于时代局限之下。[23] 现在,权力与臣民的关系中应注意的一个问题是国家权力所致侵害的防御。作为另一面,关于侵害性权力的不发动,一般而论是不允许放弃的,但最终还是交给行政机关的裁量。

第三,侵害性权力行为的控制虽然是明治宪法时代里行政权力性的主要课题,但重要的事后救济在法制度上很不充分。虽有行政裁判制度,但诉讼事项被限制。而且,公权力行使时所生损害的国家赔偿不被认可,也不追究官吏个人的责任。[24]

第四,在权力系谱中明治宪法时代的学说有意识论及的只是法意味下的权力的行为形式。虽然说到服务行政领域存在公法规范,但只着眼于服务之公益性的契机,没有聚焦于本文所说的非权力行政的权力性。行政指导等恐怕不是不存在。而且,行政一方,国民一方恐怕都没有怀疑行政指

---

〔23〕 程序性保障的观念并非完全没有。例如,田中二郎《行政行為の瑕疵》(1931 年)行政行為論(1954 年)68 页关于法律规定程序的意义写道:"行政法上各种程序规定的主要目的是'设置与公权力行使相关的秩序与节制的主要条件'。"另外,有人指出田中主要通过奥地利法熟悉行政程序法(参见远藤博也《田中先生の行政手続法論》ジュリスト767 号(1982 年)54 页)。但是,再没有进一步展开与程序相关的行政法一般理论。在行政法体系中,行政程序法的范畴一般也不为人所知,偶尔,在中村弥三次《規範的行政法学》(1933 年)中看到行政程序法概念。这恐怕源于奥地利学说的影响,但即使如此,程序性权利保障的思维还是没有充分展开。关于明治宪法下行政程序统制的观念不够发达,雄川一郎《行政の法的統制》(1977 年)、《行政の法理》(1986 年)217 页认为:行政作用本身以警察、公用征收、租税课赋征收,其特性、内容"清晰",基于此,法院作为权利保护的机构,将这些作用置于法规的拘束之下对其进行检验,这或许就够了吧;换言之,"行政作用的古典形态表明行政程序法理没有展开的地盘"。该见解对应了如下认识:现代行政中随着行政裁量范围的扩大,我国和大陆法系国家的程序法理得到了发展。这是一个耐人寻味的看法,事实上通过我国最高法院判决展开行政程序法理是在裁量统制方面(例如,所谓个人出租车事件的最判昭 46·10·28 民集 25 卷 7 号 1037 页)。但是,即使在古典行政中也存在不确定法律概念,即使在现代行政中羁束处分也不必事前程序。行政程序的基本在与对公权力对权利、自由之侵害的防御,这一点在德国得到了说明,即在基本法下的德国听证权再一次在法治国原理与人类尊严中被论述。Vgl. Meyer/Borgs, Verwaltungsverfahrensgesetz, 2. Aufl., 1982, § 28, 3; Ule und Becker, Verwaltungsverfahren im Rechtsstaat, 1964, S. 37 ff. 在此意义下,明治宪法下的状况还是源于当时的法治国原理、尤其是人权保障观念的不彻底性。参见杉村敏正《行政手続(現代法学全集)》(1973 年)83 页。

〔24〕 有学说主张公权力行使时官吏个人对被害人承担赔偿责任,但判例持否定态度(参见田中二郎《行政上の損害賠償及び損失補償》(1954 年)111 页以下)。国家责任暂且不说,连公务员个人责任都不认可,可见我国的国家赔偿制度相比而言明显欠缺对国民的救济。而且,明治宪法下还存在支配性又广又深的"特别权力关系"这一范畴(日本国宪法下也有认可其妥当的时期),对此,参见室井力《特別權力関係論》(1967 年)。

导等存在的意识。

免于法拘束的君主权在其行政活动中置于法规制之下，这是近代各国采用立宪主义之后的事。在此意义上，行政法原本就是近代法。〔25〕在我国，在明治宪法下虽经曲折，但行政法还是成立了，尽管在权力控制方面它还很不完备。即不能说它是充分具备作为近代法的资格。那么，日本国宪法下，在国民主权确立，现代社会诸问题明显表现的阶段中，行政权力性问题展现出怎样的样态，这是下面的问题。

四、行政权力的现代性课题——日本国宪法下的对应

（一）行政权力的变革性要因

"宪法消亡，行政法存续"（Verfassungsrecht Vergeht, Verwaltungsrecht Besteht），这是构筑了德国行政法学基础的奥托·迈耶（Otto Mayer，1846—1924）在其著作《德国行政法》〔26〕第一卷（第三版）序文中的明言。说此话的直接背景是从德国帝国宪法变革为魏玛宪法这一德国的历史；围绕其普遍的妥当性，在德国，在日本人们好谈及这句话。

本问题当然应该根据各自不同的实定宪法之变革样态进行判断。天皇主权变革为国民主权，从而国家权力的渊源就变得不同，据此，行政法也应该变化；若是如此，则答案非常简单。但是，行政法中的权力性问题正如前面考察所明了的那样，不仅停留在执行部门所持权力的正统性方面，还存在于权力的样态。与此关联，对行政权力的冲击不仅限于成文宪法典的变革。现实

〔25〕但这不是说，立宪主义出现前，君主权完全脱离于法拘束之外，完全自由地侵害人民的权利、自由。参见村上淳一《〈良き古き法〉と帝国法制 3》法協九一卷二号（1974 年）244 页以下，同《近代法の形成》（1979 年）。另外，德国行政法教科书明确指出这一点的有，Wolff-Bachof, Verwaltungsrecht Ⅰ, 9. Aufl., 1974, S. 41f.

〔26〕Otto Mayer, Deutsches Verwaltungsrecht, Bd. 1, 3. Aufl., 1923.

的社会、经济状况会对其产生更大的影响。行政国家乃至行政国家现象是指国家作用中执行部门所发挥的作用与立法部门、司法部门相比增大了。〔27〕在明治宪法时代，在宪法结构上我国已经是行政国家，在日本国宪法下也必须注意的是，作为事实的行政国家现象给行政的权力性带来怎样的影响。

(二) 权力的控制——近代化的充实

日本国宪法下必须完成的一项重大课题是，美浓部达吉等在明治宪法下未能实现的行政权力之控制的强化。这既是国民权利、自由防御国家权力这一自由主义的要求，也有权力的民主性控制之意味。

1. 在权力系谱中首先实力行使本身需要有直接的法律根据，〔28〕这样才算受到严格的控制。关于行政上的强制执行，关于替代性作为义务以及租税等金钱债权，虽有一般性法律授权(行政代执行法、国税征收法、地方税法)，但只因国民一方的不作为义务、非替代性作为义务存在少数个别法，〔29〕故义务履行确保手段基本可以委托给刑事罚。真是发生了重大变革。但另一方面，有必要注意的是在行政上的实力行使的过程中，无法看到像法官令状那样的司法权力之牵制功能的活用。〔30〕

---

〔27〕 在日本行政法学上常有如下对比：像法国、联邦德国、明治宪法下的日本这样，具有特别行政裁判制度的国家是“行政国家”，相反，普通法院，即司法法院控制所有行政活动的国家是“司法国家”。作为分类学，不能说它有错误，但“行政国家”论在问题意识与用语方面不具有普遍性。关于行政法学上用语方面的批判，关于行政国家问题，参见手岛孝《行政国家の法理》(1976 年)。

〔28〕 这是通说。参见田中二郎《行政法総論》(1975 年)380 页以下，广冈隆《行政上の強制執行の研究》(1961 年)407 页以下。

〔29〕 比较新的例子有：新东京国际空港安全确保紧急措施法。另外，不是像相对人义务之履行强制，而像行政调查权限之行使、基于紧急必要性的实力行使＝即时执行等范畴也需要法律根据。警察职务执行法虽然较广地认可警察的权限，但其执法手段被限制；1958 年产生了旨在强化实力行使权限的修改问题(参见雄川一郎等《行政強制——行政権の実力行使の法理と実態》法律人增刊(1977 年)28 页以下)。

〔30〕 关于这一点，我国现在仍采用行政权的自力执行法制(不需法律授权)，与司法执行——行政机关诉诸法院，请求相对人履行义务——为原则的法制(美国如是。参见广冈隆《行政上の強制執行の研究》(1961 年，261 页)不同。在这个意义上可以说行政的权力性持续着(也有对此持疑问的见解。参见村上义弘《直接強制》(1980 年，ジュリスト行政法の争点 111 页)。

2. 权力系谱中,关于法行为,只有侵害行为才置于法律保留之下;作为明治宪法下异端的法律保留理论取得了通说的地位。但是,再往前走一步,利益给付也好,权力性行为也好,都需法律根据,再进一步,所有行政活动都归属法律保留,这样的主张虽然具有民主控制这一根据,但无法为实务所接受。〔31〕

3. 法院的救济涉及所有权力性法行为,已成为宪法自身的要求。有必要注意的是,此时的法院是司法法院,独立于最高法院的行政法院制度已不被宪法认可(宪法 32 条、76 条)。

以此宪法性框架为前提,行政法院制度被废止。但另一方面,针对权力性法行为的不服诉讼,采用了统括性救济制度,形成今日的行政事件诉讼法规定的抗告诉讼制度。根据行政事件诉讼法,当某行政的行为是公权力行使时,一般要求通过以撤销诉讼为中心的诉讼方式来解决。这说明与列举主义的明治宪法相比,从国民权利、利益救济的角度来看,现在的系统大大地完备了。但另一方面,至少从表象看,明治宪法下美浓部所整理的与权力性法行为相关的体系——行政行为的公定力、执行力、不可争力——还以极为统一的形式存续着。换言之,行政的权力性,仅限行政行为,在一般形式上也被日本国宪法所认可。对此应该如何评价,想必意见多样,在此指出如下几点。

第一,行政事件诉讼法体系没有规定权力行使是什么。行诉法适用于公权力行使,与行诉法适用的行为具有权力性——即成为公权力行使,两者处于相互循环之中。为切断该循环,出现了解释论上的各种做法。权力性效果原则上要从撤销诉讼被排他性适用——所谓撤销诉讼的排他性管辖——这一角度来解读,这或许是最具客观性的认识。〔32〕

第二,故这里不需要权力的法理论化——以美浓部曾经尝试的行政行

〔31〕 关于学说状况的概观,参见原野翘《直接強制》(1980 年)ジュリスト行政法の争点 18 页以下。

〔32〕 关于这一点,行政法学上有各种议论,文献也很多,参见森田宽二《公定力の根拠》(1980 年)ジュリスト行政法の争点 84 页。

为合法性推定论为中心。要直接否定公权力行使之处分的效果，原则上只要通过如下三大制度产生私人活动中没有之特别效果就足矣：撤销诉讼排他性管辖制度——从此产生称之为公定力的效果、附属于撤销诉讼的诉讼时效制度——从此产生不可争力的效果、自力救济制度——从此产生执行力的效果。其效果得到认可源于行为的合法性——若没有这一理论上的必要，也就没有解释论上的意义。

第三，这样，问题的焦点就转移至这些制度的存在根据。但是，对此的讨论实在不够深入，这里也没有详细论述的时间，该项工作可以命名为权力的技术化。即明治宪法下，公权力只要通过它就具有权力性，〔33〕此处，权力被自觉地作为了一法工具，只在此，该工具的合理性才被视为问题。〔34〕

4. 作为权力控制的正当程序之要求，终于在日本国宪法下成为讨论的

---

〔33〕 美浓部的公定力论也没有涉及公定力之实质性根据论。这也与日本国宪法下的"通说"相同。行政中的权力性——尤其是公定力，招致行政法学外的批评，从某种意义上说也是自然的(批评意见的代表有：渡边洋三《行政権の優越性と国民の権利》(1955 年)现代国家と行政権(1972 年)10 页以下，松下圭一《市民自治の憲法理論》(1975 年)18 页以下)。

〔34〕 关于行政行为公定力的合理性根据，我国行政法学也在战后早期出现了"行政法关系之法律安定性的维持"(后来添加了行政目的之早期实现＝盐野注)的见解(杉村敏正《行政法講義総論》中卷(1963 年)40 页)。正面分析撤销诉讼制度之存在理由的作品有：高柳信一《公法、行政行為、抗告訴訟》(1969 年)行政法理論の再構成(1985 年)144 页以下，同《行政の裁判所よる統制》现代の行政・现代法(4)183 页以下。之后，作制度目的之分析的有：山内一夫《行政行為論講義》(1973 年)3 页以下，小早川光郎《先決問題と行政行為》(1977 年)397 页以下。这里在添加笔者的想法后，就制度目的简单整理如下。①撤销诉讼的排他性管辖(公定力的制度表现)。一方面可列举纷争处理的合理化、单纯化。原告就纷争不再重复于实体法上的权利关系(这在行政过程中难以构成)，只单一地请求成为纷争之原因的行政行为之撤销即可。另一方面，在行政行为效果成为问题的诉讼中让行政主体作为当事人出场，换言之，在行政主体不知情时不让行政行为的效果覆灭。这与行政的结合是容易的。有时，撤销诉讼的排他性管辖与赋义务诉讼——请求作行政行为——等无名抗告诉讼之禁止相结合论述，但两个问题并非直接相连。②诉讼时效(不可争力的制度表现)。这在现行法上原则上与撤销诉讼的排他性管辖制度联动，自然其目的在于行政法关系的早期安定。③自力救济(执行力的制度表现)。并不所有的行政行为都有所谓的执行力。原本也有没执行观念者(公务员免职处分)，另外，就如本文所述，自力救济要求的法律根据有别于行政行为的根据。只是不管如何，自力救济制度只在属于撤销诉讼排他性管辖的行政行为中被认可；这源于现行制度，源于行政行为所预期的行政目的的早期、合目的的实现。这样，所谓的公定力并非自身具有很大权力，并非自身产生行政厅的意思优越性。但是，它因与不可争力，有时因与执行力的结合，其权力性变得很明显。如何划定这种效果＝具有权力的行为范围，是立法论、解释论的共同问题。此处就不再深入。

对象，同时，也进入了立法、判例实务之中。但它还非常的片面，即使在程序正义观念淡薄的大陆法系各国，从古今相关制度之完备程度的比较来看，我国处于近代化以前的状态。[35]

5. 关于明治宪法下国家、官吏不承担损害赔偿责任的国家公权力活动(是法行为、是实力行使)，日本国宪法本身在第17条规定了国家赔偿责任，故制度早已得到了整备。但是，国家承担赔偿责任时，采用了代替公务员负责这一代位责任的结构，[36]这是不幸的。这种代位责任结构来源于德国法(帝国宪法时代)，但不是近代法的模本，被认为只不过是当时德国现实下的妥协产物。[37] 从这个意义上说，这一方面的近代化工作还没有完成。

(三)权力的扩张

一般说权力的扩大是指国家功能，特别是行政作用的扩大。现代国家中的这种所谓行政国家现象，从行政法学角度看，是极为重要的探讨课题；这里的权力扩大略有不同，是指作为行政手法的权力性不是简单的量的增加，而是不停地出现在新领域，或者其路径已经显露。具体如下。

1. 向权力接近

前面已经指出，明治宪法下臣民与权力之间有一定的距离。就此，日本国宪法初期也一样。的确，在行政程序的正当化这一点上看到了新的动向，可以说抑制公权力之发动意义上的权力控制成为一般性态度。但是，在公害问题，尤其是环境问题产生的昭和四十年代(1965—1974)，开始看到市民以两种形式接近权力，法制度也准备予以应对。形式之一是参加到

---

〔35〕 参见盐野宏《行政手続の整備と行政改革》ジュリスト七五〇(1981年)69页以下(盐野・行政過程とその統制)。

〔36〕 这是一般性见解。参见近藤昭三《行政と補償》現代の行政・現代法4(1966年)340页以下。

〔37〕 参见宇贺克也《ドイツ国家責任法の理論史的分析》(1982年)国家責任法の分析(1988年)70页以下。

权力中。正当程序中具有典型意义的告知与听证不能说不是行政的民主性控制。但如前所述,它是直接行使自己之自由与财产的防御权。对此,住民参加、市民参加的动向不止停留于简单的防御权行使,而可以看作是行政决定的参加,即参加到权力过程。[38] 另一形式是权力发动的请求。抛开诉讼方法不说,公权力行使之请求本身就属于近代行政法之框架内。但基本上都限于以自己为直接收件人的有利决定——养老金给付决定、营业许可决定。而公害问题、药害问题的激化使人们开始请求针对他人之规制权限的发动、实力行使。这就是近来行政法学上所谓的警察权发动要求权、介入要求权。[39]

上述"向权力的接近"在我国,在近代行政法模式中一般都没有。市民、国民之权力参加的对象基本上都是立法作用,且是代表参加。国家权力介入市民社会之控制手段的整备是近代行政法的基本关心点,权力发动本身交由代表公益的行政机关裁量。所以,这些"向权力的接近"不止在我国,在外国也是未有经验的现代法课题,可以说尚未有能成模本的制度。[40] 而且,必须注意的是,它们在近代行政法中有不适合制度化者。在此意义上,它们在各国将以怎样的形式展开,耐人寻味。[41]

2. 非权力行政的权力化

在前面描述行政权力性系谱的时候,涉及了非权力行政的权力性。该现象本身从何时起存在,不太明了。只是其问题性被意识到在我国是昭和四十年代以后的事。首先,行政指导吸引一般人是在昭和四十年(1965 年)

---

〔38〕 与此问题相关的文献很多,行政法学上的有:小高刚·住民参加手続きの法理(1977 年)139 页以下。

〔39〕 参见原田尚彦《規制行政における行政介入請求権の形成》行政責任と国民の権利(1969 年)40 页以下。

〔40〕 参加问题在各国作为行政法上问题进入文献大概始于 1970 年代初期。关于介入请求权,西德比较早,始于 1960 年代(参见原田尚彦《規制行政における行政介入請求権の形成》行政責任と国民の権利(1969 年)40 页以下),美国也是最近才开始该问题的讨论。R. B. Stewart and C. R. Sunstein, Rublic Programs and Private Rights, 95 Harv. L. Rv. 1195 (1982)论述了美国的相关现状。

〔41〕 参见雄川一郎《行政の法的統制》(1977 年)行政の法理(1986 年)222 页。

的粗钢减产中，此后，行政指导就成为行政法学的研究对象。起初是国家层面的问题，随着公害、土地问题的激化，发展到地方公共团体的纲要行政。接着，行政指导与服务行政相结合，强化了通行力。即水道给水等的停止作为公害对策方法之一进入了昭和四十四年东京都公害防止条例之中，〔42〕之后，就广泛进入了各个地方公共团体的建筑指导纲要中。〔43〕接着，不仅停留于威吓水平，在昭和五十年所谓的武藏野公寓事件中，因行政指导不服而启动给水停止手段，最终结果上升至诉讼。〔44〕

在武藏野公寓事件中，行政指导与水道供给都是非权力性的，但两者结合在一起后转化成极具效果的权力性手段；该转化的方法被法院否定了。但另一方面，行政指导通过法院作为行政过程中占据正当性地位的一种行为形式不断为人们所认知，同时，权力性法行为的法律评价有时也依存于行政指导的存在。〔45〕这样的直接担保手段，或者被间接制裁手段所支持者——公布不服从行政指导者的名称——原本是不是就不应该称为行政指导？暂且不管此问题，权力系谱的行政指导的权力性正作为现代性问题呈现在我们面前。另外，权力系谱中有行政规划，它起源很早，被广泛运用是在昭和三十年代初，讲述其快速发展，〔46〕开始作为我国行政法研究对象而被关注始于昭和四十年代。

在它们之中，其出发点有的或许可以上溯到战前，但大大推动非权力行政的权力化，其问题性被强烈意识到是在现代行政中。本文没有综合检

〔42〕 东京都公害防止条例第35条。

〔43〕 参见真砂泰辅《地方公共团体における行政指導——宅地開発指導要綱を中心として》足立忠夫等编·现代政治と地方自治(1975年)。

〔44〕 东京地八王子支决昭50·12·8判时803号18页。法院认为“指导纲要违反”不符合水道法上可拒绝给水的“正当理由”。

〔45〕 有下级法院积极认可所谓的确认保留或处分保留——行政指导持续中保留处分(建筑确认、道路许可等)(东京地判昭52·9·21行集28卷9号973页，东京高判昭54·12·2判时955号73页)。最近，最高法院也认可了处分保留的合法性(最判昭57·4·23民集36卷4号727页。但是，对处分保留期间，行政指导之存续是不是判决的前提，最高法院也没有明言)。因保留期间较长(5个月)，保留理由是道路法、车辆限制令之目的外情形(建筑纷争的激化)，故超出了权力控制原则的框架。

〔46〕 参见西尾胜《行政と計画》日本行政学会编《行政計画の理論と実際》(1972年)33页以下。

讨非权力性行政之权力化现象——包含着非常多的困难问题——的时间，只指出如下几点。第一，非权力行政的权力化之要因一般在于近代行政法体系没有对应现代要求。这不是只出现在我国的现象。〔47〕只是在我国，因战后的立法政策，权力性手段受到了限制；因非正式手段比正式手段更为当事人喜欢，故出现转向行政指导等非权力行政的倾向；而且，非权力行政的权力性运用得到了认可。在此意义上，以充分整备控制手段为前提，有合理的必要时，从正面认可为正式的权力手段或许也是有必要考虑的。若非如此，法治主义的理念与现实或许将进一步乖离，近代法的基本原理或许将受到威胁。而且有必要注意的是，非权力手段，尤其是行政指导一般都缺乏公开性，故在一般公众看不到的地方，规制者与被规制者会进行交易。

第二，但在另一方面，非权力性手段今后仍可能作为正式权力性手段的替代物被使用。有必要考虑好这些手段被适当使用的方法。最近成为话题的申诉专员就是其一，另外，与行政指导相关的程序整备、信息公开等或许是应该考察的课题。

五、结语——权力与技术

谈行政或行政法中的权力性时，有时也谈其技术性。此时，两者是对

〔47〕 当然，在现象形态、关心点方面各国存在不同。以预先设定不同，通过更非正式的程序与形式实施行政活动在美国被作为 informal action 或 informal administrative process（Dabis, Administrative Law Text, 1972, Chapter 4; Ernst Gellhorn, Administrative Law and Process, 1972, Chapter Ⅵ. 参见雄川一郎《行政の法的統制》（1977 年）行政の法理（1986 年）225 页以下。其中，关于“公布”，参见远藤博也《計画行政法》（1976 年）。另外，在德国 Hoffmann-Riem, Selbstbindungen der Verwaltung, VVDStRL 40, 1982, S. 187 ff. 认为“传统的国家规制工具——命令与禁止的强制性规制——在很多的社会性领域显得不够用”，论述了从行政机关与相对人的多样交涉及其过程中产生的行政的自我拘束问题（关于同论文的简单介绍，参见山下淳《学会展望》国家九六卷七・八号〈1983 年〉190 页以下）。行政指导也为日本行政法学说所强调，它不是日本特有之物（需要具体验证，暗示这一点的有：Pape, Gyosei Shido and the Antimonopoly Law in Japan, 15, 1982, p. 12）。

立概念。例如,继受19世纪德国公法学及其系谱的明治宪法下日本的公法学,尤其是美浓部的学说。美浓部分析说:“……根据该学派,行政尽量排除应称之为当然论理前提的权力性支配之要素,只有以法论理为中心的技术体系,才是其存在的理由”。[48] 另外他还认为:“一般而言,行政法中法技术性、制度性契机的把握是回应实定行政法之解释论的要求,与此相对,行政法中权力性、政治性契机的把握可以说与支撑实定行政法的宪法原理、价值体系的要求紧密相连。”[49]

行政中的权力与技术这一行政法的基本课题因各自语言中包含着不同的内容而呈现出不同的样态;本文在考察行政中的权力性时也绝没有忘记与其技术性的关系。但还是没有正面面对该问题,这归咎于权力概念的设定方法。即这里的中心是行政作用——法学式考察时问题表现最明显——的权力问题。接着,考察的焦点在于分析:被通常称之为“权力”、“权力性”者从法的角度看是指什么现象。在此意义上,若将法作为社会统制的技术,那可以说尝试将权力作为一项法技术进行检讨,是本文的主题。在此意义上,刚介绍的两篇文章在视角上,与将权力与技术对置者不同。[50]

在经历了权力过剩时代的我国,不断将其作为当然前提的同时,如何抑制它是我国行政法理论的基本态度。对此,现代法要求行政中权力的有效利用,和曾是行政简单客体的公民的权力参加。此时。对权力的简单依存有可能不合理地践踏作为近代法原理的个人自由与自律。这似乎更容

[48] 辻清明《行政における権力と技術》思想(1950年)三月号58页。

[49] 和田英夫《行政法における権力性と技術性》法律時報二九巻七号(1957年)国家権力と人権(1979年)95页。

[50] 但是,和田英夫《行政法における権力性と技術性》法律時報二九巻七号(1957年)国家権力と人権(1979年)94页写道“公定性概念确实是一个优秀的权力性概念,但同时也是一个内在于行政法理论的社会技术性概念”。另外,高柳信一《公法、行政行為、抗告訴訟》(1969年)行政法理論の再構成(1985年)211页也写道“只在权力性的契机中理解抗告诉讼制度……确立在技术性的契机中理解抗告诉讼制度的立场”,对立地使用两个概念。关于这一点,园部逸夫《行政訴訟と民事訴訟との関係》新・実務民事訴訟講座9(1983年)園部《現代行政と行政訴訟》(1987年)26页写道:在解释行政事件诉讼法时“符合公权力行使之行为”这一表述具有决定性意义,高柳论文的意思是“理论上可以赞成,但不得不说实务上实现它非常困难”。但是,如本文所考察的那样,只要在技术层面上把握公权力本身,就可以回避实务与理论的背反。

易发生在我国——在近代法原理与体系不彻底时就踏进了现代法世界。另外有必要充分注意的是，权力的样态在现代行政中无法用命令与强制这样的简单图式来描述。这强烈证明：有必要将权力作为一法工具来分析。因为这是权力之合理性利用的基础工作。这工作好像已经开始，但也未必。为此，本文也做得很不够，但如果本文具有针对问题多样、解决方法各异的现代行政之课题，展现基础工作方向之意义的话，我将甚为荣幸。

（作者单位：日本东京大学名誉教授、日本学士院会员、日本“文化功劳者”称号获得者）

（译者单位：湖南师范大学法学院副教授、法学博士、日本东京大学客座研究员）

【特邀编辑：韩宁】

行政不作为的司法审查：恣意进路[*]

Lisa Schultz Bressman[**] 著

杜仪方 译

本文提出，当前对行政不作为进行司法审查的法律依据，尽管符合通行的行政法治原则，但是却与行政国家（Administrative State）的基本理论相违背。而事实上，最高法院也并不情愿对行政不作为进行司法审查，这一态度反映出了一种现阶段较为流行的观点：对于行政机关所作出的行政行为，主要应该由承担政治责任的行政官员来进行审查。然而，即使在一般意义上支持这一观点的学者也不赞同最高法院现有的处理方式。但是这些学者们却又无法说明其原因。笔者认为，作为一项基本原则，行政国家不仅要确立政治责任的归属，还要阻止恣意的行政行为，并同时为最终的司法审查保留位置。行政不作为与偏离社会公共目标的行政作为一样，已经引起了公众对恣意行政行为的关注，即使行政不作为是出于合理行政的需要，但是如果其缺乏民主因素同样也会遭到公众的反对。

因此本文认为，法院应尽量避免适用关于行政不作为司法审查的禁令，而应该将原来适用于行政作为司法审查的原则用来审查行政不作为。

---

* 本文原发表于：Nov. 2004 79 New York University Law Review，1657。《纽约大学法律评论》2004 年 11 月第 79 卷，第 1657 页。

** Lisa Schultz Bressman 教授作为一名行政法和宪法理论的创新型学者，最近主要的研究方向是通过综合法律学者的积极政治理论从而更好地阐释行政法。她的研究领域也包括行政问责理论与行政决议制定恣意性之间的关系等。此外，她还进行对有关经验性的分析和研究，比如与同事 Michael Vandenbergh 教授共同合作项目，研究行政机关对于总统负责的经验等。Bressman 教授于 1998 年进入 Vanderbilt 大学法学院任教。在此之前她曾在司法部法律顾问办公室工作，并担任最高法院 Stephen Breyer 法官的助理。Bressman 教授现在还同时担任第二巡回法院 Jose A. Cabranes 法官的助理。2006 年，Bressman 教授被指定为 Vanderbilt 管理计划的合作指导人。

本文建议对两个阻碍行政不作为司法审查的原则——无审查能力原则(Nonreviewability)和诉讼资格原则(Standing)——作出适当修改。此外，本文建议法院将有关行政不作为的司法审查制度纳入已建立的宪法体系中。笔者认为无审查能力原则应被理解为政治问题原则(Political Question Doctrine)，即法院无权对行政官员运用自由裁量权而作出的政治行为进行干涉。同样，笔者认为诉讼资格原则应被理解为禁止授权原则(Nondelegation Doctrine)，该原则旨在阻止国会通过公民诉讼条款的方式将权限授予私人团体。从更为广义的角度来看，本文指出无审查能力原则和诉讼资格原则应被看成权力分立原则的衍生物，正是这两项原则使得法院避免介入到行政机关的日常工作中去。在作出上述论证后本文相信，即使在国会反对下——最高法院也能够意识到，应该根据宪法价值将部分行政裁量行为排除在司法审查范围之外。但是本文建议运用已有的权力分立原则来约束最高法院的行为，以避免最高法院对防止恣意行政行为的努力反而造成破坏。

介　　绍

近年来，涉及行政不作为司法审查的法律依据遭到了质疑。其原因在于，最高法院不受理行政不作为诉讼的理由虽然与行政法治理论隐约相关，但是这一理论事实上却与行政国家的基本原理存在冲突。即便是那些对这一有缺陷的行政法治理论持赞成观点的学者，大多数也对最高法院的行为作出了批评，虽然他们并不能指出问题的原因所在。〔1〕

---

〔1〕 参见，例如，Richard J. Pierce, Jr., Lujan v. Defenders of Wildlife: Standing as a Judicially Imposed Limit on Legislative Power, 42 DUKE L. J. 1170, 1170-71, 1194-95 (1993) [以下简称为 Pierce, Lujan v. Defenders of Wildlife]; Richard J. Pierce, Jr., The Role of the Judiciary in Implementing an Agency Theory of Government, 64 N. Y. U. L. REV. 1239, 1280-85 (1989) [以下简称为 Pierce, The Role of the Judiciary]; Cass R. Sunstein, What's Standing After Lujan? Of Citizen Suits, "Injuries," and Article III, 91 MICH. L. REV. 163, 186-88, 195-97, 213-14 (1992). 其他许多学者也加入到批评法院行为方式的阵营中。参见 Susan Bandes,

问题的原因牵涉到人们对宪法理念的一个错误认识。在这种错误观点中,宪法理念的主要功能之一是促进政治问责。该观点强调行政法的“问责(Accountability)”理论,目的是让能够承担政治责任的行政官员去监管行政行为的作出。[2]对于解决长期饱受争议的行政行为所带来的争议——特别是当行政行为的作出不能代表多数人的意见时,问责理论确实给出了一个较好的解决方法。问责理论使得行政行为能在代表多数人意愿的行政官员的领导之下作出。同时,问责理论也能很好得为其他目的服务,例如能让行政行为在那些直接面对选民的人的领导下作出。但是20世纪70年代以后,问责理论主要被用于确保行政行为能够服从于宪法理论中的一个重要观念,即:民主合法性观念。[3]

基于问责理论,当行政机关决定不作出行政行为时,相关负有政治责任的行政官员应该对这一不作为进行全面审查。事实上,多数以问责理论为中心的行政国家理论都认为,应该由总统来对行政机关的不作为进行审查。[4]该理论被称为行政法的“总统负责(Presidential Control)”模型。总统负责模型把管理行政行为的权力授予总统,因为该理论认为只有总统是唯一通

The Idea of a Case, 42 STAN. L. REV. 227, 276 - 80 (1989); Cynthia R. Farina, The "Chief Executive" and the Quiet Constitutional Revolution, 49 ADMIN. L. REV. 179, 184 - 85 (1997) [以下简称为 Farina, The "Chief Executive"]; Cynthia R. Farina, The Consent of the Governed: Against Simple Rules for a Complex World, 72 CHI. -KENT L. REV. 987, 1026 (1997) [以下简称为 Farina, The Consent of the Governed]; Gene R. Nichol, Jr. , Injury and the Disintegration of Article III, 74 CAL. L. REV. 1915, 1937 - 38 (1986).

〔2〕 参见 Richard B. Stewart, The Reformation of American Administrative Law, 88 HARV. L. REV. 1667, 1675 (1975) (指出在传统的行政法理论中,“当不是通过选举产生的行政官员对私人自由产生侵害时,传统理论认为该种伤害是基于立法规定,或者说是立法团体授权与行政官员执行的”)

〔3〕 参见 Lisa Schultz Bressman, Beyond Accountability: Arbitrariness and Legitimacy in the Administrative State, 78 N. Y. U. L. REV. 461, 475 - 91 (2002) (自 20 世纪 70 年代以来,行政法学者一直在试图寻找各种方法来应对那些认为行政行为与民主原则相违背的指责)。

〔4〕 行政国家的概念,参见 Bressman,前注 3, at 485 - 91; Farina, The "Chief Executive," 前注 1, at 180 - 82; Michael A. Fitts, R The Paradox of Power in the Modern State: Why a Unitary, Centralized Presidency May Not Exhibit Effective or Legitimate Leadership, 144 U. PA. L. REV. 827, 841 - 57 (1996); Elena Kagan, Presidential Administration, 114 HARV. L. REV. 2245, 2277 - 319 (2001) (描述了里根政府和克林顿政府对行政机关施加影响的方式); Peter L. Strauss, From Expertise to Politics: The Transformation of American Rulemaking, 31 WAKE FOREST L. REV. 745, 760 - 68 (1996) (同上) [以下简称 Strauss, From Expertise to Politics].

过选举而产生并能代表全国选民的行政官员。从这点上来看，总统甚至比国会都更具有民意代表性。

总统负责模型认为，一般来说，最高法院不愿将法院设定成一个监控行政不作为、特别是对一些法律原则——如无审查能力原则和诉讼资格原则进行监控的角色。当行政机关拒绝实施法律禁令或制裁违法者时，无审查能力原则将阻止法院受理该类行政不作为，〔5〕而诉讼资格原则则限制原告就该类事项提起诉讼。〔6〕 这两项原则在今天所受到的争议更胜以往，〔7〕其结果是只能由总统来处理这一类普遍的行政不作为。

当我们回头再次审视第一项原则时，一项有关行政不作为司法审查的新进路开始显现。宪法理念是应该能够防止恣意行为的发生，而不仅仅只

〔5〕 参见，例如，Heckler v. Chaney, 470 U. S. 821, 828 - 35 (1985)（表述了无审查能力原则）. 联邦行政程序法（APA）有其自身的司法审查条款。参见 5 U. S. C. § 701(a)(2) (2000)（"根据 APA，除了具有法律规定的行政裁量权这一例外，其他行政行为均可试用 APA 的司法审查条款。"）.

〔6〕 参见，例如，Lujan v. Defenders of Wildlife, 504 U. S. 555, 559 - 62 (1992)（表述了诉讼资格原则）. 联邦行政程序法（APA）有其自身的诉讼资格条款。参见 5 U. S. C. § 702 (2002)（"个人由于行政行为而遭受法律错误或者使合法权利遭受侵害的，有权请求司法审查"）. 对于其他排除行政不作为免受司法审查的原则，它们包括了成熟性原则和应拒绝暗含私有权利的行为。参见，例如，Reno v. Catholic Soc. Servs., Inc., 509 U. S. 43, 57 - 61 (1993)（移民权利组织提出的对移民局（INS）的规定提起诉讼，因为规定尚未生效，因此该诉讼请求被认为是未成熟而遭到拒绝）; Lujan v. Nat'l Wildlife Fed'n, 497 U. S. 871, 890 - 94 (1990)（环保组织提出的对行政机关的发展决定的诉讼，被认为是未成熟的诉讼请求而遭到拒绝。）; Mass. Mut. Life Ins. Co. v. Russell, 473 U. S. 134, 145 - 48 (1985)（拒绝根据员工退休收入保障法（ERISA）承认个人诉权）。最高法院最近认定 APA 第 706 节并未授予法院对另外一类行政不作为进行司法审查的权利。参见 Norton v. S. Utah Wilderness Alliance, 124 S. Ct. 2373, 2379 - 80 (2004). 即允许法院"强迫非法的行政行为停止或者无理由的延迟"，5 U. S. C. § 706(1) (2000)的覆盖范围没有延伸到以下情况：行政机关未能采取某些行为，虽然这些行为符合一般性法律标准，但是不属于裁量权范围和法律的明确要求 SUWA, 124 S. Ct. at 2379 - 80.

〔7〕 参见，例如，McConnell v. Fed. Election Comm'n, 124 S. Ct. 619, 707 - 09 (2003)（证实了如 Lujan v. Defenders of Wildlife, 504 U. S. 555 (1992) 案中所展现的临时诉讼资格条款，同时拒绝承认以下类型中原告的诉讼资格：未立即受到损害，或者受到的损害在法律上不能辨识，或者该案件无法找到相关可适用法律，或者通过所请求的赔偿方式并不能减轻其所受到的损害）; 参较 Vieth v. Jubelirer, 124 S. Ct. 1769 (2004)（认为对投票选区划分的政治格里曼达的起诉不具有诉讼资格，因为这是一个政治问题）; id. At 1776 - 78（将无审查能力原则类比于政治问题原则）.

是为追究责任。[8] 具体而言，如果行政行为只反映了特定利益而非公共目的时，宪法理念就应对该行政行为进行约束。值得注意的是，这里所指的行政行为并不一定是“非理性”（Irrational）的。例如当某一行政行为决定是属于以牺牲公众利益为代价而获取个人利益的情况时，这一决定从政治角度来看就完全是一个非常理性的决定。同样，该行为也不是必须属于“无问责性（Unaccountable）”的。相反，如果遵照总统的指示，那么上述仅产生有限利益的行政行为在某一范围内也依然具有可问责性。然而在笔者看来，上述行政行为是“恣意的”并且应该遭到反对，因为它并不是一个好政府所应采取的运作方式。

通过采取“恣意（Arbitrariness）”进路，[9]本文试对行政不作为问题重新作出架构。对于无审查能力原则和诉讼资格原则的批评焦点往往集中于行政不作为与行政作为一样，都能造成损害后果的产生。[10] 本文则认为行政机关的不作为可能会和作为一样，也会受到腐败的影响。这一影响会导致从政治角度来看无论多合理或者可问责的行政行为，都可能变得任意武断，从而偏离民主。就此笔者认为，无论是在行政作为还是行政不作为领域，法院都具有并且应该承担对这种影响的监管责任。但是非常遗憾，现有的相关法律规定却对此构成了障碍。

下文提出了针对现有相关法律规定的两点修改建议。第一，建议法院取消关于行政不作为不进行司法审查的特殊禁令。从受到的影响来看，行政不作为相对于行政作为而言没有任何区别。因此在一般意义上，法院应对以上两种行政行为采取相同的处理方式，也就是使行政不作为接受司法

---

〔8〕 参见 Bressman，前注 3，at 492－553.

〔9〕 参见 id.（描述了一种定位恣意行政行为的方法，该方法认为行政行为的作出应考虑除公众利益外更多的具体利益）.

〔10〕 参见，例如，Chaney，470 U.S. at 851（Marshall，J.，持赞同意见）（“行政机关产生的重要目的之一就是，政府的不作为决定可能对生命、自由和幸福产生毁灭性影响”）；Sunstein，前注 1，at 187－88（认为“规制国家的出现加深了受监管者监管行为受益者之间的区别，这是一种洛克纳时代的残留”）。APA 定义“行政行为”是“行政机关全部或者部分的规则、命令、许可、批准和解除，或者与上述等同的拒绝执行或执行失败” 5 U.S.C. § 551(13)(2001)（添加了重点）。

审查。例如，对于行政不作为也应采取同样的标准，即行政机关应当清晰地提出其不作为的理由，并且该理由应当与行政机关自身的监管政策相一致。此外，行政不作为决定还应该遵守另一项重要的要求，即行政机关应颁布和遵循能够适用于所有事务的标准，用以指导其权力的运行。只有通过对行政不作为是否符合这些标准进行审查，法院才可以介入并帮助行政机关抵御恣意行政行为所产生的不良影响，而无论这种影响是否明显。

第二，建议法院从一般性宪法原则中找出对于行政不作为应进行司法审查的例外情况。根据此项建议，笔者不仅尝试将行政不作为归入司法审查的框架之中，还尝试将行政法重新置于宪政所设计的理念范围内。最高法院太过于强调寻找解决行政法律问题的特有方法，而忽视了从已有的解决方法中寻求借鉴。[11] 行政不作为案件也不应作为例外，应该重新考虑对其适用其它宪法原则。无审查能力原则可以被更好地理解为类似于政治问题原则（Political Question Doctrine），该原则旨在阻止法院审查由行政机关所作出的裁量行为。同样，诉讼资格原则应被理解为等同于禁止授权原则（Nondelegation Doctrine），该原则旨在阻止国会通过公民诉讼条款的方式将权限授予私有团体。从更为广义的角度来看，本文认为无审查能力原则和诉讼资格原则（以及作为它们基础的《联邦行政程序法》（Administrative Procedure Act，以下简称 APA））应被看成是权力分立原则的体现，两项原则都能够使法院避免介入到一般性的行政事务中去。然而，本文并不满足于仅对现行行政不作为法律依据进行抨击，[12]而是支持最高法院在某些情况下（特别是涉及公民诉讼条款的情况）对行政不

---

〔11〕 在之前的文章中，作者认为最高法院经常会犯一些相反的错误。最高法院在面对行政法问题时，本应该寻求一种无区别的、基于本质的解决方式，然而它往往只是依靠普通行政法原则。参见 Lisa Schultz Bressman, Disciplining Delegation After Whitman v. American Trucking Ass'ns, 87 CORNELL L. REV. 452, 455 - 69 (2002)（注意，最高法院认为应拒绝用宪法作为行政机关约束自身权力的基础，而更强调使用行政法大致上述目的）。一般来说，最高法院通常并不会将行政法和宪法视作相辅相成、共同促进行政法治的手段。参见 Bressman，前注 3，at 494 - 503，515 - 16.

〔12〕 参见前注 1，例如，Pierce，Lujan v. Defenders of Wildlife，at 1198 - 1200（认为国会应当具有足够的权力来控制可以提起诉讼的原告类型）；Sunstein，前注 1，at 211（同上）.

作为不进行审查的做法。本文旨在建立一种良好的宪法性秩序的同时又不牺牲必要的司法审查，从而实现阻止恣意行政行为的目的。

最后，本文提出一项进路，并用以思考近来出现的一个涉及行政不作为的案例。在 Norton v. Southern Utah Wilderness Alliance 案中，环境保护组织诉土地管理局(Bureau of Land Management，以下简称 BLM)。环保组织通过研究表明，某区域内的土地应当被指定和保留作为野生动物的居住地。据此，环保组织认为土地管理局未能禁止越野车在该区域土地上行驶的不作为行为违法。[13] 环保组织的依据是很少被使用的 APA 第 706 条第 1 款，该条款授权法院有权"责令非法行政行为停止或者无原因后延"[14]。第十巡回法庭依据第 706 条第 1 款，责令土地管理局作出禁止越野车使用的决定。[15] 然而，最高法院全体一致推翻了此项判决。最高法院认为，即使符合宽泛的法律、法规或者其他任何法律渊源，第 706 条第 1 款也不允许法院强迫行政机关作出行为，即使该不作为行为不符合相关法律规定。[16] 由于禁止越野车并非法律上的要求，因此最高法院总结认为，第 706 条第 1 款并未允许法院责令土地管理局作出行为。[17]

尽管法院看似应该具有审理 SUWA 案的能力，但是我们应该认识到这一案件其实涉及非常复杂的问题。一方面，土地管理局的拒绝行为导致了对私人的影响和对公共的损害，该行为允许一个利益群体(越野车爱好者们)无视其他法定目的(保护野生动物)而追求自身的利益；而另一方面，第十巡回法庭的判决结果使得法院是否过分干涉行政裁量权这一问题受到广泛关注。如果依照第十巡回法庭的判决结果，那么在本案和未来类似的案件中，它为法院和原告——而非行政机关或者总统——开启了广泛的

---

〔13〕 124 S. Ct. 2373, 2377 - 78 (2004).

〔14〕 5 U.S.C. § 706(1) (2000).

〔15〕 S. Utah Wilderness Alliance v. Norton, 301 F. 3d 1217, 1236 - 37 (10th Cir. 2002), rev'd, 124 S. Ct. 462 (2003).

〔16〕 124 S. Ct. at 2379 - 80.

〔17〕 Id. at 2382 - 84.

监管(Regulatory Programs)之门。这一结果也导致必须要对第706条第1款作出解释，这样才能使该类事件都能够纳入到司法审查的范畴中。而事实上，行政机关拒绝根据抽象的法规作出具体的行政命令或者禁令，与行政机关拒绝执行已作出的命令或者禁令是不同的。〔18〕前者将法院定位为承担监管责任的角色，因此无论是在第706条第1款下还是其他APA条款下，它为不可审查性提供了最强有力的证据。因此本文认为，在类似SUWA案的这类案件中，法院拒绝对行政不作为进行司法审查的做法，大体还是正确的；但是如果行政机关拒绝执行已作出的命令或者禁令，那么法院就应当对其进行司法审查。

本文分为三个部分。第一部分简单介绍了法院处理行政不作为时所依据的两项原则：无审查能力原则和诉讼资格原则。第二部分应用行政法治原则中的"问责理论"来考察法院对行政不作为的处理方式。第二部分同时揭示了在行政法"总统负责"模型中被具体化的"问责理论"，由此可以解释法院对行政不作为的态度。然而基于这一部分的论述，笔者却发现通过总统负责模型不仅无法阻止批判者们对法院做法的非议，甚至连一些原本同意这种模型的人也加入到了批判者的行列之中。诚然，批评者的意见确有一定的可取之处，但是笔者却并不能全盘接受他们的观点。最高法院对于行政不作为的现行处理方式定位在行政行为的政治责任上，但是它却忽视了对恣意行政行为的真实关注。第三部分重点关注恣意行政行为的作出，并对行政不作为司法审查的法律依据进行重新审查，提出了对无审查能力原则和诉讼资格原则的具体修改意见。笔者认为通过这些修改不仅可以重新将行政不作为纳入司法审查，并且还能试图将行政法和宪法理念相融合。与此同时，第三部分还对最近一起行政不作为案例(Norton v. Southern Utah Wilderness Alliance)进行了简要评述。

---

〔18〕 不同于行政机关未能启动规则的制定程序，行政机关未能将宽泛的立法要求转换为具体的要求或者禁令的行为是可受司法审查。参见，例如，Nat'l Customs Brokers & Forwarders Ass'n of Am. v. United States, 883 F. 2d 93, 96, 98 (D. C. Cir. 1989); Am. Horse Prot. Ass'n v. Lyng, 812 F. 2d 1, 4–5 (D. C. Cir. 1987)；后注260–266和相关文字。

第一部分 行政不作为司法审查的法律依据

在介绍有关行政不作为司法审查的法律依据之前，我们有必要先厘清行政不作为的定义。行政不作为可以发生在行政机关没有采取预期行动的任何场合。多数情况下它是指，行政机关对于违法或者有违法嫌疑的行政相对人拒绝作出法定的命令或者禁令。例如，环境保护机构拒绝依据《洁净空气法案》(Clear Air Act)对污染制造者作出禁令。[19] 类似事例正是本文所探讨的焦点。

行政不作为司法审查的法律依据可被归纳为两项基本原则：无审查能力原则和诉讼资格原则。上述两项原则着眼于解决司法审查的不同方面。无审查能力原则面向受案范围，阻止法院审理某一种类的诉讼案件。[20] 诉讼资格原则则面向当事人，阻止某些原告提起诉讼请求。[21] 因此，这两项原则对潜在的诉讼当事人有着不同的影响：无审查能力原则阻止所有的当事人——包括那些具备起诉资格的原告提起诉讼请求；而诉讼资格原则仅仅阻止某一类原告提出诉讼，而为其他原告保留机会。

尽管存在上述潜在的不同影响，但是事实上对于行政不作为的司法审查而言，这两项原则的区别还是被过度夸大了。上述两项几乎可以交换使用的原则，阻碍了公民对行政机关拒绝启动行政行为的决定提起诉讼，同时亦阻碍了法院对行政机关的拒绝行为进行司法审查。以下将分别介绍

---

〔19〕 参见，例如，33 U.S.C. § 1365(a)(2) (2001)（授权公民对环境保护总局(EPA)没有执行《联邦水污染控制法案》(Federal Water Pollution Control Act)的行为提起诉讼）；42 U.S.C. § 7604(a)(2) (2000)（授权居民对环境保护总局(EPA)没有执行《洁净空气法案》的行为提起诉讼）.

〔20〕 参见 5 U.S.C. § 701(a) (2000)（对于“根据法律排除司法审查”或者“根据法律具有行政裁量权的行政行为”，法院不对其进行司法审查。）；亦参见 Heckler v. Chaney, 470 U.S. 821, 828-31 (1985)（研读了第 701 条第 a 款，发现行政不作为“一般不适用司法审查”）。

〔21〕 参见，例如，Lujan v. Defenders of Wildlife, 504 U.S. 555, 574 (1992)（考虑到诉讼资格要求，当某团体要求作出司法审查时则必须表明该团体“已经遭受或者即将遭受直接损害”（引自 Massachusetts v. Mellon, 262 U.S. 447, 488-89 (1923)）.

无审查能力原则和诉讼资格原则。经讨论表明，两项原则虽然具有相异的理论背景和 APA 条文依据，并在最高法院有着不同的实践，但是却在实际效果上殊途同归。

(一) 无审查能力原则

对无审查能力原则的规定首先来自 APA 条文。[22] APA 第 702 条“审查权利”条款规定“个人由于行政行为而遭受法律错误或者使合法权利遭受侵害的，有权请求司法审查”[23]。然而与此同时，第 701 条第 a 款却指出了司法审查的两项例外，即 APA 司法审查条款不适用于“(1)法律规定排除司法审查；或者(2)法律赋予行政机关以裁量权”这两种例外情况。[24] 据此，第 701 条第 a 款第 1 项和第 2 项可以被认为是无审查能力原则。

在 Abbott Laboratories v. Gardner 案中，[25]最高法院首先将第 701

---

〔22〕 无审查能力原则的产生早于 APA 法案。在 Decatur v. Paulding, 39 U. S. (1 Pet.) 497 (1840)中，最高法院拒绝受理对海军部长的提起的诉讼，其依照一般退休金法案和国会对某战斗英雄遗孀特别颁发的退休金法案而对一位战斗英雄的遗孀发放抚恤金。法院认为部长的拒绝是一种“考虑”下的产物，而非“官方”决定，因为它涉及如何计算奖励和如何在众多申请者中分配有限的金额。Id. at 509 - 10, 515 - 17. 最高法院认为如果允许对该行为进行审查可能会造成令人担心的影响：“法院如果介入行政机关的日常工作中，即对日常工作的执行表现进行监督或者管理，则只会产生危害而毫无积极意义。” Id. at 516.

In American School of Magnetic Healing v. McAnnulty, 187 U. S. 94 (1902)，邮政部长遭到起诉，理由是其拒绝对进行欺诈性邮购生意的个人邮递业务颁发许可。最高法院受理了这一起诉，因为它认为邮政部长的决定是基于管辖权的错误认定，因而应该被审查。Id. at 107 - 11. 最高法院不愿“将公民交由行政官员的恣意行为来处置，那些行政官员的行为既无法律依据同时又侵害了个人权利。” Id. at 110.

In Switchmen's Union v. National Mediation Board, 320 U. S. 297 (1943)，最高法院拒绝受理对国家劳工关系委员会(National Mediation Board，以下简称 NMB)提起的诉讼，该起诉针对 NMB 关于让部分铁路工人参加组织选举的决定以及 NMB 对选举结果的认定，最高法院通过回顾相关法律条款的历史以及该条款在法律体系中的地位，得出以下结论：“只有当行政行为成熟时，该行为才可以被审查。”Id. at305. 换句话说，最高法院认为：不需要引入其他法律裁决来裁决该争议。有“Id. ”最高法院感觉要防止对“该争议主题(铁路劳工)”进行司法干涉，因为国会已经对其采取了“行政机制”来解决。Id. at302.

〔23〕 5 U. S. C. § 702.

〔24〕 5 U. S. C. § 701(a).

〔25〕 387 U. S. 136 (1967).

条第 a 款第 1 项与第 702 条联系起来进行解读。[26] 法院指出，虽然第 702 条建立了一个“能够进行司法审查的假设”，但是如果依据第 701 条第 a 款第 1 项具备“清晰且能使人信服的相反立法意图证据”[27]的情况，那么该假设就不能成立。上述假设不仅定位于司法审查条款的语言和结构上，同时也建立在立法史之上：“立法性材料表明了国会对于行政行为的大范围关注，同时最高法院回应 APA 中的‘一般审查程度’条款，认为必须对其作出一个适当的解释”。[28] 随后最高法院认为应对第 701 条第 a 款第 1 项作出狭义解释。

但是，最高法院却针对第 701 条第 a 款第 1 项给出了相对宽泛和自由的解释。与在 Abbott Laboratories 案中的态度不同，最高法院并不强调第 701 条第 a 款第 1 项必须具有明确的规定才能排除司法审查。更准确地说，最高法院认为应允许第 701 条第 a 款第 1 项通过暗示内容而将一些行为排除在法律审查范围之外，当然，这种暗示内容应该能够从条文整体中得以推导。[29] 综上，法院通过放宽对法定排除事项的判定标准，扩大了第 701 条的适用范围。[30]

最高法院对第 701 条第 a 款第 2 项作出了类似但却更为生动的解释，并且随着时间的流逝，该解释被不断扩大。当最高法院第一次关注第 701 条第 a 款第 2 项时，它甚至都不敢适用这部分条款。[31] 在 Citizens to Preserve Overton Park, Inc. v. Volpe 案中，最高法院陈述认为第 701 条

---

〔26〕 Id. at 140.

〔27〕 Id. at 140 - 41 (引文省略).

〔28〕 Id.

〔29〕 参见，例如，Thunder Basin Coal Co. v. Reich, 510 U.S. 200, 207 - 09 (1994) (表明了法案中的法定排除); United States v. Fausto, 484 U.S. 439, 444 - 47 (1988) (同上); Block v. Cmty. Nutrition Inst., 467 U.S. 340, 345 - 48 (1984) (同上)。

〔30〕 最高法院对以组织法作为排除司法审查的理由依然表明了强烈的抵触态度。参见，例如，Bowen v. Mich. Acad. of Family Physicians, 476 U.S. 667 (1986) (没有法律阻止以下的诉讼，与非专科家庭医生提供的业务相比，行政机关对专科家庭医生的业务设定了更高的医疗保险计划)。

〔31〕 Citizens to Preserve Overton Park, Inc. v. Volpe, 401 U.S. 402, 410 (1971).

第 a 款第 2 项仅“适用于一些极为个别的案例，而在那些案例中‘没有相应的法律可以适用’。”[32]最高法院进一步论述表明，适用该部分条款仅仅属于“非常罕见的例外”[33]。

在 Overton Park 案之后，最高法院逐渐扩大了第 701 条第 a 款第 2 项所能含盖的范围。在 Heckler v. Chaney 案[34]中，最高法院以第 701 条第 a 款第 2 项为依据，将行政不作为整体脱离司法审查。为了说明最高法院为什么要对第 701 条第 a 款第 2 项做如此扩大解释，让我们首先对该案的事实和理由作简单介绍。Chaney 案中，食品药品管理局(Food and Drug Administration，以下简称 FDA)拒绝启动强制程序去禁止某死刑药物的使用从而实现对死刑的管理。[35] 死刑犯就此对 FDA 的行为提出诉讼，指出那些药物并没有被批准用于执行人类的死刑，因此该药物的使用违反了《食品、药品和化妆品法案》(Food, Drug, and Cosmetic Act)。[36] FDA 则试图证明拒绝行为的正确性，FDA 认为该拒绝行为能够避免因行政职权(他们也并不确定是否有此项职权)的行使而干扰国家刑事司法体系。FDA 认为“只有当被批准的药物以未被批准的方式使用，并且‘造成对公共健康的严重威胁’(a serious danger to the public health)或者‘存在明显欺诈(a blatant scheme to defraud)’的情况下，才有权作出相应的强制措施”。[37]

---

〔32〕 Id.（添加了重点）（引自 S. REP. NO. 752, at 26 (1945)). Overton Park 案涉及交通部长关于改善穿越国家公园的高速公路的决议。Id. at 406. 原告起诉该决议，认为其欠缺作出决定的必要的正式的理由；而根据相关的法律，该部长以“没有合理的可靠的选择方案，以及并不能证明改善设计会导致对公园的损害”作出辩解。Id. at 408. 案件双方在争论根据第 706 条应该用哪种类型的审查标准来适用这一决定——重新审查、实质证据审查、或标准性和任意性审查。Id. at 413－14. 最高法院认为首先要弄清楚第 701 条第 a 款第 2 项是否禁止任何类型的司法审查，但随后它发现本案并不适用，因为本案明确存在“可适用法律”。Id. at 413. 尽管法律授予部长“裁量权”来考虑是否批准建设高速公路，但是它仍强调“保护公园用地应该是最重要的”。Id. at 412－13. 根据该法律“行政裁量权(committed to agency discretion)”这一项豁免条件并不适用.

〔33〕 Id. at 410.

〔34〕 470 U. S. 821 (1985).

〔35〕 Id. at 823－24.

〔36〕 Id.

〔37〕 Id. at 824－25.

最高法院根据第701条第a款第2项，拒绝就该行为启动司法审查。[38] 虽然最高法院引用了“无可适用法律”的说辞，但在实际上却并非如此。[39] 相反，最高法院拒绝采用下述概念：“当行政机关拒绝作出行政行为时，依据第701条第a款第2项的‘狭义解释’有权对其作出司法审查。”[40] 法院认为“基于第701条第a款第2项的规定，行政机关拒绝作出某一行政行为的决定，应该被假定为不应接受司法审查”。[41]

为此，最高法院提出了以下几项理由。第一，最高法院强调：“当行政

---

〔38〕 Id. at 837.

〔39〕 Id. at 830. 就很多学者对“无适用法律”的批评，最高法院曾做过暗示性的回应。但是与此同时，它又扩大了无审查能力条款的适用范围。学者们已经基于很多因素拒绝“无适用法律”说。有些学者认为它不是一个清晰的法律语言的解释。参见 Ronald M. Levin, Understanding Unreviewability in Administrative Law, 74 MINN. L. REV. 689, 699-700 (1990)（注意，这些内容“不是 Berger 或者 Davis”可以预见的（更不用说 APA 的制定者们）。一些学者则认为那是教条主义的和死板的，而非灵活而具有实际意义的。参见 Ruth Colker, Administrative Prosecutorial Indiscretion, 63 TUL. L. EV. 877, 891 (1989); Levin, 前, at 741; Harvey Saferstein, Nonreviewability: A Functional Analysis of “Committed to Agency Discretion,” 82 HARV. L. REV. 367, 370 (1968). 其他学者注意到它是基于法律/政策的区别——一旦我们认识到所有的法律都是政策的、以及非民选的(unelected)，法院就很少使用他们的“合法”判决代替政策决定。参见 Lawrence Lessig & Cass R. Sunstein, The President and the Administration, 94 COLUM. L. REV. 1, 102-03 (1994)（注意在行政行为中法律到政策的转变）; Peter L. Strauss, Presidential Rulemaking, 72 CHI.-KENT L. REV. 965, 969-71(1997)（描述了法律/政策之间区别的瓦解）。最后，评论者已经暗示“无适用法律”说只是一种单调笨拙的说法。法院总是在那些涉及政治或者裁量权的案件中认识到“适用法律”的存在。否则，法院不能维护最初授权给行政机关的法律，因为这些法律缺少宪法所要求的“明确性原则”。参见 Pierce, The Role of the Judiciary, 前注2, at 1268（“基于不及物立法中实体标准的稀缺，以及基于最高法院认为行政机关必须指定国会未能立法的决策，因此在 Chaney 案中，最高法院认为本案中的行政不作为很大程度上可以视为行政作为来处理”）; Daniel B. Rodriguez, The Presumption of Reviewability: A Study in Canonical Construction and Its Consequences, 45 VAND. L. REV. 743, 756 (1992)（注意即使是最广泛的授权，例如 Onverton Park 案，也不能授权行政机关以超出审查的裁量权）; Strauss, supra, at 977（“我们接受授权这种方式是因为，我们认为法院可以判定一个行政机关根据法律在其授权范围内是否作为；如果我们认为法院不能作出判定，即无可适用的法律，我们就可以很快地得出结论：产生了一个不恰当的授权。”）。进一步说，法院不能理解 APA 以“滥用裁量权”为由对一些行政行为进行审查的做法。5 U.S.C. § 706.

〔40〕 Chaney, 470 U.S. at 831.

〔41〕 Id. at 832. 最高法院认为事实上在 Overton Park 案中行政机关的决定并没有涉及行政机关拒绝采取被要求的强制行为。相反的，法院认为该行为“是一种根据法律授权的行为，并且法律对授权作出了明确的指导”。Id at 831.

机关拒绝作出行政行为时，通常需要对多方面复杂因素作出平衡，并且这些因素往往属于行政机关的专业领域。"[42]最高法院认为："行政机关在决定是否作出行政行为时，不仅只需要考虑违法行为是否发生，还应当考虑将有限的行政资源用来处理这起违法是否合适；并且要考虑到假使行政机关介入后，所作出的行政行为是否能够起作用；以及作出的行政行为是否符合该行政机关的整体政策；甚至还有该行政机关是否有充足的资源来承担这一行为等等。一般而言，行政机关无法对每项违法行为都作出相应的行政行为。并且，相较于法院来说，行政机关能够更好地处理多种不同的可变量，这些可变量体现在行政机关优先执行权(Priorities)的排序中。正是上述类似原因催生了无审查能力原则的产生，在该原则下，法院通常尊重行政机关执法时对法律的解释，同时也尊重行政机关在执法中所采取的程序。"[43]

除上述原因外，最高法院又补充了另外两点。最高法院指出："当行政机关拒绝作出某一行政行为时，它通常不会将权力强加于公民自由或者所有权之上，因此在此情形下，行政机关往往并不会侵害到那些经常被诉诸于所法院要求保护的领域。"[44]法院又陈述道："行政机关拒绝作出行政行为，在某种程度上与检察官的拒绝提起公诉行为具有一定的相似性。鉴于检察官行使的是宪法赋予的'保证法律实施'的职权，检察官的决定长久以来被看做是执行权的一种特殊表现形式。"[45]

综上，最高法院认为第 701 条第 a 款第 2 项实际上是为行政不作为接受司法审查设置了一个保护罩。

(二) 诉讼资格原则

第 702 条提供了讨论诉讼资格原则的起点。第 702 条规定："个人由

〔42〕 Id. at 831.

〔43〕 Id. at 831 - 32.

〔44〕 Id. at 832.

〔45〕 Id. (引用美国宪法第 2 条第 3 款).

于行政行为而遭受法律错误，或者由于行政行为而使合法权利受到侵害时，有权请求司法审查。"[46]在 Association of Data Processing Service Organizations, Inc. v. Camp 案中，[47]最高法院将前面的定义具体解释为两项诉讼资格要求。第一项是"实际损害"要求。[48] 也就是说，只有当原告宣称受到真实的损害，并且这种损害能够被定义为"可能影响审美、保存价值、休闲或者经济价值"的情况时，[49]法院才会受理该诉讼请求。最高法院指出"实际损害"要求属于宪法第 3 条中案件或争讼原则的一部分。[50] 第二项是"利益区域"要求。即只有当"原告寻求保护的利益能够被证明是在宪法或者法律所保护的利益区域内"，[51]那么法院才可以接受相关诉讼。最高法院指出，"利益区域"要求是一项谨慎的或者非宪法性的元素。[52] 最

---

〔46〕 5 U.S.C. § 702. 在 20 世纪 30 年代之前，没有独立的诉讼资格标准存在。Gene R. Nichol, Jr., Rethinking Standing, 72 CAL. L. REV. 68, 83 (1984); Sunstein，前注 1, at 170. 当原告声称受到普通法所保护的利益(民事侵权(tort)、契约(contract)、财产(property)受到损害时，法院就应接受该诉讼。但是行政国家的支持者们害怕反对法院会运用诉讼来影响专业的行政决策。参见 Lee A. Albert, Standing to Challenge Administrative Action: An Inadequate Surrogate for Claim for Relief, 83 YALE L. J. 425, 480 (1974)(诉讼资格的发展使行政意见免收司法介入); Louis L. Jaffe, Standing to Secure Judicial Review: Private Actions, 75 HARV. L. REV. 255, 261-88 (1961)(详述了 20 世纪 50 年代中的发展); Sunstein，前注 1, at 179-80 (同上); Steven L. Winter, The Metaphor of Standing and the Problem of Self-Governance, 40 STAN. L. REV. 1371, 1452-57 (1988)(同上). Justices Frankfurter 和 Brandeis 通过草拟了诉讼资格原则以限制法院受理针对行政行为的诉讼。参见，例如，Joint Anti-Fascist Refugee Comm. v. McGrath, 341 U.S. 123, 154-55 (1951)(Frankfurter, J.，赞同); Ashwander v. TVA, 297 U.S. 288, 341-44 (1936)(Brandeis, J.，赞同). 对历史上最著名的关于诉讼资格的讨论，参见 Albert, supra, at 427-42; Raoul Berger, Standing to Sue in Public Actions: Is it a Constitutional Requirement?, 78 YALE L. J. 816 (1969); Henry P. Monaghan, Constitutional Adjudication: The Who and When, 82 YALE L. J. 1363, 1380-83 (1973); Nichol，前注 1, at 1919-24; Sunstein，前注 1, at 168-97; and Winter, supra, at 1394-1478.

〔47〕 397 U.S. 150 (1970).

〔48〕 Id. at 152.

〔49〕 Id. at 154 (引文省略).

〔50〕 Id.; Sunstein，前注 1, at 186 (Data Processing 案中只进行了非常简单的叙述，并未能对诉讼资格原则和宪法第 3 条之间的准确关系作出描述)。

〔51〕 Data Processing, 397 U.S. at 153.

〔52〕 Id. 评论者的争论始于 Data Processing 案中法院对第 702 条是否作出了正确的解释。参见 William A. Fletcher, The Structure of Standing, 98 YALE L. J. 221, 257-58 (1988); Nichol, supra note 46, at 73-75.

高法院认为，提出这两条要求的目的都在于扩大能够得到司法审查的原告的范围。[53]

但是事实上最高法院却言行不一。最高法院将“利益区域”要求阐释为一种倾向原告的方式的同时，[54]对于“实际损害”要求却作了限制性的解释。[55] 有两个案例值得特别关注：Allen v. Wright 案[56]和 Lujan v. Defenders of Wildlife 案[57]。

在 Allen v. Wright 案中，最高法院否决了提起行政不作为诉讼的原告资格。[58] 尽管存在政府的明确规定，国税局(IRS)仍然拒绝取消有种族隔离行为的私立学校的免税政策。非裔美国籍学生的家长就国税局的行为向法院提起诉讼，[59]他们宣称遭受到两类损害。[60] 第一，“直接”损害——

---

〔53〕 Data Processing, 397 U.S. at 154 (“现有趋势是扩大有权对行政行为提出异议的主体范围，该趋势的特点之一就是扩大受侵害的‘人’”).

〔54〕 参见，例如，Clarke v. Sec. Indus. Ass'n, 479 U.S. 388 (1987) (受规制主体的竞争者在利益区域范围内)；Nat'l Credit Union Admin. v. First Nat'l Bank & Trust Co., 522 U.S. 479 (1998) (同上). 但是参见 Air Courier Conference v. Am. Postal Workers Union, 498 U.S. 517 (1991) (邮政服务雇员不能被证明处于法律所保护的邮政服务的利益区域里)。

〔55〕 参见，例如，Lujan v. Defenders of Wildlife, 504 U.S. 555 (1992) (拒绝承认原告诉讼资格，该原告起诉行政机关拒绝强制执行濒危物种法(Endangered Species Act)，拒绝的原因是因为原告欠缺能被证明由政府行为所造成的损害)；Allen v. Wright, 468 U.S. 737, 752-53 (1984) (拒绝承认原告诉讼资格，该原告起诉税务局的税收政策(IRS tax policy)，拒绝的原因是他们起诉的种族隔离学校跟这一政策并没有关系)；Valley Forge Christian Coll. v. Ams. United for Separation of Church & State, Inc., 454 U.S. 464, 476-82 (1982) (对用宪法中的建立条款而非国会法律条款对行政行为提起诉讼的纳税人，法院拒绝承认其诉讼资格)；Simon v. E. Ky. Welfare Rights Org., 426 U.S. 26, 42-44 (1976) (拒绝承认原告诉讼资格，这类原告除“简单推测”外并无其他理由能证明损害是由行政行为造成的)；Warth v. Seldin, 422 U.S. 490, 508 (1975) (拒绝原告的诉讼资格，这类原告起诉排斥性区域法(exclusionary zoning practices)，但却缺乏事实上的具体损害)；Linda R.S. v. Richard D., 410 U.S. 614, 617-18 (1973) (法院拒绝承认确实受到损害的公民的诉讼资格，因为她不能给出她所受到的损害和被起诉的行政行为间存在“充分联系”)；Sierra Club v. Morton, 405 U.S. 727, 736-40 (1972) (拒绝承认环保组织具有诉讼资格，因为他们只是表明在受起诉的行政行为中他们自身的特殊利益受到损害，而没有直接的利益损害或即将被损害).

〔56〕 468 U.S. 737 (1984).

〔57〕 504 U.S. 555 (1992).

〔58〕 Allen, 468 U.S. at 752-61.

〔59〕 Id. at 740-47.

〔60〕 Id. at 745.

他们认为,国税局支持有种族隔离行为的私立学校,这一行为不仅对非裔美国籍人造成侮辱,而且还漠视了政府的相关政策。[61] 第二,"间接"损害——他们称免税政策补贴了私立学校的学费开支,在方便了白人孩子的入学的同时剥夺了他们的孩子进入种族混杂的公立学校就读的机会。[62]

然而最高法院认为,上述任何一项损害都不足以使原告获得诉讼资格。[63] 针对直接损害,法院指出,直接损害的提起者可以在广义上包含希望政府依据法律采取措施的所有公民,也可以在狭义上仅指非裔美国人。[64] 对于前者,最高法院认为"对于声称有权对行政违法行为提起的诉讼,不能看其是否满足宪法第 3 条,还要看诉讼请求本身的意义"。[65] 如果任何市民都可以请求司法权对行政行为作出审查的话,那么"案件或争诉(Case or Controversy)"原则将无法实现对司法权的限制。[66] 最高法院随后又拒绝了狭义的侮辱性损害概念,并且指出:"如果抽象的侮辱性损害概念被接受,那么在全国范围内诉讼资格就会被无限制扩大,每个特殊人种群体的成员都可以声称受到政府的不平等对待……一个夏威夷的黑人可以向缅因州有种族歧视的学校提起诉讼,要求被批准免税就读于该学校。在这种情形下,诉讼资格的确认将使得法院沦为'仅仅为部分人的利益及价值进行辩护的工具'。"[67]

针对间接损害,最高法院认为,原告遭到的间接伤害并不能"公正地归咎于"受到起诉的行政行为,因为损害的直接起因是白人家长不让自己孩子就读公立学校。[68] 如果是基于家长的选择——而非政府行为而导致隔

---

〔61〕 Id. at 752, 753 - 54.

〔62〕 Id. at 745 - 46, 756 - 58.

〔63〕 Id. at 766.

〔64〕 Id. at 753 - 56.

〔65〕 Id. at 754 (引用 Valley Forge Christian Coll. v. Ams. United for Separation of Church & State, Inc., 454 U.S. 464, 483 (1982)).

〔66〕 Id. at 755 - 56.

〔67〕 Id. (引用 United States v. SCRAP, 412 U.S. 669, 687 (1973)).

〔68〕 Id. at 758; 亦参见 Id. at 753 n.19.

离学校的问题——那么法院就不应对其进行审理。[69] 最高法院发现，如果简单地认可诉讼资格，那么“实际上使得法院承担长期监管行政行为是否明智、是否合理、是否公正的角色”，[70]而最高法院认为，“这一角色显然更适合由国会承担，因为只有国会通过议员去行使‘纳税人赋予的权力(power of the purse)才是最为适当的’；这显然不是法院所应该担当的角色，因为在上述情况下并没有产生由于政府的违法行为而导致的已经发生或者即将发生的有威胁的损害。”[71]

在 Lujan v. Defenders of Wildlife 案中，[72]最高法院再次否决了提起行政不作为诉讼的原告的诉讼资格——虽然该原告认为自己符合法律规定的公民诉讼条款的内容。环境保护组织起诉内政部长，因为内政部长拒绝了该组织在国外实施《濒危物种法案》(Endangered Species Act，以下简称 ESA)的请求。[73] 具体而言，根据 ESA 的规定，在美国境外进行的可能威胁到当地濒危物种以及它们的生活环境的私有建设项目，在得到联邦经费批准之前，内政部长应与商务部长进行“协商”。据此，环保组织起诉内政部长没有与商务部长进行协商的行为。[74]

最高法院认为环保组织不具有诉讼资格，因为该组织内没有任何一名成员具有前去国外某地区的具体计划。[75] 法院经调查表明，虽然有成员曾经访问过那些地区，但是他们在当地没有职业，或者也没有机票可以证明将来会发生的行程。[76] 最高法院总结认为：“违法行为并不必然导致当前案件或诉讼的发生，因为还要考虑如果作出禁令是否能缓解当前的不利影响……并使该影响不再继续……”[77]该案中，法院认为环保组织中没有成

---

〔69〕 Id. at 756 - 59.

〔70〕 Id. at 760 (引自 Laird v. Tatum, 408 U.S. 1, 15 (1972)).

〔71〕 Id.

〔72〕 504 U.S. 555 (1992).

〔73〕 Id. at 558 - 59.

〔74〕 Id.

〔75〕 Id. at 563 - 64.

〔76〕 Id.

〔77〕 Id. at 564 (引自 Los Angeles v. Lyons, 461 U.S. 95, 102 (1983)) (引文省略).

员能够证明存在“迫在眉睫”的损害。[78]

进一步说，即使假设一些成员能够证明存在“迫在眉睫”的损害，最高法院认为环保组织也不能证明该损害可以通过行政机关的行为而得以“弥补或者纠正”。[79] 行政行为是否能够对破坏濒危物种及其生存环境的现状产生遏制作用，取决于一系列微妙的事件链。[80] 例如，它远不只是政府机构之间经过协商取消某些项目，或者某些项目由于缺少联邦经费资助而自行停止运作那么简单。[81]

最后，但也是最重要的，最高法院认为环保组织没有资格根据 ESA 中的公民诉讼条款提起“程序受损”(Procedural Injury)的诉讼。[82] 公民诉讼条款在其相关部分中指出：“任何个人可以代表其本人提起诉讼……诉讼对象可以是任何涉嫌违反本条款的个人，也包括美利坚合众国以及其他政府职能部门或行政机关……”[83]环保组织据此认为：“法律规定的‘协商’原则已经构成了一项‘程序上的权利’，即根据公民诉讼条款可以使诉讼资格适用于‘任何人’”，该观点也为下级法院所认可。[84] 最高法院认可当原告具有“程序上的权利”时就无须再证明其具有可救济性——即法院能够通过司法判决保护其所主张的权利。[85] 但是法院否认了原告不需证明其遭受实际损害的说法。[86] 换言之，它否认了这样一种观点，该观点认为：原

---

〔78〕 Id.

〔79〕 Id. at 568 - 71.

〔80〕 Id. at 571.

〔81〕 Id.

〔82〕 Id. at 571 - 74.

〔83〕 Id. at 571 - 72 (引自 16 U.S.C. § 1540(g) (2001)). 将诉讼资格权授予“任何人”的公民诉讼条款，无论在 APA 还是其他法律中，都比将诉讼资格授予“任何被侵害人”的法律条款更为宽泛。参见 Fed. Election Comm'n v. Akins, 524 U.S. 11, 19 (1998) (注意，“历史上往往将‘侵害权利’和国会扩大诉讼资格的意图相联系——它超越了‘审慎的’诉讼资格传统上所依赖的普通法利益(common-law interests)和实体法权利(substantive statutory rights)”), with Lujan, 504 U.S. at 571 - 74 (认为“任何人”这一词反映出国会不再限制诉讼资格的意图，甚至不理会宪法第 3 条案件与争诉要求中的限制).

〔84〕 Defenders of Wildlife v. Hodel, 851 F.2d 1035 - 36 (8th Cir. 1988).

〔85〕 Lujan, 504 U.S. at 572 n.7.

〔86〕 Id. at 573 - 74.

告通过“国会授予所有人的抽象的、自我约束的、不可检测的‘权利’以建立起一种宪法上的侵害，从而促使行政机关履行法定程序”。[87]

法院仅将该组织遭受的损害归结为“对政府机构的一般性不满”。[88] 法院指出，宪法第3条中已经清晰地表明，即使出于国会的要求，也应禁止法院对此类一般性不满作出判决：如果允许国会把依法行政中的公共利益转变为法院承认的“私人权利”，也就等于允许国会把总统最重要的宪法责任——即宪法第2条第3款所规定的“监管法律被忠实执行”的责任转让给了法院。这会使得法院在国会的授意下，成为一个凌驾于行政分支之上的机构，并且授权法院对于行政行为是否明智、合理和公正处于持续不断的监督之中。[89]

法院之前所有有关行政不作为或者一般性不满的案件，都会涉及原告在起诉时没有表明国会所给予的授权。[90] 这一特点也适用于 Lujan 案的法院，该法院认为国会无权通过公民诉讼或者司法审查，来干涉总统的宪法责任。[91]

正如 Allen v. Wright 案 和 Lujan v. Defenders of Wildlife 案这两件案例中所显示的，诉讼资格原则阻碍了当事人对行政机关的行政不作为提起诉讼。但是和无审查能力原则一样，其最终的影响是阻止法院受理此类行政不作为案件。因此，诉讼资格原则和无审查能力原则二者尽管在理论出发点上有所不同，但在实践中却产生了相同的效果。两项原则相互作用，共同阻止行政不作为进入司法审查。

---

〔87〕 Id. at 573.

〔88〕 Id.

〔89〕 Id. at 577（引文省略）.

〔90〕 参见，例如，Valley Forge Christian Coll. v. Ams. United for Separation of Church & State, Inc., 454 U.S. 464 (1982); Warth v. Seldin, 422 U.S. 490 (1975); United States v. Richardson, 418 U.S. 166 (1974); Schlesinger v. Reservists Comm. to Stop the War, 418 U.S. 208 (1974); 亦参见 C. Douglas Floyd, The Justiciability Decisions of the Burger Court, 60 NOTRE DAME L. REV. 862, 871-74 (1985)（描述了最高法院的在 Lujan 案之前审理的一般性不满案件）。

〔91〕 Lujan, 504 U.S. at 577.

第二部分 行政问责理论下的法律

问题是如何评价最高法院对行政不作为的这种处理方式：即此种处理方式究竟是促进还是阻碍了行政法治？[92] 为了回答这一问题，我们首先需要明确，究竟什么才是实现行政法治的最好方式。有一派观点认为要依靠政治责任，该观点认为实现行政法治的最好方式在于，行政机关的行为要在负有政治责任的官员之监督下作出。“问责”理论消除了针对行政行为作出过程的主要指责——即行政行为并不是由代表大多数利益的机关作出的。[93] 问责理论也涉及针对行政行为的其他指责。例如，行政行为没有经过民选机构的认可。[94] 然而，自 20 世纪 70 年代后，行政法学者主要运用该理论去回应行政行为的反多数化(Not Majoritarian)指责[95]，因为以宪法学者为代表的某些学者声称，人民统治才是民主法治的最显著特点。[96]

---

〔92〕 作者认为行政法治原则与宪法理念保持一致，这是规制国家从一开始就有的抱负。因此，作者不准备对“合法性”的其他意义作出争论。

〔93〕 参见 Stewart，前注 2，at 1687（行政法理论将注意力逐渐从“审查政府权力”转移到“保护私人利益”上（引自 Ralph F. Fuchs，Concepts and Policies in Anglo-American Administrative Law Theory，47 YALE L. J. 538，540 (1938)).

〔94〕 Id. at 1671 - 76.

〔95〕 参见 Bressman，前注 3.

〔96〕 参见 generally Rebecca L. Brown，Accountability，Liberty，and the Constitution，98 COLUM. L. REV. 531 (1998)；Barry Friedman，The History of the Countermajoritarian Difficulty，Part One：The Road to Judicial Supremacy，73 N. Y. U. L. REV. 333 (1998) [以下简称 Friedman，Countermajoritarian Difficulty，Part One]；Barry Friedman，The History of the Countermajoritarian Difficulty，Part Two：Reconstruction's Political Court，91 GEO. L. J. 1 (2002)；Barry Friedman，The History of the Countermajoritarian Difficulty，Part Three：The Lesson of Lochner，76 N. Y. U. L. REV. 1383 (2001) [以下简称 Friedman，Countermajoritarian Difficulty，Part Three]；Barry Friedman，The History of the Countermajoritarian Difficulty，Part Four：Law's Politics，148 U. PA. L. REV. 971 (2000) [以下简称 Friedman，Countermajoritarian Difficulty，Part Four]；Barry Friedman，The Birth of an Academic Obsession：The History of the Countermajoritarian Difficulty，Part Five，112 YALE L. J. 153 (2002) [以下简称 Friedman，Countermajoritarian Difficulty，Part Five]；Laura Kalman，Law，Politics，and the New Deal(s)，108 YALE L. J. 2165 (1999).

问责理论促进了几种不同的行政国家模型，每种模型对于如何代表多数意见都有着不同的认识。[97] 一种主流的问责理论模型叫做——“总统负责”模型——该理论主要着眼于总统，认为实现行政法治最好的方法是通过能够代表全体选民并能对其负责的一位官员来指导行政行为的作出。[98] 基于这一模型，由于只有总统才能代表全体人民的意志，因此总统甚至可以比国会更好地反映绝大多数人的意愿。[99] 总统负责模型理论由此认为，由于总统能代表全体选民，因此他是实现行政法治的最适合人选。

总统负责模型理论在学者中得到了空前的支持。[100] 我们很容易就能找出其中的原因。总统负责模型不仅协调了行政行为和多数原则之间的关系，而且将行政机关从不受领导的第四分支重新定位为执行分支，从而

---

〔97〕 例如，“传送带(transmission belt)”模型将行政机关的功能视为通过执行法律规定来对国会负责；“利益群体代表(interest group representation)”模型将行政机关的功能视为通过行政行为的决策过程直接对民众负责。对这类模型的经典描述，参见 Stewart，前注 2。对其他政治问责理论模型的描述，参见 Bressman，前注 3，at 478 - 91.

〔98〕 对总统负责模型的描述，参见 Bressman，前注 3，at 485 - 91； Farina，The “Chief Executive,” 前注 1，at 180 - 82；Fitts，前注 4，at 841 - 57；Kagan，前注 4，at 2277 - 2319；以及 Strauss，From Expertise to Politics，前注 4，at 760 - 72.

〔99〕 参见 JERRY L. MASHAW, GREED, CHAOS, AND GOVERNANCE 152 (1997)(认为总统应对公共意愿负责，因为他没有特定团体向他索求利益，所以他也不用关照特定团体以换取选票)；Matthew D. Adler, Judicial Restraint in the Administrative State: Beyond the Countermajoritarian Difficulty, 145 U. PA. L. REV. 759, 875 - 76 (1997)(已有的政治学文献描述了总统寻求国家全体选民的支持，同时表明了总统与“国家中间选民(Median National Voter)”之间的特殊联系，并且法律学者们已经使用上述资料来解释总统对行政机关的控制)；Steven G. Calabresi, Some Normative Arguments for the Unitary Executive, 48 ARK. L. REV. 23, 58 - 70 (1995)(总统负责机制可以最好地促进对公共意愿的应答)；Kagan，前注 4，at 2331 - 37 (同上)；Pierce, The Role of the Judiciary，前注 1，at 1251 - 54 (认为宪法是使政府成为民众机构的前提；另外，总统作为民众机构之一，在制定行政决策方面能够比国会做得更好)；亦参见 Mathew D. McCubbins et al., Administrative Procedures as Instruments of Political Control, 3 J. L. ECON. & ORG. 243, 246 (1987)(认为行政法的目的就是帮助获选的官员保持对政策制定的控制权)；Eric A. Posner, Controlling Agencies with Cost-Benefit Analysis: A Positive Political Theory Perspective, 68 U. CHI. L. REV. 1137, 1141 (2001)(认为成本收益分析是为了保证获选官员们维持其权力并使其保持在行政规定之上)；David B. Spence & Frank Cross, A Public Choice Case for the Administrative State, 89 GEO. L. J. 97, 102 - 28 (2000)(认为行政决策通常受到选民的用户，因为它能将选民的政治愿望最大化)。

〔100〕 参见 Bressman，前注 3，at 490 & n. 146 (获得学位).

使行政行为与三权分立的结构保持一致。进一步而言,该模型表现出一种保守和自由的融合。[101] 所有或者近乎所有的学者——无论他们是文义主义者还是实用主义者,无论他们是民主党还是共和党——都认可总统负责模型理论是一个可以改善行政法治的重要理论。[102] 而事实上,如果说里根总统是这个模型的创建者,那么克林顿总统就是这个模型的实践者。[103] 正如一位学者在克林顿总统离任后所评述的:"今日,我们几乎所有人都成了政府的信徒。"[104]

本部分阐释了总统负责模型和法院处理行政不作为之间的重要关系,特别论证了总统负责模型可以就法院对行政不作为的处理方式作出解释和辩护。第二部分的 A 节阐释了总统负责模型可以解释无审查能力原则,第二部分的 B 节阐释了该模型理论同样可以解释诉讼资格原则。随后,第二部分的 C 节提出了一个令人惊讶的发现:即使是那些赞同总统负责模型的学者,也加入到了反对当今法院对行政不作为处理方式的阵营中。[105] 然而,笔者认为这些学者却并没有找到他们之所以反对的真正原因。而原因的实质是,支持法院对待行政不作为处理方式的理论(包括总统负责模型理论)是与行政国家的基本价值相违背的,因为该理论并不能解决由于行政不作为所带来的恣意行政行为泛滥的现实问题。

---

[101] Id. at 490 ("在某种程度上,该模型提供了一种非常正式的请求。它通过确保行政机关向一个可以问责的政府行为者(governmental actor)负责,从而保证行政机关的正当性,即使行政机关自身并不能承担责任。这一模式解决了没有领导者的第四部门(Headless fourth branch)的问题。").

[102] James F. Blumstein, Regulatory Review by the Executive Office of the President: An Overview and Policy Analysis of Current Issues, 51 DUKE L. J. 851, 852-53 nn. 2-7 (列出了评论者).

[103] 参见 Kagan, 前注 4, at 2248-50 (注意,克林顿总统扩大并加强了由里根总统引入的控制行政国家的工具); Richard H. Pildes & Cass R. Sunstein, Reinventing the Regulatory State, 62 U. CHI. L. REV. 1, 6-7 (1995) (同上).

[104] Blumstein, 前注 102, at 852.

[105] 参见,例如, Pierce, Lujan v. Defenders of Wildlife, 前注 1, at 1170-71, 1194-95; Pierce, The Role of the Judiciary, 前注 1, at 1280-85; Sunstein, 前注 1, at 186-88, 195-97, 213-14. 其他很多学者也已经加入了对法院方法的批评中。参见 Bandes, 前注 1, at 276-80; Farina, The "Chief Executive," 前注 1, at 184-85; Farina, The Consent of the Governed, 前注 1, at 1026; Nichol, 前注 1, at 1937-38.

(一) 无审查能力原则

总统负责模型理论可以对 Chaney 案的主要方面作出解释，这些方面包括：放弃司法审查的根本原理、该原理与司法尊重的关系、该原理的例外情况以及该原理的扩展案例。首先，它提供了最有说服力——可能也是唯一有说服力——的理由，来解释 Chaney 案中法院为何将行政不作为排除在司法审查之外："行政考虑(Administrative Concerns)。"[106]正如法院所陈述的："一个不作出行政行为的决定，通常是关系许多因素在内的复杂平衡的结果，且这些因素往往都涉及一些专业技术领域。"[107]因此，法院不应对这种复杂的具有政治性的决定加以干涉。

总统负责模型将用一种经典的表达方式指代这一原理，即："总统行政"(Presidential Administration)。[108] 总统行政理念基于保留行政的优先执行权而最终实现总统负责。[109] 当总统有能力实施某些职权时，最高法院就不应再对该类案件进行微观上的审查。更准确地说，只有当总统的优先执行权受到限制的时候，最高法院才应当释放自身的权力。例如，在国会已经制定了"行政机关在执行其权力时应遵守的行为标准"的情况下，[110]法院可以对具体案件中行政行为(以及总统职能)是否符合这些行为标准作出审查，即审查行政行为是否与立法相符合。此时，法院的审查与总统负

---

[106] Chaney, 470 U.S. at 831 - 32.

[107] Id. at 831.

[108] 参见 Kagan，前注 4.

[109] 参见 Harold J. Krent & Ethan G. Shenkman, Of Citizen Suits and Citizen Sunstein, 91 MICH. L. REV. 1793, 1806 (1993) (认为宪法第 2 条和一元化行政机关的观点禁止国会"授权私人公民代表公共利益").

[110] Chaney, 470 U.S. at 833. 如 Chaney 案中法院认为的："国会可以通过设定实体优先权，或者通过限定行政机关选择执行案件的权力，来限制行政机关的执行权。"Id. 亦或者，行政机关可以限制自身的权力运作，那么在这种情况下，总统就不再拥有不受约束的权力。在 Chaney 案中，食品药物管理局(FDA)颁布了一项执行裁量权的政策声明，但是法院却将这一政策声明定性为"含糊不清"和"附加于一条不被接受的规则"。Id. at 836. 在上述情形下，最高法院发现政策声明不足以限制总统负责以及授权司法审查。Id

责模型理论并不矛盾，因为即使是总统也无权漠视国会所制定的行为标准。[111]

第二，总统负责模型可以解释Chaney案中法院得出的放弃司法审查和司法尊重之间的联系。Chaney案法院指出："当涉及优先执行权的排序时，行政机关能够比法院更好地调节其中众多的可变因素。"它补充指出：类似的原因也使得法院通常尊重行政机关对被执行的法律所作出的理解，同时也尊重行政机关在执法时所采取的程序。[112] 当然，这并不意味着能从放弃司法审查和司法尊重的区别中得出上述结果。前者彻底排除了司法审查，而后者仅仅是对其作出限制。虽然这种区别可能影响到作为个体的诉讼者，但是从总统负责理论总体而言，这一区别并不会引起太大的关注。在任何情况下，随着司法干涉的减少，总统的监控都会增加。也许相对于司法尊重而言，放弃司法审查对总统负责理论的影响更大。但是无论如何，它们都一致认为应由行政机关（相应的还包括总统）而非法院，享有如何执行法律的优先判断权。借用Chaney案中法院的话来说："应由宪法所规定的执行者来'确保法律被切实执行'。"[113]Chaney案法院补充说道："当行政机关不能对公民负责时，就应由总统负责，即由政府的政治性部门作出选择是最适合不过的。"[114]

---

[111] 参见 Sunstein，前注 1，at 212－14. 这里提出问题，即法院是否只在案件涉及约束力标准（binding standards）时才进行审查——法律或行政法规——而对那些涉及非约束力的行政标准（nonbinding administrative standards）的案件则不进行审查——例如那些行政指导文档。然而，法院对此并不认同。参见 Pub. Citizen v. Nuclear Regulatory Comm'n，845 F. 2d 1105，1108 n. 1 (D. C. Cir. 1988)（"当政策声明对行政机关来没有约束力时，相关团体可以其违反法律为由而对行政机关提出起诉。"）（引文省略），又如 Big Meadows Grazing Ass'n v. United States ex rel. Veneman，344 F. 3d 940，945 (9th Cir. 2003)（"如果行政机关的声明对其自身没有约束力，那么我们不会对因为违反这种声明而产生的诉讼进行审查。"（引自 W. Radio Servs. Co. v. Espy，79 F. 3d 896，900 (9th Cir. 1996)）).

[112] Chaney，470 U. S. at 831－32；accord Chevron U. S. A.，Inc. v. Nat'l Res. Def. Council，467 U. S. 837 (1984).

[113] Chaney，470 U. S. at 832（引自 U. S. CONST. art. II，§ 3).

[114] Chevron，467 U. S. at 865；cf. Keith Werhan，The Neoclassical Revival in Administrative Law，44 ADMIN. L. REV. 567，598－99 (1992)（将Chaney案与新古典主义相关理论相连——即阻止法院对政策制定进行司法审查).

第三，总统负责模型可以解释 Chaney 案中法院提出的第 701 条第 a 款第 2 项的例外情况。法院注意到在第 701 条第 a 款中，存在 2 种例外情况使得第 701 条第 a 款第 2 项不能被适用。即当行政机关拒绝作出行政行为“只是基于认为缺乏权限”，或者“有意识、明白地适用一项政策，该政策是如此的极端以至于行政机关放弃了其自身职责”。〔115〕 通过指出这两种特殊情况，最高法院正确地认识到行政机关无权漠视他们自身的法律义务。但是其仍然无法解释为何司法审查必须对行政行为进行审查。在总统负责模型看来，潜在的原因是总统也无权去允许或者指示行政机关漠视其自身的法律义务。〔116〕 因此当行政机关未能履行其法律义务时，无论是否出于总统的原因，法院都必须对此作出回应。〔117〕

最后，总统负责模型也能够对类似于 Chaney 案的其他案例作出解释。例如，在 Lincoln v. Vigil 案中，〔118〕行政机关拒绝一次性拨款给某一项目，最高法院则拒绝对行政机关的该项行为作出司法审查。〔119〕 最高法院的理由是，行政机关的决定是在对资源进行“复杂平衡”和对优先权作出综合考量的基础上得出的，〔120〕因此该行为不适宜接受司法审查，〔121〕采取总统负责

〔115〕 Chaney，470 U.S. at 833 n.4（引文省略）.

〔116〕 参见 Sunstein，前注 1，at 212 - 14.

〔117〕 下级法院认为第 701 条第 a 款第 2 项并没有排除对拒绝启动规则制定的决定进行司法审查。参见，例如，Nat'l Customs Brokers & Forwarders Ass'n of Am. v. United States，883 F.2d 93，96（D.C. Cir. 1989）（把非强制执行行为与拒绝启动规则制定程序相区分）；Am. Horse Prot. Ass'n v. Lyng，812 F.2d 1，3 - 4（D.C. Cir. 1987）（允许对未启动规则制定的决定进行司法审查）. 一种将此结果合理化的方法是将拒绝启动规则制定程序视为类似于法律责任的让位而非拒绝执行法律。拒绝启动规则制定程序应与拒绝执行法律相区别，因为前者并非与裁量权相类似。参见 Farmworker Justice Fund，Inc. v. Brock，811 F.2d 613，635 - 36（Williams，J.，持赞同意见但部分反对）（提出该种论点），vacated as moot，817 F.2d 890（D.C. Cir. 1987）. 更重要的，由于它们极少发生因此适合于司法审查。“伴随着法律分析（以及潜在的法律错误）”并“根据 APA 由公众来决定其特性。” Id. at 636 - 37. 因此，拒绝启动规则制定程序与法律责任的避让有很多地方是相似的。Id. at 636. 因此可以使其接受司法审查。

〔118〕 508 U.S. 182（1993）.

〔119〕 Id. at 193 - 94.

〔120〕 Id. at 193（引自 Heckler v. Chaney，470 U.S. 821，831（1985））.

〔121〕 Id

的方式更为合适。在 Webster v. Doe 案中，中央情报机构的主管依据 1947 年《国家安全法案》(National Security Act)的规定，以保障国家安全为由解雇了一名职员。[122] 最高法院同样拒绝对该行为作出审查。最高法院认为，当基于国家安全目的时，相关法律"对于主管解雇职员的决定，表现得非常尊重"。[123] 国家安全领域是应由总统进行控制的重要领域。[124]

(二) 诉讼资格原则

总统负责模型理论同样可以解释 Lujan 案中最重要的特征：根据公民诉讼条款提起诉讼的原告应受到真实的损害。一般来说，总统负责模型可以对所有原告的真实损害要求作出解释。真实损害要求之所以被作为"消极性美德"(The Passive Virtues)的例证，并非基于其传统意义，而是基于其对于行政法的意义。早在最高法院对 Data Processing 案作出判决之时，Alexander Bickel 在他已经发表的一本具有影响力的书中就明确提倡法院的"消极性美德"，他认为法院应当运用各项技术和手段来"减少自身权限的运作"。[125] Bickel 认为正是通过这些技术手段——其中包括诉讼资格的运用——保证了法院在民主社会中的正当性。[126] 正如他论述的："这些让法院住手不干的技术和手段标志着法院向选民让步，并将自身排除在了政治之外；并且，没有什么事情能比发现法院是一头最政治化的动物更荒唐的了。"[127]消极性美德，立基于智慧远见而非法律原则，[128]它促使法院——

---

[122] 486 U. S. 592, 601 (1988).

[123] Id.

[124] 注意，然而，Webster 法院并没有将其视为完全的总统负责领域。法院认为对执行决定的宪法性要求是可以审查的，就算该起诉可能涉及"对行政机关与损害国家安全事务的'彻底翻查(rummaging around)'"。Id. at 603 - 04.

[125] ALEXANDER M. BICKEL, THE LEAST DANGEROUS BRANCH 127 (2d ed. 1986).

[126] Id. at 132.

[127] Id.

[128] Id. at 132 - 33 ("但是这不意味着要向未流通的(unchanneled)、未指定的(undirected)和未明确的(uncharted)裁量权妥协，更不是要向冲动、预感、直觉、嗜好、非清晰以及不合理的决策妥协。一个具有正当性和合理性的机制的对立面并非是突发奇想，更不是权宜之计，而是一种审慎的考虑。").

Bickel 认为这是与多数主义最相违背的机构——能够尊重多数者的意愿并因此保留其道德性。[129]

Bickel 主要讨论了一些宪法性案件，这些案子更多地涉及对宪法条文而非普通法律条文的解释。在这类案件中，Bickel 认为司法审判可以“待立法目的得到社会真实情形的验证后再作出。”[130]而事实上，“案件或争讼”要求促成了这一结果。“‘诉讼资格’和‘案件或争讼’要求实际上在立法和司法之间产生了一个时间上的延迟以及视线上的转移。因此，它缓解了司法与民主之间的冲突。”[131]

在通常的案件中，对诉讼资格的要求磨平了另一种冲突——即存在于法院和总统行政间的冲突。这二者之间的冲突已经取代了法院与国会间的冲突，占据行政国家的中心舞台。回到 Allen 案，法院担心如果授予原告诉讼资格“不仅那些抽象、模糊的行政违法行为会受到挑战，而且行政机关为执行法律而制定的程序也会受到质疑……‘那将使得法院对于行政行为是否明智、合理和公正处于持续不断的监督之中’”，[132]法院继续论述：

---

[129] Id. at 116；亦参见 Floyd，前注 90，at 862 - 63（Burger 案中，最高法院关于诉讼资格的决定归因于代议式民主中“‘法官政府’的不合法性”）；Louis L. Jaffe，The Citizen as Litigant in Public Actions：The Non-Hohfeldian or Ideological Plaintiff，116 U. PA. L. REV. 1033，1038，1043（1968）（那些基于原告没有受到损害而轻易否认其诉讼资格的做法，是与司法本质相违背的）；参见 Harold J. Krent，Reviewing Agency Action for Inconsistency with Prior Rules and Regulations，72 CHI. －KENT L. REV. 1187，1187（1997）（法院在缺乏行政标准时一般不愿意进行司法审查，因为司法错误的成本远大于司法监控所带来的利益）。对那些承认 Bickel 诉讼资格的观点而言，最高法院本质上就是一个反民主的机构，参见 generally Friedman，Countermajoritarian Difficulty，Part Five，前注 96（考察了历史上的反民主困境（countermajoritarian difficulty）的学术观点和流行观点之间的分歧，并表明司法审查合法性最终来源于政治偏好（political preferences））；Friedman，Countermajoritarian Difficulty，Part Four，前注 96（分析了历史上针对司法审查的流行的观点）；Friedman，Countermajoritarian Difficulty，Part Three，前注 96（认为公众是否接受司法审查主要是基于最高法院的判决是否具有社会的正当性（socially legitimate））；Friedman，Countermajoritarian Difficulty，Part One，前注 96（通过 Dred Scott 追溯司法审查的历史并且发现四点社会因素，这些因素表明了反民主犯罪存在的可能性）.

[130] BICKEL，前注 125，at 115.

[131] Id. at 116.

[132] Allen v. Wright，468 U.S. 737，759 - 60（1984）（引自 Laird v. Tatum，408 U.S. 1，15（1972））.

“当原告起诉要求行政机关作出行政行为时，即使在法院系统内部，该案件也会与一项传统原则产生矛盾：即政府有权在最大范围内处理其内部事务……作为权力分立的基础，这一原则否认某一类案件中原告的诉讼资格——这类案件是指，原告不是要求直接造成损害的加害方承担其具体的法律责任，而是寻求行政机关通过重构机构来履行其法律责任。毕竟，宪法将‘保证法律被忠实执行’的责任分配给了行政部门而非司法部门。”[133]

因此，实际损害证明(injury-in-fact test)能够反映行政国家的消极性美德，它使得在行政行为作出的过程中，总统负责优先于司法审查。

实际损害证明也使得在行政行为作出的过程中，总统负责优先于国会控制，因为它同样适用于依据公民诉讼条款而享有诉讼资格的原告。这一特性导致部分学者认为实际损害证明的要求是错误的：当国会指定由当事人和法院来对行政行为进行监督时，“消极性美德”就不再起作用。[134] 正如 Sunstein 教授所说：“当由民主机关制定的法律要求行政机关作出行为时，民主制度同样要求司法机关积极介入，而非消极退出。”[135]因此，如果法院回避对案件进行审查则会加剧最高法院与国会之

---

〔133〕 Id. at 761 (引文省略).

〔134〕 参见 Pierce, Lujan v. Defenders of Wildlife, 前注 1, at 1187 (区分宪法性案件和法律案件的目的在于，宪法性案件增加了法院用其判决来代替行政机关应承担的政治责任的危机); Cass R. Sunstein, Standing Injuries, 1993 SUP. CT. REV. 37, 59 - 60 (准确区分宪法案件和法律案件，因为宪法案件不涉及由民主制定的法律); Sunstein, 前注 1, at 211 (认为当国会授予诉讼资格时，消极美德就不发挥作用); 亦参见 Albert, supra note 46, at 469 - 73 (提供大量支持关于非宪法性诉讼的审查的要素); Fletcher, 前注 52, at 250 - 51 (应区分法律权力和宪法权力，国会创造了法律权力并继而有权去定义那些被授权使用权力的原告类型); David A. Logan, Standing to Sue: A Proposed Separation of Powers Analysis, 1984 WISC. L. REV. 37, 48 - 61 (在一般法律诉讼而非宪法诉讼中认可宽泛的诉讼资格); 参较 Bandes, 前注 2, at 300 - 04 (认为宪法诉讼比法律诉讼保留了更多的司法关怀(judicial solicitude)).

〔135〕 Sunstein, 前注 134, at 60; 亦参见 Pierce, Lujan v. Defenders of Wildlife, 前注 2, at 1198 - 1200 (对于依据公民诉讼条款而享有诉权的原告而言，如果否定他们的诉讼资格，那么则会违背政府政策制定中的最重要的一点，即立法性条款); Richard J. Pierce, Jr., Is Standing Law or Politics?, 77 N.C. L. REV. 1741, 1770 - 71 (1999) (最高法院通过使用诉讼资格条款来限制原告类型，这一做法与政治责任机制的意愿相违背).

间的冲突。[136]

然而，提倡总统负责模型的学者似乎并不关心最高法院和国会间的冲突。拥护者赞同通过司法手段废除立法机关的否决权（Legislative Veto）[137]和总审计长（Comptroller General）（美国审计总署的署长，该部门在美国隶属于立法部门。——译者注）一职，[138]二者都致使最高法院为了总统的利益而与国会产生纠纷。[139] 基于相似的原因，他们也拥护对公民诉讼条款进行限制，因为公民诉讼条款也具有类似效果。[140] 正如之后Scalia法官所承认的，公民诉讼条款使国会介入到“总统对法律的无视和错误引导中，而无视和误导的能力却恰恰被视为是导致社会变革的主要动力”。[141] 通过将权力授予法院而非国会或者行政机关，公民诉讼条款达到了这一结果。但是这一差别对总统负责模型拥护者而言没有什么意义。因为无论在任何体制下，那些支持者都会一如既往地反对国会对行政的介入。

（三）学者的反对

然而，很多支持总统负责模型的学者并不反对公民诉讼条款；相反，他们只是反对法院对该条款的处理方式。Sunstein 教授就是其中的代表之一。[142]

---

〔136〕 即使一些学者支持 Bickel 对于诉讼资格的认定，但是他们也认为最高法院误用了诉讼资格。参见 Mark Tushnet, Law and Prudence in the Law of Justiciability: The Transformation and Disappearance of the Political Question Doctrine, 80 N. C. L. REV. 1203, 1229－33 (2002)（认为可审查原则的“教条性”地夺取了他们审慎使用 Bickel 所拥护的方法）.

〔137〕 参见 INS v. Chadha, 462 U. S. 919 (1983)（通过国会议院的立法来否决非法化）.

〔138〕 参见 Bowsher v. Synar, 478 U. S. 714 (1986)（对于与立法性免职相违背，但是却提供给审计长执行权的条款，这里也认为其非法）.

〔139〕 参见，例如，Calabresi，前注 99, 73－74（认为立法否决会允许国会干扰总统对法律执行的控制）.

〔140〕 参见 Farina, The “Chief Executive,” 前注 1, at 183－84; Sunstein，前注 1, at 211－12（将 Lujan 案与行政一元化理论相联系）.

〔141〕 Antonin Scalia, The Doctrine of Standing as an Essential Element of the Separation of Powers, 17 SUFFOLK U. L. REV. 881, 897 (1983).

〔142〕 参见 Cass R. Sunstein, Reviewing Agency Inaction After Heckler v. Chaney, 52 U. CHI. L. REV. 653 (1985); Sunstein，前注 1, at 187－88.

他指责最高法院是洛克纳主义(Lochnerism)——即对政府的作为和法律明文规定的利益的关注程度,远远大于对政府的不作为以及国会所创制的利益的关注程度。[143] 简单地说,他认为最高法院通过无审查能力原则和诉讼资格原则,在行政决策过程中赋予部分利益以特权。具体而言,他认为法院将特权赋予了受监管者而非监管行为的受益者。[144] Sunsterin 教授因此指出,认为权利保护已过时的观念是错误的,此观念会导致严重的后果。他指出无审查能力原则和诉讼资格原则的问题在于使行政决策过程产生系统性滞后。[145]

另一位早期的总统负责理论的促进者也同意上述意见。Pierce 教授认为 Lujan 案"会对行政决策的制定产生广泛危害,它会显著缩小行政决策制定过程所能代表的利益的范围"。[146] Pierce 教授认为:"在案件中明显可以看到由于党派斗争而使行政机关的政策造成扭曲。"[147]因为该原则允许由受监管者,而非监管行为受益者来起诉行政机关的行为,这使得在司法过程中和行政决策过程中都产生了利益不对称。[148] 并且,该原则还使行政机关从一开始就重视受监管者而轻视监管行为的受益者,因为只有前者才拥

---

[143] Sunstein, 前注 142, at 666 - 67; Sunstein, 前注 1, at 187 - 88.

[144] Sunstein, 前注 1, at 186 - 88, 195 - 96.

[145] Id.; 亦参见 William W. Buzbee, Expanding the Zone, Tilting the Field: Zone of Interests and Article III Standing Analysis After Bennett v. Spear, 49 ADMIN. L. REV. 763, 764 - 65 (1997) (指出了"诉讼资格竞技场(tilted standing playing field)"的现象).

[146] Pierce, Lujan v. Defenders of Wildlife, 前注 1, at 1171; 亦参见 id. at 1194 - 95; Pierce, The Role of the Judiciary, 前注 1, at 1280 - 85. 很多"非总统制(non-presidentialist)"提出了类似担忧。例如,参见,Bandes, 前注 1, at 280 ("最高法院对金钱和财产权的判决喜好已经形成了其自身的诉讼资格原则。其中,那些被广泛分享的宪法性或者集体性损害的价值被降低,除非损害能隶属于普通法的范畴。"); Farina, The "Chief Executive," 前注 1, at 184 ("预执行审查(pre-enforcement review)的关闭对那些认为行政机关作为太少或不作为的诉讼造成了潜在损害。"); 亦参见 Farina, The Consent of the Governed, 前注 1, at 1026 ("在诉讼资格、成熟性和可审查性领域里的决定都表示出对监管行为受益者的可审理性判定的产生,而在受监管者中则没有一个能够比较的约束性调整。一旦司法审查的准入转变为规制过程中的权力,那么将阻碍某些类型同时放行其它类型,这些被阻拦的类型只有通过行政机关的许可。").

[147] Pierce, Lujan v. Defenders of Wildlife, 前注 1, at 1171.

[148] Id.

有起诉的权利。[149]

一般情况下，如果某种理论模型的拥护者对附属于该理论模型下的一些原则表示反对，那么我们应该就此保持警惕。在这种情形下，我们显然应该质疑总统负责模型究竟是否足以解决具体问题。同时，我们还应该对那些原则本身提出质疑：即到底是批评者正确，还是原则正确。笔者虽然赞同 Sunstein 教授和 Pierce 教授的结论，但是同时却认为他们所陈述的理由并不充分。之所以这么说是因为，法院对行政不作为的现有处理方式本身是建立在一个有瑕疵的前提之上：它错误地假设了政治问责足以促进行政法治。在下一部分中，笔者将会说明事实上只有通过司法审查的方式才能够达成上述目的。更进一步，笔者还提供了一种行政法治理论来对原因作出解释。这一理论不仅能敦促行政机关作出负责任的行政行为，还能防止恣意行政行为的产生。彼时当我们再回头审视"恣意"进路时，行政不作为问题解决的前景将豁然开朗。

第三部分　恣意进路下的法律

在以下部分中所论述的恣意进路不仅可以解决有关行政不作为的司法审查问题，而且还不会与针对无审查能力原则和诉讼资格原则的批评产生冲突。但是，它要求我们从一个新的视角来重新审视行政不作为问题——即关注于导致行政不作为产生的外在干扰，而非仅仅注目于行政不作为所造成的损害。恣意进路的内涵是，行政机关违法的作为和不作为都是行政机关屈服于外在干扰的结果。因此，无论是行政作为还是行政不作为，无论这些外在干扰是如何被发现的，法院都应当履行职责去约束这种外在干扰。

这一认识使得现行的无审查能力原则和诉讼资格原则要适当作出变

[149] 参见 Buzbee，前注 145，at 770（"无论好坏，利益相关人有权通过起诉行政机关实体或者程序上的错误从而威胁阻止行政行为的作出。并且该类诉讼使更多的行政机关提供规范化的程序，或对利益相关人的要求作出回应。"）.

化。在第三部分第 A 节中,笔者认为一般而言,法院应取消对行政不作为不进行司法审查的禁令,从而将行政不作为纳入到司法审查中。法院在审查中应要求行政机关对其决定给出合理解释,并要求行政机关必须有合理的行为标准来约束行政裁量权。只有通过这种做法,才能够防止外在干扰对于行政行为所产生的影响。

笔者第三部分 B 节中进一步指明,法院根据原有的宪法原则,也应承认在某些例外情况下不应对行政不作为作出司法审查。明确地说,无审查能力原则可以被更好地理解为类似政治问题原则,而诉讼资格原则则可以被理解为类似禁止授权原则。这一路径与其他路径相比具有明显的优势,它一方面能使 APA 条文和目的得以产生实效,另一方面,它使得最高法院根据宪法价值将某些行政不作为排除在司法审查之外的理念得以确实,而且它有意识地将该理念建立在宪法原则基础之上,以防止其上升成为更为宽泛的法律原则,从而破坏其他已经确立的宪法理念,即破坏宪法中防止恣意行政行为的理念。

(一)重构行政不作为与司法审查之间的关系

重构行政不作为与司法审查之间关系的基础,正是笔者所提出的恣意进路。Kenneth Culp Davis 教授和 Henry J. Friendly 法官的著作中都提到了恣意进路,它主要用于阻止行政机关的恣意行为的作出。[150] 笔者在此根据恣意行政行为的表现方式、损害对象以及产生原因对其作出定义:

恣意行政行为……是指行政机关行政行为的作出在证据上偏离逻辑、法律适用错误、违背平等原则。重要的是,当缺乏充足的理由(Justification)时——换句话说,缺乏能够充分反映公共目的的理由时,它还可能会影响到个人权利。上述不足首先可能从个人层面上影响到个人自由——例如,

---

〔150〕参见 generally KENNETH CULP DAVIS, DISCRETIONARY JUSTICE: A PRELIMINARY INQUIRY (1969)(认为应有机制来约束恣意行政行为的作出);HENRY J. FRIENDLY, THE FEDERAL ADMINISTRATIVE AGENCIES: THE NEED FOR BETTER DEFINITION OF STANDARDS (1962)(同上).

行政行为在不具备适当理由的情况下对特定个人施加负担。与此同时，在很多情况下上述不足还会从公共层面上对个人自由产生影响——例如，行政行为在欠缺充分公共目的考量的情况下，损害法律所保护的公共利益（如清洁的空气或者安全的工作场所）。

在某种意义上来说，“恣意行政行为（Arbitrary Agency Decisionmaking）”的定义有些本末倒置，因为它描述了问题产生的现象非问题的成因。行政行为的作出缺乏充分的理由或者缺乏对公众目的的考量，都预示出可能的成因——从行政疏忽到渎职。相对于已经受到关注的行政疏忽而言，渎职是更为严重的问题。因为渎职通常由腐败产生，而这一点正是宪法所禁止的：不论是基于私人利益还是政府自身利益。〔151〕

当前问题的关键点在于，什么是产生恣意行政行为的真正原因。尽管恣意行政行为主要表现为缺乏合理的考虑，但其产生的主要原因是存在对于行政机关的外在干扰。公共选择理论已经证明：行政机关经常面临来自政治人物的压力，这些政治人物由某些私人团体出资赞助竞选上台，因此他们通常会为了这些私人团体的利益而向行政机关施压。〔152〕例如，国会经常会制定一些只对行政机关作出宽泛授权的法律条文，从而为某些利益团体得以支配行政机关的行为创造机会。〔153〕与之类似，国会也会授予行政机关一些没有明确限制的权力，从而使行政机关享有为所欲为的空间。〔154〕由此可见，国会为恣意行政行为提供了方便。

---

〔151〕 Bressman，前注 3，at 496.

〔152〕 参见 DAVID SCHOENBROD, POWER WITHOUT RESPONSIBILITY：HOW CONGRESS ABUSES THE PEOPLE THROUGH DELEGATION 9 - 12（1993）（应用公共选择理论（public choice theory）表明国会是如何授权私有利益支配行政决策过程的）；Peter H. Aranson et al.，A Theory of Legislative Delegation，68 CORNELL L. REV. 1，56 - 58（1982）（同上）.

〔153〕 参见 SCHOENBROD，前注 152，at 55 - 56（提供例子）.

〔154〕 参见 Id.；亦参见 Bressman，前注 3，at 496（“根据定义，宽泛的授权使国会批准法律，同时行政机关根据该法律进行执行，但却没有任何规制标准能够有意义地约束行政裁量权”）；Lisa Schultz Bressman，Schechter Poultry at the Millennium：A Delegation Doctrine for the Administrative State，109 YALE L.J. 1399，1427 - 31（2000）（认为法律使得行政机关屈服于私有压力，因为他们的行为缺少国会的约束）。

但是并不能因此说明国会或者行政首长的行为不理性。相反，如果从国会成员和行政首长的立场出发，这一做法在政治上是非常理性的。因为对于国会成员来说，这样做有助于他们连任；而对行政首长而言，这样做则可以保住他们的饭碗。然而，如果从民主的角度出发，这一情形则会非常令人担忧。如果我们希望政府更多地重视公共目的而非私有利益或者其自身利益，那么我们就应该想办法去构建更加完善的政府。

立宪者很早就开始寻求构建政府的方法，以使政府能注重于公共目的而非狭隘利益。早在现代行政国家产生之前，立宪者就已经在所有的政府层面中都设计了大量的机制用以阻止针对行政机关的外在干扰。[155] 立宪者当时就并没有只依赖于政治性官员，因为他们的立场受周期性的竞选所摆布。相反，立宪者对立法程序作出了设计，以抵抗 Madison 所说的派系斗争。[156] 他们设计了一种程序，使得小团体不得不去争取大部分议员的支持，而不仅仅只是一小部分易被劝说的议员。[157] 两院审议制度和说明理由制度虽然增加了法律的制定成本，但是同时也降低了由小团体操控立法过程的概率。[158] 权力分立原则也能够产生类似的效果。通过将法律的制定

[155] THE FEDERALIST NOS. 10, 51 (James Madison)（发现腐败经常使政府官员脱离追求公共利益的路线，而转而拥护控制他们的力量）; Cass R. Sunstein, Interest Groups in American Public Law, 38 STAN. L. REV. 29, 38－44 (1985)（注意到立宪者企图对这些腐败力量进行定位）. 很多学者已经注意到立宪者们使用了多种立法技巧来防止政府专制(governmental tyranny)。例如，参见，Rebecca L. Brown, Separated Powers and Ordered Liberty, 139 U. PA. L. REV. 1513, 1531－40 (1991)（讨论作为保护个人权利的权力分立制度的历史发展）; Gerhard Casper, An Essay in Separation of Powers: Some Early Versions and Practices, 30 WM. & MARY L. REV. 211, 212－24 (1989)（讨论立宪者在构建权力分立过程中遇到的困难）; M. Elizabeth Magill, The Real Separation in Separation of Powers Law, 86 VA. L. REV. 1127, 1155－61 (2000)（描述了两种不同的权力分立的概念）; Victoria Nourse, Toward a "Due Foundation" for the Separation of Powers: The Federalist Papers as Political Narrative, 74 TEX. L. REV. 447, 456－63, 471－84 (1996)（对 The Federalist Papers 中 Madison 的章节进行了广泛分析，来判定立宪者对于权力分立的理解）.

[156] THE FEDERALIST NOS. 10, 51 (James Madison)（鉴别了派系问题）.

[157] 参见 Farina, The Consent of the Governed, 前注 1, at 114－18（认为两院制要求和送交条款(bicameralism and presentment)要求保证了在法律付诸执行前高政治资本的必要性）.

[158] 参见 William N. Eskridge & John Ferejohn, The Article I, Section 7 Game, 80 GEO. L. J. 523, 528－33 (1992)（认为两院制和送交条款减少了草率和不明智的法律的产生）.

与法律的执行相分离，权力分立原则设置了立法分支和行政分支，二者互相牵制，从而达到防止派系斗争和政府恣意的效果。[159] 当然，笔者此处并不是意味着权力分立原则、两院审议制度和说明理由制度只具有这一项功能。准确地说，在宪法所确立的众多目的中，防止潜在恣意行政行为的出现是其中一个重要目的。

在上述基础框架之上，问题就变成如何调整或者补充宪法的特点以防止潜在恣意行政行为的出现。这里需要再次强调，针对恣意行政行为，仅有政治上的制约是不够的。简单来说，行政机关并不对公民负责。由于行政机关的领导者并没有选票压力，因此无须为决策失误负责。进一步说，行政机关在一定程度上也听命于那些通过选举上台的政治性官员，但这些政治性官员却在迎合私有利益的同时，逃避相应的结果责任。国会通过制定宽泛授权的法律为私人特权得以在行政决策过程中的存在制造空间，而在这一过程中，国会躲在幕后，直接作出恣意行政行为的行政机关则成为替罪羊。[160] 因此，国会不能被指望用来确保行政决策免受外在干扰，而事实上，国会正是幕后黑手之一。

总统通常被认为是填补这一制度漏洞的补丁。因为行政机关可能不用为其错误向公众负责，但是他们要向总统负责。然而，单单这种制约却不足以避免恣意行政行为的出现。[161] 总统负责的方式太易走向腐败，且只是偶尔为之(Sporadic)，不足以减少潜在的派系斗争。如同国会一样，总统也可能为了某些私人团体的特权而对行政机关施加压力以使其偏离原有立法目的。[162] 除了自身存在拉票行为，总统也不能制止国会成员在选举中

---

[159] Bressman，前注 3，at 499－500；Brown，前注 155，at 1533－34.

[160] 参见，前注 155－157 和相关文字。

[161] 参见 Bressman，前注 3，at 504－05.

[162] 作为极端的例子，总统使用他的权力来干涉政策制定过程从而使其阵营的支持者们获取有利的结果，参见 Michael C. Blumm，The Bush Administration's Sweetheart Settlement Policy：A Trojan Horse Strategy for Advancing Commodity Production on Public Lands，34 ENVTL. L. REP. 10397 (2004)（描述了 George W. 布什总统为了在他任期内达成“甜心”住宅区政策而如何鼓励受监管者对克林顿时期的政策提起诉讼）.

的拉票行为。事实上，即使是最热衷于总统负责模型的学者也承认，总统不可能对所有或者主要的执行分支都进行监管从而保证行政行为避免受到不恰当的影响。[163] 尽管行政法治目标的实现依赖于总统的这种全面监管权，但是我们的宪政民主原则却不允许总统行使这样一种广泛无边的权力，这是一个悖论。

当政治监督(Political Checks)不能有效地禁止恣意行政行为时，行政监督(Administrative Checks)就需要发挥更大的作用。当行政机关开始约束自身行为时，事实上就缩减了政客向其施压的空间。在这一努力方向上有两项要求非常重要。第一是说明理由要求——行政机关应在特定案件中说明理由，用以解释其自身行为的合理性。[164] 第二是设定标准要求——行政机关应提供适用于所有案件的标准，用以规范自身权力的运行。[165] 说明理由要求通过实现行政透明性达到约束行政行为的目的。当行政机构能提供符合公开、公共精神和其他合理的理由时，他们就随之减少了出现幕后交易、私人特权或者其他行政恣意的机会。[166] 设定标准要求则通过行政机关自身所设定的行为标准对自身行为进行限制。当行政机关为约束自身的行为而设立标准时，他们就相应阻止了特殊对待(Ad hoc Departures)的发生。[167] 综上很容易归纳出：当行政机关采取增强行政决策过程中的透明度和法律约束的措施时，他们就减少了少数人利益被特殊

---

[163] 参见 Kagan，前注 4，at 2250 (检查了克林顿政府并注意到"总统负责模型没有完全表明其自身是重要的，总统(或总统办公室行政人员)无权监控如此宽泛的活动，同时也没有人希望他作出该项监控").

[164] 参见 Motor Vehicle Mfrs. Ass'n v. State Farm Mut. Auto. Ins. Co.，463 U.S. 29，48-49 (1983) (表述了举证要求).

[165] 例如，参见，Pearson v. Shalala，164 F.3d 650，660 (D.C. Cir. 1999) (行政机关未能提供标准以约束其自身权力的执行，而使其行为变得恣意多变)。但是，参见 Whitman v. Am. Trucking Ass'ns，531 U.S. 457，473 (2001) (认为行政机关通过提出标准限制其权力执行的方法并不能治愈非宪法性授权).

[166] 例如，参见，Kagan，前注 4，at 2337 (承认透明性要求是消除不恰当影响的方法).

[167] 参见 DAVIS，前注 150，at 55-57 (承认通过制定行为标准而防止恣意行为)；FRIENDLY，前注 150，at 19-26 (同上).

对待的潜在可能性。[168]

进一步说，这种监管方式不仅应适用于行政作为，也应该适用于行政不作为。当行政机关不得不对他们的不作为决定作出公开解释时，他们就能够阻止外在干扰以牺牲公共利益为代价来支配行政决策；当行政机关为自身权力的运行设定标准时，他们也能阻止外在干扰以牺牲公共利益为代价影响行政权的行使。以上论述表明，对行政恣意危险的关注点应着眼于行政不作为是如何发生的，而并不是它会影响到哪些对象。而且，产生行政不作为的方式与产生行政作为的方式并不存在本质区别。从牺牲公共利益以满足私人利益这一点来看，导致行政不作为与行政作为出轨的外在干扰基本相同。因此，这些能够抵御外在干扰的要求，无论对于行政作为抑或是行政不作为而言都应当同等适用。

但是这些在行政作为中顺理成章的要求，在行政不作为中却难以实现，其原因可被归结于无审查能力原则和诉讼资格原则。因为这两项原则减轻了行政机关说明理由和设定标准的义务，他们使行政不作为免于接受司法审查，而司法审查却是促使行政机关说明理由和设定标准的重要工具。无审查能力原则的影响还远不止这些，它实际上还遏制了行政机关设定其自身的行为标准。这是因为如果行政机关已经设定了限制其权力运行的标准，那么无审查能力原则就允许法院对行政不作为进行司法审查。[169] 在这样的情况下，法院可以基于行政机关所提供的行为标准对行政不作为进行审查，以判断该不作为是否偏离这种标准。[170] 基于此，作为无

---

〔168〕 参见 Bressman，前注 3，at 537 - 40（承认通过制定类似于法(law-like)的决策以防止恣意行为，最高法院对 United States v. Mead Corp.，533 U.S. 218（2001）案的判决也支持这一点）.

〔169〕 如第九巡回法院在 Socop-Gonzalez v. INS，208 F.3d 838（2000）案中陈述的：本法院和其他法院已经不断认识到："在行政机关的规定给法院提供了可适用法律的情况下，最高法院在[Heckler]案中的裁定并没有阻止司法审查。"相似的，行政机关颁布的政策也可以作为判定行政作为或不作为的依据："如果行政机关宣布并遵循一项政策——该政策可以是实体规则或者是程序规则——同时该政策应通过其被管制的裁量权来执行，那么尽管行政机关的裁量权在开始时已被释放，还是会产生一种对于该政策的非理性的偏离（就如与公开承认的版本相左），这种偏离会导致形成一种本该被拒绝或者推倒否定的行为……"208 F.3d at 844（引文省略）.

〔170〕 Id. at 844.

审查能力原则的例外情况,行政机关主动设定行为标准的积极性自然大大降低。

由于无审查能力原则和诉讼资格原则免去了行政机关说明理由和设定标准的要求,因此事实上,正是这两项原则容忍甚至推动了派系斗争。这导致行政机关对私人利益或者政治压力的关注和回应远远大于对公共利益的关注和回应。行政机关宁愿通过行政不作为去伤害监管行为的受益者,也不愿意通过行政作为而伤害受监管者。正如当代学者在对无审查能力原则和诉讼资格原则作出批评时提出的,这里存在利益极端不平衡(asymmetry-of-interests)的问题。[171] 尽管这些学者也承认,以上两项原则更多的时候只是加重了问题,而不是产生问题的根源所在。

虽然可能过于简化,但是简单来说可以对此过程作如下阐明:受监管者以提供竞选资金或选票为诱饵,迫使政客向行政机关施压,促使行政机关代表他们的利益。如果行政机关没有按照他们的意见作出行为,他们可能会就行政机关的行政行为向法院提起诉讼;[172]如果行政机关完全按照他们意思行为,利益相关的第三方有时又会就该行政行为向法院起诉。[173] 但是如果受监管者阻止了行政机关的某一行为,利益相关的第三方却很少向法院提起诉讼。这是因为,无审查能力原则不允许任何原告提出诉讼,而诉讼资格原则又能够阻止特定原告的起诉行为。因此这两项原则都使得受监管者能够以牺牲公共利益为代价使行政机关的行为产生扭曲。这就是非常典型的恣意行政行为。

基于以上分析,无审查能力原则和诉讼资格原则必须被改变——并且

---

[171] 例如,参见,Pierce, Lujan v. Defenders of Wildlife,前注1,at 1194 - 95(确定了受监管者和监管受益者在行政决策过程中存在利益不对称);Sunstein,前注1,at 183 - 84,187 - 88(同上).

[172] 例如,参见,Nat'l Customs Brokers & Forwarders Ass'n of Am. v. United States,883 F.2d 93,96 (D.C. Cir. 1989)(回顾了行政机关在产业联盟的要求下拒绝启动决策制定这一事件).

[173] 例如,参见,Motor Vehicle Mfrs. Ass'n v. State Farm Mut. Auto. Ins. Co.,463 U.S. 29,46 - 57 (1983)(行政机关废除汽车安全标准(automobile safety standard),这一标准可能惠及公众但却损害国内汽车产业).

要采取比那些批评者所描述的更为具体的方式。具体而言，法院不应该再对行政不作为采取特殊对待，而应该将其与行政作为一视同仁，适用同样的规则。法院应要求行政机关对具体的不作为决定作出解释，〔174〕并要求行政机关颁布行政行为的行为标准。〔175〕通过说明理由和设定标准，法院可以阻止或者至少弱化腐败对于行政行为的影响。〔176〕

基于对行政灵活性和行政效率的考虑，笔者意识到这一解决方案势必会增加大量的成本，并且笔者也无意低估成本问题的重要性。但是与此同时笔者强调，如果要实现行政法治的目标，那么增加这些成本则是不可避免的。正如多项宪法条款所指明的，政府的灵活性和效率性必须以理性为前提。例如，监管国会立法行为的条款——两院审议条款(Bicameralism)和说明理由条款(Presentment)——无疑是低效的，但是二者存在的理由是它们能够为其他价值服务，或者说正是因为它们的低效，才使其他价值得以实现。〔177〕同样的目的也适用于 APA 对行政程序的规定。行政说明理

〔174〕参见 Id. at 48 (“我们已经反复重申明行政机关必须中肯地解释他们为何要用那种方式来行使其裁量权……”).

〔175〕标准设定要求在司法审查中虽然并不像举证要求一样深入人心，但也并不是史无前例。例如，参见，Pearson v. Shalala, 164 F. 3d 650, 660 (D. C. Cir. 1999) (强调在恣意多变的 APA 基础上设立标准设定要求)；Bressman，前注 11，at 465 - 69 (为诉讼资格设定要求辩护).

〔176〕这一讨论增加了国会是否应该排除司法审查的疑问。如果司法审查有助于培养禁止恣意的行政环境，那么即使是国会也无权排除司法审查。尽管笔者暂时无法提供完整的有关排除司法审查的思考，但是至少提供以下观点供以后的研究进行参考。在笔者看来，国会可以通过剥夺某些原告的法律利益来禁止某些司法审查。国会无须为每一个原告都提供一个法院，尽管出现偏离或者背离相应的法条目的的情况。因此，笔者将第 701 条第 a 款第 1 项解读为“利益区间(zone of interests)”，并从诉讼资格角度来分析其必要性。请回忆，为了证明诉讼资格，原告必须“可论证地”在被法律保护的“利益区间内”。Ass'n of Data Processing Serv. Orgs., Inc. v. Camp, 397 U. S. 150, 153 (1970) (重点添加)。笔者认为，为避免根据第 701 条第 a 款第 1 项而排除司法审查，原告必须不能“谨慎地”被排除在利益区间外。基于这一理解，建议应对第 701 条第 a 款第 1 项进行狭义解释，同时这也符合最高法院早期案例中对相关章节的解释。参见，例如，Abbott Labs. v. Gardner, 387 U. S. 136, 141 (1967) (具有清晰的国会有关排除司法审查的声明)。这同样与之后发生案例的结果相吻合。参见，例如，Thunder Basin Coal Co. v. Reich, 510 U. S. 200, 207 - 09 (1994) (意指从法律系统角度排除作出司法审查)；United States v. Fausto, 84 U. S. 439, 444 - 47 (1988) (同上)；Block v. Cmty. Nutrition Inst., 467 U. S. 340, 345 - 48 (1984) (同上).

〔177〕参见 Eskridge & Ferejohn，前注 158，at 528 - 33 (立法过程是一种刻意的累赘，目的是减少新法律的出台).

由要求与设立标准要求(以及司法审查)的出现,不可避免地要求在二者与行政灵活性和效率性要求之间作出平衡。类似的权衡当然也会出现在行政作为中,虽然笔者曾在其他论文中认为至今还没有合理的方法能够在行政作为中实现这种平衡[178],但是对于行政不作为而言情况却可能并非如此。

一些学者可能会对此作出回应,认为行政不作为无法与行政作为相提并论,在行政不作为中,对行政灵活性的要求显然更为重要。[179] 正如最高法院在 Chaney 案中提出的,行政不作为不能等同于行政作为,因为它是非强制性的,类似于刑事公诉中的裁量。[180] 该观点认为,由于行政不作为是非强制性的,所以它对个人权利造成损害的情形就相对较少,因此让其受到司法审查控制的必要性也就较弱。[181] 同时,如果行政不作为类似于刑事公诉中的裁量,那么就更有必要让行政机关在对行政资源和优先权进行衡量后再作出行政行为。[182]

但是很少有学者认为上述观点是具有说服力的。在 Chaney 案的判决中持赞成意见的 Marshall 法官就明确反对上述有关强制性的观点。[183] 他指出:"促使行政机关产生的其中一个原因,就是政府的作为和不作为都可能对公民生命、自由以及追求幸福的权利产生影响。"[184]基于这一原因,行

〔178〕 参见 Bressman, 前注 3, at 527 - 53. 一些学者认为举证要求不会必然导致合理决定的产生,因此不值得为此花费成本。参见,例如,Jerry L. Mashaw & David L. Harfst, Regulation & Legal Culture: The Case of Motor Vehicle Safety, 4 YALE J. ON REG. 257, 294 (1987) (认为司法审查的程序性焦点在于"请求法院让合理的判决失效,该类判决无法用简单的逻辑方式进行解释"); Richard J. Pierce, Seven Ways to Deossify Agency Rulemaking, 47 ADMIN. L. REV. 59, 67 - 68 (1995) ("合理的决策制定中存在有司法强制性责任,而关于由该责任中的很多要素构成的社会利益的诉讼,大部分我持怀疑态度。").

〔179〕 参见,例如,Saferstein, 前注 39, at 380 - 81 (认识到举证和标准设定要求会禁止行政机关滥用裁量权并因此方便司法审查,但同时暗示到上述要求可能并非应有之义,因为其可能会削弱行政灵活性和创造性).

〔180〕 Chaney, 470 U.S. at 832.

〔181〕 Id

〔182〕 Id

〔183〕 Id. at 850 - 52 (Marshall, J., 法官的意见).

〔184〕 Id. at 851.

政不作为和行政行为相比在司法审查方面并不存在必要性更弱的状况。更进一步，行政不作为远比刑事公诉裁量更应该受到法院的监督审查。[185] 这是因为，行政机关的行为是针对“法律受益人”（statutory beneficiaries）并以“防止具体的和未来的伤害”为目的，而检察机关仅仅是对具体个人过去的行为进行惩罚。[186] 与对具体个人过去的行为进行惩罚这一过程中得到的社会收益相比，防止对法律受益人造成未来伤害所得到的社会收益显然“更集中，同时在很多情况下也更迫切”，因此，对于行政不作为更应当增加司法审查而减少行政控制。[187]

也有其他学者表达了类似的观点。Sunstein 教授再一次抓住了问题的关键。他不承认行政强制性行为和非强制性行为的区分，他认为这种区分是建立在模糊的所谓洛彻那—伊斯科标准（Lochner-esque Conception）之上，即“可辨识的司法权利”标准。[188] 他认为，行政不作为可能会产生损害，尽管这种损害并非属于传统意义上的法定利益。[189] Sunstein 进一步否定了行政行为裁量与刑事公诉裁量之间的可比性，他认为行政行为裁量诉讼更类似于控告人诉讼（Quitam and Informers Suits）。[190] 他提出，从历史进程上看，正是在控告人诉讼中产生了针对行政不作为的司法审查，虽然这些案件只是有效地允许公民（或者法院）支配行政资源以及掌握优先执

---

[185] Id. at 847 - 48.

[186] Id.

[187] Id.

[188] 参见 Sunstein，前注 1，at 187 - 88，195 - 96（指控最高法院过度依赖普通法中公平可审理的权利并以此代替洛克纳主义）；亦参见 Bandes，前注 1，at 276 - 81（现行对宪法第 3 条的理解反映出对私有权利模型的接受，这被排除在受司法保护的集体性权利和伤害之外）；Levin，前注 39，at 716 - 17（认为 Chaney 案中最高法院的检控裁量以及强制性的观点无足轻重）；Henry P. Monaghan，Marbury and the Administrative State，83 COLUM. L. REV. 1，24（1983）（“既然法院判断是非曲直的最后屏障，那么‘美利坚合众国司法权’的执行就不能因为当事人是原告或者被告而发生变化”，这一观点与宪法第 3 条相符合）；Nichol，前注 1，at 1937（认为司法审查的私有权利模型已经被当代“价值[必须被]认定为充分共享或者公开为司法识别”的理论所代替）.

[189] 参见 Sunstein，前注 1，187 - 88.

[190] Id. at 174 - 77（控告人诉讼为公民诉讼提供了先例）.

行权。[191] 因此,没有理由对行政不作为裁量中的行政灵活性加以特别关注,也没必要像对待刑事公诉裁量一样让行政不作为裁量也免受司法审查。[192]

笔者认为,相对于当代其他对无审查能力原则和诉讼资格原则的批评者而言,笔者所得出的结论会相对更为严谨。例如,即使是 Sunstein 教授也认为应该对行政不作为适用一种特殊规则。除非基于一些极为罕见的情况,否则他不允许原告提起或者法院受理"一般意义"上针对行政恣意行为的诉讼。[193] Sunstein 教授与 Chaney 案法院所作出的分类一致,即在以法院不审查为前提,存在几种例外情况。Sunstein 教授认为基于以下特殊理由,允许原告提起、且法院应当受理有关行政不作为的诉讼,这些理由包括(1)违反宪法;(2)缺少法定权限;(3)法定不相关事由;(4)拒绝履行或某种形式放弃履行法定职责;(5)拒绝执行行政法规;以及(6)不及时制定规则。

但是这个分类似乎遗漏了针对"纯粹的"恣意行政行为的诉讼,例如作为非法私人利益或政治压力的产物——缺少合理依据的行政不作为并没有进入到司法审查的范围。因此这一分类似乎没有完全解决 Sunstein 所提出的不对称问题。[194] 这一分类会向监管行为的受益者提供受监管者所掌握的大部分权力,但并非全部权力。Sunstein 也许认为这一结果是基于

---

[191] 参见 Id.;参较 Vt. Agency of Natural Res. v. United States ex rel. Stevens, 529 U.S. 765, 773 (2000)(《防止不实请求法案》(False Claims Act)的控告人诉讼规则(quitam provision)在"案件和争诉(cases and controversy)"要求下的是合宪的,因为它"能够合理地分担部分政府损害赔偿");Riley v. St. Luke's Episcopal Hosp., 252 F.3d 749, 753-57 (5th Cir. 2001)(法院全体法官共同审理(en banc))(控告人诉讼规则不存在宪法性问题,因为执行机关通过权利干涉等手段进行充分控制);United States exrel. Taxpayers Against Fraud v. Gen. Elec. Co., 41 F.3d 1032, 1041 (6th Cir. 1994)(同上);United States ex rel. Kelly v. Boeing, 9 F.3d 743, 755-57 (9th Cir. 1993)(法院在监管政府的控告人诉讼时,不存在对行政权的非宪法性篡夺).

[192] 参见 Sunstein,前注 1,at 174-77.

[193] Sunstein,前注 142,at 682-83.

[194] 在 Chaney 案中,对监管行为受益者而言,Sunstein 教授的观点并不比最高法院的观点更有利。事实上,Sunstein 教授认为,在 Chaney 案中,最高法院预见到了该诉讼请求得以审查的可能性 Id. at 676-82.

行政灵活性原则或者行政效率性原则而产生的，因此具有合理性。[195] 他认为，当事人不应就纯粹的恣意行政行为寻求司法审查，原因在于应当由行政机关而非法院对行政执行、资源分配以及事务的轻重缓急等作出决定。[196] 看上去这的确是一种具有吸引力的辩护，力求在司法审查与行政裁量间寻求妥协。[197] 然而这是不充分的。如果属于上文所描述的那种纯粹恣意行政行为，那么笔者认为原告应当有权利提起诉讼，法院也应当对该诉讼进行审理。行政灵活性和行政效率性固然重要，但是与行政法治原则相比，它们尚需退居其次。

但是这并不意味着行政机关一定会输掉针对恣意行政行为提起的诉讼。如果行政机关拒绝执行的决定是建立在资源分配或者事务的轻重缓急等合法原因之上，那么它就有权要求得到司法机关的尊重。然而，笔者坚持认为不能纵容行政机关逃避司法审查。最起码，行政机关必须向法院证明它是基于合理的、公共精神的理由，而作出某一不作为的决定。同时，行政机关还需要向法院证明，它颁布并且遵循了适用于其所有行为的标准，并且这一标准符合合理的、公共精神的要求。

笔者所提出的观点与其他学者相比可能更为激进一些，但是它并没有远离 Marshall 法官的设想。在 Chaney 案件的判决中，Marshall 法官认为："如同其他行政行为一样，行政机关的不作为行为，在缺乏'清晰且能令人信服的'国会相反意图的情况下，是可以被审查的。但是正如这个案件中所表现的，当没有任何证据可以证明具有裁量权的行政机关滥用了其行政权时，行政机关的行为就应当得到尊重。"[198] Marshall 法官翻查了相关证

---

[195] 参见 Id. at 672 - 74.

[196] 参见 Id.

[197] 有意思的是，Sunstein 教授为了支持在公民诉讼条款下建立宽泛的诉讼资格，自身也反对上述不审查的观点。参见 Sunstein，前注 1，at 212 - 14（认为尽管公民诉讼条款破坏了资源分配和对优先权的设定，但是也应该得到提倡）. 然而在涉及恣意行政行为，他又重申了不对其进行司法审查的观点。参见 Sunstein，前注 142，at 682 - 83（有关恣意行为的诉求"在可审查性上非常弱"）.

[198] Chaney，470 U. S. at 840 - 41（Marshall，J，法官的意见）.

据，试图寻找到 FDA 拒绝启动强制程序是出于对相关的执行资源和事务的轻重缓急等合法考虑之外的原因。因为没有任何发现，Marshall 法官没有再进行深入审查。[199]

（二）行政法和宪法的重新整合

尽管恣意进路建议法院对行政不作为进行司法审查，但是同时恣意进路也为行政裁量权留下合理空间，以排除不必要的司法干涉。设定这种例外很有必要，因为 APA 显然对这一情况作出了考虑，而宪法对此也存在潜在的要求。但是同时宪法和 APA 却又都没有具体的条款来对这种例外作出明确规定。最高法院有权制定单独的行政法原则供现行宪法原则参考从而获致正确的处理方法。但是在笔者看来，最高法院一直以来就忽视了一种对无审查能力原则和诉讼资格原则更好的解释：通过将无审查能力原则纳入政治问题原则（Political Question）的背景下来理解，以及将诉讼资格原则纳入禁止授权原则（Nondelegation Doctrine）来理解。如果采用上述解释方式方法，我们可以为行政机关的裁量权保留合理空间。尽管可能还存在别的解释方式，但上述方式无疑是最好的。它不仅可以清晰界定 APA 条款的文义和立法目的，同时还能实现行政特权（Executive Prerogative）和防止恣意（Arbitrariness Prevention）之间的平衡。通过上述对无审查能力原则和诉讼资格原则的解释，我们可以将行政裁量权限制在宪法原则的要求之内，并且使行政裁量权在司法的监督下服务于促成良好政府的目的，而非对司法审查制度造成损害。

1. 被视为政治问题原则的无审查能力原则

尽量减小宪法对无审查能力原则的影响的观点，是通过一场著名的辩论得出的。这场辩论发生在最高法院对 Abbott Laboratories 案作出判决之前，辩论双方是 Raoul Berger 教授和 Kenneth Culp Davis 教授，两位的辩论是通过发表于 20 世纪 60 年代末 8 篇以上有关司法审查的法律评论来

[199] Id. at 842.

进行的。[200] 虽然 Berger 和 Davis 在无审查能力原则的适用范围和对第 701 条第 a 款第 2 项的解释上存在很大分歧，[201]但是他们都同意：APA 的起草者意图让第 701 条第 a 款第 2 项遵循宪法中有关限制司法审查能力的相关规定。具体而言，APA 的起草者试图通过立法将总统行为（或者那些

---

[200] 参见 Raoul Berger, Administrative Arbitrariness and Judicial Review, 65 COLUM. L. REV. 55 (1965); Raoul Berger, Administrative Arbitrariness—A Reply to Professor Davis, 114 U. PA. L. REV. 783 (1966); Kenneth Culp Davis, Administrative Arbitrariness—A Final Word, 114 U. PA. L. REV. 814 (1966); Raoul Berger, Administrative Arbitrariness—A Rejoinder to Professor Davis' "Final Word," 114 U. PA. L. REV. 816 (1966); Kenneth Culp Davis, Administrative Arbitrariness—A Postscript, 114 U. PA. L. REV. 823 (1966) [以下简称 Davis, A Postscript]; Raoul Berger, Administrative Arbitrariness: A Sequel, 51 MINN. L. REV. 601 (1967); Kenneth Culp Davis, Administrative Arbitrariness is not Always Reviewable, 51 MINN. L. REV. 643 (1967) [以下简称 Davis, Administrative Arbitrariness is not Always Reviewable]; Raoul Berger, Administrative Arbitrariness: A Synthesis, 78 YALE. L. J. 965 (1969) [以下简称 Berger, A Synthesis]; 亦参见 Levin，前注 39, 694－95（指出了 Davis/Berger 的辩论"可能是司法审查历史上最长的以及最深刻的辩论"）。

[201] 争论涉及第 701 条第 a 款第 2 项的调整，它指导法院停止对"裁量行为"进行审查；以及第 706 条第 2 项第 A 款，它指导法院驳回"恣意、反复无常或者滥用裁量权的"行政行为。5 U. S. C. § 706(2)(A)（重点添加）. Davis 认为，作为法律体系的问题，APA 的司法审查条款不适用于第 701 条第 a 款所涵盖的行为。参见 Davis, Administrative Arbitrariness is Not Always Reviewable，前注 200, at 644. 事实上，第 701 条第 a 款的目的就是使符合其范围的行为免于适用之后的司法审查条款，包括第 706 条第 a 款第 A 项。因此，Davis 认为"裁量行为"免受司法审查，同时即使该行为构成了"裁量滥用"，法院也不能使其无效。

与之相对，Berger 则认为，作为一个历史问题，法院应该可以使"裁量滥用"行为无效，因为"恣意的权力是不被允许的"。Berger, A Synthesis，前注 200, at 966. 他主张认为，APA 不会也不能改变这种状况。因此，第 706 条第 2 款第 A 项应适用于所有行为。具体而言，它指导法院审查所有恣意行为。参见 Id. at 970－71. 但是一旦法院判定某项行为是合理的，那么这一行为就不再能被重复审查。同时，第 701 条第 a 款第 2 项禁止法院对行为是否明智作出质疑。Id. at 972－74.

Louis Jaffe 也加入到辩论中，他提出了介于 Davis 和 Berger 之间的一种折中观点。他认为第 701 条第 a 款第 2 项只适用于范围很窄的行为类型，而第 706 条第 2 款第 A 项则适用于剩下的其他类型。LOUIS L. JAFFE, JUDICIAL CONTROL OF ADMINISTRATIVE ACTION 374－75 (1965). 在他看来，第 701 条第 a 款第 2 项使极小部分完全符合行政裁量权的行为免受审查。Id. at 375. 为判定行政行为是否属于这一范围，法院必须对行政行为的授权进行检查，法院认为"一项权力可以表现为完全授权，同时该权力的性质或者授权对象法律史上的性质都可能证实明显的意义"。Id. 尽管法院不能对源于裁量权滥用的行政行为进行审查，但是这样的行为毕竟很少。基于 Jaffe 的表述，Davis 和 Berger 为第 701 条第 a 款第 2 条设定的定位可以使一些行政行为免于审查，然而第 706 条第 2 款第 a 项则使大多数的行政行为接受审查。

在行政命令下而非议员指挥下作出的行为)[202]排除在 APA 的司法审查条款之外,而仅适用 APA 的其他条款。自然而然的,包括 Berger 和 Davis 在内的学者一般认为 APA 起草者们意图扩展 APA 的其他条款以适用于总统行为。[203] 因此,学者们认为起草者设置第 701 条第 a 款第 2 项的目的在于对行为进行司法审查时应遵循宪法的约束。虽然 Berger 和 Davis 在对于——起草者是否有意针对行政不作为司法审查而刻意构建上述广泛的原则——这一问题上产生分歧,[204]但是他们都承认,起草者制定第 701 条第 a 款第 2 项就是为了体现出宪法理念。[205] APA 的起草者意欲表明,对于宪法认为是不可审查的问题,即使国会也无权将其纳入司法审查的范围——简单概括这类问题,即政治问题。[206]

尽管 Berger 和 Davis 都没有将第 701 条第 a 款第 2 项限定为政治问题,但笔者却认为应该如此。[207] 笔者认为将第 701 条第 a 款第 2 项理解为政治问题有如下好处:第一,它较为巧妙地解释了条文的含义。条文重述了首次建立政治问题原则的 Marbury v. Madison [208]案中的语言。在 Marbury 案中最高法院认为:“法院的管辖范围仅仅只能对个人权利作出判断,而不应审查行政机关或行政官员在其享有裁量权的范围内如何履行

[202] 参见 Berger, A Synthesis, 前注 200, at 997; Davis, Administrative Arbitrariness is not Always Reviewable, 前注 200, at 645.

[203] 参见 Berger, A Synthesis, 前注 200, at 997; Davis, Administrative Arbitrariness is not Always Reviewable, 前注 200, at 645. 直到 1992 年,最高法院才认定 APA 不适用于总统行为。参见 Franklin v. Massachusetts, 505 U.S. 788, 800-01 (1992)(认为总统不是 APA 意义上的“行政机关”).

[204] Berger 认为应允许法院对行政裁量权是否恣意进行审查,尽管他同时也指出了经典的政治事项如外交事务。参见 Berger, A Synthesis, 前注 200, at 983. Davis 则认为应禁止法院对行政裁量权,包括外交政策和执行赦免决定在内的行为进行审查。参见 Davis, A Postscript, 前注 200, at 832.

[205] 亦参见 Charles H. Koch, Jr., Judicial Review of Administrative Discretion, 54 GEO. WASH. L. REV. 469, 499 (1986)(注意到军事和外交被保留给政治部门); Saferstein, 前注 39, at 386-87(对由政治因素进行管辖的“少数情况”,司法干涉是非常不合适的).

[206] 参见 Berger, A Synthesis, 前注 200, at 983.

[207] 参较 Koch, 前注 205, at 502(认为“该法律应强烈反对[无约束裁量的增长],并且事实上,应该删除那些没有在宪法或者法律中没有清晰规定的裁量权条文”).

[208] 5 U.S. (1 Cranch) 137 (1803).

职责。”[209]最高法院还认为：“对于政治性问题，或者宪法和法律授权行政机关处理的问题，法院不应该进行审查。”[210]我们注意到，相对于第701条第a款第2项“法律赋予行政机关裁量权”这一排除司法审查的规定相比，最高法院表述的已经有了小小的进步。[211]

第二，将第701条第a款第2项的内容视为融合了政治问题原则的理解方式，可以在具体案件中得到检测。检测包含了最高法院在Baker v. Carr案[212]中所确立的6项用于认定政治问题的要件：(1)“宪法以明文规定将某项事务交由与法院平行的某一政治部门”；(2)“欠缺法院可以发现并操作的解决标准”；(3)“未能对明确涉及非司法性裁量进行初步决策前，无法决出决定”；(4)“如果由法院独立解决，必然会对其他平行的政府部门造成不尊重”；(5)“因情势的特殊需要，法院必须无异议地支持已经作出的政治决定”；(6)“法院如就该问题发表观点，将可能与行政部门就同一问题发表不同的声明，从而导致尴尬的局面”。（林子仪、叶俊荣、黄昭元、张文贞编著：《宪法——权力分立》，学林文化事业有限公司2004年版，第95页。转引自翁岳生：1996年元月8日“我国宪法诉讼制度之展望”学术研讨会主题演讲稿，第40页，注解128。——译者注）[213]然而，检测事实上却只可能包含前两项要件，因为近年来只有这两项要件被最高法院用作认定是否属于政治问题的标准。[214] 同时，这些要件也并非截然独立，而是相互印证，[215]它们都遵循

[209] Id. at 170（添加了重点）.

[210] Id.（添加了重点）.

[211] 5 U.S.C. § 701(a)(2)（添加了重点）.

[212] 369 U.S. 186 (1962).

[213] Id. at 217.

[214] 例如，参见，Vieth v. Jubelirer, 124 S. Ct. 1769, 1776-78 (2004)（多数观点）（符合Baker v. Carr案中第二项要件的政治问题）；Nixon v. United States, 506 U.S. 224, 228-38 (1993)（符合Baker v. Carr案中第一项和第二项要件的政治问题）；亦参见Rachel E. Barkow, More Supreme than Court? The Fall of the Political Question Doctrine and the Rise of Judicial Supremacy, 102 COLUM. L. REV. 237, 267-68 (2002)（在最高法院判决Baker v. Carr案后的40年间，只发生了2起政治问题，并且这2起都只涉及原文所列承诺）.

[215] 参见Nixon, 506 U.S. at 228-29（“缺少司法审查的统一标准可能会导致以下后果，即存在对同等机构的可证明的文本承诺”）.

第701条第a款第2项款中“法律赋予行政机关裁量权”的表述以及在更为早期“无可适用之法律”的表述。[216] 因此可以说，对第701条第a款第2项的测试回复到最初在Overton Park[217] 案中的表达方式。尽管不能称为完美，[218]但是“无可适用之法律”可能是界定第701条第a款第2项适用范围的最好方式。

最后，将第701条第a款第2项理解为政治问题原则，能够避免使这一例外性条文掩盖了作为一般性规定的司法审查，而司法审查对于约束恣意行政行为而言是非常必要的——无论是针对行政不作为还是行政作为。因此从某种意义上来说，这一进路在实现一项宪政价值（行政特权）的同时，对其他的宪政价值（防止恣意）造成了相对最小的伤害。

一些学者可能会对上述理解方出反对意见。他们认为这一做法毫无疑问会限制甚至架空第701条第a款第2项中针对行政不作为进行司法审查所规定的例外情况。但是其实这才是条文的应有之义。APA的起草者只是想把第701条第a款第2项限定在宪法所要求的范围之内，而这一范围无疑是极为狭窄的。因此政治问题原则在宪政理论层面受到质疑就合乎情理，而对其原因则无须再作回顾。[219] 正如学者反对对国会或者其他政府官员采取司法豁免一样，学者也反对对总统行为采取司法审查的豁免。同样，最高法院在审理案件的过程中，也不愿意在这一领域采用政治问题原则。[220]

---

[216] 参见 Citizens to Preserve Overton Park, Inc. v. Volpe, 401 U.S. 402, 410 (1971) 表明了第701条第a款第2项的“无适用法律”。

[217] 参见 Id.

[218] 参见前注39（介绍了批评“无适用法律”的学说流派）。

[219] 参见 Barkow，前注214, at 267 nn. 156 - 57（引用学位论文）；亦参见 Rebecca L. Brown, When Political Questions Affect Individual Rights: The Other Nixon v. United States, 1993 SUP. CT. REV. 125, 142 - 143（认为政治问题原则与保护个人权利相冲突，而后者正是其所声称的要保护的宪法性价值）.

[220] 参见 Barkow，前注214, at 299 - 335（描述了政治问题原则的衰退，包括在完全没有运用政治问题原则的情况下对以下案件所作的分析：Bush v. Gore, 531 U.S. 98 (2000)）; David J. Bederman, Deference or Deception: Treaty Rights as Political Questions, 70 U. COLO. L. REV. 1439, 1441 (1999)（认为最高法院并不喜欢运用政治问题原则，即便确实涉及传统的政治事务如外交等）.

即使政治问题原则在最近发生的 Vieth v. Jubelirer 案[221]中的选区划分诉求中得以适用，也事实上很少有诉求能够被认为真正属于政治问题。对第 701 条第 a 款第 2 项的理解应该回归到原点，即它是作为“一个非常狭隘的例外”而存在。[222]只有在极个别情况下，才应当依据第 701 条第 a 款第 2 项驳回针对行政不作为的诉讼请求，驳回的理由只能基于该行政不作为是 Marbury 分类方法的典型例证(Paradigmatic Marbury Variety)，即该行政不作为应当被视为属于纯粹的行政裁量权领域从而不该接受立法者的控制。

2. 被视为禁止授权原则的诉讼资格原则

如果说应减小宪法对无审查能力原则的影响的观点可能会令人吃惊，那么应将诉讼资格原则进行同样处理的观点则相对容易使人接受。这一观点产生于是否应当放弃当前诉讼资格原则中的谨慎性元素——即利益区间的设定。[223] 需要指出的是，这里关于减少宪法影响的观点与上述争论无关，利益区间的设定通常不会对企图起诉行政不作为的原告造成阻碍，特别是不会对那些依据公民诉讼条款而获得诉讼资格的原告造成阻碍。[224] 更准确地说，这里的讨论集中在如何合理实现宪法影响最小化。本部分认为诉讼资格原则，特别是当涉及法定公民诉讼条款时，应该

---

[221] 124 S. Ct. 1769, 1776 - 78 (2004) (认为对宾州国会的选区重划方案提起诉讼是一个基于政治格里曼达而产生的政治问题).

[222] Overton Park, 401 U.S. at 410.

[223] 参见 Ass'n of Data Processing Serv. Orgs., Inc. v. Camp, 397 U.S. 150, 154 (1970) (认为根据诉讼资格原则，要求原告除实际损害外还需证明“原告寻求保护的利益属于受保护和规定的利益范围内，并且该利益范围是受到法律或者宪法的保护”)。学者们已经对废弃利益范围进行过探讨。参见 Robert A. Anthony, Zone-Free Standing for Private Attorneys General, 7 GEO. MASON L. REV. 237, 248 (1999) (“当国会已经授予原告诉讼资格以对行政作为进行司法审查时，审慎的利益范围标准测试不应被适用于原告”); Marla E. Mansfield, Standing and Ripeness Revisited: The Supreme Court's “Hypothetical” Barriers, 68 N.D. L. REV. 1, 3 - 4 (1992) (反对利益范围标准测试).

[224] 该论点在于公民诉讼条款只是意图把所有潜在的属于受法律保护的利益范围内的原告都纳入其中。参见 Anthony, 前注 223, at 239 (注意到私人检查总长(private-attorney-general)法条“否定了”审慎的利益范围的检查); Scalia, 前注 141, at 886 (“立法机关明确表示当行为存在私有权利时，所谓的‘审慎的[利益范围]’要求就应被取代”).

被理解为反映了对禁止授权的限制而不是对案件或者争诉的限制。

典型的，第 702 条(将“请求司法审查的权利”赋予“受到行政行为负面影响或者侵害的个人”)[225]反映出对诉讼资格的宪法限制，这个限制源于宪法第 3 条中的“案件或争讼”要求。[226] 尽管“案件或争讼”要求缺乏准确的定义，但是在一般意义上，它是为了阻止法院参与某些会破坏立法、司法和行政三部门间平衡的活动。[227] 例如，“案件或争讼”要求认为即使基于政府官员的请求，法院也不应该就如何适用法律或者宪法提出意见。[228] 一方面政治官员不应推卸，另一方面法院也不应承担对于政策的首次判断权。同样，这一要求也禁止法院去解决法律或者宪法在适用过程所中产生的一般性不满。[229] 除非是要求法院通过判决以维护公民的合法权利，否则公民个人一般不具备要求法院对政策作出判断，当然，上述公民合法权利的范围实际上是很宽泛的。无论是政府官员还是公民个人都不应该怂恿法院成为其政策偏好的拥护者，因为法院缺乏正式的名义、民众的认同以及制度的约束去自由从事政策选择。

如前所述，可以认为宪法第 3 条的“案件或争讼”要求将“一般性不满”排除在司法审查范围之外，但是如果有学者不赞同这种理解方式，笔者建议他们应从一个新的视角看待这一问题。一般性不满可以被认为与宪法第 1 条中的授权问题相关，特别是当案件基于法定公民诉讼条款而得到法院受理的时候。公民诉讼条款虽然会导致立法权向法院转移，但是这并不

---

[225] 5 U.S.C. § 702 (2000).

[226] U.S. CONST. art. III, § 2.

[227] 参见 Allen v. Wright, 468 U.S. 737, 752 (1984) (“宪法第 3 条是基于一个单一的基本概念——权力分立概念”); Valley Forge Christian Coll. v. Ams. United for Separation of Church & State, 454 U.S. 464 (1982): 宪法第 3 条所规定的合众国司法权力并不是一个无条件用以判定立法或者行政法案是否合宪的权力……否则，这种权力“就不是宪法授权给合众国法院的司法权力意义上的……那种权力。”Id. at 471 (引自 United States v. Ferreira, 54 U.S. (13 How.) 40, 48 (1852)).

[228] 参见 United States v. Sharpe, 470 U.S. 675, 726 & n.17 (1985) (Stevens, J., 持反对意见) (最高法院拒绝就法律适用提供任何建议，并引用了首席大法官 Jay 当年拒绝提供类似观点给乔治·华盛顿总统的事例).

[229] 参见 Lujan v. Defenders of Wildlife, 504 U.S. 555, 573-74 (1992).

一定会产生授权问题；事实上，最高法院之前也曾批准过立法权向法院转移。[230] 准确地说，只有立法权向私人团体的转移才产生了违法授权问题。当私人团体将他们的一般性不满推向法院的时候，他们的小算盘是，通过政治性争议从而更好地提升他们的知名度。[231] 自行政国家初期开始，最高法院就禁止国会将制定政策的权力授予私人团体，即便是得到民选的联邦政府官员（比如总统）的支持和建议。[232]

最高法院禁止国会找借口将制定政策的权力授予私人团体，否则会导

---

[230] 参见 Mistretta v. United States, 488 U. S. 361, 388 (1989)（认为“国会有权授予司法部门审判以外的职能，但是前提是该职能不侵犯另一部门权力，同时该职权又要与司法部门的核心职权相匹配”）.

[231] Nike, Inc. v. Kasky, 123 S. Ct. 2554, 2567 (2003) (Breyer, J，对调卷令（writ of certiorari）被驳回表示反对)；亦参见 Id. at 2560（“作为‘私人总检察长’，Kasky 成功促使一项州法律被执行，该法律威胁要阻止 Nike 的言论”）。在 Nike 案中，最高法院无远见地将已经批准的调卷令驳回，并以此判定：(1) 当一个公司参与公众的辩论时，“是否需要将其言论归为‘商业言论（commercial speech）’，并根据这一理论，要求其为自己的错误承担责任，因为作为一个好的企业，它们的言论会影响到消费者们对于商业的观点并因此影响到他们的购买决定”；同时，(2) 即使假设加利福尼亚州最高法院恰当地将声明归为了商业言论，那么“通过第十四修正案而应用于各个州的第一修正案是否批准使言论者接受法律制度的监督，该制度是由下面决定中的法院所颁布”。Id. at 2555 (Stevens, J. 法官意见). 最高法院驳回了起诉，因为原告不具有资格。Id. at 2555, 2557 - 58. Breyer 法官不同意。他认为州法院的原告 Kasky，在宪法第 3 条确立的诉讼资格上“可能事实上有麻烦”，因为他并没有因为 Nike 的声明而受到个体伤害。Id. at 2560 (Breyer, J.，对调卷令被驳回表示反对)。然而，他解释说作为联邦法院原告的 Nike 公司具有宪法第 3 条所说的诉讼资格，因为它由于州法院的否定性判决而受到了伤害。Id. at 2561 - 62.

[232] 参见 A. L. A. Schechter Poultry Corp. v. United States, 295 U. S. 495, 541 - 42 (1935)（《国家工业复兴法案》(National Industry Recovery Act) 授权总统来批准工业和贸易联盟提出的法规的条款是无效的）；Panama Refining Co. v. Ryan, 293 U. S. 388, 415 (1935)（《国家工业复兴法案》授予总统“无限权力”来决定政策的条款是无效的）。尽管 Sunsterin 教授不认为宪法限制了公民诉讼条款，他写道：

公民诉讼是下述复合系统的一部分：国会将相对困难甚至不可能的任务分配给它，并拨给不充足的资源，设置一个严格的有时甚至是不现实的最后期限，同时征召法院和公民来执行。该系统根可以很好地解释选举代表们的私有利益。对法规的宣传可以与真实世界的漏洞共存，而漏洞使工业逃脱政府的控制。但是民众总是失败方。Sunstein，前注 1, at 221 -22；亦参见 Krent & Shenkman，前注 109, at 1806（“正如国会不能授予私人个体以权力从而去监管工作场所安全或者全国范围内的环境性危害，因此国会不能授权无利益的公民个人去起诉破坏违反安全性或者环境规定的行为，这点与宪法第 2 条所建立的一元化行政所相符合。”）.

致“私有利益超越个人权利和公共目的，从而对民主构成侵犯”[233]。据此，我们有理由质疑国会究竟是通过法院还是通过总统来筛选出私有利益的代表。正如 Breyer 法官在另一篇文章中所陈述的，这种私人总检察长(Private Attorneys General)“可能会建立一个大型反对组织，该组织能够自由提起诉讼以为其自身理念辩护。而且这样的方式也无需面对法律和政治上的阻碍。相比之下，上述阻碍更倾向于让政策执行机关将更多的精力放到认定所谓的‘相关的’伤害上”[234]。公民诉讼条款因此能使私人团体通过牺牲公共利益而换取狭隘的私益。对于那些在政治中已经失之东隅的私人团体而言，诉讼能使它们在司法上收之桑榆，而此时它们所面对的法院已不像行政机关那样受政治监督所制约。在这个逻辑下，我们有理由担心法院会沦为通向私有利益的管道。因此，司法独立不仅没有阻止派系斗争，反而有可能助纣为虐。

从以上分析中可以看出某些原则的必要性，通过这些原则司法审查能在排除纯粹的一般性不满的同时，及时对合法的针对恣意行政行为诉讼请求作出判决——例如，主张行政机关没有为其不作为提供充分解释的诉讼请求。这一立场与其他批评者的意见形成了鲜明的对比，那些批评者认为

---

[233] Bressman，前注 155，at 1428；Jody Freeman，Public Values in an Era of Privatization：Extending Public Law Norms Through Privatization，116 HARV. L. REV. 1285，1304 – 06 (2003)(注意，授权给私有行为个体会导致问题，因为该类个体不适用于课予政府的宪法义务，这会使他们逃避设定给公共行为者的法律要求。法律要求(例如公告评议式制定程序以及司法审查等要求)的目的是提高责任性。此外，私有行为者既不受到 APA 的程序性监管，也不被要求遵守《情报自由法案》(Freedom of Information Act)以及相似的法律条款)；Jody Freeman，The Private Role in Public Governance，75 N. Y. U. L. REV. 543，585 – 87 (2000)(私有授权存在问题是因为：担心私人间出现“不公平竞争以及假公济私”的现象；以及“包括 APA 和《情报自由法案》在内的大量法律的制定都是为了保证决策制定的透明性、合理性以及负责性，而这些都只适用于机关，而非私有个体”).

[234] 参见 Nike，123 S. Ct. at 2567 (Breyer，J.，对调卷令(writ of certiorari)被驳回表示反对)；亦参见 Krent & Shenkman，前注 109，at 1808 (注意到，“私人团体可能因自身利益原因而提起诉讼”，并且“雇佣私人总检察长来对抗执行力度不够而引起的风险，但是这一方式反之会导致执行过度的风险以及产生恣意的规则”).

不应阻止任何具有法定诉权的原告提起诉讼。[235] 对此，笔者认同最高法院的一种看法，即某些原告很可能会游走在宪法的边缘。[236] 这些原告是针对行政机关处理事务的一般方式提起诉讼的，因此很难从这些人中分辨出真正具有资格的原告。即使得到国会的明确许可，原告也不应请求法院对这样的诉讼进行审理。[237]

最近的一起案件就具有一定的代表意义。在 Norton v. Southern Utah Wilderness Alliance 案中，环保组织就某一行政不作为提起诉讼。[238] 案件事实是，西南尤它野生动物保护组织 Southwestern Utah Wilderness Alliance（以下简称：SUWA）对土地管理局（以下简称：BLM）的不作为提起诉讼，认为土地管理局没有颁发禁令，即没有禁止越野车在应当保留给用作野生动物研究的土地上行驶。[239]《联邦土地政策和管理法案》（The Federal Land Policy and Management Act 以下简称：FLPMA）授权内务部长（Secretary of Interior），考察"5000 英亩以上无公路土地"以及"野生程度"是否符合野生动物研究区域（Wilderness Study Areas 以下简称：WSAs）的要求。[240] 法案要求内务部长通过审查 WSAs，推荐适合保留给用于研究野生动物的土地。[241] 然而依据法律，只有国会才有权作出批准 WSAs 的决定。在国会作出决定前的这个过渡阶段，FLPMA 要求土地管理局应该"以一种不损害野生动物保留区域的合适的方式"，"继续管理"所有的野生动物研究区域。[242]

---

[235] 参见，例如，Pierce, Lujan v. Defenders of Wildlife，前注 2，at 1198 - 200（认为国会应该具有充分的权力提起诉讼的原告类型进行控制）；Sunstein，前注 134，at 60（同上）；Sunstein，前注 1，at 211（同上）.

[236] 参见，例如，Lujan v. Defenders of Wildlife, 504 U.S. 555, 573 - 74 (1992)（认为原告缺乏实际损害而仅仅具有一般性不满）.

[237] 参见 Nichol，前注 1，at 1945（"确定司法可认知性和立法或行政优先权之间的分界并不容易，虽然它已经被确定了"）。

[238] 124 S. Ct. 2373, 2377 - 78 (2004).

[239] Id.

[240] Id. at 2376 - 77（引自 43 U.S.C. § 1782(a) (2000)）.

[241] Id. at 2377.

[242] Id.（引自 43 U.S.C. § 1782(c) (2000)）.

SUWA 认为，当某些公共土地可能被用于研究野生动物保护的时候，BLM 就应该禁止越野车在这上面行驶。[243] SUWA 和其他环保组织都认为越野车在公共土地上的使用会破坏环境质量。[244] 并且，他们认为这样的使用方式可能会使原有土地被泥土路分割，而最终使得土地状态不符合国会所规定的条件。[245] SUWA 依据 APA 中很少被使用的第 706 条第 1 款提起诉讼，该条款要求法院“禁止违法的行政不作为或无正当理由迟延的行政行为。”[246]第十巡回法庭（The Tenth Circuit）同意上述观点，并责令 BLM 禁止越野车的使用。[247]

但是最高法院却驳回了这一判决。[248] 基于一个简洁且无异议的观点，最高法院认为第 706 条没有授权法院有权责令行政机关作出某一行政行为，除非这一行为是明确的且符合法律的要求。[249] 明确行为限制使原告无法就“一般意义上的行政侵权”提起诉讼，而必须就对他们造成损害的那些具体的行政行为提起诉讼。[250] 法律行为限制使“将法律没有规定的行政裁量行为排除出司法审查范围（这其中当然也包括具有法律效力的行政规范）”[251]。

---

〔243〕 Id. at 2378.

〔244〕 Id. at 2377（“越野车在土地上的使用对环境造成的负面影响包括：土壤遭到压实和崩裂、侵扰动物以及未知范围的动物爱好者们。”）（引文省略）。

〔245〕 Id. at 2376（“FLPMA 的前身《野生动物法案》（the Wilderness Act of 1964，78 Stat. 890）认为在野生动物区域内，除非存在例外，否则‘应该禁止商业企业和固定的路线’，禁止机动车和人造建筑”）（引自 16 U.S.C. § 1133(c) (2000)）。

〔246〕 5 U.S.C. § 706(1) (2000)).

〔247〕 S. Utah Wilderness Alliance v. Norton，301 F.3d 1217，1228 (10th Cir. 2002). 第十巡回法庭没有责令 BLM 禁止越野车的使用，而仅仅建议它考虑这项行动是否符合 BLM 的自身职责，即“对[全部的 WSAs 的条款]进行管理，以保证保留给野生动物的区域的适当性” Id.（引自 43 U.S.C. § 782(c) (2000)). 法庭认为行政机关必须对是否禁止越野车的使用保留最终的决定权。Id.

〔248〕 Norton v. S. Utah Wilderness Alliance，124 S. Ct. 2373，2385 (2004).

〔249〕 Id. at 2379（“因此，第 706 条第 1 款产生的诉讼只有当原告声称行政机关按照规定应当履行行政行为但实际上却无作为时，该起诉才能被接受。”).

〔250〕 Id

〔251〕 Id. at 2380.

法院发现上述两项要求都适用于 SUWA 案的起诉。它首先指出，FLPMA“在对第 706 条第 1 款下的司法行为明确表明了支持之后，也没有要求完全排除越野车的使用”[252]。更准确地说，法律提供给 BLM“大量的裁量权以决定如何实现[这一目的]”[253]。尽管 FLPMA 确实也规定了一些行政行为——具体而言，让 BLM 服从“无损害要求”——然而最高法院认为让 BLM 服从这一泛泛的要求将会与明确行为限制相抵触。[254]

然后，最高法院认为 BLM 所作出的土地利用方案没有为援引第 706 条第 1 款提供足够的基础。[255] BLM 的 WSAs 土地利用方案表明，行政机关应在指定区域内对越野车的使用进行监管。[256] SUWA 据此认为该方案课予行政机关启动越野车监管程序的义务，遗憾的是行政机关却没有这么做。[257] 然而最高法院却认为，由于土地利用方案没有包含必须“受第 706 条第 1 款约束的责任”，[258]其仅仅给出了“一个优先考虑的申明，它指导并约束行为，但是对行为没有强制力（至少在通常的案件中）”，因此其必须满足法律行为限制。[259]

尽管从表面上看最高法院很轻而易举就对第 706 条第 1 款进行了解释，但我们却不能如此草率地排除潜在的审查能力问题。在决定是否应当判令行政机关履行职责方面如果出现失误，那么相应行政不作为是否应当接受司法审查的结论就可能分道扬镳。一方面，由于这种失误可能会造成对公共利益的损害并体现出私人干扰，因此这种司法审查的失败与那些行

---

[252] Id.

[253] Id.

[254] Id. at 2380 - 81.

[255] Id. at 2381 - 84.

[256] Id. at 2383.

[257] Id. at 2382.

[258] Id.

[259] Id. at 2383. 法院同样拒绝了 SUWA 提出的认为土地管理局（BLM）违反 1969 年《国家环境政策法案》（National Environmental Policy Act，简称 NEPA）的起诉，42 U. S. C. § 4332(2)(C) (2000)). Id. at 2384 - 85（发现越野车使用量的增加并不能触发启动 NEPA 下的环境影响评价（environmental impact statement），因为只有当联邦行为当前被采用，同时一旦土地使用计划被批准就停止联邦行为的情况下，该项评价才会启用）.

政不作为相比可能更具有危害性。以 SUWA 案为例,BLM 拒绝作出禁止的决定从某种意义上来说明显削弱了法定目的的实现——即保留潜在的野生动物土地——并使得某些群体受益——即越野车用户。在现有情况下 BLM 会表明其不作为是基于合理的行政决定。但是一旦最高法院不再对 WSA 是否存在缺陷进行审查,那么行政机关也就不再会愿意说明理由。因此,撤销对 WSA 缺陷进行审查的决定,忽略了对公众所造成的潜在损害并容忍了私人施加外在干扰的可能性。这与上文描述的恣意进路产生了矛盾,而恣意进路正是意图揭示这些缺陷。

另一方面,如果反过来允许司法审查任意介入到行政决策过程中,则会危及行政自治。为了充分认识到这点,考虑一下 SUWA 在诉讼请求中提出的补救方案:即由 BLM“继续管理”WSAs。[260] 如果作出判决责令 BLM 禁止越野车的使用,那么该判决当下固然可以满足原告,但它不能阻止他们或者其他组织今后再就 WSA 的其他管理缺陷提起诉讼。法院甚至可能不得不下达相关指令以确保行政机关在其他方面不会出错。但是原告依然不被允许“通过法院判决从而对行政机关的政策作出大规模整体改进。毕竟法院不同于政府部门或者国会,后两者才是正常情况下有权推动政策改进的机关”[261]。法院或者原告都不能干涉法律在现实中的执行情况,因为即使不考虑制度上的规定,行政机关和总统在承担这项任务上也更具有民主性优势。法院在 SUWA 案中尽管没有明确描述这些宪法联系,但是还是运用上述原理对第 706 条第 1 款作出了解释。[262]

对此问题,还可以存在另外一种思维方式。基于现实理由,法院不能要求行政机关依据宽泛的法律标准对每一个可能的政策选择作出考量。

[260] Id. at 2377.

[261] Lujan v. Nat'l Wildlife Fed'n, 497 U.S. 871, 891 (1990).

[262] 参见 SUWA, 124 S. Ct. at 2379 - 80 (引自 Lujan, 497 U.S. at 871, 支持明确行为限制(discrete-action limitation))。如果法院有权对一般命令是否遵守宽泛法律规定作出判断,那么它也就必然有权判断该遵守行为是否最终实现——也就意味着将法律规定具体化以处理日常事务的任务变成了法院的工作,而不是行政机关……法院监管权如此扩大已经超越了行政机关的方式和节奏,而这一结果并不是 APA 所希望的。Id. at 2381.

在行政决策方面，最高法院只要求行政机关以已有的规则为依据，考虑可供选择的行为。[263] 最高法院表达了对负担过重、压力过大的行政决策过程的关注，[264]因为行政机关不得不花费大量资源和精力去猜想何种行政行为法院会支持，或者相反，干脆什么也不做。对类似SUWA案的这类行政不作为案例而言，结果就更加荒谬。由于没有先例能作为行政机关采取行动或法院启动司法审查的参考，行政机关不得不去猜测究竟哪类行为才可能为原告和法院所接受。这类案件中的行政不作为明显区别于行政作为，因为行政机关无法就是否应当作出行政行为提供符合逻辑的理由。

因此我们应当驳回与SUWA案相类似的诉讼请求，并通过对第706条第1款和其他APA条款进行解释从而拒绝对类似情况进行司法审查。[265] 因为除非存在违宪，否则即使行政行为存在严重缺陷，声称行政机关没有严格执行法律的诉讼请求也是站不住脚的。因此，更好的办法只能是把这些问题留给政治官员去处理。

然而，针对行政机关具体的拒绝行为的诉求并不同于在SUWA案中的诉求。这类诉求没有企图强迫行政机关在某些方面顺从宽泛的国会指导。也就是说，这类诉求没有企图强迫行政机关将一般性的法律标准具体化为禁令或要求，而仅试图使行政机关就对既存禁令或要求的违反行为采取措施，无论这些禁令或要求是否已在法律或法规中加以规定。当行政机关拥有裁量权去决定是否对具体的违法行为进行追究时，他们就拥有相应的行为自由（例如：追究或放纵）以及拒绝作为的理由（例如：违法程度、是否方便调查、资源分配等）。

在上述情况下，涉及不作为的争议就不应逃避司法审查。如果具体的

---

[263] 例如，参见，Motor Vehicles Mfrs. Ass'n v. State Farm Mut. Auto. Ins. Co., 463 U.S. 29, 51 (1983)（要求行政机关只须在已有规则的范围内重新考虑）。

[264] 参见 Id.（认为行政机关在制定规则时不需要考虑"'人类能够设想的所有可选择的方法……无论该方法是多么罕见或者不明确'"）（引自 Vt. Yankee Nuclear Power Corp. v. Nat'l Res. Def. Council, 435 U.S. 519, 551 (1978)）。

[265] 参见 SUWA, 124 S. Ct. at 2380（表明在多条APA条款下，行政机关未遵守法律规定的情况更容易被发现）。

不作为是建立在不被允许因素上——如私人压力——那么行政机关就应该做好被起诉的准备。要求行政机关为其行为选择作出辩护，并不意味着“法院就应当对行政机关执行法律的方式进行全面审查”[266]。进一步说，它不应该给行政决策过程设定一个过重或者过高的负担。一旦行政机关设定了标准，并具体界定了事务的轻重缓急，那么它只需要证明其不作为行为是符合这些标准的。并且，行政机关也无须对大量存在的惯例性不作为作出解释，因为与具有高风险的行政作为相比，在惯例性不作为中说明理由的要求并没有那么严格。[267]

当然，法院也不应受理所有有关行政不作为的诉讼。法院既不应受理针对于政策的明智性与否提起一般性质疑的诉讼，同时也不应受理对法律施行有效性与否提起一般性质疑的诉讼。法院只需要受理针对具体行政不作为决定的诉讼请求。[268] 于是，法院可能要面临一个困境，即如何才能准确辨识出究竟哪些是应当受理的诉讼请求，而哪些是不应受理的诉讼请求。幸好法院并没有完全陷入迷茫。他们会具体考虑原告就行政不作为提起诉讼的原因，到底是由于该不作为缺乏公正性，还是由于该不作为缺乏合理的理由。也就是说，法院应该审查原告究竟是不同意行政机关的决定结果，还是认为行政机关的说理过程存在缺陷——如果确实存在说明理

---

[266] Id. at 2381.

[267] Compare Motor Vehicle Mfrs. Ass'n, 463 U. S. at 43(在高风险规则制定中应严格适用说明理由要求)，以及 Dunlop v. Bachowski, 421 U. S. 560, 572 - 75 (1975) (在非法劳工团体选举事件中，对行政机关不起诉决定采用更为宽大的要求)，同时 Camp v. Pitts, 411 U. S. 138, 142 - 43 (1973) (在设立银行事件中，对行政机关的行为应采用更宽松的要求)。

[268] 相似的考虑能够解释行政机关为何拒绝启动规则的制定程序。这些拒绝行为是受司法审查的。例如，参见，Nat'l Customs Brokers & Forwarders Ass'n of Am. v. United States, 883 F. 2d 93, 96 (D. C. Cir. 1989); Am. Horse Prot. Ass'n v. Lyng, 812 F. 2d 1, 3 - 4 (D. C. Cir. 1987). 不同于拒绝执行法律规定，拒绝启动规则的制定程序对司法审查来说是合适的，因为它已经确定了审查焦点和逻辑限制。参见 Farmworker Justice Fund, Inc. v. Brock, 811 F. 2d 613, 636 - 37 (Williams, J, 总体赞同但是部分否定) (注意，拒绝启动规则的制定程序在很少情况下“伴随有法律分析(以及由此产生的潜在错误)”，以及“特别伴有 APA 公共正当化”), vacated as moot, 817 F. 2d 890 (D. C. Cir. 1987). 因此，对拒绝启动规则制定行为的审查不会使法院卷入制定规章计划的危险中。

由上的缺陷，那么按照司法审查的标准，行政机关的行为将被认定为武断的和不具有可预测性，行政机关将必须重新作出行政行为。[269] 当然，事实上并没有绝对准确的标准得以辨别公正行为和充分说理行为之间的区别。在行政作为领域，法律一般将判断权留给了司法机关。[270] 受案法院在对行政作为作出审查时，应当审查该行政行为是否缺乏充分的理由，审查行政机关的决定是否欠缺考虑相关因素或者考虑了不相关的因素（如：私人压力），但是受案法院不能用自身的决定代替行政机关的决定。[271] 同样的理念也应当在法院是否决定受理行政不作为诉讼的过程中发挥指导作用，[272] 法院应当审查这些行政不作为是否缺乏充分的理由，审查行政机关的决定是否没有考虑相关的因素或者考虑了不相关的因素，但是对于质疑行政行为优先顺序是否恰当的诉讼，法院则应该不予受理。虽然这一判断方法还远不能称之为一套完整的规定或者约束，但是它至少可以为司法的把关(Gate-keeping)功能提供一个有用的标准。

前述分析对公民诉讼条款而言究竟预示着什么？实际上，原告可以根据公民诉讼条款针对具体不作为的合理性提出诉讼请求，但是却不能就一般优先顺序是否公正提出诉讼。这里就产生了一个问题，即国会是否必须对现有的公民诉讼条款作出修改，以澄清该条款适用上的一些限制？[273] 答案是否定的。一般来说，最高法院很少要求国会对宽泛的授权性法律作出修改。国会通过批准符合"清晰性原则"的授权性法律以指导行政裁量，无

---

[269] 参见 Motor Vehicle Mfrs. Ass'n, 463 U.S. at 48 (法院在运用恣意和非常规的审查标准时所考虑的因素)。

[270] 参见 Id. at 52-53 (当行政机关的决定缺少充分理由时允许法院进行司法审查，但同时也告诫法院不可用他们的决定来代替行者行政机关的决定)；Citizens to Preserve Overton Park, Inc. v. Volpe, 401 U.S. 402, 416 (1971) (警告作出审查的法院不要"用他们的决定代替行政机关的决定").

[271] Motor Vehicle Mfrs. Ass'n, 463 U.S. at 52-53.

[272] 这一概念在后面再次出现，防止法院以行政决策欠缺合理性为由过分积极地审查行政不作为。

[273] 参见 Krent & Shenkman, 前注 109, at 1807 (认为国会应该"明确其创造的利益").

论该法律是多模糊或者无意义。[274] 最高法院也不会要求国会提供更具体的公民诉讼条款，尽管 Kennedy 法官在 Lujan 案中预见了这样一种可能性："国会有权对损害作出定义并且对因果关系作出说明，这一结果可能会引发以前没有的案件或争诉，并且最高法院似乎也并没有对此有异议。"[275] 他继续说："在运用这项权力时……国会最起码必须确定其企图制止的损害，同时把诉权赋予那些与该损害相关的人。"[276]上述方法虽然向国会敞开了大门，但是却缺乏实际的可操作性，因为该方法是在促使国会去做他通常不愿做或不能做的事情：明确授权，界定责任。[277]

与其让国会提供更具体详细的公民诉讼条款，不如由最高法院采取另一方案。最高法院已经有效地采用司法建构的方式将公民诉讼条款具体化，就如同它在 Industrial Union Department, AFL-CIO v. American Pertoleum Institute 案（又称 Benzene 案）[278]中所做的那样，该案所适用法律的规定就非常宽泛。在 Benzene 案中，最高法院中的多数意见要求职业安全与卫生管理局（Occupational Safety and Health Administration）在根据《职业安全与卫生管理法案》（Occupational Safety and Health Act）控制

---

[274] 参见 Mistretta v. United States, 488 U.S. 361, 372 (1989)（"国会不能在缺乏明确授权的情况下而仅基于一般性指导下行事"）.

[275] Lujan v. Defenders of Wildlife, 504 U.S. 555, 580 (1992) (Kennedy, J，部分同意并支持判决）。

[276] Id.

[277] 参见 MASHAW，前注 99，at 150－51（发现最高法院在 Chevron 案的判决指出了"在从法律层面处理具体事件时所存在的不确定性"）；John F. Manning, Textualism as a Nondelegation Doctrine, 97 COLUM. L. REV. 673, 725－26 (1997)（"然而可预见的，没有立法者能够预见今后他/她所要面对的所有曲折坎坷。法律的实效取决众多未知因素，没有人能够通过对社会问题的规律作出探讨之后而总结出清晰全面的普适性章程。"）；Michael B. Rappaport, The Selective Nondelegation Doctrine and the Line Item Veto: A New Approach to the Nondelegation Doctrine and Its Implications for Clinton v. City of New York, 76 TUL. L. REV. 265, 309 (2001)（注意到，国会在通过某条具体条款方面遇到了困难，因为"很多时候，让不同的国会议员都同意某项条款是很困难的，更困难的是要让两个议院之间也达成类似的协议。"）；参较 Krent & Shenkman，前注 109，at 1807（认为"要求国会明确其建立的利益会促成立法机关更加注意责任性和代表性问题，同时鼓励国会对在民法执行中，授权于不能负责任的公民来代表宽泛利益所带来的危害重新思考"）。

[278] 448 U.S. 607 (1980)（多数观点）.

致癌物前，必须先证明存在重要的健康风险。[279] 同样在原告适格问题上，在原告根据公民诉讼条款获得行政诉讼原告资格之前，最高法院也要求原告证明其所受到的伤害是“具体且明显的”而非“抽象、模糊的”。[280] 即，最高法院要求原告证明存在实际损害。

尽管这种司法建构的思路是明智的，但是最高法院却选择了一种错误的具体化路径。实际损害要求从一开始就饱受批评，它更多的只是提出一些概念而非能够直接依此作出决断，因此它从来都不是一个能用以确定原告资格的可靠方法。进一步说，一旦一般性不满问题被重新作为一个未授权问题而非“案件或争讼”或者诉讼资格问题时，这个要求就无法对原告是否具有诉讼资格进行判断。基于这一理由，我们有必要寻找一种替代方法。[281]

笔者提出了一种可能性，即将焦点集中在考察原告诉求的实质，而不是原告所受伤害的实质，然后通过这一方式来缩小公民诉讼条款的适用范围。本质上，它意味着通过建构不审理原则(Nonjusticiability Principle)以替代诉讼资格原则。诉讼资格原则的关键是界定合适的当事人。与此不同的是，不审理原则主张没有当事人可以在司法体系中表达一般性不满。正如上文所论述的，法院在运用不审理原则时应当考虑，针对行政不作为的诉讼到底是因为其行为缺乏公正性还是缺乏说理性，只有在后者的情况下法院才能对案件进行审理。

---

〔279〕 Id. at 614－15.

〔280〕 参见 Lujan，504 U.S. at 576－77（在原告仅具有“无差别的公共利益”且不是“具体明确的伤害”时，拒绝承认其诉讼资格）；Allen v. Wright，468 U.S. 737，755－56 (1984)（认为“抽象的侮辱性损害”不能满足实际损害要求）；亦参见 Fed. Election Comm'n v. Akins，524 U.S. 11，24 (1998)（认为损害必须是“具体的”而非“抽象的”）；id. at 34－35 (Scalia，J.，持异议)（认为损害必须是“明确具体的”并且是“区别于他人的”而非“无差别的以及公众普遍存在的”(引自 United States v. Richardson，418 U.S. 166，176－77 (1974))。

〔281〕 一些学者建议法院通过直接调查法院是否必须和恰当，来限制公民诉讼条款。参见 Bandes，前注 1，at 278（指出，在早期的“宪法”一般性不满案件中，最高法院“可能已经开始质疑政治部门是否能够真正对损害进行赔偿，如果不能，那么违宪行为是否仍应从政府监管中隔离开”）；Nichol，前注 1，at 1944（建议法院调查起诉是否涉及“明确保留给公民的利益”或者“被起诉行为是否实际上歪曲了民主进程”）。

此时，有人可能会对允许法院接受任何行政不作为诉讼是否合理的问题提出质疑。也许公正行为和说理行为间的界限过于精细以至于不能证明这一分类是否还起作用，或者太不确定以至于不能证明该分类是否还有必要存在。为什么要求法院去承担这个难题呢？特别是当我们为实现行政特权和行政效率之间的平衡而左右摇摆的时候。尽管它言之有理，但是人为地在行政不作为和行政作为间画出一条界线总是会让人感觉不舒服。一旦我们认同行政不作为与行政行为一样，具有类似的弱点且会产生相似的损害，那么我们就不该对二者采取不同的司法审查规则。相反，应该被认真考虑的是那些细致的改进方法，即使它们现在还并不完善。在笔者看来，仅仅把某些行政不作为诉讼排除在外的不审理原则，就是一种较好的改进方法。

进一步说，如果法院依据不审理原则而无理由地干涉行政机关的行为，那么这种原则还是会令人不安。当法院对行政不作为进行司法审查时，他们应该遵从 Marshall 法官在对 Chaney 案的判决中所提出的处理方式。[282] 即只要行政机关基本上能够同等对待行政作为和行政不作为，在作出决定时都提供充分的解释和遵循一般性标准，法院就应当置身事外。因此，遵循通常的司法审查原则既可以防止法院超越其权力界限，也可以防止行政机关和政客越界。

结　　语

现行行政不作为司法审查的法律依据对学者而言实属尴尬，即使有学者支持现行立法所基于的前提，但是他们不免对立法本身暗中叹息。[283] 立法之所以允许行政不作为免于接受司法审查，其理由在于行政不作为所涉

---

[282] Heckler v. Chaney, 470 U.S. 821, 842 (1985) (Marshall, J., 同意判决).

[283] 例如，参见，Pierce, Lujan v. Defenders of Wildlife, 前注 1, at 1170 - 71, 1194 - 95; Pierce, The Role of the Judiciary, 前注 1, at 1280 - 85; Sunstein, 前注 1, at 186 - 88, 95 - 97, 213 - 14.

及的事务——即有关资源分配和事务优先顺序的设定——最好是由能够承担政治责任的政府官员来处理。但是这一理由反映出了宪法理念和行政国家理念中的某些缺陷，即使对现行行政不作为立法感到不满的学者，也并未完全理解产生这种窘境的根源为何或这种窘境对他们而言到底意味着什么。

批评者反对最高法院对于行政不作为现行处理方式，因为这在行政决策过程中导致了利益不对称。在对受监管者和监管行为受益者这两种利益进行平衡的过程中，行政机关的考虑更倾向于前者。批评者认为无审查能力原则和诉讼资格原则应当对此结果负责，他们认为正是这两项原则剥夺了监管行为受益者的一项重要的权力，同时却又将该权力赋予给受监管者，而这项权力对于规范行政行为有着不可替代的作用。

尽管上述问题属于行政决策过程中的利益不对称问题，但是无论其成因或是结果都不是评批者所认为的那样。行政机关在作出行政行为的过程中，确实存在反映受监管者的利益远远超出反映监管行为受益者利益的情况。但是为了说明该原因，我们必须重点对影响行政机关决定的外在干扰进行考察。所有行政机关的行政行为都容易受到腐败的影响，这种影响源自代议制和政治的本质。在这方面，行政不作为与行政作为没有区别。国会经常颁布宽泛的授权性法律以向行政机关施压，并以牺牲公共利益为代价而向他们的竞选支持者投桃报李。[284] 同样，总统也会这么做，或者至少不会阻止国会这样做。[285] 这一结果导致受监管者在行政决策过程中占尽优势，他们能够通过金钱控制政客，进而实现对行政机关的掌控。

法院可以纠正这一无序局面。法院能够敦促行政机关采取必要措施以排除外界干扰，通过这一方式，法院可以保护监管行为受益者以及具有代表公共精神的法律。法院可以要求行政机关对他们的行为说明理由并且颁布规范其权力运行的标准。通过这些方式，法院可以促使行政机关弥

[284] 参见 前注 152－154 和相关文字。

[285] 参见 前注 163－165 和相关文字。

补法律的漏洞：保证行政行为的透明性和规范性。

难点在于，当前的无审查能力原则和诉讼资格原则使法院无法实现对行政不作为的监管功能。无审查能力原则使法院不能审理某些行政不作为的案件；而诉讼资格原则又阻止了某些原告提起此类诉讼。因此法院缺少一种能够帮助行政机关规范其行政裁量权的机制，而正是这种机制可以使行政机关摆脱外界干扰，并进而实现法治政府。于是，我们在很大程度上就不得不依赖于行政机关的自律。

我们需要一种行政法治理论，以赋予法院具有责令行政机关进行自我救助的能力。然而当前所盛行的相关行政法治理论——即问责理论却并不是这样，它仅仅是为法院对于行政不作为的态度进行辩护而已。基于问责理论，行政不作为只应该接受政治监督——也就是总统监督。然而，即使是那些基本赞同行政国家总统负责模型的学者也反对这一结论。这些就足以让我们清醒明白这个形似合理的总统负责模型其实质是站不住脚的，本文提到的其他宣称能够增进政治问责的行政决策模型也大致如此。

还有一种能够适用于行政不作为和行政法治的路径可供选择，即恣意进路。这一进路主要着力点在于阻止恣意的行政行为，而非增进对行政行为的政治问责。这一进路融合了宪法理念和行政国家两种核心理念。

恣意进路促使无审查能力原则和诉讼资格原则发生变化。首先，法律不应该再对有关行政不作为的司法审查作出任何特殊限制。相反，法律应该重新整合行政不作为和司法审查。法院应将适用于审查行政作为的原则同样也用于审查行政不作为。最起码，法院应该要求行政机关对具体的不作为决定说明理由。最高法院也应该要求行政机关设定规范这些行为的标准。只有要求行政机关以上述方式对自身的行政裁量权作出约束，法院才可能降低恣意行政行为出现的可能性。

第二，法律应该在已建立的宪法原则下，对行政不作为司法审查的例外作出规定，并就此重新整合行政法和宪法。最高法院一贯将行政法问题视为一个孤立的问题，但是在笔者看来，如果宪法性法律已经就某些问题进行了有益的探索，法院就应当明智地放弃这一做法，而将行政法问题与宪法问题结合起来看待。本文中所说的行政不作为问题就应如此。法院应对无审查能力原则作出与政治问题原则相类似的解释，从而阻止法院受理针对完全行政裁量行为所提起的诉讼请求。相似的，法院对诉讼资格原则的解释也应该类似于对禁止授权原则的解释，从而阻止国会通过公民诉讼条款将政策制定权授予私人团体。以上对于两项原则的重新解读对于理解 APA 相关条款的文义和立法目的会产生影响，而 APA 条款正是相关概念的基础，它赞同法院对于宪法价值的某些认识，即某些属于行政裁量领域的事务不容司法审查染指，即使国会不同意也不行。但是法院应该将这种认识限定在大家普遍遵循的宪法原则的范围内，从而避免在维护某一宪法价值的同时牺牲另一重要的宪法价值：阻止恣意行政。

行政不作为司法审查的恣意进路对行政国家理念而言有着重要的实践意义。首先是有关补偿问题。恣意进路许诺给予监管行为受益者更多程序上的补偿。根据原告的吁请，法院会督促行政机关对不作为给予解释，并要求其为一般意义上行政裁量权的行使提供行为标准，同时法院还可以责令行政机关对具体的违法者提起公诉。当然，当行政机关的决定合理时，法院也不会强迫行政机关向受监管者开刀。因此，这一进路不允许法院或原告将其自身的判断凌驾于行政机关的判断之上，就算是最具有公德精神的法院也被不允许。相对于其他方式而言，希望单靠这种程序上的补偿方式就能够调整行政决策过程中所产生的利益不对称。通过将透明性要求和合法性要求相混合的方式，说明理由要求和设定标准要求能够大量减少不合法和不道德的行政不作为的数量。

第二是成本问题。恣意进路使行政机关降低了行政效率和行政灵活性。行政机关不得不花费一些精力在辩护上，并且还必须在更广的范围内设定清晰的约束其行为的标准。这个结果尽管意义深远，但是也存在某些不足。如果能允许行政机关对惯例性的行政不作为作更少的辩护，那么行政机关就能节约更多的时间和精力。在判断行政行为是否符合宽泛法律要求的"方式和节奏"时，行政机关也能享受到相应的宽松尺度，正如最近的 Norton v. Southern Utah Wilderness Alliance 案中所表现的那样。[286]

但是，行政机关将不得不把精力和成本花在拒绝作出禁令或者要求的行为所进行的辩护上。如果行政机关只是在作出决定的过程中符合透明性和合法性的要求，但是到了最后时刻却依旧恣意作出不作为的决定，那么这种通过走过场而逃避法律责任的方式也是恣意进路所不允许的。从长远来看，行政机关定会发现上述成本的付出是值得的。行政机关本身也不得不承认，法院对行政机关所施加的说明理由和设定标准的要求，能让行政机关远离政治压力。

在任何情况下，恣意进路能都促使人认真思考。相对于宣称能够充分促进行政法治的总统负责模型理论而言，恣意进路无疑是对后者的超越，超越并引领我们以崭新的视野追求那飘忽却诱人的目标——目标之一就是对有关行政不作为司法审查的法律依据进行修改。在从政治理念向崇高的法治价值迈进的历程中，恣意进路在问责理论倒下的地方继续前行。在迈入行政国家数十年后的今天，恣意进路终于提供给我们一个可以使国家和宪法理念最终达致和谐的理论。

（作者单位：美国 Vanderbilt 大学法学院）

（译者单位：浙江工业大学法学院）

【特邀编辑：李永超】

[286] 124 S. Ct. 2373, 2381 (2004).

书 评

宪法审查的一门技艺

——评《消极主义：宪法审查的一种哲学立场》

刘振宇

近十年来，“宪法审查”成为了中国法学界的研究热点之一，成果数量颇丰。可值得注意的是，其中有相当部分属于从理论到理论的“灰色”研究。作为舶来品，从“拿来主义”的角度出发，这种“灰色”研究不失其必要性。但为了让宪法获得生命，让宪法之树常青，单纯的理论推演怕是很难满足制度设计的需要。是故，从理论到实践的“绿色”研究就越发应该获得重视。“宪法审查的原理与技术丛书”便是将“体”（原理）转化为“用”（技术）的尝试。而刘练军博士的《消极主义：宪法审查的一种哲学立场》（以下简称《消极主义》），作为该套丛书之一，为“绿色”研究增添了一门新的宪法审查技艺。

一、正本清源：宪法审查

“宪法审查”是这一套丛书的核心概念，自然也是《消极主义》的核心概念之一。当下中国学界与此概念相关的术语名称可谓“多元化”，“在相关的研究论文和著作中，‘违宪审查’、‘司法审查’、‘宪法诉讼’、‘宪法实施’、‘宪法监督’、‘宪法保障’、‘宪法性审查’、‘合宪性审查’、‘宪法审查’等概念术语很少得到清晰说明或界定。”〔1〕一些概念，从中心词就可以发现它们

〔1〕 刘练军：《消极主义：宪法审查的一种哲学立场》，法律出版社2010年版，第11页。

的巨大差异，如“宪法诉讼”和“宪法监督”；一些概念，稍加留意，即可发现其中的区别，如“司法审查”和“宪法审查”。而学者之间有意无意地混同使用，或许并不利于中国宪法从纸面的法律变成实践中的活法。因此，这套丛书的作者一致选择“宪法审查”这一名词作为概念符号，目的就是要正本清源。

若要在众多的选择中脱颖而出，一个概念需要具备三方面基本的优势。首先，该概念能够有效地回应现实，而不能与现实明显不符。其次，该概念能够弥补其他概念的疏漏。最后，该概念能够具有相对的包容性，可以在实质部分转换被其所替代的概念。而“宪法审查”这一术语，恰恰满足了如此的优势。第一，作为舶来品，“constitutional review”字面的直译就应该是“宪法审查”，即便按照名词形容词化的转换，也应该是“(合乎)宪法的审查”，而不应该是“违宪审查”或“司法审查”；至于“宪法监督”、“宪法诉讼”、“宪法实施”等等更是相去甚远。第二，如果将“宪法审查”比作一枚硬币，那么“合宪性审查”与“违宪审查”从表述上来说就是这一硬币的两面。“宪法审查”，作为一种技艺，乃是以宪法作为一把标尺来衡量普通法律是否超出其应有的界限，本身并不涉及“符合”还是“违背”之倾向。第三，“宪法审查”作为宪法实践的重要手段，具有广泛的适用性。第二次世界大战以后，不仅在具有此种传统的英美法系，而且在大陆法系国家也建立了相应的机制，因此，学界另一常用概念“司法审查”就带有了相对的局限性〔2〕。而且，毕竟未来中国“将建立何种模式的宪法审查制度还是个未知数”〔3〕，包容性相对强的概念可以为以后的实践提供运作的空间。

开章明义，虽然未必能彻底回应来自诸方的质疑，但着实为全书定立了一个清新的基调，也避免了部分不必要的争议。毕竟，“宪法审查”这一

---

〔2〕 对此有学者提出不同的观点。如“‘司法审查’是一个相对广义的概念，在此是指任何司法性质的机构依据宪法审查法律或法规的制度。‘司法性质的机构’不仅包括普通法体系中具有一般管辖权的法院以及大陆法体系的宪政法院，而且也包括某些表面上具有政治性质但是实际上具备司法性质的审查机构。”张千帆：《从宪法到宪政——司法审查制度比较研究》，《比较法研究》2008年第1期，第74页。

〔3〕 刘练军：《消极主义：宪法审查的一种哲学立场》，法律出版社2010年版，第12页。

称谓，“迄今为止只有少量学者或著述予以采用。”[4]

二、奠基之石：消极主义

“违宪审查”的广泛使用[5]暗含着一种隐喻，即中国法学界内部对于“司法积极主义”这门宪法审查技艺的兴趣更为浓厚一些。大多数情况下，“judicial activism”被译为“司法能动主义”（而非“司法积极主义”），而近两年来，“司法能动主义”又与中国特色的“能动司法”结为“近亲”，更是进一步激发了中国学界的兴趣。如此的社会大背景下，“消极主义”这门技艺就显得形单影只，乃至于有些落寞。《消极主义》一书在此时出现，即便不考虑实质的内容，也已然为学界提供了一个全新的视角。这本身就是一种贡献。而论及实质内容，如果说“宪法审查”是“立宪法治国的拱顶之石”，那么从《消极主义》一书可以推出：消极主义乃是宪法审查的奠基之石。“拱顶之石”，可以理解为“最后一块拼图”，重要性自然显现；而“奠基之石”，可以理解为“第一块拼图”，重要性更加毋庸置疑。

所谓“第一块拼图”，意味着其与确立基础密切相关。宪法审查诞生于美国，而美国的制度，除了一般意义上的三权分立，更加重要的是权力制衡。宪法审查的设计，就是权力制衡的体现。立法机关是民意的代表，法律应当是民意的体现。但人民（People）意志与大众（Masses）意志之间的界限却自始就不是那么分明。[6] 如何在人民意志被大众意志替代的时候加

---

〔4〕 林来梵：《中国的“违宪审查”：特色及生成实态——从三个有关用语的变化策略来看》，《浙江社会科学》2010年第5期，第34页。

〔5〕 “以2001年为分期点，前后明显可分为两个不同的阶段，第一个阶段‘宪法监督’一语居于主流地位，在第二阶段则是‘违宪审查’一语取而代之。”林来梵：《中国的“违宪审查”：特色及生成实态——从三个有关用语的变化策略来看》，《浙江社会科学》2010年第5期，第35页。

〔6〕 “人民”与“大众”（或称“群众”）的区分，是阿伦特政治理论中的一对概念。二者虽然都是强调“多数人”，但侧重点不同，“人民”强调“政治”，而“大众”强调“数量”。这一区分，散见于汉娜·阿伦特的主要著作《人的境况》、《极权主义的起源》、《论革命》的相关论述中。亦可参见郭为桂：《“劳动动物”还是“政治动物”：阿伦特对大众社会的政治批判》，《福建论坛·人文社会科学版》2007年第10期，第58－63页。

以制衡，为“多数人的暴政”设置刹车阀，同时又可以尽量保证人民意志在没有变成大众意志的时候顺利地、不受干扰地获得体现，这需要一个微妙的平衡。而在权力制衡中，制衡立法权力的权力来源无非是行政和司法两种，行政权力可以很好地满足第一个预设，但却很难满足第二个预设。毕竟，独立战争之前，缺少立法权力的美洲殖民地人民深受英国行政权力之害，革命后的美国人民对于行政权力自始就带有深切的不信任。于是，三权分立的另外一项权力，司法权力，作为“无钱无剑”的权力，成为了唯一的选择。〔7〕但所有理性之人也都意识到，司法权力也是一种权力，虽然它没有足够的强力，但依然具有扩张的本性，因此，在司法权力制衡立法权力的这一新权力之上，依然需要加以限制。而毋庸置疑的限制就是，美国人民集体宣誓效忠的宪法，以及，在权力制衡之前就已经确立的三权分立原则。没有这新一层的限制，宪法审查就无法建立。

如此一来，宪法审查的确立，必须清楚以下三个立场。第一，不涉及正常政治问题的判断。这是三权分立的必然要求，政治与法律虽然关系密切，但政治思维与法律思维却是全然不同，政治问题主要由立法机关和行政机关解决，司法机关在这里需要止步。也即是说，这一立场，不仅仅是宪法审查的立场，更是整个司法运行的立场。第二，考虑立法权力之间的平衡，而不对立法内容进行判断。这一点就不是一般司法运行的立场，而是宪法审查所特有的立场。宪法审查的目的是遏制立法权力的滥用，因此，宪法审查应该是为立法权力划定边界，其技艺的体现就是在宪法性立法权力与一般性立法权力〔8〕之间进行衡量。宪法性立法权力可以是美国的宪

---

〔7〕 司法权力成为制衡立法权的唯一选择，并不意味着美国的宪法审查制度设计是唯一的选择。美国的具体制度，以司法权力制衡立法权力为基础，还同时体现了英美法系的传统，即判例法系统和法院的“超然”地位。与之相对，第二次世界大战之后，德国也选择了通过司法权制衡立法权这一理论基础，但是创建了宪法法院这一具体的宪法审查制度，不能不说是考虑到：普通德国法院的判决与英美法系的法院判决相比权威性较弱，毕竟，判决的效力要追溯到法律论证的大前提，判决本身不具有普遍适用性。

〔8〕 “宪法性立法权力”，意味着立法权力可以直接追溯到真实的立法权主体“人民”；而“一般性立法权力”，则单纯指创生法律的权力，是否直接追溯到“人民立法权”不在考虑之列。

法(其体现了绝对的人民立法权力),也可以是联邦立法权或各州的立法权;一般性立法权力除宪法性立法权力之外,还包括现在因行政权力扩张而产生的行政立法权、各种委托立法的权限以及其他法律法规的立法权限。第三,避免立法。这也是三权分立的必然要求,可以说是所有司法运行的立场,但在宪法审查上,显得尤其重要,因为它与第二点密切相连。正是因为宪法审查考虑的是立法权力之间的平衡,而不是考虑具体的立法内容,所以才可以恰到好处地规避立法。而一旦陷入立法内容的咨询,就相当于在法庭上重开讨论之门,自然也就意味着宪法审查主体(美国司法部门)借宪法审查之名行立法权力之实。同时,按照三权分立理论,行政权受到立法权的制约——法无明文规定不得创设权力,于是,宪法审查避免立法,也就意味着司法权力不会直接对行政权力进行制约,体现了司法权力在行政权力面前的自制。

而消极主义,就是宪法审查三个原始立场的最好体现。消极主义的这种体现,并不是一种纯理论的推演,因为“在消极主义价值立场的诞生地美国,消极主义尽管是宪法审查研究中不可或缺的概念和术语,但至今并未见有学者对它进行明文的界定”〔9〕,更多的是来自司法实践中的表现,是一种技术上的运作。而对于“技术”的深入探讨,乃是《消极主义》的特色之一。人们倾向于关注“大道”而非关注“小技”。然而,虽说“大道”不定,“小技”是细枝末节,但若无“小技”的步步为营,毕竟天道远、人道弥,想一夕得道怕有痴人说梦之嫌。

消极主义的技艺,拥有多重面孔,最显著的一张,就是程序方法与实体方法的运用。程序的方法除了包括“拒发调卷令、原告适格、成熟原则和诉因消失外,还有迟延(Delay)方法”〔10〕。而实体方法除了以“布兰代斯规则”为代表的“司法节俭方法”之外,“更为人熟知、更广泛采用的方法即‘政治

〔9〕 刘练军:《消极主义:宪法审查的一种哲学立场》,法律出版社2010年版,第13页。

〔10〕 刘练军:《消极主义:宪法审查的一种哲学立场》,法律出版社2010年版,第108页。

问题'(Political Question)回避方法"[11]。按照《消极主义》一书中针对司法消极主义和司法积极主义两种立场动态博弈过程的特定划分[12],消极主义的程序方法,更多地针对审查启动阶段,而消极主义的实体方法,则更多地针对法庭判决阶段。程序方法与实体方法,可以说是消极主义的双重防火墙,其作用就是坚守宪法审查建立时所基于的三权分立原则。消极主义的技艺,同样体现在美国特有的联邦制体系之中,这里隐藏着它的第二张脸谱。鉴于司法联邦主义的特色制度,以及美国各州拥有各州自身的宪法的社会现实,因此,消极主义恪守的立场就是在立法权力之间进行衡量。这种立场的坚守,并不因个案中判决倾向于联邦立法权力还是倾向于州立法权力而发生改变。亦即是说,一些传统意义上认为是积极主义体现的案件判决,在该书看来却是消极主义的体现。因为无论是对于联邦立法的维护还是对于州立法的维护,都是对于宪法性立法权力的尊重。而消极主义避免立法的技艺,则体现于对于宪法和法律的解释上。为了不侵蚀立法权力,尤其是不创设法律(宪法与普通法律)尚未包括的权利——创设权利会间接妨碍行政权力的运作,消极主义一方面对宪法采取原意主义的解释方法,另一方面对普通法律采用合宪性的解释方法,同时兼顾了既有的宪法与新生的立法两方面的价值。而在此意义上,鉴于消极主义对立法机关所立规范的尊重与对自身创造新法的自制,将其法理学基础归为法律实证主义当无太大问题。因为法律实证主义,主要也就意味着"立法规范优先于社会之善"。

宪法审查是制衡立法权力和行政权力的需要,而消极主义是满足司法部门自我制衡的需要。一方面,正是有了消极主义的预设,宪法审查才可以在没有宪法授权的情况下获得美国人民的认可。另一方面,正是因为有了消极主义的实践,才避免了宪法审查落入司法权力恶意膨胀的深渊。因此,消极主义实乃宪法审查的"奠基之石"。

---

[11] 刘练军:《消极主义:宪法审查的一种哲学立场》,法律出版社 2010 年版,第 111 页。

[12] 参见刘练军:《消极主义:宪法审查的一种哲学立场》,法律出版社 2010 年版,第 19-22 页。

三、史海钩沉：司法判例

不可否认的是，很难给予“消极主义”或“积极主义”完满的定义。同时，单纯在理论上进行推演，得出消极主义之于宪法审查的重要意义，依然属于从理论到理论的“灰色”研究。更何况“消极主义(Passivism)这个术语在美国有关宪法审查的司法判决意见中很少甚至是从来没有出现过——至少迄今为止是如此”。[13] 理论推演显得更加苍白。为了脱离这一困境，《消极主义》一书引入了全新视角：除了已经提及的对于技术层面的强调之外，更为重要的是，该著作还对美国诸多宪法判例进行了细致的梳理。这一梳理，不仅令“从理论到理论的‘灰色’理论研究……仅占非常有限的篇幅”[14]，而且因为“选取并分析的美国宪法审查案例时间宽度为3个世纪即18世纪至21世纪的今天”[15]，使得全书充满了生机与活力。这是历史的力量，这是传统的力量。虽然“消极主义”这一术语从未出现过，但消极主义的立场却从未缺位。这些案例，不仅仅是原汁原味的宪法审查的体现，而且也是理解宪法审查不可缺少的介入性工具。这些案例表明，在隐匿于文本的同时，缺乏定义的消极主义在实践中充满着力量。

虽然正式的宪法审查机制是通过马伯里诉麦迪逊一案确立起来的，但宪法审查思想与消极主义立场却早在1782年的邦诉卡顿案(Commonwealth v. Caton)就得到了体现。[16] 当然不排除这种“同时性”是因为文献材料有限导致的可能，但起码从业已掌握的判例记录情况来看，此乃不争的事实。纵观美国两个多世纪的司法进程，除了南北战争之后的重建到1937年宪法革命这段非常时期之外，宪法审查一直与消极主义密切相伴。即便在积极主义高歌猛进的时代，依然有众多的法官通过判决异议坚持着消极主义

---

〔13〕 刘练军：《消极主义：宪法审查的一种哲学立场》，法律出版社2010年版，第29页。

〔14〕 刘练军：《消极主义：宪法审查的一种哲学立场》，法律出版社2010年版，第25页。

〔15〕 刘练军：《消极主义：宪法审查的一种哲学立场》，法律出版社2010年版，第25页。

〔16〕 参见刘练军：《消极主义：宪法审查的一种哲学立场》，法律出版社2010年版，第32-36页。

的立场，其中以其姓名命名宪法审查规则的布兰代斯自然是那段时期的翘楚。而纵观美国最高法院的历史，获得好评的大法官中，也以持消极主义者为多，除了布氏，尚为中国法学界所耳熟能详的有霍姆斯、斯通、哈伦、怀特，以及法兰克福特。尤其是法兰克福特，按照《消极主义》一书中针对司法消极主义和司法积极主义两种立场动态博弈过程的特定划分，实乃绝对消极主义的唯一代表，是消极主义阵营中最重要的一面旗帜。丰富的案例，不仅有助于检验了“消极主义作为‘奠基之石’”这一命题，而且还为与诸位大法官的司法智慧进行交流提供了平台。毕竟，正是这些智慧运用着消极主义的技艺，使得美国的宪法审查制度长盛不衰。

四、意犹未尽：中国关怀

宪法审查，提者多矣。消极主义，论者少矣。《消极主义》一书的立意，当然不会仅仅停留在通过梳理美国的司法判例来完成对异国他乡制度演进的回顾这一层面上。毕竟“问题意识”不是美国的问题意识，而是中国的问题意识。也正是因为有中国的问题意识，才更需要辨析概念，才更需要理论推演，才更需要案例说明。对中国的关怀，恰恰体现在此。

中国的宪法审查制度缘何久久不能建立的原因，仁者见仁智者见智。但一个原因却值得注意，那就是，中国法学界所偏爱的积极主义立场与中国既有的制度现实之间存在一定的疏离。简而言之，积极主义的立场乃是司法机关可以积极地否决立法机关的立法。而中国当下的现实乃是：一方面，人民代表大会乃是全国各级权力机关中的最高权力机关，对司法和行政行使监督的权力。如果被监督的司法机关拥有了积极对抗监督者人民代表大会的武器，那么人民主权理论就受到了挑战。另一方面，改革开放，行政机关需要“摸着石头过河”，许多行政立法“在一定程度上均是在‘违宪’状态下进行的”[17]。

---

〔17〕 林来梵：《中国的“违宪审查”：特色及生成实态——从三个有关用语的变化策略来看》，《浙江社会科学》2010 年第 5 期，第 39 页。

如果司法机关强势介入,一些改革就难以推进。即便不考虑体制的制约,单纯从权利保障的角度出发,积极主义对于司法机关的期待也略显过多,毕竟许多宪法性事例虽然在深层次上可以归结为宪法权利,但中国的法律体系并不是只有一部宪法,还有许多业已成文的法律。宪法作为国家的根本大法,宪法权利自然可以与一切和权利相关的事件产生联系,但这其实是一种矫枉过正。因此,从一定意义上说,若侧重积极主义立场,宪法审查在中国的现实境况中获得实现是一件颇有难度的事情。

《消极主义》正是发现了这一结点,而系统地阐明了消极主义的立场,旨在应对积极主义不得不面对的两个问题。首先,因为消极主义恪守自己的界限,保持了对于立法机关应有的尊重,所以即便在中国的现有体制之下,也不存在与人民主权理论以及行政机关改革性立法相冲突的情况。其次,在权利的问题上,鉴于消极主义面对的是立法权力之间的平衡问题,所以持这种立场的法官或法院,对于相当数量的宪法性事件导致的权利问题,是采取回避态度的。比如引发热烈讨论的齐玉玲案,就不涉及立法权力平衡的问题,按照消极主义的立场,就不会启动宪法审查。〔18〕而与此情况相对的,如孙志刚案,则因牵涉立法权力衡量问题,则可以适用宪法审查。与此同时,以消极主义立场指导的宪法审查还可以为中国的法治贡献新的力量。当下的中国社会,是一个缺乏规则意识的社会,不仅仅是宪法意识不强,而且是整体性的规则意识不强。消极主义的立场恰恰有助于促进规则意识的建立。无论一条规则是好是坏,既然它已经是一条规则,那么司法首先要选择遵守。如果社会中有人对这一规则的内容有所质疑,可以进入民选的立法机关进行解决。在一个国家的法律体系中,宪法规则所承载的宪法规范具有最高的效力,是最应当被遵守的。可如果司法机关秉承积极主义立场,不遵守宪法规则乃至于更改宪法规则,那么要求社会普通民众严格遵守法律规则就显得有些苛刻。因此,“在建立宪法审查制度

〔18〕 不启动宪法审查,不等于不启动司法救济。齐玉玲案中,齐玉玲的受教育权可以在《中华人民共和国教育法》中找到依据,而不必要直接诉诸宪法权利。

的初期,作为宪法审查主体的宪法审查机关在实践中尽可能地选择消极主义价值立场是理性而又正当的。”[19]毕竟,没有消极主义,宪法审查连第一块的奠基之石都没有,自然也无法期待进一步发展出制衡权力、保护权利的制度了。

五、书里话外:借题发挥

上述所言,只是个人初步品读《消极主义:宪法审查的一种哲学立场》的见解。对书中许多特色之处与精彩之处难以一一论及,对书中内容的整体理解也难免有偏颇之处。在此还望刘练军博士见谅!

消极主义,是宪法审查的奠基之石。《消极主义》,可以说是中国法学界系统研究“消极主义”的起步之作,也带有奠基的意味在里面。正因为是起步之作,所以每一观点的提出就都显得尤其重要。书中有两处观点,感觉可以进一步地推敲。

1. “一般认为,消极主义价值立场的法理学是法律实证主义,而与消极主义对立的积极主义价值立场的法理学则是自然法思想。”[20]对于消极主义,如前所述,因为秉承对于立法机关的尊重,对于立法的敬畏,因此归于法律实证主义当无太大偏差。只是积极主义,很难说是一种自然法思想。积极主义的体现在于侵蚀立法权限,如果它创造出一种新的权利,或者对于既有权利进行了新的解释,则与自然法思想或有所联系,但像富勒法院那样大规模抵制国会的社会立法,则很难说是自然法的体现。因此,积极主义与消极主义的分野,或许在于法官个人的政治立场是否彰显,即积极主义的判决乃是法官自身政治立场的体现,而消极主义则因为坚守法律实证主义,规避了自身政治立场的体现。至于消极主义的大法官也会在运用消极主义技艺之时借助自然法理论解释的一类行为,则或许是出于对于法

[19] 刘练军:《消极主义:宪法审查的一种哲学立场》,法律出版社2010年版,第295页。
[20] 刘练军:《消极主义:宪法审查的一种哲学立场》,法律出版社2010年版,第223页。

律实证主义之误解，如果法律规范中已经包含了自然法理论的价值，那么即便是法律实证主义，依然会适用此之自然法理论，而不是刻意回避。

2. 有关“有限消极主义”。“有限消极主义”系指在某些时候，持消极主义立场的法官会放弃自己的消极主义立场而走向积极主义。这种情况，一般发生在权利问题之上。鉴于宪法审查的建立基础是三权分立下的权力制衡，因此，在权力与权力之间保持消极主义立场，乃是宪法审查之必须。但在涉及权利与权力之冲突时，则涉及宪法审查的第一立场“不涉及正常的政治问题”。一旦立法明显违背理性，或者按照英美习惯性的说法，立法明显违反“common sense”（常识），则就意味这一冲突已经不是正常的政治问题，宪法审查就有了介入的合理性。此时宪法审查的理论基础来自于权力制衡的需要，而不用回溯到三权分立。于是，这种情况，感觉已经超出了消极主义所坚守的立场的界限，可以说是一种“被积极主义”。而在“被积极主义”的情况下，虽然形式上与积极主义没有区别，但在结果上，并不会如一般意义上的积极主义那样损害司法的权威，反而有利于提高司法的权威。

其实这两点拙见，已经脱离了《消极主义》一书的主线，颇有借题发挥之嫌。此处列出，并非以此作为该书的疏漏，而是想为成就“消极主义”这一宪法审查的基石，在这一起步之作的基础上尽微薄之力而已。

（作者单位：上海师范大学法政学院）

【特邀编辑：李文海】

“《宪法》释义暨转型期宪法解释”学术研讨会实录

施立栋　陈歆孜　郑　磊

⇨会议信息

时间：2011 年 3 月 26 日（星期六）

地点：浙江大学之江校区图书馆五号楼二楼会议室

主办：浙江大学光华法学院

承办：浙江大学公法与比较法研究所

浙江大学“转型期法治的理论、制度与实证研究”项目委员会

⇨整理人

开幕式、第一单元、第三单元：施立栋

第二单元、第四单元、闭幕式：陈歆孜

校稿人：郑磊

注：以下 12 位学者的发言，同时经过本人校对：叶海波、童之伟、石东坡、陈征、杜强强、刘连泰、翟国强、周刚志、于文豪、王书成、林来梵、李晓兵。

⇨议程

开幕式

主持人：郑　磊（浙江大学公法与比较法研究所执行所长）

致辞人：罗卫东（浙江大学副校长、光华法学院院长）

童之伟（中国法学会宪法学会副会长）

第一单元：基本制度篇

主持人：董保城

主题发言：叶海波“特别行政区制度条款中‘法律’一语的涵义”

与谈发言：童之伟、石东坡、王锴

第二单元：国家机构篇

主持人：林来梵

主题发言：郑戈“村民自治组织条款解读”

林彦“基本法律修改条款解读”

与谈发言：董保城、陈征、郑磊

第三单元：基本权利范畴

主持人：焦洪昌

主题发言：李忠夏“人权条款的宪法解释”

杜强强“基本权利条款的规范领域和保护程度”

与谈发言：刘连泰、翟国强、周刚志、于文豪

第四专题：解释理论篇

主持人：童之伟

主题发言：张翔“宪法教义学体系的发展”

与谈发言：李晓兵、凌维慈、刘国、王书成、刘练军

闭幕式

主持人：郑春燕（浙江大学公法与比较法研究所副所长）

总结人：董保城、林来梵

致谢人：费善诚（浙江大学光华法学院副教授）

开　幕　式

主持人：郑磊（浙江大学公法与比较法研究所执行所长）

各位老师、各位学友、各位同学，大家上午好！欢迎来到春天的杭州，来到书香和花香绕梁的之江校区，欢迎参加“《宪法》释义暨转型期宪法解

释”学术研讨会。

首先，请允许我来介绍一下与会的各位嘉宾，按照与会学者通讯录的顺序，他们依次是：政治大学法律系董保城教授，中国法学会宪法学研究会副会长、中国政法大学法学院副院长焦洪昌教授，中国法学会宪法学研究会副会长、清华大学法学院林来梵教授，中国法学会宪法学研究会副会长、华东政法大学童之伟教授，北京师范大学法学院陈征副教授，首都师范大学政法学院杜强强副教授，华东师范大学法律系凌维慈副教授，上海交通大学法学院林彦副教授，山东大学法学院李忠夏副教授，江西财经大学法学院刘国副教授，厦门大学法学院刘连泰教授，北京航空航天大学法学院王锴副教授，香港城市大学中国法与比较法研究中心研究人员王书成博士，深圳大学法学院叶海波副教授，中国人民大学法学院于文豪博士，中国社科院法学所翟国强副研究员，中国人民大学法学院张翔副教授，香港大学法律学院郑戈副教授，厦门大学法学院周刚志副教授，浙江工业大学法学院石东坡教授，浙江工商大学法学院周大刚老师，杭州科技大学法律系方建中副教授，杭州师范大学法学院刘练军副教授，上海市政法干部管理学院陈海萍副教授，南开大学法学院李晓兵副教授，西北政法大学行政法学院褚宸舸副教授。我们会议还有幸邀请到了一位特殊的嘉宾，著名经济学家、台湾大学熊秉元教授。

下面介绍一下主办方的人员，他们是：浙江大学副校长、光华法学院院长罗卫东教授，光华法学院常务副院长朱新力教授，光华法学院副院长王冠玺教授；光华法学院费善诚副教授，光华法学院郑春燕副教授。这次会议还受到学院各部门法老师的关注，他们是光华法学院商法专业徐浩老师，法理学季涛副教授、石毕凡副教授，刑诉法的胡铭副教授、兰荣杰老师。

下面有请罗卫东副校长致辞。

致辞人：罗卫东（浙江大学副校长、光华法学院院长）

尊敬童会长、焦会长、林会长，尊敬的各位法学界专家、学者、朋友：今天由于各位的到来，使得之江校区蓬荜生辉。

刚才郑磊副教授在主持的时候屡屡提到“美丽的之江校区”，有点敝帚自珍的味道。(笑声)这个校区是否美丽，应该由大家来评判。这个校区的森林覆盖率可以满足我们脑力劳动者对于负氧离子的需求。之江校区目前一期的修缮工程已经完成，现在二期修缮正在进行。它原来是一个单独的大学——之江大学，是民国时期十三所教会大学之一，也是现在保存最完整的一个教会大学。现在我们正在努力提高这个校区建筑的利用率。对于喜欢安静的地方，这里确实是一个绝佳的去处。虽然我们的林来梵教授已经不堪这里的环境而率先选择了逃离，(笑声)但是相信他这次回来还会备感亲切。这次会议的地点之所以安排在这个校区，为的是让全国的同行们了解之江校区，这也是光华法学院的一项自我形象推介活动。当然这个校区部分地方现在还在修缮当中，会给大家带来一些不方便，敬请谅解。

大家知道光华法学院是一个全新的办学体制，我本人是从事经济学研究的，被学校委派出任光华法学院的院长一职，所以我在法学家面前发言时谨小慎微。我从去年七月任职来，对法学的基本价值与思维方式的理解有所加深。目前我们想推进经济学与法学的沟通，今年年初我们聘任了台湾大学的熊秉元教授担任《法律经济学》的讲座教授。虽然杭州不是一个学术中心，但是大家秉着对学术的热爱以及对光华法学院的关爱，放弃休息时间专门来浙江大学参加这个会议的研讨，对此我们表示非常感谢。祝愿大家在光华法学院逗留期间比较愉快。现在山上逐渐形成了一个良好的学术氛围，希望这可以积累成为法学院的一份宝贵资产，从而能够吸引更多的海内外同仁。在光华法学院“十二五”规划中包含了这样一项内容：希望光华法学院的所在地——之江校区，能够至少成为长三角的一个学术俱乐部，这也是浙江大学近几年来不断推进学术交流事业的一个步骤。最近有不少教授加盟，说明浙大和杭州有吸引力。

总而言之，由于并非法学本行，只能敲敲边鼓，向大家表示欢迎与祝愿，并希望各位今后继续关注光华法学院的发展，希望大家多多支持与捧场，谢谢大家！(掌声)

郑磊：感谢罗校长的致辞，下面有请童之伟教授代表与会学者致辞。

致辞人：童之伟(中国法学会宪法学会副会长、华东政法大学法律学院教授)

各位老师、朋友：我是第二次来之江校区。第一次来的时候是光华法学院成立之时，现在第二次来发现变化很大，呈现出越来越好的趋势。

会议主办方安排我来致辞，感觉到压力很大。记得最早的时候，我们是跟着宪法学研究会的老会长王叔文老师开会。当时我们就感慨王老师真是辛苦，走到那里开会还得准备一段发言。现在这个压力已经转移到我们这一代头上了。昨天，韩大元会长和我通了电话，他委托我代表中国法学会宪法学研究会感谢浙大光华法学院与公法所举办这个非常有价值的学术研讨会，同时让我转达向大家的问候。

我认为，宪法学的研究要直接或间接地为我国的法制建设服务，这个目标必须毫不动摇地坚持。宪法解释有很大的现实意义，这是出于宪法实施的需要。虽然，对于我国是否存在宪法解释存在争议，但是，按我的观点来看，实际上到现在为此，全国人大常委会一次也没有启动过宪法解释。在这个背景之下，关于宪法解释的研究，更加变得重要起来了。事实上，胡锦涛总书记在现行宪法实施二十周年纪念的时候就谈到了关于宪法解释的程序立法方面的问题；但是又过了十年，仍然没有一点进步，这是个非常遗憾的事情。然而，我们作为学者，只能做一个学术上的推动。我认为今天会议的这个议题选得很好。

开会之前我也认真拜读过一些论文，觉得水平很高，感觉年轻人发展很有潜力。我们五十岁是一代，四十岁上下的一代人已经成为了我们宪法学研究的主力军了。随着政治体制改革的推进，为了与经济体制改革的发展相协调，我们的宪法学研究是非常有意义和有前途的。

浙大光华法学院一直是宪法学研究的重镇之一，出自这里的林来梵教授，包括已经过世的赵世义教授，都是宪法学研究方面的代表性人物。虽然按照刚才罗校长的说法，来梵教授已经选择了逃离，但是仍然后继有人，包括费善诚副教授，以及郑磊老师的加盟。最后祝愿本次会议取得成功。(掌声)

郑磊：谢谢童教授的致辞。我们的开幕式到此结束。为了会议的高效进行，下面我们直接进入第一单元的研讨。

第一单元：基本制度篇

主题发言

主持人：董保城（政治大学法学院教授）

罗校长、童会长、郑磊老师，以及其他所有与会老师，我非常高兴参加本次研讨会。上个月罗校长、朱新力院长和王冠玺院长代表浙江大学光华法学院与政治大学法学院签订了一个合作协议。刚签完协议，我们就收到了浙江大学光华法学院的邀请函。我们的院长和公法中心的主任非常重视，希望赶快落实上述合作目标，所以推荐我来参加这样一个学术研讨会。我本人非常感谢光华法学院的邀请，同时为两个法学院的合作、落实了第一步。

我也非常高兴能够看到童教授和朱院长，他们是我多年的老朋友，还有今天在座的很多年轻朋友。可以看到宪法学的发展是如日中天、蒸蒸日上，非常值得欣慰。我想我们的朱新力院长也会同意的是，我们两岸的行政法交流已经很多年，可是看到我们开会时坐在内桌的很多人还是五十岁、五十五岁以上的人。但是今天我看到在宪法学学科都是中青代的学者，这正印证了刚刚童老师讲的，宪法会变得越来越重要。

今天各位在之江校区参加这个会议，其实是历史性的一刻。德国《基本法》制定的时候，他们把专家、学者送到一个小岛，让大家静下心来参与《基本法》的制定。所以为什么德国《基本法》永续下来，这是个很重要的因素。因此在这个幽静的地方静下心来思索宪法该怎么走，很有意义。今天来到光华法学院，感觉心潮澎湃，在古色古香的环境里享受现代化的设备。本来作为主持人不应该讲这么多，但是我想代表政治大学法学院，希望与会的各位为中国的释宪制度作出重要的贡献。

下面请深圳法学院大学的叶海波副教授来发言，他的发言是围绕《宪法》第31条展开的，题目是:《特别行政区制度条款中“法律”一语的含义》。这篇报告对于我们大陆以外的香港和台湾地区有很大的价值，我们应该可以从中学习到很多东西。相信叶教授的报告会给大家提供一个很有触动的思考空间，下面就让我们有请叶教授发言。

叶海波(深圳大学法学院副教授):

谢谢主持人，也谢谢会议主办方提供给我这样一个宝贵的发言机会。本次研讨会的这本论文集我基本上都看了，给我的总体感觉是，这是一本充满着坚定的立宪主义立场的论文集，(笑声)也表达了大家对于宪政的一个执着追求。立宪主义表达的是一种对强权的极度怀疑和恐惧，它试图通过将权力置于法律的控制之下，来实现对人的价值的保障。因此，在立宪主义的立场上，我们不愿承认的是在宪法之上还有一种高于宪法的权力，这是他们进行宪法解释时需要极力避免的一种解释结论。

但是，我提交的这篇论文可能与这本论文集中的大部分论文有所差别。我的文章探讨了全国人大的一些地位。关于全国人大的地位，在中国学界存在着很多共识，但是缺乏深入的探讨。我的论文的主题是提出这样一个问题:《宪法》第31条的“法律”到底是什么含义?

选题的原因有三个:我们在1985年着手制定基本法的时候，就有一种争论，认为基本法是违背宪法的。对于这样一项学理上的争论，在中国法制史上有一个罕见的举动，那就是全国人大在制定港澳基本法之后通过了“关于港澳基本法的决定”。这个决定的核心内容是说明港澳基本法是合宪的。对于研究中国违宪制度的同仁来说，有一个比较奇怪的现象，大家似乎对这两个决定视而不见。这是中国的违宪审查吗?这是第二个原因。第三个原因是，即便是全国人大通过了这个决定，关于港澳基本法合宪性的争论并没有终止。它以其他的一些主题出现。比方说，基本法的法律位阶问题、法律性质问题、包括宪法在港澳特区实施的问题。关于港澳基本法是否与宪法相抵触的问题，现有的理论，根据我的总结，基本上没有解决这些问题。因此学界提出了另外的观点，认为港澳基本法是宪法的特别法，试图去解决这样一个问题。对于这样一个重大的问题，我们学术界应该做出回应。这是选题方面的原因。

论文的内容结构，分成三个方面。第一部分，我从规范的角度去探讨这个“法律”的含义到底有哪几种。第二部分，我们也无法忽视全国人大及其常委会具体的法治实践，特别是在特别行政区制度形成的过程中它作出了那么多的决定，这些决定的性质需要探讨，这可能构成有权机关对《宪法》第31条无意识的有权解释。第三部分是我对本文的一个辩解，我指出，我的观点可能与立宪主义的立场是有冲突的，但是这样一种观点并不意味着结论的错误，或许它给我们带来了一个思考，那就是我们是否也要反思我们关于宪法解释的理论，甚至还有助于我们反思关于基本权利的理论。这是一个走向权利的时代，但是这并不意味着关于基本权利的理论要变成一种图腾式的、超越宪法的存在。这是文章结构上的三个部分的说明。下面进行具体的介绍。

首先展开第一部分的内容。据我的阅读范围，只有一篇文章不作分析地认为，《宪法》第31条中的“法律”就指的是全国人大制定的法律。大多数学者对这个问题实际上存在一个潜意识的认识，他们在论证时认为，港澳基本法是全国人大制定的，全国人大制定的法律就是基本法律，所以港澳基本法就是基本法律。这种潜在的逻辑实际上是将《宪法》第31条中的全国人大视为我国的最高立法机关。事实上这样一个逻辑是过于武断的，因为我们《宪法》第57条将全国人大定位为的最高国家权力机关，第58条规定全国人大行使最高国家立法权。在学界有一种理论认为全国人大有双重身份，认为全国人大既是最高国家权力机关又是最高国家立法机关。那么为什么我们说《宪法》第31条中的全国人大是以立法机关而不是最高国家权力机关的身份出现的呢？所以，我认为，从逻辑周延的角度，我们必须去探讨，如果第31条中的全国人大是最高国家权力机关，那么该条款中的“法律”到底是什么含义。

那么，什么是“最高国家权力机关”呢？在日本宪法将国会定位为最高权力机关，对于这个最高权力机关的含义，日本学界存在着一些争论。一种学说认为这是为了政治美化，其目的在于否定天皇的至上权力，以便将权力掌握在人民手中;第二种学说是认为国会总揽所有国家权力。但是这其中有一个矛盾,那就是日本的国会并不具有像中国的全国人大那种对其他国家机关的监督地位。通过日本学界的上述两种争论,我认为我们的全国人大有两种性质:第一为总括机关。韩大元老师曾经持这种观点。这个总括机关体现在以下几个方面:从中央与地方的关系来看,全国人大是最高国家机关,地方人大是地方国家权力机关;从全国人大与其他国家机关来看,全国人大产生其他国家机关,其他国家机关对它负责并受他监督。另外一个方面,学者中长期有一个观点,就是认为我们的全国人大总揽所有国家权力。大家有一个很强的论证依据就是《宪法》第 62 条第 15 项规定全国人大享有应当由最高国家权力机关行使的其他职权。这是一种观点。关于最高权力机关的第二种观点是把我国的全国人大视为主权者。如果没有解读错的话,林来梵老师在其《从宪法规范到规范宪法》一书中认为要将全国人大的最高权力机关与最高立法机关进行分开处理。对于立法机关,其权力实际上是受到限制的,因此引入违宪审查应当是没有障碍的。这里其实隐含着一个观点,作为最高国家权力机关的全国人大,其权力是否应当受到限制呢?如果它的权力不受限制,那就意味着全国人大的权力属于一种主权性的权力。根据上述两种不同的观点,如果将《宪法》第 31 条中的全国人大视作为总括机关,那么全国人大及其授权机关作出的其他决定是个什么性质?它在特别行政区有效力吗?在香港回归之后,香港首先出现的一个案例,关于香港临时立法会的合法性问题。临时立法会在基本法上是找不到依据的,是香港特别行政区筹备委员会设立的机构。最后香港法院认为临时立法会是合法的。但是按照规范的角度来看,临时立法会的合法性是存疑的。如果它不具有合法性,那么它所制定的所有法律都不具有合法性,根据这个机构成立的所有机构都是非法机构,那么此时整个香港社会可能面临着一个宪政危机。所以上述将全国人大视为总括机关的观点是存在问题的。我觉得它最大的问题是无法解释港澳基本法到底是一个什么样的法律。既然全国人大作为总括机关,那么其制定的港澳基本法只能是宪法的一个下位法,而不可能是一个宪法的特别法,也不可能是一个主权者关于立宪的一个行为。那么关于港澳基本法违宪的争论并不因此而终结。关于港澳基本法是否与《宪法》相抵触，我总结学界主要有下面几种观点。第一种观点认为《宪法》第31条构成一个但书。这种观点很危险，如果31条授权全国人大可以制定港澳基本法，而港澳基本法又决定我们最核心的社会主义制度止步于罗湖桥，那么是否也同样意味着全国人大在制定法律时可以同样侵犯基本权的核心地带呢？第二种观点是一般与特殊的理论。厦门大学一位教授提出了这样一种观点。还有一种观点是“自我限制理论”，认为宪法第31条是宪法的自我限制。这里面临的一个核心问题是宪法的自我限制是否可以抛弃宪法里面最核心的部分？综上我认为现有的理论都没有解决上述问题。

文章第二部分的内容是，如果将《宪法》第31条中的全国人大视为是一种主权性的机关，那么全国人大及其授权机关对特别行政区所作的很多决定就不应该再在法治的框架下进行探讨。这是一种主权者的一个政治决定与决断，无所谓合不合宪的问题。从这个意义上讲，31条规定的法律可能就是主权者决断的外在表现形式。这种表现形式多种多样，我认为现行的宪法典就是一种主权决断的产物；而港澳基本法可能是某种主权决断之后的法律上的表现形式。比方说关于《中英联合声明》和《中葡联合声明》的批准，按照我国宪法的规定，应当由全国人大常委会批准。但是《中英联合声明》是由全国人大批准的，《中葡联合声明》是全国人大授权全国人大常委会批准的。所以我认为这样一个批准行为不应该将其视为是宪法上某种权力的行使，我个人更倾向于认为是一种政治性的主权者决断的结果。因为两个声明的第一条都注明中华人民共和国政府“决定”对香港恢复行使主权，注意这里用了决定，这是主权者行使主权的一个必然结果。还有就是关于临时立法会的合宪性基础问题，它找不到基本法上的依据。所以有学者认为这是由于在香港回归过程中，由于英国不合作而导致出现了一个紧急状态，这时候主权者出手了，实现了秩序的恢复。所以如果我们从逻辑的角度来分析，《宪法》第31条中的“法律”的含义是多层面的。这取决于我们怎么样去认识全国人大地位的定性问题。如果将其定位为立法机关，这个法律就指的是基本法律；如果你将其定位为总括机关，那么其就不仅指法律，还包括其他的决定；如果它是一个主权机关的话，那么这种法律就是主权者决断的外在表现形式。也许我们可以说第31条中的全国人大的身份就是不清不白的，既可能是立法机关，也可能是总括机关还可能是主权者。这种结论实际上在我们现行宪法之上设置了一个主权者，这个主权者的地位是不受宪法约束的。这么一个结果或许是我们不愿看到的，但是我认为所有的宪法理论应该能够解决我们现实中的问题。港澳基本法的合宪性问题、临时立法会的合法性问题，用我们传统的立宪主义的理论是无法解释的。我们当然不一定能说港澳基本法合宪，但我们能说其违宪吗？既然现行《宪法》第31条设置了这么一个条款，在学理上是不是可以武断地说依据《宪法》第31条所作出来的所有法律都是违宪的呢？这本身就是对《宪法》的一个颠覆。所以我认为现有的理论没有很好的解释31条中“法律”的含义。从实践的角度来看，我认为全国人大1982年设置这个条款的行为是一个很重要的主权者决定。因为如果不设置，那么当我们恢复对香港行使主权，附带的一个效果是宪法效力的扩张，这意味着港澳原来的法律体系会像当年废止《六法全书》那样被废止，而这必然会带来一个宪政危机。所以1982年宪法设置了上述条款。到了中英与中葡联合声明时，我觉得这是中国的统治者决定对港澳恢复行使主权，然后宣布其对港澳的一个基本政策，这个是不需要法律依据的。港澳基本法只是把上述联合声明用法律的形式表达出来。所以我认为全国人大关于港澳基本法合宪性的那个决定，实际上是在告诉我们应该用主权者的逻辑，而不是在法治的逻辑下来探讨其法理基础。

第三部分，我想指出的是，虽然上述逻辑分析会显得比较枯燥，但是学者不能加以回避。这种逻辑分析是一项基础性的工作，在此基础上我们可以选择立宪主义的立场，但是其前提是立宪主义能够解决问题。另一方面，我想说的是，学术研究应该有立场，我只是试图去解释这样一个实践。我得出的结论可能与大家坚持的立宪主义立场有所差别，但我们应当注意立宪主义应当有一个能够进行反省的能力。立宪主义的逻辑不能解决上述问题。在本文中我的立场与上述立场不同。最后,我想强调的是,在中国宪法上宣称存在着一种主权者,这不是一个灾难,在国家尚未统一的情况下,应该说这部宪法就是过渡宪法。它需要主权者在关键的时候表达出对于国家统一的一个需求。我觉得中华民族应该是幸运的,我们有港澳特区,告诉我们地方选举是怎么回事;我们还有一个尚未统一的台湾,告诉我们这个国家将会走向何方。我记得中华民国中设置有一个国民代表大会,但是国民代表大会最后自我革命,实现了对权力的臣服。我觉得我们如果对自己有信心的话,也应当对自己的国家有信心。谢谢各位!

董保城:谢谢海波教授!发言很精辟,提出了一些不同的观点。下面由三位与谈人依次发言。

与谈发言

童之伟(华东政法大学法学院教授):

感谢主持人给我一个发言机会。我最近一直在思考学者的社会角色定位问题。我认为,从事宪法学研究的学者主要有在朝学者与在野学者两种。两者各有各的方法,前者用自己的职权推进我国的民主法治建设,后者只能靠嘴巴来作推进。我是在野学者,所以有可以发挥大胆发言的比较优势。

我提交会议的这篇文章,本身不是我个人研究的兴趣所在。写作的背景是国务院港澳办和全国人大基本法委员会设置了好几个课题项目,希望学者能够将特别行政区制度论证成是我国的一项基本制度。其中一个项目,是武汉大学的周叶中教授牵头的,我参与合作。这个项目分成了很多项目,其中一个子项目需要进行理论论证,由我来承担这项工作。记得在武大开题的时候,教育部来了个副司长,希望将其论证成我国基本政治制度。对于整个证明的事情,我就写一个提纲,并很快写成了文章。因为也有其他学者在从事这项论证工作,因此我很快找了一个上海的杂志准备发表,预计4月8日会发表出来。这是我提交的会议文章的写作背景。

我认为学者在发表言论与写文章时,不能颠倒是非,把黑的说成白的,或者相反。但是如果这个东西是灰色的,那么你可以将其证明为是白的或者有色的。这个课题就是灰色地带,因此我就承担了上述的论证工作,把它说成有色的。

关于文章的内容,大家看过文章就会显得比较清楚。我认真研究了相关制度,认为上述论证的结论基本上是站得住脚的。中共十七大报告指出,人大制度、政治协商制度、民族区域自治制度、基层群众自治制度是我国的四个基本政治制度。我认为,从宪法的角度看,这里有一个排序的问题。人大制度无可置疑是第一位。而民族制度应该排第二位,因为从宪法上看,在总纲与国家机构部分都设置有相当多的条款,另外还制定了专门的基本法律进行了规定。相反,虽然有些制度被中共十七大报告纳入到了基本政治制度的范围,但是其中有一些制度的宪法地位很虚弱,比如说,政协制度宪法只在 1982 年《宪法》的序言提到,在正文中没有位置,更没有法律来落实这个制度,因此从宪法的角度其地位是最低的。从十七大报告提到的四个制度,加上我后面将要论证的特别行政区制度,一共是五个基本制度,我把政协制度排最后。还有基层群众自治制度的位阶也很低,只有在国家机构部分作为行政机关附属的附属组织,在总纲中没有其地位。虽然有相应的法律对基层群众自治制度进行规定,但是这些不属于基本法律,因此其法律地位也是比较低的。但是特别行政区制度不一样,从法律的角度看,特别行政区制度在总纲部分有一个专门的内容,再加上还有基本法律来规定其地位与职权,因此应当排在第三位;从现实的角度看,它有个成长的过程,如果说原来不是基本政治制度的话,那么现在应当可以说已经成长为基本政治制度了。当然这样提"已经成长为",显得比较委婉,因为十七大没有提到该项制度。

另外,还要说明的是,整个论证的过程也与我的价值观有关联。将特别行政区制度的地位拔高并没有什么不好。邓小平说过:"我们现在只有一个香港,我们是不是可以多几个香港啊?"我有时候想,如果将上海改成特别行政区,赋予其相应的职权与地位,也是可行的。所以我愿意进行一下这个论证工作。

以上是我的一个想法。谢谢主持人!谢谢各位!

董保城：与童教授认识多年，今天他的发言还是一如既往地能够提出一些新的观点与想法。下面有请石东坡教授与谈。

石东坡（浙江工业大学法学院教授）：

谢谢主持人！很惶恐来进行发言，我是基于学习的态度来参加会议的。因为在宪法学研究上几乎是无知的。在立法学方面的研习也仅仅是徘徊的，在各位方家与才俊面前很是“口吃”。

刚才海波博士的主题报告穿行在宪法学的学理形态与意识形态之中，提出了根据主权者的决断来理解《宪法》第 31 条中的“法律”的含义与范围。童老师的发言也很是具有宪法学研究中的政治方法的色彩。我接下来谈谈对于这篇主题报告的心得体会，题目为《制度的内涵与法律的位阶——立法调整的视角》，也斗胆约略旁涉对于童老师在历史意识与发展观念、基本政治制度的衡评标准（童老师称之为完整法律要素的若干方面）、现实诉求与未来走向等方面，对于“特别行政区制度已成长为一项基本政治制度”的观点的论证支撑中“宪法政治学、宪法社会学”印痕非常浓重的风格的一种“仿效”和呼应吧。谨主要谈三点。

第一点，《宪法》第 31 条规定全国人大可以对香港特别行政区制度以法律的形式进行具体规定，由此表明全国人大对于香港特别行政区管辖范围以内的诸种制度的规定可以通过制定法律的权限、途径和行为进行调整。那么，这是不是对于全国人大的立法权限的规定？对于一定的制度以法律的形式进行规定，简言之，制度是法律的内容和对象——尽管这样的表述似乎是不言自明的。可见，这里的“制度”是从社会关系的规则化的角度去谈的。而在语义上，制度本身有正式与非正式之别，从主体范围上看又有国家、社会、家庭等制度。刚才童老师对政治制度的解读中就表明政治制度有根本政治制度、基本政治制度与具体政治制度等不同的制度层级之别。回到该特别行政区条款上来，特别行政区制度中的“制度”是什么意义上来讲的呢？是不是由于对于这一制度的层级、对象、范围的理解不同，由此带来了相应法律形式在创制渠道、主体上的不同？如果这是可以的话，如果这里的“制度”在逻辑和事实上并不具有严格的闭合性或确定性，就可以导致相应的创制形式、法律位阶的一定程度的开放性，并紧接着导出全国人大以法律形式进行规定的创制权具有非常开阔的空间。而这种情形下，这条规定还有什么约束力和针对性呢？由此，回过来就一定应该是在这里的“制度”作为立法的调整对象的内涵与外延上进行限定。对于这种限定的理解，又必须结合特别行政区的建立之前的一系列政治文件、未来特别行政区的“高度自治权”的内涵与外延等进行。这样，可能的一种结论就是本条规定中的“制度”，在当时，是指在特别行政区实施、延续的社会、政治、经济、文化、治理等的基本制度，方得由全国人大以法律规定。

第二点，判别一项制度是根本制度、基本制度还是具体制度的标准有哪些？这里有一个制度权重的问题。论文集的第24页引用彭真的话，谈到基本法律不是严格意义上的、《立法法》意义上的基本法律，而只是强调澳门特别区基本法在未来澳门治理过程中的一个基础性作用。因此，立法权在其行使过程中对于一定的立法调整对象是保持着特定社会历史语境下的判断的。对于立法权限及其所指向的立法调整对象的认知与判断似乎还是要有一定的历史视角的。尽管这一点在“规范主义”——不论是在价值上还是在逻辑上的“规范主义”所不愿乐见其成的。针对于全国人大，刚才报告者提到三种角色和地位：主权者、总括机关和立法者。历史地看，自五四宪法以来，基于人民代表大会制度作为根本的政治制度的国家机构结构化权力设定及其关系格局，按照有关历史文件以及许崇德先生的《中华人民共和国宪法史》等著述的学理解释，尽管有不同的观点，但是总体上似乎还是较多地不倾向于将全国人大仅仅定位为一个立法机关。从根本制度的角度来看，其在规范意义上至少是一种总括机关。而“主权者”的含义尚且需要除去在政权主权关系、人民主权代表以及元首权力等的方面进行理解和界定。那么，作为总括的、起始的、主导的、基点的国家权力机关，在其权力的容量与类别之中的立法权有何特点、内容以及范围呢？我认为，全国人大的立法权至少有三个特点：立法上的垄断性；立法权的让渡性与可控性；可决断性。这三点结合起来表明，全国人大可以按具体情况判断对特别行政区制度以法律形式进行规定，具有一定的开放度和渐进性。

即便在宪法之下、在宪政的“权力制约和权利保障”的基本意义上来分析，我国人民代表大会制度作为根本政治制度中已经蕴含着在全国人民代表大会的立法权限上的这种“处置的便宜”的可能。至于这是不是与一些学者秉持的宪政价值立场相吻合，姑且不论。这样，作者将其归结为“决断”，是不是就可以在立法权限的理论视野之中得到一定的解说？尽管也一定是不完善的。

最后一点，对于这一问题在宪法上的研究路径上来看，报告人是基于归纳而不是演绎得出结论的，这对于理解“决定”与法律的关系具有启发意义。虽然决定与法律的规范形态不同，但是其规范效力确是相同的。而在同样具有法律效力的“决定”和“法律”之间的差异和关联的探究将是非常必要和很是有趣的一个课题。比如论文集 29 页的附表中所列的，全国人大的第 49 项决定，就表明一般意义上的立法机关在这一立法事项上是具有一定的自律性甚至选择性的。第 49 项是关于审议程序与表决办法的一个特别规定。如果是这个情形的话，该报告以“基本法律”与否去立论或者作为结论，至少在类型化上或者涵盖的周延性上是不是值得进一步考量？似乎是的。况且，即便是决定——后边的关于特别行政区基本法的决定，也就不是仅仅的一个决断——或者至少不论是针对基本法本身还是这个决定，也不能仅仅在“决断”的意义和层次上就不去进行合宪性的考虑与评价，并使之不可怀疑。由是观之，宪政的立场和所谓“主权者决断”之间是不是有着不可逾越的鸿沟？更加值得思考。

以上是我的一点粗浅认识和体会。谢谢大家！

董保城：谢谢石东坡教授。下面由请王锴副教授发言。

王锴（北京航空航天大学法学院副教授）：

谢谢主持人！首先感谢会议主办方邀请我们来到这个传说中的之江校区。当这个传说变成现实的时候，我还真有一种穿越的感觉。我主要结合海波教授的发言，并结合我自己的文章，做四点评议。

第一点是关于海波兄论文的方法论问题。他在发言的开头就表明了与立宪主义的研究范式划清界限的立场。按照他的理解，在立宪主义的研究范式下，我们是不会承认在宪政的体制之上还有高于宪法的一个权力存在。他认为规范主义的方法很难处理全国人大的地位问题。对于全国人大这个机关如何在宪政体制下进行处理，他引用了施密特的决断理论，退回到了事实论的立场。这也体现了我们当前有些学者的一种思维，当规范论无法解决问题的时候，就退回到事实论的立场。但是，是否规范论真的解决不了全国人大的地位问题，恰恰不是，我觉得恰恰是海波没有将规范论运用彻底。我并不认为主权就是一个高于宪法的权力。从表面来看，创制宪法的制宪权高于宪法，但是我们知道在宪政体制内我们对于制宪权还是要做一个冬眠化处理，或者说把它制度化为修宪权。对于全国人大的地位，我觉得最大的一个问题、也是传统规范论很难解释的，就是把它定位为一个制宪机关。当然这还是有争议的。我在2004年写过一篇文章，关于1954年宪法与制宪权，我的副标题是关于违宪审查的一个隐喻。在这个文章里，我表达了与海波同样的一个担心，那就是说如果把全国人大定位为制宪机关，那么违宪审查将成为一种自我审查。我处理的方法是，就是从源头上去质疑到底1954年宪法是不是新中国的第一部宪法。我的观点是1949年的《共同纲领》才是新中国的第一部宪法。因此，全国人大并不具有制宪者的地位，它仍然是宪法之下创设出来的一个机关。这是规范论对全国人大地位的一个回应。

第二点，关于海波提到的全国人大是一个总括机关的观点，也值得商榷。他立论的依据是宪法第62条第15项，就是全国人大行使应当由它来行使的国家权力。他认为“应当”行使体现了总括性。我认为恰恰是这个“应当”反映了全国人大不享有总括性的权力。我觉得这里有一个制宪的史料需要大家去注意，就是1954、1975、1978三部宪法中对全国人大职权的规定都有一个有兜底条款，但是这一兜底条款的表述与现行宪法的表述是不一样的，其表述为：“全国人大行使认为应当由它行使的权力”，这里面有一个“认为”，但是在1982年宪法的规定中去掉了“认为”二字，使得对全国人大职权的规定由主观变为客观。在现行宪法中，“应当”一词的理解我觉得不应该是由全国人大来决定的，应当借鉴德国法上“功能最适”的理论，适合由全国人大来行使的职权才能由其来行使。所以我认为全国人大作为最高国家权力机关，其职权并不是总括性的，而仅仅意味着其地位要高于其他国家机关。

第三点，关于特别行政区基本法是不是属于基本法律的问题。之所以在香港会有这么大的质疑，而在大陆将其定位为基本法律或者宪法性法律是正常的，我认为这里有一个语境的问题。对于宪法性法律在成文宪法与不成文宪法环境下是有所区别的。因为在成为宪法下，我们就认为宪法性法律是一个低于宪法的法律文件，而在不成文宪法下认为其就是宪法。我认为，从全国人大制定的角度来看其是一个基本法，同时也是宪法性法律。对于宪法性法律，我们现在的问题是其范围过广，判定标准又比较模糊，只有与基本权利有关的文件都纳入到了宪法性法律的范畴。那么，我觉得是不是可以从立法委托的角度进行理解？也就是说，把宪法性法律视作为宪法上委托由立法机关去具体化宪法制度的一个宪法文件。

第四点，关于宪法学上的制度保障。我认为立法者不能对其核心制度进行触动。具体到特别行政区制度，我认为其核心制度应该是保持资本主义制度，因而不能废止。对于其他非核心的部分可以进行限制，因为制度本身是高度依赖规则把它构造出来的，而规范构造的过程本身就是一种限制的过程，但是不能对核心部分进行限制。这是我的发言，谢谢！

董保城： 感谢三位的发言。下面进入自由发言阶段，每人发言时间为每次两分钟。

自由发言

李忠夏： 海波在规范宪法学的大本营浙江大学，提出超越立宪主义的观点，是需要勇气的。

在论文里面，海波提到了主权的逻辑。我想对报告人关于全国人大性质的上述观点提出质疑。因为我国《宪法》第 2 条明确规定“中华人民共和国的一切权力属于人民。人民行使权力的机关是全国人民代表大会和地方各级人民代表大会”。可以看出，报告人混淆了主权所有者与行使者的区别。主权者属于人民，全国人大只是一个权力行使者。如果全国人大只是一个权力行使者，那么就像刚才王锴所讲的，全国人大只是一个宪法所创设的一个机关。因此上述关于全国人大是主权者的逻辑显然是不通的。

第二点，海波从事实角度谈到了全国人大的决定是一种主权者的逻辑与决断。如果从事实的角度去观察，全国人大显然并不是我国的主权者。从这点上看，文章中关于全国人大的事实上的观点，显然有一种自欺欺人的感觉。事实上，我们国家的主权者不是人民也不是全国人大，到底是谁大家都很清楚。

第三点，关于方法上的争论，刚才王锴已经提到了很多，这里不再重复。我觉得对于全国人大的决定，与其说其是一个主权者的决定，还不如说是全国人大行使解释宪法的一个职能。谢谢！

董保城：谢谢李忠夏副教授的发言。

郑戈：就《宪法》本身的条文来讲，全国人大本身都没有被授权来制定宪法，对于海波所持的把全国人大说成是主权者的观点，我持保留意见。我觉得海波是不是受了施密特或者中国的施密特——强世功提出的理论的影响？谢谢！

张翔：我想补充李忠夏一句，即便是全国人大批准《中英联合声明》，它所依据的也是宪法第 62 条第 13 项的职权，仍然是一个依宪而为的行为，而不是一个政治决断。

另外，我想与童老师做一个交流，因为之前也有全国人大的相关人员提示我们去论证特别行政区制度是不是属于一项基本政治制度。当时我听了之后觉得这是中央文件的事情，因而没有在意。现在通过童老师的研究，我觉得其还真是一个宪法问题。我在想的问题是，为什么要把某些制度说成是基本制度，其在宪法学上有什么意义？想请童老师回应一下。我可以联想到的是，德国基本法上规定某些制度不可修改，其中有一个就是他们的联邦主义是不可修改的。我国的基本制度，是不是类似于这些不能修改的内容，一旦认定便意味着不能够再对其进行修改？谢谢！

焦洪昌：我们每次宪法修改时，都有人大代表联名建议在我国《宪法》“国家机关”部分加进去一节，关于特别行政区国家机关的内容。因为创设特别行政区国家机关的行为不能够通过法律的形式来完成，因为其属于一个宪法行为。据我了解的情况，全国人大也在考虑在适当的时候将特别行政区国家机关写进《宪法》。这说明全国人大已经意识到基本法中规定特别行政区制度不属于一个普通的立法行为，而是带有一种创设宪法的性质。

董保城：谢谢焦教授！现在请叶海波回应一下。由于刚才张翔提出请童教授回应一下，所以到时也请童教授给予一分钟时间的回答。

叶海波：谢谢各位！我所质疑的是规范主义的这种绝对的立场，而大家在与谈的时候都坚持了规范主义的立场，所以我觉得还需要进行深入的探讨。另外，感谢焦老师提供了这么一个宝贵的信息。我觉得关于这一问题的探讨应该是多视角的，我写这篇的文章的本意之一，在于启发大家对于全国人大的地位进行思考，与规范主义的研究立场划清界限；第二，也是倡导大家从规范主义的立场进行研究全国人大的地位。谢谢各位！

童之伟：对于张翔副教授的问题，我的理解是每个国家机构都存在着本位主义的倾向，所以需要强调其重要性。另外，把特别行政区制度说成是我国的基本政治制度与我的价值观上也并不矛盾，所以我写了这个文章。

董保城：谢谢童老师的回应。我想今天这个议题，来自台湾的学者对此也很有兴趣。在我德国学习期间，经历了从分裂到统一的过程，看到了他们的一个法治建构过程。宪法是一个简洁、开放、纲领性的文本，让立法者有一个发展的空间。将特定的内容放在宪法还是法律上，有当时的一个政治背景的问题。但是从人民主权的原理来看，一切权力属于人民。刚才有学者提到台湾的“国民大会”，它也有一个行使人民主权的形式。但是它也需要在宪法的秩序之下运行。台湾的“大法官”认为，一切权力活动都需要在宪法的秩序下运行才可以，存在着司法审查权力牵制最高的人民权力机关。因此台湾的“国民大会”经历了一个从无形的国大、有形的国大到消失的国大的转变历程。

第一单元到此结束。下面请各位代表到主楼前合照，并茶歇。

第二单元：国家机构篇

主题发言

主持人：林来梵(清华大学法学院教授)

请发言人和评议人就座，第二单元即将开始。

这次我怀着一片深情，回到美丽的之江校区。来之前刚好接到清华大学公共管理学院一位年轻老师的电话，他非常激动地告诉我，你离开浙江大学亏了！我说为什么呢？他说，今年浙江大学被武书连评为第一名，而清华只是第三名。我听完非常高兴，因为也许可以说，这就是我对浙大做出了的贡献。(全场笑)今天，我感慨万千，其中也非常感谢浙江大学光华法学院的邀请，参加这个非常有意义的会议。

我先总结一下：这个会其实就是我国新生代宪法学者为主体的一个学术会议。对于很多与会者的职称，郑磊挺厚道的，某某副教授某某副教授地直呼，要是我们，也就客气地叫教授了，他还很认真地喊"副教授"。其实这么多副教授在这里，已说明他们在我们宪法学界逐渐崭露头角，形成了一个有分量的群体。我称这个群体为我国当下的"新生代宪法学者"，他们已经逐步登到宪法学舞台的中央。今天，正是我国的新生代宪法学者第一次如此大规模地聚集于这样一个地方，相当于聚集于利比亚的班加西这个地方(全场笑)，摇旗呐喊，讨论非常有意思的话题。

闲话姑且按下不表，现在马上进入专题发言。

这个专题非常荣幸地迎来了两位发言人。一位是香港大学法律学院郑戈教授，一位是上海交通大学法学院林彦教授。另外预定有三位与谈发言人：一位是台湾政治大学法学院董保城教授，另一位是北京师范大学法学院的陈征老师，再一位是浙江大学光华法学院的郑磊老师。首先掌声有请郑戈教授发言。

郑戈(香港大学法律学院副教授)：

谢谢林老师，谢谢各位。我在这有点紧张，因为旁边坐着规范宪法学的重量级人物，或者说是开山祖。我的论文不是采取规范宪法学的立场，而是社会科学的立场，虽然我刚才貌似批评了海波，大家会以为我会用规范的立场。但是用事实描述的立场，还是用规范的立场，并不是学者本人决定的，因为学者的活动是想对社会有意义，学术方法的采用与整个国家的社会政治经济的发展有关系。我在早年即上个世纪90年代写的一篇论文《法学是一门社会科学吗?》就提到，在西方采取一种规范主义的立场是非常合理，因为他们已经有建构非常完善的法律体系，法律对社会有直接的影响，有著名的法谚——“判决即法律”，法院一旦判决以后，得不到执行是不可能的，它对整个社会有非常大的塑造能力。

中国直到目前为止，法律是法律，社会是社会，这种情况下，要想了解法律或宪法在社会中到底有什么作用，采取一种事实描述的社会科学方法，有一定的合理性。当然我非常反对所谓的决断论、判断论，因为判断论不是建立在事实分析的基础之上，只是很武断地认为，最终权力的享有者，或所谓的主权者的决定就可以突破这种规范，这和我所说的社会科学方法完全是两回事。所以我对我的老同学，强世功教授这两年在宪法方面的观点是极不同意的。

说到立宪主义和社会科学方法，我想引用两个著名的政治家和学者的观点。首先是潘恩，他是典型的立宪主义者。他曾经说过，宪法必须永远先于任何正当的政府，唯一的真实的宪法是有意建构的，是精心设计的，一个国家的政府必须是这种宪法的产物。他认为，宪法是先于政府，没有一部精心设计的宪法，而政府的整个权力动作不是按照宪法来进行的话，就不是一个正当的政府。潘恩并不是美国的制宪元勋之一，为什么呢?他在美国建国之前是很有名的，他写了《常识》，对开启美国民智很有影响；没有成为制宪成员与他极端的立宪主义观点是有关联的。制宪的主要人物是麦迪逊，他是一个很狡猾的政治家，一方面和联邦党人关系紧密，也是《联邦党人文集》的几个作者之一，他和杰弗逊又是很好的朋友，联邦党人和杰弗逊是完全对立的观点，现实的政治运作当中，往往是这种有非常高超的政治艺术的人物，反而对国家的政治制度、宪政制度的建构发挥影响。反过来就看到，作为学者还是要关心社会现实的实际运作。

另外一种观点是戴雪的观点。他提到就宪法这个词在英国的使用而言，显然应当包括所有直接或间接影响主权分配和行使的规则，他用“规则”而不用“法律”这个词，是特意选择的，规则就包括习惯性的规则，像convention。这样两种观点可以使大家清楚地看到，一方面是立宪主义，另一方面是对现实的权力运作进行分析的事实描述型的社会科学的方法。

回到我这篇论文，我是想讲作为我国一项基本政治制度的基层群众自治制度其中的一个部分，就是村民自治。我最近还写了一篇论文，关于民族区域自治制度、西藏问题的五万字的长文，我没有敢提交上来，是因为我发现童老师认为是特别行政区自治制度是一种基本政治制度。我的文章刚好批判了这个观点，因为任何一项基本政治制度不可能设立一个期限，这个期限是五十年。当然提交的这篇论文只是一个提纲，还涉及另外一项基本政治制度，即村民自治制度。

提到村民自治制度，大家一般都会想到《宪法》的111条，把村民自治和城市居委会自治放到一起，但是城市里居委会的选举好像没有这回事，但是农村的村民自治从80年代改革开放之初就开始了。在1980年2月5日，在广西河池宜山县三岔公社合寨大队果作屯的一棵百年大樟树下首先开始。村民自治先是一种实验，在1982年宪法之前就开始了，和农村承包制一样，先在基层实践，高层领导予以肯定，最后成为一项重要制度。这个制度已经实行了三十多年了，我在第一部分举出事实，村委会的选举是乱象丛生的，有一些非常触目惊心的案例，选举血案，光是在2010年就发生多起，因为村委会选举，有的时候是双方雇佣一批流氓或是小混混，我有个朋友写过《两湖平原的混混研究》，他发现混混介入村委会选举的情况非常多。在浙江一带混混介入的情况较少，但富人治村的情况，有钱后就买票——甚至还不叫贿选——这种情况在我国目前其实是非常普遍的。大家都觉得，村委会的选举也不是什么官，好像不是特别重要，为什么有人甚至要杀人，也想当选村委会主任？

我建议采取结构性的解释，而不仅仅看第111条，包括《宪法》的第8

条，涉及集体经济。《宪法》第 8 条是说，农村集体经济组织实行家庭承包经营为基础。后来的《村委会组织法》规定，农业的经济承包必须提请村民会议讨论决定，这就涉及如何理解村民自治的问题。村民自治不是村委会的自治，实际上是村民全体的自治，由村民会议决定，而不是村委会决定。但现在实际上很多时候是由村委会决定。

在中国的经济发展当中，城市化发展非常快，1978 年城镇人口只有 18%，到 2008 年时城镇人口已经达到 43%，中国城市化的速度远远超过西方国家在相同发展阶段的速度。比如英国和美国都是在上个世纪才实现了这样的城市化水平。改革开放之初，推动中国发展的主要是外商直接投资，但近年来，城市化是经济发展一个主要的动力，所谓城市化包括商品房的修建、高铁的修建，各种建筑工程。我早上跟童老师、林老师聊天时提到，日本本国的技术创新占到 95%，只有 5%是引进的；而缅甸只有塑料拖鞋这种档次的产品是自主创新的，一往上全部都是引进的。中国目前的情况也差不多，城市化作为中国发展的一种主要模式，导致村委会选举涉及很多经济利益，农村集体所有土地的征用。如果回到《宪法》第 8 条，目前很多对农村集体土地的征用是违宪的，它们并不是村民会议决定是否出让某片土地，之所以发生选举血案，也和这里面巨大的经济利益有关系。比如浙江著名的村长钱云会，就是因为反对拆迁，跟政府、电站、开发商发生冲突，后来很意外地死去了，这里面也涉及国家的经济发展模式和经济社会结构的转型，可能会对宪法解释所产生的影响。

我还谈到解释宪法时是否有必要参照党章。因为在农村的村委会里其实是两委，除了村委会以外，还有党的基层组织，党章里规定也是由基层党员选举产生。但是因为经济发展模式，我国目前有两个大头：发展和稳定。因为涉及发展的问题，村里的党的主要负责人，按党章规定是基层党员选举，但是需要乡镇党委来批准，实际上直接由乡镇党委来任命。当然从规范宪法学立场，党章我们是不予承认的，不认为是规范性的宪法文件；但现实当中，村一级党的支书是一把手，村委会主任是二把手，要了解中国现实的政治运作，是否需要党章，这是我提出的问题，涉及引入党章 29 条、

30 条的解释是否会影响对《宪法》第 111 条的解释。

我主要是想提出一些问题，供大家讨论的时候再进一步展开。谢谢。

林来梵：非常感谢郑戈教授为我们节约了大致 8 分钟左右时间。发言人的时间可以是 20 分钟。非常感谢郑戈老师非常精彩、别开生面的报告。

接下来我们再请上海交通大学法学院林彦教授给大家做报告，请大家欢迎。

林彦（上海交通大学法学院副教授）：

各位同仁早上好。首先非常感谢浙江大学光华法学院的邀请。今天要向诸位报告的题目是《再论基本法律修改权》。

为什么会做这个论文呢？我是 2002 年底对同一项内容进行过实证分析，已经停下来很久了。让我重新回到这个领域的主要原因是去年《选举法》修改过程中引发的，全国人大常委会是否有权、适当、合适去修改《选举法》，学界存在一些争议。特别是看到张千帆老师在《财经》杂志上发了一篇文章，有些同感。当然，我感觉张老师有点意犹未尽，可能是限于杂志本身文章篇幅的原因没有展开。所以我想能不能跟张老师呼应。同时我也感受到，这几年常委会对基本法律修改的实践，似乎越来越游离于《宪法》67 第 3 项的规范，比如曾经引起宪法学界和刑事诉讼法学界争论的，全国人大常委会通过修改《律师法》的方式，认为是实现了对《刑事诉讼法》的修改。同时今年两会之前，全国人大常委会通过了一个非常庞大的刑法修正案，1997 年《刑法》一共有 452 条，此次修改跟前七次修改在量上有很大的不同，修改 50 条，刑法学界的一些学者也表示质疑。原来七次修改好像都在分则部分，这次有一些条文涉及总则，他们质疑是否合适。从这些现象回应到《宪法》第 67 条第 3 项，以及宪法规范本身去谈，我们在全国人大常委会壮大起来后，能不能通过一定方式，让它在一定程度上尊重全国人大作为最高国家权力机关应有的权威和地位。这是我的初衷。

文章主要分为四个部分。第一部分试图论证基本法律修改权的性质，它究竟是什么样的权力。我主要通过修宪的历史回顾和宪法条文结构上的分析，得出两个基本结论。第一，这是一项不具有独立性和排他性的权力，从源头上看，第 67 条第 3 项在 1978 年《宪法》中并不存在，实际上从全国人大剥离出来给全国人大常委会的职权；另外一个方面，现行《宪法》在 62 条中赋予全国人大改变或撤销全国人大常委会不适当的法律、决定、决议的权力，一种监督权，在这个监督权面前，作为被监督者的全国人大常委会，它的权力不具有终决性，权力行使与监督权相比效力是待定的。第二，这项权力是高度受到限制的权力，从两个方面展开：一是从 1982 年《宪法》的制定过程来看，第 67 条第 3 项的描述上经历过比较大的变动，1982 年 4 月全民讨论时，原来条文里并没有第 3 项最后一句，“不得同该法律的基本原则相抵触”。全民讨论过程中很多人反映，在赋予全国人大常委会这么多权力的同时，应该加强对它的监督，因此最后加上限定的条件。第二，从结构上，我们如果分析 67 条的一系列权力，基本上可以分为三个类型。第一是相对独立型，《宪法》并没有明文赋予全国人大，但人大常委会却享有的权力，比如解释宪法。第二是共享型，《宪法》赋予全国人大，也赋予全国人大常委会实施，实际上也可以作为独立型，因为监督对象不一样，全国人大监督的对象全国人大常委会，全国人大常委会监督的对象是国务院和地方的立法机关。第三是辅助型，所有以“全国人大闭会期间”的时间状语为开头的权力都属于辅助型，这些权力的设置是为了解决全国人大庞大的议事团体受会期限制无法有效地行使职权而设下的具有缓冲性的权力行使方案。这三类权力稳定性递减。第三类是辅助型，基本法律修改权是最弱的，受到限制条件最多。其他以“全国人大闭会期间”为时间状语规范里，基本没有这样的限制。

我们要寻找约束基本法律修改权规范资源的时候，是不是一定要限于 67 条第 3 项？我自己在 2002 的文章里，是基于第 67 条第 3 项，按图索骥地去证明，实践中基本法律修改权的状况是游离于规范的限制。但是那篇文章最后陷入非常无力的状况，因为宪法的解释权和法律解释权是由全国人大常委会来掌握，因此在逻辑上说，它完全可以为自己任何一种行使职权的行为进行解释和辩护。当然，不解释是最好的一种方案。这篇文章中，比较幸运就是，至少有两点可以证明，第 67 条第 3 项并不是唯一的规范资源。

第一点，海波教授在第一个报告里也提到，全国人大可以在事前通过一种形式保留基本法律的修改权。大家都比较熟悉，比如说两部基本法，实际是宪法赋予的保留。比较奇怪的是《中外合资经营企业法》，2002 年的文章里也提到，最后这个保留又被全国人大拿掉，做了一个很有意思的解释，因为它不想受到会期制度的限制，其实上是在容忍全国人大常委会的修改。

第二，事后控制的手段。第 62 条第 11 项改变或者撤销不适当决定的权力，怎么跟 67 条第 3 项建立联系呢？如果对第 67 条第 3 项的基本法律修改权设定合法性要件的话，相对而言，62 条第 11 项可以作为全国人大对全国人大常委会行使职权的行为进行合理性控制的规范基础。很显然，监督对象是不适当的决定，而不是违法或违反上位法。这是我们在宪法条文当中看到的另一种监督对象。全国人大常委会针对国务院监督的时候，不是以不适当的决定作为监督对象，而是以违反宪法法律为形容词，这是一种合法性审查。同时监督的手段上，全国人大针对全国人大常委会的监督手段包括改变和撤销，但是全国人大常委会针对国务院只有撤销。这样的设计，立宪者有他的考虑，这可以结合考虑《行政诉讼法》中合法性审查和合理性审查的区别。这进一步证明，全国人大对全国人大常委会基本法律修改权的行使过程，可以行使合理性审查，这就意味着，基本法律修改权的实践并不仅仅受到 67 条第 3 项的约束。

文章的第三部分是试图在规范之外找先例。把它叫作“先例”有些站不住脚，郑磊也提出过批判，但我的“先例”也不是凭空造出来，因为全国人大常委会用过“先例”这个词，它在行使职权过程中曾经考虑过先例的约束作用。我就借用这种实践证明，在某种条件下，当它有权行使某种职权，但是出于对全国人大权威的尊重，将一些决定权回归到全国人大行使，进一步证明在某些情况下应该由全国人大来决策，而不是自己来决策。1985 年《全国人民代表大会关于授权国务院在经济体制改革和对外开放方面可以制定暂行的规定或者条例的决定》，这个决定作出的过程中，这个决定究竟由全国人大还是全国人大常委会作出，曾经引发争议，最后的方案比较慎重，由全国人大来作出。彭真同志说，这实际上是为了体现人民的意志，体现健全社会主义法治的精神。第二个先例是去年《选举法》的修改，《选举法》经历过四次修改，前三次都由全国人大常委会进行修改，去年很奇怪，全国人大最后通过《选举法》修改的决议。我试图通过两个例子来证明，既然你非常在乎先例的作用，你也曾经这样遵循先例，那么行使修改权也应当考虑先例的作用，尊重全国人大作为最高权力机关的权力。

文章的最后一个部分是完善基本法律修改权的实践建议。第一，在实体上，某些事项修改权保留给全国人大。实际上《宪法》、两部基本法的内容也提到，基本法由全国人大修改，我们是不是要把保留范围扩大，在《立法法》第 8 条里的有些事项是不是也纳入进去。我这篇文章只列举了三个事项，后来有个同学跟我商榷，基本权利的事项是不是也要保留，所以我觉得这个修改时还是要放进去，尽管文章已经发表。第二，是程序性的说明，修改过程中要不要对行为进行说明，什么叫“部分”，什么叫“没有抵触”，等等，还有修改后向全国人大报告。我的介绍到这里，谢谢大家！

林来梵：非常感谢林彦老师精彩的发言。两位主题发言人都非常优秀，都各自从自己的角度，对宪法的有关条文做出了独特的解读，内容非常精彩，我听完非常有感受。包括郑戈谈到的对宪法 111 条的政治解读，我表示非常欣赏。他谈到规范宪法学是否不同意参照党章解读，我预先回答一下。从规范宪法学的角度来看，党章不可能看成是法律渊源，但解读宪法，从学理上参酌党章，我们是不予否定的。规范宪法学在这一点上持开放性的态度，不是死方法，不是把 138 个条文看成是封闭性的物理结构。

类似我这样抛砖引玉的，都是评论，下面还有三位老师对前面两位的发言进行评论。首先有请董保城老师发言。

与谈发言

董保城（政治大学法学院教授）：

谢谢主持人和两位报告人。当时接到浙江大学光华法学院的邀请，觉得不能白来，所以就看了文章，在繁忙之余非常扼要地提出观点。但是因为最近几年的公职，不像前几年常常来大陆，对大陆学术的发展非常清楚，所以现在评论论文时，部分或许有点雾里看花，或许有距离，还请在座的老师指教。

我们常常说，人对了，什么都对了。但是学习《宪法》，并不是制度位置对了，制度就会发挥功能；如果位置不对，功能就难以发挥。宪法在位阶上，违宪审查一直是大陆研究宪法的学者内心里的一种期待。我拜读过大陆学者的著作，大部分在面对现在大陆的政治环境和发展的趋势时，认为违宪审查制度和解释制度还是要放在全国人大下面，不管叫宪法法院也好，叫宪法委员会也好，作为政治上过渡的阶段。他们的主要观点还是在于，因为人民代表大会制度的根本制度，全国人大是最高国家权力机关。

刚才的讨论，让我这个台湾的学者来看，最高国家权力机关这个用语，会困扰我们学界。最高国家权力机关，就应该是国民主权的最高机关，但是不是所有权力都要由它行使，直接或是间接行使？这个地方值得讨论。我的发言不算点评，而是与大陆学者有共同的看法：未来不管叫宪法委员会还是宪法法院，是不是要在全国人大下设置，来解决这个宪法解释的问题。我个人认为，这是从民主正当性的角度切入，但我的报告是让各位提出一个不同的观点，不管叫宪法解释，或是司法审查，都具有先天的反多数主义性格。大家了解，不管是台湾的“大法官”，美国最高法院的法官，德国宪法法院的法官，凭什么他的决定可以推翻人民代表、国会或立法院所作的多数决定？人民代表的产生是人民直接授权的，是民意的最高机关，结果却被少数的最高位阶的司法审查否定。

由于民主政治只是政治制度之一，宪政主义核心价值在保障人民的基本权利，只有透过“司法审查”获得确保，这正是出于宪法上基本权利的“少数性格”。这里少数性格是我要强调的，宪法法院或宪法委员会既然是政治体制的一部分，控制政治部门，同时又自外在于政治体系，靠的不是少数服从多数，而是判决的理由。事实上人民对判决并不在意法官有多少票赞成，多少票反对，最关键是的判决理由可以说服我。换言之，司法本来就不是少数服从多数的机制，因此司法违宪审查制度面临“反多数困局”或“抗多数的困境”，与宪法是否明定司法违宪审查制度无关，以司法反抗多数，本来就是宪法生下来就很重要的关键点。因此，司法审查制度是对民主的不信任，非民选法官以宪法之名否决多数民意足以说明民主不值得信任，这构成了司法违宪审查的基础。民主固然非常冠冕堂皇，但国内国外的历史，假借民主之名，行使人权破坏之实，是非常多的现象。所以，国会的运作逻辑，是靠多数对抗少数的政治游戏，但司法不是这样。

台湾发生过这样一个案例。之前看大陆的媒体说，以前刷卡消费，现在用指纹就可以了，指纹建档。这在台湾也成为了宪法议题，身份证被取代，用按指纹。台湾的“内政部”提议修改户籍法，要发身份证，就要强制按指纹。这个想法不是没有道理的，它通过学界、东森电视台、TVB电视台的民调，台湾有75%的民众支持。提交到立法院后，符合多数主流民意，但被一些比较注意隐私权的团体申请“大法官”解释。

“司法院大法官”在释字第603号解释中，却以强制按捺并存录指纹与宪法保障人民信息隐私权之意旨不合，而被认为是违宪。换言之，以少数否定多数，违宪审查本身就具有先天上的反多数决性格，违宪审查本来就不是数人头的游戏。大法官不能不识人间烟火，光躲在象牙塔内作解释，而应了解社会脉动，避免作成的解释与社会脱节，违背国民的法律感情。但协同意见书等也同时指出，如果过度强调民意对解释之影响，要求大法官应尊重民意，将严重危害司法独立，毕竟应重视民意、受民意影响的主要是行政与立法两大政治部门，而不是讲求独立审判的司法部门。何况法律违宪审查本就具有先天上的反多数决性格，正是出于反多数决的精神，为保护少数及宪法秩序，才有违宪审查制度之设，因为国会的立法活动结果终究不能牴触更高位阶的宪法。如果多数民意真的可以弱化违宪审查，实与瓦解违宪审查的基石无异。法令违宪审查，涉及宪法法益冲突的衡量，以及宪法原则的操作，倾听民意之余，大法官最后仍须本其专业与良知而为合于宪法精神之判断及决定。毕竟法令违宪与否，不是由全民数人头来决定，更不是靠民意调查之结果作定夺。

未来违宪审查到底放到哪里？这要脱离民意决定的思维，从国外的违宪审查制度来讲，也基本上是少数性格。台湾的“大法官”是法律或宪法的解释权机关，但他没有审判权，审判权给最高法院作出。台湾最近在面对司法权定位的时候，也是希望把现行有的“最高法院”、“最高行政法院”并掉，把“司法院”变成终审审判权和法律解释权的合一体。判案是在司法权内。但是，台湾面临的问题是，宪法终审的审判权放在“司法院”的大屋顶之下，这个发展是前任法官所作的解释，现任“司法院”基本保留，最终的审判权、解释权、违宪审查权不一定要放在司法院的体系里。这是台湾目前审判权与解释发展的方向。提出的目的是，未来不管放在哪里，司法审查的少数性格是非常重要的。放在全国人大是阶段性的做法，放在一个机关内部的位置，也会影响未来功能的发展。这篇文章提出来，希望待会儿学者作点评。

林来梵：感谢董老师精彩的报告，谈到了很多学理的问题。下面请北京师范大学法学院的陈征副教授来作与谈发言，大家欢迎。

陈征(北京师范大学法学院副教授):

感谢林老师。先说郑戈教授，我读文章的感受是，这不像是一篇文章，从立法到解释宪法，转得很突然，我猜想最后一部分是为了适应会议主题补充上来的。但刚才听完报告后，觉得两部分结合得非常好，只是报告的中心思想没有提出来，不知是因为跟大会主题不太一致，还是思想太犀利了，我们这里没有记者，也没有从事维稳工作的，您又在港大任职，完全可以把犀利的思想说出来。

我理解的文章的中心思想是，村民选举的乱象不是因为素质低，而是因为中国还不够民主，没有民主的大环境，这种自下而上的改革、从村一级上来的改革，实施起来比较困难。尤其在最后还说，政府为何不出动警力保障选举安全，这可以说是切中要害。警力不足也许是个事实，也许这个词用得特别好：中国什么不足，也不能说警力不足。为什么不出动警力呢，这涉及想不想的问题。如果假设省政府发现村民要示威游行，别说在省政府门前，这些村民可能连出村的机会都没有。警力不足的关键问题是因为还没有涉及维稳，无关维系政权，也无关地方领导的政绩，甚至村民闹得越欢,反而越能体现政绩。从下面改到上面,是非常漫长的过程。宪法学者应当抱着乐观的态度,应该假设中央是非常希望改革的,不然宪法学者活得也太痛苦了。如果抱着乐观的态度,这篇文章又有一个问题,就是文章只提出了问题,分析得非常深刻,没有提出解决的方案。从基层开始改革,无法实行,从上面更不可能,那么我们怎么去改?我听一个学者曾经说,从一个部门开始改,选择离政法行业远一点的系统去改革。我想听一下郑老师的高见,这种改革方式是否可行。

另一篇文章属于典型的规范分析,我的第一反应是,林彦老师是美国获得的博士学位,但这篇文章没有一处提到美国,脚注中没有一个英文文献,出现的英文都是网站(全场笑)。当然不是说引用英文文献不好,但从美国回国后做纯中国的研究,非常不容易。尤其是提到独立型、共享型与辅助型的三个层级,我个人非常受启发。郑磊的书面评论也提到,他也想到用三分法,但是没有具体分出来,这也很不错了,而我根本没想过三分法。我对这篇文章提个细节问题。“首先,由于全国人大享有完整的、不受限制的基本法律修改权,其有权在事前通过立法限制、甚至禁止全国人大常委会行使作为辅助型权力的基本法律修改权……全国人大应当有权将基本法律修改权完整地、排他地保留给自身行使”,这是说普通法律对全国人大常委会进行一定的限制,这一点是否符合宪法精神,可以展开讨论。说到自上而下的控权,立法机关对行政机关进行控制,除了事务内容方面的手段,比如立法,还有用人手段,包括选举、任命。宪法第 65 条规定,全国人大有权罢免全国人大常委会的组成人员,这里的罢免没有限定条件。从宪法文本来看,我们感觉到,人事罢免权没有什么限制,只要做出不符合自己意愿的行为,就有权罢免,时间上也没有限制。这样看来,事前通过立法限制的意义就不太大。因为如果全国人大觉得常委会成员越权,它完全可以通过人事手段来罢免,对立法、命令这些手段有辅助作用,其缺陷是过于灵活,哪些情况可以罢免,哪些情况不可以罢免不能确定;但本身也是个优点,常委会在行使权力时可以根据需要随时征求大部分人大代表的意见。这个控权作用的效果,比事前立法规定更灵活,更具有时效性。最后,郑磊在这篇文章的书面评议中说,“不适当”的对称是“是否同宪法相抵触”,而不是“违法”,这与行政法上合法性原则、合理性原则这对关系范畴的语境不同。为什么语境不同?如果违法,一定是不适当的决定。简单说到这,谢谢。

林来梵:非常感谢陈征老师的精彩点评,非常敏锐。

他首先发现郑戈老师指出问题之所在,却没有提供解决问题的方案。一般法社会学的特点就是这样,没有能力提供解决问题的方案。(全场笑)就好像我们对规范问题的研究,往往没有能力发现事实问题真正之所在,都有本身的局限。

他还敏锐地发现,林彦老师留美出身,居然没有广泛引用美国研究文献,很节制,这与刑法学一样,自我抑制,谦抑主义。比如说千帆教授,我把他叫作“唯美主义者”(全场笑),美国搞联邦制,他也主张在中国大陆搞联邦制;美国宪法没有规定义务,他居然也提出中国宪法不应规定义务,我说这也太“唯美”了。很节制地引用美国的东西,这个到底好不好,我们再讨论。我们让郑磊老师到最后发言。还有 25 分钟左右的时间,最后留几分钟给两位主题发言人回应,所以大致还有十多分钟自由发言,每个人两分钟左右。请大家举手发言。

郑磊(浙江大学光华法学院副教授):

林彦兄的文章,去年 11 月份就先睹为快了,并且提出十大质疑与他交流,一并附在论文集中这篇文章的后面。虽然很不成熟,但这样或许可以丰富论文集的内容,也提高现场交流的效果,因此就放到论文集里了,供大家反批评。会务串进串出,没完整地听,我就零散地谈三点感受。

第一,全国人大与其常委会立法分工是独立型还是依附型,背后的关键问题是,全国人大和全国人大常委会之间关系的问题。现在更多的学者主张,全国人大是全能型、总括的,常委会是机关依附型的。我对这些观点持一定的保留态度。从经验来看,所谓的全能型的机关,要么走向专断,要么走向虚无,这在历史上反复出现。我们的宪法是不是就是这样进行预设的?能不能在宪法规范的宽度内进行一定的解释操作呢?相关的问题有很多,个个重要问题都牵扯到此,比如,基本法律与一般法律的效力关系、常委会对基本法律的修改界限、能不能对法律乃至基本法律进行宪法审查,在中国的语境下,跟这个问题是密切相关的。

就选其中一个,借对法律进行宪法审查这个话题来说明一下吧。如果是全能型的全国人大,即使对于常委会制定的法律可以审查,对它自身制定的基本法律就无权审查了;这种情况下,若要实现对基本法律的审查,就只能通过修宪来改造宪政格局才能实现了。但是,我们穷尽宪法规范的资源了吗?也就是说,对基本法律不能审查,从理念上来说显然不对;现实操作的层面,实然上说,也没有做的;但是到宪法规范的层面,究竟有没有这个空间,这需要认真斟酌两者的关系问题。我觉得是有空间的,我们可以看一下第 57 条和第 58 条。第 57 条说的是,全国人大是最高权力机关,“它的常设机关”是常委会。第 58 条说的是,全国人大“和”它的常委会是立法机关。这就是存在于《宪法》中的波段宽度。作为常设机关,常委会不是全国人大的全权常设机关,而只是在行使最高权力机关的权力时,才作为全国人大的常设机关;而作为立法机关的时候,完全可以依据第 58 条与全国人大并列。那么为什么第 67 条第 3 项规定修改基本法律“不得同该法律的基本原则相抵触”?这不涉及两者地位的问题,因为这部基本法律作者就是全国人大,进行修改的时候,当然要尊重作者的意愿。

之所以做这样的解释操作,主要的问题意识在于,我刚才说的,如何实现对基本法律的违宪审查问题。违宪审查的审查对象,最关键的只要把握住一项,即一法之下万法之上的法律,否则你审查再多对象,那都是空的。如果不是做这样的一个解释操作,而解释为全能型的全国人大、常委会是依附型的关系的话,对基本法律是没法进行审查,要实现审查,只能通过修宪的方式来进行,而这似乎可能性更小。

至于刚才陈征提到“不适当”与“同宪法相抵触”的问题,宪法里面提到审查规范性文件时交错使用这两个词,原因在于判断谁是宪法的有权解释机关。大家可以发现,所有在用不适当的时候,都是无权解释宪法的机关,国务院等,它在审查下位规范法律文件时,用了不适当这个词。在我看来,不能从语义上理解，认为不适当就是包含违法，包含违宪。我的理解是，这里的不适当是严格限定在同“是否与宪法相抵触”并列的对称内容，也就是说它不包含同与宪法相抵触的权力。而审查是否同宪法相抵触的权力，明确只赋予全国人大常委会，因为同时明确赋予它宪法解释的权力。当然，在第 62 条第 11 项在讲全国人大职权的时候，也说用了改变或者撤销全国人民代表大会常务委员会“不适当”的决定的措辞，而全国人大是享有判断是否‘同宪法相抵触’的权力的，这来自它监督宪法的实施”的权力。

第三点，是一项质疑，林彦在文章里提到政治先例的问题。政治先例显然是宪法惯例的形式，但那几个例子是否已经形成规范法源意义上的宪法先例，更多的可能还是只是事例，不能因为存在就合理，更何况那些出现的频率也非常低。

自由发言

童之伟：我看到郑戈老师提出宪法解释是否要参考党章，很有意思。实际上我国是计划政治，是我党在计划。在计划政治下，所有的事情都是党在安排，宪法解释时，可以武断地说，不可能不参考党章，否则没法理解宪法。一个被很多人认为是非主流的宪法学者刘大生教授提出了党主立宪的主张，我认为这是非常先进的宪法思想，20 年了直到今天仍然具有先进性。(全场笑)郑戈老师提出的问题是，以后我们的宪法修改以及法律的制定和修改，是把我党的组织活动尽量纳进去，还是像现在这样尽可能地不提党的活动？我主张应该尽量纳入进去。

刘连泰：我是厦门大学法学院的刘连泰，也是浙江大学法学院的学生。我跟林老师补充一下，童之伟老师提到，解释宪法时是否可以参考党章，我觉得规范本身已经解决了，因为党章的核心，如“三个代表”、共产党的领导，在宪法序言里是有的，它与宪法解释路径一点都不冲突，解释宪法是要参考党章的。

刚才陈征教授、林老师高度赞扬了林彦教授谦抑的态度，不援引英美法律的东西，但林彦教授英美法的路子，基本可以体现在文章里面。因为英美法以问题为导向，与德国讲体系有点差别。他的问题意识很好，我这里就针对问题意识提个问题。全国人大常委会对于基本法律的修改，除了第 67 条第 3 项外还有别的规范资源，这些我都同意。你的问题意识是，全国人大常委会频繁地修改基本法；但我的问题是，全国人大常委会频繁地修改基本法合宪吗？违宪吗？合法吗？违法吗？适当吗？不适当吗？（笑声）我觉得只有对这些问题做出否定性回答时才有讨论问题的空间。为什么要提出这个问题呢？我们学者好像很着急，全国人大常委会修改基本法律，但全国人大为什么不着急，找不到资源约束它吗？是这样的原因吗？这到底是个什么样的判断？第 67 条第 3 项对频次是没有要求的，闭会了就可能修改，只要和原则不抵触就可以了。这涉及我们对全国人大常委会修改基本法律的基本立场和基本态度的问题。全国人大常委会频繁修改基本法律，是不是有其他的原因，有某种正面的功能？

叶海波：林老师这篇文章将全国人大常委会的权力视之为辅助性的权力，我觉得如果换个角度去理解，一个大国的立法机构需要有效率，而全国人大闭会期间就不开了，在这种情况下，必然要有个机构来行使这些权力，所以不能说在闭会期间把这些权力赋予全国人大常委会就变成辅助性的权力了，实际上是带有一定有时间段的权力的共享。我开会就自己行使，我没开会就你来行使。从大国治理的角度来看是需要的，所以我觉得不能仅仅从权力控制的角度解答这个问题。

对于郑戈老师的文章，我在深圳居民委员会的选举中担任观察员，我观察了五场，有些是深圳原来的村委会现在改成了居委会。选举很规范，很合法，几乎没有程序上的违法。从社会学的角度去解读，深圳的特例你可能需要去观察。维稳这个大环境、大任务，实际上迫使我们的政府越来越讲程序、讲法律，一方面为了维稳把自己的人安排进去控制，另一方面不控制，让他们去自治去自己选。村委会提出的不叫候选人，叫建议名单，建议人还要给大家亮相，有些居委会候选人特别多。所以文章对选举事实的观察选择了村委会这个样子，但样本方面可以观察一下深圳的特例，特别是那种原先是村委会，现在改成居委会的选举。另外，报告人是不是受到对大陆选举的恶性印象的影响？路子方面要更客观一点，符合这个客观的事实。

凌维慈：我是华东师范大学的凌维慈。看完林彦的文章，觉得逻辑非常严密。因为你在这篇文章中主要谈到的问题主要是为基本法律修改的权力提供一些现有的规范约束。但是我更感兴趣的是你的最后一段，你提出程序上是不是要去报告，为什么在闭会期间要修改基本法。作为常识，基本法律部分修改的总量也不是非常大，为什么不能完全提交给人大每年开会的时候来决定。法律的决策过程很长，为什么不可能等到正式开会，必须在闭会时修改，要有哪些要件，必须在闭会的时候在常委会讨论？什么叫部分的修改和补充？

张翔：林彦的文章我看得最仔细，因为这篇文章投到我做编辑的《法学家》，从第一次看见到最后三校，不知看了多少遍。一方面，我想替林彦回应一下海波，实际上那个问题与效率无关，因为曾经发生过《民族区域自治法》的修改，当时离全国人大开会只剩两个月的时间了，而我们全国人大常委会却着急着忙地把这个法给改了，而且改得幅度很大。难道就等不了两个月吗？不是的，是因为他们担心到全国人大通不过，所以现在大家质疑一点，是质疑它的民主正当性。因为受《物权法》制定现象的影响，《侵权责任法》放在了全国人大常委会通过，其实都跟这样的问题有关。

另外，接着郑磊讲到的政治先例，为了这个词我和林彦通过很多次电话，最后在我的坚持和劝导下，最后文章去掉政治两个字，就叫先例。为什么要做这样的处理？因为根据编辑部其他老师的意见，当你用政治先例这个词时，会让大家想到宪法惯例。像英国这样具有宪法惯例的国家，这样的东西遵循了几百年，有它的力量，而我们的先例就只能找到几个，找不到别的了，所以把它叫作政治先例的时候，好像它非常有权威性，这是非常危险的。一方面想着怎么去淡化，另一方面这又是一个很好的论证，最后用先例的说法，这一点一直是这篇文章比较核心的困难问题。

林来梵：我们留点时间给两位主题报告人做回应。

郑戈：刚才节省 8 分钟的时间，恰恰是想抛砖引玉，听到后面的评论，现在才是我要害的地方。

因为我翻译了狄骥的《公法的变迁》，思想受狄骥的影响比较大。刚才童老师提出了一个很好的概念，中国的政治是计划政治。现在回到陈征的问题，中国是不是选一个离政治比较远的地方进行自治的改革？刚好读了你的论文，关于国家干预经济权力的宪法限制，你选择了私营企业的领域。问题是中国现在连经济自治都实现不了，就是让经济、让市场来主导，实际上国家对整个经济的干预还是很多的。刚才提到狄骥，是因为他提出应该区分主权和治权，就像所有权和使用权的区分一样。我是一个非常保守的人，今年辛亥百年嘛，我个人是认为是不是帝制都没有关系，像英国就一直没有改过。现在的国王不会犯错，和中古的国王不会犯错是不一样的：国会它现在什么都不管了，这个基本原则没有变，主权被逐渐地虚化和弱化，只是集中在了国防和外交，日常的治理其实是越来越法治化。君主制和立宪根本就没有矛盾。我们比较一下主权和所有权，在主权的范围内提倡所有权和使用权的分离，也就是治权和主权的分离。

另外一点，村民自治的领域有现成的例子，比如北京的昌平区，之所以村委会不能自治，是因为土地增值，影响到乡政府的利益。但是在昌平，村民自治的经济部分分离出来了，成立股份有限公司来管理集体所有土地的转让问题。在这种情况下，我认为我们已经超越了运用大词进行宪法分析的时代了。而如果进行细分的话，其实我们有很多文章可做讨论。

林彦：非常感谢各位同仁的批评，非常感谢张翔为我分担责任。去年《忐忑》这首歌很红，实际上是写给我现在的状况。现在看这篇文章，觉得对不起《法学家》，当然他们比较宽容。主要回答一下刘连泰教授的问题。我的立论在哪里？实际上郑磊提到，这篇文章应该放在人大制度的大背景下去观察，要体会试图隐藏的立论，要去看全国人大和全国人大常委会的关系。1982 年《宪法》加强全国人大常委会职权的初衷，是为了弥补大会庞大、会期短、无效的缺点，当时的设计是把人民代表大会进行功能的两分，大会作为民主的象征，而常委会来完成大会本来应当完成的重要职权的行使，立法、监督、人事任免。但是，运行了将近三十年后，我们发现，我在

2002年用的词是母子倒错。在20年的时间里，研究人大制度的学者，对整个人大持同情和扶持的态度，我们今天是否要反思这样的态度，是否要继续容忍全国人大常委会这样不断扩大。有些细节问题，私下里会一一请教各位同仁。

林来梵：非常感谢大家精彩的发言。两位主题发言人、三位与谈发言人、其他自由发言人的观点，都非常值得深思。大家的态度是非常真诚的，发言是精彩的，讨论是热烈的，收益也是巨大的。做主持人其实是"打酱油"的，（笑声）不能过多地介入问题的讨论，所幸的是今天结束时我还有些发言，留到那个时候再说。主持人虽然是打酱油的，但也有两个功能，一个是看守时间，不要让有些人偷走或浪费了；第二个功能是维稳，（全场笑）怕讨论太热烈了打起来。特别是最近中国据说在流行一种文体，叫咆哮体。胡锦光教授就说，他最近受到一些压力，有些人指责他写的东西，一句话后面用四个感叹号，我说那就叫咆哮体。（全场笑）所以主持人要尽量防止这种局面出现，要维稳。但是我们每个人都享有免予饥饿的权利，虽然这个权利是公民的基本权利，不是我们应该履行的义务，但每个人也必须尊重这个权利。这个单元预定的时间我们超出了五分钟，据说接下去有丰盛的午餐，这个单元就到此结束。再次感谢各位的精彩发言。

第三单元：基本权利范畴

主题发言

主持人：焦洪昌（中国政法大学法学院教授）

各位嘉宾，下午好！今天上午的研讨进行得很成功。我总结了一下，在于主持人主持得比较好。一个是董保城教授，因为远来的和尚好念经；另一位是林来梵教授，因为他长得很帅。现在到了我主持的这个单元，虽然我没有作为上述两位主持人的优势，但我相信这个单元同样会比较精彩，原因在于本单元的两位报告人都非常厉害、很有学术潜力。

下面请李忠夏副教授来作报告。

李忠夏(山东大学法学院副教授):

谢谢焦老师！感谢浙江大学公法所举办这个会议,为我提供一个发言的机会。

我报告的题目是《人权条款的宪法解释》。这是个命题作文,郑磊要求我们提交关于宪法释义的论文。而对于我本人来说,更加关注宪法学本身的研究方法,我最近在思考关于“作为社会整合的宪法解释”方面的内容,但是没有提交本次会议进行讨论。这次的报告,是自己在方法论上的一个延伸性思考。

关于研究方法的问题,林老师在上午的报告中已经指出了规范宪法学与法社会学的区别。我觉得法社会学专注于对事实的描述,对于这种研究方式,规范宪法学有必要进行借鉴。当然法学家接触法学之外的知识,会显得比较外行。我认为关于宪法解释的问题,在目前应该成为宪法学存在的一个本质,而不仅仅是一个手段。对于这种宪法解释在本体论意义上的提高的原因,一是与宪法的变迁有关。传统上宪法强调对国家权力进行限制,现在已经扩展到积极的方面,例如基本法作为一种客观价值秩序,宪法原则中隐含的价值等等。这是基于德国法上的判断,基本权利作为客观价值秩序与宪法功能的变迁,使得宪法解释显得越来越重要。包括董保城老师的论文也提到,宪法文本的开放性与不确定,为宪法解释提供了运作的空间。另一个原因,在于宪法文本对社会变迁现实的回应。政治宪法学批评规范宪法学的一个理由在于认为后者过于僵化,这其实是一种基于法律实证主义的理解,是对规范宪法学的一种误解。规范宪法学本身并不是僵化的,当然变迁的现实对规范宪法学提出了很高要求。传统上的宪法解释规则,在现代社会下已经远远不够了。上世纪五六十年,德国已经对宪法解释提出以解决具体问题为导向的“类观点学”思维。此时宪法解释,实际上是从各种观点出发寻求恰当的结论,但是其缺憾是缺乏体系上的统一性,因此学界多有批判。黑塞提出了“宪法的统一性”原则修正,博肯福德也提出了解释理论应当受限于某一理论,这种理论也是解释的前提;应当从基本法的内涵出发,因为这指出了必须包含的前提。

在文章中，我选择了“人权条款”作为宪法释义的出发点。我国的宪法上也内涵着诸多价值，它们之间日益发生着冲突。比如对于传统的社会性与当前的自由性之间如何保证平衡的问题，我认为，必须从社会主义初级阶段的实际出发，同时坚持立宪主义的现代性的那种对人权的解释。林来梵教授的《从宪法规范到规范宪法》中已经提到了人权体系的问题，具有前瞻性。2004 年加入的“人权条款”为上述解说提供了依据。我觉得对人权条款的解释对于实现宪法的融贯性有重要意义。不过，对于我国有学者提出的那种将我国《宪法》第 38 条中规定的“人格尊严”与德国法上“人的尊严”等同的观点，我持保留意见。

关于“人权条款”的内容，我觉得有尊严与自由两个方面的内容，它们是现代性的根基，也是人权条款的核心。当然包括在德国，会有人提出质疑，认为人的尊严追溯到康德的哲学或者其他精神史基础的话，会不会造成对人性尊严的过于武断的解释？其实这种追溯并不会瓦解基本权利体系。它不是要取代基本权利教义体系的地位，而是要起到一个精神基础的作用。

关于人权条款宪法解释对于中国的意义，我认为存在着以下几个方面的内容。

第一，可以扩充基本权利体系。我们知道我国《宪法》中规定的基本权利主体是“中华人民共和国公民”，因此在我国宪法上对于外国人和无国籍人权利的保护始终是一个问题。通过对“人权条款”的解释，未来可以扩充主体范围，将其扩充到所有人身上。在德国法上其实是个非常好的例子，因为德国基本法上很多基本权利也是明确赋予了德国人，包括集会自由等等。但是这些权利通过基本法第二条第二款规定的“一般行为自由”条款的扩充解释，事实上也将这部分政治性权利扩充到所有人身上。

第二方面的意义，在于对未列举权利的保护问题。现在学界关于权利入宪的呼声非常高涨，但是从实证主义的角度来看其会妨碍法的安定性。我个人觉得可以通过对“人权条款”的扩充解释，将宪法未列举、但是对于人类非常重要的权利类型可以解释出来。

第三点，是强调人权条款作为客观原则和客观价值秩序的作用。这一点刚才已经讲到，这里不再做展开。我的发言到此结束，谢谢各位！

焦洪昌：谢谢忠夏！你的基本观点是人权的核心是尊严和自由，不大同意我们在座有些老师希望将我国《宪法》上的“人格尊严”条款提升到与德国法上的“人的尊严”条款相同地位来解决问题的思路。（笑声）这是一个非常好的想法。当然，对于“人权条款”如何认识，包括其是否具有可诉性，还仅仅是一个兜底条款，这是实践中会碰到的一个很大的问题。

下面请杜强强副教授来发言。

杜强强（首都师范大学政法学院副教授）：

谢谢焦老师，谢谢光华法学院，谢谢郑磊！我发言的题目是《基本权利条款规范领域的划定：以商业言论概念为例》。

我首先解释一下相关概念。基本权利规范领域，是宪法基本权利条款所规范的某类生活关系。例如，我国《宪法》第 39 条规范的对象是公民的住宅，因此只有认定某种场所属于住宅，才能适用该条款。如果国家机关检查的是企业的经营场所，在我国宪法上就不会发生基本权利的保护问题。因此，划定基本权利规范领域，是宪法保护的门槛条件。

问题的关键是，如何划定基本权利的规范领域。对这一问题的理解当然不能离开对基本条款的文意解释，但是我想指出的是，对基本权利规范领域的把握不能离开制宪目的与制宪理论。我文章的副标题是“以商业言论的概念为例”。商业言论概念起源于美国，美国最高法院于 1976 年宣告商业言论受宪法第一修正案的保护，其保护的范围十分宽泛。由于受上述美国法的影响，再加上我国宪法的言论自由条款十分宽泛，因此我国近年来也有学着提出对商业言论的保护问题。例如林来梵教授在《从宪法规范到规范宪法》一书中已经提出，在市场经济条件下，商业言论已经构成言论自由的一种类型。另外，例如南京大学的赵娟老师认为，商业言论既然是言论的一种，而我国宪法又没有把它明确地排除出去，因此我国宪法也保护商业言论。更有学者，例如华东政法大学的刘松山老师，在叙述完美国的上述商业言论理论之后直接来评价我国的实践。2003 年看完刘老师的这篇文章对我冲击很大，之前没有意识到言论自由条款还可以保护商业广告。但是，我认为上述通过简单的文意解释进行商业言论正当性的论证过程殊不可取，他们没有考虑制宪者的理论与目的。

如果我们作这样单纯的涵摄，隐含着巨大的隐患，因为按照通常的文意上来讲，《证券法》上上市公司的信息披露也是商业言论，《反垄断法》上的串通定价也是商业言论。那么我们会发现，一个经营者对消费者披露的信息是商业言论，但是在两个经营者之间的经营信息的交换，却是应受处罚的垄断行为。因此，如果是做单纯的逻辑涵摄，我们无法区分串通定价、信息披露和商业言论之间的区别。单纯的涵摄会造成两个危险，第一是将基本权利的领域涵盖得特别宽，会将教唆犯罪等言论纳入进来；第二是会将基本权利的规范领域划得过窄，会将象征性言论排除出去。怎么解决这个问题呢？我认为妥当的办法是既要将通过单纯的文意解释可能纳入言论自由条款的内容，例如伪证、教唆等排除出去，又要将通过单纯的文意解释可能排除出言论自由条款的内容，例如象征性言论纳入进来。那么这个排除与纳入的标准何在呢？我觉得就是要考虑制宪者的目的与政治理论。

回到我国《宪法》第 35 条，至少在 1993 年宪法修改之前，它是无法容纳商业言论。首先，从政治立场来看，毛主席在 1949 年发表了体现制宪者理论的文章——《论人民民主专政》，其中认为在新中国对于那些帝国主义的走狗，只许他们规规矩矩，不许乱说乱动。也就是说，他把言论自由当作为区分敌我的标志，言论自由只能由人民享有。其次，从宪法原意来看，1979 年《刑法》第 50 条规定的剥夺政治权利包括对言论自由的剥夺。1979 年的《刑法》是五届人大二次会议通过的，1982 年的《宪法》是五届人大五次会议通过的，他们属于同一届人大，因此《刑法》上的规定对于确定制宪者的原意具有非常重要的证据作用。第三点，从宪法的规范体系上讲，《宪法》第 34 条讲的是选举权与被选举权，第 35 条紧随其后，因此这两种宪法权利的性质是非常接近的，按照林来梵老师的说法，具有规范上的勾连结构。规范体系上的第二个理由是，《宪法》第 35 条规定了六种权利形态，从这六种权利形态的性质上分析，也可以看出其属于政治性的权利。因此，《宪法》

第35条规定的言论自由,属于政治性言论。

当然,制宪者的原意与政治理论并不是不可变的,它们不能禁锢后来者对宪法涵义的理解。考夫曼说过:“制定法要比立法者聪明。”同样,宪法也要比制宪者聪明。由于我国宪法一直在修改所以一直在进步。我国1993年确立了社会主义市场经济的体制,它是对整个宪法精神的修改,使得原先的宪法获得了新的质素。其中一个影响是扩大了《宪法》第35条规定的言论自由的规范领域,言论自由因此有了涵盖商业言论的可能。市场经济条件下商业言论的重要性日益凸显,它成为市场主体重要的表达手段和经营方式。它为言论自由条款内涵的改变提供了基本的事实依据。鉴于宪法所依据的生活事实发生的巨大变迁,我并不反对商业言论可以落入言论自由的规范领域。

我想强调的是:我们在判断宪法基本权利的规范领域时,需要做的是目的论上的判断,而不是单纯的涵摄。也就是说,我本人关于《宪法》31条背后的制宪者原意和政治理论的解释很可能是错的,但是这个分析的方向并不会错;相反,用单纯的文意解释来判断基本权利的规范领域,其结果可能是对,但其方法可能是有问题的。我的发言到此结束,谢谢!

焦洪昌:谢谢强强教授观点鲜明的发言。下面进入到与谈阶段,有四位与谈人。下面先有请刘连泰教授发言。

与谈发言

刘连泰(厦门大学法学院教授):

谢谢!首先对于李忠夏的文章中谈到了“人权条款”的三点意义,包括人权主体的扩充、未列举权利的认定和客观价值秩序的奠定。这三个意义的观点我基本同意。但是我想在此提供另外一种解释方法,比如发言时提到的人权主体的扩充问题。到底人权主体的扩充需不需要人权条款的作用。我觉得李忠夏博士对于我国宪法上基本权利条款上的理解是一种观点,但是我觉得可能还有另外一种理解。我们在宪法文本上表述基本权利主体时表述为“公民”,李忠夏认为“公民”是排除了外国人与无国籍人,我对此表示不同意。我认为可能仅仅是为了表述方便,因为如果我们回到

《宪法》第 32 条,其规定“中华人民共和国保护在中国境内的外国人的合法权益”。通过这一条款,我们可以认为,外国人与无国籍人,并不在基本权利条款的规范领域之外。其实依据我们的日常经验,外国人的基本权利在中华人民共和国境内比中国公民保护得更好。

关于杜强强的文章,文章的基本观点是认为从原旨主义的角度来看《宪法》第 35 条不包括商业言论。我觉得可能还有另外一种解读。美国在制定第一修正案时,可能也是没有认识到商业性言论,它是通过解释出来的。按照我们的生活经验来理解,政治性言论与商业性言论谁应该受到管制?应该是政治性言论。我们可以设想,作为禁忌更多的政治性言论都要受到宪法保护的话,那么作为禁忌更少的商业性言论当然也需要加以保护。谢谢!

焦洪昌: 谢谢刘连泰教授令人受益匪浅的发言。下面请翟国强研究员评议。

翟国强(中国社科院法学所副研究员):

既然是自由与谈,我就选择强强兄的文章作为火力攻击点。强强文章的结论我很赞同,研究的进路也有借鉴意义。我想要批评他的是一个相关论点,他认为基本权利的保障范围越宽保护强度越低。

首先,这属于脱离具体案件的纯粹逻辑推演。对不同的权利进行位阶排序的理论,现在被认为是在逻辑上不能自洽的。退一步而言,即使可以基本权利价值位阶上的排序,那么本文处理的言论自由与商业性言论也属于同一位阶,因而也无法解决保障强度大小的问题。

其实,这里问题的关键,是要区分基本权利竞合与基本权冲突两对概念。我之前有所思考,首先,基本权利竞合解决的是哪个权利落入基本权利的规范之中,是一个依据规范的问题;而基本权利的冲突更多需要在具体的案件中进行衡量的工作,更多的是依据原则的推理。第二个区别是两者处于基本权利推理思考的不同阶段,竞合是第一个步骤,指的是将某项权利落入特定规范内;冲突是存在于后一个衡量阶段,是决定哪种利益优先获得保护的问题。第三个区别是,竞合解决的是哪个规则优先使用的问题;冲突才是解决不同的基本权利之间的价值位阶关系。从上述区别来看,强强文章中的一些观点是有待商榷的。例如文章将信息披露与串通定价认为是不在商业言论的保障范围之内的,对此我也表示赞同。但是其原因应当是信息披露与串通定价更接近于财产权与经营自由的保障范围内;而言论自由更倾向于的是观点与思想的表达。商业言论之所以需要加以保护,主要是体现了广告主的一点经营理念与价值理念在里头。

焦洪昌: 谢谢国强!下面请周刚志教授来与谈。

周刚志(厦门大学法学院副教授):

谢谢!刚刚听了两位的发言很有启发。下面谈谈我的看法。

第一,对于李忠夏博士的观点,就是“人权条款”是不是可以扩张基本权利主体的范围的问题,我认为基本权利主体的扩张并不是扩张到外国人与无国籍人,而是应该理解为是扩张到了全体的公民。当初我们讲基本权利主体的时候,是立足于阶级理论,否定一般的人权和一般的人性,譬如我们在20世纪80年代还在批判资产阶级人性论。所以,1954年的那个时代里,是把人做了阶级划分的,从当时的意识形态来看,宪法上的基本权利主体并不会涵盖所有人。因此后来从仅仅强调阶级人权论到承认普遍人权论,“人权条款”正是具有这样一个扩张基本权利主体的功能。对于外国人与无国籍人的权利,实际上即使没有经过人权条款,我们也承认外国人与无国籍人在某些领域内的某些权利,当然选举权和被选举权这些政治权利他们不可以享有。按照我的理解,“人权条款”作为基本权利的请求权功能之规范基础有所不足,其更多的意义是体现客观价值秩序功能,为基本权利的法律续造提供了价值基础,这一点忠夏博士也有提到了。

另外,“人权条款”与德国法上的“人性尊严”还是不一样的,后者有基督教的文化背景;我们这边的人权更多的是表达一种尊重与保障人权的政治姿态,而贯穿中国制宪与修宪过程的背后的主要还是国家主义,例如今年“两会”期间还是强调税收要为国家经济发展服务,而不是为人的发展创造条件。“人权条款”入宪,恰好为我们修正上述价值提供了重要契机。这是我学习忠夏博士这篇论文的一点体会。

对于强强博士的论文，有一点需要与你进行商榷。你提到规范目的论，从解释学的角度来看，恐怕更多的是属于原旨主义或者历史解释的范畴，这与当前学界强调的“目的论”，意义不相同。后者认为法律制定出来后，其目的就不局限于立法者当初的目的了，而是更多地被认为是具有功能主义的意味，即制度本身的目的是什么的问题。例如你提到的商业言论，当有了社会需要的时候，它就有了一种客观的功能，就可以被解释为包含在言论自由条款中了，其解释的效果可能恰恰与原旨主义的理解相反。当然我同意你的这个观点，即根据原旨主义的解释，不能将商业言论包含在言论自由之中。但是，就像刚才国强提到的，这个商业言论放在经营自主权中是否更为合适？这样理解似乎更加言之成理。

以上是一点自己的学习体会，谢谢各位！

焦洪昌：谢谢刚志。从刚志的发言，我觉得哈贝马斯说得对：理解就是为了不同理解。针对你刚才讲的公民权与人权，我一直在想，法国《人权宣言》最早就区分了人权与公民权。对两者区别的理解，是不是可以从主体上来看；还是说人权是一种道德意义上、应然性的权利。这是我的理解。下面于文豪博士。

于文豪（中国人民大学法学院博士候选人）：

谢谢焦老师，也感非常谢浙大法学院与两位郑老师给我这样一个机会。下面汇报一下我阅读文章的体会。

对于李忠夏老师的文章，我非常同意的是，从人权到基本权利，体现了从主权性到具体性的一个过程，因此基本权利是一个具体化的产物。但是在我国宪法中，之所以写入“人权条款”，修宪者恐怕不是基于规范的目的，而是基于一种政治的考量。另外，如果没有一个实效性的违宪审查制度的话，我们讨论“人权条款”的效力及其解释方法也是没有意义的。所以我认为我们在讨论“人权条款”的时候，应当考虑人权背后的政治考量与决断。

对于杜强强老师的两篇文章，我觉得有一个共同点，就是都体现了一种政治分析的逻辑。虽然两篇文章都是围绕着言论自由条款，但是在分析的时候，强强老师都指出了政治考量这个关键点。在考虑立宪的时候，政治是一个无法回避的问题，但是需要注意的是，如何保持自己是“政治正确”的。政治正确有两种涵义，一是不违背立宪者的意图，二是希望通过我们的分析对行宪过程有一个价值引导作用。我把后者称之为“政治逻辑的规范分析”。在“政治逻辑的规范分析”的方法中需要考虑三个问题：一是政治逻辑是如何进入规范分析这个方法的；二是如何影响规范分析方法的；三是如何塑造规范分析的方法的。

从上述思路出发，我想向大家汇报一下我的文章，是对我国《宪法》第35条的结社条款进行的一个粗浅思考。我国《宪法》虽然规定了公民的结社自由，但是在学界没有对其形成一个完整的体系性解释的方案。大家都认为这是一种政治性的权利，但是对于“结社”二字的涵义，恐怕都没有阐释清楚。另外，我国的“结社自由”与西方的概念是不是有异同的地方，为什么会有异同，我们在行使的时候会受到怎样的限制，对这些问题在理论上也没有一个恰当的解释。我认为在分析结社自由的时候，需要考虑我国的政治体制、社会主义国家与人民民主专政制度。在建国的过程中，结社自由被认为用来进行革命的手段，而现在我们已经建立了社会主义国家，结社自由的对抗性的功能是否仍然存在？我的观点是认为对抗功能还是存在的，因为作为主权者的人民有可能被作为主权行使者的人民政府所侵害，因此对抗功能还是存在的。然而从我国宪法文本上考量，这个功能的行使可能需要具备三个前提，一是要维护我们的人民民主专政制度，二是要维护党的领导地位，三是要维护社会主义制度。但是，这三个前提与结社自由之间是一个什么样的关系，我目前还没有一个成熟的考虑。

以上是我的一些初步的思考，请老师们批评指正。谢谢！

焦洪昌：谢谢文豪！你的发言很给力。

下面进入自由发言阶段，看看大家有什么问题需要与两位报告人进行讨论。下面请第一个发言人周大刚教授。

自由发言

周大刚：我是浙江工商大学的周大刚。我谈一下我对言论自由的一个看法。我认为言论自由作为一个原则，肯定是一个宪政的基本追求；但是，作为一个事实,它会对社会秩序造成伤害。所以国家的公权力必须对言论自由进行一定程度的管制。这对矛盾我觉得是通过用公共利益的方式进行限制来解决的,而不需要通过言论属于政治言论与商业言论,只需要探讨这个言论是否需要基于公共利益的要求对其加以管制。如果能够找到被宪法认可的充足的公共利益,就可以管制。

但是,我个人认为美国有一个特殊情况,当时在第一修正案中没有为这种限制留下空间,其规定国会不能制定任何限制言论自由的法律,因而将限制的口堵死了。但是美国同样碰到需要对言论进行管制的问题,因此最高法院只能从内容上区分商业言论与其他言论,从而给国会立法进行限制提供了选择空间。基于上述背景的不同,我认为在中国研究言论自由与借鉴美国经验的时候,应该考虑到上述差别。

王凌皞: 我是浙大法学院法理学的博士生王凌皞。对于杜强强老师的文章,我觉得其实是原意论的版本。美国法学界关于这方面讨论的特别多,有起草者的原意论、投票人的原意论、制宪时刻文本表达的客观的原意论,等等。文章所表达的,更接近于起草者的原意论,因为你引用了毛泽东的一大段话。我的问题是,在我们当下这样一个转型时代,起草者的原意应当如何进入宪法文本?

我们可以来做一个思想实验,假设现在有个国家刚好由独裁转型到民主,宪法的起草者刚好是国王。这部宪法也有言论自由的条款,它说应当保护言论自由。但是如果进入这个独裁者的大脑,我们可以想象这个国王理解的言论是指一切通常意义上的言论,但需要排除推翻王位的言论,但是在民主的时代,作为希望争取民主制度的普通民众,我们在解释宪法的是不是否应该考虑这种意义上的独裁者的立法原意?我们需不需要一些规范性的阀门,让一些内容从解释中排除出去?在我的思想实验里,似乎独裁者这样一种隐匿的立法原意不应该保留。因此通过这样一种思想实验,我对您研究的进路表示一点质疑。谢谢!

郑戈: 我也需要对强强的文章发表一点看法。美国对商业言论的保护实际上是非常特殊的。第一修正案实际上是为了限制联邦政府的权力,因此表示国会不得制定限制言论自由的法律，当时连州的限制还没有考虑到。因此拿美国的原意论或者其他理论直接搬到中国会有很大的落差。我们知道其他国家的宪法，包括加拿大宪法、南非宪法、欧洲人权法院的判例等，都强调对所有的自由都是可以限制的，比如在宪法条文中直接表述为“民主社会所必要的限制”。因此具体进行限制的判断权非常重要，需要在具体个案中进行是否限制的判断。

但是，我也不同意刚才大刚兄所说的“公共利益”，这个概念过于太宽泛。这里其实是一个比例原则的问题。当然对于“proportionality”一词，我不倾向于翻译成“比例原则”，我认为应当用适度原则。我觉得这项宪法判断上的原则，对于我们讨论商业言论是否属于言论自由的涵盖的范围会更有意义。

童之伟：对于杜强强的文章我想发表一下看法。我认为洋人的解释方法一般很难拿到中国。比如说制宪者的原意的解释方法在中国是不大能适用的，尤其不能适用于基本权利领域。因为我们 1982 年修宪时修宪者写进某些基本权利的原意可能就是做样子的，本来就没有认真对待的意思，所以用制宪者的本意来研究基本权利的原意是非常糟糕的。在解释中国宪法的时候，我认为重要的是强调文意，就是从字面上看表达了什么意思就可以确定宪法的涵义。谢谢！

林来梵：我觉得童老师的说法是值得借鉴的。如果我们把立法原意绝对化的话，宪法解释很难进行，那就刻舟求剑了。从这个角度看，强强受点批评是可以理解的。

另外，忠夏也应该受点批评，因为他把我对《宪法》38 条人格尊严条款的解释解读成为一种基本价值规范，他认为这显然是违背了立法者的原意与宪法条款的序列结构。其实，这种宪法条款的序列结构的观点，也是从制定者的原意出发的。这里面临着一个问题，立宪者的原意到底是什么呢？是主观的还是客观的？也就是说是假设立宪者来到这个时代对这个条款如何进行解释，还是当年在修订宪法的时候所想的内容？这两种显然是不同的，现在美国已经发展到前面一种理解，也就是说是立宪者现在的理解。再说，你将《宪法》33条第3款解释为能够输入人的尊严与自由，那也是违背立法者原意的。这种理解更加宽泛了，而且抓不到语言的脉络。对于《宪法》33条第3款，我在2004年曾经写过一篇文章，题为《人权保障：作为原则的意义》，对"人权条款"解释了五点。一是它承认了作为人所固有的一些权利；二是宣誓了国家尊重人权的保障义务；三是可以作为未列举权利的基础；四是可以理解为对基本权利进行限制的一种限制；五是这条其实要求对基本权利的侵害需要进行救济。这种理解虽然在一定程度上也超越了立法者的原意，但是毕竟能够在一个语言的脉络中加以说明。

董保城：刚才童老师说"人权条款"当初只是具有装饰之用，那么现在大家怎么来看待这个问题？这让我想起台湾的"宪法"，我们修改很多次，但是基本条款没变。有人说我们要讲基本权利条款应扩大，将隐私权、国际人权加进去。但是到目前为止经历的七次修宪，一次都没有变更人权条款。这个怎么看？当初台湾写权利条款的时候心态跟大陆也差不多，装饰用的。可是没有想到通过司法审查与解释，被我们法律人弄假成真。马英九上台后，还通过了两个国际人权公约，司法院的"大法官"已经在解释中引用了上述两个公约了。因此活化基本权利的任务需要我们法律人的努力。

我回答报告人的几个问题。一是谁可以享有基本权利？从人权的国际化与普遍价值来看，人权的适用范围应当越来越大。最近云南、日本等地的地震，这些复合式的灾变的出现意味着未来的社会是个快速应急的社会。当立法怠惰，当行政不作为的时候，司法积极主义出现，否则受害的将是广大人民群众。因此人权的国际化已经不是你要不要承认，而是你不得不承认的问题。

第二点，关于言论自由需不需要包含商业性。我觉得应当借鉴德国的基本权利最大化保障原则，尽量保障基本权利。当然，保障并不是为所欲为，其背后在于规范密度与司法审查密度的问题。在台湾，对于香烟上强制印刷骷髅，有人认为是对表达自由的限制。在司法院"大法官"的解释中，认为这本身是一种对表达的合理限制。人权的国际化与最大保障，最后还是需要通过司法审查进行一个适度的控制。

最后,关于言论自由,我在台湾有一个切身的体会,过去如果在台湾讲台独,便意味着要坐牢。现在社会成熟以后,会慢慢对其加以忍受。只有让言论自由慢慢发展才能孕育出市场的自由,让少数变成多数,多数变成少数,实现少数与多数的轮替。

郑春燕:我提两个问题。

第一个问题是针对李忠夏老师的。就是在文章的第 89 页提到了人权条款的意义在于对国家提出了基本权利的保护义务。我不知道为什么会得出这样子的结论。为什么宪法上更简洁的"人权条款",更能体现出宪法的一种制度保障功能。我从有限的篇幅中没能读出来。相反,我觉得其他的宪法基本权利的具体化,反而可能更加有利于实现其制度保障功能。我希望能够获知进一步的论证。

第二是针对杜强强老师的文章。在方法论上我有一点不同的看法,与强强老师来商榷。强强老师通过言论自由概念的分析来批判单纯的文意解释是不够的,认为必须要借鉴政治立场与政治理论的解释和宪法原意的解释。但是我认为文意解释本身有扩张解释与限缩解释之别,强强老师批判的其实是限缩的文意解释,因此这个前提值得商榷。反过来说,即使政治性的考量可能还是需要综合性地结合其他的解释方法,例如文意解释方法。所以我想为文意解释的方法稍微平反一下。谢谢!

石毕凡:各位老师,我是浙江大学光华法学院法理学的石毕凡,也是中国宪法学会的一个普通理事。

强强老师的第一篇文章提到了对《宪法》第 35 条与 41 条的规范比较。这两条是不是意味着公民在宪法上同时享有对国家机关的监督权与言论自由权呢?公民在宪法上的基本权利并不是多多益善的,是不是应该认为言论自由应当涵盖了公民的监督权?我认为这两种权利是一个同心圆,监督权是言论自由的核心。所以我觉得如果不提监督权,言论自由是不是已经具有了监督权的属性呢?

杜强强:我补充一句,《宪法》第 41 条已经规定了监督权。

石毕凡：我知道。但是我认为两者应该是一种包容关系，因此提出了这样一个不同的看法。所以希望请你回应一下。谢谢！

陈海萍：在解释基本权利的时候，我想把我一个一直在脑子中的问题抛出来，求教于大家。

基于宪法的开放性，其实我们有足够的空间解释宪法。基于立宪主义的价值理念，我们其实可以顺利接受《德国基本法》第一条关于“人性尊严”的基本价值目标。但是无论是从应然理念，还是可供我们参照的美国、德国的经验，我们发现，当我们翻开《中华人民共和国宪法》的时候，映入眼帘的是第一条规定的“中华人民共和国人民是工人阶级领导的，以工农联盟为基础的、人民民主专政的社会主义国家”。从中可以看出，我国宪法的政治象征意义其实远远大于其规范意义。当宪法不可避免地作为一种政治工具的时候，而国家领导人政治姿态又不足以让我们解渴的时候，我们在想这个差距为何如此之大？当我们面对学生进行教学的时候，我们经常在两张皮上折腾。一方面我们一直在呼吁我们的宪法“不能没有牙”，另一方面我们又不得不面对诸如公民的房屋被政府以“公共利益”为由遭受侵犯等事实。趁着这个宪法解释研讨的机会，我想提出来这么一个，就是我们如何应对现实生活中的这些政治现实？刚才我在听各位的发言和与谈，大家分别提出来了公共利益、党的领导、人民民主专政、比例原则等，但是我觉得这些不足以让我们在面对两张皮的时候进行判断。所以我趁这个机会想提出来求教于各位。

郑戈：刚才董老师提出来，就是“弄假成真”。

陈海萍：但是，董老师这种方式运行的条件是必须要具备实效性的违宪审查制度，但是目前我们却不具备，所以仍然无法解决问题。谢谢！

焦洪昌：陈海萍着急了，没关系，反正还年轻。好，现在与谈的时间到。下面请两个报告人分别回应一下。

李忠夏：我总结了一下，针对我的批评主要是由三点。

第一点是基本权利主体扩充的问题。关于这个问题，我 2008 年在德国参加过一次中国人的游行活动，当时是反对藏独问题的。当时我就在想中国人为什么在德国有游行的权利，这个在德国基本法上没有明确规定，后来才发现他们其实早已将基本权利的主体扩充到外国人与无国籍的人了。反观中国，如果我们将我们《宪法》上的基本权利仅仅限于中国公民的话，就会构成了一个问题。

第二点是刚才文豪提到的问题。我们在解释宪法的时候，同样是想为基本权利提供一个统领性的价值基础，因此可以求同存异。我写这篇文章，主要是为了印证我自己对于宪法解释方法的一些想法。至于“人权条款”的具体解释，因为准备仓促，还没来得及阅读林老师与季卫东老师的文章，只是看了焦老师与韩老师的文章。幸亏这只是一篇会议论文，没有犯很严重的学术规范的错误。

第三点是郑老师提出的国家保护义务的问题。我的考虑是看到有些基本权利条款中涉及了国家保护义务的内容，而有些却没有涉及基本权利保护的字眼。因此考虑是不是可以通过“人权条款”将国家的保护义务扩展出去？我觉得这是一个需要讨论的问题，但是可能思考也不是很成熟。谢谢大家！

杜强强：我写这篇文章的想法主要是为了反对通过单纯的文意解释来界定宪法规范领域的做法。单纯的文意解释无论是扩张解释还是限缩解释，是无法区分传授犯罪方法与一般的言论的。

第二点，刚才老师们批评我的是原旨主义的目的论，对此我是存在一点点“腹诽”的，（全场笑）其实我主张的是客观的目的论式的解释。当然，这可能是因为我表述的问题，而给大家造成的一个误解。如果我将我的第二个标题改成是“宪法目的”，那么可能就会更加清楚一些。

第三点，关于是否将商业言论归入经营自由的概念下讨论会更好一些的问题。问题是，林老师在《从宪法规范到规范宪法》一书中已经提到了在市场经济条件下商业言论已经成为了言论的一个类型，并且已经有学者讲商业言论就是一种言论，因此必须做出回应。当然如果没有林老师等的引入的话，我们完全可以在经营自由的概念下讨论商业言论。谢谢！

焦洪昌：各位，作为主持人，我听了这个单元的讨论感受很深。每位发言人闪光的宪法思想都让我怦然心动。此时此刻，春夏场景，晌午时分，我心飞翔！（全场笑）谢谢各位的参与！

第四单元：解释理论篇

主题发言

主持人：童之伟（华东政法大学法律学院教授）

各位老师，我们接着讨论，进入"解释理论篇"。

"解释"这个东西在法律中非常正式，跟日常生活中用语解释一词的差别太大。其实我们中国很多的法学者，谈起解释来愤愤不平。按宪法我们中国连最高人民法院都没有法律解释权——我们解释都不能解释，法律怎能充分适用？其实这里的"解释"这个词还是日常生活中的用语。如果不是官方机构，要慎用解释两个字，可以在法学领域把通常意义上的解释一词改成"理解"。法院有权理解宪法，他们将对宪法的理解说出来，并不等于就是解释。（全场笑）当然作为理解，可以说出来，也可以不说出来，而且通常不必说出来。

另一方面，我个人非常主张把外国的好东西拿过来，甚至在指导博士论文选题时，多少年来都是这个指导思想，如果我们没有很好的选题研究国内的宪法问题，不妨就研究一下外国的，看别人怎么搞的。这样做在解决中国问题时能获得启发。林彦老师到美国读了博士，不引用美国的知识，大家表示赞赏。实际上，写论文有个目的，该引用什么就用什么，不要把外国的东西勉强挂上去。但是，对外国的东西我们还是要用开放的态度对待，在这个意义上，我还是很赞赏张翔副教授的做法。（全场笑）为什么我强调副教授呢？我是非常讲究实事求是的一个人，在华政我曾经点评一年级二年级博士生的发言，当时他们互相捧场说某博士某博士，我说没得到学位还是博士生，凭什么称博士！这个风气存在极大的问题。我在巴黎政治学院做访问学者时，巴黎第一大学的一个老师邀请我去做讲座，我是中国人所以比较客气，叫他某某教授，实际上他是副教授。他马上告诉我，教授这个称号他不能接受，接受了学校的学术道德委员会要追究他。哈哈……

下面有请张翔副教授发言。

主题发言

张翔(中国人民大学法学院副教授)：

谢谢童老师，谢谢浙江大学光华法学院的邀请，谢谢郑磊。为什么要感谢？看到议程以后，我就觉得要感谢郑磊，因为他在最后一个单元只安排我一个人讲，却安排了五个与谈人，让五个人评我一个人，压力非常大。

今天我给大家报告的题目是《宪法教义学体系的发展》，其实我写的不是一篇论文，它只是我想写的论文的一个部分，由于琐事过多，这篇论文没有如期完成，只提交论文的一部分。我想写的是基本权利的解释问题，刚才董保城老师说，我们要假戏真做，把基本权利解释出来，让这个东西活起来。刚才杜强强和李忠夏，包括陈征的文章给了我们很好的范例。我想做的不是去解释某个具体的条款，而是对整个宪法上的基本权利篇章以及宪法上与基本权利有关的篇章，提供一个整体性的解释方案。为什么要这样做？个别解释基本权利条款，容易造成一些逻辑上的问题，我们需要总体上把握，一方面可以解决逻辑上的问题，另一方面可以使我们在解释具体条款时可以有一个路径去参考，可以轻松一点。所以在这种路径下，我就想去做一个基本权利的体系化思考。

我写德国这一块，是先去看德国人是怎么做基本权利的体系化思考，启发我对中国宪法上的基本权利篇章做个体系化的把握，这是我的论文的想法。当然论文没有写成，只写成了这一点点，作为论文铺垫、参考的东西，也给大家做个介绍，有可能存在对大家有所帮助的地方。

如果我们从今天来看德国的基本权利教义学，会看到逻辑非常严密的一个体系。比如基本权利的限制问题，我们会看到基本权利的保护范围、基本权利的限制、基本权利限制的合宪性论证这三个层次。每个层次里面又进行了区分，比如合宪性论证里讲了法律保留原则、比例原则等；法律保留又可以细分为不同层次，单纯法律保留、特殊法律保留和法律保留；比例原则里也有很多的细分。他们的教辅读物会告诉学生，对案件的分析就按这十一步，每一步的答案如果是“是”的话，就可以进入下一步。就是说可以用非常精密的思考方式，解决现实中的基本权利问题。这种高品质的法教义学不是一下子来的，当年基本法刚刚制定出来的时候并没有这套东西，是后来通过宪法解释、教义学逐步建立起来的。当时面对 19 个基本权利条款，他们的宪法学界、宪法法院也是无从下手。初期的判决里还是持非常保守的观点，即认为基本权利是防御国家的防御权，那时的案例没有任何突破，还是用旧的理论解决问题。但是从杜里希教授的一篇论文，他们一下子打开了基本权利体系分析的大门。从杜里希教授把基本权利作为价值与请求权体系，到现在成为主流学说的基本权利功能体系，他们的发展不能算太缓慢。虽然现在还有很多争议，但是这种争论已经是一种竞技场上的斗争，而不是方向上的，因为他们已经建立起了思考的基本共识、基本模式。

我介绍一下这个脉络形成的过程。

首先，杜里希教授在 1956 年发表了一篇论文，叫作《人性尊严的基本权利条款》，基本是德国宪法学中引用率最高的论文之一。他在这篇论文里尝试提出基本权利的解释方案，尝试将基本法第一条第一项规定的人的尊严作为法秩序的最高建构原则，在这个基础上构成一个封闭的、无漏洞的价值与请求权体系。人性尊严是制宪者确立的宪法最高价值，这项价值同时构成请求权，要求国家尊重和保障人性尊严，这个请求权又渗透到所有的基本权利条款之中。在这个价值基础之上，他又选择性地解释基本权利具体条款，由此建构一个体系。

这几个具体条款是什么？他主张，人性尊严这个一般性的请求权，可以融入其他的基本权利之中，整个基本权利基于人性尊严形成请求权体系，个人可以依据基本权利去主张。在第 1 条第 3 款里，确立了基本权利的请求对象，即立法、行政、司法三种国家权力。条文规定，基本权利是直接约束立法、行政、司法的法。根据第 19 条第 2 款、第 79 条的规定，他认为国家对于基本权利的支配权是受限制的，立法也受基本权利的制约。他把基本法第 2 条第 1 款的一般行为自由解释为首要自由权，别的基本权利是具体基本权利的列举，如果不能列举在其他基本权利中，都可以通过第 2 条第 1 款的首要自由权获得主张。把第 3 条作为首要平等权，第 19 条为首要程序权。他就把整体体系通过一个价值脉络贯穿起来，搭构起一个框架，这个价值与请求权体系是封闭的、无漏洞的，任何利益都可以通过基本权利来主张，包括宪法上没有列举的，都可以用用第 2 条第 1 款首要自由权主张。他的主张提出以后，迅速得到联邦宪法法院的回应。1957 年的一个判决中，联邦宪法法院把基本法的第 2 条第 1 款解释为兜底基本权利。在后来的吕特判决、税务分割判决里，开始说基本权利是个制度性保障，用价值的思考去解释这种权利。宪法法院对杜里希做了回应，就打开了基本权利解释的大门，比传统的防御权的含义大大拓展。

基本权利保护的范围还涉及不同层次上的发展，被一个教授称作基本权利的膨胀。这种膨胀表现在什么方面？第一，特别权利关系领域，这个传统基本权利不涉及的领域现在也要受到基本权利约束。第二，宪法未列举权利的保护，通过刚才说的第 2 条第 1 款。第三，受益权或给付权。传统上基本权利只是防御国家的防御权，在大学名额案中宪法说，如果是关乎人民生存的权利，国家不给付的话就侵犯基本权利，这时要求国家积极作为的给付权也成为基本权利的内容。第四，组织与程序的保障。通过这些方面，整个基本权利拓展到了非常宽泛的领域，很多过去认为与基本权利无关的问题，现在都被纳入基本权利里面思考。

这个主张及宪法法院做的全新的解释迅速受到批判，因为里面有些问题。一方面，请求权体系这个概念来自德国民法传统思维的概念，但很多人指出民法传统思维是无法解决宪法上的问题的，借用是有问题的。为什么？我概括为三种层次的批评。

第一，基本权利的规范不同于民法规范，它具有非常强的原则性和开放性。基本权利规定在文字措辞含义上，表达为简洁、精练的模式，还具有原则性，其内容缺乏明确性，如果把基本权利作为直接有效的法，就要求采取与别的法律规定不同的解释，这种解释不仅是说明性，而且是填充性。

黑塞及另外一些学者都认为杜里希的观点是有问题。比如,杜里希说基本权利体系是封闭无漏洞的,而黑塞就说基本权利只是对重点内容的保障,对容易受到威胁的基本权利保障,在这种意义上不可能想象为无漏洞的体系,这种无漏洞的体系只是自己的假设。

第二,请求权主要是在个人可以去主张的意义上讲的,谁得向谁基于什么去主张什么。但是基本权利的实现很大程度上不是靠个人去主张的,而是靠客观的制度,或是社会生活关系。在这点上很多学者都提出批评,比较重要的就是卢曼,他说,将基本权利看成请求权体系,不能展现基本权利的全部内涵,基本权利很多情况下体现的是一种社会制度,比如财产权的实现依赖社会关系的制度,不是仅仅靠请求权就能实现。

第三,把请求权扩大到给付请求权,但是向国家要求什么东西的时候有财政负担的问题,所以给付请求权就不像防御请求权那样容易落实。

基于这几点理由,质疑者就认为请求权体系存在问题。另一方面的批判是,杜里希通过人性尊严条款把价值引入到体系中去,很多人认为这个引入会带来价值的滥用,会把政治理论、权力哲学引入到宪法中来,而这些东西不是宪法所有的。比如我们讲人性尊严,就一定要讲背后的基督教的教义、康德哲学、马克思主义,但这些东西本身并不是宪法里的,把宪法外的东西拿进来,会造成法解释的价值滥用,是非常危险的。

在这样的批判下,他们开始了重新的思考。我概括为三个方面。

第一,不能把基本权利篇章封闭起来看,而要结合基本法的其他部分,有些基本权利的实现要依靠制度。

第二,不要只把基本权利作为个人的请求权,而要看到制度因素、社会因素,卢曼做了很多的论证。

第三,在基本权利的解释中,如果要引入宪法外的价值和政治理论,要受到宪法文本自身的约束。

我想强调最后一点,我们任何的解释背后一定有政治理论,只有存在先行的基本权利理论才能进行解释。基于不同的基本权利理论,解释出来完全不一样,自由主义理论和社会理论解释出来是不一样的。这种情况下，如果随意地把外面的价值拿进来，会有问题。解决方案是，我们要去探寻基本法的基本权利理论，不是从康德、洛克等任何具体的人那里，而是去看基本法本身包含什么基本权利理论。这个理论包括三个要素：第一，基本权利理论保护的核心是自由。第二，基本权利的实现有赖于一定的社会前提。第三，要把对基本权利的理解与民主原则和法治原则联系起来。这样就解决了法解释学上非常困扰的问题。在学者不断研究、宪法法院不断解释的努力下，现在已经形成了基本权利的功能体系。按不同的功能去看，比如防御权功能、客观价值秩序的功能。

刚刚我对德国基本的体系化思考脉络进行了描述，但这个描述只是提供一个范本，即关于他们是怎么想问题的。而我要解决的最终问题是，我们怎么解释我们的基本权利篇章？刚才第三单元已经涉及，怎么把它构成逻辑上的体系。解释一个条款都很困难了，要把整个基本权利篇章形成体系更困难。大概可以在这么几个方向上思考。

我们可能还要像杜里希这样找到宪法基本权利篇章的关键条款，首先人权条款非常重要，人权条款把一种价值贯彻到了基本权利的体系中去，2004 年修宪的意义非常重大，关于人权条款的文章我也写过，林老师当时解释了 5 点，我解释了 6 点，今天我列了半天只有 4 点，这个条款肯定是一个关键的条款，各位的研究都是我往下思考的方向。

我们还要关注第 51 条跟其他条款的关系，即概括性的限制条款与其他限制性的规定之间的关系。比如第 51 条与第 40 条关于通信自由限制的条款是什么关系？

另外，大家之前没有特别注意到，基本权利篇章的第一个条款是平等权，这种体系安排上很值得深思。平等权与社会权有非常密切的关联，再结合我国《宪法》上有那么多社会权的规定，这种情况下怎么理解平等权条款？是不是像陈征在一篇文章批评我的那样，我国更重要的是给付权。

此外，《宪法》第二章的章名大家一直没有解释，叫“公民的基本权利和义务”，“公民”这个问题我不展开，我们一直叫“基本权利”和“基本义务”，但是“基本义务”其实没有出现在文本中，是理论写出来的东西。基本权利和义务说明在价值上不在一个层次。这点思想的启发来自林老师当年写的关于对公民基本义务的思考的文章。

我们需要对关键性的条款有一个思考，这一切都还没写出来，只是停留在思想上，今天做一个简单的汇报，希望大家轻一点拍砖，多一点讨论。

童之伟：下面请与谈发言人发言。

与谈发言

李晓兵（南开大学法学院副教授）：

张翔老师谈得特别透彻，对德国的问题我不是很熟悉，但我发现有点殊途同归的味道。在进行比较法研究的过程中，对于外国法进行思考，反观过来再比较思考中国的宪法问题，有时候似乎比单纯就中国的问题进行思考似乎会清晰一些。

首先，我们应该区分制宪者、释宪者、政治决策者和我们这些研究者的角色。制宪者在他们的时代提供了他们的智慧，释宪者在这样的基础上进行再加工，政治决策者在现实背景下进行问题的解决。有时候，决策者与释宪者存在内在矛盾与冲突，决策者有时候会拒绝或害怕宪法被过分扩张和限缩，这时会给他带来政治难题。有一年，焦洪昌老师曾经带领我们写了一套东西准备出书，但最后叫停了，可能是怕我们解释宪法的时候，会从学者的角度往里面塞进去自己的东西。在宪政体制下，有法定释宪权的主体，比如我国台湾地区的"大法官"、法国的宪法委员会、德国的宪法法院，他们在解释过程中也都似乎面临着和政治决策者的冲突。法国的释宪者在其成立的初期非常小心，而不管是宪法委员会还是行政法院，似乎一直要努力避免这种冲突。最近在看法国宪法史时，看到在20世纪60年代有个Canal案，戴高乐甚至要求改造最高行政法院，后者已经存在了一百多年，就因为其行政判决不对他的口味。法院的判决是针对在公民投票基础上总统法令的合法性审查，最高行政法院直接说不合适。于是，戴高乐后来就要对最高行政法院进行改造。而宪法委员会在这个问题上非常老实，在一些案件中提出人民意愿是主权的表达，就回避了这个问题。张翔老师试图对宪法权利体系进行梳理，这是我们学者的贡献，既基于宪法，又基于宪法的实践，有其内在的逻辑，但这更多的是我们学者的自我认识和梳理，并且要试图找到逻辑的立论点和体系。如何协调研究者的主观性和研究对象客观性之间的关系，这是宪法研究中永恒的话题，宪法学就是在这个过程中不断发展，因此研究的主观性并不能否认宪法研究的价值和学者独特的贡献。

另外，在政治宪法学、规范解释宪法学以及郑戈教授上午谈的法社会学之外，我们是不是还要加上对于宪法的历史分析，即历史主义宪法学。在分析问题时，问题是在那样的历史阶段而出现的，文本也是历史的产物，释宪者也是在特定历史阶段下作出的回应，研究者也是处在那样的一个时代，每个时代的宪法学者们的关注点都不相同，因为不同的时代给了不同机会和空间。因此，我们在分析宪法问题时，是不是还要加上一点历史的分析？我试图在解读法国宪法案例的时将其更多地放在历史背景里进行分析，比如 1971 年法国“结社自由案”，如果没有它的特殊历史背景，宪法委员会就不可能超越宪法文本作出裁决。当时戴高乐在 1970 年走了，1971 年就有了这个裁决，这难道是个巧合？很可能是过去的政治人物，曾经发挥作用的人，他对于时代的影响逐渐在消退，后来者才有这样的空间进行再创造，否则只会老老实实地拒绝表态，被动地、有限地进行自我约束。

回到中国，制宪者、释宪者、学者等各种角色也相互杂合，在不同历史阶段对相关问题进行分析、解决，而在发展路径上，可能会走上殊途同归的道路，即在宪法基本原理的指导下，在面对问题时我们需要结合当下的情况做出创造性的回答。

凌维慈(华东师范大学法律系副教授)：

今天参加会议，有一个很大的感受是，宪法学研究中女性是少数派，所以很打击我的信心，将来还可以继续下去，是否要进行保护一下。(笑声)

对张翔这篇论文的研读，带来一个很大的感受是，并没有刚开始就提出的基本权利的体系性的认识。已有的这些概括的宪法条款、文本，整篇论文其实没有从刚开始就提出，这是对基本权利的体系性的认识是从解释角度出发的一种解释方法。我不知道是不是可以这样理解，我们已经的宪法条款文本，本身的制定是很概括的，制定时的用语，有的用了权利，有的没用权利，这样的情况下，某个具体事项是否可以适用某个条款，是否可以从请求权的角度来进行审查时，除了在文本上进行文义解释、目的解释以外，可以从整个的基本权利体系性认识的角度，来对条款上的具体内容、社会争议相对应。作为解释的重要方法，特别是在整个概括和研究当中，我看到对于价值与请求权体系的批评，特别是其中对于给付请求权的批评，对我的感触非常深。

我在宪法领域主要从事生存权和社会权的研究，一开始也走过很多弯路，既然我们在学术上说这是一个权利，它到底是什么样的权利？刚开始在读日本的书籍、德国翻译过来的书籍的时候，他们都是从社会权的角度去谈，但在司法审查时很少承认请求权的问题。在日本判决中，和学理上生存权是否存在的讨论，相互间没有很好的结合、谋合点。通常，学说上试图证明生存权、社会保障权是和防御权对称的体系，但在判决中很难实现和防御权一样的请求权。读了你的文章后一下子就清晰了，理解他们为什么在学术上和实施上会不一样，学说很可能刚开始从理论演绎的角度，已经有一对防御权，所以可以演绎出对称的一系列权利。但法院审查时可以说，学者说有请求权可以判断，就可以要求国家保护吗？法院根本无法作出这样的判决，因为立法尚没有规定，必须作出某种给付行为。

然而，仅仅就文章来看，读者还有一些希望你进一步解释的问题。比如我个人不是特别读得懂后面的部分，特别期待看那张没印出的图，请求权价值体系转变到请求权功能体系，此外，我作为读者并没有很清楚地读出，功能体系是什么样的非常具体的体系，以及那些重要学者的认识。论文大部分是在讲学者对于基本权利体系认识的看法，他们的转变一定与司法违宪审查案件有结合，但是我也没有看到相关案例的展开，没有看到理论在案件中的回应。我们不太了解德国的情况，希望你能作进一步回应。

比较法的研究，我有很深的感触，因为对宪法很多问题的认识，从中国宪法本身的局限性来看，需要进行比较法研究。然而，怎么做？首先，需要在有中国问题意识的情况下，非常纯粹地整理外国的问题？还是立刻就需要结合起来研究？我提出这个问题给大家思考。

刘国(江西财经大学法学院副教授)：

谢谢。今天听到各位的报告收获很大，尤其是刚才张翔老师有关基本权利的报告，我有共同的爱好或感受，对宪法解释的基本核心是围绕基本权利进行解释，但具体的路径不同。

19世纪到二战后，宪法解释转向以基本权为核心进行解释，产生了很多方法上的变化，以前是体系、目的、文义解释，也出现了新的解释方法，比如原旨解释、宪法教义学。不仅方法可以有一个突破，而且，不同的方法围绕着权利进行解释，可能出现一些宪法理论里面根本就没有的，突破了宪法文本。

怎样理解“文本”两个字？文本是否仅仅是文字的文本，还是包括宪法之外的文本、非文字文本，或者叫社会文本里面所存在的基本权利？这样范围就突破了，这也是二战之后法理学对宪法解释方法起的影响作用后发生的一种变化。以基本权利为核心，超出了宪法文本，以基本权利保障为中心，突破宪法文本，形成一种目的性扩张方法，但这不同于目的解释的方法。目的性扩张弥补了宪法文本文字上的一种漏洞，可以被解释成主观更大的能动性，不局限于文字的解释。目的包括刚才杜强强谈到的目的，林老师点评时讲的主观目的与客观目的，还要个别目的和整体目的，具体目的和抽象目的，形式目的和实质目的，所有这些目的解决其他争议时，又带来了其他麻烦。怎么找到解决的办法呢？拉仑茨被认为是采取了客观的解释方法；我认为他跟法解释学中的客观解释法还不一样。其中，他最后的落脚点在于我们要围绕事物的本质，宪法的文字所指示的对象、本质来作为解决的手段。比如，画了一张图，可能画的是只老虎，但画者不是画家，画得不太像，但是我们看过的人理解他画的是老虎就行了，不是猫或狗。我们要理解指示的对象，其本质是什么。

张翔副教授最后提出，为了解决各种主观的质疑，要用方法来维持安定性，围绕着宪法文本下的体系化的思考，我觉得应该是受林老师规范宪法学的影响。这里我有一点疑惑，请张翔回应一下，规范宪法学肯定要围绕规范，但规范所维持的法的安定性和正义性之间有悖论。有一个例子，有一群孩子，一个在废弃的铁路上面玩，有一群在正在使用的铁路上面玩，这时火车来了，如果将火车扳到废弃的铁路上，来保护一群孩子，这时遵守规则的孩子生命就要牺牲。这就是法的安定性和正义性的问题，其如何处理请张翔老师回应一下。

童之伟： 我就是掌握时间的，没有别的功能了。（全场笑）王书成老师在美国、香港耗的时间挺多的，（全场笑）看看今天是不是有高见。

王书成（香港城市大学中国法与比较法研究中心研究人员）：

中国宪法学者的一个尴尬在很大程度上是中国没有有效的宪法审查制度，因而学者要做的主要是研究事实和知识积累，但是目前我们仍面临着知识储备略显不足。很大程度上反映了我们的政治体系对此"问题"一时还不知如何应对。是顺着西方的人权形态，还是继续坚持我们自己的意识形态？张翔老师在基本权利教义学上的研究在知识储备上无疑非常有意义。

我提交的文章是《合宪性推定与塞耶谦抑主义》，合宪性推定也是很重要的一种宪法方法。我希望通过它来展现出宪法区别于一般法律的、为宪法自身所固有的方法。这和宪法教义学的努力有相通之处。就这个话题谈一点体会，应该说不是对张翔老师文章的体会，因为他的文章是照着德国法的路子进行的，所以这种体会很大程度上是我对德国法的一点粗浅认识，主要从比较法的角度谈一点感受。

从世界各法系来看，有两个法在世界范围内影响非常大，一个是德国法，在欧洲领域影响非常大；一个是美国法，影响力也是世界性的。

德国法的传统是非常典型的法实证主义，受凯尔森的影响。它特别强调构建一种自洽的、体系化的科学，具有把法律当成一种 science 来对待的倾向，特别注重 reasoning 和 logic 两点。德国法的著作基本上都体现这个传统。一定程度上受德国民法的影响，法教义学也开始影响到宪法层面。但与普通法律不一样，当德国联邦法院成立之后，虽然一开始深受一般法律教义学的影响，宪法法院也用文义解释、目的解释、历史解释、体系解释等传统方法。但后来发现，一般法教义学方法在宪法里很不好用，完全不像法教义学里发生的那样。比如对于目的解释方法，立宪者的目的是很难确定的，比如主观性目的、客观性目的都难以确定。对于历史解释方法也一样，很难确定。传统法实证主义构建起的自恰体系在本质上逐渐体现了一定的社会开放性，而 20 世纪初德国的一场利益法学运动，也已把法实证主义这种自洽的体系慢慢打开。

20 世纪后期时，德国很多宪法法院法官都在感叹，宪法所形成的教义方法跟一般法律方法是很不一样的，其必须在政治场域进行运作。宪法法院和普通法院在本质上也不一样。宪法法院判决的决策过程同样很不一样，比如对宪法判决的决策很多是 collective 式的，而区别于普通法院法官的决策方法。可见，宪法教义学跟一般法律教义学其实已经很不一样，虽然还有一些共通的地方，但无疑其本体性非常强。

张翔老师想寻求一种以法条为中心的方法。那么，从比较法角度来思考宪法教义学时，如果说简单地以法条为中心的话，可能要谨慎，因为宪法规范比较复杂，一般很难直接从法条来把握。而试图在中国的宪法文本下用传统的法教义学方法来构建所谓的“基本权利教义学”，难度可能非常大。

那么，从美国法来看德国法，美国法有没有基本权利教义学？其实也有。在实践中也形成了，遇到的案件也可以比较明确地解决掉。但美国法的传统跟德国法传统不一样，从霍姆斯开始全面展开的实用主义，影响很大，但也有缺点，所以美国后来也有法典化运动，也要制定一些法典。沿着这种比较法的进路，可以发现，基本权利教义学也许不能仅仅局限于德国的思路，如基本权利先于国家。那么，再返回中国的情境，很多问题也许更为复杂，因为如果在改革开放之前看待中国，也许很难找到话语优势。但是这三十年的发展导致中国模式的提出以及可能性，很多西方学者对此都非常关注，可以说这在历史上也算个奇迹，虽然我们承认目前的制度还存在很多很多问题，但经济确实腾飞了，也许前所未有。可见，当把外国法的方法——比如德国宪法教义学对政治持很开放的态度——拿到中国的政治语境下时，我们要基于中国的社会、文化、传统、政治结构、权力架构来建构，这无疑非常具有挑战性。

刘练军(杭州师范大学法学院副教授)：

作为一个非著名学者要评论一个著名学者的论文(全场笑)，这是有挑战性的。

张翔老师的文章是所有报告里唯一的一篇比较纯粹的外国法研究，这对中国当然有价值，它是营养。但是我们吸收了营养后，我们的目的是为了更好地解释中国的问题。我只知道这篇论文是很可靠的，完全引用了一手文献，中国学者能做到这一点很不容易。这篇文章系统地介绍了德国基本权利从防御权到请求权的发展历程。形式上，文章对请求权论述得比较多。根据我个人对宪法学的比较肤浅的理解，防御权是基础性的，没有防御权的话，后面的给付请求权、受益请求权都很难在现实生活中得到完整的实施。请求权受社会经济发展程度的影响很大，防御权才是基础，请求权是派生出来的。

读完文章，我再一次感觉到大木雅夫在《比较法》里提出的观点，即德国法治是法学家之治，学者和法官在推动法治过程中扮演非常重要的角色。您的文章通过杜里希、宪法法院一系列的判决充分证明了这一点。德国的法官在法治发展扮演的如此重要的角色，导致了施密特提出的一项判断，即德国的法治国可能转向为司法国，也就是后来你提到的“司法中心主义”。针对这个“司法中心主义”，施密特提出谁是宪法的守护者的问题，他认为应当是领袖而不是法官。

回到我们中国的问题，中国的学者大部分都在研究看似重要、实际上不重要的问题，我们这些在野的学者都不敢面对问题实质。(笑声)中国问题的实质在哪里，不在于法律是否完善的问题，而在于法律到底在多大程度上能得到实施，如果中国的学者都像德国的学者那样关注法律的实施，我相信中国的法治应该不是这个样子。蔡定剑老师的离去为什么会成为一个现象，这值得我们反思。中国问题的实质在于，我们的《宪法》，比如第

35条规定中国公民有言论、出版、游行、示威等一系列的自由，非常好听，现在我们不要讨论什么是言论，什么是抽象性的言论，这在中国没有现实意义。有意义的是说话的权利。我个人觉得，张翔老师的文章只有在晚上睡觉前可以看一看，(全场笑)因为它有很好的营养，我们能够知道一个法治国里我们作为在野的学者能够做什么，醒来后应该知道怎么做，因为昨天的文章告诉我们了。然而，我们在建设法治国的过程中可以扮演什么样的角色？我们扮演了没有？这才是问题的实质。

但是中国又面临着很多问题。童老师一直说，中国没有司法能力、司法适用的环境，因为宪法规定法官不能解释法律，更不用说解释宪法了；而人大有宪法解释权，它又从来不解释。这种情况下，我们学者可以解释，因为宪法没有说学者不可以解释。(全场笑)如果我们学者遇到一个案子，你就充分地解释，这是有影响的。依法治国的进程中，我们学者像杜希里教授那样系统的论证，这当然是有必要的，但当下的中国更有必要的是面对问题的实质。只有真正面对问题的实质之后，才能研究实质性的问题，比如宪法有哪些缺陷，这样才更有意义。

童之伟：刘老师很有在野学者的做派。(全场笑)

下面进入自由发言时间，把想法简单地说两句，一分多钟。

自由发言

方建中：我是杭州电子科技大学法学院的老师，也是林老师的学生。

我来开这个会之前，对这个会议的名称有点疑惑，它叫“宪法释义”。到底是谁来解释宪法？听了张翔老师的发言，张老师是林老师上课过程中重点提到的一位青年学者，林老师说说张翔和王锴的文章你们要去多看看，这是宪法学的未来，当然其他还有很多很优秀的人。基本权利教义学体系里讲，宪法学者和联邦宪法委员会有互动，最后才导致这么完整的体系建成。到中国来，宪法究竟是谁来解释，中国现有的解释主体能否发挥同样的功能，达到同样的效果？

第二个问题，张老师说基本法不能随意解释，最终是要在基本法中找一个基本权利理论。我觉得行不通，基本法里怎么会有一个理论？还是要到别的学者里去找。不管是到卢曼、康德、黑格尔里去找，肯定需要其他的观点来支撑、解释基本法。

郑戈：刚开始我对张翔的发言充满期待，宪法判断如果能设计出十几个问题，对前一个问题的回答是"是"就进入下一个，自然得到结论。这是很美好的设想，这样对决策者的主观、任意、武断的权力行使是个约束。但是张翔的文章后来又回到了非常抽象的东西，比如自由是核心，自由的实现有赖于社会前提，要把基本权利的解释与民主相联系。但这样仍然没有提供任何指引，最后还是回到谁有权解释宪法的问题上了，最后决策者和解释者非常重要。如果用德沃金的理论，把自由置换成平等，完全是一样的。这样，德国宪法教义学和美国宪法教义学之间的区别，又显现不出来了。

周刚志：我想请教张翔博士，宪法关键条款你提到了基本权利、概括性的限制条款。但是我觉得，从中国宪法的情况来看，还有个条款更要注意，就是关于宪法文本上的国家目标规定。我国新中国成立以来的几部宪法在这个问题上，从最初的"工业化"目标调整为现在的"现代化"目标，其中的转变对于理解和把握中国宪法制度非常重要。国家与公民之间的关系，从基本权利条款内容来看，中外看不出太大的区别，但是实际上，中外政府的职能发挥是相当不同。因此我认为国家目标才是真正的关键性条款。

童之伟：请张翔老师回应。

张翔：李晓兵提到主观性的问题，解释有主观性不要紧，胡思乱想出来的没关系，大家可以讨论，最后谁的方案最好大家接受了就可以了。当年权利义务一致性的观点就是吴家麟老师提出来的，现在都接受了，到现在为止还是宪法学上的通说。

凌维慈基本是对我的表扬，谢谢。关于功能体系的认识，我没有展开，以前写过相关的书和论文，就不详细说了。关于引用案件，我引了一些，个别还没注出来，毕竟这不是最后的定稿，我说明一下。

刘国的安定性正义性的问题太大了，这里不回应，回头再讨论。

王书成提的问题很有意思，德国法有体系性，作为 science 去看，我觉得这是个重大的误解。德国法上讲 Wissenschaft，跟英语的 science 不是一个概念，science 有自然科学的含义在里面，德国的 Wissenschaft 完全就是个知识体系。另外，关于宪法解释不能用一般的解释方法，根据我的阅读，这个判断是有问题的。在 20 世纪 50 年代，德国有过关于宪法解释的系统讨论，到底一样不一样，大家都在讨论。1961 年的国家法学者年会，有两个人主题发言，都讲宪法解释的原则，两个人观点完全不同。尽管大家得出结论，宪法解释和一般解释是不一样，但是最终还是萨维尼的四点。我有一个自己的经历，黑塞对传统法学方法论适用到宪法里进行了严厉的批判，但是他批判的宪法案件还是要用传统的方法。我对此就觉得很奇怪，就去问我在德国的导师，因为他是黑塞的继任者。我问，黑塞在这个问题上为何如此的分裂？他是怎么工作的？我导师笑着说，我不知道他怎么工作，但我知道我们怎么工作，我们一定要首先考虑萨维尼的传统方法，但是价值、政治、结果的因素也要我们要考量的。就算跟过去的方法论不一样，也不是完全的不一样。

刘练军的问题是防御权和请求权。我发现我们是在不同层次上使用请求权概念。你的请求概念说的是我说的给付请求权，而我认为防御权概念本身也是一种请求权，是一种排除侵害请求权。刚才说我的文章在睡觉前看，我觉得很好，睡觉前大家一般看两种书，一种是轻松愉快的，看完以后在甜美的梦中度过一夜；另外一种是睡不着觉时催你入眠的，估计我的书属于后者。（笑声）他强调的是我们要面对现实，我想引用林教师打的一个关于如何面对现实的比方，那就是：当你趴在地上时，是看不清楚地面的。也就是说，学者跟街头政治家身份不一样，做的工作不一样，这种距离是必须有的，没有距离的话，用林老师的话，你不信可以趴下来试试。（笑声）去年 12 月份林老师在我们那儿讲座，这是当时给我最深刻印象的一句话。关于施密特说的国家元首是宪法的守护者，这个想法是在二战之前的魏玛共和国时代，在之后在宪法的守护方面使用的是凯尔森的观点，你的批评已经用不到现在德国宪法法院了，因为已经不是同一个时代了。当然，也不是说施密特的观点没有意义。

方建中老师的问题说，基本法里怎么能找到基本权利的政治理论，这不是我的观点，是博肯福德的观点。如果不在文本里找而去外面找，会造成价值滥用，冲击法的安定性，法治就完蛋了。我的理解是，你可以接受某种政治理论去解释宪法，但是这种政治理论必须是宪法文本可以容纳的。

郑戈老师的观点有一个误解，我说的是具体的指引，是在具体案件中的指引，比如保护范围怎么认定、考虑什么因素，法律保留考虑是哪种保留，比例原则第一步、第二步、第三步怎么处理、衡量怎么进行。这是在具体的意义上说的，而不是在宏观的意义上讲的。

还有周刚志老师提出的问题。我不认为只能在基本权利条款内去解释基本权利，基本国策、国家目标当然是很重要的，谢谢你的提醒。

童之伟：外国话语很好，但最好也要考虑中国宪法，要尽可能有利于对中国宪法基本权利条款的理解，尽可能地看到外国宪法解释方法与我国基本权利的保障的联系。下午的第三单元讲到基本权利的理论问题，大家普遍忽略了一件事情，即宪法规定的基本权利条款后面没有理论。

美国宪法或许有理论，宪法本身没有谈到，但独立宣言说了，在“我们认为下面这些真理是不言而喻的”那句话的冒号后面有理论。我说的理论，用俄罗斯的语言叫国家政治学说或国家宪法学说，学理上高于宪法，当然这是自然权利学派的套路。

我们现行宪法背后是什么理论？从马克思到邓小平，我们都没有承认独立宣言“我们认为下面这些真理是不言而喻的”那句话冒号后面的那些意思。所以我们宪法中列举的基本权利的性质就不清楚了。列举是赏赐，还是强调？因为我们事实上没有理论，解释起来很牵强。以至于现在修宪，是加条款还是减条款，迁徙自由的权利拿掉之后意味着什么，从宪法中拿掉“罢工自由”到底是什么意思？我们都无法解释，那是因为我们后面没有相应的国家学说，这是非常大的问题。

我说的这是或许是谬论。这个单元的讨论还是成功的，谢谢张翔老师，谢谢各位老师。

闭 幕 式

主持人：郑春燕(浙江大学公法与比较法研究所副所长)

其实来参加今天的会议之前，我就告诉自己，今天参会的态度是谦抑。这是对自己的批评，对现在行政法学的一些研究现象的批评，因为我们对宪法学的研究关注得不够多，这本应该成为宪法与行政法学界内学人应该具备的基础。我将来要多参加到宪法学界这么有意义的讨论当中，我也希望今天会场看到的各位精英也多关心行政法问题背后的宪法理论争议。好在，今天邀请到的董保城老师是行政法学者，但一直致力于宪法学研究。我们来听听他对今天一天报告的精彩总结。

总结人：董保城(政治大学法学院教授)

首先，我十几年前就开始两岸行政法的交流，现在对行政法学者很熟悉。有一天私下跟大陆的行政法大师聊天，我问你在大陆教行政法最大的困境是什么？他们大部分告诉我，走不上去，宪法这一块没有办法冲上去。这个问题过去在台湾也有，当他讲这个东西时，我能深深体会到。

我很高兴能参加这个研讨会。大家知道我参加的多是大型的研讨会，像这种小型的，跟年轻学者讨论，我会听到很多平常听不到的内容。现在春天来了，春之声将来会在法治的建设上有成果。这次有 23 篇文章，从结构到基本人权谈得非常多。各位常常想，我为什么要解释宪法？解释宪法的目的，到最后还是保护人权。童老师说宪法基本权利写得不是不清楚。可是我觉得，不清楚不是更有空间吗？台湾的“宪法”到现在已经有七次修改，人权那章没有增加一个字，也没有减少一个字，是解释产生了活力。大家今天参会，都有很大的贡献。我常常在想，为什么台湾的“大法官”敢去做解释，我今天做法官或大法官，本案的分析要有东西支撑我。学术环境中有这么多理论、素材时，有留美、留德、留法的，大法官在解释时会引用很多学者的东西。今天我们可能会犹豫，我们这样讨论有用吗？同学常常问我，我参加这个研讨会有用吗？我说，就像我们喝这口水，有用吗？我告诉你们，有一天肯定会有用，因为它是生命的泉源。今天有机会看到童老师、林老师、焦老师带着大家往前走，我就感觉到人权在大陆、在司法制度中会有所改革。

解释宪法到底是全国人大还是常委会，或许台湾过去的经验，“国民大会”和“立法会”的关系，可以提供历史的经验。纵然孙中山先生的国民大会在台湾基本不存在了，“国民大会”就像是房子的梁打好，立法机构功能由常委会去发挥。不管谁大谁小，都是为人民服务。台湾过去的经验，我很愿意扮演一个桥梁，我在台湾常常参加行政法研讨会，深深感到在宪法这块我们过去接触太少。我们政治大学法学院刚刚跟浙江大学光华法学院签了一个协议，我们的公法中心有这么多优秀青年法学家，都能提供一些机会。过去参加的研讨会大多比较教条式，今天看到在宪法这块，有国外的、国内的关注，不仅在云端上看，也有在地上看。今天聆听各位非常多的发言，对我来讲又跨出两岸宪法共通、交流的一步。谢谢。

郑春燕：刚才我注意到林老师在整理他的头发，其实他英俊的形象早已深入人心。而且我们非常期待他一贯以来非常幽默的总结。有请林教授。

总结人：林来梵（清华大学法学院教授）

首先让我梳理一下发型，这是因为头发不断稀疏，需要梳理，同时也是为了隐藏一下紧张的心理。各位老师，各位同学：非常高兴还有机会做最后一次发言。我口才不好，所以预先打了草稿，有五点感想要论述。

第一，重申一下今天参加这个会非常高兴。这应该是我国当今新生代宪法学者第一次在内地聚集在一起、聚集在浙江大学之江校区光华法学院所在地的一次研讨会。我们非常感谢浙江大学光华法学院热情的招待，同时也要感谢其他有关学者的努力，比如张翔老师和宪法学会的很多老师。今天这个会也许会成为历史性的会议，今天参会的所有新生代的宪法学者，将来都很可能成为我国宪法学界下一代的重要学者。我们在座的童老师、焦老师，当我们这一代人步履蹒跚的时候，（笑）很难再登上这个月轮山的时候，我们的舞台就都归你们这一代人了。我们期待这一天的到来，而且这一天必然到来。

第二，这次会议设计得也很好：总共提交了23篇论文，其中有的学者还提交了两篇，而从这么多的论文里只挑了6篇主题报告，同时配备了15个重点“狙击手”做评论员，此外还有更多的教师和同学参与发言，可谓非常踊跃。

第三，与会者的态度也非常好，有五个特点。一、真诚；二、平等，没有人摆架子，童老师、焦老师的态度就非常平和；三、友好，没有敌视情绪；四、热烈，讨论热烈又恰到好处，没有出现“咆哮体”；（笑）五、理性。年轻学者为主体的会议能做到这一点，非常不简单。其实，学术训练首先要训练参与学术讨论、学术争论的能力，我这种能力比较差，很容易激动，但在你们身上则看到理性、平和的讨论风格，值得我们学习。

第四，这次会议的成果出现了“三化”，值得肯定。一、选题精致化；二、研究水平专业化；三、学术视角、学术背景多元化。“三化”体现得非常明显，值得我们期待。光从这三点来看，未来新生代宪法学者研究的前景，对未来中国宪政事业做出的贡献都值得期待。

第五，谈谈我这一代迟早要“下山”的宪法学者的隐忧，也谈三点。

一是，我们是否要注意这样一个负面的效果：随着精细化、专业化的发展，我们可能会慢慢地出现一种情况，即故意抬高宪法学的入门水平，走精英化的道路，用语言、概念体系产生排他性，故意搞得很深奥，让人无法涉足，无缘置喙，这或许是专业化发展的必然结果，但是我们不要刻意将其加以绝对化，否则可能产生一种后果，即我们变成一个孤立的部队，基本上相当于敢死队，（笑）而且只是在一个封闭的小圈子里自说自话，也就是说，当全国14亿人民都在辛辛苦苦为生计劳作的时候，我们躲在一个小山头上的小房间里自说自话，得意洋洋，可是对于宪法实践，对于沸腾的人民生活，基本没有任何意义。这种倾向我们要注意。宪法学毕竟是实践性的，它在中国当下还要发挥启蒙的功能。随着年纪的增大，我越来越注意到用最通俗的语言表达宪法学的看法是多么重要。我最近准备出版由自己给本科生讲课时的录音讲稿编成的一本书，是悍然出版，（笑）原因就在这里。本来也是非常犹豫的，可是白斌这个大炮也反复鼓励我说可以出，当然，他也是参与整理的同学之一，我最终接受了，目的就是用通俗易懂的语言表达复杂的宪政理念，哪怕有错，也可能引起大家的兴趣。这点在中国非常重要，不要把我们自己封闭起来。

二是，虽然今天在我们这里未必已经出现，但仍属于我刚才说过的担忧，即：新生代宪法学者已经出现多元化背景，但要戒备一种倾向，不久前我在人大法学院讲座时已经说过，即“留学国别主义”倾向，表现在只推崇或相信自己曾经留学过的国家的制度和理论，而无视甚至排斥其他国家的制度和理论。这点要注意，否则学派间的争议就变成简单的留学国别之间的争议。这点在这次会议中并无明显表现，毕竟多元化还没有达到非常深刻的地步，还是有限度的，但是需要预先提醒。我个人虽然曾在日本留学，但是如果觉得某个理论是德国的好，就采用德国的，美国的好就采用美国的，这个做法供大家参考。另外，为什么我今天在单元主持时要表扬上交大的林彦老师，就是因为他留美出身，但没有唯“美”主义倾向。

三是，提醒大家注意，我们在多元化过程中，也要注意另一种情况，即需要学术上的宽容。我们今天研讨会的主题是宪法释义的专题研究，关键词是“宪法解释”，但从 6 位发言人中可以看到，其中就已经出现了三种的宪法解释：首先一种是政治宪法学的宪法解释，以叶海波老师为代表。虽然他未必是属于真正意义上的、跟陈端洪、高全喜教授一样的政治宪法学的阵营，但是今天他的文章里多多少少带有政治宪法学的立场。而值得注意的是，他也在解释宪法，这就是属于政治宪法学的那种宪法解释。第二种是郑戈老师的宪法解释，虽说自称“政治解读”，但属于法社会学意义上的宪法解释。法社会学本来是以事实为对象，重于描述性分析，但实际上我在很多课堂上曾经讲过，法社会学其实也在做解释，也存在“理解”，比如它面对民意调查的结果、各种数据，在分析时也在做理解，也在做解释，从这种意义上说也是一种解释。而郑戈老师今天的主题，就是将一个宪法条文以及其运作实际作为社会现象进行分析解读，这是比较典型的法社会学意义上的宪法解释。今天出现的第三种的宪法解释，当然是传统的那种，即所谓法教义学意义上的宪法解释，以张翔、李忠夏等老师为代表，林彦、杜强强等老师在某种意义上也是属于这个方面的。此外，如果我们跳出今天的会议，还可能发现有第四种的宪法解释，比如人大法学院今年刚引进的王旭老师，今天虽然没来，但他曾经从法哲学角度对我国现行宪法上的劳动权条款进行过解释，这也是一种宪法解释。总之，宪法解释的方法有很多，为此我们就要注意：切不要互相排斥，不要互不承认对方的合法地位，否则就可能有违学术精神。尤其是对于有可能成为主流的法教义学意义上的宪法解释学，我还是要特别提醒，不要过多地排斥其他方式的宪法解释，否则就会有非常被动的、意想不到的后果。

说到这里，我顺便还要说一下：我昨天睡不着，就突然悟出一个道理：其实在中国最早做“政治宪法学”的学者应该是谁呢？是北大的巩献田教授！（笑）但他也有自己的解释学。他认为物权法是违宪的，这其实就是基于对宪法第 12 条的解释，只不过他解释的结果让民法学者对宪法、乃至对宪法学者非常不满。记得去年我见到梁慧星老师，那是因为王泽鉴老师在清华上了一学期课，大家为他送别的时候梁慧星老师也来了。我和梁慧星老师本来是比较熟悉的，但那次隐隐约约感到梁教授见到我时比较冷淡，而且语言中流露出对宪法学者的看法，可能含义是你们宪法学者老拖我们民法的后腿。后来我想，许多人做了许多宪法解释，包括巩献田教授都拿宪法做文章，做了宪法解释，但动不动就在学术上进行宪法审判，比如评判物权法是违宪的啦，建造海南观音像是违宪的啦，某小学不录用一位艾滋病患者来当教师也是违宪的啦，结果在许多人看来，宪法学的面目是很可憎，把宪法文本作为教义，老用“违宪”来吓唬人的，甚至人们会认为：宪法学是阻碍中国改革、中国发展、甚至阻碍人民走上幸福道路奔小康的绊脚石，宪法学者是需要圈禁在某一座山上、哪怕是这个美丽的月轮山上、跟野猪混在一起的恐怖分子。（笑）

以上是我个人的一些浅见与感想，供新生代宪法学者朋友们参考。总之，今天有机会参加这个会议非常高兴，我还是看到了未来宪法学发展的希望，再引用焦老师刚才的话说就是“我心飞翔”——让我们的心灵久久地盘旋在月轮山上！谢谢大家！（全场掌声）

郑春燕：非常感谢林老师非常精辟的点评，再加上他最后语重心长的提醒，尤其是后者，我们再一次谨记在心。最后我们邀请浙江大学光华法学院非常资深的费善诚老师做最后的致谢。

致谢人：费善诚(浙江大学光华法学院副教授)

我们朱新力院长来了，本来我们应该请院长讲的。但是我想我已经熬了一天了，也应该讲一些。(笑声)我的致谢是发自内心的，主要是表达两个意思。

第一是谢谢大家。今天一天虽然时间非常短，但是非常紧凑、热烈，今天讨论的问题都是各位老师们多年潜心所研究的问题。对于我们学院的老师、同学来说，我们有非常美丽的校园，刚才老师都走了一下；我们有清闲的空气与天然氧吧，我现在每天 6 点多起床，7 点半左右赶到学校，就在山上兜一圈，活动半小时。当然，我们之江校区还时常有拍电影的、拍婚纱的，刚才出去就有拍婚纱的。今天在之江校区，空气里面浸透着宪法学、宪法解释的深层哲理思考；就像刚才林老师总结过，这个影响不是短暂的，是长远的，是具有历史意义的，这是宪法学新生代的宪法学者们在这里讨论、聚会。这不仅对我们宪法学本身的发展具有重要的影响力，更重要的是，对我们的校园所具有的影响：2011 年 3 月，开过一个宪法解释的研讨会。我们学生今天忙着做会务，也听了一些，说不定今后这里会出现我们宪法学的后一代的学者。

第二，希望、欢迎大家时常到山上走一走。这次会议由于议题的关系，大家在房间里的探讨多了一些。大家的研究成果、思想来不及跟我们学生讲，希望今后有空能够来走一下，直接给本科生、研究生传授一些学界中的思考。

最后，再次对大家表示感谢！(全场掌声)

(整理人单位：浙江大学光华法学院)

【特邀编辑：李永超】

政治宪法学与规范宪法学“对话”实录

陈端洪　林来梵　高全喜

【按语】　本文是根据2010年4月10日晚在清华大学明理楼举行的清华明理公法沙龙(陈端洪专场)的现场录音整理而成的。本期明理公法沙龙的主讲人是北京大学法学院陈端洪副教授,点评人是清华大学法学院林来梵教授和北京航空航天大学法学院高全喜教授,主持人是清华大学法学院何海波副教授。陈端洪老师讲演的题目是:“宪法学的知识界碑——政治学者和宪法学者关于制宪权的对话”。

何海波老师:大家好!欢迎参加今晚的明理公法沙龙。

让我先介绍现场的嘉宾。这位是北京大学法学院的陈端洪教授(掌声),很荣幸能邀请到他来参加我们的公法沙龙。陈教授身上透着一股流动的才情和激情,相信今晚上会给我们带来一场精彩的讲演。坐在我左边的是北京航空航天大学法学院的高全喜教授(掌声),高老师的主要研究领域是政治与法律思想史,相信他能够为我们大家带来一种全新的视角。这位是我们大家非常熟悉的林来梵教授(掌声)。还有一位预定的评议人王振民教授,正在外地赶回北京的路上。

坐在我这边的几位,也为大家介绍一下:这一位是北大法学院宪法学的博士生田飞龙(掌声);另一位是北大的“洋博士生”,中文名字叫刘泽思,普通话讲得京腔京调,比我还好(掌声);还有一位是翟国强,社科院法学所的年轻研究员(掌声)。在场的还有一些朋友,因为时间关系,恕我不一一介绍。我们还是节省时间,留给陈老师为我们作讲座。

陈老师，您的讲座时间原则上40分钟，但是至多不限。

陈端洪老师：如果超时，麻烦提前五分钟告诉我。

何海波老师：好的。

陈端洪老师：要不我还是站起来讲吧（从座位上起身到讲台）。

陈端洪老师讲演部分（陈老师供稿）

如何评价中国当代宪法学的学术品格？总体而言，它既不具有真正的法学品格，也不具有政治学的品格，而是政治学和法学的大杂烩。然而，它不是没有反思能力和进步可能性的，宪法学界弥漫着自我不满，涌动着自我超越的激情。一方面，一些学者努力引进法学的分析方法，试图把宪法学建构为法学，甚至是“部门法学”；另一方面，一些学者试图用政治学的概念和方法观察和评价宪法现象。在这样的背景下，我们有必要追问：纯粹法学对于宪法研究的作用的极限何在？政治学的概念和方法在多大程度上可以引入宪法学而不至于把宪法学变成政治学的一个分支？归结到一点，宪法学应该是一门什么样的学科？换言之，它必须面对哪些问题，这些问题的概念化的知识资源去哪里寻找？为此，我设计了一个政治学者和一个宪法学者的对话。这个对话的意图仅限于引进一个政治理论概念——制宪权。

一、什么是真实的宪法问题？

社会科学是一种生存的技术，是对生活问题的提炼、解释和可能的解决。从社会学的角度看，宪法学研究的是国家全部的宪法生活。宪法生活这个语词，其实很无创意，是对法律生活的构词法的模仿。在观念中，我们可以静止地假定一边是法律，一边是生活。在动态的意义上，法律也是生活的一部分，否则它就什么也不是。法律生活不仅仅指在既定法律框架内人们利用法律对生活进行的规划和重塑，或者人们的生活如何受制于法律，也当包括法律规范的全部生命过程，即法律的创设和适用，乃至法律的无效用、死亡。同理，在静态意义上我们可以假定一边是宪法规范，一边是生活。而在动态的意义上，宪法规范本身有其创造、废除的生命过程，国家的宪法生活是宪法对国家生活的作用过程，同时，宪法规范的创设与废除构成国家生活的一部分。如果对宪法学的研究领域的初步界定可以接受的话，那么，宪法学就应该直面我们的宪法生活中的问题，用问题来检验和发展我们的学术能力。如果我们连现象的问题化都无法完成，那就不仅暴露了我们的无能，也表明我们没有学者的使命感。试问每一个宪法学者，你对我们国家的宪法生活满意吗？我想几乎没有人会说“是的”，可是，你提出了什么问题呢？那个问题是用正确的方法提出的吗？作为一个以学术为志业的人，你为人们思考这个问题贡献了什么概念和思想方法？

中国宪法基本不能进入法院，这是一个人所共知的现象。什么是中国宪法生活的特征？宪法不能被司法适用就是中国宪法生活的特征。极端主义者可能会说，其特色就在于宪法无生命，生活外在于宪法。在常识中，我们把这个特征当作根本的宪法问题。把一个现象被称作“问题”是一个观念化的过程，不妨称之为“问题化”。把宪法不能进入司法的制度安排叫做“问题”的通俗意义就是说，这样不好。这预设了一个关于健康的宪法生活的理想观念：宪法生活需要把宪法在法院适用。问题化是一系列复杂的思维活动，首先需要证明被当作问题的现象是真实的而不是想象的；其次，需要证明批判的现象如何不好，而这又以对“什么是好的？”这一问题的回答为前提；再者，需要用对象的内部视角来观察，这个被我们叫做“问题”的现象是如何形成的，有什么必然性和好处。假如那个必然性的条件仍然存在，那个现象服务的目的仍然存在，那么，对于这个对象来说，那个问题就非但不是问题，而且是有益的。比如一个瘸腿的人拄着拐棍，在旁人看来，拐棍是个问题，这是个外部观点，从瘸子来说，拐棍非但不是问题，而且是帮手。真正的问题是瘸腿，不是拄拐。

回到对中国宪法的问题化上来，我们不能不问：什么是一个好的宪法安排呢？中国宪法真的没有生命，生活真的外在于宪法吗？为什么我们的制度设计者和人民不选择一个“理所当然”好的制度而要选择一个“成问题的”制度呢？也许我们的制度设计者根本就不把这个叫做问题，甚至还把它当作一个“特色”来着。问题本身是问题化的结果，宪法学者把一些人眼中的特色当作问题，这需要严格论证。也许有人会跳出来说，对于一个宪法学者来说，这还需要论证吗？难道你不知道世界其他国家宪法的生命如何维持的吗？我想告诉大家的是，正是在我们试图实行理论专政的知识点上，我们是最无知的。对于那些靠自己探索走向司法审查的道路的国家来说，论证的工作早已经做过，可以因循守旧。事实上，即便在美国，也有人仍然在呼吁把宪法赶出法院。对于我们这些没有走向这条道路的国家，我们能否拿人家的现存模式作为我们知识专政的资本呢？我以为一个在智力和政治上成熟的民族必须通过论证说服自己，而不是简单步人后尘。我这里的意思不是简单反对司法化，而是说不能不知其所以然就步人后尘。

这样设定问题的方式根本没有提出正确的问题，而是简单地提供答案，直接把不符合我们心目中的理想标准的现象当作问题。如此，我们对于如何“从问题到理想”便一无所知或者漠不关心。宪法学就是在这样的状态中开始自己的学术品格的塑造的。全部的知识努力建立在一个信念，也可以说是一个假定的基础上，那就是：宪法是法律，具有法律的效力，是根本法，具有最高的法律效力。法律人心目中的法律效力，是一种英美法的观念，那就是可以诉诸法院，被法院适用。在这样的基础上，学者们选择了宪法文本中规定的某项权利或者制度，对比生活现象和一般法律制度，提出了宪法批评。在论证的过程中，我们广泛地引述国外的案例或者制度和学术观点。这些被指控为违宪的现象，如何可能得到纠正呢？这个时候，宪法学者只有寄希望于有关部门自觉改正或者提请全国人大常委会的法规审查室予以审查。民间流行的仿古的说法叫“上书”，这虽然有伤学者的傲慢，却足以传达这个行为内涵的政治性大于法律性，特权大于权利的特点。这和宪法学者自我设定的规范宪法学的知识起点并不吻合。可见，回避问题终究不等于解决问题。这不是说宪法学开始培养起来的脆弱的推理能力是无用的,但是由于缺乏对峙的诉讼构造,宪法推理作为一种适用技术不可能充分发展。

对于宪法不能进入法院这个制度安排,规范宪法学无可奈何,只好明知不可而言之。宪法不能进入法院,这是不是个问题?如果我们感觉这是个真实的根本的问题,那用什么知识来问题化?我在《宪法作为国家的根本法与高级法》一文中,揭示了中国宪法内涵的关于中国政治生存的五个根本决断,由此推断司法适用宪法的能力注定极其有限,而中国如若行宪,其根本出路恐怕不是司法宪政主义,而是政治宪政主义。这等于说,由宪法内部看来,宪法不能进入法院是由中国的生存处境决定的,虽不是理想的,却也未必能叫做问题——至少在某个时期是如此。这个结论触犯了宪法学者的职业自尊,可这是我通过冷静的分析得出的诚实的结论。我不是宣示我的政治主张,而是展示一个宪法学者必要的知识路径。

二、政治宪法与法律宪法的对立:制宪权作为宪法学的知识起点

宪法从古以来就被称为政治法,但是现代自由宪政主义的基本思路是把宪法当作实在法。德国一位颇有名气的国家法理论家伯尔纳兹克称,宪法转变成一种“法律类型”,这是“当代政治文化的一个成就”。凯尔森更是直接彻底地把政治和宪法分离,主张纯粹的法学。可是中国宪法是一种政治宪法,宪法的政治性压倒了规范性,妨碍其规范作用的发挥。这是一个事实判断,我想大家对此不会有异议,争论在于“应该怎样”。“应该怎样”是一个政治判断,要证立任何一种政治判断都需要一种来自规范宪法学以外的知识。政治问题需要用政治学的知识来回答,政治学是中国宪法学建设为一门科学的不可或缺的知识基础。

政治学对于宪法学的相关性远不止此。从学术史来看,宪法首先是政治学的研究对象,这是亚里士多德以来形成的传统。现代早期,在英国,法律的学习从律师事务所转移到了大学,开始从一门靠学徒制习得的技艺提

升为一门可以通过课堂学习而掌握的科学。戴雪第一次真正理清了英国宪法的根本原则,从而划定了宪法学的范围。但是,宪法同时也是政治学的课程,20 世纪龚祥瑞先生在英国就是师从伦敦经济政治学院的 Jennings 学习的宪法。龚祥瑞先生的老师,钱端升先生在清华就属于政治系。他和王世杰先生合作的《比较宪法》基本运用政治学的写法,和美国的案例分析迥然不同。在美国,由于存在违宪的司法审查,法学院有了自己研究的素材——宪法判例,宪法学的教科书越来越具有法学的味道,但是宪法领域的现象一直是政治学和宪法学共同关注的对象,许多宪法学教授的写作和讲授总是跨越政治科学和政治理论,他们往往为自己具有政治科学或哲学的训练而自豪。造成这个局面的根本原因不在于宪法学者的主观,而在于宪法本身的特殊性——政治法。如果说民法学可以排斥政治哲学、社会学而成为一门实证科学的话,那么,宪法学就很难祛除政治,只留下规范之学。

虽然宪法学作为政治学的分支或者内涵于政治学是一个历史的知识现象,但我不是一个知识返祖论者,并不主张宪法学远离法学,退回到政治学中去。那么,宪法学应该向政治学迈进多远?向政治学借鉴什么概念?这里所谓的政治学包括政治理论和政治科学在内,我对于政治科学并无修养,只不过在政治理论或政治哲学上花了一点时间,学了一星半点的知识而已。因此,我对于宪法学和政治学整体的划界并无系统的认识。但我通过研究证明,制宪权的概念可以成为宪法学知识领域的一块界碑。

所谓制宪权,就是带着宪法学的眼镜观察到的主权,和宪定权相对,而后者是由宪法创设的并受制于宪法的权力。宪法学为什么需要引进制宪权的概念呢?

(一)基础规范解释不了宪法的效力,也不能为宪法解释提供任何指引

凯尔森的基础规范本身是一个理念的虚构,若依此建构纯粹的宪法

学，宪法学将是空洞的和无凭据的。凯尔森把国家当作一个法秩序，而法秩序被简化为一个规范体系。于是就产生了这样的问题：什么使许多规范成为一个体系？这个问题换一种方式来表述，即：什么东西使每一个规范具有效力从而成为真正的规范，什么东西使全部的规范具有效力从而使得我们可以称之为一个规范体系或者法律秩序呢？

我们称为法律秩序的规范体系是一个动态体系。所谓动态体系是和静态规范体系相对而言的，静态规范体系就是这样的一个规范体系，就像“特殊”包含在并可以从“普遍”中推导出来一样，个别规范是自明地包含在一般规范中的，而一般规范也自明地包含在一个基础规范中。道德原则和自然法属于这类规范体系。说法律是一个动态体系，就是说下级规范不是自明地包含在上级规范中，法律是人的行为所创造和废除的，是一个多层次的创造过程。追问法律规范的效力就是追问创造规范的权力来源。凯尔森把法律规范分为个别规范和一般规范，个别规范就是一个具体的判决或者决定，个别规范从一般规范取得效力，一般规范从宪法中取得效力。为什么宪法是有效的？让我们追溯到第一部宪法，试问：这第一部宪法的效力从何而来？凯尔森说，“具体体现这第一个宪法的文件，只有在基础规范被预定为是有效的条件下，才是一个真正的宪法、一个有拘束力的规范。”然则何谓基础规范？基础规范是一个高于宪法的规范吗？实在法的基础规范只不过是用来创造这一秩序的各种规范的基本规则而已。它把某一事件当作各种规范的创造中的最初事件。它是一个规范创造过程中的出发点，并因而具有一种完全动态的性质。

“动态”、“创造”、“事件”、“出发点”这些用语都是一种描述的语言，读者会不由自主地联想到的不是规范，而是一个权力事实——制宪的行为。可是，凯尔森用这些语言的目的完全不是为了把法学引入政治之中，而是为了和道德规范、自然法相分离，使法律研究去道德化。他的基础规范不是高于宪法的一个实在规范，而是一个肯定宪法效力的理智的虚拟。“一个法律秩序的基础规范规定一个人应当向宪法的‘缔造者’和由宪法——直接地或间接地——授权（委托）的那些人所命令的那样来行为。”通俗地说，基础规范的内容就是：宪法和宪法授权制定的规范都应该有效。这是一个纯粹的设定，虽然必要，却无法脱离开政治哲学而论证。凯尔森说，“基础规范并不是由造法机关用法律程序创造的。”“它之所以有效力是因为它是被预定为有效力的；而它之所以被预定为有效力的，是因为如果没有这一预定，个人的行为就无法被解释为一个法律行为，尤其是创造规范的行为。”此处凯尔森仍旧使用规范法学的语言“效力”(Validity)，问基础规范为什么有效力，这等于一句废话，因为基础规范就是肯定(准确地说应该叫做赋予)整个法律秩序的效力的逻辑假定。至此，凯尔森再无解释力，因为他的理论决定了他的局限性。

在这个终极点上，施米特从政治哲学入手，采用主权、制宪权的概念，大大丰富了宪法学的知识体系。为什么宪法是有效力的？因为宪法是主权者或者制宪权主体的意志，是制宪权主体关于政治体的生存方式的总决断。主权的原始的思维模式是财产权的思维，博丹称之为一系列的特权。主权不仅指向实际的最高的控制力或支配力这样的事实，更重要的是权利这个天然道德的内涵。制宪权在字面上指权力——一种客观的东西，但是如果停留在这个层面仍然不能真正理解制宪权，必须把制宪权放在主权理论的框架内来理解才能把制宪者命令和强盗的命令区分开来。至于主权者意志为什么具有约束力，社会契约论者提供了完整的论证，这里不做阐释。凯尔森的基础规范隐含地包括在主权和制宪权的概念中，但制宪权的概念不像基础规范空洞。凯尔森和施米特的对立，并不在于是否承认基础规范，或者说承认整个法律秩序的效力，而在于是否应该停留在基础规范而不往上追溯。基础规范和制宪权是一块石碑的两面，基础规范指向宪法规范，制宪权指向政治。而要理解宪法，就不能只看到基础规范，不看到制宪权的那一面。

施米特批评道，凯尔森“将国家解释成一个法规体系和统一体，但却丝毫没有解释这种‘统一体’和‘系统’的实质的、逻辑的原则，也没有说明一个国家的众多实在法律规定和各种宪法法规是如何建构出这种‘系统’和‘统一体’的。国家统一体和秩序的政治存在或生成变成了一种运作，存在与规范的对立经常同实体存在与依法运作的对立参合在一起”。必须承认，制宪权的概念在直接的人民主权之外也是一个虚构。但制宪权指向真实的意志和意志形成的程序。正因为意志是真实的，可认识的，所以，宪法学者对于宪法的认识就和整个政治体的共同利益、整体生存的方式联结起来了。如此，宪法解释就不会停留在规范的逻辑演绎上，而具有鲜活的内容，需要综合权衡。换言之，就不会把存在从根本上当作宪法的对立物，消弭二者之间的对立便具有了可能性。相反，按照凯尔森的实效性(Effectiveness)与效力(Validity)完全分离的方法来看待宪法，政治必须被完全排除在外，宪法就被想象为一个自行运作的规范系统，政治的存在仅仅是规范作用的对象而已。宪法除了最高性，不剩下任何特殊的属性，所有的宪法规范都被置于同一层面，都一样的根本，这样的形式主义宪法使得宪法学和国家学丧失了一个根本的概念——宪法。我再重复一下施米特的意思，如此的后果是，宪法学者将不知宪法为何物。

(二) 中国宪法学必须解释的基本现象：革命、建国、改革

接下来我们再看制宪权的概念对于中国宪法学是如何的必要。

中国宪法学教科书一般都要从简述立宪史开始，中国宪法史就是一部立宪史，而且多半是断裂的立宪史。宪法学并没有发展出自己的语言来诠释各次立宪之间的相互关系，而是简单因袭历史学，特别是革命史的叙事方式和判断。面对新中国的宪法，人们似乎都理所当然将“革命——建国——宪法”的事实逻辑当作宪法学的理论逻辑，可是在这里，两个基本的问题被忽略了：第一，由革命到宪法这之间存在一个重要的逻辑环节——制宪权。由于我们没有制宪权的概念，而把制宪权笼统地当作革命权的一部分，于是执政权或者宪定权就被当作革命权的直接延伸，宪法的高级法、根本法地位便没有一个政治哲学的基础。殊不知，这种叙事方式和当今的规范宪法学的司法宪政主义倾向内在地矛盾着。第二，建国与制宪是两个环节还是一个环节？在宪法学的眼中，不管建国与制宪是否在同一时间完

成,建国的行为就是制宪权的运用。这样,我们就会毫不犹豫地把 1949 年的《共同纲领》作为建国宪法。滑稽的是,当代宪法学界对于《共同纲领》的定性竟然遮遮掩掩,欲道还休。凭这样的理论能力和勇气,我们还奢谈什么宪政。正是由于缺乏制宪权的观念,毛泽东的"第三种形式的共和国"的思想长期以来被宪法学和政治学忽视了。什么是第三种形式的共和国?毛泽东称之为一种国体,在宪法学上就是第三种形式的制宪权。另外,建国的时间也可以用制宪权的概念得以阐释。

由 1949 年的《共同纲领》到 1954 年的宪法、1975 年的宪法、1978 年的宪法,最后到 1982 年的宪法,这一段历史如何有一种逻辑一贯的叙事?我们习惯于把 1982 年宪法和 1954 年宪法对接起来,认为 1982 宪法是对 1954 年宪法的继承,这不能光靠列举几个条文的相似性就可以证立的命题。首先在自然的时间上,1982 年宪法终结的是 1978 年宪法的寿命,不是 1954 年宪法的寿命。其次,我们只是批评 1975 年宪法、1978 年宪法如何不好,并未否定这两部宪法的正当性和效力,换言之,1982 年宪法并没有声称自己是革命的宪法。所以,这种对接是一种精神气质的回归和继承,不是法统的直接对接,因为法统没有中断。宪法学对于这一段历史几乎没有任何话语权,教科书都是一笔带过。其实,坏的宪法更具有学术价值,更富有教益。我们能不能问一下:谁制定的宪法?制宪权的主体是如何被代表的?宪法和人民的真实意志是什么关系?

1982 年宪法被称为改革的宪法,这个说法不能仅仅理解为它是改革的产物,用以巩固改革的成果,而应该完整地理解为改革过程的一部分,只有这样,改革才能被界定为 1982 年宪法的精神。当我们称之为改革宪法的时候,我们已经把一个社会理论的概念引入了宪法,却并没有对其赋予真正的宪法学的内涵。所以,我们只是发现了一个专业的直觉现象:改革过程许多的立法、政策、地方法规违背宪法,但结果证明又是客观正确的选择。于是,我们把这种现象命名为"良性违宪"。良性违宪的名称存在两个弊病,一方面,用施米特批评凯尔森的话来说,就是"存在与规范的对立经常同实体存在与依法运作的对立参合在一起";另一方面,"良性"与否是一个政治判断，似乎又倾向于政治宪政主义，而良性这个判断只能靠事后根据政治结果来由权威当局认定，故而"良性违宪"不过是宪法学者对一个权威意志的事后追忆。综合起来看，良性违宪的说法存在内在的精神冲突，这是我们当代宪法学者内在品格不一致的体现，是我们每一个宪法学者性格中共同的悲剧因素的表露：既期望宪法的权威，又要改革的政治成果。相比较而言，普通老百姓反而活得坦率而明白，他们要么反对改革，要么赞成改革，良心不受宪法文本的拘束。

对于改革宪法，我们可以尝试用制宪权、修宪权的概念来诠释，《对话》以政治学者的口吻提出了一些观点。抛出这些观点来，主要的目的是希望宪法学界变得专业化一点，用专业的语言一以贯之地解释一切宪法现象，不要简单地搬用政治流行的话语，把宪法学变成一件用无数的政治日常用语拼凑起来的百衲衣。

三、药与粮食：施米特和凯尔森中国都需要

施米特与凯尔森的对立，乃 20 世纪宪法学最亮丽的风景。许多人把凯尔森当作自由主义的战士或盟友，把施米特当作自由主义的死敌。不管他们在世的政治倾向如何，这都是我们后人读者的心态的漫画效果。其实，施米特的政治宪法的概念和凯尔森的规范宪法的概念都是任何一个政治体不可或缺的。两者的不同在于各自站在不同的时间点，一个站在例外状态，一个站在常态的时间之流中。所谓例外状态，就是常态的时间之流必须被截断，新的时间之流等待开启的转折点。任何一个政治体都期望"国泰民安"，但是太平需要有人去开启，太平可能被打破，用"文革"的语言来说，"帝国主义亡我之心不死"，所以要"提高警惕，保卫祖国"。处国泰民安的盛世，我们就可以把这个事实当作一个不言而喻的前提，倡行宪政法治。对于宪法学者来说，盛世读凯尔森，读美国最高法院的判例。凯尔森就好比粮食，维持政治体正常的生命。一旦国运危如累卵，就当救亡图存。这时候，政治体的自保权是一切进一步讨论的前提条件；用斯宾诺莎的话

来说,政治统一体要维护“自己的存在、自己的一体性、自己的安全、自己的宪法”,即一切涉及存在的价值。施米特非常赞赏地说:“‘存在、一体性、安全和宪法’这四个词并置在一起,是非常确当的。”宪法是什么?就是关于政治体存在的方式的决断。一切的宪法规范归根到底都是保自己命的,不是革自己命的东西。此时,宪法文本中一切害命的东西都得休克,只留下那些保命的功能。施米特说,例外状态下,主权者现身。注意,这里的主权者不是终极意义的主权者——人民,而是主权者的人格代表,在他就是元首、领袖。这种状态叫做独裁。独裁又分为宪法独裁和纯粹的独裁。前者是宪法授权的,旨在维护宪法,后者直接挽救民族、挽救国家,可以置宪法于不顾。鉴于任何一个政治体都可能曾经经历过危机,也难保未来不会面临没顶之灾,施米特的理论就既不是什么我们不熟悉的东西,也不是我们可以永远不需要的东西。施米特好比药,没病谁也不想,有病不吃药就等于等死。在一个常态社会,施米特的意义在于提醒我们健康的重要性。

落实到中国,我们究竟需要施米特还是凯尔森?这个问题,我只能用一个庸俗的辩证的中和法来回答:两个都需要,哪一个都不够,需要二者的综合统一。这个回答基于对这样一个生存性问题的回答:中国当下处于什么样的历史时间?

如果我们把视野延伸到近代,可以说,中国自 1840 年至 1949 年,一百年基本上处于战争状态。虽然多数时间有全国性的政府存在,但内战外战此起彼伏。不能终结战争,任何制宪的努力都会付诸东流。1949 年后的新中国成立初期,战争仍然在继续,解放区基本实行军事管制。解放战争是政治革命,名为社会主义改造的社会革命正在等待发起。1966 年,又发动了“文化大革命”,不管这是一场针对官僚系统的革命还是真正的文化革命,总之,新中国成立之后基本上处于非常态之中。1976 至 1982 年,属于拨乱反正的时期,也就是从非常态向常态转变的时期。但是历史不是简单地回归原点,从 1978 年起中国开始了一个延续的改革时期。改革介乎常态和非常态之间,是在常态的时间之流内截断部分时间,开启部分新时间。在这样的背景下,宪法处于一种尴尬的境界,一方面是法统和正统的代表符号，另一方面其中的部分制度又是改革的对象。宪法既要肯定自己，又要部分地否定自己。肯定什么？否定什么？谁来判断？靠什么智慧？靠法院来作出判断吗？就是给法院十个胆，法院也不敢。靠法学者那点刚刚发芽的智慧吗？成熟如美国法院者，在违宪审查上还有政治问题和法律问题的界限，英国法院面对福利国、行政国的滚滚洪流，不也丧失了自己的宪法信心，对于裁判所的兴起睁一只眼闭一只眼吗？在这一点上，我们不要完全无视我们这种政治体制的有利的一面。

改革发展到今天，究竟如何界定我国当下的时间特性？有的人称之为"后改革时代"，这种界定只可能有两种解释，要么认为改革已经完成，要么认为改革无法继续，只有维持现状或者期待突变。宪政主义者的专业气质是反革命的(counter-revolutionary)，这意思不是我们传统的政治语言和刑法罪名中的反革命，而是指反对终结时间之流，反对从头开始。因此，我期望——而不是定义——改革继续。在未来的政治改革中，违宪审查应该成为题中之义。

我们主流的政治文化是如何界定当下的时间性的？这要区分时间的两种意义：一是整体的时间，即历史阶段；二是个别的时间，即片刻。共产主义学说的历史观是一种目的论的线性的进步史观，把人类历史界定为从低级到高级的进化过程。根据这样的进步史观，中共把目前时期界定为社会主义初级阶段，认为这将是一个长期的过程，具体时间尚无法确定。这个时段的特性是什么？"过渡"。什么时间不是过渡的？不是连着前面和后面的？自然时间都是过渡的，但是政治时间未必都是。另外，主体明确地界定当下与未来一个时段为过渡时间，这和历史追忆不同，具有重要的政治意义。且不谈经济、社会、文化和人的道德进化境界，单从政治而言，我们可以简单地勾勒出两点：共产党的领导和民主结合；权威和法制结合。

我想到一个有意思的却也是被宪法学者忽略的宪法文化符号——国歌。国歌《义勇军进行曲》是一首号召全民救亡图存的诗歌，流灌者一种强烈的生存意志和战斗意识。"中华民族到了最危险的时候，每个人被迫着发出最后的吼声。"我不敢断言对于当下的国人，是自由和权利的意识重要还是“危机意识”更重要，但可以肯定地说，国歌灌输的是危机意识，而危机时刻是宪政的对立面。如果国歌是主流的宪法文化的标准符号的话，那么，我们就可以说，对于当下的时间性，官方的定义还是类比为危机时刻。这种修辞营造的政治文化就是集权文化，而不是自由文化。

接下来我们再看具体的、局部的时间，我们发现时间动辄被切割为例外或紧急状态。目前世界还处在金融危机之中，而且，最近几年，国内紧急事件接二连三，大型的活动也越来越频繁，一有大型活动我们就如临大敌，采取紧急措施。紧急状态确实需要特别的权力，甚至是赤裸裸的权力，但当局一旦行使过赤裸裸的权力，就会把例外状态常态化。

宪法学应该引入时间性，对各种权力设定时间限制，树立一种时间意识：生病的时候吃药，不生病的时候吃饱饭。每个人都害怕没病的时候吃药，更害怕别人生病让我吃药。

施米特的理论无害，凯尔森的理论也很美，关键是，什么时间用？什么是中国的真实问题？那就是：我们究竟处于什么样的生存状态？我们究竟该吃药还是吃饭。

何海波老师：谢谢！接着是点评。是高老师还是林老师先？

林来梵老师：高老师先请。

高全喜老师：好吧。我也站起来讲吧。讲到宪法问题，我也坐不住啦。（笑声）

听了陈端洪教授的这一番演讲，我感到富有内容，听他的言说是很累的，我建议大家，如果真正理解他的东西，要继续阅读他近期的一系列文章。陈端洪教授已经出版了两本著作，第一本书是法律出版社的那个白皮书（《宪治与主权》），另一本呢，则是我刚刚拿到的这本黄皮书（笑声），中国法制出版社的《制宪权与根本法》。端洪教授的主要思想在这两本书中体现出来，他刚才又发挥了一下，把他的一些想法又做了浓缩，不过，我觉得没有什么新的东西，仍然贯穿着他的基本的思路。我觉得陈端洪的思想非常丰富，甚至有些诡异，包含两个层次，一个是显白的论述，说得很清楚，都在这两本书中表述出来了。但是，端洪还有另外一层，所谓隐含的，埋在下面的，没有言说的东西，你要理解的话，可能仅读这两本书是不够的，或许要有相应的背景性知识与关切。

我认为，这个背景性大致有两点。第一点，需要了解与他的思想相关联的两个层面的理论谱系。一个呢，就是西方，英美尤其是欧陆国家的宪法学，作为法学的宪法学，这个谱系属于法学领域，虽然有英美法系与大陆法系的分野；另外一个呢，就是作为政治学的宪法学，这个谱系属于所谓的政治法学，或政治思想史。这两个谱系中的宪法学，它们的理论与思想的演变，以及与之相关的问题。这是第一点。第二点，还需要关注端洪一直强调指出的百年中国的立宪与建国的中国现实问题。晚清以来，关于立宪建国，我们国家经历了数不尽的风风雨雨，血雨腥风呢，中国的宪法学究竟有何担当？这是一个大问题。刚才，端洪教授尖锐地提出了：什么是中国的真实问题？我们究竟处于什么样的生存状态？我们究竟该吃药还是吃饭？我认为这是对中国宪法学的拷问。

我很高兴今天参与对他的评论，而且与林来梵教授一起评论。从某种意义上来说，我觉得一个演讲，两个评论，此时此地的三个言说，是挺有意思的，甚至是富有深意的。我就来描绘一个地形图，我们三个家伙在这聚集，实质上表述着三种不同立场与理论路径，既有关联又有张力。我有这样一个简单的理解。最近几年，端洪和我，我们两人，以及翟小波，还有其他一些年轻人，我们是在鼓吹一种政治法学意义上的宪法学，或政治宪政主义。我把它视为一种立宪建国的理论。之所以强调这个政治宪法学，是出于对规范宪法学，或者说是司法宪政主义的一种理论上的不满足，我们感到规范宪法学在中国对于一些重大的宪法问题，陷入规范理想主义的外在批判，对现实问题的真正解决实际上是无力的，很难走通。所以，中国的宪法学要勇于开辟另外一个理论路径，政治宪法学、政治宪政主义，在西方政治与法律思想史上也是源远流长的一个传统，但是在中国宪法学界，一直无人问津，我们不妨学习他们的方法论，来研究中国的宪法问题，以求开辟一条新路。从这个意义上说，我和陈端洪，是同路的。那么，来梵教授呢，无疑是中国的规范宪法学的代表人物之一，他的成名作《从宪法规范到规范宪法》,就是典型的这样一个南派理论。现在,到清华来啦,不好再叫南派了,叫北派啦,是吧?(笑声)是叫京派,是吧?

何海波老师: 这叫南争北战。(众笑)

高全喜老师: 我觉得,关于如何看待宪法,用端洪的说法,宪法是什么?在这方面,确实是存在着在理论上的不同,是对他们的某种挑战。(田飞龙:对话)是,是对话。因为,在宪法学领域,这些年来,规范宪法学是主流,政治宪政主义是刚刚冒出来的东西,所以是一种理论交锋和对话。

但是,这里又有一个问题,我要指出,或予以澄清,我和端洪呢,在共享着一些基本论域的同时,我与他又有重大的不同。对不对?在这点上我要严格说出来的。(笑声)在某些问题上我们有共同的认识,例如,对政治宪法学的理论路径,对中国宪法的理解视角,对规范宪法学以及对规范法理学的批评,对制宪权、政治法、政治与法律的关系,对百年中国宪政的看法,以及对中国现实问题的很多基于一种宪法学方法论的解读,等等。当然,我和端洪也有不同,例如,学科知识方面的不同,他是地道的宪法学,我呢,则是政治哲学。学科知识的不同,不是我这里所要指出的我们之间的不同,这是次要问题。我说的重大不同,是我们之间的理论上的原则不同,这涉及方法论与价值观。今天,在这里,因为一个评议,不可能展开说。大家如果有兴趣的话,可以读我的一系列著述,尤其是我近期才出版的《从非常政治到日常政治》,其中的"政治宪政主义与司法宪政主义"那篇长文,我具体论述了我们两人之间的理论分歧,对他的观点点名予以了批判,当然是康德意义上的批判。我的理论是通过政治宪政主义之手摘取司法宪政主义之国,从这个意义上说,我最终属于规范宪法学,但这个规范宪法学要蕴含有历史、政治与现实主义的内容,而不是空洞的教条。我最反对教条主义。

端洪教授,你刚才提出了一个很生动的比喻,拐杖与瘸腿。这确实是一个很好、很深刻的问题。富有刺激。你认为,真正的问题是瘸腿,不是拄拐。在这一点我同意你的出发点,但是,接下来的问题呢?我认为,还有比这个出发点更重要的问题,你则没有给予高度的重视,那就是拐杖问题,或者说，拐杖可以解决瘸腿的问题，使他正常行走。拐杖能解决瘸腿的问题。回到宪法学上来，瘸腿如果永远是瘸腿，这个宪法学还需要吗？它是什么啦？是辩护，是护教论，而且是病人（瘸腿）的护教论。我认为，宪法学应该是让病人（瘸腿）变成一个正常人，对不对？拐杖可以使一个瘸腿变成一个正常人，规范宪法学这个治病救人的功能，就是这个拐杖与瘸腿的关系。瘸腿只有通过拐杖，才能成为正常人。而且，瘸腿必须要成为正常人。

这里就涉及另外一个问题，就是说，如何从一个非常政治（时期）到日常政治（时期）的转变。这里，有我多次强调的一个政治价值的述求和方法论的指向。你大量调用的那套知识谱系，卢梭、西耶斯、施米特他们的理论，只有政治，没有宪政，只有人民主权，没有个人自由，或者说，政治第一，国家第一，主权第一，宪政第二，个人第二，自由第二，很难说是政治宪政主义。我认为，这里不是位阶上的制宪权与限制权的问题，宪法与宪法律的问题，而是一个从非常政治到日常政治的转型的问题，彼此没有位阶上的高低。政治法学处理的是非常时期的关键问题，是要付诸意志，对不对？决断。但是这个意志决断，能否导向一个日常政治？单纯的意志决断，人民的激情参与，瞬间的喝彩，能否构建出一个良性的秩序？这是一个重大的问题。

你谈到施米特是药，凯尔森是粮食。这个比喻与前面瘸腿与拐杖的比喻有着共同的逻辑。凯尔森是粮食，这个没问题，是对的，但是目前我们的国家是出于非常时期，是个病人，这个粮食对我们来说，没有迫切的功效，吃与不吃，都没有多少意义。施米特就不同了，他是一服药，凡是药，就都是针对病人的。但是，我要问的是，这个药是一个毒药还是一个能治病的良药呢？这里还就要存疑了。（笑声）我在香港《二十一世纪》杂志曾经发表一篇文章，叫“施米特与中国语境”，就指出施米特是“一个带刺毒的罂粟花”。看上去很鲜艳很美丽，我们这个病苦不堪的社会，很需要这样一个刺激，但施米特能够治病吗？如果是毒药呢？这就需要我们深思，尤其是宪法学家，你处理的可不是头痛脑热之类的小病，而是国之中枢。当然，对于施米特，又有不同版本的解读。对于卢梭、西耶斯他们也同样如此，都有不同版本的解读。我不赞同那种把他们简单划归极权主义理论的幼稚看法，应该看到他们思想理论中的富有重大内涵的东西。说起来，这里非常复杂，今天没有办法展开。总之，对他们要给予修正主义的重新解读，其实，端洪教授的思想就有这个方面的考虑，只是他没有明确写出来而已。也就是说，毒药有时候是可以治病救人的，施米特是毒药，可以把人治死，也可以把人搞活，关键要看如何使用施米特，在这里我认为就必须引入另外一种东西，用它们来化解施米特、西耶斯。我这里所说的就是英美的政治宪政主义，或英美的政治与法律思想与政治与法律实践。

我是这样认为的，非常时期也可以说一个疾病状态，或革命时期，这个时期任何一个政治社会都经历过。重病用毒药，这个也不稀奇。但是，西耶斯、施米特他们，权且称他们为毒药吧，可并没有把他们各自国家这个非常时期的病人治好，法国大革命，魏玛宪法失败（纳粹法西斯），这个大家都知道。法国治好了吗？德国治好了吗？在非常时期这帮家伙怎么就治不好他们国家自己的病呢？他们到中国来能治好我们的病吗？我们有什么理由把那些连自己家里的病人都治不好的毒药拿到中国来治中国的病呢？但是，英美宪政就不同了，光荣革命前后也是非常时期吧，可洛克的政治学说，辉格党人的政治实践，美国联邦党人的制宪理论，他们却治好了自己的病。虽然，中国的病与英美的病，不可能是同一种病，但他们的方法论与政治价值，却是我们要格外重视的，至少他们走出了非常状态。我在此要提醒大家的是，英美的政治宪政主义，不是规范宪法学那一套，它们不是粮食，而是药，即便是毒药，但却是能治好病的毒药。这一点我与凯尔森的规范法学最大的不同，凯尔森属于日常政治时期的法学，端洪教授说的对，它是粮食，不是药。从凯尔森的法学要追溯它们的前身，要找到英美政治法学，找到英国的光荣革命、洛克理论，找到早期现代的政治宪政主义，我觉得在那里，并不单纯只有司法主义，只有规范价值，那里有药，治病救人的药。

我们现在处于一个日常的政治状态吗？如果从政治宪法学的视角来看，我是存疑的。我认为我们的宪法时代还面临着如何处理非常政治与日常政治的关系，因此，药的问题对于我们仍然是首要的问题。所以，政治法学、制宪权、革命与改良、民主与自由，依然是我们无法回避的问题。这一点，从中国百年立宪失败的历史教训中，就会看得格外清楚，屡屡失败的从非常时期到日常时期的转变，一直没有完成。为什么呢？这个问题值得深思。就今天的语境来说，凯尔森所代表的那一套规范法学固然好，美国大法官们的作为固然令人艳羡，但他们都是粮食，能治好中国的病吗？我们最好还是到英美的革命时代，但当时的政法理论是如何应对他们各自国家的政治实践的，从那里寻找医治非常政治的良药，甚至是毒药。但陈端洪教授搞的这个政治宪法学，我也不赞同，他挑明了这个病人与药的问题，但，良药与毒药，毒药能否治好病，这些更为关键的问题，他却没有下大功夫予以辨析，以为凡药都治病，毒药也治病。其实，这里有着更为严峻的挑战。对于他的政治宪法学，我要问的是：何种政治？谁之宪法学？他的演说词中，有“毛泽东思想的旗帜”之类的话语。作为政治宪法学，他辨析了没有：“文化大革命”的政治与宪法，十一届三中全会决议下的政治与宪法，未来中国的政治与宪法。从非常时期到日常时期，这是我关心的问题，这里有一个药的关键问题，良药也好，毒药也罢，关键是把病人治死还是治活。端洪的言辞中，更多的是意志、决断，我的问题是：绝对意志里头是否还要有理性，还有良知。关于人民制宪权，还要深入分析，力量来自人民的决断，但权威是否具有拟制性，绝对的力量如果没有权威的制约，只能是不断革命，但权威如何拟制出来呢？权威与权力的宪法制度上的分野如何可能呢？这是我目前思考而没有解决的诸多问题。

有一点，端洪教授说的对，粮食和药我们都需要。有些人在找药，甚至不惜寻找到毒药，但治病的药在哪里？在座的年轻朋友，我觉得我们只能提出问题，真正能不能找到好药，将来还是靠在座的你们了。我就说这么多。谢谢！（掌声）

何海波老师：我不知道理解的对不对啊。我把高老师的点评归纳成两句话，对陈端洪老师：方法是认同的，立场是有保留的。有请林老师。（掌声）

林来梵老师：尊敬的端洪兄，还有高全喜教授，听了你们两位的演讲我热血沸腾呐！（观众笑声）非常感慨端洪这几年不断成长为一个重要的学者，今天他的演讲中气十足，表情生动，许多观点也是富有创见的。但端洪教授的其中一些观点，我基本上持保留意见，如果端洪先生许可的话，等一下我想做出一些讨论。好不好？（掌声）

不过话说回来，首先我还是要欢迎端洪先生，今天来到我们清华大学法学院，为我们的学生做这么一个精彩的演讲。我们清华大学公法学确实应该向北大学习，包括我本人，也是应该向端洪先生学习，这是第一点。第二点就是要欢迎端洪先生重返宪法学领域。他本身是做宪法学研究出身的，跟的导师是王叔文教授，此后为膏粱计，一度做行政法，甚至做过律师，广泛接触社会现实，（观众笑声）而今他又重返宪法学。我作为中国上千的宪法学者之一员，对此也表示欢迎。第三，更要欢迎包括端洪先生在内的政治宪法学者，对鄙人在内的规范宪法学者提出尖锐的批评。我发现端洪教授在批规范宪法学的时候，批得颇有狠劲，简直痛快淋漓。孰不知他在批评的同时，已经走到陷阱的边缘（观众笑声）。

再接下来要说明的是，本来今天的评论人还有一位，就是我们法学院的王振民教授，但他正在从郑州坐火车赶回北京的路上，还没到，因此就由我来先做一个点评，有问题我们再讨论，如果他到了，再让他来点评，好不好？

端洪教授今天的主题啊，实际上我们已经在网站上公布出来，是他最近出的新著——《制宪权与根本法》这本书的第一篇。这第一篇我读了一下，我非常羡慕。

陈端洪老师：很生气吧？

林来梵老师：不，不，是非常羡慕。端洪先生现在正是处在写作的高峰期。作为一个学者，大家请记住，不要以为一生都可能处于写作的高峰期，他有时候突然就没东西可写了，有时候突然就睡不着觉，狂写，不睡觉也要写。端洪先生目前处在这种狂写阶段。（观众笑声）我读完他狂写的结论，只是读他冰山之一角，就是这个第一篇“宪法学的知识界碑”，副标题是“一个政治学者与一个宪法学者关于制宪权的对话"。其实我还在读，还没读完，因为这两天和高全喜教授被商务印书馆请去做一个论证会，但昨天端洪老师就发了一个短信给我，说他又写了一个稿件，都写两天了。我估计今天他讲的，就是这篇文章加上他这两天又狂写出来的东西，而"狂写部分"则基本上是对规范宪法学的方法论进一步进行彻底的追究。对他的这种创作热情和成果，我们表示非常羡慕，当然，我也觉得端洪先生似乎有点走火入魔了。（观众笑声）

关于制宪权这个问题，他把它看成是"宪法学知识界碑"之一面，认为它属于政治学的概念，有必要把它引入宪法学，并且，引入这块界碑之后，他把它号称为能够解决许多现实问题，我觉得这是观念化的——他实际上并没有做出任何"解决"，他只是像他自己所说的那样，是"通过论证说服了自己"。其实，这是任何政治法学迄今为止的必然宿命，我并未看见迄今为止有政治法学能够成功解决法律问题的。或者说，成功解决法律问题，包括政治问题，我还没看到，在施米特那边没看到，遗憾的是在端洪教授的这里，仍然没有看到。

端洪先生的思想，我同意它是很复杂的，就像施米特那样复杂。施米特为什么能够迷倒很多人，因为他建立了一个宏大的、瑰丽的理论宫殿，让人陷入迷宫。施米特曾经迷倒了一代又一代的年轻学人，但是，施米特显然是毒药，他的理论是在危难中产生的，企图解决当时德国魏玛宪法之下的那种困境。可是，他没有解决危难，而是参与把德国民众进一步推向危难之中。那就是二战期间，他的学说被成为纳粹政权的理论帮凶，乃至他本人在战后也被送上纽伦堡审判，虽然最终被释放，但战后美国人的主流学说仍然认为他是一个"邪恶的天才"。而端洪先生的观点啊，我看了一下，在许多关键之处，采用的就是施米特的方法与观点，包括他制宪权理论，也是这样的。

当然，要分析端洪先生这么复杂的学说，要从几点来说明。由于时间关系，我下面我姑且说三点。

第一，我不认为"制宪权"这个概念与理论有谈何"引进"到宪法学中来的必要。因为宪法学已经有了“制宪权”这个概念，国外的宪法学有，中国宪法学也已然有，韩大元教授就对制宪权理论专门作出研究，发表过论文，郑州大学的苗连营教授也写过制宪权的论文，武汉大学也有教授写过这方面的文字。而纵观世界各国，情形也是这样。我所熟悉的日本，比如说我在日本读书期间，日本的一位很牛的宪法学者——甚至可以说是比“牛”更“牛”的，就是能抓住牛耳朵的、即我们古人所谓“执牛耳者”的学者，叫芦部信喜，他就有一部专著，名为《宪法制定权力》，我的书架上还有这本书，里面所收集的论文，第一篇是他上世纪50年代写的。

而为什么端洪教授误以为“制宪权”的概念，只是一个政治学的概念，而且有必要引进到宪法学中来呢？原因就在于，第二点，他对制宪权这个理论的脉络梳理，还不够完整。他从卢梭出发，接着进入西耶斯，西耶斯在《第三等级是什么》第一次明确提出制宪权的概念，你梳理到了，这是对的，然后进一步梳理到施米特，对他学说内容的把握也是对的，可是你没有进一步下去接着梳理下去，尤其是忘记了芦部信喜的有关学说。这个学说，在制宪权理论中，根据我个人的判断，比西耶斯、施米特更加完整、更加丰满。我们说，“制宪权”这个概念，是西耶斯首先提出来的，这个没错，当然，在西耶斯之前，比如说在洛克的《政府论》下篇当中，就已经提出了类似的思想，只不过没有形成“宪法制定权力”这个概念而已。而端洪先生从卢梭梳理起，我觉得就开始有失误。在西耶斯之前，卢梭确实是存在的，但是，卢梭是排斥“制宪权”这个概念的，为什么？因为卢梭是把主权的概念吸收到立法权这个概念当中，按照他这种逻辑，制宪权也只能被看成是立法权的一个部分，所以，在制宪权理论上，把卢梭看成是可以取代洛克之地位的这样一种想法是不对的。

到西耶斯这里，我们看到制宪权理论开始展开。从今天的立场来看，完整的制宪权理论，至少应该包含五个方面的内容，只有在这五个方面上来做出回答的，才能算是一个完整的制宪权理论。那么哪五个呢？第一，就是制宪权实质是什么。西耶斯认为制宪权实质就是最高权力。第二，制宪权的主体和代表是谁。西耶斯认为主体是人民，也就是他所讲的第三等级。至于代表,他与卢梭不同,认为人民没有办法全部出场,因此可以委托代表,这种代表被认为是特别代表——西耶斯的错误,至少在今天看来是个错误的地方,就是他认为可以委托普通立法机关作为制宪权的特别代表。第三,制宪权本身有没有内在的界限。西耶斯认为没有,因为制宪权是最高的,其主体是人民,人民就是一切,用他著名的论断来说,即“第三等级就是一切”,那是不可能受制约的。第四,制宪权与宪定权有没有区别。西耶斯在这个理论上,我认为最重要的贡献,就是认为制宪权和宪法所规定的权力是不一样的,其中,制宪权高于普通的立法权。第五,制宪权与修宪权的关系如何。关于这一点,西耶斯认为,制宪权包括了修宪权。

再进一步发展下去呢,我们可以看德国。但这必须全面。端洪先生今天批判规范宪法学,实际上就是因为他错误地将规范宪法学限定为是凯尔森的纯粹法学,这就不对了。实际上,要说德国的规范主义法学,可以追溯到比凯尔森更早的实证主义者那里,这种学者是大量存在的,他们既是法律实证主义者,又是规范主义者。那么,具体到制宪权理论,德国近代的法律实证主义者,即19世纪末达到发展高峰的法律实证主义者们,是排斥制宪权的。因为他们认为,制宪权就等同于普通立法权,甚至制宪权也等同于修宪权。但这只是他们作为当时法律实证主义者的观点,而不是规范法学的观点,虽然我说过,德国近代的法律实证主义者往往也是法律规范主义者,最著名代表如拉班德、耶利内克。我曾介绍过这两个人的学说,因为当时还没有人写这两个人的学说,而这两个人太重要了,你比如说拉班德,我觉得他是一个非常狡黠的公法学家,耶利内克则是一个非常真诚的公法学家,被认为是当时德国国法学的集大成者,他们确实都是排斥过制宪权理论,但他们是基于当时的另一个方面,自己立场的另一个方面,即实证主义那个方面去排斥制宪的观点。这个其实跟卢梭是一样的。

再发展下去,就是到了德国魏玛时期,出现了施米特。施米特是在魏玛体制出现危难的时候出现的,这一点端洪教授认识是很深刻的,当然也可以说是很肤浅的,因为谁都知道(笑声)。魏玛时期德国出现什么危难呢?主要是一战以后战败的德国陷入困境,政治上出现很多小党派,互相竞争，没有一个强有力的权威把整个国家统合起来，重塑民族的性格，振奋民族的精神，走出战败的阴影。对此，当时的韦伯等人都感到非常焦虑，都有点倾向于权威主义。施米特更是把这种焦虑加以理论化，提出了他决断主义的政治宪法学理论。决断主义宪法学理论的要害在于，它把“主权者”看成是不受任何约束的最强大的政治力量或者说政治实力，其实际的政治动机就是把这种期待最终依托在一个强人身上，而最后希特勒就成为这样的强人。施米特也成为纳粹时期的桂冠法学家之一，最后才会被送上纽伦堡审判台。一个学者被送上军事法庭，这在历史上是罕见的。我记得当年我的一位宪法学导师就曾经告诫过我说：做宪法学研究很有趣，学问可以做得很大，但是一定要小心施米特那样的命运，跟政治过从甚密，后来也可能是非常悲惨的。这句话很有意义，抱歉的是我虽然作为端洪的朋友，一直没有转告给他，（笑声）今天借此机会转告。那么，话说施米特在制宪权理论上持什么观点呢？他的理论是这样的：第一，制宪权的实质是全盘决断的政治实力，某一个民族对自己的政治体制作出一次性的全盘总决断的政治实力。而谁拥有这种实力，谁就掌握了制宪权。这是施米特的理论要害。第二，制宪权的主体与代表是谁呢？他认为主体是抽象的，应该是一种政治实体，具体化了之后，或君主或是人民，但是人民或者君主都只是这种政治实体的担当者而已。第三，制宪权本身有没有界限呢？他与西耶斯一样认为是没有界限的。第四，制宪权与宪定权有没有区别？关于这一点，施米特的论述不多，按照他的逻辑推断，他也会承认是有区别的。第五，修宪权与制宪权的关系是怎么样的？施米特的制宪权理论唯一在这一点上是有贡献的——他认为修宪权是受制宪权约束的，修宪权是有界限的。

再发展下来，我们需要再看一个国家，即日本，因为它同样是一个有代表性的大陆法国家，而制宪权理论主要就是在大陆法国家才产生发展出来的。而且对中国有较大影响，包括日本在内也是如此。

日本明治时期的主流学说，通过学术争论后产生了美浓部达吉为代表的主流学说，其观点也是法律实证主义的，为此也认为制宪权是包含在立法权之中的，因此基本上也是否定制宪权的概念的。制宪权包含在立法权之中这个观点，同学们要记住，是很不得了的观点。因为它迄今为止还影响到我们中国。为什么这样说呢？我们举一个例子就知道了：比如说我们第一部正式的宪法，即 1954 年宪法制定的时候，为了制定这部宪法，当时就要召开第一届全国人大。为什么呢？因为人们就认为制宪权可以由普通立法权来行。也就是说普通立法机关可以代表人民来行使制宪权。这就是法律实证主义有关制宪权理论影响的结果。当然，关于制宪权的概念，等一下我们还可以再说，其实如果从规范法学的观点来分析的话，并不是说我们 1954 年宪法的特别代表只有全国人大，实际上中国共产党、中央委员会，都参与了制宪，而且当时还有宪法草案起草委员会，党内还有一个更加核心的起草小组，我觉得这构成了复合的特别代表。

说到美浓部达吉这种理论，我们可以推断，它实际上迄今为止还影响到中国，可是在日本不同，美浓部的学生有宫泽俊义，宫泽俊义的学生有刚才我们讲过的执牛耳者的——他们这几代人都一直执牛耳者，一直到芦部信喜。芦部信喜提出的制宪权理论，我认为非常完美，因为我还没有找到比它更完善的制宪权理论。首先，制宪权实质是什么呢，他认为制宪权是一种超实定法秩序的权力，这种超实定法秩序的权力是处于政治空间里面的，为此超越实定的法秩序，但又不完全只是属于一种政治权力、一种政治现象，而是处在法与政治的交叉点上。从这一点来讲，如果说作为概念它可以被比喻成一个知识界碑，那么就不像端洪老师讲的那样，这个界碑一面是制宪权，一面是基础规范，而应该说是：制宪权这个概念，如果被看做界碑的话，这个界碑一面是朝向政治的，另一面是朝向法的。这是芦部信喜所看到的实质。第二个，主体与代表。他认为主体是人民，日本讲是国民，英语文本译为 People，翻译过来还是人民。至于制宪权的代表，跟西耶斯讲的一样，芦部信喜也认为是可以委派特别代表的。第三，制宪权本身有没有界限。芦部在这里又突破了，他认为是有界限的，也就是说，制宪权本身不是最高的，它也是有界限的。受什么东西的约束呢？他认为是受一种根本规范的约束，这个根本规范，包括三个内容：其中最根本的一个内容就是人的尊严这个原理,然后演绎出另外两个,一个是主权原理,另一个就是人权保障原理。也就是说,立宪者在制宪的时候是有动机的,是有信念的。根据近现代宪法形成的普遍规律来看,那种基本上可以看做是规范宪法的宪法,其制定者都想为了保护人的尊严和基本权利,为此适当约束公共权力,带着这个思想观念去制定宪法的时候,制宪权本身就受到这种观念的影响,而这种观念实际上也通过制宪转化为宪法的根本规范。再接下去,制宪权与限定权有没有区别。大家认为是有区别的。再接下去,制宪权与修宪权的关系怎么样,芦部也认为制宪权和修宪权是有区别的,其中修宪权是受制宪权制约的,这一点他吸收了施米特的观点,认为修宪权是制度化了的制宪权。

何海波老师:林老师,虽然你讲得很精彩,但是我还是想约束一下你的"制宪权",还有 5 分钟就结束了。

林来梵老师:只还有 5 分钟呀?本来想下面猛烈批判一下我们端洪教授呢。(笑声)

总之,我觉得制宪权理论的脉络应该这样梳理才行,而不是只梳理到施米特为止,然后就简单把他的制宪权的概念和理论引入进来,而是应该通过全面梳理与甄别,看到他本身存在的问题,然后引用一种更加完美的制宪权理论。

那么,端洪先生为什么犯这个错误呢?我认为还有一个问题,也是最根本的问题,就是他的方法论问题。他的方法论显然是决断主义的立场观点。从决断主义的立场来看,端洪教授的制宪权理论的立场和观点跟施米特如出一辙,他自己也坦言要读施米特。他读施米特已经读走火入魔了,因此他不知不觉地陷入了决断主义。其实我们中国当下需要决断主义吗?我觉得恰恰非也!在中国当下我们不需要具有高权的公共权力,相反,公共权力需要受到限制,如果要看社会问题的话,这类事例不胜枚举。比如晚近烟草局长的性爱日记,(笑声)最近又爆发出来的什么科长的性爱日记,等等,从中我们可以看的,何止是情色,是公共权力在中国基本是不受到有效约束的事实。罗素曾经说过,"世界是没有希望的,除非公权力受到约束”。这句话沿用到中国，我们可以说是，中国是没有希望的，除非公权力受到约束。在这样一个时代，我们需要决断主义吗？根本不需要。而且，我们也没有看到政治法学成功的事例。我前面讲过，政治法学与规范法学最根本的区别就在于在方法论上，规范法学是将研究对象的政治性和研究方法的政治性区别开来，用规范主义的方法来对待研究对象本身的政治性，力图让规范去约束权力。而政治法学，迄今为止的政治法学，则把“对象的政治性”和“方法的政治性”混为一谈，简单地认为因为宪法具有政治性，为此我们就必须用政治学的方法去研究宪法，而最终导致的结论往往是对政治权力的现存现象作出合理说明。比如端洪教授这篇文章最核心的观点就是如此。根据他的这个制宪权理论，我们中共中央就是制宪权的特别代表，它超越于宪法之上，不受宪法约束。这种观点，本身就难以说明宪法确定的规范，比如我们宪法第五条第四款中就明确规定：一切国家机关和武装力量、各政党等等，都必须遵守宪法和法律。

我是说，迄今为止的政治法学没有超越合理说明现象这一点。当然，希望全喜教授所搞的政治法学能够有这个超越，因为我看到了他和他的战友陈端洪教授之间存在的内讧，是不是啊？（笑声）我希望端洪教授应该往另一个正确的方向去，勇敢地抛弃施米特这剂毒药，回到规范法学的怀抱中。（笑声）或者至少也要与我们高全喜教授齐头并进，沿着正确的、有可能超越施米特政治宪法学的那种政治宪法学的“康庄大道上奋勇前进”。（笑声）谢谢大家！（掌声）

何海波老师：我的印象是，您对陈端洪教授研究的评论是：方法上是无效的，立场上是错误的。（笑声）

今天是一场真正意义上的学术讨论。让我回想起刚才陈端洪教授一个很有趣的比喻，就是那个瘸腿和拐棍的问题。有时候我们争论的问题不在于拐棍本身而在于瘸腿。我们争论的是去医治这个瘸腿，还是为他更换一副更好的拐棍，甚至我们是否要医治这个瘸腿。其背后又牵涉另一个问题，就是这个瘸腿是否能够被医治好。这些问题，不管是政治宪法学、规范宪法学还是其他什么学，我想都是回避不了的。所以，在学术研究的最后，

不仅有研究方法的问题，还有立场预设的问题、“左派”、“右派”的问题。陈老师，您是不是回应一下？（掌声）

陈端洪老师：我就简单几句话。（掌声）对于全喜兄讲的这个英美道路啊，我确实没有去下功夫，确实很重要。因为你看，英国没有成文宪法，所以这个政治宪政主义的这个话好像是英国的。这个研究很不容易，因为你要在里面读很多史料，包括议会的辩论、法官的判决包括政论的小册子，就这个层次的东西，要读很多东西去发现它真正的智慧，这些人怎么不用那种决断论，但是，你看看他们政策的言论摆在那里，他们过得很好。所以他们那个戴雪他们讲，我们的宪法在哪儿？我们的宪法就在普通法院的日常判决里，政治的东西都到那里面去了。这个智慧不是一般人真正能够讲得清楚的，也不是那么容易学的。我想施米特这儿有一本书，看就明白了，那个东西是一个实践，你说的这些很重要，但是我估计我可能没有那个时间、没有精力去发现那个智慧。

那么重点呢，是对来梵兄的批评啊。首先我要声明一个东西啊。我说宪法学引进这个制宪权的概念是基于两个意义，第一，就是说，你讲的规范宪法学有这个概念，严格讲规范宪法学有这个概念的话，是自己的理论不彻底，彻底的话就没这个概念。这样宪法学是大家的，但大家用这个概念的时候这是一个政治理论的概念，这个肯定是承认的。宪法学里面可能有很多概念，对吧，所以不能说宪法学里面没人使用过，而是说我的意思是说把它做两个图景，这个概念是从政治里面来的，是这个意思啊。那么中国宪法学也有人用过这个概念、写过这样的书。第一是这个东西我也不太学习，第二呢可能是路子不一样吧。别人用制宪权概念的时候跟我要做的工作不一样，你看你后面讲的这个西耶斯啊、卢梭的制宪权，我还是就是说在理论这个层面，还不完全是在宪法学里面怎么用。只有第一篇为了说明这个制宪权概念的有用，所以才写的那个东西。所以我跟别人做的角度不一样，所以我也就没有去引国内这些宪法学者，这我也表示歉意。这个我必须说，要不然得罪人了。（笑声）至于说这个知识，制宪权的知识源流啊，我怎么说呢，这个事情你说要推到洛克那里呢，我不知道怎么推法，当然卢梭的学说是从洛克那里来的。反正我还没读明白。反正我是正儿八经跟学生一页一页读过那个书的。我呢是从卢梭推的,但是你也说的对,他没用制宪权的概念,他用的是立法权的概念,但每一次人民集会的前提是有东西,所以也不完全是在立法,它是一种特别的立法权,它是每一次集会不管讨论什么问题……

林来梵老师:不,卢梭没有"特别立法权"这个概念……

陈端洪老师:不,它是这样的,不,是……

林来梵老师:全民集会?……

陈端洪老师:我的意思不是特别代表的意思,每一次集会不管是讨论立法问题还是讨论……

林来梵老师:要不我们两个人之间干脆一句一句地对决吧!(林起身走向讲台,全场掌声、笑声。林面对现场)干嘛要这么高兴啊……(笑声)端洪教授呀,是我认识多年的朋友,我 1996 年就认识端洪教授了,是很好的朋友呢。我希望我们学术的分歧啊,不影响我们两个人的友情,你们也不要以为会有影响的啊。(笑声)

陈端洪老师:不打架就没意思了。(笑声)

林来梵老师:关于这个洛克和卢梭的关系啊,我知道你对卢梭啊是有研究的,而且在中国啊,包括政治学在内,对卢梭的热忱你不亚于大部分人。但我认为卢梭还是危险的。卢梭的理论对中国的影响还是负面的,而且现在仍然还没有消除……

陈端洪老师:你这个就是西方那个"譬如说"一派的,那一大派。

林来梵老师:那是主流。

陈端洪老师:但在中国……

林来梵老师:这个主流可以适用于中国所出的许多问题,比如说中国现在呢,违宪审查难以进行,原因也在这里,在于根据卢梭式的制宪权与立法权不分、立法权高于一切的理论,所导致的一个关卡。我们的违宪审查由法院做不行,由全国人大来实行对它自己的立法进行审查也不行,原因之一就在这里。"宪法司法化"是失败的,你反对它,我也不同意。你说规范宪法学都支持司法宪政主义，我就不支持。但是你要记住啊，为什么中国连人大常委会来成立一个宪法委员会的违宪审查机构都难以实现呢，理论上的一个关卡就是，立法是主权者的意志，高于一切，而人大自己立法，自己凭什么审查它是有错的呢？这个理论的症结实际上就是从卢梭那里来的。

陈端洪老师： 这个不存在，这个可能是日本学者的……

林来梵老师： 不是，这个是大部分……

陈端洪老师： 这个是你师父下的毒。（笑声）

林来梵老师： 不，我师父不下毒的。（笑声）再说，我觉得你与其重视卢梭，不如重视洛克。洛克比卢梭伟大多了，卢梭是个偏执狂（笑声），他的理论有问题。不信你论证看。他和施米特一样偏激。我不知道为什么你到现在还这么偏激（笑声）。你虽然声音很沉稳，但思想理论取向都很偏激，读的都是刀走偏锋的理论。那你再驳我，我再说。

陈端洪老师： 不要，我不是说你这个事。你说的我们的违宪审查跟那个立法权吸收制宪权，这个跟卢梭是两回事。他那个吸收是人民出了场的，你这个是人民都没出场，这个怎么叫吸收？人家那个整个都是东施效颦的搞法，你不能怪卢梭（笑声）。很简单，没有全国人民代表大会，没有！很简单！

林来梵老师： 我跟你讲，你这个叫"皮格马利翁效应"——你研究一个东西就爱上一个东西（笑声）。你研究卢梭的就接受卢梭。（笑声）你研究施米特就爱上施米特，你如果去研究希特勒？（笑声）

陈端洪老师： 不，你要不喜欢一个对象，你不可能去研究他。

林来梵老师： 那不对，有些东西需要我们去研究，比如说我们法学研究医治社会病痛，医生也要研究人类病痛，你不能说医生就应该喜欢上人类病痛，法学家就应该喜欢社会病痛，犯罪学家就应该喜欢犯罪。（笑）

陈端洪老师： 不，这个跟思想家是两回事。我喜不喜欢是次要的，但是你说这个立法权吸收主权，这在卢梭那里是同一化的，甚至没有制宪权的概念，就是个立法权，但是你不能把我们今天的做法推到那个模式里面去，这是两回事。

林来梵老师：近代法律实证主义是如此，它没有从立法权中分离出制宪权的概念，这个你说的对……

何海波老师：我要行使一下主持人权力，这个会剩下时间已经不多了，我们不能把时间都用在辩论上，我们让陈老师继续他刚才的补充，然后等会儿我们再作探讨。

陈端洪老师：最后再讲一点啊，第一就是对刚才的解释，对于我没有引用的理论表示歉意。第二个我要说一下，我觉得是个很大的问题，你说的对，就是政治法学者在政治上最后可能会冒很大的风险，这是一个；第二是政治法学应该在某个点上完成一个转换，国家应该从例外状态转到常态，那么这个时间点在哪里、转换的方式是什么，这又回到老高提的问题，这个英国人是最好的，而不是简单德国式的谁出来做个宣布。我们的生存处境是怎样的、进入了一个什么样的历史时刻、是不是习惯地被别人界定为危机时刻。也许我们现在真的没病但却在吃药，这有可能。这个判断，学者不一定能做出。我想，最终的判断就是在老百姓。当老百姓都不想吃药的时候，有病也就是没病，对不对？我介绍完了。（掌声）

提问环节

何海波老师：谢谢！下面是提问环节。

学生提问：向林老师提个问题：一个社会的宪法制度有一部分来自于政权掌握者的意志、意思，还有一部分来自于一个社会中公民道德上的普遍认同，认为什么是正义的，我是赞同这个观点的。从这个立场出发，我是理想林老师的自由主义立场的。您在发现、培养公民精神当中自由民主主义精神和道德的时候，我想自由主义是有它的功能和作用的，但是您刚才提到施米特是毒药，我不太赞同这个观点。我的理由是：施米特也许可以被理解为美浓布达吉第一种宪法的来源，也就是政权掌握者他们的意志和意思，所以我并不认为施米特的观点是毒药，他只是一个说实话的人。同样地，我也不认为陈老师是毒药，他在说实话。

林来梵老师：首先，我先澄清一下，我不是一个自由主义者，我不认为自由主义适合中国，不认为会在中国会成功。我的理论立场是人格主义，我同情自由主义，但不是自由主义者。第二，你说施米特说出了事实，比说如说出了谁拥有制定宪法的权力，谁在操纵这个国家，说出事实，就支持他，就认为他是对的。这个是唯科学主义的思路，是有问题的。规范主义不仅要揭示事实是什么，而且更重要的是要处理这个事实，甚至限制这个事实。就好像说一个病人，你跟他说："你病了。"说出这句话至多只是做对了一半，此外还要给出药方。也就是说，仅仅说他病了，而且即使是准确的，这还不是药，药是针对这种病给出的。所以我说施米特并没有药，如果说有，那也是毒药。为什么他有的只是毒药，因为他说出了事实之后，承认了事实的合理性。就好像端洪教授刚才讲的那样，他解释出现所谓"良性违宪"现象的原因，是因为立宪权的特别代表有两个，一个是中国共产党中央；一个是全国人大。如果中共中央的意思改变了，做出了违宪行为了，但这个时候人大这边还没有改变，两个制宪权代表之间做出决断就出现了时间差，其间出现的这种现实就叫做"良性违宪"。这种解释看上去把事实都说出来了，而且能够自圆其说，但它并没有解决这个问题。相反，他可能是把这种现象正当化了，不知不觉地把它正当化了，在这一点上，他是有毒的。

陈端洪老师：不是我不知道，我把这个问题解释清楚了就行了。

林来梵老师：有什么用？你自己说要解决社会问题呢。还批评我们不能解决社会问题。

陈端洪老师：接下来你也不能说我也不能说了，我已经把它写清楚了告诉你，制宪代表是存在的。制宪权是要退隐的。西耶斯里面提到了。

高全喜老师：要理解陈端洪，他还隐含着一个意思：不可说。不可说，作为一个学者，是说言论的界限，不可说，而不是说有一些东西不合适拿到正式的场面来说。诛心之论就是这个意思。不能只看他的言辞。从这个意义上你所讲的那套还是有问题的。从政治理论上讲，人格主义是什么意思？总的来说，人格主义属于自由主义谱系下的一种表述，规范主义也是自由主义的一种表述。今天这个场合不太适合展开谈。

林来梵老师：呵呵，我这才知道端洪教授的理论也有“不可说”的。实际上，法学理论里面也有许多不可说的。但今天你恰恰在嘲笑凯尔森理论里面有许多不可说的地方。比如追究凯尔森关于宪法的效力是哪里来的，他追溯到基础规范，你又问他基础规范哪里来的？他无法回答，因为不可说嘛，但你就不满他。实际上这里面有规范主义的谋略，他不是不可说，而是不必要说，而且说出来也没有用。说了有什么用？仅仅认识了事实问题而已。

何海波老师：我补充一点：学术讨论背后有难以逃避的价值判断，有左、中、右之分。但是，请大家不要把“左派”、“右派”的简单标签贴到陈端洪教授身上。下面继续提问吧。

学生提问：我没有深入研究宪法，想请教一下陈老师：75 宪法在当时那种历史背景下为什么能够通过？它的主要原因和根本原因是什么？它的历史是什么，我们应该说一下。

陈端洪老师：(沉思)75 宪法为什么能够通过？第一，首先声明，我没有做这段研究。本来我是想写一下 54、75 宪法。但后来自己就那么一点东西，写来写去都写空了，最后就把笔扔掉了。

林来梵老师：这位同学声称自己没有深入研究宪法，但可能是一个高人呢——他实际上问到了你的要害：是问你制宪权代表是不是出问题了？

陈端洪老师：对于这个问题，我实际刚才已经提了。我们必须问：谁制定的宪法？这个所谓的代表，他的意志和人民的意志是一回事吗？我也提了这个问题了，但是我没有去解释关于 75 宪法是怎么出台？这种解释我没有研究，所以我无法给你回答。

林来梵老师：这个问题我倒可以回答。75 宪法为什么能够出台？是因为，当时控制了中共中央的政治实力，就是端洪教授推崇的那种政治实力，决断主义认可的那种政治实力，出了问题(出了“四人帮”)。这也说明，当公共权力不受任何有效约束,可以把任何权力都集中在手上时,可以超越任何规范的时候,是很危险的。为此到了 1982 年宪法,就把各政党都必须遵守宪法写进宪法。实际上,全喜教授说我是诛心之论,这是不对的。有些问题你就放到理论上去讨论,没有问题。

陈端洪老师:中国立宪史的解释非常危险,所以我后来写完全共同纲领后,54 宪法我就不敢写了。

林来梵老师:你写吧,你再写会变成施米特。(笑声)

陈端洪老师:我是真不敢写了。

学生提问:我刚才听到林老师说规范法学是以规范的态度来探讨宪法中政治性的一面,这样的话,我理解陈端洪老师的政治法学,是说政治实体的力量太强大了,有时候就不得不对它进行妥协。而且他也举了一个例子,规范法学者只有通过上书的方式才能挑战现实生活中一些不合理的制度。我想问林老师:到底以什么样是一种规范态度?来面对如此强大的政治实体,怎么样在一种妥协和规范中寻找一个比较合适的切入点来实现宪政。

林来梵老师:这个问题很大,而且靠一个学科是无法完全回答的,要靠政治学、社会学、哲学等等一起研究。但从我们规范宪法学的角度来说,这可以这样理解:规范宪法在中国目前还没有完全形成,而是在形成的过程中。为什么呢?原因在于适合"规范宪法"这种花朵、这种奇葩生长的土壤还没有完全形成,简单说,需要等待人民的成长,需要等待社会共识的进步,等等;而通过改革开放的深入发展,将来规范宪法一定会修成正果的,一定能够实现的,而且我们目前就可以看到这种迹象了。从 54 宪法到 75 宪法到 78 宪法再到 82 宪法,可以看到我国宪法的不断进步,特别是 82 宪法顺应了潮流的发展,朝着规范的方向的发展。现在不要心急,而且不要嘲笑当今宪法学者遭受的种种尴尬,不要认为他们很可怜很可悲,如果真的是一种悲哀,那这不只是宪法学者的悲哀,不只是这个学科的悲哀。而且还要看到,端洪教授和全喜教授所推崇的政治法学,即力图把政治学方法全面引入宪法学当中的那种政治学,其实比宪法学更惨。不惨的话,高全喜教授也不会被我们法学所"招安"——他现在在北航教授宪法学的呢。是不是啊？只不过他在宪法学的朝廷里边，仍然想念他的"梁山"而已。

学生：我是不是这样理解您：宪法学的问题不仅仅只能在宪法学内部来寻求解决。

林来梵老师：要好好读方法论啊。宪法学的问题基本上都能在宪法学的内部得到解决，但是宪法问题未必都能在宪法学内部得到解决。

高全喜老师：我补充一下。在这一点上我与来梵教授有很大的不同。宪法学目前来说是一种悲哀的学问，这种悲哀倒不是在于要日常政治。宪法学为什么要等待呢？为什么不能有所担当呢？这里面的关键在于找到转型时期的一个切入点。这就是规范宪法所面临的最大问题。它不愿意，也没有能力从这样一个病患社会（或非常政治）中找一个切入点使它好起来，端洪教授所说的拐杖，它是被动的东西。缺乏端洪教授所说的活的宪法性的能力与力量，参与历史进程的构建。它们等一切都好了，经济也发达了，人民也成熟了，什么也都好了，宪法学登场了，这时候登场有什么用啊？你为什么就不能塑造出来呢？

林来梵老师：我回答你这个问题。全喜教授的话使我们热血沸腾，好像让我们一起都去参加革命，或者至少是投奔社会实践。但是我们要记住，罗曼曾经分析过我们学者的角色，基本上有两种：一种是客观冷静地去观察现象、研究现象；第二种是实践取向的，本身参与、投入时代的洪流中去……

高全喜老师：不是行动，是理论，实践的理论。

林来梵老师：关于理论，规范宪法学也并不是毫无作为，它至少正在作理论的准备。

高全喜老师：你刚才谈的都是行政权力，我和端洪强调的是政治权力。你说的"局长日记"啦，那些乱七八糟的，都是行政意义上的权力，日常权力……

林来梵老师：试想，为什么行政权力会那么大呢？

高全喜老师：行政权力再大，也是行政权力，与政治权力不同的，关于宪法学意义上的行政权与政治权的关系，这个问题说来太长了，没有时间在此谈。

何海波老师：那，林老师，规范宪法学的答案？

林来梵老师：这个，我觉得端洪教授啊，说得很好。他这一点好像回到规范法学的路径上来了。我基本上同意他的观点。但我不同的观点，我觉得，我有一个比较特殊的观点，我认为，台湾统一问题啊，是我们党的问题。我党要获得全面的合法性啊，必须统一台湾；而不单纯是我们民族的问题。对于两岸人民来说，他们已经在来往了，经济、文化、婚姻，各方面都在来往了。这是我个人的看法啊，不一定具有学术性，呵呵。

高全喜老师：来梵教授的这个观点，我不能同意。党与国家是有重大区分的，它们捆绑在一起了。这里头有国家问题，不是说，现在有文化来往、经济来往了，人民沟通了，国家问题就消解了。国家主权，首先有一个国际法层面上意义，像端洪说的，我们现在虽然处于一个所谓的“去主权时代”，但是主权国家还是消除不了的。为什么我们大陆的演员乱七八糟地入美国籍啊、加拿大籍啊，这里涉及人格尊严。没有一个国家，你的尊严、自由、权利在哪？谁来保障？你的财富、利益等等就更不用说了。所以这里头，不单独是一个党的问题，不是的。但是，这个国家问题应该是人民的国家问题，是与每一个个体公民攸关的国家问题，而不是党的国家问题。所以，这里又回到人民与国家的关系，党在其中的地位问题。党不是永恒的，但国家却是相对“永恒”的。所以我说，国家问题，是必要的，是个人尊严的一个最基本的存在依据。但这个国家究竟是党的国家还是人民的国家，则是另外一回事。

林来梵老师：好了，我是简单回应一句：说台湾没有统一，我们人民就没有尊严，我反对这个观点。台湾的统一，跟人民的尊严，我觉得并没有很深的关系。

高全喜老师：我是说，一个人，他首先自由地活在他的国家里头才有尊严，我是这个意义上的。

何海波老师：一场有意义的学术讨论，不但会激发我们无穷的学术想象，也会激发更多的、甚至无穷无尽的问题。但是，我们不得不就此结束了。非常感谢三位教授所贡献的睿智的洞见，和他们真诚、坦率的讨论。我希望今晚的讨论，不但能激发大家对这个问题更深入的理解，也能激发各位教授更多的关于规范宪法学和政治宪法学的学术著作，并让这些著作在今后的实践中得到检验。

【特邀编辑：李文海】

公法论坛片花

“公法论坛”是由浙江大学公法与比较法研究所主办的常规性、系列化、多层次、多样式学术交流平台。论坛以“活跃学术氛围，展示科研成果，加强学术交流，推进理论创新”为宗旨，每月持续举行两期。

该论坛主要围绕热点追踪、事例评析、经典研读、跨域对话、争鸣商榷、学习心得、校友回访和最新成果探讨等八大主题展开。自2009年4月恢复开办以来，已在广大法学同仁的热情关注和鼎力支持下举行了22期，其精彩的主题发言、犀利的点评对话、激烈的学术交锋、全面的交流格局，虽不呈盛宴之饕餮，然极具佳肴之精美，不仅给参与者带去了高品的精神享受，还有效促进了浙江大学公法之学术品格的坚守。

一、发言剪辑（第一期—第二十二期）*

（2009.4—2011.6）

第一期

➢报告人章剑生：对法院具有拘束效力的行政行为可以分成三种，即作为构成要件效力的行政行为、作为先决问题的行政行为和具有既判力的行政行为。

* 本发言剪辑由浙江大学光华法学院宪法学与行政法学专业2010级硕士研究生施立栋、郑睿、彭玲玲、覃义达根据历次公法论坛录音稿或综述整理而成。在此也特别感谢各位学人对公法论坛的热情参与和无私奉献，其中不能不提及的是光华法学院宪法学与行政法学专业2010级全体同学：除以上四位外，还有黄锴、王晶晶、李妍、陈歆姿、程慧、陈舒波、朱娇珍、张海梅、江宁宁。还有很多无法一一指出，这里也一并致以深切的谢意！

第二期

➢评议人章剑生：民事、行政混合侵权行为确实存在，但是需要区分以下三种情形，一是民事、行政共同侵权；二是行政侵权是主因、民事侵权是条件；三是民事侵权是主因，行政侵权是条件。

➢评议人朱新力：行政合同是行政主体借用合同方式达到行政目的的一种活动，但这一借用产生问题：行政主体一方必然倾向于使用单方性权力，如选择合同另一方当事人，单方变更与撤销合同，动用单方制裁权等。由于上述权力实际上是一种行政权，于是便产生将其作具体行政行为的定性。行政合同中的焦点问题是适用公法规则还是私法规则，而不是由哪个法庭管辖。

第三期

➢报告人金承东：现在很多部门行政法的研究，往往用行政法总论的理论来套特定的行政对象，从而形成所谓的某部门行政法。我的研究不循此路，而是以特定行政对象（电子政务）本身的法治化需求和其法治化的特殊性为基点，来探索部门行政法（电子政务法）。行政法总论应该是对部门行政法进行归纳和总结的结果，而不是事先为部门行政法预设框框。部门行政法是因，行政法总论是果，这个因果关系不能倒过来。

➢金承东：电子政务的核心在于政务信息互通共享与协同。电子网络技术只是为政务信息互通共享与协同提供了技术条件，而要真正实现政务信息的互通共享与协同更重要的是要进行政务改革：进行顶层设计和跨部门的电子政务建设，进行深层次的政务组织再造和政务流程再造，并实行首席信息官制度。顶层设计和“一站式”服务是一个问题的两个方面，对政府来讲是顶层设计，而对公众而言就是“一站式”服务。

➢报告人郑磊：诸多宪法学人大力地为合宪性法律解释鼓与呼，应及时进行冷思考。跳过合宪性限定解释而寄希望于合宪性法律解释能匡扶宪政大厦，只能是用心良苦地制造了又一个宪法话题而已。因为孱弱的合宪性限定解释必然导致暗淡的合宪性法律解释，合宪性限定解释是合宪性法律解释的终极判断者，或者说合宪性限定解释是合宪性解释的靠山。

第四期

➢报告人江勇：可以从两个方面来化解法院案多人少的问题。一是实现法院书记员聘用的社会化；二是法院在立案时应要更多地考虑可裁判力与可执行力的问题，特别是针对群体性诉讼更要谨慎立案。

➢评议人章剑生：江勇法官报告的核心问题意识提炼为一句话：研究法律要考虑法律之外的问题。

第五期 2009年山西煤改事件的法学思考

➢报告人张谷：从法律层面而言，山西煤改事件其实是一个私法与公法纠缠的典型事件。整个事件可以化约为：山西省各地政府以民事契约的形式招商引资，卖出采矿权后，然后摇身一变，以公权力的身份，打着公共利益等名义，征收采矿权等，明显有空手套白狼之嫌。

➢评议人石毕凡：我们法律人试图从现代法治理念的角度来看待这个问题，但是政府则是从传统政法体制思路来看这个问题，先政后法，这里存在两种思维的抗衡。所以解决这个问题必须找到煤老板与政府之间的利益抗衡点。

➢评议人费善诚：从宪政角度来说有积极宪政与消极宪政之分，我国的政府是典型强势政府，是积极有为的政府。我个人认为山西政府的干预是有其必要性的，无论是出于效率还是安全的考虑。但这种介入肯定是有限制的，像这次重组兼并最后是由几家国有企业来接手，这就涉及政府是否有这样一个权力，是否合乎宪法规定？政府应当怎么来规制？

第六期 钓鱼执法的公法学应对

➢报告人王莉：有奖举报制度就其本质而言是激励知情者向有关部门提供信息的机制，其具有中间性、非普适性、存有道德风险、补充性等特征。有奖举报制度是增强有权机关信息量的有效途径，但现实中执法部门对有奖举报制度的态度是工具主义的。

➢评议人章剑生：关于有奖举报制度中“举报”的法属性，需要回答下列问题：第一，举报对公民来说，是权利还是义务，或者既不是权利也不是义务，而是其他？如果定位为权利，它的行使为什么给予奖励？如果是义务，在公法上这是面向国家的，举报又怎么能给钱呢？由此，奖励的正当性就是值得讨论的。如果是权利和义务之外的行为，是否可定位为文中所说的“信息交易行为”？第二，对于举报应进行分类研究，应区分与举报人有无利害关系，相应讨论是否给予奖励。第三，举报人如果转为证人的话，这种转换是否以及如何影响其举报行为的法律性质？此外，是否可以从行政合同的视角研究有奖举报制度？

➢自由发言人赵秀举：钓鱼也好，举报也好，都是行政机关为了获得证据。所以应从诉讼和程序的角度进行研究。行政执法中如果要对黑车取证，则只能在车里取证，取证由人还是机器来取证在性质上是没有区别的，关键在于能否确证事实。至于打击黑车是否合适，这是行政管理的问题，出租车的数量等问题恐怕不是纯粹的法学问题。

第七期

➢报告人夏雨：当前违法建筑行政处罚将“违法建设行为人”作为行政处罚相对人。这一相对人认定模式未能预见违法建筑“建设行为人”与“建筑持有人”相分离的场合，因此造成处理此种情形时的制度失语和实践混乱。通过对违法建筑行政处罚相关规范的解读和一般处罚模式的病灶诊断后发现，一种建立在“行为责任”与“状态责任”两分基础上、以物为中心的行政处罚新模式以灵活、高效、符合妥当性原则等优势或可成为化解制度困境的新路径。

➢报告人邓楚开：通过运用文义解释、体系解释和补正解释等多种解释方法，《行政处罚法》第四十一条中的行政处罚“不能成立”应解释为行政处罚“无效”。相应地，最高人民法院《行政诉讼法若干问题解释》第五十七条第二款第三项中具体行政行为“依法不成立”，实质上就是“依法无效”。这是从解释论的角度得出的结论。从立法论的角度看，《行政处罚法》中关于“行政处罚不能成立”的表述确实存在错误，需要修改为“行政处罚无效”。同时，在将来的行政诉讼法修改中，也应删除现在司法解释中的“行政行为不能成立”这样的错误表述。

第八期 从食品安全事件开始的法学思考

➢评议人章剑生：在文章论证的展开过程中，选取的案例应当力求客观化，避免随意性。章老师结合自己的写作经历认为，在有关案例的写作过程中往往是类型化、开放化，毕竟有些案例很难抽象成为要件或标准。

➢报告人杜仪方：违法的判定与赔偿的判定有所不同。违法的判断以违反法律为标准，而赔偿的确立是以损害结果作为基础。违法不一定是赔偿，赔偿也不一定是违法的。

第九期 法国公法专场

➢评议人石东坡教授：我在这里提出别样版本的三权分立理论，该理论区别于经典的三权分立理论，而是指以主权为核心的主权的所有权、行使权和监督权。其中主权的所有主体是人民这一点还是不能被完全推翻的，主权的行使主体是议会或人民代表大会，主权的监督主体则依托于宪法审查制度。

➢评议人白斌：中国无法实现宪法审查，也是存在主权之咒。之所以现在主权问题成为一个热点问题，主要是受政治宪法学的影响，所以有必要回溯政治学、国家学对政治正当性问题的研究脉路。古典政治学主要研究谁统治的问题，而现代政治学在研究正当性问题时研究怎样统治的问题。因此在这个意义上，主权这个概念是一个应该消灭的概念，主权本身是一种事实，如果主权不受约束，那么人权的位置在哪里？法治至上与主权至上必然发生冲突，这也成为一直缠绕法国宪法审查的问题。

第十期 在案例中研读行政法

➢评议人马剑银：传统教科书上法律渊源的概念几乎等同于法的表现形式，这是对法律渊源概念的一个极大的误解。法律渊源即指法之栖身之所，从这个意义上说，所有的法律渊源都是为司法判决提供材料的，也只有经过司法判决之后，才能成为法律渊源。

➢报告人章剑生教授：已成为成文法源的行政惯例已经不是行政惯例。同时，行政惯例也不是一个具体行政行为，而是行政行为的依据。

第十一期 部门行政法、药品行政与宋华琳

➢报告人宋华琳：中国目前的行政法学理论或许还只是世博会。而部门行政法通过动态的行政法研究，不仅研究书本中的法，还研究运行中的法，通过从非法律界人士的思想和运作中汲取营养，来解释和发展法律规则，从而推动中国行政法学的本土化进程。

➢宋华琳：学习行政法时需要进行以下几个方面的工作：一是要进行基础性的阅读。通过体系书的阅读，形成一个较为坚实的行政法学说框架，形成一个能够为我们分析问题所有的工具箱体系。二是进行法律规范和案例的阅读，通过法条和案例能发现很多细节的问题。三是要注重对一手资料的阅读。可以亲自去看英文的一手资料、一手的书和法条。四是要注重知识视野的开拓，要处理好自治与开放的关系。五是要注意对问题意识的培养。处处留心皆学问，要关注真实世界的问题及其解决方式。

➢评议人章剑生认为，行政法总论和分论是一个相互作用的互动关系。一方面，行政法总论可以解释部门行政法和个案中的问题；另一方面，部门行政法和个案中出现的新问题可以通过提炼拓展现有行政法总论的理论厚度。研习行政法应当关注规范与个案：现有的法律规范、尤其是政府规章中蕴含着大量新的行政法理论，需要我们提炼后加入到行政法总论中；而不注重个案就没法开展真正的行政法学研究。

➢宋华琳：法学本来就是一个应用性的学问，只是部门行政法相对于总论来说应用性更强，其更像是一个专科门诊。

第十二期　毕业生专场

➢报告人白斌：学生和导师之间不仅是学习关系，而且还应当是良性互处的合作关系。

➢白斌：论文首先必须要画龙点睛，睛是论文题目，而内容摘要也很关键。其次论文还应虎头豹尾，即开头要写得好，最好能用格言式的语言，而结尾要写得余音袅袅，回味无穷。好的论文是论证性的而非陈述性的，辩论部分写得精彩很重要。

➢白斌：写论文需要把握两个距离性反思：首先是时间距离，把论文放一段时间再拿出来读会有新的感想；其次是主体距离，把文章给别人看会得到不同的启示。

第十三期

➢报告人John C. Reitz：民主与法治关系密切，离开民主的法治无法发挥抵制权力滥用的功能，只有民主与法治结合的社会则能较好地制止权力被滥用的现象。相比于法治国家，行政国家依赖道德与政治教育来实现权力制约，但是这种制约体制无法实现公开透明与平等价值次序的优先，不利于实现对权力滥用的克制与抵御。

第十四期

➢报告人余军：法律关系理论是分析动态过程的合理工具，运用分析法学概念的还原主义分析方法，将法律概念还原为动态的法律关系，并基于此阐述它们之间的逻辑关系，可以获得更为清晰的认识。

➢报告人刘东亮：我自己在地方政府的多年工作经历，使其养成了两个好习惯，一是从政治角度看待法律问题和从法律角度思考政治问题，二是学术研究不再局限于学术划分，而是以问题为中心展开研究。

➢刘东亮：中国传统社会在处理民族问题时采取的是文化多元主义的族群观，与我们现在处理民族问题的政策和视角截然不同。1949年新中国成立以后，我国的民族政策和视角发生了明显变化，受苏联民族理论的影响巨大。列宁的民族自决权理论，特别是斯大林关于民族定义的四特征说，使苏联走上了民族问题政治化的道路，这是导致苏联解体的最重要因素。而我国民族问题政治化倾向主要表现在政治制度、少数民族地区优惠政策和少数民族个人优惠政策三个方面。当前中国民族意识的抬头，是产生民族矛盾的思想基础。对此，应从以下四个方面完善我国的民族理论和政策：一是强化共同的中华民族意识；二是转换民族话语体系，将56个民族转而表述为56个族群；三是将族群问题文化化和法治化；四是培养全体国民的公民意识和国家认同感。

➢评议人傅蔚冈：解决民族问题的本质在于如何解决中央与地方的关系。

第十五期

➢评议人张效羽：比较法的研究具有三个层次的价值：一是传播知识，

二是传播价值，三是激发我们对于法学研究思维的思考。

➢报告人张旭勇：现行行政诉讼活动中原被告之间的和解活动与行政法学原理之间存在着三对兼容性方面的难题，即在法定职权的非处分性与和解实体权益的处分性特征之间、和解的实体权益处分性特征与被告处分权的缺失之间、和解对权利(力)处分的竞争性要求与实体权力处分的非竞争倾向之间，均存在着难以化解的张力。

➢张旭勇：城仲模教授在解释台湾行政诉讼中和解率低的原因时提出：当一个公正的判决是可以期待的时候，当事人就会拒绝选择损失自身权利的方式进行和解；相反，当公正的判决无法期待之时，当事人在"能捞点就捞点"观念的支配下只能被迫接受和解。

➢主持人章剑生：最后，我转述一下郑磊老师对于公法论坛活动的设想。以后我们的公法论坛活动原则上定在礼拜二晚上举行。郑磊老师说把公法论坛固定在某一天举行的目的在于培育一种学术惯例与归属感，使大家每到周二就意识到公法论坛将要举行，成为每个人学术研讨中一个不可或缺的组成部分。

第十六期

➢报告人章剑生：违反行政法的义务的责任可以分为三种情况：第一种是违反行政法上的义务，一旦实施只能进行行政处罚，不管严重到什么程度都不可能上升为犯罪，比如随地吐痰行为；第二种是一旦实施就只能构成犯罪，没有行政处罚，比如贩毒；还有一种就是两种责任都有，到底追究行政处罚还是刑事处罚，需要考虑相关的一些因素，一旦责任成立，到底如何来处理，这就需要从实体与程序上两个方面来衔接。

➢章剑生：实务当中出现的以罚代刑现象怎么样去处理和纠正？以罚代刑往往是行政机关和相对人都得到好处，大家都是受益人，如果没有一个利益对立的第三者介入的话是无法发现以罚代刑现象的。那么谁来介入？我认为检察院可作为公益代表人，具体让它如何发现，可引入重大行政处罚的备案制度，很多地方立法都有重大行政处罚备案制度，它要求下级政府、下级机关向上级政府、上级机关备案，我认为可同时要求向检察院备案,检察院可通过备案来发现是否存在这样的问题,实务中也在运作这样一种制度。

➢评议人陈无风:本文的主旨就是讨论行政处罚和刑罚之间的衔接问题,我觉得最根本的问题是讨论行政处罚与刑罚之间到底是不是同质的问题。章老师在文章中提到的行政处罚和刑罚能不能并罚、能不能衔接的问题,事实上预设的前提仍然是说行政处罚和刑罚之间只是存在量的差异,而不是质的差异的问题。我本人也是比较赞成它是量的差异说,如果说它有质的差异的话,那么就根本无所谓衔接的问题,因为各管各的,它们是两条不会相交的平行线,也就无所谓折抵和移送的问题了。

➢主持人朱新力:章剑生老师是学术常青树,大家讨论的时候除了提问实质内容方面的问题之外,最好能提一些方法上的问题,问章老师如何写出这么好的文章,给我们指导指导。

➢章剑生:我自己有个习惯,每天都搜集资料,整理后放到相应的地方去,将来可以随时可拿出来用,很多资料是以前积累过的,所以需要的时候搜起来也比较容易。另外,我平时也会积累一些判决书,判决书很重要,不读判决书,法律就学不深、学不活。

第十七期

➢评议人章剑生:审查标准肯定是个多元化的东西,不能仅仅设定适当性原则这样一种审查标准。因为它要根据它这个手段跟目的的关联程度来讲审查标准的高低问题。

➢自由发言人李扬章:文章提到"立法者作为权力机关无须受到上述行政组织专业判断考虑的限制",对于这句话我有一点不同的看法。我觉得我们的人大制度,权力是提供给人大的,人大和政府不存在分权,但是存在分工的,应该有一种专业性的界限在里面。

➢报告人郑磊:现实中,我国的法规审查程序,由于缺乏足够的审查动机,主动审查并不主动,因而只能转向被动审查。现实中被动审查倒是大量存在的,只是在程序启动之前就被消解掉了。

➢郑磊:在这个法规审查的程序设置中,我们发现它是恰恰为了化解审查而设置的，体现如下：一是消极主义体现程序内外。在制定过程就体现出这种消极主义，而且还不惜使用法外手段，比如有人说全国人大是快递难入之地。二是程序设计的手续化。程序有别于手续，程序是人权本位的，手续是机关本位的。当前的程序设计中更多地关注是否装订成册等手续性的工作。三是程序的结构设计上是前详后略的，真正关键的审查部分则是一笔带过。

➢郑磊：每一个国家的宪政史上，都呈现出一个个标志性的小人物。比如我国近年来的孙志刚、唐福珍，再比如美国的马伯里、洛克纳、罗伊。他们最终都以不同的方式消失了，但消失的不同方式却是耐人寻味的：在一个成熟的法治国家，这些小人物只是从公众视野中消失了，虽然没有人会关心马伯里没有当上法官之后干嘛去了，但毕竟还有踪影可查；而在我国，这些人物是彻底的消失了，或者说，正是他们的消失使得反复出现的同类事件获得了早应获得的关注，他们的消失却是肉体的消失。宪政的进程或许就是减少后一种消失者，如何减少？就要把这些人从法规审查程序外无助的愤怒者局外人变成程序中的当事人。

第十八期

➢主持人章剑生：刚刚过去的 12 月 4 日是宪法的生日，原本这个论坛应该定在宪法生日的那一天，但是由于种种原因推迟了。宪法是冷冰冰的，它不会发热，今天我们在这里讨论宪法，我们要让它发热，费善诚老师尤其要给力，要让它发热。

➢报告人费善诚老师：为什么现在的政府和老百姓对立越来越多，不像原来政府和老百姓完全是一条战壕，军民鱼水情那种关系？关键是政府官员的权力来源不正常，现在的局面是权力来自于上面，对上面负责。只有直接选举才能解决、明确权力来源关系。

➢评议人刘练军：现在社会的维稳经费超过军费开支。可能这是史无前例的，估计也是空前绝后的，这种情况只有朝鲜和中国有。《黄河岸边的中国》一书中说到，上个世纪五六十年代官民关系是鱼水关系；八十年代是油水关系，油和水是分开的；九十年代以后是水火关系。要告别这种情况，肯定要依赖于选举。选举不是民主的全部,但没有选举肯定没有民主。

➢刘练军:选举确实是非常重要,没有选举就没有民主,没有民主就没有真正意义上的法治。学过法律的人都有这样的认知。中国还要等多少年,我们还不知道。在2010年11月23日蔡定剑的追思会上,蔡先生的儿子蔡克蒙说,"我希望有一天给我父亲烧纸钱时,能给他烧一张选票"。让我们为这一天的早日到来而祈祷、而奋斗。

➢章剑生:前天晚上我在一个小县城的电影院里给做报告,我讲了三句话,竟然有掌声。第一句话:选票不能决定权力的去留;第二句话:法庭不能审判权力的违法。第三句话:新闻不能告诉我们权力的真相。这就是我们今天法治建设过程中出现的弊病。

➢评议人郑磊:很多制度的改革不可能期望于一夜之间发生,而是需要慢慢地积累,有一个词叫增量民主表达了这种稳妥的观念。但是渐进不是不进,这种积累、这种增量朝前演进的趋势是不可逆的、也是不可停的。

➢郑磊:我国选举制度的思想原则,普遍性原则、平等性原则、直选间选并用原则、秘密投票原则。从理念上说,重要性是递减的,越前面的越重要;从操作性上说,重要性是递增的,没有后面两项操作性原则的落实,前面的两项原则只能是冠冕堂皇的口号。

➢郑磊:没有竞选,选举可能会落空。民主的橱窗是选举,选举的橱窗是竞选。没有抡胳膊上场,没有口沫横飞的激辩,不同社会群体之间的利益冲突失去了这个展现平台,就会转向其他平台,比如说丛林,选举也就沦为走过场。

➢评议人石毕凡:政治是一门平衡的艺术,美国有个跷跷板理论。美国的政治权力机构像一个跷跷板,国会在这头,总统在那头;联邦政府在这头,地方州在那头;政府在这头,公民在那头。联邦最高法院站在中间,拿着司法审查的砝码维系各方的平衡。

第十九期

➢报告人傅国云:应当将法律监督作为检察权的根本属性;同时承认在内部管理上具有一定的行政性,在诉讼活动中具有一定的司法性。

➢傅国云：人民代表大会制度下的人大的监督是抽象的监督，是弹性、非专业性的监督。行政权检察监督是具体的监督，是专门的法律监督。

➢傅国云：借鉴引用汉密尔顿的《联邦党人文集》里的最小危险部门的理论，我国的人民代表大会下的四个权力中，其中检察权是最小的。它行使的最主要是程序上的权力，实体上是没有终局的权力。检察机关虽然能够制定司法解释，但是涉及实体问题时，如果最高人民法院不认可就毫无效力；同样我们监督具体的个案，也要法院最后确认或者行政机关最后采纳意见或者人民代表大会纳入其监督。

➢评议人宋小海：这篇论文理论的贡献是，原来我们按照《宪法》、《民事诉讼法》、《检察院组织法》和《检察官法》，检察权的行使一定要依附于诉，公诉和抗诉都是诉，职务侦查是诉的开始，诉讼监督也是诉的开始，权力的行使仅仅依托于贯穿于诉。而论文中介绍的实践中情况已经超出了这个层面，民事督促起诉已经独立于诉的，通过监督权本身的自主性的来实行检察监督权，这是在理论上的重要突破。

➢报告人江勇：非正常访人员以社会弱势群体为主，其心理问题亟待关注。实际上进京非正常访的大部分是没道理的，而有道理的一般是当前解决不了的，因为这很多关涉到立法的问题。

➢江勇：上访诉求渐趋复杂化，上访已成为信访人特殊的示威方式。上访本是一个合理表达民意诉求的方式，但已发生了微妙变化，逐渐异化为对现实不满的一种发泄。

第二十期　读书专场：看得见的政法关系

➢报告人黄锴：看不见的宪法与不成文宪法虽然存在着交集，但是看不见的宪法是超文本的，但不是超宪法的，而不成文宪法有部分是超宪法的。

➢黄锴：我自己有一种想法，不知这样比喻是否恰当，即如果把整个宪法学体系比作地球的话，自然法的东西就是我们的大气层，宪法文本本身就是地球表面，离宪法文本最近的一般文义解释就是覆盖在地球表面的一层土，看不见的宪法则是长在土上的草，因为草也是土的一部分，而围绕着宪法，在宪法之外的不成文宪法则是空气，空气和草之间有呼吸作用和光合作用。两者物质发生交换，但是两者还是泾渭分明，一者是在宪法之内，一者是在宪法之外。

➢黄锴：我最后将看不见的宪法大致归纳为：在宪法之内，但远离文本，可以通过思维、推理得到的结构稳定的，与宪法文本有同等效力甚至高于高于宪法文本的那种宪法。

➢报告人施立栋：对《看不见的宪法》一书进行评价可以从两个层面展开。首先从内容上看，却伯首次向我们展示了一幅美国式的、较为完整的关于看不见的宪法之全景。它为我们提供了一个分析框架，提示我们注意我国宪法中那种超越于文本之外，但同时又存在于实在宪法之中的看不见的宪法。其次是在方法论上，却伯运用的是一种规范主义的宪法学方法，提醒我们注意守护作为法律学科之一的宪法学应当具备的规范品格，使其与自然法、政治宪法学、法社会学等研究进路区别开来。

➢评议人郑磊：法规范都具有双重属性，一个是规范力，另一个是社会适应力，法学本能要求我们强调法的规范力。但是不可否认，这并不完全；尤其在转型时期，过多地强调规范力，与现实脱节，社会适应性没办法发挥出来，这等于放弃了法解释的窗口。而在社会适应力方面，宪法规范基于其法位阶与规范结构等方面的特征，具有最大程度的开放性。

➢主持人章剑生：大家谈看得见的宪法与看不见的宪法的区分，我就想到小时候大家抬起头来看星星，有的看见了，有的却看不见，其标准很难确定。

第二十一期

➢报告人项一丛：通过比较民事判决书和行政判决书，我发现两者有明显区别：民事判决书在判决理由部分援引的法条限于民事实体法而不援引民事诉讼法条款；在行政判决书中判决理由部分，法条的援引包括两个部分：先援引具体的行政实体法或行政程序法规范；后在判决理论尾部适用《行政诉讼法》和司法解释中相关的“判决条款”。也就是说民事判决中可以不引用民事诉讼法，直接引用民事实体法。这个结论得到了最高院 2004 年发布的司法指导文件的证明。最高院对两类判决书规范强度不同，对民事判决是放任，对行政判决有强制性约束，我分析出两者差别的原因是两者诉讼审查对象不同，民事诉讼以诉讼请求为对象，行政诉讼以行政行为为对象。

➢评议人郑春燕：我的观点是在行政法中几乎不存在第一性规则，大量存在的是第二性规则。几乎所有义务的禁止都会有相应的授权，包括法律后果的授权。我认为在行政法上基本上都是有裁量空间的，大多数是授权规则，并且程序的法定性是最弱的。我之前研究过程序裁量，如果法律没有明确规定行政机关作出特定决定的程序，学理上认为只要不违反行政法上的目的、符合经济效用等，程序都是裁量的。

第二十二期　政府信息公开与行政诉讼相关问题研究

➢主持人郑磊：今天的公法论坛在形式上有所调整，与之前每次设两个话题平行展开的形式不同，今天只设一个话题。围绕这个话题，首先由一位对此一直有关注和研究的同学来进行导引发言，这是一个文献综述式的叙述，在全面阅读相关文献的基础上，清晰展示这个话题的问题脉络，时间是10～20分钟；其次引出主题发言，时间是40～60分钟；然后由两到三位嘉宾进行与谈发言，每位10分钟，既可以对主题发言乃至导引发言进行评议，也可就该话题阐述自己的认识。其实，先导引发言再主讲，不仅仅是论坛的一个形式，而且是研究过程的一个缩影。我们每做一项研究、每写一篇文章，都是经历这么一个过程：经由文献的爬梳，在已有研究的基础上接着说。这也是学术研究必备的两种能力：导引发言体现主要是概括能力；当然，研究并不限于概括，而必须在概括的基础上再进一步，这种提升就是形成问题的能力。

➢主讲人马国贤：关于政府信息公开的原则，条例起草的时候都主张“以公开为原则、不公开为例外”，而国务院的态度是一直就是主张“依法公开为原则”。现在从整个条例来看，我认为体现的也是一个“依法公开”的原则，然后再对公开的部分做一个列举，对不能公开的也做一个限缩。这其实是一个博弈的过程，认为需要的时候，可以多公开一点；形势不适合的时候，可以限缩一点。政府强调拥有一个主动权。这也提醒我们，学习法律时不能仅仅停留在条文的规定层面，有时更需要去看这个立法的背景原因和社会大环境。

➢与谈人郑春燕：尽管实务工作者和学者关注的角度不一样，但我们彼此都不能漠视相互间的关怀，不然双方就会变成“两张皮”，应注重双方的互动和对接。

➢与谈人章剑生：信息公开案件的审查是有层次的。三需要是个申请要件，程序性要件；二秘一私是实体要件；三安全一稳定则是个风险评估标准。

➢章剑生：我想到日本民法学者末弘严太郎的一句话：立法只是打了一道围墙，围墙里面的内容是需要由法院的裁判去填补的。所以我们不要老是说法律不确定或法律规定得不明确，而是要求我们去找法官判决。法官判决填补了规范的内容。所以我们学法律的人一定要去读法院的判决书，判决书会具体告诉你这个条文是什么意思。

二、近期公法论坛概览

第一期

主题一：行政行为对法院的拘束力——基于民事诉讼的视角

报告人：章剑生/浙江大学光华法学院教授，博导

与谈人：骆梅英/浙江工商大学法学院，法学博士

唐明良/浙江省社科学院研究员，浙大光华法学院博士生

主题二：法律规范的语义概念

报告人：袁勇/浙江大学光华法学院博士生

与谈人：余军/浙江工业大学法学院副教授、法学博士

孙展望/浙江大学光华法学院博士生

时　间：2009 年 4 月 29 日 18:40—21:10

第二期

报告人：尹昌平/ 杭州市中级人民法院行政庭庭长

主题一：行政行为对法院的拘束力——基于民事诉讼的视角

主题二：民行混合侵权的诉讼管辖和赔偿

与谈人：赵元成/浙江大学光华法学院博士生

朱新力/浙江大学光华法学院教授，博导

徐风烈/浙江大学光华法学院博士生

章剑生/浙江大学光华法学院教授，博导

时　间：2009年5月24日14:00—16:00

第三期

主题一：电子政务法基础理论研究

报告人：金承东/浙江大学光华法学院副教授，法学博士

与谈人：陈无风/浙江大学光华法学院博士生

陈骏业/浙江工商大学法学院副教授

主题二：合宪性限定解释

报告人：郑磊/浙江大学光华法学院讲师，法学博士

与谈人：白斌/浙江大学光华法学院博士生

余军/浙江工业大学法学院副教授、法学博士

费善诚/浙江大学光华法学院副教授

时　间：2009年10月27日18:30—21:00

第四期

主题一：指导性案例与浙江的司法实践

报告人：江勇/浙江省高级人民法院研究室副主任，浙江省《案例指导》杂志主编

与谈人：徐风烈/浙江大学光华法学院博士生

章剑生/浙江大学光华法学院教授，博导

主题二：台湾地区国家赔偿法修正草案之简介与评析

报告人：孙铭宗/浙江大学光华法学院博士生

与谈人：邓楚开/浙江大学光华法学院博士生

李垒/浙江大学光华法学院博士生

时　间：2009年11月19日18:30—21:00

第五期

主题：2009 山西煤改事件的法学思考

报告人：张谷/浙江大学光华法学院教授，法学博士

与谈人：张效羽/浙江大学光华法学院博士生

应彩虹/浙江大学光华法学院博士生

潘昀/浙江大学光华法学院博士生

季涛/浙江大学光华法学院副教授

周江洪/浙江大学光华法学院副教授

费善诚/浙江大学光华法学院副教授

章剑生/浙江大学光华法学院教授

时　间：2009 年 12 月 2 日 18：30—21：00

第六期　钓鱼执法的公法学应对

主题一：浅议行政执法中的有奖举报制度——以上海钓鱼执法事件为例的反思

报告人：王莉/浙江大学光华法学院博士生，《浙江学刊》法学编辑

与谈人：王亮/浙江大学光华法学院硕士生

骆梅英/浙江工商大学法学院副教授，法学博士

主题二：钓鱼执法带给我们？——制度面的反思与展望

报告人：唐明良/浙江大学光华法学院博士生，浙江社科院助理研究员

与谈人：夏雨/浙江大学光华法学院博士生

金承东/ 浙江大学光华法学院副教授，法学博士

时　间：2009 年 12 月 17 日 18:30—21:00

第七期

主题一：以物为中心——违法建筑行政相对人认定的新路径

报告人：夏雨/浙江大学光华法学院博士生

与谈人：张效羽/浙江大学光华法学院博士生

赵元成/浙江大学光华法学院博士生

主题二：论我国行政确认无效判决中的依法不成立——法解释学角度

的分析

报告人：邓楚开/浙江大学光华法学院博士生，浙江省人民检察院检察员

与谈人：吕尚敏/浙江工商大学法学院副教授，法学博士

金承东/浙江大学光华法学院副教授，法学博士

时　间：2010 年 1 月 4 日 18:30—21:00

第八期　从食品安全事件开始的法学思考

主题一：产品警示信息的规范化——以经营者的权利保障为视角

报告人：林沈节/浙江大学光华法学院博士生

与谈人：宋华琳/南开大学法学院副教授，法学博士

唐明良/浙江大学光华法学院博士生，浙江社科院助理研究员

主题二：依职权行政不作为赔偿的违法判断标准——基于日本判例的钩沉

报告人：杜仪芳/ 浙江大学光华法学院博士生

与谈人：张效羽/浙江大学光华法学院博士生

王莉/浙江大学光华法学院博士生，《浙江学刊》法学编辑

时　间：2010 年 4 月 1 日 14:00—16:30

第九期　法国公法专场

主题一：法国宪法审查中的主权之咒及其消解

报告人：方建中/杭州电子科技大学副教授

与谈人：石东坡/浙江工业大学法学院教授

褚宸舸/浙江大学光华法学院博士\西北政法大学副教授

主题二：法国公共服务概念解析

报告人：沈 军/ 浙江社科院法学所助理研究员，法学博士

与谈人：孙铭宗/浙江大学光华法学院博士生

刘东亮/浙江工商大学法学院，法学博士

时　间：2010 年 4 月 19 日 18:30—21:00

第十期　在案例中研读行政法

主题一：作为现代行政法之法源的行政惯例

报告人：章剑生/浙江大学光华法学院教授，博导

与谈人：郑春燕/浙江工商大学院教授，法学博士

骆梅英/浙江工商大学大学副教授，法学博士

马银剑/清华大学公共管理学院博士后研究人员

主题二：婚姻登记司法审查中的实质要件——从婚姻登记裁判文书读出的信息及其解释

报告人：项一丛/浙江大学光华法学院博士生

与谈人：张效羽/浙江大学光华法学院博士研究生

余军/浙江工业大学法学院副教授，法学博士

时　间：2010 年 5 月 12 日 18:30—21:00

第十一期　部门行政法、药品行政与宋华琳

主题一：部门行政法与行政法总论的改革——以药品行政领域为例证

主题二：公法学习漫谈

报告人：宋华琳/南开大学副教授，浙江大学法学院 06 届宪法与行政法博士

与谈人：夏雨/浙江大学光华法学院博士生

郑磊/浙江大学光华法学院副教授，法学博士

金承东/ 浙江大学光华法学院副教授，法学博士

时　间：2010 年 5 月 18 日 18:30—21:00

第十二期　毕业生专场

报告主题：我在浙大的公法学习

报 告 人：杜仪方/浙江大学光华法学院 2010 届宪法与行政法博士

白　斌/浙江大学光华法学院 2010 届宪法与行政法博士

陈无风/浙江大学光华法学院 2010 届宪法与行政法博士

时　　间：2010 年 6 月 1 日 14:00—16:30

第十三期

报 告 人：John C. Reitz 教授

报告主题：THE ROLE OF LAW IN SOCIETY AND HUMAN NATURE

特邀嘉宾：宋永新教授、钱弘道教授、翁里副教授、赵俊博士、钟瑞庆博士、薛娇讲师

评 议 人：罗利丹、夏雨、张效羽、陈无风、高知鸣、林卉

时　　间：2010 年 6 月 12 日 13∶30

第十四期

主题一：法律责任概念的形式构造：不法行为与救济权关系之分析——以凯尔森的法律责任理论为基础

报告人：余军/浙江工业大学法学院副教授，法学博士

与谈人：季涛/浙江大学光华法学院副教授，法学博士

郑磊/浙江大学光华法学院副教授，法学博士

主题二：人权对话语境中的民族问题话语转换

报告人：刘东亮/浙江工商大学副教授，法学博士

与谈人：费善诚/浙江大学光华法学院副教授

傅蔚冈/上海金融与法律研究院研究员、法学博士

郑磊/浙江大学光华法学院副教授，法学博士

时　间：2010 年 6 月 23 日(周三)18:30—21:00

第十五期

主题一：Record Under the U.S. APA

报告人：金承东/浙江大学光华法学院副教授，法学博士

与谈人：夏　雨/浙江大学光华法学院博士研究生

张效羽/浙江大学光华法学院博士研究生

主题二：论行政诉讼和解的正当性困境及其化解

报告人：张旭勇/浙江师范大学法政学院副教授，法学博士

与谈人：杜仪方/浙江工业大学法学院，法学博士

陈骏业/浙江工商大学副教授，法学博士

时　间：2010 年 9 月 28 日(周二)18:30—21:00

第十六期

主题一：违反行政法义务的责任：在行政处罚与刑罚之间

报告人：章剑生/浙江大学光华法学院教授，博导

与谈人：陈无风/浙江财经学院法学院、法学博士

金承东/浙江大学光华法学院副教授、法学博士

主题二：行政不作为在明列与排除之间的受案范围及其解释

报告人：罗利丹/浙江大学光华法学院博士研究生

评议人：杜仪方/浙江工业大学法学院、法学博士

李春燕/浙江财经学院法学院副教授、法学博士

时　间：2010年10月19日（周二）18:30—21:00

第十七期

主题一：论规范性文件的审查标准：适当性原则的展开与应用

报告人：卢群星/浙江省人大内务司法委员会办公室主任

与谈人：李扬章/浙江大学光华法学院博士生、浙江省人大环资委

费善诚/浙江大学光华法学院副教授

主题二：难以启动的法规审查：从失踪的唐福珍说起

报告人：郑磊/浙江大学光华法学院副教授，法学博士

与谈人：吴恩玉/浙江大学光华法学院博士生、浙江省人大常委会法工委

刘东亮/浙江工商大学法学院副教授、法学博士

时　间：2010年11月9日（周二）18:30—21:00

第十八期

主题一：选举法修改与选举改革——从2010年选举法修改谈起

报告人：费善诚/浙江大学光华法学院副教授

与谈人：郑磊/浙江大学光华法学院副教授

刘练军/杭州师范学院副教授

主题二：论人大监督政府——从质询展开

报告人：谢小瑶/浙江大学光华法学院博士研究生

评议人：李垒/浙江大学光华法学院博士研究生

石毕凡/浙江大学光华法学院副教授

时　间：2010 年 12 月 8 日(周三)18:30—21:00

第十九期

主题一：行政权检察监督

报告人：傅国云/浙江省人民检察院检察委员会专职委员、民事行政检察处处长

与谈人：金承东/浙江大学光华法学院副教授

宋小海/浙江省社科院法学研究所

主题二：来自北京信访一线的报告——关于进京非正常访情况的调查与思考

报告人：江勇/浙江省高级人民法院研究室副主任

与谈人：夏雨/浙江大学光华法学院博士研究生

郑磊/浙江大学光华法学院副教授

时　间：2010 年 12 月 28 日(周二)18:30—21:00

第二十期　读书专场：看得见的政法关系

主题一：*The Invisible Constitution* 读译

报告人：黄锴、施立栋/浙江大学光华法学院研究生

与谈人：陈舒波/浙江大学光华法学院研究生

季涛/浙江大学光华法学院副教授

主题二：省察剑与天平关系的洛克林线索——评 *Sword and Scale*

主讲人：郑磊/浙江大学光华法学院副教授

评议人：李睿/浙江大学光华法学院博士研究生

费善诚/浙江大学光华法学院副教授

时　间：2011 年 3 月 22 日(周二)18:30—21:00

第二十一期

主题一：政府干预房地产市场的法学透视——以房屋限购令为切入

报告人：贾媛媛/浙江大学光华法学院博士研究生

与谈人：杜仪方/浙江工业大学法学院、法学博士

吕尚敏/浙江工商大学法学院、法学博士

主题二：从行政判决的规范功能到判决类型建构——兼对《行政诉讼法》第54条法性质的重述

报告人：项一丛/浙江大学光华法学院博士研究生

与谈人：刘东亮/浙江工商大学法学院副教授、法学博士

郑春燕/浙江大学光华法学院副教授、法学博士

时　间：2011年4月27日(周三)18:30—21:00

第二十二期　政府信息公开与行政诉讼相关问题研究

报告人：马国贤/浙江省高级人民法院行政庭综合组组长、审判长

导引人：刘　辉/浙江大学光华法学院研究生

与谈人：郑春燕/浙江大学光华法学院副教授、法学博士

章剑生/浙江光华大学法学院教授、博导

时　间：2011年5月16日(周一)18:30—21:00

【特邀编辑：李永超】

图书在版编目(CIP)数据

公法研究. 第10辑/胡建淼主编. —杭州: 浙江大学出版社, 2011.8
ISBN 978-7-308-09056-8

Ⅰ.①公… Ⅱ.①胡… Ⅲ.①公法—研究—文集 Ⅳ.①D90-53

中国版本图书馆CIP数据核字(2011)第180130号

公法研究·第十辑
胡建淼 主编

责任编辑 傅百荣
封面设计 俞亚彤
出版发行 浙江大学出版社
(杭州市天目山路148号 邮政编码310007)
(网址: http://www.zjupress.com)
排　　版 杭州大漠照排印刷有限公司
印　　刷 杭州杭新印刷有限公司
开　　本 710mm×960mm 1/16
印　　张 33.5
字　　数 500千字
版 印 次 2011年8月第1版 2011年8月第1次印刷
书　　号 ISBN 978-7-308-09056-8
定　　价 68.00元

浙江大学出版社发行部邮购电话 (0571) 88925591